Bayerische Ausführungsgesetze

zum Bürgerlichen Gesetzbuche, zur Civilprozess-Ordnung und zum Gerichts-Verfassungs-Gesetz

mit Wiedergabe der
citierten Paragraphen, Anmerkungen,
Vollzugsvorschriften und einem Gesammtregister

herausgegeben von

G. Meikel

k. Amtsrichter in München

2. vermehrte und verbesserte Auflage

München 1902
J. Schweitzer Verlag (Arthur Sellier)

Druck von R. Oldenbourg in München.

Vorwort zur 1. Auflage.

Die vorliegende Ausgabe enthält:

I. Das Gesetz, Uebergangsvorschriften zum Bürgerlichen Gesetzbuche betr., vom 9. Juni 1899,

II. das Ausführungsgesetz zum Bürgerlichen Gesetzbuche vom 9. Juni 1899,

III. das Ausführungsgesetz zur Grundbuchordnung und zu dem Gesetz über die Zwangsversteigerung und die Zwangsverwaltung vom 9. Juni 1899,

IV. a) den I. Abschnitt des Gesetzes zur Ausführung der Reichs-Civilprozeßordnung und zur Konkursordnung in der Fassung der Bekanntmachung vom 26. Juni 1899,

b) das Ausführungsgesetz zur Reichs-Civilprozeßordnung und Konkursordnung vom 23. Februar 1879, soweit dasselbe, wenn auch nur für die Uebergangszeit, noch Geltung hat, und zwar gleichzeitig unter Gegenüberstellung des bisherigen Textes und der durch Art. 166 AG. z. BGB. getroffenen Aenderungen,

V. das Ausführungsgesetz zum Reichsgerichtsverfassungsgesetze vom 23. Februar 1879 in der Fassung nach Art. 167 AG. z. BGB.,

VI. in einem Anhange die wichtigsten zur Ausführung des Bürgerlichen Gesetzbuches ergangenen Allerhöchsten Verordnungen und Ministerialbekanntmachungen, die, wie z. B. die Zuständigkeitsverordnung vom 24. Dezember 1899, von allgemeinerer Bedeutung sind.

* *

Die Ausgabe verfolgt zunächst denselben Zweck, wie die im gleichen Verlage erschienene Ausgabe des „Bürgerlichen Gesetzbuchs mit Wiedergabe der verwiesenen Paragraphen" desselben Verfassers. Auch hier werden, um zeitraubendes Nachschlagen zu vermeiden, die für anwendbar oder entsprechend anwendbar erklärten Vorschriften des Bürgerlichen Gesetzbuchs oder anderer Gesetze unter möglichster Anpassung an den Gesetzestext wiedergegeben und jede noch so geringfügige Aenderung des Gesetzestextes durch * angedeutet. Während dieses Verfahren seitens eines großen Theiles der Kritik unbedingte Anerkennung fand, hat ein anderer Theil es für wünschenswerther erklärt, wenn der Gesetzestext in allen Fällen wörtlich wiedergegeben würde, da nicht ausgeschlossen sei, daß der eine oder andere Irrthum unterlaufe und deshalb der Leser eben doch den Originaltext nachschlagen müsse. Es ist aber zu erwägen, daß die vorliegende Ausgabe vor allem den Zweck hat, eine möglichst rasche Anwendung der Gesetzesvorschriften in der Praxis zu ermöglichen. Dieser Zweck würde aber verfehlt, wenn die für entsprechend anwendbar erklärten Vorschriften, aus allem Zusammenhang herausgerissen, wörtlich wiedergegeben würden. Denn auch dann würde dem Leser, dem der Zusammenhang nicht gegenwärtig ist, das Nachschlagen nicht erspart, und daher das erstrebte Ziel nur noch unvollkommener erreicht. Uebrigens müßten die Ergebnisse der entsprechenden Anwendung, wie dies auch bei den Kommentaren geschieht, wenigstens in den Anmerkungen behandelt werden, so daß man dann doch wieder auf dem alten Standpunkte stünde. Der ganze Unterschied von dem in den Kommentaren eingeschlagenen Verfahren besteht also darin, daß die Ergebnisse der entsprechenden Anwendung im Zusammenhang mit dem Gesetzestext, wohin sie an sich gehören, gebracht und durch den Druck hervorgehoben werden. Auf diese Weise wird erreicht, daß sie sich deutlich von den eigentlichen Anmerkungen abheben.

Ferner sind die zu den einzelnen Ausführungsgesetzen ergangenen Allerhöchsten **Verordnungen** und **Ministerialvorschriften** an den einschlägigen Stellen berücksichtigt. Soweit deren Kenntniß für weitere Kreise erforderlich ist, sind dieselben wörtlich wiedergegeben, während bei denjenigen, welche nur für die Behörden, an die sie gerichtet sind,

Bedeutung haben, lediglich der Betreff, das Datum und der Ort, an dem sie zu finden sind, angegeben werden.

Außerdem sind diejenigen Stellen der Gesetzesmaterialien angeführt, in welchen die später Gesetz gewordene Bestimmung behandelt ist. Angeführt sind:

1. Die Verhandlungen des Justizausschusses der bayerischen Kammer der Abgeordneten (Beilagenband XX), von denen die Abteilung I die Entwürfe, deren Begründung, sowie die Abänderungsbeschlüsse, Abtheilung II dagegen die Protokolle über die Verhandlungen des Justiz-Ausschusses enthält.

2. Bechers Materialien (J. Schweitzer Verlag. 1900. 8 Bände).

Endlich sind den einzelnen Bestimmungen kurze Erläuterungen beigefügt.

Was die Anordnung des Stoffes anlangt, so findet sich unter dem Gesetzestext die Angabe der Gesetzesmaterialien. Hierauf folgen die Bestimmungen, auf welche verwiesen ist, sowie die einschlägigen Ausführungserlasse. Diese sind in Antiqua-Schrift, die Stellen, auf welche sie weiter verweisen, in *Cursiv*-Schrift gesetzt. Sodann folgen die Erläuterungen. Ein ausführliches Gesamtregister wird zur Brauchbarkeit des Buches wesentlich beitragen.

Nürnberg, im März 1901.

G. Meikel.

Vorwort zur 2. Auflage.

Gerade ein halbes Jahr ist seit dem Erscheinen der ersten Auflage verstrichen, und schon wird eine 2. Auflage erforderlich, der beste Beweis, daß die Ausgabe in der Gestalt, in der sie erschienen ist, Anklang gefunden hat.

Die 2. Auflage ist, wie schon ein Blick auf die Seitenzahl ergibt, eine vermehrte und hoffentlich auch eine verbesserte Auflage.

Die inzwischen erschienene Literatur und Rechtsprechung wurde ausgiebig berücksichtigt; insbesondere hat die Rechtsprechung zu Artikel 56 AG. z. GVO. reiche Ausbeute ergeben.

Als Neuerung dürfte der Praxis nicht unwillkommen sein, daß die noch unter der Herrschaft des alten Rechtes ergangenen güterrechtlichen Entscheidungen des bayerischen obersten Landesgerichts, soweit denselben auch jetzt noch Bedeutung zukommt, nach den einzelnen Rechten geordnet, ihrem wesentlichen Inhalte nach wiedergegeben wurden.

So hoffe ich denn, daß die 2. Auflage ihre alten Freunde erhalten und sich neue Freunde erwerben möge.

München, im September 1901.

G. Meikel.

Inhaltsverzeichniß.

Seite

I. Erster Abschnitt des Gesetzes vom 23. Februar 1879 zur Ausführung der Reichs-Civilprozeßordnung und Konkursordnung. In der Fassung der Bekanntmachung vom 26. Juni 1899.

II. Das Gesetz vom 23. Februar 1879 zur Ausführung der Civilprozeßordnung und Konkursordnung.

(In alter und neuer Fassung.)

I. Bestimmungen für das ganze Königreich.

Einleitung.

In dem Gesetze, Uebergangsvorschriften zum Bürgerlichen Gesetzbuche betreffend, vom 9. Juni 1899 sind nicht alle Vorschriften enthalten, welche die Ueberleitung der unter der Herrschaft des bisherigen Rechts entstandenen Rechtsverhältnisse bezwecken. Abgesehen von den in diesem Gesetze enthaltenen Bestimmungen finden sich weitere Uebergangsvorschriften im Einführungsgesetz zum Bürgerlichen Gesetzbuch, im Ausführungsgesetz zum Bürgerlichen Gesetzbuch, im Ausführungsgesetz zur Grundbuchordnung und endlich in dem Gesetze über das Liegenschaftsrecht in der Pfalz.

I. Das Einführungsgesetz zum Bürgerlichen Gesetzbuch hat selbst Bestimmungen getroffen über die Wirkungen der Volljährigkeitserklärung (Art. 153), der Emanzipation des französischen und badischen Rechts (Art. 154), über die Entmündigung (Art 155, 156), über den erwählten Wohnsitz des französischen und badischen Rechts (Art. 157), über die Todeserklärung (Art. 158—162), über bestehende juristische Personen (Art. 163—167), über bestehende Verfügungsbeschränkungen (Art. 168), über die Verjährung (Art. 169), über bestehende Schuldverhältnisse (Art. 170), über Mieth-, Pacht- und Dienstverträge (Art. 171, 172, 188), über bestehende Gemeinschaften nach Bruchtheilen (Art. 173), über Schuldverschreibungen auf den Inhaber (Art. 174 bis 178), über eingetragene Ansprüche aus Schuldverhältnissen (Art. 179), über den Besitz (Art. 180), über das Eigenthum (Art. 181, 182), über das Nachbarrecht (Art. 183), über den Rang und Inhalt bisheriger dinglicher

Rechte (Art. 184), über die Ersitzung (Art. 185), über Grunddienstbarkeiten (Art. 187, 191), über gesetzliche Pfandrechte (Art. 188, 192—194), über das Aneignungsrecht an Grundstücken (Art. 189), über Hypotheken und Grundschulden (Art. 192—195), über Nutzungsrechte an Grundstücken (Art. 196, 197), über die Nichtigkeit und Ungültigkeit einer Ehe (Art. 198), über die persönlichen Rechtsbeziehungen der Ehegatten (Art. 199), über das eheliche Güterrecht (Art. 200), über Ehescheidung und Trennung von Tisch und Bett (Art. 201, 202), über das Rechtsverhältniß zwischen Eltern und ehelichen Kindern (Art. 203—205), über das Rechtsverhältniß von Kindern aus geschiedenen Ehen (Art. 206), von Kindern aus nichtigen und ungültigen Ehen (Art. 207), von unehelichen Kindern (Art. 208), von legitimirten und an Kindesstatt angenommenen Kindern (Art. 209), über die Vormundschaft und Pflegschaft (Art. 210, 211), über das Erbrecht (Art. 213—217).

II. Im Ausführungsgesetz zum Bürgerlichen Gesetzbuch finden sich Uebergangsvorschriften in den Art. 31, 55, 57, 66, 67, 69, 70, 75, 76, 121, 127, 154 Abs. 2, 164 Abs. 2, 166 Abs. 1 Ziff. XVI und Abs. 2—6, 169 Abs. 2, 170 Abs. 2, 17; Abs. 2.

III. Im Ausführungsgesetze zur Grundbuchordnung und zum Zwangsversteigerungsgesetze in den Art. 22, 52 ff.

IV. In dem Gesetz über das Liegenschaftsrecht in der Pfalz vom 1. Juli 1898 in den Art. 1—22.

A.

Gesetz, Uebergangsvorschriften zum Bürgerlichen Gesetzbuche betreffend, vom 9. Juni 1899.

(Beilage zum Gesetz- und Verordnungsblatt 1899 Nr. 28 vom 12. Juni 1899 Seite 83 bis 124.*)

Im Namen Seiner Majestät des Königs. **Luitpold,** von Gottes Gnaden Königlicher Prinz von Bayern, **Regent.**

Wir haben nach Vernehmung des Staatsrathes mit Beirath und Zustimmung der Kammer der Reichsräthe und der Kammer der Abgeordneten beschlossen und verordnen, was folgt:

I. Vorschriften für das ganze Königreich.

Vereine.

Art. 1. Die Vereine, welche zur Zeit des Inkrafttretens des Bürgerlichen Gesetzbuchs auf Grund des Gesetzes vom 29. April 1869, die privatrechtliche Stellung von Vereinen betreffend, bestehen, gelten von diesem Zeitpunkt an als eingetragene Vereine. Das Staatsministerium der Justiz kann über die Eintragung in das Vereinsregister Anordnungen treffen.

I. 255 (E. 1), 265 Begr., 391 (Z.I 1), 675 (Z.II 1). II. 486, 595 — Becher VII. 1, *21*, *80*, *166*, 207, *212*, 483, *495*.

---

*) Ausgegeben am 1. Juli 1899.

1. Voraussetzung ist, daß es sich um einen Verein der in Art. 1 des Vereinsgesetzes bezeichneten Art handelt, der am 1. Januar 1900 die in den Art. 2—6 a. a. O. aufgestellten Bedingungen erfüllt hat. Insbesondere muß in diesem Zeitpunkt die Rückgabe der Originalstatuten mit der daraufgesetzten Vormerkung: „Anerkannt nach dem Gesetze vom 29. April 1869" an den Vorstand durch das Landgericht bereits erfolgt sein. Außer Betracht bleiben alle übrigen Vereine und juristischen Personen, z. B. die Gesellschaften des HGB. und insbesondere die juristischen Personen des öffentlichen Rechts.

2. Von dem Inkrafttreten des BGB. an gelten die im Art. 1 bezeichneten Vereine als „eingetragene Vereine" im Sinne der §§ 21 ff., 55 ff. BGB. Jedoch bleiben ihre Satzungen (Statuten) in Kraft, soweit sie nicht mit zwingenden Vorschriften des BGB. in Widerspruch stehen. Das Vereinsgesetz, das durch Ziff. 23 des Art. 175 AG. z. BGB. aufgehoben ist, ist aber insoweit noch anwendbar, als Rechtsverhältnisse in Frage stehen, die vor dem 1. Januar 1900 entstanden sind (Art. 170 EG. z. BGB.). Wird z. B. die Haftung des Vereins für eine Handlung des Vorstands in Anspruch genommen, so sind, je nachdem die Handlung in die Zeit vor oder nach dem Inkrafttreten des BGB. fällt, die Vorschriften des Vereinsgesetzes oder des BGB. maßgebend.

3. Die am 1. Januar 1900 bestehenden anerkannten Vereine erlangen die rechtliche Stellung eines eingetragenen Vereines kraft Gesetzes ohne Eintragung.

4. Die Bestimmungen des Art. 4 AG. z. BGB. über die Entziehung der Rechtsfähigkeit gelten auch für die im Art. 1 ÜG. genannten Vereine.

Art. 2. Auf die zur Zeit des Inkrafttretens des Bürgerlichen Gesetzbuchs bestehenden nicht rechtsfähigen Vereine finden von diesem Zeitpunkt an die Vorschriften des Bürgerlichen Gesetzbuchs über die Gesellschaft Anwendung.

Aus einem Rechtsgeschäfte, das nach dem Inkrafttreten des Bürgerlichen Gesetzbuchs im Namen des Vereins einem Dritten gegenüber vorgenommen wird, haftet der Handelnde persönlich; handeln Mehrere, so haften sie als Gesammtschuldner.

Erlangt der Verein die Rechtsfähigkeit, so können von der Verkündung dieses Gesetzes an bis zu dem Zeitpunkt, in welchem das Grundbuch als angelegt anzusehen ist, Grundstücke und Rechte an Grundstücken, die zu dem bisherigen Vereinsvermögen gehören, durch notariell beurkundeten Beschluß der Mitgliederversammlung auf den rechtsfähigen Verein übertragen werden.

I. 255 (E. 2), 266 Begr., 392 (Z. I 2), 676 (Z. II 2). II. 488 — Becher VIII., 1, *23*, *84*. 207. *212*. 483. *495*.

1. Abs. 1 und 2 entspricht dem § 54 BGB. Die am 1. Jan. 1900 bestehenden nicht rechtsfähigen Vereine haben daher künftig die gleiche rechtliche Stellung, wie die unter der Herrschaft des BGB. erst gegründeten nicht rechtsfähigen Vereine. Daher finden auch die Vorschriften des § 50 Abs. 2 (passive Parteifähigkeit des Vereins im Prozesse), des § 735 CPO. (Zwangsvollstreckung in das Vermögen eines nicht rechtsfähigen Vereines), endlich des § 213 KO. (Eröffnung des Konkurses über das Vermögen eines nicht rechtsfähigen Vereins) Anwendung.

2. Die Rechtsfähigkeit erlangt ein solcher Verein nur nach Maßgabe der Vorschriften des BGB.

3. Die Haftung aus Rechtsgeschäften, die vor dem 1. Jan. 1900 vorgenommen wurden, bemißt sich nach den Vorschriften des bisherigen Rechts, bezw. nach den hiefür maßgebenden Uebergangsvorschriften (vgl. Art. 170 EG. z. BGB.).

4. Abs. 3 hat lediglich bis zu dem Zeitpunkt Geltung, in welchem das Grundbuch als angelegt anzusehen ist, und zwar in dem Bezirke, in dem die Grundstücke liegen. Seine Anwendbarkeit ist aber nicht auf diejenigen Vereine beschränkt, welche am 1. Jänuar 1900 noch nicht rechtsfähig waren, aber nach diesem Zeitpunkt, jedoch noch vor Anlegung des Grundbuchs nach Maßgabe der Vorschriften des BGB. die Rechtsfähigkeit erlangten, sondern erstreckt sich auch auf diejenigen Vereine, welche vor dem 1. Januar 1900 die Rechtsfähigkeit erlangt haben, bei welchen jedoch die Uebertragung der bezeichneten Grundstücke u. s. w. auf den Verein bisher noch nicht erfolgt ist („von der Verkündung dieses Gesetzes an").

Es genügt, daß die Grundstücke oder Rechte für den Verein erworben wurden; gleichgültig ist dann, auf wessen Namen sie stehen.

Die Uebertragung ist nach § 312 Geb.-Ges. von der Besitzveränderungsgebühr befreit.

Gesetzliche Zinsen.

Art. 3. Sind in einem zur Zeit des Inkrafttretens des Bürgerlichen Gesetzbuchs bestehenden Rechtsverhältnisse für eine spätere Zeit Verzugszinsen oder andere gesetzliche Zinsen zu entrichten, so können, soweit sich der Zinssatz nach den Vorschriften der Landesgesetze bestimmt, nicht mehr als vier vom Hundert für das Jahr verlangt werden.

I. 255 (E. 3), 266 Begr., 392 (Z. I 3), 676 (Z. II 3). II. 488 — Becher VII. 3, *24*, *85*, 208, *213*, 483.

1. Art. 3 enthält eine reine Uebergangsvorschrift; denn er setzt voraus, daß das in Frage stehende Rechtsverhältniß zur Zeit des Inkrafttretens des BGB. bereits besteht.

Er setzt aber weiter voraus, daß sich der Zinssatz nach den Vorschriften der Landesgesetze bestimmt; gleichgültig ist dann, ob die Landesgesetze auf Grund der Uebergangsbestimmungen des EG. z. BGB. oder der Landesgesetze oder deswegen anwendbar bleiben, weil eine der Landesgesetzgebung vorbehaltene Materie in Frage steht.

2. Die Vorschrift des Art. 3 bezieht sich nur auf Verzugs- oder andere gesetzliche Zinsen.

Was insbesondere die Verzugszinsen anlangt, so ist es gleichgültig, ob der Verzug erst nach dem Inkrafttreten des BGB. eingetreten ist oder schon früher begonnen hat und noch fortdauert (Sammlung v. Entsch. d. bayer. ob. LG. in Civ. S. Bd. 1 S. 203, vgl. auch Habicht, Einwirkung des BGB. auf die zuvor entstandenen Rechtsverh. 2. Aufl. S. 194 ff., 199 ff., vgl. dagegen auch Bl. f. RA. Bd. 65 S. 343).

Zu den anderen gesetzlichen Zinsen gehören auch die Prozeßzinsen und die Urtheilszinsen (vgl. jedoch Anm. 4).

3. Art. 3 kommt aber nur insoweit zur Anwendung, als die Verzugs- oder gesetzlichen Zinsen für die Zeit nach dem Inkrafttreten des BGB. zu entrichten sind. Hinsichtlich der in diesem Zeitpunkte bereits verfallenen Zinsen hat es bei den bisherigen Bestimmungen sein Bewenden.

In anhängigen Prozessen ist daher zu erkennen, daß für die Zeit bis zum Inkrafttreten des BGB. die nach den bisherigen Gesetzen zulässigen Zinsen, für die spätere Zeit vierprozentige Zinsen zu entrichten sind (vgl. Samml. v. Entsch. d. bayer. ob. LG. i. Civ. S. Bd. 1 S. 27, 182, 202, Bl. f. RA. Bd. 65 S. 168).

Die Vorschrift des Art. 3 trifft aber auch dann zu, wenn das Urtheil vor dem Inkrafttreten des BGB. bereits rechtskräftig geworden ist. Zur Aufhebung des Urtheils bietet § 323 CPO. die Hand. (So auch der Ministerialkommissär I 490. Becher VII 87, vgl. auch 215, ferner Henle-Schneider Anm. AM. Habicht a. a. O. S. 202, welcher § 767 CPO. angewendet wissen will, jedoch mit Unrecht, da es sich um eine Verurtheilung zu „künftig fällig werdenden wiederkehrenden Leistungen" handelt.)

4. Dagegen wird durch obige Bestimmung das Recht des Gläubigers, höhere Zinsen zu verlangen, nicht berührt, wenn er hierzu aus einem anderen Rechtsgrunde berechtigt ist, z. B. wegen vertragsmäßiger Vereinbarung, oder wenn sich sein Recht, höhere Zinsen zu verlangen, auf Reichsrecht gründet (vgl. Art. 3 Abs. 3 des Ges. vom 5. Dez. 1867, § 288 Abs. 1 Satz 2 BGB.). Dies trifft auch dann zu, wenn eine Verurtheilung zur Zahlung vertragsmäßiger Zinsen erfolgte (vgl. Samml. v. Entsch. d. bayer. ob. LG. i. Civ. S. Bd. 1 S. 2).

Hierher gehört auch der Fall, daß nur die Verzinslichkeit der Schuld ohne Bestimmung des Zinsfußes festgesetzt ist (Art. 170 EG. z. BGB.).

Bierlieferungsvertrag.

Art. 4. Das Rechtsverhältniß aus einem vor dem Inkrafttreten des Bürgerlichen Gesetzbuchs geschlossenen Vertrage der im Artikel 13 des Ausführungsgesetzes zum Bürgerlichen Gesetzbuche bezeichneten Art bestimmt sich von diesem

Zeitpunkt an nach den Vorschriften der Artikel 13, 14 des Ausführungsgesetzes.

I. 676 (Z.[II] 3a). II. 860, 864 — Becher VII. *426*, 438, 475, 483.

Art. 13 AG. z. BGB.: Wird zwischen einem Brauer und einem Wirthe ein Vertrag über die Lieferung von Bier ohne Bestimmung der Menge des zu liefernden Bieres geschlossen, so gilt, soweit nicht ein Anderes vereinbart ist, als Gegenstand des Vertrags der gesammte Bedarf an Bier, der sich in dem Gewerbebetrieb des Wirthes während der Dauer des Vertragsverhältnisses ergibt. Der Wirth ist verpflichtet, den Bedarf ausschliesslich von dem Brauer zu beziehen, der Brauer hat dem Wirthe jeweils die verlangten Mengen zu liefern. Ist die Dauer des Vertragsverhältnisses nicht bestimmt, so kann dieses von jedem Theile für den Schluss des Monats September jedes Jahres gekündigt werden.

Geht das Geschäft des einen oder anderen Theiles durch Rechtsgeschäft unter Lebenden auf einen Dritten über, so hat der bisherige Inhaber dafür einzustehen, dass der neue Inhaber in den Vertrag eintritt.

Art. 14 AG. z BGB.: Ist bei dem Bestehen eines Vertragsverhältnisses der im Art. 13 Abs. 1 bezeichneten Art der Wirth Eigenthümer des Grundstücks, auf welchem er sein Geschäft betreibt, so kann der Brauer verlangen, dass ihm für den gestundeten oder rückständigen Kaufpreis des gelieferten Bieres eine Sicherungshypothek an dem Grundstück bestellt wird.

Hat der Wirth noch andere Grundstücke, die mit dem seinem Geschäftsbetrieb dienenden Grundstücke gemeinschaftlich bewirthschaftet werden, so kann die Erstreckung der Sicherungshypothek auf diese Grundstücke verlangt werden, soweit sie erforderlich ist, damit der Betrag des Kaufpreises durch den Werth der Grundstücke doppelt gedeckt wird. Der Werth wird unter Abzug der Belastungen berechnet, die der Sicherungshypothek im Range vorgehen.

1. Die Bierlieferungsverträge, die am 1. Januar 1900 bestehen, sind daher von diesem Tage an nach den neuen Vorschriften der Art. 13, 14 AG. z. BGB. zu beurtheilen.

Soweit jedoch bereits vor dem 1. Januar 1900 aus einem solchen Vertrag entstandene Verbindlichkeiten in Frage kommen, sind dieselben nach den bisherigen Bestimmungen zu beurtheilen (Art. 23 ff. der k. Verordnung vom 25. April 1811, §§ 11, 12 des Gesetzes vom 23. Mai 1846 die Regulirung des Bierabsatzes u. s. w. betr., § 26 Ziff. 2 Abs. 5 des Landtagsabschiedes vom 10. November 1861).

2. Bezüglich des gesetzlichen Hypothekentitels bis zur Herstellung des Grundbuchs vgl. Art. 50 ÜG.

Miethe und Pacht.

Art. 5. Ist ein Grundstück von einem Nießbraucher, für dessen Recht die bisherigen Gesetze maßgebend sind, ver=

miethet oder verpachtet, so finden, wenn der Nießbrauch nach dem Inkrafttreten des Bürgerlichen Gesetzbuchs endigt, die Vorschriften des § 1056 des Bürgerlichen Gesetzbuchs Anwendung. Ist der Mieth- oder Pachtvertrag vor dem Inkrafttreten des Bürgerlichen Gesetzbuchs eingegangen worden, so bleiben weitergehende Rechte des Miethers oder Pächters, die sich aus den bisherigen Gesetzen ergeben, unberührt, unbeschadet der Vorschrift des Artikel 171 des Einführungsgesetzes zum Bürgerlichen Gesetzbuche.

Diese Vorschriften finden entsprechende Anwendung, wenn ein der Nutznießung des Ehemanns unterliegendes Grundstück von dem Ehemann, ein dem Beisitzrechte des überlebenden Ehegatten unterliegendes Grundstück von dem überlebenden Ehegatten, ein Nachlaßgrundstück von dem Vorerben, dem Fiduziarerben oder dem Vorvermächtnißnehmer vermiethet oder verpachtet worden ist und für das Recht des Vermiethers oder Verpächters die bisherigen Gesetze maßgebend sind. Ist ein der elterlichen Nutznießung unterliegendes Grundstück von dem Inhaber des elterlichen Nutznießungsrechts vermiethet oder verpachtet worden, so gilt das Gleiche, wenn die elterliche Nutznießung mit dem Inkrafttreten des Bürgerlichen Gesetzbuchs endigt.

I. 255 (E. 4), 267 Begr., 392 (Z. I 4), 676 (Z. II 4). II. 492 — Becher VII. 2, *24*, *91*, 208, *216*, 483.

§ 1056 BGB.: Hat der Niessbraucher ein Grundstück über die Dauer des Niessbrauchs hinaus vermiethet oder verpachtet, so finden nach der Beendigung des Niessbrauchs die für den Fall der Veräusserung geltenden Vorschriften der §§ 571, 572, des § 573 Satz 1 und der §§ 574 bis 576, 579 entsprechende Anwendung.

Der Eigenthümer ist berechtigt, das Mieth- oder Pachtverhältniss unter Einhaltung der gesetzlichen Kündigungsfrist zu kündigen. Verzichtet der Niessbraucher auf den Niessbrauch, so ist die Kündigung erst von der Zeit an zulässig, zu welcher der Niessbrauch ohne den Verzicht erlöschen würde.

Der Miether oder der Pächter ist berechtigt, den Eigenthümer unter Bestimmung einer angemessenen Frist zur Erklärung darüber aufzufordern, ob er von dem Kündigungsrechte Gebrauch mache. Die Kündigung kann nur bis zum Ablaufe der Frist erfolgen.

§ 571 BGB.: Endigt der Niessbrauch an dem vermietheten oder verpachteten Grundstücke nach der Ueberlassung an den Miether oder Pächter, so tritt der Eigenthümer an*

Stelle des Niessbrauchers in die sich aus dem Mieth- oder Pachtverhältniss ergebenden Rechte und Verpflichtungen ein.

Erfüllt der Eigenthümer die Verpflichtungen nicht, so haftet der Niessbraucher für den von dem Eigenthümer zu ersetzenden Schaden wie ein Bürge, der auf die Einrede der Vorausklage verzichtet hat. Erlangt der Miether oder Pächter von der Beendigung des Niessbrauchs Kenntniss, so wird der Niessbraucher von der Haftung befreit, wenn nicht der Miether oder Pächter das Mieth- oder Pachtverhältniss für den ersten Termin kündigt, für den die Kündigung zulässig ist.

§ 572 BGB.: Hat der Miether oder Pächter des Grundstücks dem Niessbraucher für die Erfüllung seiner Verpflichtungen Sicherheit geleistet, so tritt der Eigenthümer in die dadurch begründeten Rechte ein. Zur Rückgewähr der Sicherheit ist er nur verpflichtet, wenn sie ihm ausgehändigt wird, oder wenn er dem Niessbraucher gegenüber die Verpflichtung zur Rückgewähr übernimmt.*

§ 573 Satz 1 BGB.: Eine Verfügung, die der Niessbraucher vor Beendigung des Niessbrauchs über den nach diesem Zeitpunkt anfallenden Mieth- oder Pachtzins getroffen hat, ist insoweit wirksam, als sie sich auf den Mieth- oder Pachtzins für das zur Zeit der Beendigung des Niessbrauchs laufende und das folgende Kalendervierteljahr bezieht.*

§ 574 BGB.: Ein Rechtsgeschäft, das zwischen dem Miether oder Pächter und dem Niessbraucher in Ansehung der Mieth- oder Pachtzinsforderung vorgenommen wird, insbesondere die Entrichtung des Mieth- oder Pachtzinses, ist dem Eigenthümer gegenüber wirksam, soweit es sich nicht auf den Mieth- oder Pachtzins für eine spätere Zeit als das Kalendervierteljahr, in welchem der Miether oder Pächter von der Beendigung des Niessbrauchs Kenntniss erlangt, und das folgende Kalendervierteljahr bezieht. Ein Rechtsgeschäft, das nach der Beendigung des Niessbrauchs vorgenommen wird, ist jedoch unwirksam, wenn der Miether oder Pächter bei der Vornahme des Rechtsgeschäfts von der Beendigung des Niessbrauchs Kenntniss hat.*

§ 575 BGB.: Soweit die Entrichtung des Mieth- oder Pachtzinses an den Niessbraucher nach § 574 dem Eigenthümer gegenüber wirksam ist, kann der Miether oder Pächter gegen die Mieth- oder Pachtzinsforderung des Eigenthümers eine ihm gegen den Niessbraucher zustehende Forderung aufrechnen. Die Aufrechnung ist ausgeschlossen, wenn der Miether oder Pächter die Gegenforderung erworben hat, nachdem er von der Beendigung des Niessbrauchs Kenntniss erlangt hat, oder wenn die Gegenforderung erst nach der Erlangung der Kenntniss und später als der Mieth- oder Pachtzins fällig geworden ist.*

§ 576 BGB.: Zeigt der Niessbraucher dem Miether oder Pächter an, dass der Niessbrauch beendigt sei, so muss er in*

Ansehung der Mieth- oder Pachtzinsforderung die angezeigte Beendigung des Niessbrauchs dem Miether oder Pächter gegenüber gegen sich gelten lassen, auch wenn sie nicht erfolgt oder wirksam ist.

Die Anzeige kann nur mit Zustimmung desjenigen zurückgenommen werden, der als der Eigenthümer bezeichnet ist.

§ 579 BGB.: Wird das vermiethete oder verpachtete Grundstück von dem Eigenthümer weiter veräussert oder belastet, so finden die Vorschriften des § 571 Abs. 1 und der §§ 572—576 entsprechende Anwendung. Erfüllt der Erwerber die aus dem Mieth- oder Pachtverhältniss sich ergebenden Verpflichtungen nicht, so haftet der Niessbraucher dem Miether oder Pächter nach § 571 Abs. 2.*

Art. 171 EG. z BGB.: Ein zur Zeit des Inkrafttretens des Bürgerlichen Gesetzbuchs bestehendes Mieth-, Pacht- oder Dienstverhältniss bestimmt sich, wenn nicht die Kündigung nach dem Inkrafttreten des Bürgerlichen Gesetzbuchs für den ersten Termin erfolgt, für den sie nach den bisherigen Gesetzen zulässig ist, von diesem Termin an nach den Vorschriften des Bürgerlichen Gesetzbuchs.

1. Abs. 1 handelt von dem Einfluß, den die Beendigung eines den bisherigen Gesetzen unterworfenen Nießbrauchs auf Miethe und Pacht äußert, während Abs. 2 die Bestimmungen des Abs. 1 auf die dort aufgeführten nießbrauchsähnlichen Verhältnisse für entsprechend anwendbar erklärt.

2. Für das Recht des Nießbrauchers sind die bisherigen Gesetze maßgebend, wenn entweder der Nießbrauch bei dem Inkrafttreten des BGB. schon besteht (Art. 184 EG. z. BGB.) oder wenn er zwar nach diesem Zeitpunkte, aber noch vor der Herstellung des Grundbuchs begründet wird (Art. 189 EG. z. BGB).

3. Wurde der Mieth- oder Pachtvertrag nach dem Inkrafttreten des BGB. geschlossen, so findet § 1056 BGB. ausnahmslos Anwendung. Wurde er vor diesem Zeitpunkte eingegangen, so findet § 1056 mit der Maßgabe Anwendung, daß weitergehende Rechte des Miethers oder Pächters, die sich aus den bisherigen Gesetzen ergeben, unberührt bleiben; diese können nur dann berücksichtigt werden, wenn nach dem Inkrafttreten des BGB. die Kündigung für den ersten Termin erfolgt, für den sie nach den bisherigen Gesetzen zuläßig ist; denn anderenfalls bestimmt sich von diesem Termin an gemäß Art. 171 EG. z. BGB. das Mieth- oder Pachtverhältniß nach den Vorschriften des BGB. A. M. Becher VII. 216 (vgl. auch Art. 172 EG. z. BGB.).

4. Bezüglich der Nutznießung des Ehemanns wird vorausgesetzt, daß die Ehe zur Zeit des Inkrafttretens des BGB. schon und noch besteht und der Güterstand nicht übergeleitet wird.

Hinsichtlich des Beisitzrechts vgl. Art. 69 Abs. 2, 70 Abs. 2, 79 Abs. 2, 80 Abs. 2, 81, 84 Abs. 2, 86 Abs. 2 ÜG. Ferner sind die Vorschriften über das Beisitzrecht dann aufrecht erhalten, wenn der eine Ehegatte vor dem Inkrafttreten des BGB. gestorben und das Beisitzrecht eingetreten ist.

Auf Grund des Art. 203 EG. z. BGB., wonach das Rechtsverhältniß zwischen Eltern und einem vor dem 1. Januar 1900 geborenen ehelichen Kinde von diesem Zeitpunkte an, insbesondere auch in Ansehung des Vermögens, welches das Kind vorher erworben hat, sich nach den Vorschriften des BGB. bestimmt, findet Abs. 2 Satz 2 hauptsächlich dann Anwendung, wenn das Kind am 1. Januar 1900 bereits volljährig war.

Art. 6. Ist ein nach den Vorschriften des Bürgerlichen Gesetzbuchs vermiethetes oder verpachtetes Grundstück dem Miether oder Pächter überlassen, so finden im Falle der Zwangsversteigerung oder der Zwangsverwaltung des Grundstücks, auch bevor das Grundbuch als angelegt anzusehen ist, die Vorschriften Anwendung, welche für die Zeit nach der Anlegung des Grundbuchs über den Einfluß des Verfahrens auf das Mieth- oder Pachtverhältniß gelten.

I. 255 (E. 4), 268 Begr., 393 (Z.^{I} 5), 677 (Z.^{II} 5). II. 492 — Becher VII. 2, *26*, *92*, 208, *216*, 483.

1. In Betracht kommen die Vorschriften der §§ 57, 152 Abs. 2 ZVG., Art. 28, 36 AG. z. ZVG. Nach § 57 ZVG. finden „im Falle der Zwangsversteigerung, wenn das Grundstück einem Miether oder Pächter überlassen ist, die Vorschriften der §§ 571, 572, 573 Satz 1, 574, 575 BGB. (s. Art. 5) entsprechende Anwendung. Der Ersteher ist jedoch berechtigt, das Mieth- oder Pachtverhältniß unter Einhaltung der gesetzlichen Frist zu kündigen. Die Kündigung ist ausgeschlossen, wenn sie nicht für den ersten Termin erfolgt, für den sie zulässig ist." Nach § 152 ZVG. ist „im Falle der Beschlagnahme zum Zwecke der Zwangsverwaltung der Mieth- oder Pachtvertrag auch dem Verwalter gegenüber wirksam, wenn das Grundstück dem Miether oder Pächter vor der Beschlagnahme überlassen ist".

Die Vorschriften der §§ 57, 152 ZVG. setzen voraus, daß das Grundbuch als angelegt anzusehen ist und das Grundstück nach den Vorschriften des BGB. vermiethet oder verpachtet ist (vgl. auch Art. 171 EG. z. BGB.). Nach Art. 28 AG. z. GBO. gelten unter der ersten Voraussetzung (Art. 53 AG. z. GBO.) diese Vorschriften auch für den Fall, daß das Grundstück vor dem Inkrafttreten des BGB. einem Miether oder Pächter überlassen ist, und zwar gleichviel ob das Rechtsverhältniß nach dem alten oder nach dem neuen Rechte zu beurtheilen ist (Art. 171 EG. z. BGB.).

Nach Art. 6 ÜG. finden die Vorschriften der §§ 57, 152 ZVG. auch vor der Anlegung des Grundbuchs Anwendung, wenn ein nach den Vorschriften des BGB. vermiethetes oder verpachtetes Grundstück dem Miether oder Pächter, gleichviel wann, überlassen ist. Demgemäß findet auch Art. 28 AG. z. GBO. Anwendung, soweit er den Fall betrifft, daß ein „nach den Vorschriften des BGB." vermiethetes oder verpachtetes Grundstück dem Miether oder Pächter überlassen ist.

Dagegen bestehen keine Uebergangsvorschriften für den Fall, daß das Grundstück nach altem Recht vermiethet oder verpachtet und erst nach dem Inkrafttreten des BGB. dem Miether oder Pächter überlassen ist und das Rechtsverhältniß gemäß Art. 171 EG. z. BGB. nach altem Recht zu beurtheilen ist. In einem solchen Falle, ebenso auch in dem Falle, in welchem ein solches Grundstück dem Miether oder Pächter nicht überlassen ist, dürften die bisherigen Vorschriften maßgebend bleiben (vgl. Bl. f. RA. Bd. 65 S. 309).

Urkundenaufgebot.

Art. 7. Auf das Aufgebotsverfahren zum Zwecke der Kraftloserklärung einer vor dem Inkrafttreten des Bürgerlichen Gesetzbuchs errichteten Urkunde, für deren Kraftloserklärung die bisherigen Gesetze maßgebend sind, finden die Vorschriften der §§ 1010 bis 1014 der Civilprozeßordnung keine Anwendung.

I. 255 (E. 6), 268 Begr. 393 (Z. I 6), 677 (Z. II 6). II. 493, 595 — Becher VII. 3, *27*, *93*, 208, *216*, 483.

Voraussetzung für die Anwendbarkeit des Art. 7 ist:

1. daß die Urkunde vor dem Inkrafttreten des BGB. errichtet wurde,

2. daß sie nach dem bisherigen Rechte für kraftlos erklärt werden konnte. Nach bayerischem Rechte war die Kraftloserklärung zulässig

a) bei Schuldverschreibungen auf den Inhaber nach Maßgabe des Gesetzes vom 18. März 1896,

b) bei auf den Namen lautenden Urkunden nach den Verordnungen vom 10. Oktober 1810, die Ausfertigung der Amortisations-Edikte betr., vom 17. August 1813 Erläuterung der Verordnung vom 10. Oktober 1810, und nach der Verordnung vom 12. März 1817 die auf jeden Inhaber (au porteur) lautenden Staats- oder sonstigen öffentlichen Fonds-Papiere betr., von denen erstere Verordnung durch die Gesetze über die Staatsschuld vom 1. Juni 1822 Art. 4 und vom 11. September 1825 § 12 auf die Pfalz ausgedehnt wurde,

3. daß für die Kraftloserklärung die bisherigen Gesetze maßgebend bleiben. Nach Art. 174 EG. z. BGB. gelten aber vom Inkrafttreten des BGB. an für die vorher ausgestellten Schuldverschreibungen auf den Inhaber die Vorschriften des BGB. Abs. 1 Satz 2 hält zwar für die Kraftloserklärung der auf Sicht zahlbaren unverzinslichen Schuldverschreibungen, sowie der Zins-, Renten- und Gewinnantheilscheine die bisherigen Vorschriften aufrecht, allein bei diesen war nach Art. 1 Abs. 1 Satz 2 des bayer. Ges. vom 18. März 1896 auch bisher die Kraftloserklärung ausgeschlossen. Bei Aktien und Interimsscheinen, die vor dem Inkrafttreten des neuen Handelsgesetzbuchs ausgegeben wurden, bestimmt sich die Kraftloserklärung auf Grund des Art. 25 EG. z. HGB. ebenfalls nach neuem Recht. Die Kraftloserklärung von Wechseln erfolgt nach Art. 73 WO.

Für die sog. qualifizirten Legitimationspapiere d. h. solche Urkunden, in welchen der Gläubiger benannt ist und nach deren Inhalt der Inhaber die Leistung nicht verlangen, der Schuldner aber ohne Legitimationsprüfung an den Inhaber mit befreiender Wirkung leisten kann, gelten hinsichtlich der Kraftloserklärung die besonderen Bestimmungen des Art. 30 AG. z. CPO. n. F. und für die Kraftloserklärung der Sparurkunden die besonderen Bestimmungen der Art. 111 ff. AG. z. BGB., auch wenn sie vor dem Inkrafttreten des BGB. ausgestellt sind.

Art. 7 bezieht sich daher nur auf die vorstehend nicht genannten, auf den Namen des Berechtigten ausgestellten Urkunden, insbesondere auf die auf den Namen ausgestellten Staatsschuldverschreibungen, welche vor dem 1. Januar 1900 ausgestellt sind. Vorausgesetzt wird aber, daß sie auf den Namen ausgestellt sind. Hinsichtlich der auf den Inhaber ausgestellten, aber auf den Namen des Gläubigers umgeschriebenen Schuldverschreibungen vgl. Art. 54, 55, 57 AG. z. BGB.

Schuldverschreibungen auf den Inhaber.

Art. 8. Auf die vor dem Inkrafttreten des Bürgerlichen Gesetzbuchs ausgestellten Schuldverschreibungen auf den Inhaber finden von diesem Zeitpunkt an die Vorschriften des § 803 und in Ansehung der nach diesem Zeitpunkte fällig werdenden Ansprüche die Vorschriften des § 801 des Bürgerlichen Gesetzbuchs Anwendung.

Die Vorschriften des § 801 gelten auch für die vor dem Inkrafttreten des Bürgerlichen Gesetzbuchs fällig gewordenen Ansprüche aus Schuldverschreibungen auf den Inhaber sowie aus solchen Schuldverschreibungen des Staates oder einer dem bayerischen Staate angehörenden Körperschaft, Stiftung oder Anstalt des öffentlichen Rechtes, die auf den Namen des Gläubigers umgeschrieben sind; die Vorschriften des Artikel 169 des Einführungsgesetzes zum Bürgerlichen Gesetzbuche finden entsprechende Anwendung.

Eine von dem Aussteller in der Urkunde oder in dem Zins-, Renten- oder Gewinnantheilschein über die Verjährungs-, Einlösungs- oder Vorlegungsfrist getroffene Bestimmung gilt als anderweitige Festsetzung der Vorlegungsfrist im Sinne des § 801 Abs. 3.

I. 255 (E. 7), 268 Begr., 393 (Z.I 7), 677 (Z.II 7). II. 493, 595 — Becher VII. 3, *27*, *94*, 208, *217*, 483.

§ 801 BGB.: Der Anspruch aus einer Schuldverschreibung auf den Inhaber erlischt mit dem Ablaufe von dreissig Jahren nach dem Eintritte der für die Leistung bestimmten Zeit, wenn nicht die Urkunde vor dem Ablauf der dreissig Jahre dem Aussteller zur Einlösung vorgelegt wird. Erfolgt die Vorlegung, so verjährt der Anspruch in zwei Jahren von dem Ende der Vorlegungsfrist an. Der Vorlegung steht die gerichtliche Geltendmachung des Anspruchs aus der Urkunde gleich.

Bei Zins-, Renten-, und Gewinnantheilscheinen beträgt die Vorlegungsfrist vier Jahre. Die Frist beginnt mit dem Schlusse des Jahres, in welchem die für die Leistung bestimmte Zeit eintritt.

Die Dauer und der Beginn der Vorlegungsfrist können von dem Aussteller in der Urkunde anders bestimmt werden.

§ 803 BGB.: Werden für eine Schuldverschreibung auf den Inhaber Zinsscheine ausgegeben, so bleiben die Scheine, sofern sie nicht eine gegentheilige Bestimmung enthalten, in Kraft, auch wenn die Hauptforderung erlischt oder die Verpflichtung zur Verzinsung aufgehoben oder geändert wird.

Werden solche Zinsscheine bei der Einlösung der Haupt schuldverschreibung nicht zurückgegeben, so ist der Aussteller berechtigt, den Betrag zurückzubehalten, den er nach Abs. 1 für die Scheine zu zahlen verpflichtet ist.

Art. 169 EG. z. BGB.: Die Vorschriften des Bürgerlichen Gesetzbuchs finden auf die vor dem Inkrafttreten des Bürgerlichen Gesetzbuchs entstandenen, noch nicht verjährten Ansprüche Anwendung. Der Beginn sowie die Hemmung und Unterbrechung der Verjährung bestimmen sich jedoch für die Zeit vor dem Inkrafttreten des Bürgerlichen Gesetzbuchs nach den bisherigen Gesetzen.

Ist die Verjährungsfrist nach dem Bürgerlichen Gesetzbuche kürzer als nach den bisherigen Gesetzen, so wird die kürzere Frist von dem Inkrafttreten des Bürgerlichen Gesetzbuchs an berechnet. Läuft jedoch die in den bisherigen Gesetzen bestimmte längere Frist früher als die im Bürgerlichen Gesetzbuche bestimmte kürzere Frist ab, so ist die Verjährung mit dem Ablaufe der längeren Frist vollendet.

1. Weitere Uebergangsbestimmungen enthalten die Art. 174 bis 176 EG. z. BGB.

2. Hinsichtlich der im Abs. 2 bezeichneten Schuldverschreibungen des Staates u. s. w. vgl. auch Art. 55, 57 AG. z. BGB.

Eigenthumsbeschränkungen zu Gunsten bestehender Waldungen.

Art. 9. Der Eigenthümer eines Waldgrundstücks ist verpflichtet, die Wurzeln eines Baumes oder Strauches, die von einem Nachbargrundstück eingedrungen sind, das zur Zeit des Inkrafttretens des Bürgerlichen Gesetzbuchs mit Wald bestanden ist, sowie die von einem solchen Grundstücke herüberragenden Zweige zu dulden, bis auf dem Nachbargrundstücke die nächste Verjüngung des Waldes stattfindet.

Dem Eigenthümer eines anderen Grundstücks obliegt die gleiche Duldungspflicht gegenüber den herüberragenden Zweigen, soweit diese mindestens 5 m vom Boden entfernt sind; die Entfernung wird bis zu den unteren Spitzen der Zweige gemessen. Für die Beseitigung herüberragender Zweige, die weniger als 5 m vom Boden entfernt sind, ist dem Eigenthümer des mit Wald bestandenen Grundstücks eine dem Umfange der Arbeit für das ganze Grundstück entsprechende Frist von höchstens zwei Jahren zu gewähren. Auf der westlichen, nordwestlichen, südwestlichen und südlichen Seite des mit Wald bestandenen Grundstücks müssen auch solche herüberragende Zweige geduldet werden, wenn im Falle der Beseitigung der Fortbestand eines zum Schutze des Waldes erforderlichen Baumes oder Strauches gefährdet oder die Ertragsfähigkeit des Waldbodens in Folge des Eindringens von Wind und Sonne beeinträchtigt werden würde.

Im Falle des Plenterbetriebs gilt als der Zeitpunkt der nächsten Verjüngung der Beginn des Jahres 1950.

Auf isolirte Waldparzellen, die bis zum Beginne des Jahres 1885 als landwirthschaftliche Grundstücke benutzt worden sind, finden die Vorschriften des Abs. 2 keine Anwendung.

I. 256 (E. 8), 270 Begr., 393 (Z.^{I} 8), 677 (Z.^{II} 8). II. 494, 596, 615 — Becher VII. 3, *30*, *96*, *167*, 208, *217*, 484, *495*.

1. Art. 9 beruht auf Art. 183, 218 EG. z. BGB., vgl. auch §§ 910, 923 BGB. Zu beachten ist, daß Art. 9 lediglich von gesetzlichen Eigenthumsbeschränkungen, nicht von Dienstbarkeiten handelt. Besteht daher am 1. Januar 1900 eine Dienstbarkeit des Inhalts, daß der Nachbar das Uebergreifen von Zweigen und Wurzeln zu dulden hat, so bleibt dieselbe bestehen (Art. 184 EG. z. BGB.).

Art. 9 setzt voraus, daß die betreffende Waldung bei dem Inkrafttreten des BGB. bereits besteht. Für Grundstücke, die erst nach diesem Zeitpunkte aufgeforstet werden, sowie gemäß Abs. 4 für isolirte Waldparzellen, gelten vom Inkrafttreten des BGB. an die Vorschriften des § 910 BGB.

Art. 9 schafft einheitliches Recht für das ganze Königreich, gilt also auch da, wo nach bisherigem Recht eine Duldungspflicht nicht bestand.

2. Abs. 1 setzt zwei Waldgrundstücke, Abs. 2 ein Waldgrundstück und ein anderes Grundstück voraus. Wenn daher das an das Waldgrundstück anstoßende Grundstück am 1. Januar 1900 gleichfalls mit Wald bestanden war, aber später in ein Ackergrundstück verwandelt

wird, so gilt von der Zeit dieser Aenderung seiner Beschaffenheit an nicht mehr Abs. 1, sondern Abs. 2.

Während Abs. 1 eine Duldungspflicht hinsichtlich der herüberragenden Wurzeln und Zweige statuirt, beschränkt Abs. 2 die Duldungspflicht auf die herüberragenden Zweige; bezüglich der Wurzeln gilt im Falle des Abs. 2 die Vorschrift des § 910 BGB.

3. Die Duldungspflicht besteht nur bis zur nächsten Verjüngung, richtiger nur bis zur Rodung des Waldes (so auch Henle-Schneider Anm. 3), bezw. bei Plenterbetrieb bis zum Beginne des Jahres 1950. Dies gilt auch in den Fällen des Abs. 2.

Eine Verjüngung findet statt, wenn der Wald ganz oder theilweise abgetrieben und wieder aufgeforstet wird. Findet nur eine theilweise Verjüngung statt, so gelten die Vorschriften des BGB. nur für den verjüngten Waldtheil, während im übrigen Art. 9 noch Anwendung findet.

Den Gegensatz zur Verjüngung bildet der Plenterbetrieb. Derselbe besteht darin, daß man die Stämme, die ihr natürliches Wachsthum erreicht haben und so groß sind, daß sie der Eigenthümer verwenden kann, herausnimmt, und die anderen jüngeren Bäume, die theils als Unterwuchs vorhanden sind, theils nachgepflanzt werden, stehen läßt.

4. Im Falle des Abs. 2 Satz 2 kann der Nachbar nicht die Beseitigung der unter 5 m hohen Zweige schlechthin, sondern nur insoweit verlangen, als sie in sein Grundstück hineinragen.

Isolirte Waldparzellen bilden den Gegensatz zum wirklichen Wald. Unter letzterem ist ein Grundstück zu verstehen, das einen forstwirthschaftlichen Betrieb zuläßt, unter einer isolirten Waldparzelle dagegen ein von landwirthschaftlichen Grundstücken umgebenes, mit Bäumen bestandenes Grundstück, das eine forstwirthschaftliche Benutzung nicht gestattet.

Eintragung von Grunddienstbarkeiten.

Art. 10. Grunddienstbarkeiten, die zu der Zeit bestehen, zu welcher das Grundbuch als angelegt anzusehen ist, müssen zur Erhaltung der Wirksamkeit gegenüber dem öffentlichen Glauben des Grundbuchs in das Grundbuch eingetragen werden. Der Eintragung sind Grunddienstbarkeiten, mit denen das Halten einer dauernden Anlage verbunden ist, solange nicht unterworfen, als die Anlage besteht.

Der Beginn und die Dauer der Frist für die Anmeldung der einzutragenden Grunddienstbarkeiten werden durch Königliche Verordnung bestimmt; die Frist muß jedoch mindestens sechs Monate betragen.

Die Bestimmung der Frist kann für einzelne Grundbuchbezirke und für einzelne Arten von Grunddienstbarkeiten gesondert erfolgen.

Die Eintragung und die Entgegennahme der Erklärungen, die zum Zwecke der Eintragung vor dem Grundbuchamt abgegeben werden, sind gebührenfrei.

I. 256 (E. 9), 270 Begr., 394 (Z.I 9), 678 (Z.II 9). II. 497. 503 — Becher VII. 4, *31*, *100*, 208, *227*, 484, *496*.

1. Auf Grund der Art. 184, 187, 189 EG. z. BGB. bleiben Grunddienstbarkeiten, die vor der Anlegung des Grundbuchs, also auch, wenn erst nach dem Inkrafttreten des BGB., entstanden sind, mit dem sich aus den bisherigen Gesetzen ergebenden Inhalt und Range bestehen.

Im Abs. 1 des Art. 10 ist der Grundsatz aufgestellt, daß alle diese Grunddienstbarkeiten jedoch zur Erhaltung der Wirksamkeit gegenüber dem öffentlichen Glauben des Grundbuchs dem Eintragungszwang unterliegen. Dieser Grundsatz kommt jedoch den im Satz 1 bezeichneten Grunddienstbarkeiten gegenüber erst dann zur Anwendung, wenn die im Abs. 2 und 3 bezeichnete Frist bestimmt ist. Bis zum Ablauf dieser Frist sind sie auch ohne Eintragung dem öffentlichen Glauben des Grundbuchs gegenüber wirksam. Dagegen unterliegen die in Satz 2 bezeichneten Grunddienstbarkeiten dem Eintragungszwang, sobald die Anlage aufhört zu bestehen.

Auf an buchungsfreien Grundstücken bestehende Grunddienstbarkeiten findet Art. 11 keine Anwendung.

2. Nicht zu verwechseln mit dem in Abs. 1 statuirten Eintragungszwang ist die Frage der Zulässigkeit der Eintragung, vgl. Art. 44 ÜG. und Art. 187 EG. z. BGB.

Bezüglich der Eintragungen im Anlegungsverfahren vgl. JMBek. vom 2. Juli 1899 (JMBl. S. 165) für die Landestheile rechts des Rheines, Nr. 21, 125, 264 der Grundbuchanlegungsordnung für die Pfalz vom 14. September 1898 (JMBl. S. 315).

4. Hinsichtlich der Gebührenfreiheit, wenn die Eintragung auf Antrag erfolgt, vgl. Art. 310 Geb.G., vgl. jedoch auch Art. 119 a. a. O.

Erlöschen nicht eingetragener Grunddienstbarkeiten.

Art. 11. Von der Zeit an, zu welcher das Grundbuch als angelegt anzusehen ist, gelten für das Erlöschen von Grunddienstbarkeiten, die nach den bisherigen Vorschriften entstanden und nicht in das Grundbuch eingetragen sind, die Vorschriften der Artikel 12 bis 17.

I. 256 (E. 10), 271 Begr., 394 (Z.I 10), 679 (Z.II 10). II. 503 — Becher VII. 4, *33*, *108*, 209, *228*, 484.

1. Bis zu dem Zeitpunkte, in welchem das Grundbuch als angelegt anzusehen ist, sind die Erlöschungsgründe der in Art. 11 bezeichneten Grunddienstbarkeiten nach dem bisherigen Rechte zu beurtheilen.

2. Die Anwendbarkeit der Art. 11 ff. ist nicht auf diejenigen Grunddienstbarkeiten beschränkt, welche am 1. Januar 1900 bereits

bestehen, sondern erstreckt sich auch auf diejenigen Grunddienstbarkeiten, welche nach dem Inkrafttreten des BGB. bis zu dem Zeitpunkte begründet werden, in welchem das Grundbuch als angelegt anzusehen ist.

Vorausgesetzt wird aber, daß die betreffende Grunddienstbarkeit nicht in das Grundbuch eingetragen ist. Hiebei ist es gleichgültig, ob bereits ein Zwang zur Eintragung besteht oder nicht, oder ob die Eintragung deshalb unterblieb, weil ein buchungsfreies Grundstück in Frage steht. Ist die Eintragung erfolgt, so finden die Vorschriften des BGB. Anwendung. — Vgl. auch Art. 84 AG. z. BGB.

3. Die Erlöschungsgründe sind in den Art. 12 ff. erschöpfend aufgezählt, natürlich mit Ausnahme solcher, welche sich aus der Natur der Sache ergeben, wie z. B. Untergang des Objekts.

Art. 12. Zur Aufhebung der Grunddienstbarkeit ist die Erklärung des Berechtigten gegenüber dem Eigenthümer erforderlich, daß er die Dienstbarkeit aufgebe; die Erklärung muß in öffentlich beglaubigter Form abgegeben werden.

Die Vorschriften des § 876 des Bürgerlichen Gesetzbuchs finden entsprechende Anwendung.

I. 256 (E. 11), 271 Begr., 394 ($Z.^{I}$ 11), 679 ($Z.^{II}$ 11). II. 503 — Becher VII. 4, *33*, *108*, 209, *228*, 484.

§ 876 BGB.: Ist ein Recht an einem Grundstücke mit dem Rechte eines Dritten belastet, so ist zur Aufhebung des belasteten Rechtes die Zustimmung des Dritten erforderlich. Steht das aufzuhebende Recht dem jeweiligen Eigenthümer eines anderen Grundstückes zu, so ist, wenn dieses Grundstück mit dem Rechte eines Dritten belastet ist, die Zustimmung des Dritten erforderlich, es sei denn, dass dessen Recht durch die Aufhebung nicht berührt wird. Die Zustimmung ist dem Grundbuchamt oder demjenigen gegenüber zu erklären, zu dessen Gunsten sie erfolgt; sie ist unwiderruflich.

1. Vgl. § 875 BGB.

Art. 13. Die Grunddienstbarkeit erlischt mit dem Ablaufe von zehn Jahren nach der letzten Ausübung. Hat eine Ausübung nicht stattgefunden, so beginnt die zehnjährige Frist mit dem Zeitpunkte, von dem an die Ausübung zulässig war. Die für die Verjährung geltenden Vorschriften der §§ 202 bis 207, 209 bis 212, 216, 217, 219, 220 des Bürgerlichen Gesetzbuchs und des Artikel 169 des Einführungsgesetzes zum Bürgerlichen Gesetzbuch finden entsprechende Anwendung.

Der Lauf der Erlöschungsfrist wird nicht dadurch gehemmt, daß die Dienstbarkeit nur zeitweilig ausgeübt werden kann; die Frist endigt jedoch in diesem Falle nicht, bevor die Zeit, zu welcher die Ausübung zulässig war, zum zweiten Male eingetreten und seit dem zweiten Eintritt ein Jahr verstrichen ist.

I. 256 (E. 12), 271 Begr., 394 (Z. I 12), 679 (Z. II 12). II. 503 — Becher VII. 4, *33*, *108*, 209, *228*, 484.

§ 202 Abs. 1 BGB.: Die Verjährung ist gehemmt, solange die Leistung gestundet oder der Verpflichtete aus einem anderen Grund vorübergehend zur Verweigerung der Leistung berechtigt ist.

§ 203 BGB.: Die Verjährung ist gehemmt, solange der Berechtigte durch Stillstand der Rechtspflege innerhalb der letzten sechs Monate der Verjährungsfrist an der Rechtsverfolgung gehindert ist.

Das Gleiche gilt, wenn eine solche Verhinderung in anderer Weise durch höhere Gewalt herbeigeführt wird.

§ 204 BGB.: Die Verjährung von Ansprüchen zwischen Ehegatten ist gehemmt, solange die Ehe besteht. Das Gleiche gilt von Ansprüchen zwischen Eltern und Kindern, während der Minderjährigkeit der Kinder und von Ansprüchen zwischen dem Vormund und dem Mündel während der Dauer des Vormundschaftsverhältnisses.

§ 205 BGB.: Der Zeitraum, während dessen die Verjährung gehemmt ist, wird in die Verjährungsfrist nicht eingerechnet.

§ 206 Abs. 1 Satz 1 BGB.: Ist eine geschäftsunfähige oder eine in der Geschäftsfähigkeit beschränkte Person ohne gesetzlichen Vertreter, so wird die gegen sie laufende Verjährung nicht vor dem Ablaufe von sechs Monaten nach dem Zeitpunkte vollendet, in welchem die Person unbeschränkt geschäftsfähig wird oder der Mangel der Vertretung aufhört.

§ 207 Satz 1 BGB.: Die Verjährung eines Anspruchs, der zu einem Nachlasse gehört oder sich gegen einen Nachlass richtet, wird nicht vor dem Ablauf von sechs Monaten nach dem Zeitpunkte vollendet, in welchem die Erbschaft von dem Erben angenommen oder der Konkurs über den Nachlass eröffnet wird oder von welchem an der Anspruch von einem Vertreter oder gegen einen Vertreter geltend gemacht werden kann.

§ 209 BGB.: Die Verjährung wird unterbrochen, wenn der Berechtigte auf Befriedigung oder auf Feststellung des Anspruchs, auf Ertheilung der Vollstreckungsklausel oder auf Erlassung eines Vollstreckungsurtheils Klage erhebt.

Der Erhebung der Klage stehen gleich:

4. Die Streitverkündung in dem Prozesse, von dessen Ausgange der Anspruch abhängt;

5. die Vornahme einer Vollstreckungshandlung und, soweit die Zwangvollstreckung den Gerichten oder anderen Behörden zugewiesen ist, die Stellung des Antrags auf Zwangsvollstreckung.

§ 210 BGB.: Hängt die Zulässigkeit des Rechtwegs von der Vorentscheidung einer Behörde ab oder hat die Bestimmung des zuständigen Gerichts durch ein höheres Gericht zu erfolgen, so wird die Verjährung durch die Einreichung des Gesuchs an die Behörde oder das höhere Gericht in gleicher Weise wie durch Klageerhebung unterbrochen, wenn die Klage binnen drei Monaten nach der Erledigung des Gesuchs erhoben wird. Auf die Frist finden die Vorschriften der §§ 203, 206, 207 entsprechende Anwendung.

§ 211 BGB.: Die Unterbrechung durch Klageerhebung dauert fort, bis der Prozess rechtskräftig entschieden oder anderweit erledigt ist.

Geräth der Prozess in Folge einer Vereinbarung der Parteien oder dadurch, dass er nicht betrieben wird, in Stillstand, so endigt die Unterbrechung mit der letzten Prozesshandlung der Parteien oder des Gerichts. Die nach der Beendigung der Unterbrechung beginnende neue Verjährung wird dadurch, dass eine der Parteien den Prozess weiter betreibt, in gleicher Weise wie durch Klageerhebung unterbrochen.

§ 212 BGB.: Die Unterbrechung durch Klageerhebung gilt als nicht erfolgt, wenn die Klage zurückgenommen oder durch ein nicht in der Sache selbst entscheidendes Urtheil rechtskräftig abgewiesen wird.

Erhebt der Berechtigte binnen sechs Monaten von neuem Klage, so gilt die Verjährung als durch die Erhebung der ersten Klage unterbrochen. Auf diese Frist finden die Vorschriften der §§ 203, 206, 207 entsprechende Anwendung.

§ 216 BGB.: Die Unterbrechung durch Vornahme einer Vollstreckungshandlung gilt als nicht erfolgt, wenn die Vollstreckungsmassregel auf Antrag des Berechtigten oder wegen Mangels einer gesetzlichen Voraussetzung aufgehoben wird.

Die Unterbrechung durch Stellung des Antrags auf Zwangsvollstreckung gilt als nicht erfolgt, wenn dem Antrage nicht stattgegeben oder der Antrag vor der Vornahme der Vollstreckungshandlung zurückgenommen oder die erwirkte Vollstreckungsmassregel nach Abs. 1 aufgehoben wird.

§ 217 BGB.: Wird die Verjährung unterbrochen, so kommt die bis zur Unterbrechung verstrichene Zeit nicht in Betracht; eine neue Verjährung kann erst nach der Beendigung der Unterbrechung beginnen.

§ 219 BGB.: Als rechtskräftige Entscheidung im Sinne des § 211 Abs. 1 . . gilt auch ein unter Vorbehalt ergangenes rechtskräftiges Urtheil.

§ 220 BGB.: Ist der Anspruch vor einem Schiedsgericht oder einem besonderen Gerichte, vor einem Verwaltungsgericht oder einer Verwaltungsbehörde geltend zu machen, so finden die Vorschriften der §§ 209 bis 213, . . . 219 entsprechende Anwendung.

Sind in dem Schiedsvertrage die Schiedsrichter nicht ernannt oder ist die Ernennung eines Schiedsrichters aus einem anderen Grunde erforderlich oder kann das Schiedsgericht erst nach der Erfüllung einer sonstigen Voraussetzung angerufen werden, so wird die Verjährung schon dadurch unterbrochen, dass der Berechtigte das zur Erledigung der Sache seinerseits Erforderliche vornimmt.

Art. 169 EG. z. BGB.: Die Vorschriften des Bürgerlichen Gesetzbuchs finden auf die vor dem Inkrafttreten des Bürgerlichen Gesetzbuchs entstandenen, noch nicht verjährten Ansprüche Anwendung. Der Beginn sowie die Hemmung und Unterbrechung der Verjährung bestimmen sich jedoch für die Zeit vor dem Inkrafttreten des Bürgerlichen Gesetzbuchs nach den bisherigen Gesetzen.

Ist die Verjährungsfrist nach dem Bürgerlichen Gesetzbuche kürzer als nach den bisherigen Gesetzen, so wird die kürzere Frist von dem Inkrafttreten des Bürgerlichen Gesetzbuchs an berechnet. Läuft jedoch die in den bisherigen Gesetzen bestimmte längere Frist früher als die im Bürgerlichen Gesetzbuche bestimmte kürzere Frist ab, so ist die Verjährung mit dem Ablaufe der längeren Frist vollendet.

Art. 14. Die Grunddienstbarkeit erlischt, wenn sie sich mit dem Eigenthum an dem belasteten Grundstücke vereinigt.

I. 256 (E. 13), 271 Begr., 394 (Z.I 13), 679 (Z.II 13). II. 503 — Becher VII. 4, *33*, *108*, 209, *228*, 484.

1. Vgl. § 889 BGB.

2. Erwerb des Miteigenthums an dem belasteten Grundstück hat das Erlöschen nicht zur Folge.

3. Die Grunddienstbarkeit lebt auch dann nicht wieder auf, wenn die Vereinigung aufhört.

Art. 15. Ist die Grunddienstbarkeit dem Eigenthümer unbekannt, so kann der Berechtigte mit seinem Rechte im Wege des Aufgebotsverfahrens ausgeschlossen werden.

Das Aufgebot erstreckt sich nicht auf Grunddienstbarkeiten, mit denen das Halten einer dauernden Anlage verbunden ist, solange die Anlage besteht.

I. 256 (E. 14), 271 Begr., 394 (Z.I 14), 679 (Z.II 14). II. 503 — Becher VII. 4, *33*, *108*, 209, *228*, 484.

Art. 16. Für das Aufgebotsverfahren gelten die nachfolgenden besonderen Bestimmungen.

Zuständig ist das Gericht, in dessen Bezirk das belastete Grundstück liegt.

Antragsberechtigt ist der Eigenthümer des belasteten Grundstücks.

Der Antragsteller hat die ihm bekannten Grunddienstbarkeiten anzugeben und einen beglaubigten Plan seines Grundstücks vorzulegen, aus dem die angrenzenden Grundstücke ersichtlich sind.

Die öffentliche Bekanntmachung des Aufgebots erfolgt durch Anheftung an die Gerichtstafel und in der Gemeinde, in deren Bezirke das belastete Grundstück liegt, an die für amtliche Bekanntmachungen bestimmte Stelle, sowie durch einmalige Einrückung in das für die Bekanntmachungen des Gerichts bestimmte Blatt. Das Aufgebot soll denjenigen, welche im Grundbuch als Eigenthümer der angrenzenden Grundstücke eingetragen sind, und den Erben eines eingetragenen Eigenthümers, sofern sie dem Gerichte bekannt sind, von Amtswegen zugestellt werden. Die Zustellung kann durch Aufgabe zur Post erfolgen.

Die Aufgebotsfrist muß mindestens drei Monate betragen; sie beginnt mit der Einrückung in das im Abs. 5 bezeichnete Blatt.

In dem Aufgebot ist den Berechtigten, welche sich nicht melden, als Rechtsnachtheil anzudrohen, daß ihre Grunddienstbarkeiten erlöschen, sofern nicht die Rechte dem Antragsteller bekannt sind.

Eine öffentliche Bekanntmachung des wesentlichen Inhalts des Ausschlußurtheils findet nicht statt.

I. 256 (E. 15), 271 Begr., 394 (Z.I 15), 679 (Z.II 15). II. 503 — Becher VII. 4, *33*, *108*, 209, *228*, 484.

Art. 17. Wird in Ansehung eines Grundstücks, für das ein Ausschlußurtheil ergangen ist, von einem anderen Antragsberechtigten neuerdings das Aufgebot beantragt, so gelten die in dem früheren Verfahren von dem Antragsteller angegebenen oder von dem Berechtigten angemeldeten Grunddienstbarkeiten als dem Antragsteller bekannt.

I. 257 (E. 16), 271 Begr., 394 (Z.I 16), 679 (Z.II 16). II. 503 — Becher VII. 4, *33*, *108*, 209, *228*, 484.

Art. 18. Die Vorschriften der Artikel 15 bis 17 gelten von dem Inkrafttreten des Bürgerlichen Gesetzbuchs an auch für die Zeit, bevor das Grundbuch als angelegt anzusehen ist.

Das Aufgebot erstreckt sich nicht auf Grunddienstbarkeiten, die in den Landestheilen rechts des Rheins in das Hypothekenbuch eingetragen oder zur Eintragung angemeldet, in der Pfalz in dem Verfahren zur Anlegung des Grundbuchs angemeldet sind.

Als eingetragene Eigenthümer im Sinne des Artikel 16 Abs. 5 gelten in den Landestheilen rechts des Rheins diejenigen, welche im Hypothekenbuch als Besitzer eingetragen sind, bei Grundstücken, die ein Blatt im Hypothekenbuche nicht haben, sowie in der Pfalz die im Grundsteuerkataster als Besitzer Bezeichneten.

I. 257 (E. 17), 271 Begr., 394 (Z.I 17), 679 (Z.II 17). II. 503 — Becher VII. 4, *33*, *108*, 209, *228*, 484.

1. Unter der Voraussetzung des Art. 15 kann also schon vor dem Zeitpunkt, in welchem das Grundbuch als angelegt anzusehen ist, der Grunddienstbarkeitsberechtigte mit seinem Rechte im Wege des Aufgebotsverfahrens ausgeschlossen werden. Vgl. auch JMBek. vom 2. Juli 1899 (JMBl. S. 165) für die Landestheile rechts des Rheins und § 18 der VO. vom 28. August 1898, die Anlegung des Grundbuchs in der Pfalz betr., sowie Nr. 117, 125 der Grundbuchanlegungsordnung für die Pfalz vom 14. September 1898 (JMBl. S. 315).

Eheliches Güterrecht.

Art. 19. Die in diesem Gesetze bestimmten Aenderungen des Güterstandes einer zur Zeit des Inkrafttretens des Bürgerlichen Gesetzbuchs bestehenden Ehe gelten, soweit sie ein in den Landestheilen rechts des Rheins geltendes Güterrecht betreffen, auch für Ehegatten, die ihren Wohnsitz in der Pfalz haben, und, soweit sie das in der Pfalz geltende Güterrecht betreffen, auch für Ehegatten, die ihren Wohnsitz in den Landestheilen rechts des Rheins haben.

I. 600 (E. 60), 638 Begr., 680 (Z.II 17¹). II. 854 — Becher VII. 277, *350*, *417*, *471*, 484.

1. Die Vorschriften der Art. 19 ff., 62 ff., 124 ff. gelten nur füe solche Ehen, die zur Zeit des Inkrafttretens des BGB. bestehen. Sir gelten nicht für Ehen, die zu diesem Zeitpunkte bereits aufgelöst sind; für diese gilt das bisherige Recht. Sie gelten aber auch nicht für Ehen, die nach diesem Zeitpunkte geschlossen werden; auf diese finden die Vorschriften des BGB. Anwendung (vgl. auch Art. 200, 218 EG. z. BGB.).

Die genannten Vorschriften finden ferner nur dann Anwendung, wenn wenigstens der Mann zur Zeit der Eheschließung ein Deutscher war und die Ehegatten entweder zur Zeit des Inkrafttretens des

BGB. in Bayern wohnen (Art. 19—22) oder nach diesem Zeitpunkt ihren Wohnsitz in Bayern begründen (Art. 23). Dagegen ist der Güterstand ausländischer Ehegatten nach den Vorschriften der Art. 15 Abs. 2, 27 EG. z. BGB. zu beurtheilen. Ebenso gelten die Vorschriften des ÜG. nicht für Ehegatten, welche nicht in Bayern ihren Wohnsitz haben, auch wenn sie nach einem bayerischen Güterrecht leben. Im übrigen ist es gleichgültig, ob die Ehegatten auch ihren ersteheliche Wohnsitz in Bayern hatten.

2. Art. 19 spricht den Grundsatz aus, daß die das eheliche Güterrecht betreffenden Ueberleitungsbestimmungen für das ganze Königreich gelten, gleichviel ob die Ehegatten ihren Wohnsitz in den Landestheilen rechts des Rheins oder in der Pfalz haben und gleichviel ob ein bisher in den Landestheilen rechts des Rheins oder in der Pfalz geltendes Güterrecht in Frage steht.

Art. 20—23 regeln die Frage der Statutenkollision, ob bayerisches Recht oder das Recht eines anderen Bundesstaates zur Anwendung kommt. Nach Art. 20, 21 sollen, wenn eines der in diesem Gesetze genannten Güterrechte auch in einem anderen Bundesstaate gilt, abgesehen von den in Art. 20 Abs. 2, 21 Abs. 2 getroffenen Ausnahmen die bayerischen Vorschriften maßgebend sein. Hiebei regelt Art. 20 den Fall, daß der betreffende Güterstand der gesetzliche Güterstand ist, Art. 21 dagegen den Fall, daß der Güterstand kraft Ehevertrags gilt.

Art. 22 trifft für den Fall Vorschriften, daß ein Güterstand in Frage steht, für welchen das in Bayern nicht geltende Recht eines anderen Bundesstaates maßgebend ist.

Art. 24 erklärt, soweit nach dem ÜG. für den Güterstand einer Ehe die Vorschriften des BGB. maßgebend sind, auch die für den betreffenden Güterstand geltenden Vorschriften einiger anderen Reichsgesetze für anwendbar.

Art. 25 regelt die Wirksamkeit des Güterstandes gegenüber Dritten.

Art. 26 behandelt die Wirksamkeit der Gütergemeinschaft gegenüber dem öffentlichen Glauben des Grundbuchs.

Art. 27 trifft Vorschriften über die Aenderung oder Aufhebung des Güterstandes durch Ehevertrag.

Art. 28, 29 treffen einige Sonderbestimmungen.

Art. 30, 31 gewähren in den dort bezeichneten Fällen Gebührenfreiheit.

Art. 20. Besteht zur Zeit des Inkrafttretens des Bürgerlichen Gesetzbuchs für eine Ehe der gesetzliche Güterstand nach einem der in diesem Gesetze genannten Rechte, das auch in einem anderen Bundesstaate gilt, so finden die für diesen Güterstand geltenden Vorschriften auch Anwendung, wenn die Ehegatten den ersten ehelichen Wohnsitz nicht in Bayern gehabt haben.

Auf das Mainzer Landrecht und das Solmser Recht findet diese Vorschrift keine Anwendung. Das Badische Landrecht steht dem in der Pfalz geltenden Rechte gleich.

I. 600 (E. 61), 638 Begr., 680 (Z.II 17²). II. 855 — Becher VII. 277, *350*, *418*, *471*, 484.

1. Maßgebend sind daher ohne Rücksicht auf den ersteheIichen Wohnsitz die bayerischen Ueberleitungsbestimmungen.

Hatten dagegen Ehegatten, für deren Güterstand das Mainzer Landrecht oder das Solmser Recht kraft Gesetzes maßgebend ist, ihren ersteheIichen Wohnsitz außerhalb Bayerns, so findet eine Ueberleitung nicht statt, dagegen kann Art. 22 Anwendung finden. Hatten sie aber den ersteheIichen Wohnsitz in Bayern, so findet die Umwandelung statt. Gilt badisches LR., so findet die Umwandelung auch dann statt, wenn sie den ersteheIichen Wohnsitz außerhalb Bayerns hatten.

Art. 21. Besteht zur Zeit des Inkrafttretens des Bürgerlichen Gesetzbuchs für eine Ehe kraft Ehevertrags der Güterstand nach einem der in diesem Gesetze genannten Rechte, deren Geltungsgebiet sich in einen anderen Bundesstaat erstreckt, so finden die in diesem Gesetze bestimmten Aenderungen des Güterstandes auch Anwendung, wenn der Güterstand mit Rücksicht auf das zu dem anderen Bundesstaate gehörende Geltungsgebiet gewählt ist.

Die Vorschriften des Artikel 20 Abs. 2 finden entsprechende Anwendung.

I. 600 (E. 62), 638 Begr., 681 (Z.II 17³). II. 855 — Becher VII. 278, *350*, *419*, *471*, 484.

1. Art. 21 spricht für das vertragsmäßige Güterrecht denselben Grundsatz aus, wie Art. 20 für das gesetzliche Güterrecht.

Art. 22. Besteht für Ehegatten, die zur Zeit des Inkrafttretens des Bürgerlichen Gesetzbuchs ihren Wohnsitz in Bayern haben, ein Güterstand, für welchen das in Bayern nicht geltende Recht eines anderen Bundesstaats maßgebend ist, so finden die Vorschriften Anwendung, welche den Güterstand in dem anderen Bundesstaate mit den Vorschriften des Bürgerlichen Gesetzbuchs in Einklang zu bringen bezwecken.*)

Werden in dem anderen Bundesstaate solche Vorschriften erst später erlassen, so kann durch Königliche Verordnung bestimmt werden, daß die Vorschriften auf die zur Zeit der Erlassung der Verordnung in Bayern wohnenden Ehegatten

---

*) Vgl. Becher, die Ausführungsgesetze zum BGB. 2 Bde. (Schweitzer Verlag 1900).

Anwendung finden, für welche der von den Vorschriften betroffene Güterstand besteht.

I. 600 (E. 63), 638 Begr., 681 (Z.II 17[4]) II. 855 — Becher VII. 278, *350, 419, 471,* 484.

1. Art. 22 regelt den Fall, daß für Ehegatten ein Güterstand besteht, für welchen das in Bayern nicht geltende Recht eines anderen Bundesstaates maßgebend ist. In diesem Fall finden die am 1. Januar 1900 bereits erlassenen Ueberleitungsvorschriften des anderen Bundesstaates Anwendung. Sind solche am 1. Januar 1900 noch nicht erlassen, so findet eine Ueberleitung nicht statt. Werden solche später erlassen, vgl. Abs. 2.

Sind dagegen für einen in Bayern geltenden Güterstand, dessen Geltungsgebiet sich in einen anderen Bundesstaat erstreckt, in Bayern Ueberleitungsbestimmungen getroffen, so gelten nur die bayerischen Ueberleitungsvorschriften. Im anderen Falle findet ebenfalls keine Ueberleitung statt, es ist aber Abs. 2 nicht anwendbar.

Art. 23. Begründen Ehegatten, für deren Güterstand die bisherigen Gesetze maßgebend sind, nach dem Inkrafttreten des Bürgerlichen Gesetzbuchs ihren Wohnsitz in Bayern, so finden die Vorschriften dieses Gesetzes über die Aenderung des Güterstandes Anwendung. An die Stelle der Zeit des Inkrafttretens des Bürgerlichen Gesetzbuchs, im Falle des Artikel 22 Abs. 2 an die Stelle der Zeit der Erlassung der Königlichen Verordnung, tritt die Zeit der Begründung des Wohnsitzes.

Rechte, deren Geltungsgebiet sich in einen anderen Bundesstaat erstreckt, sind von dem Inkrafttreten des Bürgerlichen Gesetzbuchs an, soweit sie in dem anderen Bundesstaate gelten, als besondere Rechte dieses Bundesstaats anzusehen.

Eine Aenderung des Güterstandes tritt nicht ein, wenn der Güterstand vor der Begründung des Wohnsitzes in Bayern durch die Gesetze eines anderen Bundesstaats einer Aenderung unterworfen worden ist, die ihn mit den Vorschriften des Bürgerlichen Gesetzbuchs in Einklang zu bringen bezweckt.*)

I. 600 (E. 64), 638 Begr., 681 (Z.II 17[5]). II. 855 — Becher VII. 278, *350, 419, 471,* 484.

1. Vorausgesetzt wird:

a) daß die Ehegatten erst nach dem Inkrafttreten des BGB. ihren Wohnsitz in Bayern begründen und

*) Vgl. Becher, die Ausführungsgesetze zum BGB. 2 Bde. (Schweitzer Verlag 1900).

b) daß für ihren Güterstand noch die bisherigen Gesetze maßgebend sind.

2. Die im Abs. 2 bezeichneten Rechte gelten nicht mehr als Rechte, deren Geltungsgebiet sich in einen anderen Bundesstaat erstreckt (vgl. Art. 20, 21), sondern als besondere Rechte des betreffenden Bundesstaats.

3. Abs. 3 will eine doppelte Ueberleitung verhüten.

Art. 24. Soweit nach diesem Gesetze für den Güterstand einer Ehe die Vorschriften des Bürgerlichen Gesetzbuchs maßgebend sind, finden auch die für den Güterstand geltenden Vorschriften der Civilprozeßordnung, der Konkursordnung und des Gesetzes über die Angelegenheiten der freiwilligen Gerichtsbarkeit Anwendung.

Auf die im Artikel 83 Abs. 2 bezeichnete Ausgleichung des Ehegewinns finden die Vorschriften des Artikel 36 entsprechende Anwendung.

I. 600 (E. 65), 640 Begr., 681 (Z.^{II} 17^{6}). II. 856 — Becher VII. 278, *353*, *420*, *473*, 484.

1. Vgl. z. B. §§ 305, 739—745, 750, 860, 861, 863, 1001 CPO., §§ 2, 9, 16, 218 f., 234, 236 KO., § 99, 164 GFG.

Die Zwangsvollstreckung in das bewegliche Vermögen aus einem vor dem Inkrafttreten des BGB. ergangenen rechtskräftigen Urtheile erfolgt daher nunmehr nach den Vorschriften der CPO., in das unbewegliche Vermögen bis zur Anlegung des Grundbuchs nach Maßgabe der SubhO. Bez. anhängiger Rechtsstreite vgl. Art. 103, 130 (so auch Henle-Schneider Anm. 2); vgl. jedoch Samml. Bd. I. S. 447: „die Vorschrift des § 742 Abs. 1 CPO. ist auf ein Urtheil, das vor dem 1. Januar 1900, aber während des Bestehens des in den entsprechenden Güterstand des neuen Rechtes umgewandelten Güterstandes des bisherigen Rechtes gegen die Frau ergangen ist, nicht anwendbar. Das Gleiche gilt von einem sonstigen Vollstreckungstitel, der aus der Zeit des Bestehens des bisherigen Güterstandes stammt."

2. Zu Abs. 2: d. h. die Ausgleichung des Ehegewinns erfolgt nach den Vorschriften der §§ 86—99 GFG.

Art. 25. Die Wirksamkeit des nach diesem Gesetz eintretenden Güterstandes gegenüber Dritten bestimmt sich nach den für die Wirksamkeit des bisherigen Güterstandes geltenden Vorschriften. Die Vorschriften des Preußischen Landrechts Theil II Titel 1 §§ 352, 353, 425, 426 und die in einzelnen Rechtsgebieten geltenden Vorschriften, nach welchen für Ehegatten, die ihren Wohnsitz in das Rechtsgebiet verlegen, Dritten gegenüber das in dem Rechtsgebiete geltende Güterrecht maßgebend ist, treten jedoch außer Kraft.

Eine später eintretende Aenderung des Güterstandes ist Dritten gegenüber nur nach Maßgabe des § 1435 des Bürgerlichen Gesetzbuchs wirksam. Das Gleiche gilt in Ansehung des selbständigen Betriebs eines Erwerbsgeschäfts durch die Frau für den Einspruch des Mannes und den Widerruf der Einwilligung des Mannes, sofern der Einspruch oder der Widerruf nach dem Eintritte der in diesem Gesetze bestimmten Aenderung des Güterstandes erfolgt.

Wird der Wohnsitz des Mannes nach dem Eintritte der in diesem Gesetze bestimmten Aenderung des Güterstandes verlegt, so finden die Vorschriften des § 1435 des Bürgerlichen Gesetzbuchs entsprechende Anwendung; ein von dem gesetzlichen Güterrechte des Bürgerlichen Gesetzbuchs abweichender Güterstand steht einem vertragsmäßigen Güterstande gleich.

I. 600 (E. 66), 640 Begr., 682 (Z.II 17[7]). II. 856 — Becher VII. 279, *354, 420, 473*, 484.

§ 1435 BGB.: Wird durch Ehevertrag die Verwaltung und Nutzniessung des Mannes ausgeschlossen oder geändert, so können einem Dritten gegenüber aus der Ausschliessung oder der Aenderung Einwendungen gegen ein zwischen ihm und einem der Ehegatten vorgenommenes Rechtsgeschäft oder gegen ein zwischen ihnen ergangenes rechtskräftiges Urtheil nur hergeleitet werden, wenn zur Zeit der Vornahme des Rechtsgeschäfts oder zur Zeit des Eintritts der Rechtshängigkeit die Ausschliessung oder die Aenderung in das Güterrechtsregister des zuständigen Amtsgerichts eingetragen oder dem Dritten bekannt war.

Das Gleiche gilt, wenn eine in dem Güterrechtsregister eingetragene Regelung der güterrechtlichen Verhältnisse durch Ehevertrag aufgehoben oder geändert wird.

1. Das Güterrechtsregister des BGB. hat hauptsächlich die Bestimmung, Dritte über Abweichungen von dem ordentlichen gesetzlichen Güterstande des BGB. aufzuklären. Dies gilt aber nur hinsichtlich der nach dem Inkrafttreten des BGB. geschlossenen Ehen. Dagegen gibt das Güterrechtsregister keinen Aufschluß über den Güterstand einer in diesem Zeitpunkt bereits bestehenden Ehe. Die Wirksamkeit des nach dem ÜG. eintretenden Güterstandes bestimmt sich vielmehr nach den für die Wirksamkeit des bisherigen Güterstandes geltenden Vorschriften. Im Gebiete des preußischen Landrechtes ist z. B. die allgemeine Gütergemeinschaft der gesetzliche Güterstand. Nach Art. 62 treten an die Stelle der bisherigen Vorschriften die Vorschriften des BGB. über die allgemeine Gütergemeinschaft. Gegenüber einem solchen übergeleiteten Güterstand muß daher der gutgläubige Dritte den Güterstand der allgemeinen Gütergemeinschaft auch dann gegen sich gelten lassen, wenn das Güterrechtsregister einen Eintrag nicht enthält. So-

weit jedoch nach den bisherigen Gesetzen zur Wirksamkeit des Güterstandes gegenüber Dritten noch besondere Formalitäten zu erfüllen sind, z. B. eine öffentliche Bekanntmachung vorgeschrieben ist, hat es bei den bisherigen Vorschriften sein Bewenden. (AM. Henle-Schneider Anm. 1), vgl. jedoch auch Anm. 2.

2. Nach dem preußischen Landrecht Theil II Tit. I § 352 werden Ehegatten, die ihren Wohnsitz aus einem Gebiet, in dem Gütergemeinschaft nicht gilt, in ein Gebiet verlegen, in dem Gütergemeinschaft gilt, so behandelt, wie wenn sie in der gesetzlichen Gütergemeinschaft dieses Gebietes lebten; sie können sich jedoch dagegen durch eine Vereinbarung schützen, die öffentlich bekannt gemacht werden muß. Der Verlegung des Wohnsitzes steht eine aus einem anderen Grunde eintretende Aenderung des Gerichtsstandes gleich (§ 353). Ebenso muß, wenn Ehegatten, welche die am Orte ihres erstehelichen Wohnsitzes geltende Gütergemeinschaft durch Vertrag ausgeschlossen haben, ihren Wohnsitz an einem Orte nehmen, an dem gleichfalls Gütergemeinschaft gilt, die Bekanntmachung der Ausschließung wiederholt werden (§ 426). Endlich schreibt § 425 für den Fall, daß Ehegatten ihren Wohnsitz aus einem Gebiet, in dem Gütergemeinschaft gilt, in ein Gebiet verlegen, in dem sie nicht gilt, und dort ihre bisherige Gütergemeinschaft aufheben, die Bekanntmachung der Aufhebung am Orte des bisherigen Wohnsitzes vor.

Diese Vorschriften des preußischen Landrechtes, sowie alle jene Vorschriften des bisherigen Rechts, nach welchen für Ehegatten, die ihren Wohnsitz in ein anderes Rechtsgebiet verlegen, Dritten gegenüber das in diesem Rechtsgebiet geltende Güterrecht maßgebend ist, treten nach Abs. 1 Satz 2 außer Kraft; in diesen Fällen muß vielmehr der Dritte den übergeleiteten Güterstand ohne Weiteres gegen sich gelten lassen.

3. Tritt jedoch *später* in dem übergeleiteten Güterstand entweder kraft Gesetzes oder kraft Ehevertrags eine Aenderung ein, so kann die Aenderung, und nur diese, einem Dritten nur unter der Voraussetzung des § 1435 BGB. entgegengehalten werden. Das Gleiche gilt von der Verlegung des Wohnsitzes (s. Note 5).

4. Erhebt der Mann, gleichviel welcher Güterstand maßgebend ist, nach dem Inkrafttreten des BGB. gegen den *selbständigen Betrieb eines Erwerbsgeschäfts* durch die Frau Einspruch oder widerruft er nach diesem Zeitpunkte seine Einwilligung, so ist der Einspruch oder der Widerruf einem Dritten gegenüber ebenfalls nur nach Maßgabe des § 1435 BGB. wirksam. Hat dagegen der Mann schon vor dem 1. Januar 1900 rechtswirksam Einspruch erhoben oder seine Einwilligung widerrufen, so hat es hierbei sein Bewenden (vgl. §§ 1405, 1452, 1519 Abs. 2, 1549 BGB.).

5. Abs. 3 findet bei *jeder* Verlegung des Wohnsitzes Anwendung. Galt z. B. nach bisherigem Recht an den Orten A und B allgemeine Gütergemeinschaft und verlegt der mit seiner Frau kraft Gesetzes in allgemeiner Gütergemeinschaft lebende Mann seinen Wohnsitz von A nach B, so können einem Dritten gegenüber Einwendungen daraus, daß der Güterstand von dem ordentlichen gesetzlichen Güterstande des BGB. abweicht, nur nach Maßgabe des § 1435 BGB.

abgeleitet werden. Hierbei begründet es keinen Unterschied, ob die Abweichung von dem ordentlichen gesetzlichen Güterstande des BGB. auf Gesetz oder Vertrag beruht.

Abs. 3 findet aber nur dann Anwendung, wenn die Verlegung des Wohnsitzes nach dem Eintritte der in diesem Gesetze bestimmten Aenderung erfolgt, nicht nach dem Inkrafttreten des BGB. Die Aenderung kann auch erst später eintreten (vgl. Art. 22 Abs. 2, 23 Abs. 1, 62 Abs. 3, 76 Abs. 1, 91).

Art. 26. Eine zur Zeit des Inkrafttretens des Bürgerlichen Gesetzbuchs kraft Gesetzes bestehende Gütergemeinschaft bedarf in Ansehung der Rechte, die im Grundbuch eingetragen sind oder in das Grundbuch eingetragen werden können, zur Erhaltung der Wirksamkeit gegenüber dem öffentlichen Glauben des Grundbuchs nicht der Eintragung. Jeder Ehegatte kann jedoch von dem anderen die Mitwirkung zur Eintragung verlangen.

Das Gleiche gilt für eine Gütergemeinschaft, die nach Artikel 62 Abs. 3, Artikel 76 Abs. 1 oder Artikel 91 kraft Gesetzes später eintritt.

Diese Vorschriften finden in den Landestheilen rechts des Rheins, solange das Grundbuch nicht als angelegt anzusehen ist, auf das Hypothekenbuch entsprechende Anwendung.

I. 601 (E. 67), 640 Begr., 682 (Z.^{II} 17^{8}). II. 856 — Becher VII. 279, *355*, *420*, *473*, 484.

Art. 62 Abs. 3: Tritt die allgemeine Gütergemeinschaft nach den Vorschriften des preussischen Landrechts erst zu einer späteren Zeit *(als mit dem Inkrafttreten des BGB.)* ein, so gilt die Vorschrift des Abs. 1 von dieser Zeit an.

Art. 76 Abs. 1 Satz 1: Besteht die Errungenschaftsgemeinschaft nach dem Rechte von Würzburg, Castell oder Schweinfurt, so tritt mit der Geburt eines Kindes die allgemeine Gütergemeinschaft nach den Vorschriften des Bürgerlichen Gesetzbuchs ein.

Art. 91 Satz 1: Besteht der Güterstand des gemeinen Dotalrechts für eine Ehe, für die bisher das Bamberger Recht gegolten hat, so tritt mit dem Ablaufe der Frist, innerhalb welcher nach den bisherigen Vorschriften der Eintritt der allgemeinen Gütergemeinschaft ausgeschlossen werden kann, die allgemeine Gütergemeinschaft nach den Vorschriften des Bürgerlichen Gesetzbuchs ein, sofern nicht vorher die Ausschliessung der Gütergemeinschaft erfolgt.

1. Zu Abs. 1 vgl. § 1438 BGB.

2. In Betracht kommen nur Fälle einer Gütergemeinschaft; der Güterstand der Verwaltung und Nutznießung bedarf nicht der Eintragung. Vorausgesetzt wird, daß die Gütergemeinschaft entweder

zur Zeit des Inkrafttretens des BGB. kraft Gesetzes bereits besteht oder in den Fällen des Abs. 2 kraft Gesetzes später eintritt. Tritt die Gütergemeinschaft in anderen Fällen als in den im Abs. 2 genannten kraft Gesetzes später ein (vgl. Art. 22, 23), so findet die Vorschrift des Art. 26 keine Anwendung.

Für die vertragsmäßige Gütergemeinschaft gilt Art. 26 nicht; für diese ist die Eintragung zur Erhaltung der Wirksamkeit gegenüber dem öffentlichen Glauben des Grundbuchs erforderlich.

Art. 27. Ein Güterstand, für den die bisherigen Gesetze maßgebend bleiben, kann durch Ehevertrag nur nach Maßgabe der Vorschriften des Bürgerlichen Gesetzbuchs aufgehoben oder geändert werden.

Die Vorschriften des Artikel 25 Abs. 2, 3 und des Artikel 26 finden auch auf einen Güterstand der im Abs. 1 bezeichneten Art Anwendung.

I. 601 (E. 68), 641 Begr., 643, 682 (B.^{II} 17^{9}). II. 856 — Becher VII. 279, *355*, 357a, *421*, *473*, 484.

1. Art. 27 bezieht sich nur auf Güterstände, die von der Ueberleitung ausgenommen sind („maßgebend bleiben"). Art. 200 Abs. 2 EG. z. BGB. erklärt lediglich die vertragsmäßige Regelung des Güterstandes für zulässig, Art. 27 dagegen gestattet sowohl die Aenderung als auch die Aufhebung des übergeleiteten Güterstandes.

2. Durch Ehevertrag: vgl. §§ 1432 ff. BGB.

Art. 28. Steht dem überlebenden Ehegatten ein Recht der Verwaltung und Nutznießung oder des Beisitzes zu, für welches die bisherigen Gesetze maßgebend sind, so ist das Recht des überlebenden Ehegatten in dem Erbscheine, der einem Erben ertheilt wird, anzugeben.

Das Recht der Verwaltung und Nutznießung oder des Beisitzes ist bei der Eintragung des Erben in das Grundbuch oder das Hypothekenbuch der Landestheile rechts des Rheins von Amtswegen miteinzutragen.

Dem überlebenden Ehegatten hat das Nachlaßgericht auf Antrag ein Zeugniß über das Recht der Verwaltung und Nutznießung oder des Beisitzes zu ertheilen. Auf das Zeugniß finden die für den Erbschein geltenden Vorschriften entsprechende Anwendung. Mit der Beendigung des Rechtes der Verwaltung und Nutznießung oder des Beisitzes wird das Zeugniß kraftlos.

I. 601 (E. 69), 641 Begr., 682 (B.^{II} 17^{10}). II. 856 — Becher VII. 279, *355*, *421*, *474*, 484.

1. Vorschriften über den Erbschein: §§ 2353 ff. BGB. (vgl. insbesondere §§ 2363, 2364).

2. Zu Abs. 2 vgl. die analoge Vorschrift der §§ 52, 53 GBO.

Art. 29. Bei einer fortgesetzten Gütergemeinschaft, für welche die bisherigen Gesetze maßgebend bleiben, finden auf die Ertheilung eines Zeugnisses über die Fortsetzung der Gütergemeinschaft die Vorschriften des § 1507 des Bürgerlichen Gesetzbuchs Anwendung.

Im Falle der Auseinandersetzung kann das im § 38 der Grundbuchordnung bezeichnete Zeugniß ertheilt werden.

I. 601 (E. 70), 641 Begr., 683 (Z.II 17 11). II. 856 — Becher VII. 280, *356, 421, 474*, 484.

§ 1507 BGB.: Das Nachlassgericht hat dem überlebenden Ehegatten auf Antrag ein Zeugniss über die Fortsetzung der Gütergemeinschaft zu ertheilen. Die Vorschriften über den Erbschein finden entsprechende Anwendung.

§ 38* GBO.: Die Vorschriften des § 37 finden entsprechende Anwendung, wenn bei einer Hypothek, Grundschuld oder Rentenschuld, die zu dem Gesammtgut einer fortgesetzten Gütergemeinschaft gehört, ein Betheiligter, auf den das Recht bei der Auseinandersetzung übertragen ist, als neuer Gläubiger eingetragen werden soll.

§ 37 GBO.: Zum Nachweise der Rechtsnachfolge und der Eintragungsbewilligung der übrigen Betheiligten genügt ein Zeugniss des für die Auseinandersetzung der fortgesetzten Gütergemeinschaft nach Art. 36 ÜG., § 99 FGG. zuständigen Amtsgerichts.*

Das Zeugniss darf nur ausgestellt werden, wenn die Voraussetzungen für die Ertheilung eines Erbscheins vorliegen und die Erklärungen der Betheiligten vor dem zuständigen Amtsgericht zu Protokoll gegeben oder durch öffentliche oder öffentlich beglaubigte Urkunden nachgewiesen sind.

1. Die bisherigen Gesetze bleiben maßgebend:

a) wenn die fortgesetzte Gütergemeinschaft schon zur Zeit des Inkrafttretens des BGB. besteht (Art. 73, 75 Abs. 2),

b) wenn die Ehe nach dem Inkrafttreten des BGB. aufgelöst wird und die fortgesetzte Gütergemeinschaft nach Art. 82, 88 auf Grund der Errungenschaftsgemeinschaft des Bamberger oder Mainzer Landrechts eintritt.

Art. 30. Wird in Folge der in diesem Gesetze bestimmten Aenderung des Güterstandes das Grundbuch unrichtig, so werden für die Berichtigung des Grundbuchs Gebühren nicht erhoben, wenn die Berichtigung vor dem Ablauf eines Jahres nach der Aenderung beantragt wird.

Das Gleiche gilt in den Landestheilen rechts des Rheins für die Berichtigung des Hypothekenbuchs.

I. 601 (E. 71), 641 Begr., 683 (Z.II 17[12]). II. 857 — Becher VII. 280, *356*, *421*, *474*, 484.

1. Gebührenfreiheit tritt nur dann ein, wenn die Unrichtigkeit des Grundbuchs eine Folge der gesetzlichen Ueberleitungsbestimmungen ist, dagegen nicht, wenn die Ehegatten wegen dieser Bestimmungen Veranlassung zum Abschluß eines Ehevertrags nehmen und in Folge des Ehevertrags die Unrichtigkeit des Grundbuchs herbeigeführt wird.

2. Die für den Antrag bestimmte Jahresfrist beginnt nicht nothwendig schon mit dem 1. Januar 1900 zu laufen, da die Aenderung des Güterstandes auch erst in einem späteren Zeitpunkt eintreten kann; vgl. Art. 22 Abs. 2, 23, 62 Abs. 2, 76 Abs. 1, 91.

3. Wann die Eintragung auf Grund des Berichtigungsantrags erfolgt, ist für die Frage der Gebührenfreiheit gleichgültig, denn es entscheidet der Zeitpunkt des Antrages auf Berichtigung.

Art. 31. Für einen Ehevertrag, durch den an die Stelle des nach diesem Gesetz eintretenden Güterstandes eine andere nach den Vorschriften des Bürgerlichen Gesetzbuchs zulässige Regelung des Güterstandes gesetzt oder der nach diesem Gesetz eintretende Güterstand in einzelnen Beziehungen geändert wird, sowie für die Eintragung des Ehevertrags in das Güterrechtsregister werden Gebühren nicht erhoben, wenn der Vertrag vor dem Ablauf eines Jahres nach der Aenderung des Güterstandes geschlossen wird.

Das Gleiche gilt für die Beurkundung eines Auseinandersetzungsvertrags, wenn sie vor dem im Abs. 1 bezeichneten Zeitpunkt erfolgt, sowie für die Vermittelung einer Auseinandersetzung, die Aufnahme von Vermögensverzeichnissen und die Feststellung des Zustandes der zu dem eingebrachten Gute eines Ehegatten gehörenden oder dem eingebrachten Gute gleichstehenden Sachen, wenn sie vor dem im Abs. 1 bezeichneten Zeitpunkte beantragt wird.

I. 601 (E. 72), 604, 641 Begr., 683 (Z.II 17[13]). II. 857 — Becher VII. 280, ***285***, *356*, *421*, *474*, 484.

1. Voraussetzung für die Anwendbarkeit des Abs. 1 ist:

a) daß nach Maßgabe des ÜG. eine Ueberleitung des Güterstandes stattfindet. Findet eine Ueberleitung nicht statt, so genießt ein Ehevertrag, durch den eine nach den Vorschriften des BGB. zulässige Regelung des Güterstandes gesetzt wird, nicht Gebührenfreiheit.

b) daß der Ehevertrag vor dem Ablauf eines Jahres nach der Aenderung des Güterstandes geschlossen wird. Damit ist lediglich ein Endtermin für die Möglichkeit eines gebührenfreien Abschlusses des Ehevertrages gesetzt. Dagegen kann von Art. 31 sofort nach der Verkündung des ÜG. in der Weise Gebrauch gemacht werden, daß für die Zeit nach dem Inkrafttreten des BGB. an die Stelle des Güterstandes, der nach dem ÜG. eintritt, eine andere Regelung des Güterstandes gesetzt wird. So auch I. 857, Becher VII. *422*. (AM. Henle-Schneider Anm. 6). Maßgebend ist lediglich der Zeitpunkt des Abschlusses des Vertrags. Dagegen erfolgt die Eintragung eines vor dem bezeichneten Endtermin abgeschlossenen Ehevertrags in das Güterrechtsregister auch nach Jahren noch gebührenfrei.

2. Art. 31 gewährt lediglich Freiheit von den Staatsgebühren; dagegen tritt eine Befreiung von dem Ersatz der baaren Auslagen, insbesondere von Gebühren der für die Feststellung des Zustandes der Sachen ernannten Sachverständigen oder von den Notariatsgebühren nicht ein.

Anlegung von Mündelgeld.

Art. 32. Zur Anlegung von Mündelgeld sind auch nach dem Inkrafttreten des Bürgerlichen Gesetzbuchs die Schuldverschreibungen bayerischer Gemeinden und diejenigen von Kreditanstalten ausgegebenen Werthpapiere, insbesondere Pfandbriefe, geeignet, in welchen bisher nach den vom Staatsministerium der Justiz getroffenen Bestimmungen Mündelgeld angelegt werden durfte.

Die Zulassung zur Anlegung von Mündelgeld kann vom Staatsministerium der Justiz jederzeit widerrufen werden.

I. 257 (E. 18), 273 Begr., 396 (Z.^{I} 18), 683 (Z.^{II} 18). II. 507 — Becher VII. 6, *37*, *116*, 209, *230*, 484. *497*.

Just.-Min.-Bek. vom 9. September 1899, die Anlegung von Mündelgeld in Werthpapieren der bayerischen Kreditanstalten betr. (JMBl. 1899 S. 383): Auf Grund des Art. 32 des Gesetzes vom 9. Juni 1899 Uebergangsvorschriften zum Bürgerlichen Gesetzbuche betr. werden im Einvernehmen mit den k. Staatsministerien des Innern und der Finanzen vom 1. Oktober d. J. an die Pfandbriefe und die Schuldbriefe für Gemeindedarlehen (Kommunalobligationen) der Bayer. Landwirthschaftsbank, eingetragene Genossenschaft mit beschränkter Haftpflicht, die Pfandbriefe der Bayer. Hypotheken- und Wechselbank und der Süddeutschen Bodenkreditbank, die Pfandbriefe und die Kommunalobligationen der Pfälzischen Hypothekenbank in Ludwigshafen a. Rh., dann die Pfandbriefe der Bayer. Vereinsbank, der Bayer. Handelsbank und der Vereinsbank in Nürnberg zur Anlegung von Mündelgeld für geeignet erklärt.

1. Die bisher für die Pfalz in Betracht kommenden Vorschriften des Art. 26 des Gesetzes vom 26. April 1888, die Abänderung von Bestimmungen des in der Pfalz geltenden Hypotheken- und Vormund-

schaftsrechts betr. (G.- u. VBl. 427), auf Grund dessen Ziff. 4 die Just.-Min.-Bek. vom 15. Dezember 1888 § 7 (JMBl. 266) und vom 11. Mai 1897 (JMBl. 79) erging, sind durch Art. 176 Ziff. 32 aufgehoben.

2. Vgl. § 1807 Ziff. 2, ferner §§ 234, 1079, 1288, 1377, 1642, 1691, 2119 BGB.; § 40 Kr. Vers. G., § 76 Gewerbl Unfallvers. G., § 164 Inv. G.

Bez. der Anlegung von Mündelgeld in Hypothekenforderungen vgl. Art. 92 AG. z. BGB.

Vermächtnisse.

Art. 33. Hat ein Vermächtniß, durch welches der Vermächtnißnehmer den Vermächtnißgegenstand unmittelbar erlangt, ein Recht an einem Grundstück oder ein Recht an einem solchen Rechte zum Gegenstande, so ist bei der Eintragung des Beschwerten in das Grundbuch oder in das Hypothekenbuch der Landestheile rechts des Rheins zugleich das Recht des Vermächtnißnehmers einzutragen.

I. 396 (Z.[I] 18a), 592, 684 (Z.[II] 18a). II. 605, 615 — Becher VII. *186*, 207, 209, *231*, 263, 484.

1. Dem BGB. ist der Begriff eines unmittelbar wirkenden Vermächtnisses fremd. Nach § 2174 BGB. wird durch das Vermächtniß für den Bedachten lediglich das Recht begründet, von dem Beschwerten die Leistung des vermachten Gegenstandes zu fordern, d. h. nur ein persönlicher Anspruch. Wohl aber kennen manche bisherigen Rechte unmittelbar wirkende Vermächtnisse, z. B. das gemeine Recht das sog. Vindikationslegat. Vorausgesetzt wird daher, daß der Erblasser vor dem Inkrafttreten des BGB. gestorben ist (Art. 213 EG. z. BGB.). Hat z. B. der Erblasser an einem zum Nachlaß gehörenden Grundstück einen Nießbrauch vermacht, so ist, wenn der Erbe in das Grundbuch oder Hypothekenbuch als Eigenthümer des Grundstücks eingetragen wird, zugleich das Recht des Nießbrauchers als Belastung des Grundstücks einzutragen, und zwar von Amtswegen.

2. Die Vorschrift des Art. 33 wurde wegen des öffentlichen Glaubens des Grundbuchs getroffen. Da das Hypothekenbuch künftig als Grundbuch gilt, so ist die Vorschrift auch auf Eintragungen im Hypothekenbuch ausgedehnt.

Beschwerden in Angelegenheiten der freiwilligen Gerichtsbarkeit.

Art. 34. Für die zur Zeit des Inkrafttretens des Bürgerlichen Gesetzbuchs anhängigen Beschwerden in Angelegenheiten der freiwilligen Gerichtsbarkeit verbleibt es bei den bisherigen Vorschriften. Dies gilt insbesondere auch von der Anfechtung der Entscheidung des Beschwerdegerichts durch weitere Beschwerde.

In den Angelegenheiten, für welche bisher die Landgerichte in erster Instanz zuständig waren, verbleibt es für die Beschwerde gegen eine Entscheidung des Landgerichts bei den bisherigen Vorschriften, auch wenn die Beschwerde zur Zeit des Inkrafttretens des Bürgerlichen Gesetzbuchs noch nicht eingelegt ist.

I. 257 (E. 19), 274 Begr., 397 (Z.I 19), 684 (Z.II 19). II. 508 — Becher VII. 6, *38*, *119*, 209, *238*, 485.

1. Die Angelegenheiten der freiwilligen Gerichtsbarkeit, für welche die Reichsgesetze maßgebend sind, werden von dem Inkrafttreten des BGB. an nach dem Gesetze über die Angelegenheiten der freiwilligen Gerichtsbarkeit vom 17. Mai 1898 behandelt. Steht dagegen eine Angelegenheit der freiwilligen Gerichtsbarkeit in Frage, für welche die landesgesetzlichen Vorschriften maßgebend sind, so finden auf sie nach Art. 129 AG. z. BGB. die allgemeinen Vorschriften des Gesetzes vom 17. Mai 1897 Anwendung.

Art. 29 behandelt daher die Erledigung der am 1. Januar 1900 anhängigen Beschwerden. Hierfür verbleibt es bei den bisherigen Gesetzen (Art. 56 ff. AG. z. CPO.). Gleichgültig ist, ob die weitere Beschwerde vor oder nach dem 1. Januar 1900 eingelegt ist. Vgl. Art. 68 AG. z. CPO.

2. Zu Abs. 2 vgl. bez. der Zuständigkeit der Landgerichte Art. 28 AG. z. GVG. ä. F.

Personenstand.

Art. 35. Auf ein zur Zeit des Inkrafttretens des Bürgerlichen Gesetzbuchs anhängiges Verfahren, welches die Anweisung eines Standesbeamten zur Vornahme einer Amtshandlung oder die Berichtigung einer Eintragung in dem Standesregister zum Gegenstande hat, finden von dieser Zeit an die Vorschriften der §§ 69, 70 des Gesetzes über die Angelegenheiten der freiwilligen Gerichtsbarkeit Anwendung.

I. 257 (E. 20), 274 Begr., 397 (Z.I 20), 684 (Z.II 20). II. 509 — Becher VII. 6, *39*, *119*, 209, *238*, 485.

§ 69 FGG: Für die nach dem Gesetz über die Beurkundung des Personenstandes und die Eheschliessung vom 6. Februar 1875 (Reichs-Gesetzbl. S. 23) dem Gericht erster Instanz obliegenden Verrichtungen sind die Amtsgerichte zuständig.

§ 70 FGG.: Gegen eine Verfügung, durch die angeordnet wird, dass eine Eintragung in dem Standesregister zu berichtigen ist, findet die sofortige Beschwerde statt. Die Verfügung tritt erst mit der Rechtskraft in Wirksamkeit.

1. Vgl. §§ 11, 65 f. des Gesetzes vom 6. Februar 1875 über die Beurkundung des Personenstandes und die Eheschließung.

Auseinandersetzung in Ansehung eines Nachlasses oder eines Gemeinschaftsvermögens.

Art. 36. Die Vermittelung der Auseinandersetzung zwischen den Betheiligten in Ansehung eines Nachlasses oder des Gemeinschaftsvermögens einer ehelichen oder einer fortgesetzten Gütergemeinschaft nach den Vorschriften der §§ 86 bis 99 des Gesetzes über die Angelegenheiten der freiwilligen Gerichtsbarkeit kann nach dem Inkrafttreten des Bürgerlichen Gesetzbuchs auch beantragt werden, wenn der Tod des Erblassers vor diesem Zeitpunkt eingetreten ist oder für die Auseinandersetzung in Ansehung der Gütergemeinschaft die bisherigen Vorschriften maßgebend sind. In dem Falle des § 99 Abs. 2 Satz 3 tritt an die Stelle der Zuständigkeit des Reichskanzlers die Zuständigkeit des Staatsministeriums der Justiz.

I. 257 (E. 21), 275 Begr., 397 (Z.[I] 21), 684 (Z.[II] 21). II. 509 — Becher VII. 6, *40*, *120*, 209, *239*, 485.

§ 86 GFG.: Hinterlässt ein Erblasser mehrere Erben, so hat das Nachlassgericht auf Antrag die Auseinandersetzung in Ansehung des Nachlasses zwischen den Betheiligten zu vermitteln, sofern nicht ein zur Bewirkung der Auseinandersetzung berechtigter Testamentsvollstrecker vorhanden ist.

Antragsberechtigt ist jeder Miterbe, der Erwerber eines Erbtheils sowie derjenige, welchem ein Pfandrecht oder ein Niessbrauch an einem Erbtheile zusteht.

§ 87 GFG.: In dem Antrage sollen die Betheiligten und die Theilungsmasse bezeichnet werden.

Hält das Gericht vor der Verhandlung mit den Betheiligten eine weitere Erklärung für angemessen, so hat es den Antragsteller zur Ergänzung des Antrags, insbesondere zur Angabe der den einzelnen Betheiligten in Ansehung des Nachlasses zustehenden Ansprüche, zu veranlassen. Es kann dem Antragsteller auch die Beschaffung der Unterlagen aufgeben.

§ 88 GFG.: Einem abwesenden Betheiligten kann, wenn die Voraussetzungen der Abwesenheitspflegschaft vorliegen und eine Pflegschaft über ihn nicht bereits anhängig ist, für das Auseinandersetzungsverfahren von dem Nachlassgericht ein Pfleger bestellt werden. Für die Pflegschaft tritt an die Stelle des Vormundschaftsgerichts das Nachlassgericht.

§ 89 GFG.: Das Gericht hat den Antragsteller und die übrigen Betheiligten, diese unter Mittheilung des Antrags, zu einem Verhandlungstermine zu laden. Die Ladung durch öffentliche Zustellung ist unzulässig. Die Ladung soll den Hinweis darauf enthalten, dass ungeachtet des Ausbleibens eines Betheiligten über die Auseinandersetzung verhandelt werden würde und dass, falls der Termin vertagt oder ein neuer Termin zur Fortsetzung der Verhandlung anberaumt werden sollte, die Ladung zu dem neuen Termin unterbleiben könne. Sind Unterlagen für die Auseinandersetzung vorhanden, so ist in der Ladung zu bemerken, dass die Unterlagen auf der Gerichtsschreiberei eingesehen werden können.

§ 90 GFG.: Die Frist zwischen der Ladung und dem Termine muss mindestens zwei Wochen betragen.

Diese Vorschrift findet auf eine Vertagung sowie auf einen Termin zur Fortsetzung der Verhandlung keine Anwendung. In diesen Fällen kann die Ladung der zu dem früheren Termine geladenen Betheiligten durch die Verkündigung des neuen Termins ersetzt werden.

§ 91 GFG.: Treffen die erschienenen Betheiligten vor der Auseinandersetzung eine Vereinbarung über vorbereitende Massregeln, insbesondere über die Art der Theilung, so hat das Gericht die Vereinbarung zu beurkunden. Das Gleiche gilt, wenn nur ein Betheiligter erschienen ist, in Ansehung der von diesem gemachten Vorschläge.

Sind die Betheiligten sämmtlich erschienen, so hat das Gericht die von ihnen getroffene Vereinbarung zu bestätigen. Dasselbe gilt, wenn die nicht erschienenen Betheiligten ihre Zustimmung zu gerichtlichem Protokoll oder in einer öffentlich beglaubigten Urkunde ertheilen.

Ist ein Betheiligter nicht erschienen, so hat das Gericht, sofern er nicht nach Abs. 2 Satz 2 zugestimmt hat, ihm den Inhalt der Urkunde, soweit dieser ihn betrifft, bekannt zu machen und ihn gleichzeitig zu benachrichtigen, dass er die Urkunde auf der Gerichtsschreiberei einsehen und eine Abschrift der Urkunde fordern könne. Die Bekanntmachung muss den Hinweis darauf enthalten, dass, wenn der Betheiligte nicht innerhalb einer von dem Gerichte zu bestimmenden Frist die Anberaumung eines neuen Termins beantrage oder wenn er in dem neuen Termine nicht erscheine, sein Einverständniss mit dem Inhalte der Urkunde angenommen werden würde. Beantragt der Betheiligte rechtzeitig die Anberaumung eines neuen Termins und erscheint er in diesem Termine, so ist die Verhandlung fortzusetzen. Andernfalls hat das Gericht die Vereinbarung zu bestätigen.

§ 92 GFG.: War im Falle des § 91 der Betheiligte ohne sein Verschulden verhindert, die Anberaumung eines neuen Termins rechtzeitig zu beantragen oder in dem neuen Termine zu erscheinen, so ist ihm auf Antrag von dem Gerichte die Wiedereinsetzung in den vorigen Stand zu ertheilen, wenn er binnen zwei Wochen nach der Beseitigung des Hindernisses die Anberaumung eines neuen Termins beantragt und die Thatsachen, welche die Wiedereinsetzung begründen, glaubhaft macht. Eine Versäumung, die in dem Verschulden eines Vertreters ihren Grund hat, wird als eine unverschuldete nicht angesehen. Nach dem Ablauf eines Jahres, von dem Ende der versäumten Frist an gerechnet, kann die Wiedereinsetzung nicht mehr beantragt werden.

§ 93 GFG.: Sobald nach Lage der Sache die Auseinandersetzung stattfinden kann, hat das Gericht einen Auseinandersetzungsplan anzufertigen. Sind die erschienenen Betheiligten mit dem Inhalte des Planes einverstanden, so hat das Gericht die Auseinandersetzung zu beurkunden. Sind die Betheiligten sämmtlich erschienen, so hat das Gericht die Auseinandersetzung zu bestätigen; dasselbe gilt, wenn die nicht erschienenen Betheiligten ihre Zustimmung zu gerichtlichem Protokoll oder in einer öffentlich beglaubigten Urkunde ertheilen.

Ist ein Betheiligter nicht erschienen, so hat das Gericht nach § 91 Abs. 3 zu verfahren. Die Vorschriften des § 92 finden entsprechende Anwendung.

§ 94 GFG.: Ist vereinbart, dass eine Vertheilung durch das Loos geschehen soll, so wird das Loos, sofern nicht ein Anderes bestimmt ist, für die nicht erschienenen Betheiligten von einem durch das Gericht zu bestellenden Vertreter gezogen.

§ 95 GFG.: Ergeben sich bei den Verhandlungen Streitpunkte, so ist ein Protokoll darüber aufzunehmen und das Verfahren bis zur Erledigung der Streitpunkte auszusetzen. Soweit bezüglich der unstreitigen Punkte die Aufnahme einer Urkunde ausführbar ist, hat das Gericht nach den §§ 91, 93 zu verfahren.

§ 96 GFG.: Gegen den Beschluss, durch welchen eine vorgängige Vereinbarung oder eine Auseinandersetzung bestätigt, sowie gegen den Beschluss, durch welchen über den Antrag auf Wiedereinsetzung in den vorigen Stand entschieden wird, findet die sofortige Beschwerde statt. Die Beschwerde gegen den Bestätigungsbeschluss kann nur darauf gegründet werden, dass die Vorschriften über das Verfahren nicht beobachtet seien.

§ 97 GFG.: Eine vorgängige Vereinbarung sowie eine Auseinandersetzung ist nach dem Eintritte der Rechtskraft des Bestätigungsbeschlusses für alle Betheiligten in gleicher Weise verbindlich wie eine vertragsmässige Vereinbarung oder Auseinandersetzung.

Bedarf ein Betheiligter zur Vereinbarung oder zur Auseinandersetzung der Genehmigung des Vormundschaftsgerichts, so ist, wenn er im Inlande keinen Vormund, Pfleger oder Beistand hat, für die Ertheilung oder die Verweigerung der Genehmigung an Stelle des Vormundschaftsgerichts das Nachlassgericht zuständig.

§ 98 GFG.: Aus einer vorgängigen Vereinbarung sowie aus einer Auseinandersetzung findet nach dem Eintritte der Rechtskraft des Bestätigungsbeschlusses die Zwangsvollstreckung statt. Die Vorschriften der §§ 795, 797 der Civilprozessordnung finden Anwendung.

§ 795 CPO.: Auf die Zwangsvollstreckung aus den genannten Schuldtiteln finden die Bestimmungen der §§ 724 bis 793 (d. i. die allgemeinen Vorschriften über die Zwangsvollstreckung) entsprechende Anwendung, soweit nicht im § 797 abweichende Bestimmungen enthalten sind.*

§ 797 CPO.: Die vollstreckbare Ausfertigung gerichtlicher Urkunden wird von dem Gerichtsschreiber des Gerichts ertheilt, welches die Urkunde aufgenommen hat.

Die vollstreckbare Ausfertigung notarieller Urkunden wird von dem Notar ertheilt, welcher die Urkunde verwahrt. Befindet sich die Urkunde in der Verwahrung einer Behörde, so hat diese die vollstreckbare Ausfertigung zu ertheilen.

Die Entscheidung über Einwendungen, welche die Zulässigkeit der Vollstreckungsklausel betreffen, sowie die Entscheidung über die Ertheilung einer weiteren vollstreckbaren Ausfertigung erfolgt bei gerichtlichen Urkunden von dem im ersten Absatze bezeichneten Gerichte, bei notariellen Urkunden von dem Amtsgerichte, in dessen Bezirke der im zweiten Absatze bezeichnete Notar oder die daselbst bezeichnete Behörde den Amtssitz hat.

Auf die Geltendmachung von Einwendungen, welche den Anspruch selbst betreffen, findet die beschränkende Vorschrift des § 767 Abs. 2 keine Anwendung.

Für Klagen auf Ertheilung der Vollstreckungsklausel, sowie für Klagen, durch welche die den Anspruch selbst betreffenden Einwendungen geltend gemacht werden oder der bei der Ertheilung der Vollstreckungsklausel als bewiesen angenommene Eintritt der Voraussetzung für die Ertheilung der Vollstreckungsklausel bestritten wird, ist das Gericht, bei welchem der Schuldner im Deutschen Reiche seinen allgemeinen Gerichtsstand hat, und in Ermangelung eines solchen das Gericht zuständig, bei welchem in Gemässheit des § 23 (Gerichtsstand des Vermögens) gegen den Schuldner Klage erhoben werden kann.

§ 99 GFG.: Nach der Beendigung einer ehelichen Gütergemeinschaft oder einer fortgesetzten Gütergemeinschaft finden auf die Auseinandersetzung in Ansehung des Gesammtguts die Vorschriften der §§ 86 bis 98 entsprechende Anwendung.

Für die Auseinandersetzung ist, falls ein Antheil an dem Gesammtgute zu einem Nachlasse gehört, das Amtsgericht zuständig, welches für die Auseinandersetzung in Ansehung des Nachlasses zuständig ist. Im Uebrigen ist das Amtsgericht zuständig, in dessen Bezirke der Ehemann oder bei fortgesetzter Gütergemeinschaft der überlebende Ehegatte zur Zeit der Beendigung der Gütergemeinschaft seinen Wohnsitz oder in Ermangelung eines inländischen Wohnsitzes seinen Aufenthalt hatte. Hatte der Ehemann oder der Ehegatte zu der bezeichneten Zeit im Inlande weder Wohnsitz noch Aufenthalt, so finden die Vorschriften des § 73 Abs. 2 entsprechende Anwendung.

§ 73 Abs. 2 GFG.: Ist der Ehemann oder Ehegatte ein Deutscher, so ist das Gericht zuständig, in dessen Bezirke er seinen letzten inländischen Wohnsitz hatte. In Ermangelung eines solchen Wohnsitzes wird das zuständige Amtsgericht, falls der Betreffende einem Bundesstaate angehörte, von der Landesjustizverwaltung, anderenfalls von dem Reichskanzler bestimmt.*

1. Aus der Fassung des Art. 36 folgt, daß die bisherigen Vorschriften neben den Vorschriften der §§ 86—99 GFG. in Kraft bleiben. Ob diese oder jene Vorschriften Anwendung finden sollen, ist in das Belieben der Betheiligten gestellt. Hinsichtlich der Zuständigkeit vgl. auch Art. 104 AG z. BGB.; vgl. ferner § 78 ff. der Nachlaßordnung (JMBl. 1901 S. 1 ff.) und § 257 der Notariatsgeschäftsordnung (JMBl. 1899 S. 591 ff.).

Handelssachen.

Art. 37. Auf ein zur Zeit des Inkrafttretens des Bürgerlichen Gesetzbuchs anhängiges Verfahren nach den Artikeln 10 bis 18, 22 bis 24, 28 des Gesetzes vom 10. November 1861, die Einführung des allgemeinen deutschen Handelsgesetzbuchs betreffend, finden von diesem Zeitpunkt an die neuen Vorschriften Anwendung.

I. 257 (E. 22), 275 Begr., 397 (Z.I 22), 684 (Z.II 22). II. 512 — Becher VII. 6, *41*, *126*, 209, *239*, 485.

1. An die Stelle der genannten Vorschriften des Gesetzes vom 10. November 1861 in der Fassung der Art. 76, 77 AG. z. CPO. über die Erzwingung der Verpflichtung zur Vornahme einer Anmeldung, einer Zeichnung der Unterschrift, oder einer Einreichung von Schriftstücken zum Handelsregister, sowie über die Einschreitung gegen den unberechtigten Gebrauch einer Firma treten die Vorschriften der §§ 132 bis 140 FGG. und der JMBek. vom 24. Dezember 1899 die Führung der Handelsregister betr. (JMBl. S. 789 ff.). Für am 1. Januar 1900 anhängige Beschwerdesachen gilt Art. 34.

Art. 38. Für die nach Artikel 310 Abs. 2, Artikel 323 Abs. 3, den Artikeln 375, 387, Artikel 407 Abs. 4 und Artikel 409 Abs. 2 des bisherigen Handelsgesetzbuchs von den Gerichten zu erledigenden Angelegenheiten sind von dem Inkrafttreten des Bürgerlichen Gesetzbuchs an die Amtsgerichte zuständig.

I. 257 (E. 23), 276 Begr., 398 (Z.I 23), 685 (Z.II 23). II. 512 — Becher VII. 7, *41*, *126*, 209, *239*, 485.

1. Das alte HGB. verlangt in gewissen Fällen die gerichtliche Bewilligung und zwar Art. 310 Abs. 2 zur Befriedigung des Gläubigers aus einem kaufmännischen Pfandrechte, Art. 375 zur Befriedigung des Commissionärs aus dem Commissionsgute, Art. 387 zur Befriedigung des Spediteurs aus dem Speditionsgute, Art. 409

Abs. 2 zur Befriedigung des Frachtführers aus dem Frachtgute. Ferner kann nach Art. 323 Abs. 3 das Gericht, wenn ein Kaufmann den Auftrag ablehnt, auf dessen Antrag anordnen, daß die mit dem Auftrage übersandten Waaren oder anderen Gegenstände in einem öffentlichen Lagerhause oder bei einem Dritten solange niedergelegt werden, bis der Eigenthümer anderweitige Vorkehrung trifft. Endlich kann das Gericht, wenn der im Frachtbrief bezeichnete Empfänger des Guts nicht auszumitteln ist oder die Annahme verweigert, oder wenn Streit über die Annahme oder den Zustand des Guts entsteht, auf Ansuchen des Betheiligten anordnen, daß das Gut in einem öffentlichen Lagerhause oder bei einem Dritten niedergelegt und daß es ganz oder zu einem Theile behufs Bezahlung der Fracht und der übrigen Forderungen des Frachtführers öffentlich verkauft wird. Bisher war Art. 28 Abs. 2, 3 AG. z. GVG. ä. F. maßgebend, vgl. Art. 167 Ziff. XXV. AG. z. BGB. Vom 1. Januar 1900 sind die Amtsgerichte zuständig.

II. Vorschriften für die Landestheile rechts des Rheins.

Eigenthumsvorbehalt.

Art. 39. Hat sich der frühere Eigenthümer eines Grundstücks für den Fall des Eintritts eines bestimmten Umstandes den Rückfall des Eigenthums vorbehalten, so verwandelt sich das Rückfallsrecht zu der Zeit, zu welcher das Grundbuch als angelegt anzusehen ist, in den Anspruch auf Rückübertragung des Eigenthums; zugleich treten die mit der Eintragung einer Vormerkung zur Sicherung des Anspruchs verbundenen Wirkungen ein, jedoch unbeschadet der Vorschriften über den öffentlichen Glauben des Grundbuchs. Soweit die Rechte, mit welchen das Grundstück vor der bezeichneten Zeit belastet worden ist, nach den bisherigen Vorschriften mit dem Rückfalle des Eigenthums erlöschen würden, gilt die Rückübertragung des Eigenthums als auflösende Bedingung.

Ist das Rückfallsrecht zur Sicherung einer Forderung des Berechtigten vorbehalten, so finden, wenn der Berechtigte die Rückübertragung des Eigenthums verlangt, die Vorschriften des § 268 des Bürgerlichen Gesetzbuchs entsprechende Anwendung.

Hat sich der Veräußerer eines Grundstücks bis zu dem Eintritt eines bestimmten Umstandes das Eigenthum vorbehalten, aber die sofortige Eintragung des Besitztitels des Erwerbers in das Hypothekenbuch bewilligt, so ist der Eigenthumsvorbehalt als Vorbehalt des Rückfalls des Eigenthums für den Fall anzusehen, daß der bestimmte Umstand nicht eintritt.

I. 258 (E. 24), 276 Begr., 398 (Z.[I] 24), 685 (Z.[II] 24). II. 513 — Becher VII. 7, *42*, *126*, 209, *239*, 485.

§ 268* BGB.: Verlangt der Berechtigte die Rückübertragung des Eigenthums, so ist Jeder, der Gefahr läuft, durch die Geltendmachung des Anspruchs ein Recht an dem Grundstück zu verlieren, berechtigt, den Gläubiger zu befriedigen. Das gleiche Recht steht dem Besitzer des Grundstücks zu, wenn er Gefahr läuft, durch die Geltendmachung des Anspruchs den Besitz zu verlieren.

Die Befriedigung kann auch durch Hinterlegung oder durch Aufrechnung erfolgen.

Soweit der Dritte den Gläubiger befriedigt, geht die Forderung auf ihn über. Der Uebergang kann nicht zum Nachtheile des Gläubigers geltend gemacht werden.

1. Eine analoge Bestimmung findet sich in Art. 17 des Gesetzes über das Liegenschaftsrecht in der Pfalz vom 1. Juli 1898. Vgl. Schneider S. 155 und Becher III 4, *27*, *59*, *92*, *116*.

2. Von der Vorschrift des Art. 39 werden nur solche Rückfallsrechte betroffen, welche vor dem 1. Januar 1900 begründet wurden (Art. 189 EG. z. BGB.) und bei welchen der den Rückfall begründende Umstand erst nach dem Zeitpunkte eintritt, in welchem das Grundbuch als angelegt anzusehen ist.

Ist dagegen der betreffende Umstand schon vor diesem Zeitpunkte eingetreten, also das Eigenthum schon zurückgefallen, so kann, soweit nicht die Vorschriften über den öffentlichen Glauben des Hypotheken-, bezw. Grundbuchs entgegenstehen, die Berichtigung des Hypotheken- oder Grundbuchs ohne Weiteres verlangt werden.

3. Art. 39 unterscheidet:

a) den Fall, daß sich der frühere Eigenthümer eines Grundstücks für den Fall des Eintritts eines bestimmten Umstandes den Rückfall des Eigenthums vorbehalten hat, mit der Unterart, daß das Rückfallsrecht zur Sicherung einer Forderung des Berechtigten vorbehalten ist (Abs. 1, 2), und

b) den weiteren Fall, daß sich der Veräußerer eines Grundstücks bis zu dem Eintritt eines bestimmten Umstandes das Eigenthum vorbehalten, aber die sofortige Eintragung des Besitztitels des Erwerbers in das Hypothekenbuch bewilligt hat (Abs. 3).

4. Der Eigenthumsvorbehalt hatte nach dem bisherigen Recht dingliche Wirkung, eine Wirkung, die ihm von dem Zeitpunkte an, in welchem das Grundbuch als angelegt anzusehen ist, im Hinblick auf § 925 Abs. 2 BGB. nicht mehr zukommen kann.

Art. 39 bestimmt daher, daß sich von diesem Zeitpunkte an der Eigenthumsvorbehalt in den persönlichen Anspruch auf Rückübertragung des Eigenthums verwandelt; zugleich treten die mit der Eintragung einer Vormerkung zur Sicherung des Anspruchs gemäß § 883 BGB. verbundenen Wirkungen ein, d. h. jede Verfügung, die nach dem genannten Zeitpunkte über das Grundstück getroffen wird, ist insoweit unwirksam, als sie den Anspruch auf Rückübertragung vereiteln oder beeinträchtigen würde. Dies gilt auch, wenn die Verfügung im Wege der Zwangsvollstreckung oder der Arrestvollziehung oder durch den Konkursverwalter erfolgt (§ 883 Abs. 2 BGB.).

Diese Wirkungen treten kraft Gesetzes ein; die Eintragung einer Vormerkung zur Sicherung des Anspruchs ist daher nicht erforderlich. Die Wirkung der Eintragung einer Vormerkung tritt aber nur ein unbeschadet der Vorschriften über den öffentlichen Glauben des Grundbuchs. Dem gutgläubigen Erwerber des Grundstücks oder eines Rechtes an dem Grundstücke kann daher der Anspruch nicht entgegengehalten werden, wenn er im Grundbuch nicht eingetragen ist. Die Eintragung ist daher zwar nicht Voraussetzung der Entstehung des Anspruchs, wohl aber ist sie erforderlich, um den Schutz des öffentlichen Glaubens des Grundbuchs einem gutgläubigen Erwerber gegenüber auszuschließen. Selbstredend steht der öffentliche Glaube des Grundbuchs nur einem Erwerb zur Seite, der erst nach dem Zeitpunkte erfolgte, in welchem das Grundbuch als angelegt anzusehen ist.

5. Ist der vorgesehene Umstand eingetreten, so wird der vorher bedingungsweise vorhandene Anspruch zu einem unbedingten; eine weitere Rechtsänderung tritt zunächst nicht ein, auch nicht dadurch, daß der Berechtigte den Anspruch auf Rückübertragung des Eigenthums geltend macht. Eine Rechtsänderung tritt nur ein, wenn der Berechtigte auf Grund der Auflassung (§ 925 BGB.) oder auf Grund rechtskräftiger Verurtheilung des Verpflichteten zur Abgabe der Auflassungserklärung als Eigenthümer in das Grundbuch eingetragen wird.

Der Anspruch kann sowohl gegen den ersten Erwerber, wie auch gegen dessen Rechtsnachfolger geltend gemacht werden. Beide haften als Gesammtschuldner. (So auch Henle-Schneider Anm. 4[3].)

Wenn die Rückübertragung erfolgt, kann der Berechtigte bezüglich derjenigen Rechte am Grundstück, welche nach dem Zeitpunkte, in welchem das Grundbuch als angelegt anzusehen ist, begründet wurden und nicht durch den öffentlichen Glauben des Grundbuchs geschützt sind, von dem Berechtigten die Zustimmung zur Löschung (§ 888 BGB.) und, sofern ihr Inhaber nicht einwilligt, die Eintragung eines Widerspruchs (§§ 894, 899 BGB.) verlangen. Diejenigen Rechte, welche bei Begründung des Eigenthumsvorbehalts schon bestanden, bleiben natürlich von der Rechtsänderung unberührt. Soweit endlich die Rechte, mit welchen das Grundstück nach der Begründung des Eigenthumsvorbehalts, aber vor der Zeit, zu welcher das Grundbuch als angelegt anzusehen ist, belastet wurde, nach den bisherigen Vorschriften mit dem Rückfalle des Eigenthums erlöschen würden, gilt die Rückübertragung des Eigenthums als auflösende Bedingung, d. h. es kann ebenfalls deren Löschungsbewilligung bezw. Eintragung eines Widerspruchs verlangt werden.

6. Aber auch die bloße Geltendmachung des Anspruchs auf Rückübertragung des Eigenthums ist von Bedeutung im Falle des Abs. 2.

7. Abs. 3 entspricht dem Art. 15 der Nov. z. Subh.O. vom 29. Mai 1886.

Miteigenthum.

Art. 40. An die Stelle der im § 1010 des Bürgerlichen Gesetzbuchs vorgeschriebenen Eintragungen in das Grundbuch treten bis zur Anlegung des Grundbuchs die entsprechenden Eintragungen in das Hypothekenbuch.

I. 258 (E. 25), 277 Begr., 398 (Z.I 25), 685 (Z.II 25). II. 514 — Becher VII. 7, *43*, *130*, 209, *240*, 485.

§ 1010 BGB.: Haben die Miteigenthümer eines Grundstücks die Verwaltung und Benutzung geregelt oder das Recht, die Aufhebung der Gemeinschaft zu verlangen, für immer oder auf Zeit ausgeschlossen oder eine Kündigungsfrist bestimmt, so wirkt die getroffene Bestimmung gegen den Sondernachfolger eines Miteigenthümers nur, wenn sie als Belastung des Antheils im Grundbuch eingetragen ist

Die in den §§ 755, 756 bestimmten Ansprüche können gegen den Sondernachfolger eines Miteigenthümers nur geltend gemacht werden, wenn sie im Grundbuch eingetragen sind.

§ 775 Abs. 1. Haften die Theilhaber als Gesammtschuldner für eine Verbindlichkeit, die sie in Gemässheit des § 748 nach dem Verhältniss ihrer Antheile zu erfüllen haben (d. i. für die Lasten des gemeinschaftlichen Gegenstandes, sowie die Kosten der Erhaltung, der Verwaltung und einer gemeinschaftlichen Benutzung) oder die sie zum Zwecke der Erfüllung einer solchen Verbindlichkeit eingegangen sind, so kann jeder Theilhaber bei der Aufhebung der Gemeinschaft verlangen. dass die Schuld aus dem gemeinschaftlichen Gegenstande berichtigt wird.*

§ 756 Satz 1. Hat ein Theilhaber gegen einen anderen Theilhaber eine Forderung, die sich auf die Gemeinschaft gründet, so kann er bei der Aufhebung der Gemeinschaft die Berichtigung seiner Forderung aus dem auf den Schuldner entfallenden Theile des gemeinschaftlichen Gegenstandes verlangen.*

Art. 41. Soll die Zwangsversteigerung eines gemeinschaftlichen Grundstücks zum Zwecke der Aufhebung der Gemeinschaft erfolgen, so finden von dem Inkrafttreten des

Bürgerlichen Gesetzbuchs an, bis das Grundbuch als angelegt anzusehen ist, die bisherigen Vorschriften über die Zwangsversteigerung mit den Aenderungen entsprechende Anwendung, welche sich aus dem § 181 Abs. 1, Abs. 2 Satz 2, dem § 182 Abs. 1, 2 und den §§ 183, 184 des Gesetzes über die Zwangsversteigerung und die Zwangsverwaltung ergeben.

Die Vorschriften des Artikel 21 des Gesetzes vom 23. Februar 1879 finden auf den Nachweis des Eigenthums des Antragstellers oder desjenigen, dessen Recht auf Aufhebung der Gemeinschaft der Antragsteller ausübt, entsprechende Anwendung.

Ist das Grundstück nach den Vorschriften des Preußischen Landrechts vermiethet oder verpachtet, so finden die Vorschriften des Theil I Titel 21 §§ 350 bis 354 keine Anwendung.

I. 258 (E. 26). 277 Begr., 398 (Z.I 26), 685 (Z.II 25). II. 514 — Becher VII. 7, *44*, *130*, 209, *240*, 485.

§ 181 Abs. 1, Abs. 2 Satz 2 ZVG.: Ein vollstreckbarer Titel ist nicht erforderlich.

Von dem Vormund eines Miteigenthümers kann der Antrag nur mit Genehmigung des Vormundschaftsgerichts gestellt werden.

§ 182 Abs. 1, 2 ZVG.: Bei der Feststellung des geringsten Gebots sind die den Antheil des Antragstellers belastenden oder mitbelastenden Rechte an dem Grundstücke sowie alle Rechte zu berücksichtigen, die einem dieser Rechte vorgehen oder ihm gleichstehen.

Ist hiernach bei einem Antheil ein grösserer Betrag zu berücksichtigen, als bei einem anderen Antheile, so erhöht sich das geringste Gebot um den zur Ausgleichung unter den Miteigenthümern erforderlichen Betrag.

§ 183 ZVG.: Im Falle der Vermiethung oder Verpachtung des Grundstücks finden die Vorschriften des § 57 Satz 2, 3 keine Anwendung, *d. h. es finden die Vorschriften der §§ 571 ff. BGB. Anwendung wie bei dem freiwilligen Verkaufe.*

§ 184 ZVG.: Ein Miteigenthümer braucht für sein Gebot keine Sicherheit zu leisten, wenn ihm eine durch das Gebot ganz oder theilweise gedeckte Hypothek, Grundschuld oder Rentenschuld zusteht.

Art. 21* der Subhastationsordnung vom 23. Februar 1879: Aus den im Art. 26 der Subhastationsordnung bezeichneten Schriftstücken, welche dem Gesuche um Beschlagnahme beizufügen sind, muss die Besitztitelberichtigung auf die Miteigenthümer oder, falls das Grundstück im Hypothekenbuch nicht eingetragen ist, die rentamtliche Umschreibung auf dieselben hervorgehen.

Steht der Besitztitelberichtigung oder der rentamtlichen Umschreibung ein Hinderniss entgegen, obgleich das Eigenthum an dem Grundstücke auf die Miteigenthümer übergegangen ist, so genügt für die Beschlagnahme statt des Nachweises der Besitztitelberichtigung oder der rentamtlichen Umschreibung die Vorlage einer öffentlichen Urkunde, aus welcher sich der Uebergang des Eigenthums ergibt.

1. Art. 41 hat eine weitgehendere Bedeutung, als ihm seinem Wortlaute nach zukommt; denn er findet auch, soweit der Güterstand der bestehenden Ehen in die allgemeine Gütergemeinschaft, in die Errungenschaftsgemeinschaft oder in die Fahrnißgemeinschaft des BGB. übergeleitet wird, für die Auseinandersetzung des Gesammtguts Anwendung (§§ 1477 Abs. 1, 1498 Satz 1, 1546 Abs. 2, 1549 BGB.).

2. Zu Abs. 3: Die erwähnten Vorschriften des preußischen Landrechtes finden keine Anwendung, sondern wie aus Abs. 1 sich ergibt, die Bestimmungen der §§ 571 ff. BGB.

Stockwerkseigenthum.

Art. 42. Das zur Zeit des Inkrafttretens des Bürgerlichen Gesetzbuchs bestehende Stockwerkseigenthum (Herbergsrecht) gilt von diesem Zeitpunkt an als Miteigenthum an dem Grundstücke mit der Maßgabe, daß jedem Miteigenthümer die ausschließliche und dauernde Benutzung derjenigen Theile des Gebäudes zusteht, welche ihm zur Zeit des Inkrafttretens des Bürgerlichen Gesetzbuchs gehören, und daß der Aufwand für deren Unterhaltung ihm zur Last fällt. Der Anspruch auf Aufhebung der Gemeinschaft ist ausgeschlossen.

Auf die Benutzungsrechte der Miteigenthümer findet die Vorschrift des § 1010 Abs. 1 des Bürgerlichen Gesetzbuchs entsprechende Anwendung.

I. 258 (E. 27), 278 Begr., 399 (Z.I 27), 686 (Z.II 27) II. 515 — Becher VII. 8, *45*, *131*, 209, *240*, 485.

§ 1010 Abs. 1: Haben die Miteigenthümer eines Grundstücks die Verwaltung und Benutzung geregelt oder das Recht, die Aufhebung der Gemeinschaft zu verlangen, für immer oder auf Zeit ausgeschlossen oder eine Kündigungsfrist bestimmt, so wirkt die getroffene Bestimmung gegen den Sondernachfolger eines Miteigenthümers nur, wenn sie als Belastung des Antheils im Grundbuch eingetragen ist.

1. Art. 42 entspricht dem Art. 20 des Gesetzes über das Liegenschaftsrecht in der Pfalz vom 1. Juli 1898. Vgl. daher Becher III 5, *31*, *65*, *94*, *117* und Schneider S. 194 ff.

2. Art. 42 findet nur auf das zur Zeit des Inkrafttretens des BGB. bestehende Stockwerkseigenthum Anwendung (vgl. Art. 182 EG. z. BGB.). Die Neubegründung eines solchen Rechtsverhältnisses ist künftig ausgeschlossen, da Bayern von dem Vorbehalt des Art. 131 EG. z. BGB. keinen Gebrauch gemacht hat. Vgl. auch § 1014 BGB.

3. Die Umwandlung gemäß Art. 42 tritt mit dem Inkrafttreten des BGB. ein, nicht erst mit dem Zeitpunkt, in welchem das Grundbuch als angelegt anzusehen ist.

4. Das Stockwerkseigenthum gilt in Zukunft als Miteigenthum (§§ 741 ff., 1008 ff. BGB.) an dem Grundstücke (§§ 93, 94 BGB.) mit der Beschränkung:

a) daß jedem Miteigenthümer die ausschließliche und dauernde Benutzung derjenigen Theile des Gebäudes zusteht, welche ihm zur Zeit des Inkrafttretens des BGB. gehören,

b) daß der Aufwand für deren Unterhaltung ihm zur Last fällt,

c) daß der Anspruch auf Aufhebung der Gemeinschaft ausgeschlossen ist; die Vorschriften der §§ 749—758 BGB. finden daher keine Anwendung, ebensowenig § 16 Abs. 2 KO.

5. § 1010 Abs. 1 BGB. (s. Art. 40) findet nur insoweit Anwendung, als Benutzungsrechte der Miteigenthümer in Frage stehen; dagegen sind seine übrigen Bestimmungen im Hinblick auf Abs. 1 Satz 2 nicht anwendbar, wohl aber die des Abs. 2; denn, wenn auch der Anspruch auf **Aufhebung** der Gemeinschaft ausgeschlossen ist, ist doch nicht die Aufhebung der Gemeinschaft im Wege der Vereinbarung ausgeschlossen.

Ausschluß des Rechtes auf Aufhebung der Gemeinschaft.

Art. 43. Ist nach den bisherigen Vorschriften die Theilung eines Grundstücks, das im Miteigenthume der Eigenthümer anderer Grundstücke steht und diesen dauernd zu bestimmten wirthschaftlichen Zwecken dient, wegen dieser Zweckbestimmung ausgeschlossen, so gilt das Grundstück von dem Inkrafttreten des Bürgerlichen Gesetzbuchs an als zu Gunsten des jeweiligen Eigenthümers eines jeden der anderen Grundstücke mit einer Grunddienstbarkeit des Inhalts belastet, daß er es zu den bestimmten Zwecken benutzen darf.

I. 258 (E. 28), 278 Begr., 399 (Z.I 28), 686 (Z.II 28). II. 515 — Becher VII. 8, *46*, *131*, 209, *241*, 485.

1. Art. 43 entspricht dem Art. 21 des Gesetzes über das Liegenschaftsrecht in der Pfalz; vgl. daher Becher III 5, *32*, *68*, *96*, *118*, Schneider 203 ff.

Hinsichtlich des bisherigen Rechts vgl. Bl. f. RA. 5. S. 108, 41 S. 328; S. v. E. VI. 68 ff., VII. 401 f.

2. Vorausgesetzt wird ein selbstständiges, mit eigener Plannummer versehenes Grundstück, das im Miteigenthume der Eigenthümer anderer Grundstücke steht. Ist die eine oder andere dieser Voraussetzungen nicht gegeben, ist insbesondere das Grundstück bloß Bestandtheil eines anderen Grundstückes, so kommt vielleicht eine Dienstbarkeit an diesem Grundstücke in Frage, aber für die Anwendbarkeit des Art. 43 ist kein Raum. Vorausgesetzt wird ferner, daß die Theilung eines solchen Grundstücks wegen seiner Bestimmung, den Eigenthümern der anderen Grundstücke zu bestimmten wirthschaftlichen Zwecken zu dienen, ausgeschlossen ist. In Betracht kommen hauptsächlich Wege, Hofräume, Brunnen u. s. w.

3. Die Bestimmung des Art. 43 gilt vom 1. Januar 1900 an.

4. Die Eintragung in das Grundbuch ist nur unter der Voraussetzung des Art. 10 zur Erhaltung der Wirksamkeit gegenüber dem öffentlichen Glauben des Grundbuchs erforderlich; vgl. jedoch auch Art. 44.

5. Für Grenzanlagen, die der gemeinschaftlichen Benutzung der Eigenthümer der Nachbargrundstücke unterliegen, gelten vom 1. Januar 1900 die Vorschriften des § 922 BGB. (vgl. Art. 181 Abs. 1 BGB.).

Grunddienstbarkeiten.

Art. 44. Von der Verkündung dieses Gesetzes an kann die Eintragung von Grunddienstbarkeiten in das Hypothekenbuch von dem Berechtigten und von dem Eigenthümer des belasteten Grundstücks verlangt werden; die Kosten sind von demjenigen zu tragen und vorzuschießen, welcher die Eintragung verlangt. Die Löschung einer vorher erfolgten Eintragung kann nicht aus dem Grunde verlangt werden, weil die Grunddienstbarkeit nicht zu den einzutragenden Rechten gehörte.

Bei der Eintragung kann zur näheren Bezeichnung des Inhalts der Grunddienstbarkeit auf die Eintragungsbewilligung Bezug genommen werden. Die Vorschriften des § 9 Abs. 1 der Grundbuchordnung finden entsprechende Anwendung.

Die Eintragung einer Grunddienstbarkeit gilt von der Zeit an, zu welcher das Grundbuch als angelegt anzusehen ist, als Eintragung im Grundbuche. Die Eintragung eines Widerspruchs gegen die Richtigkeit der Eintragung ist schon vorher zulässig.

I. 258 (E. 29), 279 Begr., 399 (Z.I 29), 686 (Z.II 29). II. 515 — Becher VII. 8, *47*, *132*, 210, *241*, 485.

§ 9 Abs. 1 GBO.: Urkunden, auf die sich eine Eintragung gründet oder Bezug nimmt, sind von dem Grundbuchamt aufzubewahren. Die Herausgabe einer solchen Urkunde darf nur erfolgen, wenn statt der Urkunde eine beglaubigte Abschrift aufbewahrt wird.

1. Vgl. Just.-Min.-Bek. vom 2. Juli 1899, JMBl. S. 165.

2. Zu Abs. 2 vgl. die entsprechenden Vorschriften des § 874 BGB.

Art. 45. Die im Artikel 191 Abs. 2 des Einführungsgesetzes zum Bürgerlichen Gesetzbuche zum Schutze der Ausübung von Grunddienstbarkeiten gegebenen Vorschriften gelten von dem Inkrafttreten des Bürgerlichen Gesetzbuchs an auch für die Zeit, bevor das Grundbuch als angelegt anzusehen ist.

I. 258 (E. 30), 279 Begr., 399 (Z.^{I} 30), 688 (Z.^{II} 30). II. 516 — Becher VII. 8, *48*, *133*, 210, *241*, 485.

Art. 191 Abs. 2 EG. z. BGB.: Von der Zeit an, zu welcher das Grundbuch als angelegt anzusehen ist, finden zum Schutze der Ausübung einer Grunddienstbarkeit, mit welcher das Halten einer dauernden Anlage verbunden ist, die für den Besitzschutz geltenden Vorschriften des Bürgerlichen Gesetzbuchs entsprechende Anwendung, solange Dienstbarkeiten dieser Art nach Artikel 128 oder Artikel 187 zur Erhaltung der Wirksamkeit gegenüber dem öffentlichen Glauben des Grundbuchs nicht der Eintragung bedürfen. Das Gleiche gilt für Grunddienstbarkeiten anderer Art mit der Massgabe, dass der Besitzschutz nur gewährt wird, wenn die Dienstbarkeit in jedem der drei letzten Jahre vor der Störung mindestens einmal ausgeübt worden ist.

Art. 128 EG. z. BGB.: Unberührt bleiben die landesgesetzlichen Vorschriften über die Begründung und Aufhebung einer Dienstbarkeit an einem Grundstücke, das im Grundbuche nicht eingetragen ist und nach den Vorschriften der Grundbuchordnung nicht eingetragen zu werden braucht.

Art. 187 EG. z. BGB.: Eine Grunddienstbarkeit, die zu der Zeit besteht, zu welcher das Grundbuch als angelegt anzusehen ist, bedarf zur Erhaltung der Wirksamkeit gegenüber dem öffentlichen Glauben des Grundbuchs nicht der Eintragung. Die Eintragung hat jedoch zu erfolgen, wenn sie von dem Berechtigten oder von dem Eigenthümer des belasteten Grundstücks verlangt wird; die Kosten sind von demjenigen zu tragen und vorzuschiessen, welcher die Eintragung verlangt.

Durch Landesgesetz kann bestimmt werden, dass die bestehenden Grunddienstbarkeiten oder einzelne Arten zur Erhaltung der Wirksamkeit gegenüber dem öffentlichen Glauben des Grundbuchs bei der Anlegung des Grundbuchs oder später in das Grundbuch eingetragen werden müssen. Die Bestimmung kann auf einzelne Grundbuchbezirke beschränkt werden (vgl. Art. 10 ÜG.).

1. Vgl. Art. 22 des Gesetzes vom 1. Juli 1898 über das Liegenschaftsrecht in der Pfalz, Becher III 6, *33*, *69*, *97*, *106i*, *119*.

2. Die Bestimmungen des Art. 191 Abs. 2 EG. z. BGB., die erst von dem Zeitpunkte an gelten, in welchem das Grundbuch als angelegt anzusehen ist, finden nach Art. 45 schon vom Inkrafttreten des BGB. an Anwendung.

Aus der Anwendbarkeit des Art. 191 Abs. 2 EG. z. BGB. ergibt sich für die Zeit vor Anlegung des Grundbuchs: Es genießen von dem Inkrafttreten des BGB. an den Besitzschutz nach den Vorschriften der §§ 858 ff., 1029 BGB.:

a) Grunddienstbarkeiten, mit denen das Halten einer dauernden Anlage verbunden ist, solange als die Anlage besteht (Art. 10 Abs. 1, Satz 2 ÜG.),

b) andere Grunddienstbarkeiten an buchungspflichtigen Grundstücken, bis zum Ablaufe der in Art. 10 ÜG. bezeichneten Frist, sofern die Dienstbarkeit in jedem der drei letzten Jahre vor der Störung mindestens einmal ausgeübt worden ist,

c) andere Grunddienstbarkeiten an buchungsfreien Grundstücken, solange das Grundstück diese Eigenschaft behält und sofern die Dienstbarkeit in jedem der drei letzten Jahre vor der Störung mindestens einmal ausgeübt worden ist.

Reallasten.

Art. 46. Für eine zur Zeit des Inkrafttretens des Bürgerlichen Gesetzbuchs bestehende Reallast gelten von diesem Zeitpunkt an die Vorschriften der §§ 1107 bis 1111 des Bürgerlichen Gesetzbuchs. Solange das Grundbuch noch nicht als angelegt anzusehen ist, tritt in dem Falle des § 1109 Abs. 2 an die Stelle des Grundbuchs das Hypothekenbuch und an die Stelle des Grundbuchamts das Hypothekenamt; die Vorschriften der §§ 876, 878 des Bürgerlichen Gesetzbuchs finden keine Anwendung.

Von der Zeit an, zu welcher das Grundbuch als angelegt anzusehen ist, finden auf das Erlöschen einer nicht im Grundbuch eingetragenen Reallast die für die Grunddienstbarkeiten geltenden Vorschriften der Artikel 12 bis 14 entsprechende Anwendung.

Die Vorschriften der Gesetze über die Grundentlastung bleiben unberührt.

I. 258 (E. 31), 280 **Begr.**, 400 ($З.^{I}$ 31), 687 ($З.^{II}$ 31). II. 516 — **Becher** VII. 9, *49*, *133*, 210, *241*, 485.

1. Auf die bestehenden Reallasten finden vom Inkrafttreten des BGB. an sämmtliche Vorschriften des BGB. Anwendung mit Ausnahme der §§ 1105, 1106, 1112; § 1105 ist unanwendbar, weil sich der Begriff der Reallast nach dem bisherigen Recht bestimmt,

§ 1106, der die Belastung des Antheils eines Miteigenthümers zuläßt, deßwegen, weil die Frage, was Gegenstand einer bereits bestehenden Reallast sein kann, ebenfalls nach dem bisherigen Rechte zu beurtheilen ist.

§ 1112, welcher die Ausschließung des unbekannten Berechtigten im Wege des Aufgebotsverfahrens betrifft, ist unanwendbar, weil er Eintragungen im Grundbuch voraussetzt.

2. Abs. 1 Satz 2 trifft Uebergangsvorschriften bis zur Anlegung des Grundbuchs für den Fall der Theilung des Grundstücks des Berechtigten. An die Stelle der §§ 876, 878 BGB. treten bis zur Herstellung des Grundbuchs die bisherigen Vorschriften.

3. Zu Abs. 2: Bis zu dem Zeitpunkt, in welchem das Grundbuch als angelegt anzusehen ist, bemessen sich die Erlöschungsgründe nach dem bisherigen Rechte; von diesem Zeitpunkte an sind für das Erlöschen im Grundbuche eingetragener Reallasten die Vorschriften des BGB., für das Erlöschen nicht eingetragener Reallasten dagegen nach Abs. 2 die Art. 12—14 maßgebend.

4. Zu Abs. 3 vgl. Art. 15, 17 des Gesetzes vom 28. April 1872.

Ewiggeld.

Art. 47. Ein Ewiggeld, das zu der Zeit besteht, zu welcher das Grundbuch als angelegt anzusehen ist, verwandelt sich in eine Rentenschuld.

I. 259 (E. 32), 280 Begr., 400 (B.I 32), 687 (B.II 32). II. 516 — Becher VII. 9, *50*, *134*, 210, *242*, 485.

1. Vgl. §§ 1109—1203 BGB.

2. Bis zur Herstellung des Grundbuchs hat es bei dem bisherigen Rechte sein Bewenden. Bezüglich der Eintragung neukonstituirter Ewiggelder vgl. Art. 4 des Ges. vom 18. Juni 1898, die Vorbereitung der Anlegung des Grundbuchs in den Landestheilen rechts des Rheins betr. (G.- u. VBl. S. 367; JMBl. S. 251), § 24 der AV. vom 23. Juli 1898 (G. u. VBl. S. 493; JMBl. S. 256), § 14 der Bek. vom 12. November 1898 (JMBl. S. 650).

3. Art. 139 AG. z. CPO., welcher die Zwangsversteigerung und Zwangsverwaltung aus Ewiggeldbriefen zuläßt, bleibt in Geltung.

Leibgedingsrechte.

Art. 48. Besteht zu der Zeit, zu welcher das Grundbuch als angelegt anzusehen ist, eine Hypothek für wiederkehrende Leistungen, die zu einem Leibgeding, einer Leibzucht, einem Altentheil oder einem Auszuge gehören, so verwandelt sie sich in eine Reallast. Haftet der Eigenthümer des belasteten Grundstücks zu der bezeichneten Zeit nur als Drittbesitzer, so gilt die persönliche Haftung des jeweiligen Eigenthümers für die während der Dauer seines Eigenthums fällig werdenden Leistungen als ausgeschlossen.

Besteht zu der im Abs. 1 bezeichneten Zeit eine Hypothek für ein Wohnungsrecht oder für ein zu einem Leibgeding, einer Leibzucht, einem Altentheil oder einem Auszuge gehörendes sonstiges Recht zur Benutzung eines Grundstücks, so gilt das Recht als persönliche Dienstbarkeit.

Ist in den Fällen der Abs. 1, 2 in der Eintragung der Höchstbetrag angegeben, für den das Grundstück haftet, so gilt dieser als der Höchstbetrag des bei der Zwangsversteigerung im Falle des Erlöschens des Rechtes durch den Zuschlag aus dem Erlöse zu leistenden Ersatzes.

I. 259 (E. 33), 280 Begr., 400 (Z.I 33), 687 (Z.II 33). II. 517 — Becher VII. 9, *51*, *135*, 210, *242*, 485.

1. Art. 48 hat die Herstellung des **Grundbuchs** zur Voraussetzung.

2. Eine weitere Voraussetzung ist, daß für das Leibgedingsrecht **Hypothek** besteht. Ist eine Eintragung in das Hypothekenbuch **nicht** erfolgt, so verbleibt dem Anspruch sein rein persönlicher Charakter; auf ihn findet dann die Uebergangsvorschrift des Art. 170 EG. z. BGB. Anwendung. Ist eine Eintragung erfolgt, so ist zu unterscheiden, ob die Eintragung in der II. Rubrik bezw. III. Abtheilung oder in der III. Rubrik bezw. IV. Abtheilung erfolgte. Ersterenfalls kommt dem Anspruch der Charakter einer Dispositionsbeschränkung zu (Bl. f. RA. XII, 14) und findet auf ihn Art. 168 EG. z. BGB. Anwendung; letzterenfalls ist Art. 48 UG. maßgebend. Hier ist aber wieder zu unterscheiden:

a) ob wiederkehrende Leistungen oder

b) ob ein Wohnungsrecht oder ein sonstiges Recht zur Benutzung des Grundstücks in Frage steht. Ersterenfalls verwandelt sich der Anspruch in eine **Reallast**, auf welche die Vorschriften des Art. 46 UG. Anwendung finden; letzterenfalls dagegen in eine **persönliche Dienstbarkeit** gemäß §§ 1090 ff., 1093 BGB.

Im Falle des Abs. 1 Satz 2 findet jedoch § 1108 Abs. 1 keine Anwendung. Die Haftung des dritten Besitzers ist vielmehr nach § 54 ff., insbesondere § 56 Hyp.-Ges. zu beurtheilen.

3. Abs. 3 setzt voraus, daß die Betheiligten durch **Vertrag** bestimmt haben, daß das Grundstück nur bis zu einem bestimmten Betrag haften soll. Haben die Betheiligten dagegen bloß zum Zweck der Gebührenfestsetzung eine Angabe über den Werth des Leibgedings gemacht, ist aber dieser Anschlag gleichwohl in das Hypothekenbuch eingetragen, so hat dieser Eintrag nicht die Bedeutung der Angabe des Höchstbetrags im Sinne des § 882 BGB., jedoch sind gutgläubige Dritte durch den öffentlichen Glauben des Hypothekenbuchs geschützt.

Inhaberhypotheken.

Art. 49. Eine vor der Zeit, zu welcher das Grundbuch als angelegt anzusehen ist, eingetragene Hypothek für die Forderung aus einer Schuldverschreibung auf den Inhaber, aus einem Wechsel oder aus einem anderen Papiere, das durch Indossament übertragen werden kann, gilt von diesem Zeitpunkt an als eine Sicherungshypothek.

I. 259 (E. 34), 282 Begr., 400 (Z.^{I} 34), 687 (Z.^{II} 34). II. 519 — Becher VII. 9, *53*, *136*, 210, *243*, 485.

1. Art. 49 stellt die vor der Herstellung des Grundbuchs entstandenen Inhaberhypotheken den nach diesem Zeitpunkte entstandenen gleich (§ 1187 BGB.).

2. Bis zu dem Zeitpunkte, in welchem das Grundbuch als angelegt anzusehen ist, bleiben die bisherigen Vorschriften der Art. 19 ff. des Gesetzes vom 18. März 1896, einige Bestimmungen über die Inhaberpapiere betreffend, in Kraft. (Art. 177 AG. z. BGB.) Bezüglich der vor dem Inkrafttreten des BGB. bestellten Treuhänder vgl. § 17 des Ges. vom 4. XII. 99 betr. die gemeinsamen Rechte der Besitzer von Schuldverschreibungen (RGBl. S. 696).

3. Bezüglich aller übrigen Hypotheken hat es bei der Vorschrift des Art. 192 Abs. 1 EG. z. BGB. sein Bewenden. Die Frage, welche Sachen als Zubehör des Grundstücks anzusehen sind, ist von der Anlegung des Grundbuchs an, nach dem BGB. zu beurtheilen. (JW. 1900 S. 641; 1901 S. 184.) Bis zu dieser Zeit vgl. Bl. f. RA. Bd. 65 S. 357, 449, 459.

Gesetzliche Hypothekentitel.

Das BGB. kennt das Institut des gesetzlichen Hypothekentitels nicht. Es gewährt aber in bestimmten Fällen kraft Gesetzes einen Anspruch auf Einräumung einer Sicherungshypothek oder läßt die Eintragung einer solchen auf Grund Ersuchens der zuständigen Behörde zu. In anderen Fällen ist der Landesgesetzgebung das Recht eingeräumt, ähnliche Bestimmungen zu treffen.

Alle diese Bestimmungen haben aber das Bestehen des Grundbuchs zur Voraussetzung. Die Art. 50 ff. treffen daher Uebergangsvorschriften für die Zeit von dem Inkrafttreten des BGB. bis zur Herstellung des Grundbuchs.

Art. 54 spricht den Grundsatz aus, daß außer den Fällen der Art. 50—53 nach dem Inkrafttreten des BGB. gesetzliche Hypothekentitel nicht mehr entstehen können. Die Aufzählung ist erschöpfend.

War ein vor dem Inkrafttreten des BGB. entstandener Anspruch auf Grund des § 12 Hyp.G. mit einem gesetzlichen Hypothekentitel ausgestattet, so kann für ihn auch nach diesem Zeitpunkt noch Hypothek vorgemerkt werden, wenn für den Anspruch die bisherigen Gesetze maßgebend bleiben (vgl. Bl. f. RA. 65. 134).

Das Verfahren bei der Eintragung bemißt sich bis zur Herstellung des Grundbuchs nach den bisherigen Vorschriften des Hyp.G.

Von dem Zeitpunkte an, in welchem das Grundbuch als angelegt anzusehen ist, können nur noch auf Grund der Art. 51, 52 neue gesetzliche Hypothekentitel entstehen. In dem gleichen Zeitpunkte verwandeln sich alle bestehenden gesetzlichen Hypothekentitel, sowie alle gesetzlichen Hypothekentitel, welche auf Grund der Art. 51, 52 nach diesem Zeitpunkte noch entstehen, in den Anspruch auf Bestellung einer Sicherungshypothek, bezw. kann für Ansprüche des Staates u. s. w., soweit mit ihnen ein gesetzlicher Hypothekentitel verbunden ist, die Eintragung einer Sicherungshypothek verlangt werden. Endlich finden von diesem Zeitpunkte an auf das Verfahren die neuen Vorschriften Anwendung.

Art. 56 trifft für die Zeit bis zur Anlegung des Grundbuchs Uebergangsvorschriften für den Fall, daß das Vormundschaftsgericht auf Grund des § 54 FGG. die Eintragung einer Hypothek verlangt.

Art. 50. Bis zu der Zeit, zu welcher das Grundbuch als angelegt anzusehen ist, gilt der einem Gläubiger kraft Gesetzes zustehende Anspruch auf Einräumung einer Sicherungshypothek sowie das dem Staate, der Brandversicherungsanstalt, den Gemeinden und anderen Kommunalverbänden, den Stiftungen des öffentlichen Rechtes und den unter der Verwaltung einer öffentlichen Behörde stehenden Stiftungen zustehende Recht, zur Sicherung gewisser Forderungen die Eintragung einer Sicherungshypothek an Grundstücken des Schuldners zu verlangen, als gesetzlicher Hypothekentitel.

Für die Erstreckung der Hypothek auf mehrere Grundstücke sind die neuen Vorschriften maßgebend.

I. 259 (E. 35), 282 Begr., 401 (Z.I 35), 688 (Z.II 35). II. 519 — Becher VII. 10, *54*, *137*, 210, *244*, 485.

1. Vgl. die bisherigen Bestimmungen des § 12 Ziff. 1, 2, 4, 9, 10 des Hypothekengesetzes.

2. Ob einem Gläubiger kraft Gesetzes der Anspruch auf Einräumung einer Sicherungshypothek zusteht, ist nach den einschlägigen neuen Bestimmungen zu beurtheilen. Daher können auch nur solche Ansprüche in Betracht kommen, die nach dem Inkrafttreten des BGB. entstanden sind.

Einschlägig sind:

a) § 648 BGB. (Bauhandwerkerhypothek);

b) Art. 14 AG. z. BGB. Art. 4 ÜG. hinsichtlich der Ansprüche der Brauer wegen ihrer Forderungen an Schankwirthe;

c) Art. 27 Abs. 1 des Gesetzes vom 22. Februar 1855 über die landwirthschaftlichen Erbgüter in der Fassung des Art. 152 AG. z. BGB. hinsichtlich der Ansprüche der Gutsübergeber und Anerben;

d) Art. 123 AG. z. BGB. hinsichtlich der Ansprüche der Staatskasse wegen fälliger öffentlicher Abgaben und Kosten eines Verfahrens;

e) Art. 128 Abs. 2 AG. z. BGB. hinsichtlich der Ansprüche des Staates wegen wiederkehrender Leistungen aus Grundgefällen des Staates und der Ablösungskasse und der an ihre Stelle getretenen Lasten;

f) Art. 46 des Gesetzes vom 3. April 1875 die Brandversicherungsanstalt für Gebäude in den Landestheilen rechts des Rheines betreffend in der Fassung des Art. 164 Abs. 1 Ziff. VIII AG. z. BGB. hinsichtlich der Ansprüche der Brandversicherungsanstalt;

g) Art. 89 AG. z. BGB. hinsichtlich der Ansprüche der Gemeinden und anderen Kommunalverbände, sowie der bezeichneten Stiftungen.

3. Hinsichtlich der Erstreckung der Hypothek auf mehrere Grundstücke vgl. Art. 14 Abs. 2, 89 Abs. 3, 123 Abs. 1 Satz 2, 128 Abs. 2, 164 Abs. 1 Ziff. VIII Abs. 3 AG. z. BGB., Art. 4 ÜG.

4. Für die Zeit nach der Herstellung des Grundbuchs vgl. Art. 55.

Art. 51. Soweit für den Güterstand einer zur Zeit des Inkrafttretens des Bürgerlichen Gesetzbuchs bestehenden Ehe die bisherigen Vorschriften maßgebend bleiben, steht der Ehefrau der im § 12 Nr. 6 des Hypothekengesetzes bestimmte gesetzliche Hypothekentitel für die dort bezeichneten Ansprüche auch insoweit zu, als die Ansprüche erst nach diesem Zeitpunkt entstehen.

I. 259 (E. 36), 283 Begr., 401 (Z.I 36), 688 (Z.II 35). II. 520 — Becher VII. 10, *55*, *138*, 210, *244*, 485.

§ 12 Nr. 6 Hyp.-G. betrifft den gesetzlichen Anspruch der Ehefrau (auf Erwerbung einer Hypothek auf den Immobilien ihres Ehemannes) wegen ihres bei Eingehung der Ehe, oder während derselben eingebrachten Vermögens, wegen der aus dem Ehevertrag ihr zustehenden Rechte, wegen ihrer Entschädigungsansprüche rücksichtlich der mit ihrem Ehemanne übernommenen Verbindlichkeiten, und wegen Verwendung ihrer von demselben veräusserten Güter.

1. Dieser Hypothektitel findet bei Güterständen, bezüglich deren eine Ueberleitung nicht stattfindet, ohne Rücksicht auf die Zeit der Entstehung des Anspruchs, wenn aber eine Überleitung stattfindet, nur auf die vor dem Zeitpunkt der Überleitung entstandenen Ansprüche Anwendung (vgl. Vorbem. Abs. 4 Art. 98 ÜG. Art. 200 EG. z. BGB.).

2. Dieser Hypothektitel kann auch noch nach dem Zeitpunkte entstehen, in welchem das Grundbuch als angelegt anzusehen ist. Wegen der rechtlichen Natur des Anspruchs in einem solchen Falle vgl. Art. 55 Abs. 2.

3. Hinsichtlich der Erstreckung der Hypothek auf mehrere Grundstücke bleibt § 11 HypG. maßgebend.

Art. 52. Ist der Erblasser vor dem Inkrafttreten des Bürgerlichen Gesetzbuchs gestorben, so steht der im § 12 Nr. 8 des Hypothekengesetzes bestimmte gesetzliche Hypothekentitel den dort bezeichneten Berechtigten zu, auch wenn deren Ansprüche erst nach diesem Zeitpunkt entstehen.

I. 259 (E. 37), 283 Begr., 401 (Z.^{I} 37), 688 (Z.^{II} 37). II. 520 — Becher VII. 10, *55*, *138*, 210, *244*, 485.

§ 12 Nr. 8 Hyp.-G. betrifft den gesetzlichen Anspruch der Legatarien und Erbschaftsgläubiger, desgleichen der Miterben auf Erwerbung einer Hypothek auf den zur Erbschaft gehörigen Immobilien wegen der in den Erbtheilungen bestimmten Hinauszahlungen und wegen Entwährung der darin enthaltenen Sachen.

1. Art. 52 hat zur Voraussetzung, daß der Erblasser vor dem Inkrafttreten des BGB. gestorben ist (vgl. Art. 213 EG. z. BGB.).

2. Auch dieser Hypothektitel kann noch nach dem Zeitpunkt entstehen, in welchem das Grundbuch als angelegt anzusehen ist. Wegen der rechtlichen Natur des Anspruchs in einem solchen Falle vgl. Art. 55 Abs. 2.

3. Hinsichtlich der Erstreckung der Hypothek auf mehrere Grundstücke bleibt § 11 Hyp.G. maßgebend.

Art. 53. Bis zu der Zeit, zu welcher das Grundbuch als angelegt anzusehen ist, steht den Hypothekengläubigern der im § 12 Nr. 11 des Hypothekengesetzes bestimmte gesetzliche Hypothekentitel zu.

I. 259 (E. 38), 283 Begr., 401 (Z.^{I} 38), 688 (Z.^{II} 38). II. 520 — Becher VII. 10, *55*, *139*, 210, *244*, 485.

§ 12 Ziff. 11 Hyp.-G. betrifft den Anspruch der Gläubiger auf Erwerbung einer Hypothek auf den Gütern, worauf ihre Hypothek eingetragen ist, wegen der nicht über zwei Jahre rückständigen Zinsen von Hypothekenschulden, und wegen der über Ausklagung und Eintreibung der Hypothekschulden entstandenen Streitkosten.

1. Dieser Hypothektitel kann nach dem Zeitpunkte, in welchem das Grundbuch als angelegt anzusehen ist, nicht mehr entstehen. Mit diesem Zeitpunkt gilt die Hypothek als Buchhypothek des BGB. (Art. 192 EG. z. BGB.). Es fällt die Beschränkung der §§ 42, 43 HypG. weg und haftet nunmehr das Grundstück für die genannten Ansprüche nach § 1118 BGB. ohne weiteres.

Art. 54. Außer den Fällen der Artikel 50 bis 53 können gesetzliche Hypothekentitel nach dem Inkrafttreten des Bürgerlichen Gesetzbuchs nicht mehr entstehen.

I. 259 (E. 39), 283 Begr., 401 (Z.^{I} 39), 688 (Z.^{II} 39). II. 520 — Becher VII. 10, *56*, *139*, 210, *244*, 485.

1. In den Art. 50—53 sind die Hypothekentitel, die nach dem Inkrafttreten des BGB. noch entstehen können, erschöpfend aufgezählt. Auf Grund der nicht ausdrücklich genannten Nr. des § 12 HypG. kann daher nach diesem Zeitpunkte ein gesetzlicher Hypothekentitel nicht mehr entstehen (vgl. auch Vorbemerkung).

Art. 55. Ein gesetzlicher Hypothekentitel, der zu der Zeit besteht, zu welcher das Grundbuch als angelegt anzusehen ist, verwandelt sich in einen Anspruch auf Bestellung einer Sicherungshypothek.

Soweit nach den Artikeln 51, 52 nach dem Inkrafttreten des Bürgerlichen Gesetzbuchs noch neue Hypothekentitel entstehen können, tritt von der im Abs. 1 bezeichneten Zeit an deren Stelle der dort bezeichnete Anspruch.

Für die Ansprüche des Staates, der Brandversicherungsanstalt, einer Gemeinde oder eines anderen Kommunalverbandes, einer Stiftung des öffentlichen Rechtes oder einer unter der Verwaltung einer öffentlichen Behörde stehenden Stiftung, mit denen ein gesetzlicher Hypothekentitel verbunden ist, kann von der im Abs. 1 bezeichneten Zeit an die Eintragung einer Sicherungshypothek an den Grundstücken des Schuldners verlangt werden. Die Eintragung erfolgt auf das Ersuchen der nach den neuen Vorschriften zuständigen Behörde.

I. 259 (E. 40), 284 Begr., 401 (Z.^{I} 40), 688 (Z.^{II} 40). II. 520 — Becher VII. 10, *57*, *139*, 210, *244*, 485.

1. Art. 55 hat die Herstellung des Grundbuches zur Voraussetzung.

2. Der Unterschied zwischen Abs. 1 und 2 einerseits und Abs. 3 andererseits besteht darin, daß in den erstgenannten Fällen lediglich ein Anspruch auf Bestellung einer Sicherungshypothek besteht, ihre Eintragung also nur auf Grund einer Eintragungsbewilligung des Verpflichteten erfolgt, während im Falle des Abs. 3 beim Vorhandensein der gesetzlichen Voraussetzungen die Eintragung auf Grund Ersuchens der zuständigen Behörde erfolgt. Jedoch kann im Falle des Abs. 1 und 2 zur Sicherung des Anspruchs die Eintragung einer Vormerkung gemäß §§ 883, 885 BGB. im Wege der einstweiligen Verfügung angeordnet werden (vgl. § 942 CPO.).

3. Wann der Hypothekentitel entstanden ist, ob vor oder nach dem Inkrafttreten des BGB., ist belanglos.

Art. 56. Die Vorschriften des § 54 des Gesetzes über die Angelegenheiten der freiwilligen Gerichtsbarkeit finden bis zu der Zeit, zu welcher das Grundbuch als angelegt anzusehen ist, auf die Eintragung einer Hypothek in das Hypothekenbuch mit der Maßgabe entsprechende Anwendung, daß der in dem Ersuchen angegebene Betrag, für welchen die Sicherheit geleistet werden soll, in der Eintragung als der Höchstbetrag zu bezeichnen ist, für den die Grundstücke haften.

I. 259 (E. 41), 284 Begr., 402 (Z. I 41), 689 (Z. II 41). II. 520 — Becher VII. 10, *58*, *139*, 210, *244*, 485.

§ 54 Abs. 1 FGG.: Liegen nach dem Ermessen des Vormundschaftsgerichts die Voraussetzungen vor, unter denen der Vormund, der Pfleger oder der Beistand zur Sicherheitsleistung angehalten werden kann, so ist das Gericht befugt, das Grundbuchamt um die Eintragung einer Sicherungshypothek an Grundstücken des Vormundes, des Pflegers oder des Beistandes zu ersuchen. Der Vormund, der Pfleger oder der Beistand soll soweit thunlich vorher gehört werden. Die Hypothek entsteht mit der Eintragung (vgl. § 25 der Just.-Min.-Bek. vom 19. Januar 1900 JMBl. S. 181).

1. Hieher gehören die Fälle der §§ 1844, 1897, 1694, 1915 BGB.

2. Nach Art. 192 EG. z. BGB. gilt die auf Grund des Art. 56 eingetragene Hypothek von der Anlegung des Grundbuchs an als Sicherungshypothek, auch wenn sie im Grundbuche nicht als solche bezeichnet ist.

Hypothekenvormerkungen.

Art. 57. Ist zu der Zeit, zu welcher das Grundbuch als angelegt anzusehen ist, eine Hypothek nach den bisherigen Vorschriften vorgemerkt, so finden auf die Vormerkung die Vorschriften der §§ 886, 887 des Bürgerlichen Gesetzbuchs entsprechende Anwendung.

I. 259 (E. 42). 285 Begr., 402 (Z. I 42), 689 (Z. II 42). II. 520 — Becher VII. 11, *58*, *139*, 210, *246*, 485.

§ 886 BGB.: Steht demjenigen, dessen Grundstück oder dessen Recht von der Vormerkung betroffen wird, eine Einrede zu, durch welche die Geltendmachung des durch die Vormerkung gesicherten Anspruchs dauernd ausgeschlossen wird, so kann er von dem Gläubiger die Beseitigung der Vormerkung verlangen.

§ 887 BGB.: Ist der Gläubiger, dessen Anspruch durch die Vormerkung gesichert ist, unbekannt, so kann er im Wege des Aufgebotsverfahrens mit seinem Rechte ausgeschlossen werden, wenn die im § 1170 für die Ausschliessung eines Hypothekengläubigers bestimmten Voraussetzungen vorliegen. Mit der Erlassung des Ausschlussurtheils erlischt die Wirkung der Vormerkung.

§ 1170 BGB.: Wenn seit der letzten, sich auf das Recht beziehenden Eintragung in das Grundbuch zehn Jahre verstrichen sind und das Recht des Gläubigers nicht innerhalb dieser Frist von dem Eigenthümer in einer nach § 208 zur Unterbrechung der Verjährung geeigneten Weise (d. h. durch Abschlagzahlung, Zinszahlung, Sicherheitsleistung oder in anderer Weise) anerkannt worden ist. Besteht für die Forderung eine nach dem Kalender bestimmte Zahlungszeit, so beginnt die Frist nicht vor dem Ablaufe des Zahlungstags.*

1. Art. 57 bezieht sich nur auf diejenigen Vormerkungen, die auf Grund des § 12 HypG. oder der Art. 50 ff. UG. eingetragen wurden. Diese bleiben gemäß Art. 184 EG z. BGB. mit dem sich aus den bisherigen Gesetzen ergebenden Inhalt und Rang bestehen. Die im Wege der Zwangsvollstreckung oder der Arrestvollziehung eingetragenen Vormerkungen verwandeln sich dagegen in dem Zeitpunkte, in welchem das Grundbuch als angelegt anzusehen ist, in Sicherungshypotheken, sofern nicht in diesem Zeitpunkte die Umwandlung in eine Hypothekeneintragung zulässig und beantragt ist (Art. 57 AG. z. GBO. und ZVG.).

2. Für die Umwandlung der Vormerkung in eine Eintragung bleiben nach Art. 22 AG. z. GBO. und ZVG. die bisherigen Vorschriften maßgebend.

3. Auf die Ausschließung im Wege des Aufgebotsverfahrens gemäß § 887 BGB. finden § 988 CPO. und Art. 69 b AG. z. CPO. in der Fassung des Art. 166 Ziff. XIV AG. z. BGB. bezw. Art. 31 AG. z. CPO. n. F. Anwendung.

Rangvorbehalte.

Art. 58. Das nach § 84 des Hypothekengesetzes dem Schuldner zustehende Recht, an der Stelle einer erloschenen, aber noch nicht gelöschten Hypothek eine neue Hypothek mit dem Range der erloschenen zu begründen, ist gegenüber einem nach der Anlegung des Grundbuchs entstandenen Rechte unwirksam.

Das Gleiche gilt von der nach § 150 des Hypothekengesetzes eingetragenen Vormerkung einer Hypothek, deren Bestellung sich der Schuldner vorbehalten hat.

I. 260 (E. 43), 285 Begr., 402 (Z.^{I} 43), 689 (Z.^{II} 43). II. 521, 608 — Becher VII. 11, *59*, *139*, *190*, 210, *246*, 485.

§ 84 Abs. 1 Hyp.-G.: Der Schuldner kann nach erloschener, aber im Hypothekenbuch noch nicht gelöschter Hypothek den Rang dieser Hypothek einem anderen, auch einem neuen Gläubiger, jedoch für keine grössere Summe einräumen.

§ 150 Satz 1 Hyp.-G.: Hat sich der Schuldner bei einer Forderung das Recht vorbehalten, noch vor derselben einer anderen Forderung den Rang einzuräumen oder hat er derselben nur einen bestimmten Rang, z. B. die zweite Hypothek zugestanden, so muss bei dem Eintrag jener Hypothek die vorbehaltene Hypothek unter ihrer eigenen Nummer und mit einer bestimmten Summe vorgemerkt, auch ihr Vorzug ausgedrückt und in der letzten Kolumne bemerkt werden, dass die Benennung des Gläubigers noch vorbehalten sei.

1. Abs. 1 hat zur Voraussetzung, daß die Hypothek in dem Zeitpunkte, in dem das Grundbuch als angelegt anzusehen ist, bereits erloschen, aber noch nicht gelöscht ist, und daß der Eigenthümer in diesem Zeitpunkt von dem Recht der Rangeinräumung noch nicht Gebrauch gemacht hat. Vereinigt sich dagegen erst nach der Herstellung des Grundbuches die Hypothek mit dem Eigenthum, so verwandelt sie sich in eine Grundschuld, wenn dem Eigenthümer nicht auch die Forderung zusteht; anderenfalls bestimmen sich seine Rechte aus der Hypothek, so lange die Vereinigung besteht, nach den für eine Grundschuld des Eigenthümers geltenden Vorschriften (§ 1177 BGB.), vgl. jedoch Bl. f. RA. Bd. 66 S. 81.

Abs. 2 hat zur Voraussetzung, daß der Eigenthümer zur Zeit der Herstellung des Grundbuches über den vorbehaltenen Rang noch nicht verfügt hat.

2. Gemäß Art. 58 hat der Rangvorbehalt nach §§ 84 bezw. 150 HypG. von der Herstellung des Grundbuches an den Charakter eines Rangvorbehaltes gemäß § 881 BGB., jedoch mit der Maßgabe, daß der Rangvorbehalt den in diesem Zeitpunkte bestehenden Hypotheken gegenüber wirksam bleibt. Gegenüber diesen Hypotheken kann daher der Eigenthümer über den vorbehaltenen Rang nach wie vor verfügen, gegenüber nach diesem Zeitpunkt entstandenen Rechten am Grundstücke aber nur, wenn er sich bei der Bestellung dieser Rechte die Befugniß vorbehalten hat, ein anderes dem Umfange nach bestimmtes Recht mit dem Range vor jenen Rechten einzutragen. Unwirksam ist der Rangvorbehalt, wie bisher, so auch künftig gegenüber im Wege der Zwangsvollstreckung oder der Arrestvollziehung erfolgten Eintragungen.

3. Von der Herstellung des Grundbuches an steht auch nichts im Wege, daß der Eigenthümer den vorbehaltenen Rang durch Bestellung einer Eigenthümergrundschuld ausfüllt. Ebenso Henle-Schneider Anm. 2; AM. auf Grund des Art. 184 EG. z. BGB., da der Rang nur einem anderen Gläubiger eingeräumt werden dürfe, Bl. f. RA. Bd. 66 S. 81.

Art. 59. Hat der Eigenthümer eines Grundstücks einem Hypothekengläubiger gegenüber in Ansehung einer dem

Rechte des Gläubigers im Range vorgehenden oder gleichstehenden Hypothek auf das im § 84 des Hypothekengesetzes bestimmte Recht verzichtet, so kann der Gläubiger von der Zeit an, zu welcher das Grundbuch als angelegt anzusehen ist, unbeschadet der Vorschriften über den öffentlichen Glauben des Grundbuchs, die Löschung der Hypothek, falls diese sich mit dem Eigenthum in derselben Person vereinigt, in gleicher Weise verlangen, wie wenn zur Sicherung des Rechtes auf Löschung eine Vormerkung im Grundbuch eingetragen wäre.

I. 260 (E. 41), 286 Begr., 402 (Z.[I] 44), 689 (Z.[II] 44). II. 525 — Becher VII. 11, *59*, *148*, 210, *246*, 486.

§ 84 Abs. 1 Hyp.-G.: Der Schuldner kann nach erloschener, aber im Hypothekenbuch noch nicht gelöschter Hypothek den Rang dieser Hypothek einem anderen, auch einem neuen Gläubiger, jedoch für keine grössere Summe einräumen.

1. Art. 59 trifft Uebergangsvorschriften bezüglich des Rangeinräumungsverzichtes, d. h. für den Fall, daß der Eigenthümer einem Hypothekengläubiger gegenüber für den Fall der Löschungsreife einer der Hypothek dieses Gläubigers im Range gleichstehenden oder vorgehenden Hypothek darauf verzichtet hat, deren Rang einem anderen Gläubiger einzuräumen.

2. Vereinigt sich nach der Herstellung des Grundbuches Hypothek und Eigenthum in einer Person, so treten trotz des Rangeinräumungsverzichtes die im § 1177 BGB. bezeichneten Wirkungen ein (vgl. Art. 58 Note 1).

Art. 59 räumt jedoch von der Herstellung des Grundbuches an dem Hypothekengläubiger, dem gegenüber der Rangeinräumungsverzicht erklärt wurde, im Falle der Vereinigung von Hypothek und Eigenthum in einer Person das Recht ein, die Löschung dieser Hypothek zu verlangen; hiebei begründet es keinen Unterschied, ob diese Vereinigung vor oder nach der Herstellung des Grundbuches eingetreten ist.

3. Dieser Anspruch auf Löschung bedarf, ebensowenig wie der Rangeinräumungsverzicht überhaupt, nicht der Eintragung in das Grundbuch. Erfolgt aber die Eintragung nicht, so wird der Anspruch auch nicht durch den öffentlichen Glauben des Grundbuches geschützt. Wird daher einem gutgläubigen Dritten der Rang der Hypothek eingeräumt, so ist diese Rangeinräumung wirksam. Ebenso kann der gutgläubige Erwerber des Grundstückes nicht zur Löschung der Hypothek angehalten werden, wenn sich diese mit dem Eigenthum in einer Person vereinigt. Der Hypothekengläubiger kann die Eintragung einer Vormerkung zur Sicherung seines Anspruches nach Maßgabe der §§ 883, 885 BGB. verlangen.

Verpfändung und Pfändung des Anspruchs auf Herausgabe eines Grundstücks.

Art. 60. Bis zu der Zeit, zu welcher das Grundbuch als angelegt anzusehen ist, erwirbt in dem Falle des § 1287 Satz 2 des Bürgerlichen Gesetzbuchs der Pfandgläubiger und in dem Falle des § 848 Abs. 2 Satz 2 der Civilprozeßordnung der Gläubiger eine Hypothek an dem herausgegebenen Grundstücke.

In dem ersteren Falle ist der Verpfänder verpflichtet, die Eintragung der Hypothek in das Hypothekenbuch zu bewilligen. In dem letzteren Falle hat der Sequester die Eintragung einer Vormerkung in das Hypothekenbuch zu beantragen. Die Umwandlung der Vormerkung in Eintragung erfolgt nach den für die Eintragung einer Vollstreckungshypothek geltenden Vorschriften. Ist die Umwandlung zu der Zeit, zu welcher das Grundbuch als angelegt anzusehen ist, noch nicht erfolgt, so findet die Vorschrift des Artikel 57 des Ausführungsgesetzes zu der Grundbuchordnung und zu dem Gesetz über die Zwangsversteigerung und die Zwangsverwaltung Anwendung.

I. 260 (E. 45), 286 Begr., 402 (Z.I 45), 689 (Z.II 45). II. 525 — Becher VII. 11, *61*, *148*, 210, *248*, 486.

§ 1287 Satz 2* BGB.: Ist an dem Anspruch auf Uebertragung des Eigenthums an einem Grundstücke ein Pfandrecht bestellt und leistet der Schuldner dieses Anspruchs in Gemässheit der §§ 1281, 1282 *(d. h. wenn die Forderung, für welche das Pfandrecht besteht, ganz oder zum Theil fällig und in eine Geldforderung übergegangen ist, an den Pfandgläubiger oder, solange diese Voraussetzungen nicht eingetreten sind, gemeinschaftlich an den Pfandgläubiger und den Gläubiger)*, so erwirbt der Pfandgläubiger an dem Grundstücke eine Sicherungshypothek.

§ 848 CPO.: Bei Pfändung eines Anspruchs, welcher eine unbewegliche Sache betrifft, ist anzuordnen, dass die Sache an einen auf Antrag des Gläubigers vom Amtsgerichte der belegenen Sache zu bestellenden Sequester herauszugeben sei.

Ist der Anspruch auf Uebertragung des Eigenthums gerichtet, so hat die Auflassung an den Sequester als Vertreter des Schuldners zu erfolgen. Mit dem Uebergange des Eigenthums auf den Schuldner erlangt der Gläubiger eine Sicherungshypothek für seine Forderung. Der Sequester hat die Eintragung der Sicherungshypothek zu bewilligen.

Art. 57 AG. z. GBO. u. ZVG.: Eine Hypothekenvormerkung, die zur Zeit, zu welcher das Grundbuch als angelegt anzusehen ist, im Wege der Zwangsvollstreckung oder der Arrestvollziehung eingetragen ist, verwandelt sich in eine Sicherungshypothek, sofern nicht in diesem Zeitpunkte die Umwandlung in eine Hypothekeneintragung zulässig und beantragt ist.

1. Die Hypothek an dem herausgegebenen Grundstücke entsteht kraft Gesetzes, ohne daß es einer Eintragung bedürfte. Wohl aber ist die Eintragung erforderlich zur Erhaltung ihrer Wirksamkeit gegenüber dem öffentlichen Glauben des Hypothekenbuchs.

Hypotheken an Rechten.

Art. 61. Ist zur Zeit des Inkrafttretens des Bürgerlichen Gesetzbuchs ein Recht mit einer Hypothek belastet, das nicht zu den Rechten gehört, für welche die sich auf Grundstücke beziehenden Vorschriften gelten, so verwandelt sich die Hypothek in ein Pfandrecht.

I. 260 (E. 46), 286 Begr., 403 (Z.^{I} 46), 690 (Z.^{II} 46). II. 525 — Becher VII. 12, *62*, ***148***, 210, *250*, 486.

1. Nach § 3 HypG. kann nur auf unbeweglichen Sachen und auf jenen fruchtbringenden dinglichen Rechten, welche von den Gesetzen den Immobilien gleich geachtet sind, und mit dem Tode des Berechtigten nicht erlöschen, eine Hypothek bestellt werden. Nach **§ 1113** BGB. kann nur ein Grundstück, unter der Voraussetzung des **§ 1114** BGB. auch ein Bruchtheil eines Grundstückes, mit einer Hypothek belastet werden. Den Grundstücken stehen gleich diejenigen Rechte, für welche die sich auf Grundstücke beziehenden Vorschriften gelten. Die letztgenannten Rechte des neuen Rechtes decken sich aber nicht vollständig mit den den Immobilien gleichgeachteten Rechten des alten Rechtes. Nach dem neuen Rechte kommen in Betracht: das Erbbaurecht (**§ 1017** Abs. **1** BGB.), das Bergwerkseigenthum, die Kuxe des älteren Rechtes, Fischereirechte, Realgewerbeberechtigungen, Nutzungsrechte der Mitglieder der in Art. **164** EG. z. BGB. bezeichneten Verbände, sofern für sie nach Landesgesetz die sich auf Grundstücke beziehenden Vorschriften gelten (vgl. Art. **17** AG. z. GBO.).

Soweit also Rechte in Betracht kommen, welche zwar nach bisherigem, nicht aber nach neuem Recht Gegenstand einer Hypothek sein können, z. B. Bodenzinse, Reallasten, verwandelt sich die Hypothek an diesen Rechten in ein Pfandrecht. An solchen Rechten kann auf Grund des Art. **189** EG. z. BGB. vom Inkrafttreten des BGB. eine Hypothek nicht mehr begründet werden.

Eheliches Güterrecht.

I. 602 Begr., II. 819 — Becher VII. *280*, *357*, *431*, *440*, *491*, *511*.

Für die Ueberleitung der bestehenden Güterstände waren folgende Grundsätze maßgebend:

1. Die bestehenden Güterstände werden in die entsprechenden Güterstände des BGB. übergeleitet.

2. Die Ueberleitungsvorschriften haben keine rückwirkende Kraft.

3. Die erbrechtlichen Bestimmungen der bisherigen Güterstände bleiben bestehen, soweit sie für den überlebenden Ehegatten günstiger sind als die Vorschriften des BGB. Ist dies zweifelhaft, so hat der überlebende Ehegatte die Wahl, ob er nach diesen oder jenen erben will.

Abgesehen von den speziellen Ueberleitungsvorschriften sind auch die Ueberleitungsvorschriften der Art. 19 ff., 97 ff. zu beachten.

1. Allgemeine Gütergemeinschaft.

Art. 62. Besteht zur Zeit des Inkrafttretens des Bürgerlichen Gesetzbuchs für eine Ehe der gesetzliche Güterstand der allgemeinen Gütergemeinschaft nach einem der in den Landestheilen rechts des Rheins geltenden Rechte, so treten an die Stelle der bisherigen Vorschriften die Vorschriften des Bürgerlichen Gesetzbuchs über die allgemeine Gütergemeinschaft.

Soweit der Eintritt der allgemeinen Gütergemeinschaft nach den bisherigen Vorschriften von der ehelichen Beiwohnung oder nach dem Rechte des Fürstenthums Hohenlohe von dem Ablauf einer Frist abhängt, gilt er mit dem Inkrafttreten des Bürgerlichen Gesetzbuchs als erfolgt.

Tritt die allgemeine Gütergemeinschaft nach den Vorschriften des Preußischen Landrechts erst zu einer späteren Zeit ein, so gilt die Vorschrift des Abs. 1 von dieser Zeit an.

I. 593 (E. 1), 605 Begr., 690 (Z.^{II} 46^{1}). II. 825 — Becher VII. 264, *286, 369, 453,* 486, *499.*

1. Die allgemeine Gütergemeinschaft bildet den gesetzlichen Güterstand für alle Klassen der Bevölkerung nach den Rechten des Bisthums Bamberg, des Fürstenthums Bayreuth, der Grafschaft Thurnau, des Bisthums Fulda, des Fürstenthums Hohenlohe, der Grafschaft Pappenheim, des Fürstenthums Kempten, des Fürstenthums Oettingen-Wallerstein, der Herrschaft Stauffen, der Städte Windsheim, Dinkelsbühl, Nördlingen, Kaufbeuren, Kempten, Lindau, Ingolstadt, Mindelheim und Ulm, sowie nach der Mönchsrother Observanz.

Nach dem Rechte der Grafschaft Erbach ist die allgemeine Gütergemeinschaft der gesetzliche Güterstand für alle Klassen der Bevölkerung mit Ausnahme der vormals reichsunmittelbaren Familien, nach dem Rechte des Bisthums Eichstätt ist sie der gesetzliche Güterstand für „die gemeinen Bürgers- und Bauersleute". Das Recht der Stadt Nürn berg stellt die allgemeine Gütergemeinschaft als gesetzlichen Güterstand für die ersten Ehen und für die weiteren Ehen ohne Kinder aus einer früheren Ehe, die sog. versammten Ehen, auf. Das Gleiche gilt für das Recht der Stadt Weißenburg. Nach den domprobsteilich Bambergischen Observanzen gilt in erster Ehe allgemeine Gütergemeinschaft, in zweiter Ehe Errungenschaftsgemeinschaft. Nach der fränkischen Landgerichtsordnung, dem Rechte der Grafschaft Castell und dem Schweinfurter Stadtrecht tritt allgemeine Gütergemeinschaft ein, wenn in der Ehe ein Kind geboren wird, und sie bleibt nur solange, als nicht abgeschichtete Kinder vorhanden sind; die genannten Rechte stellen die allgemeine Gütergemeinschaft als gesetzlichen Güterstand nur für die Ehen der nicht zum vormals reichsunmittelbaren Adel gehörenden Familien auf.

Nicht hieher gehört die Bedernauer Observanz. In deren Bezirk gilt das bayerische Landrecht.

2. Für alle diese Rechte treten mit dem Inkrafttreten des BGB. an die Stelle der bisherigen Vorschriften die Vorschriften der §§ 1438 ff. des BGB. über die allgemeine Gütergemeinschaft, und nach dem Tode eines Ehegatten beim Vorhandensein gemeinschaftlicher Abkömmlinge die Vorschriften des BGB. über fortgesetzte Gütergemeinschaft (vgl. Samml. Bd. I S. 371), soweit sich nicht nach dem ÜG. selbst Einschränkungen ergeben.

Ein späterer Termin ist maßgebend:

a) im Falle des Abs. 3. Nach dem in einzelnen Rechtsgebieten subsidiär geltenden Preuß. Landrecht (Th. II Tit. 18 §§ 782 ff.) bleibt der Eintritt der allgemeinen Gütergemeinschaft für die Dauer der Minderjährigkeit eines Ehegatten regelmäßig ausgesetzt; nach diesen Bestimmungen vollzieht sich die Ueberleitung spätestens, wenn die Frau nicht binnen drei Monaten nach dem Eintritte der Volljährigkeit, der Mann nicht im Termin zur Entlastung des Vormunds die Ausschließung der Gütergemeinschaft erklärt. Wird die Ausschließung erklärt, so tritt der ordentliche gesetzliche Güterstand des BGB. der Verwaltung und Nutznießung ein. Bezüglich des Eintritts der allgemeinen Gütergemeinschaft vgl. Art. 26 ÜG.

b) im Falle des Art. 76.

3. Abgesehen von den für die einzelnen Rechte in diesem Abschnitte getroffenen Sonderbestimmungen finden sich weitere Vorschriften:

a) hinsichtlich des Umfangs der Gütermassen (Art. 97),

b) hinsichtlich des Einflusses der Gütergemeinschaft auf Rechte an Grundstücken (Art. 26, 30),

c) hinsichtlich der Wirksamkeit der Gütergemeinschaft gegenüber Dritten (Art. 25),

d) hinsichtlich der Anwendbarkeit der CPO., KO. und des FGG. (Art. 24),

e) hinsichtlich der Schuldenhaftung (Art. 98, 100),

f) hinsichtlich der Befugniß des Mannes zur Verfügung über Gesammtgut (Art. 99),

g) hinsichtlich der Geltendmachung der Ersatzansprüche der Ehegatten gegen einander (Art. 101),

h) hinsichtlich besonderer Vereinbarungen der Ehegatten und Anordnungen Dritter (Art. 102),

i) hinsichtlich anhängiger Rechtsstreite (Art. 103),

k) hinsichtlich der Klage auf Aufhebung der Gütergemeinschaft (Art. 98 Abs. 2).

4. Bezüglich der Ueberleitung des Bayreuther Rechts vgl. die Zusammenstellung bei Becher VII. 434. Vgl. ferner Samml. I. 371: Einfluß der Ueberleitung des Güterstandes der allgemeinen Gütergemeinschaft des fränkischen LR. in die allgemeine Gütergemeinschaft des BGB. auf die Befugniß des Mannes zur Verfügung über gütergemeinschaftliche Grundstücke (Gesammtgut).

5. Bisheriges Recht: Ausschluß der Gütergemeinschaft nach Eichstätter Recht, wenn ein Ehetheil Kinder aus einer früheren Ehe hat. OGH. VII. 7.

Art. 63. Besteht die allgemeine Gütergemeinschaft nach dem Rechte des Fürstenthums Bayreuth, so behält jeder Ehegatte das Recht, sie innerhalb einer Frist von drei Monaten nach der Eingehung der Ehe aufzuheben.

Mit der Aufhebung der Gütergemeinschaft tritt der Güterstand der Verwaltung und Nutznießung ein.

I. 593 (E. 2), 605 Begr., 690 (Z.II 46 2). II. 827 — Becher VII. 264, *288*, *374*, *453*, 486.

1. Voraussetzung ist, daß am 1. Januar 1900 keiner der Ehegatten von dem ihm auf Grund des Titel VII § 2 der hochfürstlich Brandenburgisch-Kulmbachischen Landeskonstitution vom Jahre 1722 zustehenden Renunciationsrechte bereits Gebrauch gemacht hat.

2. Die Besonderheit des Art. 63 besteht darin, daß jeder Ehegatte innerhalb der dreimonatigen Frist einseitig die Gütergemeinschaft aufheben kann.

3. Vom Inkrafttreten des BGB. an können die Ehegatten nach Art. 200 EG. z. BGB. jederzeit durch Ehevertrag einen anderen Güterstand vereinbaren. Dagegen ist die Frage bestritten, ob bisher nach dem Ablaufe der dreimonatigen Frist die allgemeine Gütergemeinschaft des Bayreuther Rechts durch Ehevertrag aufgehoben werden konnte. Bd. VIII S. 286 Samml. d. Entsch. d. bayer. OLG. ist sie verneint, die Praxis bejaht dieselbe.

Art. 64. Soweit nach den bisherigen Vorschriften ein Ehegatte berechtigt ist, wegen Verbindlichkeiten des anderen Ehegatten auf Aufhebung der Gütergemeinschaft mit der Wirkung zu klagen, daß das Gesammtgut für diese Verbindlichkeiten nicht haftet, bleibt das Recht in Ansehung der Verbindlichkeiten bestehen, die vor dem Inkrafttreten des Bürgerlichen Gesetzbuchs entstanden sind.

Die Vorschriften der §§ 1470, 1479 des Bürgerlichen Gesetzbuchs finden entsprechende Anwendung.

I. 593 (E. 3), 607 Begr., 690 (Z.^{II} 46^{3}). II. 828 — Becher VII. 264, *291*, *375*, *453*, 486.

§ 1470* BGB.: Die Aufhebung der Gütergemeinschaft tritt mit der Rechtskraft des Urtheils ein. Für die Zukunft gilt Gütertrennung.

Dritten gegenüber ist die Aufhebung nur nach Maassgabe des § 1435 wirksam.

§ 1435 BGB.: Einem Dritten gegenüber können aus der Aufhebung der Gütergemeinschaft Einwendungen gegen ein zwischen ihm und einem der Ehegatten vorgenommenes Rechtsgeschäft oder gegen ein zwischen ihnen ergangenes rechtskräftiges Urtheil nur hergeleitet werden, wenn zur Zeit der Vornahme des Rechtsgeschäfts oder zur Zeit des Eintritts der Rechtshängigkeit die Aufhebung der allgemeinen Gütergemeinschaft in dem Güterrechtsregister des zuständigen Amtsgerichts eingetragen oder dem Dritten bekannt war.*

§ 1479* BGB.: Wird die Gütergemeinschaft durch Urtheil aufgehoben, so kann der Ehegatte, welcher das Urtheil erwirkt hat, verlangen, dass die Auseinandersetzung so erfolgt, wie wenn der Anspruch auf Auseinandersetzung mit der Erhebung der Klage auf Aufhebung der Gütergemeinschaft rechtshängig geworden wäre.

1. Das im Art. 64 bezeichnete Recht gewähren die Rechte von Hohenlohe und Castell jedem Ehegatten, der Städte Lindau und Kempten der Frau, das Recht von Erbach einem jeden Ehegatten, aber nur, wenn der andere Ehegatte in betrüglicher Absicht die Schuld verheimlicht hat. In Folge der subsidiären Anwendbarkeit des Preußischen Landrechts kann nach den Rechten von Windsheim, Thurnau, Weißenburg und im Gebiete der domprobsteilich Bambergischen Observanzen jeder Ehegatte, wenn der andere mehr Schulden als Vermögen in die Ehe gebracht hat, binnen zwei Jahren nach vollzogener Ehe auf Aufhebung der Gütergemeinschaft mit der Wirkung klagen, daß das Gesammtgut für die vorehelichen Verbindlichkeiten nicht haftet. Ob auch für das Bayreuther Recht ein Klagerecht der Frau besteht, ist zweifelhaft (II 828, Becher VII 375).

2. Die Klage auf Aufhebung kann sich nur auf vor dem 1. Januar 1900 entstandene Verbindlichkeiten gründen.

3. Das die Aufhebung aussprechende Urtheil äußert die in den §§ 1470, 1479 BGB. ausgesprochenen Wirkungen. Ferner haftet in Ansehung der vor dem 1. Januar 1900 entstandenen Verbindlichkeiten den Gläubigern nicht das Gesammtgut. Dagegen hat es in Ansehung der Haftung aus den vom Inkrafttreten des BGB. an bis zur Rechtskraft des Urtheils entstandenen Verbindlichkeiten bei den Vorschriften der §§ 1459 ff., 1480 f. BGB. sein Bewenden.

Art. 65. Besteht die allgemeine Gütergemeinschaft nach dem Rechte von Würzburg, Castell oder Schweinfurt, so können im Falle der Beendigung der Gütergemeinschaft die Abkömmlinge die Erstattung des Werthes ihres in das Gesammtgut gefallenen Vermögens verlangen, jedoch nur bis zu dem Betrage von zwei Dritteln des Werthes des Gesammtguts. Tritt fortgesetzte Gütergemeinschaft ein, so kann die Erstattung erst bei der Beendigung der fortgesetzten Gütergemeinschaft und, falls der überlebende Ehegatte bei der Beendigung noch am Leben ist, diesem gegenüber nur bis zu dem Betrag eines Sechstels des Werthes des Gesammtguts der fortgesetzten Gütergemeinschaft verlangt werden. Der Werth des zu erstattenden Vermögens bestimmt sich nach der Zeit, zu welcher das Vermögen in das Gesammtgut gefallen ist.

Sind gemeinschaftliche Abkömmlinge nicht vorhanden, so steht jedem der Ehegatten bei der Aufhebung der Gütergemeinschaft das im § 1478 des Bürgerlichen Gesetzbuchs bestimmte Recht zu.

I. 593 (E. 4), 608 Begr., 691 (Z.II 46 4). II. 829 — Becher VII. 264, *293*, *377*, *454*. 486.

§ 1478* BGB.: Jeder Ehegatte kann verlangen, dass jedem von ihnen der Werth desjenigen zurückerstattet wird, was er in die Gütergemeinschaft eingebracht hat; reicht der Werth des Gesammtguts zur Rückerstattung nicht aus, so hat jeder Ehegatte die Hälfte des Fehlbetrags zu tragen.

Als eingebracht ist anzusehen, was eingebrachtes Gut sein würde, wenn Errungenschaftsgemeinschaft bestanden hätte. Der Werth des Eingebrachten bestimmt sich nach der Zeit der Einbringung.

1. Nach den genannten Rechten fiel aller Erwerb der Abkömmlinge mit Ausnahme des Erwerbs aus selbständiger Thätigkeit, sowie dessen, was einem Abkömmlinge von Jemand, dessen Notherbe er nicht ist, mit der Bestimmung zugewendet wird, daß das Zugewendete dem Abkömmlinge gehören soll, in das Gesammtgut. Maßgebend für den Begriff der „Abkömmlinge" ist der Sprachgebrauch des BGB., vgl. Staudinger Komm. Bd. V. S. 19; Planck § 1924 BGB. Anm. 1.

2. Im Falle des Art. 65 kann es sich aber immer nur um Vermögen handeln, das die Abkömmlinge vor dem Inkrafttreten des BGB. erworben haben. Denn von diesem Zeitpunkt bemißt sich gemäß Art. 203 EG. z. BGB. ihr Verhältniß zu ihren Eltern nach den Bestimmungen des BGB. Was sie daher vom 1. Januar 1900 an erwerben, fällt nicht in das Gesammtgut.

3. Die Maximalgrenze ist verschieden gezogen, je nachdem die allgemeine Gütergemeinschaft oder die fortgesetzte Gütergemeinschaft endigt. In letzterem Fall können sie das Sechstel außer der sie nach § 1498 BGB. treffenden Hälfte verlangen.

Zu beachten ist der Unterschied in der Terminologie des Abs. 1 und 2: Beendigung — Aufhebung. Nach dem Sprachgebrauch des BGB. wird die Gütergemeinschaft nur durch Urtheil (§§ 1468 ff.) und durch Ehevertrag (§ 1432) „aufgehoben". Der Ausdruck „Beendigung" umfaßt alle Beendigungsgründe (direkt entgegengesetzter Meinung bez. des Art. 65 Henle-Schneider Anm. 1 a. E., wonach es im Falle des Abs. 2 auf den Grund der Beendigung nicht ankommt).

4. Sind vereinkindschaftete Abkömmlinge vorhanden vgl. Art. 72.

5. Bisheriges Recht: Den in Gütergemeinschaft fortlebenden Hauskindern steht für Haushaltungsbeiträge aus ihrem Erwerbe kein Ersatzanspruch zu. OGH. VI. 722.

Die Beschlagnahme eines Pflichttheiles, welcher nach den Bestimmungen der fränk. Landgerichtsordnung in Folge einer bei Lebzeiten der Eltern eintretenden Grundtheilung einem Kinde etwa zu verabreichen ist, kann nicht ohne weiteres für zulässig erachtet werden. OGH. VIII. 157.

Art. 66. Besteht die allgemeine Gütergemeinschaft nach dem Rechte des Fürstenthums Hohenlohe, so verbleibt es für die Auseinandersetzung in Ansehung des Gesammtguts bei der Vorschrift, daß dem Manne zwei Drittel, der Frau ein Drittel des Ueberschusses gebühren. Im Falle der fortgesetzten Gütergemeinschaft bestimmt sich der Antheil der Abkömmlinge nach dem Antheile des verstorbenen Ehegatten.

I. 593 (E. 5), 609 Begr., 691 (Z.II 46[5]). II. 830 -- Becher VII. 265, *294*, *378*, *454*, 486.

1. Art. 66 enthält eine Ausnahme von dem Grundsatze des § 1476 BGB., wonach der nach Berichtigung der Gesammtgutsverbindlichkeiten verbleibende Ueberschuß den Ehegatten zu gleichen Theilen gebührt.

2. Endigt die Gütergemeinschaft durch den Tod eines Ehegatten und tritt nicht fortgesetzte Gütergemeinschaft ein, so gebührt der auf den verstorbenen Ehegatten treffende Antheil seinen Erben. Zu beachten ist jedoch das dem überlebenden Ehegatten nach §§ 1931, 1932 BGB. zustehende gesetzliche Erbrecht (vgl. auch Art. 68).

Art. 67. Besteht die allgemeine Gütergemeinschaft nach dem Rechte von Bamberg, Nördlingen, Kaufbeuren, der Stadt Kempten, von Dinkelsbühl, Windsheim, Bayreuth, Ulm, Pappenheim, Thurnau, Fulda, Erbach, Lindau, Mindelheim, Eichstätt, Ingolstadt, Oettingen-Wallerstein oder nach der Mönchsrother Observanz, so geht im Falle des Todes des einen Ehegatten, wenn Abkömmlinge dieses Ehegatten nicht vorhanden sind, dessen Antheil an dem Gesammtgut auf den überlebenden Ehegatten über. Die Vorschriften des § 1483 Abs. 1 Satz 2, des § 1484, des § 1488, des § 1489 Abs. 1, 2 und der §§ 1507, 1508 des Bürgerlichen Gesetzbuchs finden entsprechende Anwendung.

Der Uebergang auf den überlebenden Ehegatten kann durch letztwillige Verfügung ausgeschlossen werden. Im Falle der Ausschließung gehört der Antheil des verstorbenen Ehegatten an dem Gesammtgute zum Nachlasse. Besteht die allgemeine Gütergemeinschaft nach dem Rechte von Bamberg, Nördlingen, Kaufbeuren, der Stadt Kempten, von Dinkelsbühl, Windsheim, Ulm, Pappenheim, Thurnau, Fulda, Erbach, Oettingen-Wallerstein oder nach der Mönchsrother Observanz, so finden auf die Ausschließung die Vorschriften der §§ 1509, 1516 des Bürgerlichen Gesetzbuchs entsprechende Anwendung. Besteht die allgemeine Gütergemeinschaft nach dem Rechte von Bayreuth, so steht dem ausgeschlossenen Ehegatten das im § 1478 des Bürgerlichen Gesetzbuchs bezeichnete Recht sowie ein Pflichttheilsrecht zu. Macht der ausgeschlossene Ehegatte von dem im § 1478 bezeichneten Rechte Gebrauch, so gilt das Gesammtgut insoweit, als es nicht zur Erstattung des Werthes des von der Frau in die Gütergemeinschaft Eingebrachten zu verwenden ist, als Antheil des Mannes; auf das Pflichttheilsrecht finden die Vorschriften des Bürgerlichen Gesetzbuchs über den Pflichttheil entsprechende Anwendung.

I. 593 (E. 6), 610 Begr., 643, 691 (Z.^{II} 46^{6}). II. 830 — Becher VII. 265, *295*, 357 a, *379*, *435*, *454*, 486, *500*, *509*.

Auseinandersetzung.

§ 1478* BGB.: Der ausgeschlossene Ehegatte kann verlangen, dass jedem Ehegatten der Werth desjenigen zurückerstattet wird, was er in die Gütergemeinschaft eingebracht hat; reicht der Werth des Gesammtguts zur Rückerstattung nicht aus, so hat jeder Ehegatte die Hälfte des Fehlbetrags zu tragen.

Als eingebracht ist anzusehen, was eingebrachtes Gut gewesen sein würde, wenn Errungenschaftsgemeinschaft bestanden hätte. Der Werth des Eingebrachten bestimmt sich nach der Zeit der Einbringung.

§ 1483 BGB. Absatz 1 Satz 2: Der Antheil des verstorbenen Ehegatten am Gesammtgute gehört in diesem Falle nicht zum

Nachlasse; im Uebrigen erfolgt die Beerbung des Ehegatten nach den allgemeinen Vorschriften.

Ablehnung der Konsolidation.

§ 1484* BGB.: Der überlebende Ehegatte kann den Uebergang ablehnen.

Auf die Ablehnung finden die für die Ausschlagung einer Erbschaft geltenden Vorschriften der §§ 1943 bis 1947, 1950, 1952, 1954 bis 1957, 1959 entsprechende Anwendung. Steht der überlebende Ehegatte unter elterlicher Gewalt oder unter Vormundschaft, so ist zur Ablehnung die Genehmigung des Vormundschaftsgerichts erforderlich.

Lehnt der Ehegatte den Uebergang ab, so gilt das Gleiche wie im Falle des § 1482 *(d. h. der Antheil des verstorbenen Ehegatten am Gesammtgute gehört zum Nachlass. Die Beerbung erfolgt nach den allgemeinen Vorschriften).*

§ 1943 BGB.: Der überlebende Ehegatte kann den Uebergang nicht mehr ablehnen, wenn er ihn angenommen hat oder wenn die für die Ablehnung vorgeschriebene Frist verstrichen ist. Mit dem Ablaufe der Frist gilt der Uebergang als angenommen.*

§ 1944 BGB.: Die Ablehnung kann nur binnen sechs Wochen erfolgen.*

Die Frist beginnt mit dem Zeitpunkte, in welchem der überlebende Ehegatte von dem Tode des verstorbenen Ehegatten Kenntniss erlangt. Auf den Lauf der Frist finden die für die Verjährung geltenden Vorschriften der §§ 203, 206 entsprechende Anwendung.

Die Frist beträgt sechs Monate, wenn der verstorbene Ehegatte seinen letzten Wohnsitz nur im Auslande gehabt hat oder wenn sich der überlebende Ehegatte bei dem Beginne der Frist im Ausland aufhält.

§ 203 BGB.: Der Lauf der Frist ist gehemmt, solange der überlebende Ehegatte durch Stillstand der Rechtspflege innerhalb der Frist an der Abgabe einer Erklärung verhindert ist.*

Das Gleiche gilt, wenn eine solche Verhinderung in anderer Weise durch höhere Gewalt herbeigeführt wird.

§ 206 BGB.: Ist eine geschäftsunfähige oder in der Geschäftsfähigkeit beschränkte Person ohne gesetzlichen Vertreter, so wird die gegen sie laufende Frist nicht vor dem Ablaufe von sechs Wochen bezw. sechs Monaten nach dem Zeitpunkte vollendet, in welchem die Person unbeschränkt geschäftsfähig wird oder der Mangel der Vertretung aufhört.*

§ 1945 BGB.: Die Ablehnung erfolgt durch Erklärung gegenüber dem Nachlassgerichte; die Erklärung ist in öffentlich beglaubigter Form abzugeben.*

Ein Bevollmächtigter bedarf einer öffentlich beglaubigten Vollmacht. Die Vollmacht muss der Erklärung beigefügt oder innerhalb der Ablehnungsfrist nachgebracht werden.

§ 1946 BGB.: Der überlebende Ehegatte kann den Uebergang annehmen oder ablehnen, sobald der Tod des überlebenden Ehegatten eingetreten ist.*

§ 1947 BGB.: Die Annahme und die Ablehnung können nicht unter einer Bedingung oder einer Zeitbestimmung erfolgen.*

§ 1950 BGB.: Die Annahme und die Ablehnung können nicht auf einen Theil des Gesammtguts beschränkt werden. Die Annahme oder Ablehnung eines Theiles ist unwirksam.*

§ 1952 BGB.: Das Recht des überlebenden Ehegatten, den Uebergang abzulehnen, ist vererblich.*

Stirbt der überlebende Ehegatte vor dem Ablaufe der Ablehnungsfrist, so endigt die Frist nicht vor dem Ablaufe der für die Erbschaft des überlebenden Ehegatten vorgeschriebenen Ausschlagungsfrist.

§ 1954 BGB.: Ist die Annahme oder Ablehnung anfechtbar, so kann die Anfechtung nur binnen sechs Wochen erfolgen.*

Die Frist beginnt im Falle der Anfechtbarkeit wegen Drohung mit dem Zeitpunkt, in welchem die Zwangslage aufhört, in den übrigen Fällen mit dem Zeitpunkt, in welchem der Anfechtungsberechtigte von dem Anfechtungsgrunde Kenntniss erlangt. Auf den Lauf der Frist finden die für die Verjährung geltenden Vorschriften der §§ 203, 206, 207 entsprechende Anwendung.

Die Frist beträgt sechs Monate, wenn der verstorbene Ehegatte seinen letzten Wohnsitz nur im Auslande gehabt hat oder wenn sich der überlebende Ehegatte bei dem Beginne der Frist im Ausland aufhält.

Die Anfechtung ist ausgeschlossen, wenn seit der Annahme oder der Ablehnung dreissig Jahre verstrichen sind.

§§ 203, 206 s. bei § 1944 BGB.

§ 207 BGB.: Gehört der Anfechtungsanspruch zu einem Nachlasse, so wird die Frist nicht vor dem Ablaufe von sechs Wochen bezw. sechs Monaten nach dem Zeitpunkte vollendet, in welchem die Erbschaft von dem Erben angenommen oder der Konkurs über den Nachlass eröffnet wird oder von welchem an der Anspruch von einem Vertreter geltend gemacht werden kann.*

§ 1955 BGB.: Die Anfechtung der Annahme oder der Ablehnung erfolgt durch Erklärung gegenüber dem Nachlassgerichte. Für die Erklärung gelten die Vorschriften des § 1945.*

§ 1956 BGB.: Die Versäumung der Ablehnungsfrist kann in gleicher Weise wie die Annahme angefochten werden.*

§ 1957 BGB.: Die Anfechtung der Annahme gilt als Ablehnung, die Anfechtung der Ablehnung gilt als Annahme.*

Das Nachlassgericht soll die Anfechtung der Ablehnung demjenigen mittheilen, welchem die Erbschaft in Folge der Ablehnung angefallen war. Die Vorschrift des § 1953 Abs. 3 Satz 2 (das Nachlassgericht hat die Einsicht der Erklärung jedem zu gestatten, der ein rechtliches Interesse glaubhaft macht) findet Anwendung.

§ 1959 BGB.: Nimmt der überlebende Ehegatte vor der Ablehnung Verwaltungshandlungen vor, so ist er denjenigen gegenüber, welcher Erbe wird, wie ein Geschäftsführer ohne Auftrag berechtigt und verpflichtet.*

Verfügt der überlebende Ehegatte vor der Ablehnung über einen zum Gesammtgute gehörenden Gegenstand, so wird die Wirksamkeit der Verfügung durch die Ablehnung nicht berührt, wenn die Verfügung nicht ohne Nachtheil für das Gesammtgut verschoben werden konnte.

Ein Rechtsgeschäft, das gegenüber dem Erben als solchem vorgenommen werden muss, bleibt, wenn es vor der Ablehnung dem überlebenden Ehegatten gegenüber vorgenommen wird, auch nach der Ablehnung wirksam.

Gesammtgutsverbindlichkeiten.

§ 1488* BGB.: Gesammtgutsverbindlichkeiten sind die Verbindlichkeiten des überlebenden Ehegatten sowie solche Verbindlichkeiten des verstorbenen Ehegatten, die Gesammtgutsverbindlichkeiten der ehelichen Gütergemeinschaft waren.

§ 1489* BGB.: Für die Gesammtgutsverbindlichkeiten haftet der überlebende Ehegatte persönlich.

Soweit die persönliche Haftung den überlebenden Ehegatten nur in Folge des Eintritts des Uebergangs trifft, finden die für die Haftung des Erben für die Nachlassverbindlichkeiten geltenden Vorschriften entsprechende Anwendung; an die Stelle des Nachlasses tritt das Gesammtgut in dem Bestande, den es zur Zeit des Eintritts des Uebergangs hat.

§ 1507* BGB.: Das Nachlassgericht hat dem überlebenden Ehegatten auf Antrag ein Zeugniss über den Uebergang zu ertheilen. Die Vorschriften über den Erbschein finden entsprechende Anwendung.

§ 1508* BGB.: Die Ehegatten können den Uebergang durch Ehevertrag ausschliessen.

Auf einen Ehevertrag, durch welchen der Uebergang ausgeschlossen, oder die Ausschliessung aufgehoben wird, finden die Vorschriften des § 1437 Anwendung.

§ 1437 BGB.: Der betreffende Ehevertrag kann nicht durch einen gesetzlichen Vertreter geschlossen werden.*

Ist einer der Vertragschliessenden in der Geschäftsfähigkeit beschränkt, so bedarf er der Zustimmung seines gesetzlichen Vertreters. Ist der gesetzliche Vertreter ein Vormund, so ist die Genehmigung des Vormundschaftsgerichts erforderlich.

§ 1509* BGB.: Jeder Ehegatte kann für den Fall, dass die Ehe durch seinen Tod aufgelöst wird, den Uebergang durch letztwillige Verfügung ausschliessen, wenn er berechtigt ist, dem anderen Ehegatten den Pflichttheil zu entziehen oder auf Aufhebung der Gütergemeinschaft zu klagen. Auf die Ausschliessung finden die Vorschriften über die Entziehung des Pflichttheils entsprechende Anwendung.

§ 1516* BGB.: Zur Wirksamkeit einer einseitigen letztwilligen Verfügung eines Ehegatten, durch welche der Uebergang ausgeschlossen wird, ist die Zustimmung des anderen Ehegatten erforderlich.

Die Zustimmung kann nicht durch einen Vertreter ertheilt werden. Ist der Ehegatte in der Geschäftsfähigkeit beschränkt, so ist die Zustimmung seines gesetzlichen Vertreters nicht erforderlich. Die Zustimmungserklärung bedarf der gerichtlichen oder notariellen Beurkundung. Die Zustimmung ist unwiderruflich.

Die Ehegatten können die in Abs. 1 erwähnte Verfügung auch in einem gemeinschaftlichen Testamente treffen.

1. Art. 67, 68 setzen voraus, daß im Falle des Todes eines Ehegatten Abkömmlinge des verstorbenen Ehegatten nicht vorhanden sind.

2. Nur der Antheil des verstorbenen Ehegatten am Gesammtgut geht auf den überlebenden Ehegatten über, in sein übriges Vermögen (eingebrachtes Gut, Vorbehaltsgut) wird dagegen die Erbfolge eröffnet.

3. Während nach den in Abs. 2 Satz 3 genannten Rechten die Ausschließung nur unter den Voraussetzungen der §§ 1509, 1516 BGB. zulässig ist, ist sie nach den übrigen im Art. 67 genannten Rechten unbedingt zulässig.

4. Gilt Bayreuther Recht, so hat der ausgeschlossene Ehegatte die Wahl, ob er die Auseinandersetzung des Gesammtguts nach den gewöhnlichen Vorschriften des BGB. oder nach § 1478 BGB. verlangen will. Im letztgenannten Fall bildet, abgesehen von etwaigem Vorbehaltsgut des verstorbenen Ehegatten, im Falle des Todes der Frau lediglich ihr Eingebrachtes den Nachlaß, während im Falle des Todes des Mannes das Gesammtgut, soweit es nicht zur Erstattung des von der Frau in die Gütergemeinschaft Eingebrachten zu verwenden ist, in Erbgang kommt.

5. Die Vorschriften des BGB. über den Pflichttheil finden sich in den §§ 2303 ff. BGB.

Nach Bayreuther Recht steht dem ausgeschlossenen Ehegatten ein Pflichttheilsrecht zu, gleichviel ob er von dem Rechte des § 1478 BGB. Gebrauch macht oder nicht; der Pflichttheil beträgt die Hälfte des Nachlasses. Auch nach den übrigen im Art. 67 genannten Rechten steht dem ausgeschlossenen Ehegatten ein Pflichttheilsrecht zu; der Pflichttheil beträgt aber nur die Hälfte des ihm nach § 1931 BGB. zustehenden gesetzlichen Erbtheils.

Art. 68. Besteht die allgemeine Gütergemeinschaft nach dem Rechte des Fürstenthums Hohenlohe oder des Fürstenthums Kempten, so steht, wenn bei dem Tode des einen Ehegatten Abkömmlinge dieses Ehegatten nicht vorhanden sind, dem überlebenden Ehegatten das im § 1478 des Bürgerlichen Gesetzbuchs bestimmte Recht zu. Macht er von diesem Rechte Gebrauch, so gehört das Gesammtgut, soweit es nicht zur Erstattung des Werthes des in die Gütergemeinschaft Eingebrachten erforderlich ist, zum Nachlasse des verstorbenen Ehegatten.

Besteht die allgemeine Gütergemeinschaft nach dem Rechte des Fürstenthums Kempten, so bestimmt sich das Recht des überlebenden Ehegatten in Ansehung des Nachlasses des verstorbenen Ehegatten nach den bisherigen Vorschriften. Verzichtet der überlebende Ehegatte auf das Recht der Verwaltung und Nutznießung, so bestimmt sich sein Erbrecht nach den Vorschriften des Bürgerlichen Gesetzbuchs. Auf den Verzicht finden die für die Ausschlagung der Erbschaft geltenden Vorschriften des Bürgerlichen Gesetzbuchs entsprechende Anwendung.

I. 594 (E. 7), 610 Begr., 692 (Z.^{II} 46^{7}). II. 832 — Becher VII. 265, *297*, *382*, *454*, 486.

§ 1478* BGB.: Der ausgeschlossene Ehegatte kann verlangen, dass jedem von ihnen der Werth desjenigen zurückerstattet wird, was er in die Gütergemeinschaft eingebracht hat; reicht der Werth des Gesammtguts zur Rückerstattung nicht aus, so hat jeder Ehegatte die Hälfte des Fehlbetrags zu tragen.

Als eingebracht ist anzusehen, was eingebrachtes Gut gewesen sein würde, wenn Errungenschaftsgemeinschaft bestanden hätte. Der Werth des Eingebrachten bestimmt sich nach der Zeit der Einbringung.

1. Art. 68 setzt voraus, daß bei dem Tode eines Ehegatten Abkömmlinge des verstorbenen Ehegatten nicht vorhanden sind.

2. Der überlebende Ehegatte, dagegen nicht auch die Erben des verstorbenen Ehegatten, hat die Wahl, ob er die Auseinandersetzung des Gesammtguts nach den gewöhnlichen Vorschriften des BGB. oder nach Maßgabe des § 1478 BGB. verlangen will.

Macht der überlebende Ehegatte von dem Rechte des § 1478 BGB. Gebrauch, so gehört das Gesammtgut, soweit es nicht zur Erstattung des Werthes des Eingebrachten erforderlich ist, zum Nachlasse des verstorbenen Ehegatten.

Macht er dagegen von dem Rechte des § 1478 BGB. keinen Gebrauch, so gebühren

a) nach Hohenloher Recht dem Manne zwei Drittel, der Frau ein Drittel des Gesammtgutes (Art. 66);

b) nach dem Rechte des Fürstenthums Kempten jedem Ehegatten die Hälfte des Gesammtgutes (§ 1476 BGB).

Hienach bemißt sich, abgesehen von etwaigem Sondergut (§§ 1439, 1440 BGB.), die Größe des Nachlasses.

3. Bezüglich des Erbrechts des überlebenden Ehegatten ist es gleichgültig, ob er von dem Rechte des § 1478 BGB. Gebrauch macht oder nicht. Gilt Hohenloher Recht, so finden die erbrechtlichen Bestimmungen des BGB Anwendung. Besteht dagegen die allgemeine Gütergemeinschaft nach dem Rechte des Fürstenthums Kempten, so tritt der Beisitz nach dem bisherigen Rechte ein. Nur dann, wenn der überlebende Ehegatte hierauf verzichtet, bestimmt sich sein Erbrecht nach den Vorschriften des BGB.

4. Hinsichtlich der für die Ausschlagung der Erbschaft geltenden Vorschriften des BGB. vgl. § 1484 bei Art. 67.

Art. 69. Besteht die allgemeine Gütergemeinschaft nach dem Rechte des Fürstenthums Bayreuth, des Fürstenthums Kempten oder der Stadt Kempten oder nach dem Rechte von Dinkelsbühl oder Lindau, so steht, wenn bei dem Tode des einen Ehegatten gemeinschaftliche Abkömmlinge vorhanden sind, dem überlebenden Ehegatten das im § 1478 des Bürgerlichen Gesetzbuchs bezeichnete Recht zu, sofern er die Fortsetzung der Gütergemeinschaft ablehnt. Macht er von diesem Rechte Gebrauch, so gehört, wenn die allgemeine Gütergemeinschaft nach dem Rechte der Stadt Kempten besteht, das Gesammtgut, soweit es nicht zur Erstattung des Werthes des in die Gütergemeinschaft Eingebrachten erforderlich ist, zum Nachlasse des verstorbenen Ehegatten. Besteht die allgemeine Gütergemeinschaft nach dem Rechte des Fürstenthums Bayreuth, so gilt das Gleiche, wenn die Frau überlebt oder wenn bei dem Tode der Frau ein aus einer früheren Ehe der Frau stammender Abkömmling vorhanden ist; andernfalls gebührt das Gesammtgut insoweit dem überlebenden Manne.

Lehnt der überlebende Ehegatte die Fortsetzung der Gütergemeinschaft ab, so bestimmt sich sein Recht in Ansehung des Nachlasses des verstorbenen Ehegatten nach den bisherigen Vorschriften. Verzichtet er auf das Recht des Beisitzes, so bestimmt sich sein Erbrecht nach den Vorschriften des Bürgerlichen Gesetzbuchs, soweit diese ihm günstiger sind. Auf den Verzicht finden die für die Ausschlagung einer Erbschaft geltenden Vorschriften des Bürgerlichen Gesetzbuchs entsprechende Anwendung.

I. 594 (E. 8), 612 Begr., 692 (Z.II 46[8]). II 832 — Becher VII. 266, *299, 383, 456,* 486.

§ 1478* BGB.: Jeder Ehegatte kann verlangen, dass jedem von ihnen der Werth desjenigen zurückerstattet wird, was er in die Gütergemeinschaft eingebracht hat; reicht der Werth des Gesammtguts zur Rückerstattung nicht aus, so hat jeder Ehegatte die Hälfte des Fehlbetrags zu tragen.

Als eingebracht ist anzusehen, was eingebrachtes Gut sein würde, wenn Errungenschaftsgemeinschaft bestanden hätte. Der Werth des Eingebrachten bestimmt sich nach der Zeit der Einbringung.

1. Endigt die allgemeine Gütergemeinschaft durch den Tod eines Ehegatten und sind in diesem Zeitpunkte gemeinschaftliche Abkömmlinge der Ehegatten vorhanden, so tritt die fortgesetzte Gütergemeinschaft ein (§§ 1483 ff. BGB.), sofern der überlebende Ehegatte sie nicht ablehnt (§ 1484 BGB.). Das Verhältnis des überlebenden Ehegatten zu den nichtgemeinschaftlichen Abkömmlingen ist im Art. 70 geregelt.

a) Lehnt er die Fortsetzung der Gütergemeinschaft nicht ab, so finden die Vorschriften des BGB. über die fortgesetzte Gütergemeinschaft im vollen Umfange Anwendung.

b) Lehnt er sie dagegen ab (§ 1484 BGB.), so finden von den Vorschriften des BGB. nach zwei Richtungen Ausnahmen statt:

α) Hinsichtlich der Auseinandersetzung hat der überlebende Ehegatte die Wahl, ob sie nach den gewöhnlichen Vorschriften des BGB. oder nach Maßgabe des § 1478 BGB. erfolgen soll (vgl. Anm. 2).

β) Hinsichtlich seines Rechtes am Nachlasse des verstorbenen Ehegatten. Maßgebend sind dann die Vorschriften des bisherigen Rechtes, wonach der Beisitz eintritt. Der überlebende Ehegatte kann aber auch auf das Recht des Beisitzes verzichten (s. Note 3). Dann bestimmt sich sein Erbrecht ebenfalls nach den bisherigen Vorschriften; jedoch kommen die Vorschriften des BGB. zur Anwendung, soweit ihm diese günstiger sind. Z. B. nach dem Rechte des Fürstenthums Bayreuth erhält der überlebende Ehegatte einen Kindstheil, nach dem BGB. ¼. Sind also weniger als drei Kinder vorhanden, so erbt er nach dem bisherigen Recht, andernfalls nach den Vorschriften des BGB.

2. Lehnt der überlebende Ehegatte die Fortsetzung der Gütergemeinschaft ab und macht er von dem Recht des § 1478 BGB. Gebrauch, so sind folgende Fälle zu unterscheiden:

a) Nach dem Rechte der Stadt Kempten gehört das Gesammtgut, soweit es nicht zur Erstattung des Werthes des in die Gütergemeinschaft Eingebrachten erforderlich ist, zum Nachlasse des verstorbenen Ehegatten. Dessen Nachlaß besteht also aus seinem Vorbehaltsgut und aus dem Gesammtgut abzüglich des Eingebrachten des überlebenden Ehegatten.

b) Nach dem Rechte des Fürstenthums Bayreuth gilt das Gleiche, wenn entweder der Mann stirbt oder wenn beim Tode der Frau neben gemeinschaftlichen Abkömmlingen ein aus einer früheren Ehe der Frau stammender Abkömmling — uneheliche Kinder der Frau kommen nicht in Betracht — vorhanden ist. Ist dagegen beim Tode der Frau ein solcher Abkömmling nicht vorhanden, so setzt sich ihr Nachlaß aus ihrem Vorbehaltsgut und ihrem Eingebrachten zusammen.

c) Nach dem Rechte des Fürstenthums Kempten oder dem Rechte von Dinkelsbühl und Lindau setzt sich der Nachlaß aus dem Vorbehaltsgut, dem Eingebrachten und der Hälfte des Ueberschusses des Gesammtguts über das beiderseits Eingebrachte zusammen.

3. Hinsichtlich der für die Ausschlagung einer Erbschaft geltenden Vorschriften vgl. § 1484 bei Art. 67.

4. Bisheriges Recht: Bayreuther Recht OGH. VI. 27 — Statutarrecht der Stadt Kempten VI. 29.

Art. 70. Besteht die allgemeine Gütergemeinschaft nach einem der im Artikel 69 genannten Rechte, so steht, wenn bei dem Tode des einen Ehegatten andere Abkömmlinge dieses Ehegatten als gemeinschaftliche vorhanden sind, das im § 1478 des Bürgerlichen Gesetzbuchs bezeichnete Recht sowohl dem überlebenden Ehegatten als den Abkömmlingen zu. Die Vorschriften des Artikel 69 Abs. 1 Satz 2, 3 finden entsprechende Anwendung. Das Erbrecht des überlebenden Ehegatten bestimmt sich nach den bisherigen Vorschriften, der gesetzliche Erbtheil beträgt jedoch mindestens ein Viertheil.

Treffen gemeinschaftliche Abkömmlinge mit nicht gemeinschaftlichen Abkömmlingen des verstorbenen Ehegatten zusammen, so bestimmen sich die Rechte des überlebenden Ehegatten gegenüber diesen nach den Vorschriften des Abs. 1, auch wenn der überlebende Ehegatte die Fortsetzung der Gütergemeinschaft nicht ablehnt oder auf den Beisitz nicht verzichtet.

I. 594 (E. 9), 612 Begr., 693 (Z.^{II} 46^{9}). II. 833 — Becher VII. 266, *300*, *385*, *456*, 486.

§ 1478* BGB.: Jeder Ehegatte kann verlangen, dass jedem von ihnen der Werth desjenigen zurückerstattet wird, was er in die Gütergemeinschaft eingebracht hat; reicht der Werth des

Gesammtguts zur Rückerstattung nicht aus, so hat jeder Ehegatte die Hälfte des Fehlbetrags zu tragen.

Als eingebracht ist anzusehen, was eingebrachtes Gut sein würde, wenn Errungenschaftsgemeinschaft bestanden hätte. Der Werth des Eingebrachten bestimmt sich nach der Zeit der Einbringung.

1. Art. 70 regelt, wenn nach den im Art. 69 bezeichneten Rechten allgemeine Gütergemeinschaft besteht, das Verhältniß zwischen dem überlebenden Ehegatten und den nicht gemeinschaftlichen Abkömmlingen des verstorbenen Ehegatten.

2. Das Recht des § 1478 BGB. ist hier an die Ablehnung der Fortsetzung der Gütergemeinschaft durch den überlebenden Ehegatten nicht geknüpft. Daher haben sowohl der überlebende Ehegatte als auch die nicht gemeinschaftlichen Abkömmlinge des verstorbenen Ehegatten in jedem Falle die Wahl, ob die Auseinandersetzung des Gesammtguts nach den gewöhnlichen Vorschriften des BGB. oder nach Maßgabe des § 1478 BGB. erfolgen soll.

3. Zu Abs. 1 Satz 2 vgl. Art. 69 Note 2.

4. In erbrechtlicher Beziehung soll der überlebende Ehegatte nicht schlechter gestellt sein als nach dem BGB.

5. Abs. 2 bringt zum Ausdruck, daß das Verhältniß des überlebenden Ehegatten zu den nicht gemeinschaftlichen Abkömmlingen des verstorbenen Ehegatten durch sein Verhältniß zu den gemeinschaftlichen nicht berührt wird. Es ist also ganz gleich, ob er mit den letzteren die Gütergemeinschaft fortsetzt, oder ob der Beisitz eintritt, oder ob er auf das Recht des Beisitzes verzichtet.

6. Bisheriges Recht: Bayreuther Recht: Vermögensauseinandersetzung, wenn der Mann eine Frau mit unehelichen Kindern geheiratet hat. OGH. VI. 27. — Nach Lindauer Statutarrecht steht dem unehelichen Kinde das gesetzliche Erbrecht an dem Nachlasse seiner verstorbenen Mutter vor deren überlebenden Ehemann zu. OGH. I. 217.

Art. 71. Besteht die allgemeine Gütergemeinschaft nach dem Rechte von Kaufbeuren, so erhält, wenn die fortgesetzte Gütergemeinschaft bei Lebzeiten des überlebenden Ehegatten aufgehoben wird, dieser den Werth des von ihm eingebrachten Vermögens als Voraus. Die Vorschriften des § 1478 Abs. 2 des Bürgerlichen Gesetzbuchs finden Anwendung.

Besteht die allgemeine Gütergemeinschaft nach dem Rechte von Nördlingen, so kann der überlebende Ehegatte bei der Aufhebung der fortgesetzten Gütergemeinschaft verlangen, daß die antheilsberechtigten Abkömmlinge an Stelle der Hälfte des Gesammtguts den Werth des von dem verstorbenen Ehegatten eingebrachten Vermögens erhalten. Die Vorschriften des § 1478 Abs. 2 des Bürgerlichen Gesetzbuchs finden Anwendung.

Besteht die allgemeine Gütergemeinschaft nach dem Rechte von Weißenburg, so kann der überlebende Ehegatte bei der Aufhebung der fortgesetzten Gütergemeinschaft verlangen, daß die antheilsberechtigten Abkömmlinge an Stelle der Hälfte des Gesammtguts den Werth der Hälfte des im Abs. 2 bezeichneten Vermögens erhalten.

Besteht die allgemeine Gütergemeinschaft nach dem Rechte von Windsheim, so erhält, wenn die fortgesetzte Gütergemeinschaft bei Lebzeiten des überlebenden Ehegatten aufgehoben wird, dieser von der den antheilsberechtigten Abkömmlingen zufallenden Hälfte des Gesammtguts einen Kopftheil.

I. 594 (E. 10), 612 Begr., 694 (Z.[II] 46[10]). II. 834 — Becher VII. 266, *301, 386, 456,* 486.

§ 1478* Abs. 2, BGB.: Als eingebracht ist anzusehen, was eingebrachtes Gut sein würde, wenn Errungenschaftsgemeinschaft bestanden hätte. Der Werth des Eingebrachten bestimmt sich nach der Zeit der Einbringung.

1. Art. 71 regelt die Auseinandersetzung des Gesammtguts der fortgesetzten Gütergemeinschaft im Falle ihrer **Aufhebung**. Die Aufhebung erfolgt nach dem Sprachgebrauche des BGB. durch einseitige Erklärung des überlebenden Ehegatten gegenüber dem für den Nachlaß des verstorbenen Ehegatten zuständigen Gerichte oder durch Vertrag zwischen dem überlebenden Ehegatten und den antheilsberechtigten Abkömmlingen (§ 1492 BGB.), endlich nach § 1495, 1496 BGB., wenn ein antheilsberechtigter Abkömmling auf Aufhebung der fortgesetzten Gütergemeinschaft klagt, mit der Rechtskraft des Urtheils; anscheinend a. M. Henle-Schneider Anm. 1 und Mot. I 612, wo §§ 1492—1494 BGB. citirt sind; hiernach wäre auch die Beendigung in Folge der Wiederverheirathung, des Todes und der Todeserklärung des überlebenden Ehegatten, dagegen nicht die Beendigung in Folge Klage mit inbegriffen. Dafür, daß Art. 71 den Begriff der Aufhebung im Sinne der Begr. auffaßt, spricht die im Abs. 1 und 4 ausgesprochene Beschränkung: „Aufhebung bei Lebzeiten des überlebenden Ehegatten", ferner, daß die im Abs. 2 und 3 bezeichneten Rechte die dort bezeichneten Vorschriften für den Fall der Wiederverheirathung des überlebenden Ehegatten treffen.

2. Auf den Voraus finden die für Vermächtnisse geltenden Vorschriften Anwendung (§ 1932 BGB.).

3. Im Fall des Abs. 2 und 3 hat der überlebende Ehegatte bezw. seine Erben die Wahl zwischen der Auseinandersetzung nach den Vorschriften des § 1498 ff. BGB. und dem in Abs. 2 und 3 bestimmten Theilungsmodus („kann verlangen").

Art. 72. Besteht die allgemeine Gütergemeinschaft nach dem Rechte von Würzburg, Castell, Schweinfurt, Bamberg, Fulda oder Lindau, so finden, wenn vereinkindschaftete Abkömmlinge vorhanden sind, nur die Vorschriften der §§ 1438 bis 1467, 1473 des Bürgerlichen Gesetzbuchs Anwendung. Wird die Ehe durch den Tod des Ehegatten aufgelöst, der die vereinkindschafteten Abkömmlinge in die Ehe gebracht hat, so gelten nach der Abschichtung der vereinkindschafteten Abkömmlinge für das Verhältniß zwischen dem überlebenden Ehegatten und dessen Abkömmlingen die Vorschriften des Bürgerlichen Gesetzbuchs über die fortgesetzte Gütergemeinschaft und der Artikel 65, 69.

Im Uebrigen bleiben die bisherigen Gesetze, insbesondere in Ansehung der rechtlichen Stellung der vereinkindschafteten Kinder, maßgebend. Die Vorschrift des Artikel 65 findet außer dem Falle des Abs. 1 Satz 2 keine Anwendung.

I. 594 (E. 11), 613 Begr., 694 (Z.[II] 46[11]). II. 834 — Becher VII. 267, *301, 386, 456*, 486.

Art. 65 Abs. 1*: Die Abkömmlinge des überlebenden Ehegatten können die Erstattung des Werthes ihres in das Gesammtgut gefallenen Vermögens verlangen, jedoch nur bis zu dem Betrage von zwei Dritteln des Werthes des Gesammtguts. Tritt fortgesetzte Gütergemeinschaft ein, so kann die Erstattung erst bei der Beendigung der fortgesetzten Gütergemeinschaft und, falls der überlebende Ehegatte bei der Beendigung noch am Leben ist, diesem gegenüber nur bis zu dem Betrag eines Sechstels des Werthes des Gesammtguts der fortgesetzten Gütergemeinschaft verlangt werden. Der Werth des zu erstattenden Vermögens bestimmt sich nach der Zeit, zu welcher das Vermögen in das Gesammtgut gefallen ist.

Art. 69*: Dem überlebenden Ehegatten steht das im § 1478 BGB. (siehe Art. 70) bezeichnete Recht zu, sofern er die Fortsetzung der Gütergemeinschaft ablehnt.

Lehnt der überlebende Ehegatte die Fortsetzung der Gütergemeinschaft ab, so bestimmt sich sein Recht in Ansehung des Nachlasses des verstorbenen Ehegatten nach den bisherigen Vorschriften. Verzichtet er auf das Recht des Beisitzes, so bestimmt sich sein Erbrecht nach den Vorschriften des Bürgerlichen Gesetzbuchs, soweit diese ihm günstiger sind. Auf den Verzicht finden die für die Ausschlagung einer Erbschaft geltenden Vorschriften des Bürgerlichen Gesetzbuchs entsprechende Anwendung.

1. Besteht die allgemeine Gütergemeinschaft nach andern als den im Art. 72 genannten Rechten und sind vereinkindschaftete Kinder vorhanden, so sind die letzteren als gemeinschaftliche Abkömmlinge der

Ehegatten anzusehen. Da ferner der Einkindschaftsvertrag überall mindestens die Natur eines Erbvertrags hat, so wird der den vereinkindschafteten Kindern zugesicherte Vermögensvortheil, der sog. Voraus, durch die Ueberleitung nicht beeinflußt (Art. 214, 217 EG. z. BGB.).

2. Nach den im Art. 72 genannten Rechten finden während der Dauer der allgemeinen Gütergemeinschaft die Vorschriften des BGB. über diesen Güterstand mit Ausnahme der Vorschriften über das Recht des Mannes oder der Frau, auf Aufhebung der Gütergemeinschaft zu klagen, und über die Auseinandersetzung des Gesammtgutes Anwendung.

Ferner gelten für die im Art. 65 genannten Rechte von Würzburg, Castell und Schweinfurt und für das im Art. 69 genannte Recht von Lindau die Vorschriften dieser Artikel nur unter der Voraussetzung des Abs 1 Satz 2. Unter der gleichen Voraussetzung gelten aber diese Vorschriften auch für die übrigen im Art. 72 genannten Rechte, obwohl dieselben in den Art. 65, 69 nicht aufgeführt sind.

3. Im Falle des Todes desjenigen Ehegatten, der die vereinkindschafteten Abkömmlinge in die Ehe gebracht hat, erfolgt daher zunächst die Abschichtung dieser Abkömmlinge nach den bisherigen Vorschriften.

Sind außer diesen Abkömmlingen keine gemeinschaftlichen Abkömmlinge vorhanden, so geben die bisherigen Vorschriften Maß.

Sind dagegen auch gemeinschaftliche Abkömmlinge vorhanden und wird mit diesen die Gütergemeinschaft fortgesetzt, so kommen die Vorschriften des BGB. über die fortgesetzte Gütergemeinschaft mit der Modifikation des Art. 65 Abs. 1 Satz 2 zur Anwendung. Lehnt der überlebende Ehegatte dagegen die Fortsetzung der Gütergemeinschaft ab, so gelten die Vorschriften des Art. 65 Abs. 1 Satz 1 und 69.

Im Falle des Todes des anderen Ehegatten gelten die bisherigen Vorschriften ohne Ausnahme.

4. Nach Abs. 2 bleiben in Ansehung der rechtlichen Stellung der eingekindschafteten Kinder die bisherigen Gesetze maßgebend. Dies gilt aber nur bezüglich ihrer vermögensrechtlichen Stellung; hinsichtlich der persönlichen Beziehungen ist das Rechtsverhältniß zwischen Eltern und Kindern im Art. 203 ff. EG. z. BGB. reichsgesetzlich geregelt. (Samml. Bd. I S. 340.)

5. Bisheriges Recht: Die Zulässigkeit der Einkindschaftung unehelicher Kinder ist nur da anzuerkennen, wo ein Statut sie ausdrücklich ausspricht oder anerkennt (OGH. V 27).

Unzulässigkeit der Einkindschaftung unehelicher Kinder im Gebiete des Bamberger LR. (OGH. III. 447). — Die bei allgemeiner Gütergemeinschaft nach Bamb. R. in einer zweiten Ehe vereinkindschafteten erstehelichen Kinder der Ehefrau erwerben nach dem Tode derselben nicht ohne weiteres Miteigenthum an dem vorhandenen unbeweglichen Vermögen OGH. VII. 650.

Zulässigkeit der Einkindschaftung nach fränk. LR. (OGH. IV. 321).

Das freie Verfügungsrecht über das mit dem Verstorbenen gemeinschaftlich besessene Vermögen steht dem überlebenden Ehegatten auch im Falle der Einkindschaftung zu. OGH. VI. 729.

Art. 73. Ist zur Zeit des Inkrafttretens des Bürgerlichen Gesetzbuchs die Gütergemeinschaft aufgehoben oder besteht zu dieser Zeit fortgesetzte Gütergemeinschaft, so bleiben die bisherigen Vorschriften maßgebend.

I. 594 (E. 12), 613 Begr., 694 ($Z.^{II}$ 16^{12}). II. 834 — Becher VII. 267, *302, 386, 457*, 486.

1. Auch hinsichtlich des Verfahrens bei der Auseinandersetzung bleiben die bisherigen Vorschriften maßgebend, doch kann auch das in den §§ 86 ff. GFG. vorgeschriebene Verfahren gewählt werden (Art. 36 ÜG.).

Bezüglich des Zeugnisses über die fortgesetzte Gütergemeinschaft vgl. Art. 29 ÜG.

2. Ausnahme von Art. 73 s. Art. 74.

3. Bisheriges Recht: Auslegung eines Ehe- und Erbvertrags, worin für den Fall der beerbten Ehe angeordnet wird, daß der überlebende Ehetheil den Kindern die Hälfte des reinen Vermögens als Vater- oder Muttergut auszuzeigen hat. OGH. XV. 596.

Bamberg: Aufhebung der allgemeinen Gütergemeinschaft. OGH. V. 543.

Bayreuth: Fortgesetzte Gütergemeinschaft IX. 661. — Die Ausnahmebestimmung über die Vermögensauseinandersetzung in Tit. VII § 7 der Bayreuther Landeskonstitution greift dann nicht Platz, wenn der Mann eine Frauensperson mit unehelichen Kindern geheirathet hat. OGH. VI. 27.

Eichstätt: Tod eines der in allgemeiner Gütergemeinschaft lebenden Ehegatten. OGH. V. 23, VII. 127, X. 435. — Allgemeine Gütergemeinschaft (gerönnte Ehe). OGH. X. 289.

Ingolstadt: Allgemeine Gütergemeinschaft. OGH. XI. 280.

Kurfürstenthum Kempten: Unmittelbarer Übergang des mütterlichen Erbvermögens aus der allgemeinen Gütergemeinschaft auf die Kinder. OGH. V. 19.

Nach Lindauer Statutarrecht steht dem unehelichen Kinde das gesetzliche Erbrecht an dem Nachlasse seiner verstorbenen Mutter vor deren überlebenden Ehemanne zu. OGH. I. 217.

Nürnberg: Tod eines der in allgemeiner Gütergemeinschaft lebenden Ehegatten. OGH. X. 435.

Preußisches LR.: Rechtsunwirksamkeit der Aufhebung einer durch Gesetz begründeten Gütergemeinschaft. VI. 16.

Ein Nutznießungsrecht der verwitweten Mutter an demjenigen Vermögen, welches ihre Kinder von Seiten Verwandten erworben haben, besteht weder nach Windsheimer R. noch nach preuß. LR. OGH. XI. 302.

Windsheim s. preuß. LR.

Würzburg: Eheliche Güter- und Erbverhältnisse. OGH. II. 498, III. 457, X. 560. — Die Gütergemeinschaft der Ehegatten wird mit dem Anerbieten und der Annahme der Grundtheilung sofort beendigt. Die Wirksamkeit der Verabredung hängt nicht von einer öffentlichen Bekanntmachung ab. OGH. V. 550, VI. 19. — Der Antrag auf Grundtheilung gegen die Eltern braucht nicht von allen Kindern gestellt zu werden. OGH. V. 556. — Das den Kindern zustehende Recht, die Grundtheilung bei Lebzeiten der Eltern zu verlangen, ist ein höchst persönliches Recht. Ist aber die Grundtheilung einmal verwirkt, so hat sie die Folgen einer thatsächlich vollzogenen Theilung, und die Gütergemeinschaft ist vom Zeitpunkte der Aufforderung der Grundtheilung durch die Kinder an aufgelöst. Demzufolge sind die Ansprüche aus einem Urtheile, das die Verwirkung der Grundtheilung ausspricht, nicht mehr höchstpersönlicher Natur, sondern übertragbar. OGH. XVI. 45. — Nach Verwirkung der Grundtheilung wird das bisher der Verfügungsmacht des überlebenden Ehetheils unterworfene Gesammtgut eine allen Betheiligten gemeinsame Theilungsmasse. OGH. XVI. 480. — Die Folgen der Grundtheilung treten mit dem acceptirten Anerbieten der Grundtheilung ein. Demgemäß erwerben die Kinder durch das von ihnen angenommene Anerbieten der Grundtheilung von Seiten der Eltern Rechte, deren Veräußerung von ihren Gläubigern mit dem paulianischen Rechtsmittel angefochten werden kann. OGH. I. 13.

Art. 74. Hat für die vor dem Inkrafttreten des Bürgerlichen Gesetzbuchs durch den Tod eines der Ehegatten aufgelöste Ehe die allgemeine Gütergemeinschaft nach dem Bamberger Rechte bestanden, so steht im Falle der Wiederverheirathung des überlebenden Ehegatten den Abkömmlingen, mit welchen dieser die Gütergemeinschaft fortgesetzt hat, das Recht auf Grundtheilung zu. Ist die Wiederverheirathung vor dem Inkrafttreten des Bürgerlichen Gesetzbuchs erfolgt, zur Zeit des Inkrafttretens des Bürgerlichen Gesetzbuchs aber Einkindschaft noch nicht eingetreten, so findet Einkindschaft nicht mehr statt. Dies gilt auch, wenn in einer Ehe, die der überlebende Ehegatte in der Zwischenzeit zwischen der Auflösung der Ehe, für die allgemeine Gütergemeinschaft bestanden hat, und der Eingehung der bestehenden Ehe eingegangen hat, unvollkommene Einkindschaft eingetreten ist.

Hat für die vor dem Inkrafttreten des Bürgerlichen Gesetzbuchs durch den Tod eines der Ehegatten aufgelöste Ehe die allgemeine Gütergemeinschaft nach dem Fuldaischen Rechte bestanden, so fällt mit der Wiederverheirathung des überlebenden Ehegatten der Antheil des verstorbenen Ehegatten an dem gemeinschaftlichen Vermögen den gemeinschaftlichen Abkömmlingen an.

In den Fällen der Abs. 1, 2 finden die Vorschriften des § 1314 Abs. 2 und des § 1493 Abs. 2 des Bürgerlichen Gesetzbuchs entsprechende Anwendung.

I. 594 (E. 13), 613 Begr., 694 (Z.^{II} 46^{13}). II. 834 — Becher VII. 267, *303*, *387*, *457*, 486.

§ 1314 Abs. 2, BGB.: **Ist im Falle der fortgesetzten Gütergemeinschaft ein antheilsberechtigter Abkömmling minderjährig oder bevormundet, so darf der überlebende Ehegatte eine Ehe erst eingehen, nachdem ihm das Vormundschaftsgericht ein Zeugniss darüber ertheilt hat, dass er die im § 1493 Abs. 2 bezeichneten Verpflichtungen erfüllt hat, oder dass sie ihm nicht obliegen.**

§ 1493 Abs. 2, BGB.: **Der überlebende Ehegatte hat, wenn ein antheilsberechtigter Abkömmling minderjährig ist oder bevormundet wird, die Absicht der Wiederverheirathung dem Vormundschaftsgericht anzuzeigen, ein Verzeichniss des Gesammtguts einzureichen, die Gütergemeinschaft aufzuheben und die Auseinandersetzung herbeizuführen. Das Vormundschaftsgericht kann gestatten, dass die Aufhebung der Gütergemeinschaft bis zur Eheschliessung unterbleibt, und dass die Auseinandersetzung erst später erfolgt.**

1. Das Bamberger LR. verlangt, wenn ein in fortgesetzter Gütergemeinschaft lebender Ehegatte wieder heirathet, ausnahmslos und, wenn ein Ehegatte, für dessen frühere Ehe einer der anderen Güterstände des Bamberger LR. gegolten hat, regelmäßig, daß zwischen dem Ehegatten und den Kindern aus der aufgelösten Ehe die Vermögensauseinandersetzung stattfindet. Die Auseinandersetzung kann entweder in Form der Grundtheilung oder in Form der Einkindschaftung der erstehelichen Kinder oder auch bei allseitiger Zustimmung mittels Herausgabe des Eingebrachten des verstorbenen Ehegatten an die Vorkinder geschehen. Unterbleibt bei der vertragslosen Wiederverheirathung des Ehegatten die vorgeschriebene Vermögensauseinandersetzung, so tritt nach Ablauf von Jahr und Tag die allgemeine Gütergemeinschaft und volle Einkindschaft stillschweigend ein; wenn der Ehegatte bei der Wiederverehelichung den Güterstand des gemeinen Rechts einführt, ohne die Vermögensauseinandersetzung gepflogen zu haben, so tritt nach dem Ablauf von drei Monaten die unvollkommene Einkindschaft stillschweigend ein. Nach Fuldaer Recht tritt im Falle der Wiederverheirathung kraft Gesetzes Einkindschaftung ein.

Art. 74 schließt den Eintritt der Einkindschaftung aus, räumt aber dafür den Vorkindern das Recht auf Abtheilung ein und gewährleistet dieses Recht durch die Bezugnahme auf §§ 1314, 1493 BGB.

2. Bisheriges Recht: Fulda OGH. V. 21.

2. Errungenschaftsgemeinschaft.

Art. 75. Besteht zur Zeit des Inkrafttretens des Bürgerlichen Gesetzbuchs für eine Ehe der gesetzliche Güterstand der Errungenschaftsgemeinschaft nach einem der in den Landestheilen rechts des Rheins geltenden Rechte, so treten, vorbehaltlich der Vorschriften des Artikel 83, an die Stelle der bisherigen Vorschriften die Vorschriften des Bürgerlichen Gesetzbuchs über die Errungenschaftsgemeinschaft.

Die Vorschriften des Artikel 62 Abs. 2, 3 und des Artikel 73 finden entsprechende Anwendung.

I. 595 (E. 14), 614 Begr., 694 (Z.[II] 46[14]). II. 837 — Becher VII. 268, *305*, *391*, *457*, 486, *501*.

Art. 62 Abs. 2.* 3.*: Soweit der Eintritt der Errungenschaftsgemeinschaft nach den bisherigen Vorschriften von der ehelichen Beiwohnung abhängt, gilt er mit dem Inkrafttreten des BGB. als erfolgt.

Tritt die Errungenschaftsgemeinschaft nach den Vorschriften des Preussischen Landrechts erst zu einer späteren Zeit als mit der Eheschliessung ein, so gilt die Vorschrift des Art. 75 von dieser Zeit an.

Art. 73*: Ist zur Zeit des Inkrafttretens des Bürgerlichen Gesetzbuchs die Errungenschaftsgemeinschaft beendigt, so bleiben die bisherigen Vorschriften massgebend.

1. Die Errungenschaftsgemeinschaft, auf welche die Ueberleitungsbestimmungen der Art. 75—83 Anwendung finden, ist das gesetzliche Güterrecht nach dem Rechte von Rothenburg, von Koburg, des Deutschordens an der Tauber, dem Württembergischen Landrecht, der Rettenberger Landesordnung und dem Rothenfelser Landesbrauch. Nach dem Rechte der Stadt Memmingen gilt die Errungenschaft als gesetzlicher Güterstand für die Gewerbetreibenden. Nach der fränkischen Landgerichtsordnung und den Rechten von Castell und Schweinfurt ist die Errungenschaftsgemeinschaft der gesetzliche Güterstand für alle unbekindeten Ehen mit Ausnahme der Ehen des vormals reichsunmittelbaren Adels. Nach dem Bamberger Rechte kann die Frau, wenn sie ein Heirathgut in die Ehe bringt, sich den Eintritt der Errungenschaftsgemeinschaft als gesetzlichen Güterstandes vorbehalten; der Vorbehalt muß vor Einbringung des Heirathgutes und vor dem Ablaufe von Jahr und Tag seit Eingehung der Ehe erklärt werden.

2. Die Vorschriften des BGB. über die Errungenschaftsgemeinschaft finden sich in den §§ 1519 ff. Zu beachten sind auch hier die allgemeinen Vorschriften der Art. 19 ff., 97 ff.

3. Die Vorschrift des preuß. LR. (II. 1 § 415, 18 § 782), über die Hinausschiebung des Eintritts der Gütergemeinschaft, wenn ein Ehegatte minderjährig ist (vgl. Art. 62 Anm. 2a) gilt auch für die Errungenschaftsgemeinschaft.

Art. 76. Besteht die Errungenschaftsgemeinschaft nach dem Rechte von Würzburg, Castell oder Schweinfurt, so tritt mit der Geburt eines Kindes die allgemeine Gütergemeinschaft nach den Vorschriften des Bürgerlichen Gesetzbuchs ein. Besteht die Errungenschaftsgemeinschaft nach dem Rechte von Castell, so finden die Vorschriften des Artikel 64 Anwendung.

Inwieweit das Vermögen der Frau Vorbehaltsgut und die Verbindlichkeiten der Ehegatten Gesammtgutsverbindlichkeiten werden, bestimmt sich nach den bisherigen Vorschriften über die allgemeine Gütergemeinschaft; die Gesammtgutsverbindlichkeiten der Errungenschaftsgemeinschaft werden jedoch im Verhältnisse zu den Gläubigern Gesammtgutsverbindlichkeiten der allgemeinen Gütergemeinschaft, auch soweit sie es nach diesen Vorschriften nicht sein würden.

Im Falle der Aufhebung der allgemeinen Gütergemeinschaft steht, wenn gemeinschaftliche Abkömmlinge nicht vorhanden sind, jedem der Ehegatten das im § 1478 des Bürgerlichen Gesetzbuchs bestimmte Recht zu.

I. 595 (E. 15), 616 Begr., 643, 694 (Z. II 46[15]). II. 839, 863 — Becher VII. 268, *308*, 357 a, *392*, *457*, 486.

Art. 64: Soweit nach den bisherigen Vorschriften ein Ehegatte berechtigt ist, wegen Verbindlichkeiten des anderen Ehegatten auf Aufhebung der Gütergemeinschaft mit der Wirkung zu klagen, dass das Gesammtgut für diese Verbindlichkeiten nicht haftet, bleibt das Recht in Ansehung der Verbindlichkeiten bestehen, die vor dem Inkrafttreten des Bürgerlichen Gesetzbuchs entstanden sind.

Die Vorschriften der §§ 1470, 1479 (s. Art. 64) des Bürgerlichen Gesetzbuchs finden entsprechende Anwendung.

§ 1478* BGB.: Jeder Ehegatte kann verlangen, dass jedem von ihnen der Werth desjenigen zurückerstattet wird, was er in die Gütergemeinschaft eingebracht hat; reicht der Werth des Gesammtguts zur Rückerstattung nicht aus, so hat jeder Ehegatte die Hälfte des Fehlbetrags zu tragen.

Als eingebracht ist anzusehen, was eingebrachtes Gut sein würde, wenn Errungenschaftsgemeinschaft bestanden hätte. Der Werth des Eingebrachten bestimmt sich nach der Zeit der Einbringung.

1. Art. 76 fügt zu den Beendigungsgründen des BGB. einen neuen, die Geburt eines Kindes. Mit diesem Zeitpunkte tritt nach den genannten Rechten für die Zukunft die allgemeine Gütergemeinschaft des BGB. ein. Nach Casteller Recht kann jedoch wegen Verbindlichkeiten, die vor dem Inkrafttreten des BGB. entstanden sind, mit der im Art. 64 vorgesehenen Wirkung auf Aufhebung der Gütergemeinschaft geklagt werden.

Bis zur Geburt des Kindes hat es bei den Vorschriften des Art. 75 sein Bewenden.

2. Die Frage, was Vorbehaltsgut der Frau wird oder welche Verbindlichkeiten der Ehegatten Gesammtgutsverbindlichkeiten der allgemeinen Gütergemeinschaft werden, ist nach den bisherigen Bestimmungen über die allgemeine Gütergemeinschaft

zu beantworten; jedoch werden ohne Rücksicht auf diese im Verhältnisse zu den Gläubigern, dagegen nicht auch der Ehegatten untereinander, alle Gesammtgutsverbindlichkeiten der Errungenschaftsgemeinschaft, mögen sie vor oder nach dem 1. Januar 1900 entstanden sein, Gesammtgutsverbindlichkeiten der allgemeinen Gütergemeinschaft.

3. Das Wahlrecht des Abs. 4 besteht nur für den Fall der Aufhebung der allgemeinen Gütergemeinschaft, nicht auch dann, wenn sie aus einem anderen Grunde endigt (vgl. Art. 65 Abs. 2).

Art. 77. Besteht die Errungenschaftsgemeinschaft nach dem Rechte des Deutschordens an der Tauber, so verbleibt es für die Auseinandersetzung in Ansehung des Gesammtguts bei der Vorschrift, daß dem Manne zwei Drittel, der Frau ein Drittel des Ueberschusses gebühren.

I. 595 (E. 16). 616 Begr., 694 (Z.^{II} 46^{16}). II. 839 — Becher VII. 268, *309*, *393*, *457*, 486.

1. Ein Ueberschuß ist vorhanden, wenn die Verbindlichkeiten des Gesammtguts der Errungenschaftsgemeinschaft berichtigt sind (§ 1546 Abs. 2, 1476 BGB).

Art. 78. Besteht die Errungenschaftsgemeinschaft nach dem Rechte von Memmingen, Rothenburg oder Coburg, so ist, wenn bei dem Tode des einen Ehegatten Abkömmlinge dieses Ehegatten nicht vorhanden sind, der überlebende Ehegatte der gesetzliche Erbe. Das Erbrecht ist im Falle des § 1933 des Bürgerlichen Gesetzbuchs ausgeschlossen. Besteht die Errungenschaftsgemeinschaft nach dem Rechte von Memmingen, so finden auf das Erbrecht die Vorschriften der §§ 2335 bis 2337 des Bürgerlichen Gesetzbuchs entsprechende Anwendung. Besteht die Errungenschaftsgemeinschaft nach dem Rechte von Rothenburg oder Coburg, so kann das Erbrecht durch letztwillige Verfügung ausgeschlossen werden; der Pflichttheil des überlebenden Ehegatten bestimmt sich ausschließlich nach den Vorschriften des Bürgerlichen Gesetzbuchs.

Besteht die Errungenschaftsgemeinschaft nach der Rettenbergischen Landesordnung oder dem Rothenfelser Landesbrauche, so bestimmt sich, wenn bei dem Tode des einen Ehegatten Abkömmlinge dieses Ehegatten nicht vorhanden sind, das Recht des überlebenden Ehegatten in Ansehung des Nachlasses des verstorbenen Ehegatten nach den bisherigen Vorschriften; an die Stelle der nach dem Rothenfelser Landesbrauche dem überlebenden Ehegatten gebührenden

Ausfahrt, Ausfertigung und Fahrniß tritt jedoch der im § 1932 des Bürgerlichen Gesetzbuchs bestimmte Voraus. Verzichtet der überlebende Ehegatte auf den ihm nach den bisherigen Vorschriften zustehenden Nießbrauch, so bestimmt sich sein Erbrecht nach den Vorschriften des Bürgerlichen Gesetzbuchs. Auf den Verzicht finden die für die Ausschlagung der Erbschaft geltenden Vorschriften des Bürgerlichen Gesetzbuchs entsprechende Anwendung.

Besteht die Errungenschaftsgemeinschaft nach dem Rechte von Regensburg, so gebührt bei dem Tode der Frau, wenn Abkömmlinge der Frau nicht vorhanden sind, die ganze Errungenschaft dem Manne.

Besteht die Errungenschaftsgemeinschaft nach dem Württembergischen Landrechte, so steht, wenn bei dem Tode des einen Ehegatten Abkömmlinge dieses Ehegatten nicht vorhanden sind, dem überlebenden Ehegatten die in den bisherigen Vorschriften bestimmte Nutznießung an den Erbtheilen der Seitenverwandten der zweiten Ordnung zu.

I. 595 (E. 17), 617 Begr., 643, 695 (Z.^{II} 46^{17}). II. 839, 863 — Becher VII. 268, *310*, 357 a, *393*, *457*, 486.

§ 1932 BGB.: Ist der überlebende Ehegatte neben Verwandten der zweiten Ordnung oder neben Grosseltern gesetzlicher Erbe, so gebühren ihm ausser dem Erbtheile die zum ehelichen Haushalte gehörenden Gegenstände, soweit sie nicht Zubehör eines Grundstücks sind, und die Hochzeitsgeschenke als Voraus. Auf den Voraus finden die für Vermächtnisse geltenden Vorschriften Anwendung.

§ 1933 BGB.: Das Erbrecht des überlebenden Ehegatten sowie das Recht auf den Voraus ist ausgeschlossen, wenn der Erblasser zur Zeit seines Todes auf Scheidung wegen Verschuldens des Ehegatten zu klagen berechtigt war und die Klage auf Scheidung oder auf Aufhebung der ehelichen Gemeinschaft erhoben hatte

§ 2335 BGB.: Der Erblasser kann dem Ehegatten den Pflichttheil entziehen, wenn der Ehegatte sich einer Verfehlung schuldig macht, auf Grund deren der Erblasser nach den §§ 1565—1568 auf Scheidung zu klagen berechtigt ist.

Das Recht zur Entziehung erlischt nicht durch den Ablauf der für die Geltendmachung des Scheidungsgrundes im § 1571 bestimmten Frist.

§ 1565 BGB.: Wegen Ehebruchs, Doppelehe, widernatürlicher Unzucht.

§ 1566 BGB.: Weil ihm der Ehegatte nach dem Leben trachtete.

§ 1567 BGB.: Wegen böslicher Verlassung.

§ 1568 BGB.: Weil der Ehegatte durch schwere Verletzung der durch die Ehe begründeten Pflichten oder durch ehrloses oder unsittliches Verhalten eine so tiefe Zerrüttung des ehelichen Verhältnisses verschuldet hat, dass dem anderen Ehegatten die Fortsetzung der Ehe nicht zugemuthet werden kann.

§ 2336 Abs. 1–3 BGB.: Die Entziehung des Pflichttheils erfolgt durch letztwillige Verfügung.

Der Grund der Entziehung muss zur Zeit der Errichtung bestehen und in der Verfügung angegeben werden.

Der Beweis des Grundes liegt demjenigen ob, welcher die Entziehung geltend macht.

§ 2337 BGB.: Das Recht zur Entziehung des Pflichttheils erlischt durch Verzeihung. Eine Verfügung, durch die der Erblasser die Entziehung angeordnet hat, wird durch die Verzeihung unwirksam.

1. Abs. 1, 2 und 4 haben zur Voraussetzung, daß bei dem Tode eines Ehegatten Abkömmlinge des verstorbenen Ehegatten nicht vorhanden sind, Abs. 3 dagegen, daß bei dem Tode der Frau Abkömmlinge der Frau nicht vorhanden sind.

2. Im Falle des Abs. 1 wird nach den Rechten von Memmingen, Rothenburg und Coburg der überlebende Ehegatte Alleinerbe und schließt als solcher die nach den Bestimmungen des BGB. sonstigen erbberechtigten Verwandten des verstorbenen Ehegatten aus. Dieses Erbrecht tritt nicht ein,

a) im Falle des § 1933 BGB.

b) wenn das Erbrecht durch letztwillige Verfügung ausgeschlossen wurde. Während nach Memminger Recht die Ausschließung nur unter denselben Voraussetzungen zulässig ist, unter denen dem überlebenden Ehegatten der Pflichttheil entzogen werden kann, ist die Ausschließung des Erbrechts des überlebenden Ehegatten durch einseitige letztwillige Verfügung nach dem Rechte von Rothenburg und Coburg unbedingt zulässig, jedoch bleibt der überlebende Ehegatte nach den beiden letztgenannten Rechten pflichttheilsberechtigt; der Pflichttheil bestimmt sich dann aber ausschließlich nach den Vorschriften der §§ 2303 ff. BGB. und besteht in der Hälfte des Werthes des Nachlasses.

3. Gilt die Rettenbergische Landesordnung oder der Rothenfelser Landesbrauch, so hat der überlebende Ehegatte die Wahl, ob er nach den bisherigen Vorschriften oder unter Verzicht auf den ihm hienach zustehenden Nießbrauch nach den Vorschriften des BGB. erben will. Die auf den Verzicht anzuwendenden Vorschriften des BGB. über die Ausschlagung einer Erbschaft finden sich in den §§ 1942 ff. BGB. (vgl. Art. 67). Nach dem Rothenfelser Landesbrauch erhält der überlebende Ehegatte einen Erbtheil, ferner den Voraus gemäß § 1932 BGB., und bis zu seiner Wiederverheirathung die Nutznießung an dem übrigen Nachlasse; nach der Rettenbergischen Landesordnung kommt ihm bis zu seiner Wiederverheirathung der

Nießbrauch am Nachlaß und im Falle der durch seine Wiederverheirathung veranlaßten Abtheilung die Hälfte des Nachlasses zu.

4. Gilt Regensburger Recht, so erhält im Falle des Todes der Frau unter der Voraussetzung des Abs. 3 der Mann die ganze Errungenschaft; hinsichtlich der Erbfolge in das eingebrachte Gut und in das Vorbehaltsgut der Frau finden die Vorschriften des BGB. Anwendung; sind einseitige Abkömmlinge der Frau vorhanden, vgl. Art. 80 Abs. 5. Stirbt dagegen der Mann, so gilt ausschließlich das Erbrecht des BGB.

5. Gilt das Württembergische Landrecht, so bemißt sich Erbrecht und Erbtheil des überlebenden Ehegatten nach den Bestimmungen des BGB.; außerdem behält er aber an den Erbtheilen der Seitenverwandten der zweiten Ordnung, d. i. der vollbürtigen Geschwister und der neben vollbürtigen Geschwistern erbenden Kinder von Geschwistern — nicht auch der Verwandten aufsteigender Linie — das lebenslängliche Nießbrauchsrecht.

Art. 79. Besteht die Errungenschaftsgemeinschaft nach der Rettenbergischen Landesordnung oder nach dem Rechte von Regensburg, Rothenburg, Rothenfels oder Coburg, so verbleibt es für den Fall, daß bei dem Tode des einen Ehegatten gemeinschaftliche Abkömmlinge vorhanden sind, in Ansehung der Rechte des überlebenden Ehegatten bei den bisherigen Vorschriften; das nach dem Rechte von Coburg dem überlebenden Ehegatten zustehende Recht, im Falle der Wiederverheirathung die Antheile der Abkömmlinge gegen Vorausbestellung zu übernehmen, fällt jedoch weg. Besteht die Errungenschaftsgemeinschaft nach dem Coburgischen Rechte, so bestimmen sich die Rechte des überlebenden Ehegatten so, wie wenn die Ehe Jahr und Tag gedauert hätte, auch wenn die Auflösung früher erfolgt.

Besteht die Errungenschaftsgemeinschaft nach der Rettenbergischen Landesordnung oder nach dem Rechte von Regensburg, Rothenfels oder Coburg, so bestimmt sich, wenn der überlebende Ehegatte auf das Recht des Beisitzes verzichtet, sein Erbrecht nach den Vorschriften des Bürgerlichen Gesetzbuchs, soweit diese ihm günstiger sind. Auf den Verzicht finden die für die Ausschlagung der Erbschaft geltenden Vorschriften des Bürgerlichen Gesetzbuchs entsprechende Anwendung. Besteht die Errungenschaftsgemeinschaft nach der Rettenbergischen Landesordnung oder nach dem Rechte von Regensburg oder Coburg, so verbleibt es im Falle des Verzichts auch in Ansehung der Antheile an der Errungenschaft sowie des eingebrachten Gutes des überlebenden Ehegatten bei den Vorschriften des Bürgerlichen Gesetzbuchs.

Besteht die Errungenschaftsgemeinschaft nach dem Württembergischen Landrechte, so steht dem überlebenden Ehegatten an den Erbtheilen der gemeinschaftlichen Abkömmlinge die Nutznießung nach den bisherigen Vorschriften zu.

Das im Abs. 1 Satz 1 bezeichnete Recht, die Antheile der Abkömmlinge gegen Vorausbestellung zu übernehmen, steht dem überlebenden Ehegatten auch dann nicht zu, wenn der andere Ehegatte schon vor dem Inkrafttreten des Bürgerlichen Gesetzbuchs gestorben ist.

I. 595 (E. 18), 619 Begr., 643, 696 (Z.II 46[18]). II. 841, 863 — Becher VII. 269, *314*, 357 a, *396*, *459*, 487.

1. Voraussetzung ist, daß bei dem Tode eines Ehegatten gemeinschaftliche Abkömmlinge vorhanden sind.

2. Nach der Rettenbergischen Landesordnung wird der Nachlaß des verstorbenen Ehegatten, zu welchem die Hälfte der Errungenschaft und das eingebrachte Gut gehören, zwischen den überlebenden Ehegatten und den Kindern des verstorbenen Ehegatten nach Köpfen getheilt; an den Erbtheilen der gemeinschaftlichen Kinder hat er bis zur Wiederverehelichung den Beisitz.

Nach dem Rechte von Regensburg erhält der überlebende Ehegatte sein eingebrachtes Gut und einen Theil des Gesammtguts — der überlebende Mann die Hälfte, die Frau ein Drittel —, der Rest des Gesammtguts und das eingebrachte Gut des Verstorbenen bilden dessen Nachlaß, von welchem dem überlebenden Ehegatten, wenn nicht mehr als drei Kinder vorhanden sind, ein Viertel, sonst ein Kopftheil zu Eigenthum gebührt. Sind gemeinschaftliche und nicht gemeinschaftliche Kinder vorhanden, so erhält der überlebende Ehegatte außer seinem eingebrachten Gute einen Theil des Gesammtguts — der überlebende Mann die Hälfte, die überlebende Frau ein Viertel — sowie von dem Nachlasse des Verstorbenen, wenn nicht mehr als drei Kinder vorhanden sind, ein Viertel, sonst einen Kindstheil zum Eigenthum: außerdem hat an den Erbtheilen der gemeinschaftlichen Kinder der überlebende Mann lebenslänglich, die überlebende Frau bis zur Wiederverheirathung den Nutzgenuß. Das Erbrecht kann dem überlebenden Ehegatten von dem anderen Ehegatten durch Verfügung von Todeswegen entzogen werden; der Erblasser muß jedoch die Errungenschaft dem überlebenden Manne ganz, der überlebenden Frau zu einem Drittel zu Eigenthum und von dem übrigen Nachlaß ein Viertel, wenn mehr als drei Kinder vorhanden sind, einen Kindstheil zu Nutzgenuß hinterlassen.

Nach dem Rechte der Stadt Rothenburg erhält der überlebende Ehegatte zwei Drittel und, sofern mehr als vier Kinder vorhanden sind, die Hälfte des das Sondergut und die Errungenschaftshälfte umfassenden Nachlasses. An den Erbtheilen gebührt dem überlebenden Ehegatten der Beisitz. Die Ermittelung der Erbtheile findet jedoch erst statt, wenn der Ehegatte sich wieder verheirathet oder durch Verschwendung die Rechte der Kinder gefährdet. In diesem Falle muß der Voraus der Kinder regulirt werden. An dem Voraus verbleibt dem Ehegatten der Beisitz, bis die Kinder volljährig werden oder sich selbständig machen. Sind neben gemeinschaftlichen Kindern nicht gemeinschaftliche Kinder vorhanden, so erhalten diese zunächst ihren Voraus und der überlebende Ehegatte nimmt sein eingebrachtes Gut zurück. Der Rest, also das ganze Gesammtgut und das eingebrachte Gut des verstorbenen Ehegatten, werden von Grund aus, d. h. zwischen dem überlebenden Ehegatten und den gemeinschaftlichen und nichtgemeinschaftlichen Kindern nach Kopftheilen getheilt. Die Erbtheile der nicht gemeinschaftlichen Kinder müssen sofort ausgekehrt werden. An dem, was den gemeinschaftlichen Kindern zugetheilt wird, hat der überlebende Ehegatte den Beisitz, bis er zur zweiten Ehe schreitet. In diesem Falle wird es wieder so gehalten, wie wenn nur gemeinschaftliche Kinder vorhanden gewesen wären; bei der Vorausregulirung gebührt den Kindern nur der dritte Theil oder, wenn mehr als vier Kinder vorhanden sind, die Hälfte, der Rest fällt dem überlebenden Ehegatten anheim. Die statutarische Portion und der Beisitz sind unentziehbar.

Nach dem Rothenfelser Landesbrauch theilt der überlebende Ehegatte mit den Kindern die Hälfte der Errungenschaft und das Sondergut des verstorbenen Ehegatten nach Köpfen; an den Erbtheilen der Kinder hat er bis zur Wiederverheirathung die Nutznießung.

Nach dem Rechte von Coburg wird, wenn die Ehe Jahr und Tag gedauert hat, der Nachlaß, zu welchem das eingebrachte Gut und die Hälfte der Errungenschaft gehören, zwischen dem überlebenden Ehegatten, den gemeinschaftlichen und nichtgemeinschaftlichen Kindern nach Kopftheilen getheilt. Die Antheile der nicht gemeinschaftlichen Kinder hat der überlebende Ehegatte sofort herauszugeben; an den Erbtheilen der Kinder hat er den Beisitz und zwar der Mann lebenslänglich, jedoch mit der Verpflichtung bei Wiederverheirathung den Kindern einen Voraus zu bestellen, die Frau bis zur Wiederverheirathung. Bei Wiederverheirathung der Frau findet regelmäßig die Grundtheilung statt, d. h. sie muß ihr eingebrachtes Gut in den Nachlaß einwerfen.

Besteht die Errungenschaftsgemeinschaft nach dem württembergischen Landrechte, so bestimmen sich Erbrecht und Erbtheile des überlebenden Ehegatten und der gemeinschaftlichen Abkömmlinge nach den Vorschriften des BGB. Lediglich das Nutznießungsrecht des überlebenden Ehegatten bestimmt sich nach den bisherigen Vorschriften. Dieses kann ihm übrigens nach diesen Vorschriften durch Verfügung von Todeswegen entzogen werden.

3. Gelten die im Abs. 2 bezeichneten Rechte und verzichtet der überlebende Ehegatte auf das Recht des Beisitzes, so bestimmt sich sein Erbrecht nach den Vorschriften des BGB., soweit diese ihm günstiger sind. Soweit letztere Voraussetzung

nicht zutrifft, bleiben für sein Erbrecht die bisherigen Vorschriften maßgebend.

Unter allen Umständen aber verbleibt es, abgesehen vom Rothenfelser Recht, im Falle des Verzichts auf das Recht des Beisitzes in Ansehung der Antheile an der Errungenschaft sowie des eingebrachten Gutes des überlebenden Ehegatten bei den Vorschriften des BGB.

4. Die für die Ausschlagung der Erbschaft geltenden Vorschriften s. §§ 1942 ff. BGB. (vgl. Art. 67).

5. Bisheriges Recht: Rettenberg OGH. XI. 182 — Rothenburg: Der Wittwe steht, solange sie nicht zur zweiten Ehe schreitet, die Einziehung der vom Manne hingeliehenen Kapitalien zu. Denn der Wittwe bleibt solange, als sie sich nicht einer verschwenderischen Lebensweise ergiebt, und vorbehaltlich des Ersatzanspruchs ihrer Kinder, wenn deren väterliches Erbe, d. i. Pflichttheil durch ein von ihr vertretbares Verschulden geschmälert werden sollte, gegen die Verbindlichkeit, dieselben zu ernähren, zu erziehen und gegebenenfalls auszustatten, in dem freien und unbeschränkten Besitz des eheherrlichen Nachlasses und hat erst bei allenfallsiger Wiederverehelichung ihren Kindern den Pflichttheil je nach Umständen auszuzeigen oder zu sichern oder herauszugeben. OGH. I. 93.

Art. 80. Besteht die Errungenschaftsgemeinschaft nach der Rettenbergischen Landesordnung oder nach dem Rechte von Rothenburg, Rothenfels oder Coburg, so verbleibt es für den Fall, daß bei dem Tode des einen Ehegatten andere Abkömmlinge dieses Ehegatten als gemeinschaftliche vorhanden sind, in Ansehung der Rechte des überlebenden Ehegatten bei den bisherigen Vorschriften; der Erbtheil des überlebenden Ehegatten beträgt jedoch mindestens ein Viertheil.

Die im Abs. 1 bestimmte Erhöhung des Erbtheils des überlebenden Ehegatten tritt, soweit diesem ein Recht des Beisitzes zusteht, nur ein, wenn er auf den Beisitz in Gemäßheit des Artikel 79 Abs. 2 Satz 2 verzichtet.

Besteht die Errungenschaftsgemeinschaft nach dem Rechte von Coburg, so findet die Vorschrift des Artikel 79 Abs. 1 Satz 2 Anwendung. In Ansehung des eingebrachten Vermögens des überlebenden Ehegatten verbleibt es bei den Vorschriften des Bürgerlichen Gesetzbuchs, bei dem Vorhandensein von weniger als drei Abkömmlingen des verstorbenen Ehegatten aber nur, wenn der überlebende Ehegatte auf den ihm nach den bisherigen Vorschriften zustehenden Erbtheil, soweit dieser mehr als ein Viertheil beträgt, in Gemäßheit des Artikel 79 Abs. 2 Satz 2 verzichtet.

Treffen gemeinschaftliche mit nicht gemeinschaftlichen Abkömmlingen zusammen, so stehen dem überlebenden Ehegatten gegenüber den nicht gemeinschaftlichen Abkömmlingen die in den Abs. 1 bis 3 bestimmten Rechte zu, auch wenn es im Verhältnisse zwischen dem überlebenden Ehegatten und den gemeinschaftlichen Abkömmlingen bei den bisherigen Vorschriften verbleibt.

Besteht die Errungenschaftsgemeinschaft nach dem Regensburger Rechte, so verbleibt es für den Fall, daß bei dem Tode der Frau nur nicht gemeinschaftliche Abkömmlinge der Frau vorhanden sind, in Ansehung der Rechte des überlebenden Ehemanns bei den bisherigen Vorschriften. Verzichtet der überlebende Ehemann auf den die Hälfte übersteigenden Antheil an der Errungenschaft, so bestimmt sich sein Erbrecht nach den Vorschriften des Bürgerlichen Gesetzbuchs. Auf den Verzicht findet die Vorschrift des Artikel 79 Abs. 2 Satz 2 Anwendung.

I. 596 (E. 19). 619 Begr., 696 (Z.^{II} 46^{19}). II. 842 — Becher VII. 269, *314*, *398*, *460*, 487.

1. Art. 80 regelt für die im Art. 79 bezeichneten Rechte mit Ausnahme des Württembergischen Landrechtes die Stellung der bei dem Tode eines Ehegatten vorhandenen, nicht gemeinschaftlichen Abkömmlinge des Verstorbenen. Während nach dem Rechte von Regensburg eine Sondervorschrift nur für den Fall vorgesehen ist, daß bei dem Tode der Frau nur nicht gemeinschaftliche Abkömmlinge der Frau vorhanden sind, macht es für die im Abs. 1 bezeichneten Rechte keinen Unterschied, welcher Ehegatte mit Tod abgeht oder ob nicht gemeinschaftliche Abkömmlinge des Verstorbenen mit gemeinschaftlichen Abkömmlingen zusammentreffen.

2. Bei den im Abs. 1 genannten Rechten bleiben die bisherigen Vorschriften maßgebend.

Nach der Rettenbergischen Landesordnung erhalten die nicht gemeinschaftlichen Abkömmlinge des verstorbenen Ehegatten ebenso wie die gemeinschaftlichen und der überlebende Ehegatte einen Kopftheil von dem Nachlasse (vgl. Art. 79 Note 2 Abs. 1). An den Erbtheilen der gemeinschaftlichen Abkömmlinge hat der überlebende Ehegatte bis zur Wiederverehelichung das Recht des Beisitzes, während er die Erbtheile der nicht gemeinschaftlichen Abkömmlinge sofort auskehren muß.

Nach dem Rechte von Rothenburg erhalten, wenn neben gemeinschaftlichen nicht gemeinschaftliche Abkömmlinge vorhanden sind, diese zunächst ihren Voraus und der überlebende Ehegatte nimmt sein eingebrachtes Gut zurück. Der Rest, also das ganze Gesammtgut und das eingebrachte Gut des verstorbenen Ehegatten werden von Grund aus, d. h. zwischen dem überlebenden Ehegatten und den gemeinschaftlichen und nicht gemeinschaftlichen Abkömmlingen des verstorbenen Ehegatten nach Kopftheilen getheilt. Die Erbtheile der nicht gemeinschaftlichen Kinder müssen sofort ausgekehrt werden, während an den Erbtheilen der gemeinschaftlichen Abkömmlinge dem überlebenden Ehegatten, wie bei Art. 79 Note 2 Abs. 3 ausgeführt ist, der Beisitz bis zur Wiederverheirathung verbleibt. In diesem Falle wird es wieder so gehalten, wie wenn nur gemeinschaftliche Kinder vorhanden gewesen wären; bei der Vorausregulirung gebührt also den Kindern nur der dritte Theil oder, wenn mehr als vier Kinder vorhanden sind, die Hälfte; der Rest fällt dem überlebenden Ehegatten anheim.

Nach dem Rechte von Rothenfels theilen die nicht gemeinschaftlichen Kinder mit. Der überlebende Ehegatte hat auch an den Erbtheilen dieser bis zur Wiederverehelichung die Nutznießung (vgl. Art. 79 Note 2 Abs. 4).

Nach dem Rechte von Coburg theilen die nicht gemeinschaftlichen Abkömmlinge ebenfalls mit. Aber ihre Erbtheile hat der überlebende Ehegatte sofort auszukehren (vgl. Art. 79 Note 2 Abs. 5). Jedoch braucht der überlebende Ehegatte bei der Theilung sein eingebrachtes Gut beim Vorhandensein von mehr als zwei Abkömmlingen des verstorbenen Ehegatten nicht in die Theilungsmasse einzuwerfen. Dies braucht er auch beim Vorhandensein von einem oder zwei Abkömmlingen dann nicht, wenn er auf seinen Erbtheil, soweit dieser mehr als ein Viertheil beträgt, verzichtet (Abs. 3).

3. Der Erbtheil des überlebenden Ehegatten beträgt mindestens ein Viertel. Sind daher mehr als drei Abkömmlinge vorhanden, so gebührt dem überlebenden Ehegatten ein Viertel, während sich die Abkömmlinge mit den verbleibenden Dreiviertheilen begnügen müssen; soweit hienach gegenüber den Vorschriften des bisherigen Rechtes eine Erhöhung des Erbtheils des überlebenden Ehegatten eintritt, kann er das Viertel nur dann verlangen, wenn er auf das Recht des Beisitzes verzichtet; andernfalls hat es bei dem bisherigen Recht sein Bewenden.

4. Nach Abs. 4 soll das in Abs. 1—3 geregelte Verhältniß zwischen dem überlebenden Ehegatten und den nicht gemeinschaftlichen Abkömmlingen unabhängig davon sein, ob auf sein Verhältniß zu den gemeinschaftlichen Abkömmlingen die bisherigen oder die neuen Vorschriften anwendbar sind.

5. Gilt Regensburger Recht, und sind beim Tode der Frau nur nicht gemeinschaftliche Abkömmlinge der Frau vorhanden, so erhält der Mann auf Grund des bisherigen Rechts sein eingebrachtes Gut und drei Viertel des Gesammtguts; der Rest und das eingebrachte Gut der Frau bilden den Nachlaß, aus welchem dem Manne, wenn nicht mehr als drei Kinder vorhanden sind, ein Viertel, sonst ein Kindstheil zum Nutzgenuß gebührt.

Der überlebende Mann kann aber auch auf den die Hälfte übersteigenden Antheil an der Errungenschaft verzichten und nach dem Erbrecht des BGB. erben.

Dagegen finden die Vorschriften des BGB. Anwendung, wenn entweder im Falle des Todes des Mannes nur nicht gemeinschaftliche Abkömmlinge des Mannes vorhanden sind oder wenn im Falle des Todes des Mannes oder der Frau gemeinschaftliche mit nicht gemeinschaftlichen Abkömmlingen zusammentreffen.

6. Treffen nach Württembergischem Landrecht gemeinschaftliche und nicht gemeinschaftliche Abkömmlinge zusammen, so hat gemäß Art. 79 Abs. 3 der überlebende Ehegatte bloß an den Erbtheilen der gemeinschaftlichen Abkömmlinge die Nutznießung nach den bisherigen Vorschriften.

7. Die Vorschriften des BGB. über die Ausschlagung der Erbschaft finden sich in den §§ 1942 ff. (vgl. Art. 67).

8. Bisheriges Recht: Rettenberg LGH. XI. 182 — Rothenburg s. Art. 79 Anm. 5.

Art. 81. Besteht die Errungenschaftsgemeinschaft nach dem Rechte von Memmingen, so bestimmt sich, wenn bei dem Tode des einen Ehegatten Abkömmlinge dieses Ehegatten vorhanden sind, der Erbtheil des überlebenden Ehegatten nach den bisherigen Vorschriften, soweit diese für den überlebenden Ehegatten günstiger sind.

I. 618, 697 (Z. II 46^{19a}). II. 843, 864 — Becher VII. *312, 400, 460,* 487.

1. Nach Memminger Recht erhält im Falle des Todes des einen Ehegatten der überlebende Ehegatte neben den Abkömmlingen des Verstorbenen einen Kindstheil des Nachlasses. Der Nachlaß besteht aus der Hälfte der Errungenschaft und dem Sondergut des verstorbenen Ehegatten. Das Recht des Beisitzes des überlebenden Ehegatten an dem den gemeinschaftlichen Abkömmlingen zukommenden Nachlaß ist nicht aufrecht erhalten („Erbtheil"). AM. Henle-Schneider Anm. 1.

Art. 82. Besteht die Errungenschaftsgemeinschaft nach dem Bamberger Landrechte, so verbleibt es für den Fall, daß bei dem Tode des einen Ehegatten Abkömmlinge dieses Ehegatten vorhanden sind, in Ansehung des Rechtes des überlebenden Ehegatten bei den bisherigen Vorschriften. Verzichtet der überlebende Ehegatte auf das ihm nach diesen Vorschriften zustehende Recht, so bestimmt sich sein Erbrecht nach den Vorschriften des Bürgerlichen Gesetzbuchs. Auf den Verzicht finden die für die Ausschlagung einer Erbschaft geltenden Vorschriften entsprechende Anwendung.

I. 596 (E. 20), 620 Begr., 697 (Z. II 46^{20}). II. 843 — Becher VII. 270, *315, 400, 460,* 487.

1. Der überlebende Ehegatte kann entweder mit den Abkömmlingen die Gütergemeinschaft nach dem bisherigen Recht fortsetzen oder unter Verzicht auf die Fortsetzung der Gütergemeinschaft nach den Bestimmungen des BGB. erben. Im ersteren Fall muß er das Sondergut des verstorbenen Ehegatten und das Gesammtgut bei dem Eintritte der fortgesetzten Gütergemeinschaft verzeichnen. Die Fortsetzung endet mit der Wiederverheirathung des überlebenden Ehegatten oder wenn die Abkömmlinge wegen Verschwendung des Ehegatten die Abschichtung gerichtlich erwirken. Wegen des Zeugnisses über die Fortsetzung der Gütergemeinschaft vgl. Art. 29.

2. Die Vorschriften über die Ausschlagung der Erbschaft siehe §§ 1942 ff. vgl. Art. 67.

Art. 83. Besteht die Errungenschaftsgemeinschaft nach dem Bayerischen oder dem Mainzer Landrechte, nach dem Rechte von Ansbach, Nürnberg, Solms oder der Stadt Augsburg oder nach den domprobsteilich Bambergischen Observanzen, so tritt an ihre Stelle der Güterstand der Verwaltung und Nutznießung nach den Vorschriften des Bürgerlichen Gesetzbuchs.

Endigt die Verwaltung und Nutznießung des Mannes auf andere Weise als durch Ehevertrag, so kann jeder Ehegatte von dem anderen Ausgleichung des Ehegewinns nach den bisherigen Vorschriften verlangen, wie wenn eine Aenderung des Güterstandes nicht eingetreten wäre. Der Anspruch ist nicht übertragbar. Er verjährt in einem Jahre; die Vorschrift des § 204 Satz 1 des Bürgerlichen Gesetzbuchs findet keine Anwendung. Besteht die Errungenschaftsgemeinschaft nach dem Mainzer Landrechte, so gebühren von dem Ehegewinne dem Manne zwei Drittheile, der Frau ein Drittheil.

Ist nach den Vorschriften des Bayerischen Landrechts wegen Gefährdung des Vermögens der Frau für die Frau eine Pflegschaft angeordnet, so tritt Gütertrennung nach den Vorschriften des Bürgerlichen Gesetzbuchs ein. Die Frau kann auf Herstellung der Verwaltung und Nutznießung des Mannes klagen. Mit der Herstellung der Verwaltung und Nutznießung treten die im Abs. 2 bestimmten Wirkungen ein; die Vorschriften des § 1425 Abs. 2, 3 des Bürgerlichen Gesetzbuchs finden Anwendung.

I. 596 (E. 21), 621 Begr., 697 (Z.[II] 46[21]). II. 844 — Becher VII. 270, *318*, *401*, *460* 487, *501*.

§ 204 Satz 1 BGB.: Die Verjährung von Ansprüchen zwischen Ehegatten ist gehemmt, so lange die Ehe besteht.

§ 1425 Abs. 2. 3 BGB.: Die Wiederherstellung der Rechte des Mannes tritt mit der Rechtskraft des Urtheils ein. Die Vorschrift des § 1422 findet entsprechende Anwendung.

Im Falle der Wiederherstellung wird Vorbehaltsgut, was ohne die Aufhebung der Rechte des Mannes Vorbehaltsgut geblieben oder geworden sein würde.

§ 1422 BGB.: Die Frau ist zur Herausgabe des eingebrachten Gutes so verpflichtet, wie wenn der Anspruch auf Herausgabe mit der Erhebung der Klage auf Herstellung der Verwaltung und Nutzniessung rechtshängig geworden wäre.*

1. Für die in Art. 83 bezeichneten Rechte bestand bisher die Gemeinschaft des Zugewinnstes. An ihre Stelle tritt vom Inkrafttreten des BGB. an der ordentliche gesetzliche Güterstand des BGB. nach Maßgabe der §§ 1363 ff. Hinsichtlich des Mainzer Landrechts und des Solmser Rechts vgl. Art. 20.

Das Oberpfälzische Landrecht (Art. 84) ist nicht genannt, weil in seinem Gebiet das bayerische Landrecht gilt und nur im Falle der beerbten Ehe Modifikationen eintreten.

2. Das Vermögen der Frau wird eingebrachtes Gut, soweit nicht nach den bisherigen Rechten die Verwaltung und Nutznießung des Mannes ausgeschlossen war; im letzteren Falle wird es Vorbehaltsgut (Art. 97). Ob ein nach dem 1. Januar 1900 gemachter Erwerb der Frau eingebrachtes Gut wird, ist aus den Vorschriften des BGB. zu beantworten.

3. Die in Abs. 2 bezeichnete Ausgleichung des Ehegewinnstes tritt nur auf Verlangen ein. Vgl. auch Art. 24 Abs. 2, 36.

Im Falle des Todes eines Ehegatten kann sowohl der überlebende Ehegatte als auch die Erben des verstorbenen Ehegatten, mehrere Erben aber nur gemeinschaftlich, das Verlangen stellen.

4. Abs. 2 ist insbesondere von Bedeutung hinsichtlich des Umfanges des Nachlasses.

5. Klagt im Falle des Abs. 3 die Frau auf Herstellung der Verwaltung und Nutznießung, so gilt für die Zukunft der ordentliche gesetzliche Güterstand des BGB. Die in Abs. 2 bezeichneten Wirkungen treten erst dann ein, wenn die Verwaltung und Nutznießung des Mannes in anderer Weise als durch Ehevertrag wieder endigt. Freilich kann die Frau beim Vorhandensein der Voraussetzungen des § 1418 BGB. sofort wieder auf Aufhebung klagen; aber sie hat dann den Vortheil, Ausgleichung des Ehegewinns verlangen zu können.

Art. 84. Besteht die Errungenschaftsgemeinschaft nach dem Bayerischen Landrechte, so stehen im Falle des Todes des einen Ehegatten dem überlebenden Ehegatten die in den bisherigen Vorschriften bestimmten Rechte zu, wenn der überlebende Ehegatte die im Bürgerlichen Gesetzbuche bestimmte Erbfolge ausschlägt.

Gelten für die Ehe die besonderen Vorschriften des Oberpfälzischen Rechtes, so verbleibt es, wenn bei dem Tode des einen Ehegatten gemeinschaftliche Abkömmlinge vorhanden sind, in Ansehung der Rechte des überlebenden Ehegatten bei den bisherigen Vorschriften. Verzichtet der überlebende Ehegatte auf den Beisitz und, sofern ihm nach den bisherigen Vorschriften auch der Antheil des verstorbenen Ehegatten an der Hausfahrniß und der Errungenschaft zufällt, auch auf diesen Antheil, so bestimmt sich sein Erbrecht nach den Vorschriften des Bürgerlichen Gesetzbuchs. Auf den Verzicht finden die für die Ausschlagung einer Erbschaft geltenden Vorschriften entsprechende Anwendung.

Die überlebende Frau behält die Hälfte der Hausfahrniß und der Errungenschaft, auch wenn Abkömmlinge des verstorbenen Mannes vorhanden sind. Im Falle des Abs. 2 verbleibt es jedoch auch in Ansehung der Hausfahrniß und der Errungenschaft bei den bisherigen Vorschriften, sofern nicht die Frau auf den Beisitz verzichtet.

I. 596 (E. 22), 622 Begr., 698 (Z.[11] 46[22]). II. 845 — Becher VII. 270, *319*, *403*, *460*, 487.

1. Die Vorschriften des bayer. L. R. finden sich Th. I cap. VI § 35 ff. An sich erbt der überlebende Ehegatte nach den Vorschriften des BGB., wobei jedoch hinsichtlich des Umfanges des Rücklasses der im Art 83 Abs. 2 statuirte Anspruch auf Ausgleichung des Ehegewinnstes zu beachten ist. Die in den bisherigen Vorschriften bestimmten Rechte stehen ihm jedoch dann zu, wenn er die Erbfolge des BGB. ausschlägt.

2. Im Gebiete des Oberpfälzischen Rechts hat der überlebende Ehegatte den lebenslänglichen Beisitz an den Erbtheilen der Kinder; er verliert ihn im Falle übler Haushaltung oder wenn er sich „zum Schaden oder zur Schande der Kinder" wiederverheirathet. Eingekindschaftete Kinder sind ehelichen Kindern gleich zu achten.

Für das Gebiet des oberpfälzischen Landrechts gilt das Umgekehrte wie für das Gebiet des bayerischen Landrechts. Hier verbleibt es in Ansehung der Rechte des überlebenden Ehegatten bei den bisherigen Vorschriften; und nur dann, wenn er auf den Beisitz u. s. w. verzichtet, bestimmt sich sein Erbrecht nach dem BGB.

3. Abs. 3 enthält eine Neuerung gegenüber dem bisherigen Rechte.

4. Das privilegium Albertinum der Münchener Bürger kommt künftig in Wegfall.

5. Bisheriges Recht. Bayer. LR.: Auseinandersetzung der Errungenschaft zwischen den Kindern und der Mutter nach dem Tode des Vaters OGH. XIII. 446. — Der Kindstheil an der Errungenschaft, der nach Th. I. Kap. VI. § 32 Bayer. LR. nach dem Tode des Ehemanns der Ehefrau „folgt", bildet keinen Bestandtheil des Nachlasses des Ehemanns und fällt der Ehefrau demgemäß nicht erbweise zu. OGH. XVI. 352.

Oberpfälz. R.: Die Befugniß von Miterben, Theilung eines zum Rücklaß gehörigen Grundbesitzes zu verlangen, wird durch den den überlebenden Elterntheil zustehenden Beisitz ausgeschlossen. OGH. XIII. 26.

Art. 85. Besteht die Errungenschaftsgemeinschaft nach dem Ansbacher Rechte oder nach den domprobsteilich Bambergischen Observanzen, so ist, wenn bei dem Tode des einen Ehegatten Abkömmlinge dieses Ehegatten nicht vorhanden sind, der überlebende Ehegatte auch zu den Erbtheilen berufen, die nach den Vorschriften des Bürgerlichen Gesetzbuchs den Seitenverwandten zufallen würden. Die Vorschriften des Artikel 78 Abs. 1 Satz 4 finden entsprechende Anwendung.

Sind Abkömmlinge des verstorbenen Ehegatten vorhanden, so bestimmt sich der Erbtheil des überlebenden Ehegatten nach den bisherigen Vorschriften, soweit diese für den überlebenden Ehegatten günstiger sind. Der überlebende Ehegatte behält die Hälfte der Errungenschaft, auch wenn andere als gemeinschaftliche Abkömmlinge vorhanden sind.

I. 596 (E. 23), 622 Begr., 698 (Z.II 46[23]). II. 846, 864 — Becher VII. 270, *320*, *405*, *461*, 487.

Art. 78 Abs. 1 Satz 4*: Das Erbrecht des überlebenden Ehegatten kann durch letztwillige Verfügung ausgeschlossen werden; der Pflichttheil des überlebenden Ehegatten bestimmt sich ausschliesslich nach den Vorschriften des BGB.

1. Das Erbrecht des überlebenden Ehegatten bestimmt sich im Falle des Abs. 1 nach §§ 1931, 1932 BGB. Außerdem ist er zu den nach §§ 1925, 1926 BGB. den Seitenverwandten — nicht auch den Eltern und Großeltern — zufallenden Erbtheilen berufen.

2. Nach dem in Art. 85 genannten Rechten erhält der überlebende Ehegatte, wenn Abkömmlinge des verstorbenen Ehegatten vorhanden sind, einen Kindstheil. Die bisherigen Vorschriften sind daher dem überlebenden Ehegatten günstiger, wenn weniger als drei Kinder vorhanden sind.

An die Stelle des Beisitzes tritt die elterliche Nutznießung.

3. Der Nachlaß des verstorbenen Ehegatten besteht aus der Hälfte der Errungenschaft und dem eingebrachten Gute.

4. **Bisheriges Recht:** Nach Ansbacher Recht bildet das sämmtliche während der Ehe erworbene Vermögen gemeinschaftliches Eigenthum der Eheleute, dessen ideelle Hälfte im Falle des Todes eines Ehetheils zu dessen Nachlaß gehört. OGH. XIV. 24, vgl. auch X. 597.

Art. 86. Besteht die Errungenschaftsgemeinschaft nach dem Nürnberger Rechte, so verbleibt es für den Fall, daß bei dem Tode des einen Ehegatten Abkömmlinge dieses Ehegatten vorhanden sind, in Ansehung der Rechte des überlebenden Ehegatten bei den bisherigen Vorschriften; der Erbtheil des überlebenden Ehegatten beträgt jedoch mindestens ein Viertheil.

Gemeinschaftlichen Abkömmlingen gegenüber tritt die Erhöhung des Erbtheils des überlebenden Ehegatten nur ein, wenn der überlebende Ehegatte auf das ihm nach den bisherigen Vorschriften zustehende Recht des Beisitzes verzichtet. Auf den Verzicht finden die für die Ausschlagung einer Erbschaft geltenden Vorschriften entsprechende Anwendung.

I. 597 (E. 24), 614, 623 Begr., 698 (Z.^{II} 46^{24}). II. 846 — Becher VII. 271, *304*, *321*, *405*, *461*, 487.

1. Sind nur gemeinschaftliche Abkömmlinge vorhanden, so beerben nach **Nürnberger Recht** den verstorbenen Ehegatten ausschließlich die Abkömmlinge, der überlebende Mann erhält indessen den Beisitz an den Erbtheilen der Abkömmlinge auf Lebenszeit, die überlebende Mutter erhält nur den usus und auch diesen nur bis zur Wiederverheirathung.

Sind nur nicht gemeinschaftliche Abkömmlinge vorhanden, so erhält der überlebende Ehegatte einen Kindstheil, der sich verschieden berechnet, je nachdem nur Kinder oder auch Enkel vorhanden sind.

Sind gemeinschaftliche und nicht gemeinschaftliche Abkömmlinge vorhanden, so beerben die Abkömmlinge nach der herrschenden Meinung ausschließlich, nach der anderen Meinung erhält der überlebende Ehegatte ausnahmsweise einen Kindstheil aus der Hälfte der Errungenschaft; an den Erbtheilen der gemeinschaftlichen Abkömmlinge hat der Mann den Beisitz, die Frau den usus.

Der Nachlaß besteht aus der Hälfte der Errungenschaft und dem eingebrachten Gute.

2. Künftig beträgt der Erbtheil des überlebenden Ehegatten mindestens ein Viertel; doch tritt diese Erhöhung des Erbtheils gegenüber den gemeinschaftlichen Abkömmlingen nach Abs. 2 nur ein, wenn der Mann auf den Beisitz, die Frau auf den usus verzichtet. Die Vorschriften über die Ausschlagung der Erbschaft s. § 1942 BGB. (vgl. Art. 67).

3. Sind keine Abkömmlinge vorhanden, so gelten die Vorschriften der §§ 1931 ff. BGB.

4. Bisheriges Recht: Begriff des Beisitzes. OGH. IX. 163.

Art. 87. Besteht die Errungenschaftsgemeinschaft nach dem Rechte der Stadt Augsburg, so verbleibt es, wenn bei dem Tode des einen Ehegatten Abkömmlinge dieses Ehegatten vorhanden sind, in Ansehung des Erbtheils des überlebenden Ehegatten bei den bisherigen Vorschriften, soweit diese dem überlebenden Ehegatten günstiger sind.

I. 597 (E. 25), 623 Begr., 699 (Z.II 46[25]). II. 846 — Becher VII. 271. *321. 405. 461.* 487.

1. Nach Augsburger Recht erhält der überlebende Ehegatte, wenn Abkömmlinge des verstorbenen Ehegatten vorhanden sind, bei nur einem Kinde ein Drittel, sonst einen Kindstheil. Der Nachlaß umfaßt das eingebrachte Gut und die Hälfte der Errungenschaft.

Die Nutznießung an den Erbtheilen der Abkömmlinge nach bisherigem Recht ist nicht aufrecht erhalten: an deren Stelle tritt künftig die elterliche Nutznießung.

2. Sind keine Abkömmlinge vorhanden, so erbt der überlebende Ehegatte nach den Vorschriften des BGB. §§ 1931 ff.).

3. Bisheriges Recht: OGH. XIV. 359.

Art. 88. Besteht die Errungenschaftsgemeinschaft nach dem Mainzer Landrechte, so bestimmt sich, wenn bei dem Tode des einen Ehegatten gemeinschaftliche Abkömmlinge vorhanden sind, das Recht des überlebenden Ehegatten in Ansehung des Nachlasses nach den bisherigen Vorschriften. Verzichtet der überlebende Ehegatte auf das ihm nach diesen Vorschriften zustehende Recht, so bestimmt sich sein Erbrecht nach den Vorschriften des Bürgerlichen Gesetzbuchs. Auf den Verzicht finden die für die Ausschlagung einer Erbschaft geltenden Vorschriften entsprechende Anwendung.

Sind vereinkindschaftete Abkömmlinge vorhanden, so verbleibt es bei den bisherigen Vorschriften über die Vereinigung des Vermögens der beiden Ehegatten und der Abkömmlinge und über die Rechte des überlebenden Ehegatten und der Abkömmlinge an dem vereinigten Vermögen.

I. 597 (E. 26), 623 Begr., 674, 699 (Z.II 46[26]). II. 846 — Becher VII. 271. *322, 406, 461,* 487.

1. Vgl. auch Art. 20, 29.

2. Sind nur gemeinschaftliche Abkömmlinge vorhanden, so erhält nach dem Mainzer Landrechte der überlebende Ehegatte auf Lebens-

zeit, im Falle seiner Wiederverheirathung bis zur Versorgung der Abkömmlinge den Beisitz an dem Nachlasse des verstorbenen Ehegatten. Eine verbreitete Rechtsübung beschränkt den Beisitz auf das eingebrachte Gut und läßt in Ansehung der Errungenschaft das Verhältniß zwischen dem überlebenden Ehegatten und den Abkömmlingen fortsetzen. (E. des OLG. XV. 866.) Sind gemeinschaftliche und nicht gemeinschaftliche Abkömmlinge vorhanden, so sind die nicht gemeinschaftlichen Abkömmlinge abzutheilen, gegenüber den gemeinschaftlichen Abkömmlingen hat der überlebende Ehegatte die gleichen Rechte, wie wenn nicht gemeinschaftliche Abkömmlinge nicht vorhanden wären. In allen anderen Fällen gilt das Erbrecht des BGB. (§§ 1931 ff.). Hinsichtlich des Umfanges des Nachlasses und zwar sowohl im Falle der beerbten wie unbeerbten Ehe, vgl. Art. 83 Abs. 2.

3. Die Vorschriften des BGB. über die Ausschlagung der Erbschaft s. §§ 1942 ff. bei Art. 67.

4. Das Mainzer LR. Tit. II. § 1) läßt die Einkindschaft nur zu, wenn beide Ehegatten Kinder in die Ehe bringen. Beim Tode eines Ehegatten wird nach Tit. II. §§ 12, 13, 15 das beiderseitige Vermögen mit Einschluß desjenigen, was die Kinder von dem verstorbenen Elterntheil ererbt haben, nach Abzug des etwa festgesetzten Voraus in eine Masse gezogen: von dieser erhält der überlebende Ehegatte die eine Hälfte, die andere wird unter die Kinder nach Köpfen vertheilt. Die Streitfrage, ob die Vereinigung schon mit der Einkindschaft (Roth, bayer. Civ. R. I. 566) oder erst mit dem Tode des einen Ehegatten der neuen Ehe eintritt, ist nach dem bisherigen Rechte zu entscheiden; Art. 88 entscheidet sie nicht.

Abs. 2 bezieht sich übrigens nur auf die vermögensrechtliche Stellung der eingekindschafteten Kinder, nicht auf die persönlichen Beziehungen (Samml. I. 340).

4. Bisheriges Recht: Rechte des überlebenden Ehegatten und der Kinder an der Errungenschaft. (OGH. XIV. 856, XV. 866.

Art. 89. Besteht die Errungenschaftsgemeinschaft nach dem Solmser Rechte, so steht im Falle des Todes des einen Ehegatten dem überlebenden Ehegatten der Nießbrauch an dem Nachlasse zu. Die Vorschriften des § 1933 des Bürgerlichen Gesetzbuchs und des Artikel 88 Abs. 1 Satz 2, 3 finden entsprechende Anwendung. Der Nießbrauch kann für den Fall, daß gemeinschaftliche Abkömmlinge nicht vorhanden sind, durch letztwillige Verfügung ausgeschlossen werden.

Sind andere Abkömmlinge des verstorbenen Ehegatten als gemeinschaftliche vorhanden, so erstreckt sich der Nießbrauch des überlebenden Ehegatten auf deren Erbtheile nicht; ihnen gegenüber steht dem überlebenden Ehegatten das im Bürgerlichen Gesetzbuche bestimmte Erbrecht zu, auch wenn er den übrigen Erben gegenüber auf den Nießbrauch nicht verzichtet.

I. 597 (E. 27), 624 Begr., 643, 699 (Z.II 16[27]). II. 847, 864 — Becher VII. 272, *322*, 357a, *407*, *461*, 487.

§ 1933 BGB.: Das Erbrecht des überlebenden Ehegatten sowie das Recht auf den Voraus ist ausgeschlossen, wenn der Erblasser zur Zeit seines Todes auf Scheidung wegen Verschuldens des Ehegatten zu klagen berechtigt war und die Klage auf Scheidung oder auf Aufhebung der ehelichen Gemeinschaft erhoben hatte.

Art. 88 Abs. 1 Satz 2, 3: Verzichtet der überlebende Ehegatte auf das ihm nach diesen Vorschriften zustehende Recht, so bestimmt sich sein Erbrecht nach den Vorschriften des Bürgerlichen Gesetzbuchs. Auf den Verzicht finden die für die Ausschlagung einer Erbschaft geltenden Vorschriften entsprechende Anwendung.

1. Vgl. Art. 20.

2. Verzichtet der überlebende Ehegatte auf den Nießbrauch nicht, so steht ihm lediglich der Nießbrauch an dem Nachlasse, dagegen nicht auch ein Erb- oder Pflichttheilsrecht zu.

3. Im Fall des Abs. 1 Satz 3 steht dem überlebenden Ehegatten das Erb- und Pflichttheilsrecht des BGB. zu. Vgl. Art. 104 Abs. 2.

3. Dotalrecht. Verwaltungsgemeinschaft.

Art. 90. Besteht zur Zeit des Inkrafttretens des Bürgerlichen Gesetzbuchs für eine Ehe der Güterstand des gemeinen Dotalrechts, des Vorderösterreichischen oder des Oesterreichischen Rechtes, so tritt an dessen Stelle der Güterstand der Verwaltung und Nutznießung.

Das Vermögen, welches als Heirathgut bestellt oder von der Frau ohne Vorbehalt der Verwaltung des Mannes überlassen ist, wird eingebrachtes Gut, das sonstige Vermögen der Frau wird Vorbehaltsgut.

Die Ansprüche Dritter auf Herausgabe des Heirathguts bleiben unberührt.

I. 597 (E. 28), 624 Begr., 699 (Z.II 46[28]). II. 847 — Becher VII. 272, *323*, *407*, *462*, 487, *502*.

1. Das gemeine Dotalrecht bildet den gesetzlichen Güterstand theils unmittelbar auf Grund des gemeinen Rechts, theils in Folge der subsidiären Geltung des gemeinen Rechts. Unmittelbar auf Grund des gemeinen Rechts gilt es in einer großen Anzahl von Orten und Ortstheilen in Schwaben und Mittelfranken, in Folge der subsidiären Geltung des gemeinen Rechts gilt es in den Gebieten des Salzburgischen Provinzialrechts, des fürstbischöflich Augsburgischen Rechts, des Rechtes des Fürstenthums Fugger-Babenhausen, des Fürstenthums Oettingen-Spielberg, des Deutschordens der Balley Franken, soweit

hier nicht das Ansbacher Recht subsidiär gilt, und des fürstbischöflich Schwarzenbergischen Rechts. Das gemeine Dotalrecht gilt ferner auf Grund der subsidiären Geltung des gemeinen Rechts im ganzen rechtsrheinischen Bayern mit Ausnahme der Landestheile, in welchen das preußische Landrecht die subsidiäre Rechtsquelle ist, wenn der in dem Statutarrechte bestimmte gesetzliche Güterstand durch Ehevertrag ausgeschlossen und ein anderer Güterstand nicht eingeführt ist.

In den bezeichneten Rechtsgebieten bildet das gemeine Dotalrecht den Güterstand für alle Ehen. In gewissen Gebietstheilen ist es der gesetzliche Güterstand nur für gewisse Klassen der Bevölkerung, nämlich für alle nicht gewerbetreibenden Personen nach dem Rechte der Städte Augsburg und Memmingen, für den vormals reichsunmittelbaren Adel nach der fränkischen Landgerichtsordnung, den Rechten von Castell und Schweinfurt und dem Erbacher Landrechte, für die höheren Stände überhaupt, d. h. für den Adel, den Beamtenstand und den höheren Bürgerstand in denjenigen Gebietstheilen des Fürstenthums Eichstätt, für welche das gemeine Recht die subsidiäre Rechtsquelle ist. Im Geltungsgebiete des Weißenburger Rechts wird es von der Rechtsübung als gesetzlicher Güterstand der zweiten und weiteren Ehe beim Vorhandensein von Kindern einer früheren Ehe gehalten.

In der ehemaligen Markgrafschaft Burgau bestimmt sich der gesetzliche Güterstand nach dem vorderösterreichischen Rechte (Josephinisches Gesetzbuch von 1786); in Redwitz und im sog. Fraischgebiete in der Oberpfalz ist für das gesetzliche Güterrecht das Recht des österreichischen Bürgerlichen Gesetzbuchs von 1811 maßgebend. Sowohl das vorderösterreichische Recht als das österreichische Gesetzbuch legen das gemeine Dotalrecht dem von ihnen aufgestellten gesetzlichen Güterrechte zu Grunde.

Auch der vom Bamberger Landrecht in gewissen Fällen als gesetzlicher Güterstand des gemeinen Rechtes beruht auf den Grundsätzen des römischen Dotalrechts und stimmt mit diesem fast vollständig überein. Der Güterstand des gemeinen Rechtes ist der gesetzliche Güterstand, wenn die unbedingte Ehe binnen Jahr und Tag nach der Eheschließung durch den Tod eines Ehegatten aufgelöst oder der nach Ablauf dieser Frist stillschweigend erfolgende Eintritt der allgemeinen Gütergemeinschaft durch eine innerhalb der bezeichneten Frist von einem Ehegatten erklärte Reklamation beseitigt wird, ferner wenn vertragsweise zwar ein Heirathgut bestimmt, aber einer der drei anderen vom Bamberger Landrechte geregelten Güterstände nicht vereinbart ist, sowie vorläufig für diejenigen bedingten Ehen, in welchen der Eintritt der allgemeinen Gütergemeinschaft bis zum Ablaufe von Jahr und Tag ausgesetzt oder von der Geburt und dem Leben eines Kindes abhängig gemacht worden ist.

2. Die Vorschriften über den Güterstand der Verwaltung und Nutznießung s. §§ 1363 ff. BGB.

3. Das Heirathgut u. s. w. wird eingebrachtes Gut der Frau. Die Frau wird daher auch Eigenthümerin desselben, wenn auch, wie z. B. nach gem. Recht, bisher der Mann der Eigenthümer war, und zwar kraft Gesetzes.

Die Vorbehaltsgutseigenschaft wird nicht vermuthet (§ 1363 BGB.).

4. Das eingebrachte Gut der Frau ist dem Zugriffe der Gläubiger des Mannes künftig entzogen (§ 1410 BGB.). Jedoch bleibt es für diejenigen vor dem 1. Januar 1900 entstandenen Verbindlichkeiten, für die es bisher haftete, auch künftig verhaftet. (Art. 98.)

5. Die Wirkungen der Beendigung des Güterstandes sind nach den Vorschriften des BGB. zu beurtheilen. Da die Ehescheidungsstrafen weggefallen sind, so behält die Frau den Anspruch auf Herausgabe des Heirathguts, auch wenn sie der allein schuldige Theil ist.

6. Zu Abs. 3 vgl. insbes. das gemeine Recht.

7. Bisheriges Recht. Bamberger und Gemeines R.: Rechte der Ehefrau bezüglich ihres Heirathgutes während und nach der Ehe OGH. VI. 748. — Aussteuer als Eingebrachtes der Frau OGH. VI. 353.

Art. 91. Besteht der Güterstand des gemeinen Dotalrechts für eine Ehe, für die bisher das Bamberger Recht gegolten hat, so tritt mit dem Ablaufe der Frist, innerhalb welcher nach den bisherigen Vorschriften der Eintritt der allgemeinen Gütergemeinschaft ausgeschlossen werden kann, die allgemeine Gütergemeinschaft nach den Vorschriften des Bürgerlichen Gesetzbuchs ein, sofern nicht vorher die Ausschließung der Gütergemeinschaft erfolgt. Die für die allgemeine Gütergemeinschaft des Bamberger Rechtes geltenden Vorschriften des Artikel 67 finden Anwendung.

I. 597 (E. 29), 624 Begr., 700 (Z.II 46[29]). II. 847 — Becher VII. 272, *323, 408, 462*, 487.

1. Nach Bamberger Recht tritt nach Ablauf von Jahr und Tag seit Eingehung der Ehe die allgemeine Gütergemeinschaft ein, wenn nicht vor dem Ablaufe der Frist einer der Ehegatten den Eintritt der Gütergemeinschaft ausgeschlossen hat (vgl. Art. 90 Anm. 1 Abs. 4) Art. 91 setzt voraus, daß die Frist am 1. Januar 1900 noch nicht abgelaufen ist, da sonst Art. 62 Anwendung findet, ferner daß der Güterstand des gemeinen Totalrechts kraft Gesetzes, nicht kraft Vertrags besteht.

2. Für die Ausschließung des Eintritts der allgemeinen Gütergemeinschaft sind die bisherigen Vorschriften maßgebend.

3. Für den Fall des Eintritts der allgemeinen Gütergemeinschaft vgl. Art. 26.

4. Tritt Gütergemeinschaft ein, so finden auf sie die Vorschriften des BGB. mit der für den Fall des Todes eines Ehegatten im Art. 67 vorgesehenen Ausnahme Anwendung.

Art. 92. Besteht der Güterstand des Vorderösterreichischen Rechtes, so sind, wenn die Frau stirbt, für die Rechte des überlebenden Mannes die bisherigen Vorschriften maßgebend. Die Vorschriften des Artikel 88 Abs. 1 Satz 2, 3 finden entsprechende Anwendung.

I. 597 (E. 30), 624 Begr., 700 (Z.II 4630). II. 848 — Becher VII. 272, *323, 408, 462,* 487.

Art. 88 Abs. 1 Satz 2* u. 3* ÜG.: Verzichtet der überlebende Mann auf das ihm nach den bisherigen Vorschriften zustehende Recht, so bestimmt sich sein Erbrecht nach den Vorschriften des Bürgerlichen Gesetzbuchs. Auf den Verzicht finden die für die Ausschlagung einer Erbschaft geltenden Vorschriften entsprechende Anwendung (siehe bei Art. 67).

1. Stirbt die Frau, so hat der überlebende Mann die Wahl, nach dem bisherigen Recht oder unter Verzicht auf die ihm hienach zustehenden Rechte nach den Vorschriften des BGB. zu erben.

Nach dem Vorderösterreichischen Rechte verbleibt dem Manne, sofern nicht ein Anderes vereinbart ist, das Heirathgut; außerdem hat der Mann bei unbeerbter Ehe oder, wenn nicht mehr als zwei gemeinschaftliche Kinder vorhanden sind, zu einem Viertel, wenn mehrere Kinder vorhanden sind, zu einem Kopftheil an dem Vermögen der Frau den Nutzgenuß, bis er zur weiteren Ehe schreitet; er muß sich aber anrechnen lassen, was ihm vertragsmäßig zugewendet worden ist.

2. Stirbt der Mann, so gelten die erbrechtlichen Vorschriften des BGB.

Art. 93. Besteht zur Zeit des Inkrafttretens des Bürgerlichen Gesetzbuchs für eine Ehe der gesetzliche Güterstand des Preußischen Landrechts, so tritt an dessen Stelle der Güterstand der Verwaltung und Nutznießung nach den Vorschriften des Bürgerlichen Gesetzbuchs.

Ist die Verwaltung und der Nießbrauch des Mannes nach den Vorschriften des Preußischen Landrechts Theil II Titel 1 §§ 980 bis 983, 999 ausgeschlossen, so finden die Vorschriften des Bürgerlichen Gesetzbuchs über die Gütertrennung Anwendung.

I. 597 (E. 31), 626 Begr., 700 (Z.II 4631). II. 848 — Becher VII. 272, *327, 408, 462,* 487.

1. Die Bestimmungen des Preußischen Landrechts über das gesetzliche Güterrecht kommen in Bayern unmittelbar nur in den vormals fürstbischöflich eichstättischen, von Preußen durch Tausch erworbenen geringfügigen Gebietstheilen zur Anwendung. Hier gilt die Verwaltungsgemeinschaft für die höheren Stände und, wenn die vielbestrittene Ansicht (OGH. VII. S. 7) richtig ist, daß im Gebiete

des Eichstätter Rechts der Güterstand der zweiten Ehe unter der Voraussetzung des Vorhandenseins von Kindern aus früherer Ehe nicht die allgemeine Gütergemeinschaft ist, auch für die zweiten und weiteren Ehen „gemeiner Bürgers- und Bauersleute“. Sonst gilt die Verwaltungsgemeinschaft nur subsidiär, wenn das gesetzliche Güterrecht ohne Vereinbarung eines anderen Güterstandes ausgeschlossen ist oder wenn im Gebiete des Bayreuther Rechts (vgl. Art. 63) ein Ehegatte von dem Renunciationsrechte Gebrauch macht.

2. Die Vorschriften des Pr. LR. Th. II, 1, §§ 980—983, 999 behandeln die Fälle, in welchen eine Minderjährige mit dem Vormunde oder einem Kinde des Vormundes oder ohne die erforderliche Einwilligung der Mutter oder des Vormundes eine Ehe eingeht. Eintragung in das Güterrechtsregister ist nicht erforderlich (Art. 25). Die Aufhebung der Gütertrennung ist nur durch Ehevertrag möglich.

4. Vertragsmäßiges Güterrecht.

Art. 94. Die Vorschriften der Artikel 62 bis 93 finden auch Anwendung, wenn für eine Ehe einer der dort genannten Güterstände kraft Ehevertrags besteht. Dies gilt auch für einen Güterstand, der kraft Ehevertrags erst nach dem Inkrafttreten des Bürgerlichen Gesetzbuchs eintritt.

Besteht kraft Ehevertrags der Güterstand des gemeinen Dotalrechts, so tritt an dessen Stelle die Gütertrennung nach den Vorschriften des Bürgerlichen Gesetzbuchs.

I. 597 (E. 32), 627 Begr., 674,*700 (Z.II 46[32]). II. 848 — Becher VII. 273, *329, 409, 462*, 487.

1. Wenn die allgemeine Gütergemeinschaft des Vorderösterreichischen Rechts oder des österreichischen Gesetzbuchs bedungen ist, so gelten gleichwohl die Vorschriften der Art. 90, 92, denn die Gütergemeinschaft dieses Rechts ist nur eine Gemeinschaft von Todes wegen, der betr. Vertrag hat daher nur den Charakter eines Erbvertrags (OGH. III. 51). Vgl. Roth, Bayer. Civ. R. Bd. 1. S. 420 ff.

2. Im Falle des Abs. 2 finden weder die Vorschriften des Art. 90 noch des Art. 91 Anwendung. Als Güterstand des gemeinen Dotalrechts ist auch der Güterstand des gemeinen Rechts nach Bamberger Landrecht und der Güterstand der wechselseitigen Erbfolge des Bamberger Landrechts anzusehen, sofern sie kraft Ehevertrags gelten (vgl. Roth, Bayer. Civ. R. Bd. I. S. 422).

3. B i s h e r i g e s R e c h t: Die Bestimmung, daß nach dem Tode eines Ehetheils das beiderseits Zusammengebrachte und Errungene als ein vermischtes Gut anzusehen und unter den überlebenden Ehetheil sowie die Kinder gleichmäßig zu vertheilen sei, begründet keine Gütergemeinschaft IV. 317.

Vereinbarung allgemeiner ehelicher Gütergemeinschaft mit den Wirkungen des Gesammteigenthums. OGH. XI. 259 (vgl. auch XI. 338).

Rechtsunwirksamkeit der Aufhebung einer durch Gesetz begründeten allgemeinen Gütergemeinschaft unter den Eheleuten selbst. OGH. VI. 16.

Das nach dem Rechte des früheren Wohnsitzes geltende Verbot, einen Ehevertrag abzuschließen, verliert seine Kraft, wenn der Ehevertrag nach den Gesetzen des neuen Wohnorts zulässig ist. OGH. XV. 643.

Bayer. LR.: Auslegung der Bestimmung eines Ehevertrags, wonach der Ehemann das von der Ehefrau eingebrachte Heirathgut in der Weise mit seinem Anwesen widerlegt, daß beide Eheleute dieses Anwesen als gemeinschaftliches Eigenthum haben sollen. OGH. I. 336. — Ein Ehe- und Erbvertrag kann auch stillschweigend aufgehoben werden; der demnach auf die Frau treffende Vermögenstheil ist als ihr Eigenthum zu betrachten. II. 505.

Bayreuther R.: Voraussetzung für den Ausschluß allgemeiner und die Festsetzung partikulärer Gütergemeinschaft. OGH. IV. 307.

Nürnberg: Wirkung der Einkindschaft nach Nürnberger Recht. OGH. XV. 481. — In einer nach Nürnberger Recht unter Ausschluß der Erwerbs- und Errungenschaftsgemeinschaft eingegangenen verdingten Ehe steht jedem Ehegatten der Nutzgenuß des ihm zugehörigen Vermögens allein zu. OGH. VI. 355.

Art. 95. Besteht der Güterstand der allgemeinen Gütergemeinschaft nach dem Rechte von Würzburg, Castell oder Schweinfurt kraft einer Condonation oder würde er bei dem Wegfallen der Kinder kraft einer Condonation fortbestehen, so finden die Vorschriften des Artikel 67 Abs. 1, Abs. 2 Satz 1, 3*) entsprechende Anwendung.

I. 597 (E. 33), 627 Begr., 700 (Z.II 46[33]). II. 849 — Becher VII. 273, *329*, *409*, *462*. 487.

Art. 67 Abs. 1* Abs. 2 Satz 1, 2: Im Falle des Todes des einen Ehegatten geht dessen Antheil an dem Gesammtgut auf den überlebenden Ehegatten über. Die Vorschriften des § 1483 Abs. 1 Satz 2, des § 1484, des § 1488, des § 1489 Abs. 1, 2 und der §§ 1507, 1508 (siehe Art. 67) des Bürgerlichen Gesetzbuchs finden entsprechende Anwendung.

Der Uebergang auf den überlebenden Ehegatten kann durch letztwillige Verfügung ausgeschlossen werden. Auf die Ausschliessung finden die Vorschriften der §§ 1509, 1516 des Bürgerlichen Gesetzbuchs entsprechende Anwendung.

§ 1509 BGB.: Jeder Ehegatte kann für den Fall, dass die Ehe durch seinen Tod aufgelöst wird, die Konsolidation durch letztwillige Verfügung ausschliessen, wenn er berechtigt*

---

*) Im Gesetzestexte steht in Folge eines Versehens: Satz 1, 2. Berichtigung s. G.- u. VBl. 1899 S. 882.

ist, dem anderen Ehegatten den Pflichttheil zu entziehen oder auf Aufhebung der Gütergemeinschaft zu klagen. Auf die Ausschliessung finden die Vorschriften über die Entziehung des Pflichttheils entsprechende Anwendung.

§ 1516 BGB.: Zur Wirksamkeit einer einseitigen letztwilligen Verfügung eines Ehegatten, durch welche die Konsolidation ausgeschlossen wird, ist die Zustimmung des anderen Ehegatten erforderlich.*

Die Zustimmung kann nicht durch einen Vertreter ertheilt werden. Ist der Ehegatte in der Geschäftsfähigkeit beschränkt, so ist die Zustimmung seines gesetzlichen Vertreters nicht erforderlich. Die Zustimmungserklärung bedarf der gerichtlichen oder notariellen Beurkundung. Die Zustimmung ist unwiderruflich.

Die Ehegatten können die in Abs. 1 erwähnte Verfügung auch in einem gemeinschaftlichen Testamente treffen.

1. Die kraft Kondonation bestehende Gütergemeinschaft unterscheidet sich von der kraft Gesetzes eingetretenen Gütergemeinschaft nur dadurch, daß diese mit dem Tode oder der Abschichtung der Kinder in Errungenschaftsgemeinschaft übergeht, bei jener aber auch in dem Falle, daß bei der Beendigung der Gemeinschaft Kinder nicht vorhanden sind, die Grundsätze der Gütergemeinschaft maßgebend sind (vgl. Roth, Bayer. Civ. R. Bd. I. S. 425 f.).

2. Bisheriges Recht. Würzburg: Verträge, wodurch die allgemeine Gütergemeinschaft des fränk. R. vereinbart wurde, sind unter den condonationes coniugales inbegriffen. OGH. II. 498. — Eine auf Vertrag beruhende Gütergemeinschaft von Eheleuten ist im Zeitpunkte einer Vereinbarung der Grundtheilung aufgehoben. OGH. VI. 744. — Eine zwischen großjährigen kinderlosen Personen abgeschlossene, allgemeine Gütergemeinschaft für sie begründende Kondonation bedarf zu ihrer Rechtswirksamkeit gerichtlicher Verlautbarung nicht. Eine für die Gültigkeit einer Kondonation allein maßgebende Formel ist gesetzlich nicht vorgesehen. OGH. IX. 776.

Art. 96. Besteht kraft Ehevertrags die allgemeine Gütergemeinschaft des gemeinen Rechtes, des Bayerischen Landrechts oder des Preußischen Landrechts, so tritt an deren Stelle die allgemeine Gütergemeinschaft nach den Vorschriften des Bürgerlichen Gesetzbuchs.

Besteht die allgemeine Gütergemeinschaft des Bayerischen oder des Preußischen Landrechts, so tritt fortgesetzte Gütergemeinschaft nur ein, wenn sie vereinbart ist.

Besteht die allgemeine Gütergemeinschaft des Preußischen Landrechts, so finden die Vorschriften des Artikel 64 Anwendung.

I. 598 (E. 34, 627 Begr., 701 (Z.[II] 46[34]). II. 849 — Becher VII. 273, *330, 410, 463*, 487.

Art. 64: Soweit nach den bisherigen Vorschriften ein Ehegatte berechtigt ist, wegen Verbindlichkeiten des anderen Ehegatten auf Aufhebung der Gütergemeinschaft mit der Wirkung zu klagen, dass das Gesammtgut für diese Verbindlichkeiten nicht haftet, bleibt das Recht in Ansehung der Verbindlichkeiten bestehen, die vor dem Inkrafttreten des Bürgerlichen Gesetzbuchs entstanden sind.

Die Vorschriften der §§ 1470, 1479 des Bürgerlichen Gesetzbuchs finden entsprechende Anwendung.

§ 1470 BGB.: Die Aufhebung der Gütergemeinschaft tritt mit der Rechtskraft des Urtheils ein. Für die Zukunft gilt Gütertrennung.*

Dritten gegenüber ist die Aufhebung nur nach Maassgabe des § 1435 wirksam.

§ 1479 BGB.: Wird die Gütergemeinschaft durch Urtheil aufgehoben, so kann der Ehegatte, welcher das Urtheil erwirkt hat, verlangen, dass die Auseinandersetzung so erfolgt, wie wenn der Anspruch auf Auseinandersetzung mit der Erhebung der Klage auf Aufhebung der Gütergemeinschaft rechtshängig geworden wäre.*

1. Bisheriges Recht. Bayerisches Landrecht: Zulässigkeit der Aufhebung einer zwischen Eheleuten vereinbarten Gütergemeinschaft auf Antrag eines Ehegatten während des Bestandes der Ehe OGH. VII. 775, VIII. 242.

Eine durch Vertrag abgeschlossene eheliche Gütergemeinschaft ist in Ermangelung gegentheiliger Vereinbarung nach den römischrechtlichen Bestimmungen über die Sozietät zu beurtheilen. OGH. X. 282.

Die Vereinbarung der allgem. Gütergemeinschaft ist nicht von der wörtlichen Bezeichnung dieses Rechtsverhältnisses in der Vertragsurkunde abhängig. OGH. V. 779.

Auslegung eines zwischen den Eheleuten über die Abtheilung ihres Vermögens geschlossenen Vertrags. OGH. XIV. 625.

5. Allgemeine Vorschriften.

Art. 97. Bei einer nach den Vorschriften der Artikel 62 bis 96 eintretenden Aenderung des Güterstandes wird das vorhandene Vermögen der Ehegatten, unbeschadet der Vorschrift des Artikel 90 Abs. 2, Gesammtgut, eingebrachtes Gut oder Vorbehaltsgut, soweit es nach den bisherigen Gesetzen zu einer dem Gesammtgute, dem eingebrachten Gute oder dem Vorbehaltsgut entsprechenden Vermögensmasse gehört.

Bei der allgemeinen Gütergemeinschaft finden auf Gegenstände, die nur der Nutzung nach zu dem gemeinschaftlichen

Vermögen gehören, die bei der Errungenschaftsgemeinschaft für das eingebrachte Gut geltenden Vorschriften des Bürgerlichen Gesetzbuchs Anwendung; für Gegenstände, die nicht durch Rechtsgeschäft übertragen werden können, gilt jedoch die Vorschrift des § 1524 nicht.

Ist vor dem Inkrafttreten des Bürgerlichen Gesetzbuchs der Frau eine Erbschaft oder ein Vermächtniß angefallen, so bestimmt sich, wenn die Erbschaft oder das Vermächtniß zu dem Gesammtgut oder zu dem eingebrachten Gute gehört, die Befugniß der Frau zur Annahme nach den bisherigen Gesetzen.

I. 598 (E. 35), 628 Begr., 701 (Z. II 46[35]). II. 849 — Becher VII. 273, *331*, *411*, *464*, 487.

§ 1524 Abs. 1 Satz 1. BGB.: Eingebrachtes Gut eines Ehegatten ist, was er auf Grund eines zu seinem eingebrachten Gute gehörenden Rechtes oder als Ersatz für die Zerstörung, Beschädigung oder Entziehung eines zu seinem eingebrachten Gute gehörenden Gegenstandes oder durch ein Rechtsgeschäft erwirbt, das sich auf das eingebrachte Gut bezieht.

1. Ob das betreffende Vermögensstück auch nach den Vorschriften des BGB. Gesammtgut u. s. w. geworden wäre, ist ohne Belang. Für künftigen Erwerb sind natürlich ausschließlich die Bestimmungen des BGB. maßgebend (vgl. jedoch Art. 100).

2. Hinsichtlich der einzelnen Rechte vgl. I 606 Ziff. 3 und 4 (allgemeine Gütergemeinschaft), 615 Ziff. 2 (Errungenschaftsgemeinschaft), 621 (Fälle des Art. 83), 625 f. (Art. 90), Becher VII. *288*, *305*, *317* f., *324*.

3. Das BGB. stellt sowohl hinsichtlich der Eigenthumsfrage als auch hinsichtlich der Zugehörigkeit des Vermögens der Ehegatten zur einen oder anderen Vermögensmasse verschiedene Vermuthungen auf.

Nach § 1362 BGB. wird zu Gunsten der Gläubiger des Mannes vermuthet, daß die im Besitz eines der Ehegatten oder beider Ehegatten befindlichen beweglichen Sachen dem Manne gehören. Für die ausschließlich zum persönlichen Gebrauch der Frau bestimmten Sachen, insbesondere für Kleider, Schmucksachen und Arbeitsgeräthe, gilt im Verhältnisse der Ehegatten zu einander und zu den Gläubigern die Vermuthung, daß die Sachen der Frau gehören.

Nach dem ordentlichen gesetzlichen Güterstande ist alles Vermögen der Frau, welches nicht zu ihrem Vorbehaltsgut gehört, eingebrachtes Gut (§§ 1363, 1365 ff. BGB).

Bei der allgemeinen Gütergemeinschaft (§ 1438 BGB.) wird das Vermögen des Mannes und das Vermögen der Frau gemeinschaftliches Vermögen beider Ehegatten (Gesammtgut). Das sogenannte nicht kommunionsfähige Vermögen (§ 1439 BGB.) und das Vorbehaltsgut (§ 1440 BGB.) bildet die Ausnahme.

Bei der Errungenschaftsgemeinschaft wird vermuthet, daß das vorhandene Vermögen Gesammtgut sei (§ 1527 BGB.).

Direkt im Gesetze ausgesprochen sind lediglich die Vermuthungen der §§ 1362, 1527 BGB., während die übrigen sich aus den angeführten Paragraphen nur ergeben.

Es fragt sich, ob sich diese Vermuthungen auch auf einen von den Ehegatten vor der Aenderung des Güterstandes gemachten Erwerb beziehen.

Die Anwendbarkeit des § 1362 bejahen, jedoch nicht im Hinblick auf Art. 97, sondern aus allgemeinen Gesichtspunkten, wenn auch mit verschiedener Begründung, Mot. z. EG. S. 280, Staudinger Komm. § 1362 Note 6, Art. 199 EG. Note 2, Fischer-Henle Art. 199 EG. Note 1, Bl. f. RA. Bd. 64 S. 104, Habicht „die Einwirkung des BGB. auf zuvor entstandene Rechtsverhältnisse" S. 387, Riedner Komm. z. EG. S. 313; dagegen Endemann Bd. 2 S. 812. Die Anwendbarkeit der Vermuthung aus § 1363 BGB. zu Gunsten des eingebrachten Gutes bejaht Henle-Schneider, Art. 97 Note 2c. Im Hinblick auf den Wortlaut des Art. 97 („soweit es nach den bisherigen Gesetzen u. s. w.") wird jedoch die Anwendbarkeit der genannten Vermuthungen — mit Ausnahme des § 1362 BGB. — auf einen vor der Aenderung des Güterstandes gemachten Erwerb zu verneinen sein. Die Unanwendbarkeit des § 1527 ergibt sich insbesondere auch aus Art. 125 Abs. 3 ÜG., dessen Vorschrift sonst überflüssig wäre.

4. Nach § 1439 BGB. sind Gegenstände, die nicht durch Rechtsgeschäft übertragen werden können, vom Gesammtgute ausgeschlossen; auf sie finden die bei der Errungenschaftsgemeinschaft für das eingebrachte Gut geltenden Vorschriften, mit Ausnahme des § 1524 (siehe oben) BGB., entsprechende Anwendung. Nach § 1525 BGB. werden sie für Rechnung des Gesammtguts in der Weise verwaltet, daß die Nutzungen, welche nach den für den Güterstand der Verwaltung und Nutznießung geltenden Vorschriften dem Manne zufallen, zu dem Gesammtgute gehören. Soweit solche Gegenstände der Frau gehören, finden außerdem die Vorschriften der §§ 1373—1383, 1390—1417 BGB. entsprechende Anwendung.

Diese Vorschriften gelten an sich nur für solchen Erwerb, der nach der Ueberleitung des Güterstandes gemacht wird. Auf Grund des Abs. 2 sollen sie aber auch auf vorher gemachten Erwerb Anwendung finden.

Soweit sonstige Gegenstände in Betracht kommen, die nur der Nutzung nach zu dem gemeinschaftlichen Vermögen gehören, gilt das Gleiche, nur findet auf sie auch die Vorschrift des § 1524 BGB. (siehe oben) Anwendung.

Voraussetzung für die Anwendbarkeit des Abs. 3 ist, daß auf Grund der Vorschriften der Art. 62—96 eine Aenderung des Güterstandes eingetreten ist. Ist die Aenderung eingetreten, so bestimmt sich die Befugniß der Frau zur Annahme von vor dem 1. Jan. 1900 angefallenen Erbschaften und Vermächtnissen nach den bisherigen Gesetzen. Ist die Aenderung des Güterstandes noch nicht eingetreten, so finden schon aus diesem Grunde noch die bisherigen Vorschriften Anwendung.

5. Bisheriges Recht: Der Ehefrau eines Handelsgesellschafters, mag sie in welcher Art von ehelicher Gütergemeinschaft mit demselben leben, kommt gegenüber einem zum Sondergut der Handelsgesellschaft gehörigen Anwesen während des Bestandes der letzteren nur ein quotieller Mitanspruch auf den ihrem Manne nach der Liquidation anheimfallenden Werthsantheil, nicht aber schon ein gegenwärtiges Miteigenthum oder sonstiges dringliches Recht an dem Anwesen zu. OGH. XI. 92.

Ansbach: Das sämmtliche während der Ehe erworbene Vermögen bildet gemeinschaftliches Eigenthum der Ehegatten. OGH. XIV. 24.

Bayerisches LR. u. Gemeines R.: Ein vom Ehemann mit dem Paraphernalgut der Frau erkaufter Gegenstand fällt an sich nicht der Letzteren eigenthümlich zu. OGH. VII. 18. — Rechte des Ehemannes an den Paraphernalgütern der Frau. OGH. VII. 191.

Eine aus Veranlassung eines früheren ehebrecherischen Verhältnisses der Ehefrau aus Obsorge für sie und das mit ihr im Ehebruche erzeugte Kind gemachte Schenkung gehört der Ehefrau. OGH. XIII. 269.

Bei Abschluß allgemeiner Gütergemeinschaft treten die einzelnen Vermögensstücke ohne Uebertragung und Umschreibung in den öffentlichen Büchern in das Miteigenthum der Ehegatten. OGH. XIII. 286.

Erwerb von Immobilien durch beide Ehegatten. OGH. III. 57.

Ausschließender Eigenthumserwerb durch eine Ehefrau an Viehstücken mit aufgenommenem Geld. OGH. IV. 304.

Aussteuer als in die Ehe eingebrachtes Vermögen. OGH. VI. 353.

Die Erträgnisse der körperlichen und geistigen Thätigkeit von Ehegatten, mag diese eine getrennte oder gemeinschaftliche sein, bilden einen Bestandtheil der Errungenschaft. OGH. XV. 199.

Verwendung von ehefräulichem Vermögen zur Hingabe eines Hypothek-Darlehens mit Zustimmung der Ehefrau: Auftreten des Mannes als Gläubiger. OGH. XVI. 20.

Die Errungenschaft bildet einen selbständigen Vermögensinbegriff, woran beide Ehegatten latente Antheile haben, die sich bei Auflösung der Gemeinschaft in ungebundene Antheile verwandeln. OGH. XV. 352.

Mainz: Dasjenige, was ein Ehegatte erbt, fällt nicht in die Errungenschaft. Dieser Grundsatz findet auch dann Anwendung, wenn beide Ehegatten erben; in diesem Fall ist der Antheil eines jeden Ehegatten an der Erbschaft ein Bestandtheil seines Sondervermögens. OGH. XVI. 486.

Oesterreich. R.: Gemeinschaftlich erworbenes Eigenthum der Ehegatten. OGH. III. 57.

Würzburg: Umfang der Errungenschaft. OGH. VIII. 629.

Einfluß der Ueberleitung des Güterstandes der allgemeinen Gütergemeinschaft des fränk. LR. in die allgemeine Gütergemeinschaft des BGB. auf die Befugniß des Mannes zur Verfügung über gütergemeinschaftliche Grundstücke (Gesammtgut) Samml. I. 371.

Art. 98. In Ansehung der vor der Aenderung des Güterstandes entstandenen Verbindlichkeiten der Ehegatten bestimmt sich die Haftung des Gesammtguts, des eingebrachten Gutes und des Vorbehaltsguts sowie die persönliche Haftung der Ehegatten nach den bisherigen Gesetzen. Dies gilt auch für das Verhältniß der Ehegatten unter einander.

Soweit sich die Frau nach den bisherigen Gesetzen von der Haftung für eine Gesammtgutsverbindlichkeit durch den Verzicht auf ihren Antheil befreien kann, erlischt die persönliche Haftung mit der Beendigung der Gütergemeinschaft.

I. 598 (E. 36), 629 Begr., 701 (Z.II 46[36]). II. 849 — Becher VII. 273, *332*, *411*, *464*, 487.

1. In Ansehung der nach der Aenderung des Güterstandes — nicht nach dem 1. Januar 1900 — entstandenen Verbindlichkeiten gelten ausschließlich die Vorschriften des BGB.

Für die vor diesem Zeitpunkte entstandenen Verbindlichkeiten sind die bisherigen Gesetze auch dann maßgebend, wenn die Vorschriften des BGB. für den Gläubiger günstiger sind.

2. Für das bisherige Recht vgl. I 606 Ziff. 6 (allgemeine Gütergemeinschaft), 615 Ziff. 4 (Errungenschaftsgemeinschaft), 621 (Fälle des Art. 83), 625, 627 (Dotalrecht, Verwaltungsgemeinschaft), Becher VII. *289*, *307*, *317*, *325*, *328*.

3. Bisheriges Recht: Haftung einer mit ihrem Manne in allgem. Gütergemeinschaft lebenden Ehefrau aus einer von demselben eingegangenen Bürgschaft mit Kautionsbestellung. OGH. XI. 347.

Der Umstand, daß eine Schuld von Eheleuten gemeinsam kontrahirt wurde, begründet noch keine Solidarhaftung. OGH. XI. 715.

Wirkung eines Vertrags, durch welchen ein mit seiner Frau in allgemeiner Gütergemeinschaft lebender Ehemann sich von einer Schuld befreit, zu Gunsten der Ehefrau. OGH. XII. 303.

Ansbach: Haftung bei Errungenschaftsgemeinschaft nach Ansbacher R. bezw. preuß. LR. II. 328.

Haftung der Ehefrau aus einer Wechselverpflichtung. OGH. VI. 5.

Haftung einer Ehefrau für Gewerbschulden des Mannes. OGH. VII. 640.

Augsburg: Schuldenhaftung von Eheleuten bei Errungenschaftsgemeinschaft. OGH. IV. 311.

Bayer. LR.: Dotalsachen können in der Regel nicht als Exekutionsmittel für Schulden des Ehemannes benützt werden. OGH. I. 391.

Zulässigkeit der actio de iurem verso utilis gegen eine Ehefrau aus einem Rechtsgeschäfte ihres Mannes. OGH. VII. 638.

Die auf Grund der ehel. Nutznießung von dem Ehemann zu ziehenden Früchte sind der Zwangsvollstreckung insoweit nicht unterworfen, als der Ehemann ihrer zum Unterhalte der Ehefrau und der Kinder bedarf. OGH. XIV. 689.

Der Ehemann kann die Zwangsvollstreckung in das Paraphernalgut seiner Frau hindern. Diese Befugniß fällt weg, wenn der Ehemann genehmigt hat, daß die Frau die Verpflichtung übernimmt, auf Grund deren das Urtheil gegen die Ehefrau erlassen und die Zwangsvollstreckung gegen sie eingeleitet worden ist. OGH. XVI. 504. Ebenso muß sich der Mann die Zwangsvollstreckung in das Paraphernalvermögen seiner Frau wegen vorehelicher Schulden gefallen lassen, wenn er zu dem Hauptprozeß auf Befriedigung der Schuld der eheherrlichen Ermächtigung halber beigeladen worden ist. OGH. XVI. 535.

Die Haftung von Eheleuten für eine gemeinsame Schuld bei gesetzlichem Güterstande ist nur eine verhältnißmäßige. OGH. IX. 539.

Haftung der Eheleute bei gemeinsamen Wirthschaftsbetrieb. OGH. V. 17.

Für die Haftung aus einer zum gemeinschaftlichen Wirthschaftsbetrieb von Eheleuten aufgenommenen Schuld kommt es auf deren Verwendung in denselben nicht an. OGH. VI. 735.

Ein mit seiner Frau in allgemeiner Gütergemeinschaft lebender Ehemann muß auch die von der Frau einseitig gemachten Schulden aus dem gemeinsamen Vermögen bezahlen, wenn sie nicht bei deren Kontrahirung den Kreis ihrer häuslichen und wirthschaftlichen Befugnisse überschritten hat. OGH. II. 211.

Haftung eines in allgemeiner Gütergemeinschaft lebenden Ehegatten für Deliktsschulden des anderen. OGH. VII. 376.

Der Ehemann ist bei allgemeiner Gütergemeinschaft zu Schenkungen aus dem gemeinschaftlichen Vermögen nicht unbedingt, sondern nur im Rahmen einer vernünftigen Hauswirthschaft zum Zwecke der Erhaltung und gedeihlichen Behandlung des Vermögens berechtigt. OGH. XIII. 468.

Bei der vertragsmäßigen allgemeinen Gütergemeinschaft haftet das Gesammtgut auch für die vorehelichen Schulden der Ehegatten. OGH. XVII. 155.

Bamberg: Die Uebernahme einer Solidarhaftung des Ehemanns ist bezüglich der Rechtsgültigkeit der Eingehung einer Bürgschaft gleich zu achten. OGH. IV 525.

Unwirksamkeit von Verpflichtungen einer in allgemeiner Gütergemeinschaft lebenden Ehefrau. OGH. VI. 734.

Nichtigkeit einer von einem Ehemanne ohne Zustimmung seiner Frau vorgenommenen Bürgschaftsleistung. OGH. VII. 372., X. 578.

Haftung des gemeinschaftlichen Vermögens der Ehegatten als einer Personeneinheit für einseitige Schulden des Mannes. OGH. VII. 642.

Der mit ihrem Ehemann in allgemeiner Gütergemeinschaft lebenden Ehefrau steht, wenn der Mann geisteskrank wird, kein Recht zu, das Gesammtgut aus eigenem Rechte zu verwalten. OGH. XIII. 254.

Neben der Bekanntmachung der Gütergemeinschaftsaufhebung ist zur Befreiung von der Haftung für spätere Schulden die vollständige Heimzahlung der früheren gemeinschaftlichen Schulden erforderlich. OGH. IV. 305.

Bayreuth: Wirkung der Betheiligung einer Ehefrau an Vertragsabschlüssen ihres Mannes. OGH. IV. 302.

Die Ehefrau kann sich einer wegen einer Schuld des Ehemannes vorgenommenen Zwangsvollstreckung an dem gemeinschaftlichen Vermögen nicht widersetzen und ist hiezu auch eine von der Frau an den Gläubiger gerichtete Warnung an sich allein nicht genügend. OGH. V. 14.

Deutsch-Orden, Balley Franken: Eine dem Ehemann von seiner mit ihm in Errungenschaftsgemeinschaft lebenden Frau ertheilte Generalvollmacht ermächtigt denselben noch nicht, ihr eine Haftung für seine alleinigen Schulden zu überweisen. OGH. II. 331.

Eichstätt: Subhastation in der Richtung gegen in Gütergemeinschaft lebende Eheleute auf Grund einer Schuld des einen Ehetheils. OGH. XI. 340.

Fulda: Keine Haftung des einen Ehegatten für Schulden des anderen bei Lebzeiten desselben. OGH. III. 51.

Mainz: Für eine nicht zum gemeinsamen Hauswesen verwandte Schuld haftet die Frau dann nicht, wenn sie erst nach Kontrahirung der Schuld von dieser Kenntniß erhält. OGH. II. 496.

Die Haftung einer Ehefrau für eine von ihrem Ehemann einseitig und nicht zum Besten der gemeinsamen Nahrung gemachten Schuld hängt lediglich von deren Kenntniß hievon und unterlassener Protestation dagegen ab. OGH. VIII. 271.

Der Grundsatz, daß Minderjährige zur Restitution des Empfangenen nur soweit verpflichtet sind, als sie dasselbe auch in Händen haben, findet auch für die ehelichen Güterrechtsverhältnisse Anwendung. OGH. VIII. 420.

Der Nießbrauch, der dem Ehemann an dem Vermögen der Ehefrau zusteht, unterliegt der Zwangsvollstreckung nur insoweit, als die Nutzungen nicht zum Unterhalte der Ehefrau und der Kinder nothwendig sind. OGH. XV. 47.

Für Deliktsschulden haftet die Errungenschaft vorbehaltlich des der Errungenschaft aus dem Sondervermögen zu leistenden Ersatzes. OGH. XVI. 469.

Preuß. LR.: Der Ehemann ist mit Rücksicht auf das Eingebrachte seiner Frau dem Gläubiger derselben für eine voreheliche Schuld nicht verhaftet. OGH. IV. 297.

Voraussetzung für die Haftung des gemeinschaftlichen ehelichen Vermögens oder des vorbehaltenen eheräulichen Vermögens auf Grund einseitiger Verfügungen der Frau. OGH. VI. 522.

Klage gegen eine Ehefrau aus einem von ihr ohne eheherrliche Zustimmung eingegangenen Bürgschaftsverhältnisse. OGH. IX. 158 (s. auch Ansbach, Deutsch-Orden).

Rothenburg: Haftung des Errungenschaftsvermögens für einseitige Schulden des Mannes. OGH. VI. 13.

Windsheim; Haftung des gemeinschaftlichen Vermögens für einseitige Schulden des Mannes. OGH. III. 208.

Württemberg: Eine mit ihrem Manne in Errungenschaftsgemeinschaft lebende Frau kann sich wider die Geltendmachung einer auf dem Errungenschaftsvermögen lastenden Schuld nicht darauf berufen, daß ihr der Mann einen Theil der Errungenschaft schenkungsweise als Sondergut überlassen habe. OGH. XIII. 178.

Würzburg: Widerrufsrecht des Ehemanns bei Veräußerungen einer in Errungenschaftsgemeinschaft lebenden Ehefrau. OGH. II. 40.

Ob und in wieweit haftet ein nach fränk. LR. in Errungenschaftsgemeinschaft lebender Ehegatte für ohne dessen Wissen und Willen von dem anderen Ehegatten kontrahirten, aber mit des ersteren Wissen und Willen in den ehelichen Haushalt verwendeten Schulden? OGH. IV. 313.

Wegen einseitig eingegangener Verbindlichkeiten einer Ehefrau ist in Bezug auf das von derselben in die Ehe eingebrachte Vermögen während der Dauer derselben keine Klage statthaft. OGH. VII. 770.

Haftung der Errungenschaft. OGH. VIII. 629, X. 109.

Ein mit seiner Frau in allgemeiner Gütergemeinschaft lebender Ehemann muß auch die von seiner Frau einseitig gemachten Schulden aus dem gemeinsamen Vermögen bezahlen, wenn sie nicht bei deren Kontrahirung den Kreis ihrer häuslichen und wirthschaftlichen Befugnisse überschritten hat. OGH. II. 205, III. 210.

Nürnberg und Castell s. Art. 100.

Art. 99. Zu einer Verfügung über Gesammtgut, durch welche eine der Frau gegenüber unwirksame Verbindlichkeit des Mannes erfüllt werden soll, bedarf der Mann der Einwilligung der Frau.

Die Frau kann auf Aufhebung der Gütergemeinschaft klagen, wenn der Mann ein Rechtsgeschäft der im Abs. 1 bezeichneten Art ohne ihre Zustimmung vorgenommen hat und für die Zukunft eine erhebliche Gefährdung der Frau zu besorgen ist. Die Vorschriften der §§ 1470, 1479 des Bürgerlichen Gesetzbuchs finden Anwendung.

I. 598 (E. 37), 629 Begr., 702 (Z.^{II} 46^{37}). II. 849 — Becher VII. 274, *332*, *411*, *464*, 487.

§ 1470* BGB.: Die Aufhebung der Gütergemeinschaft tritt mit der Rechtskraft des Urtheils ein. Für die Zukunft gilt Gütertrennung.

Dritten gegenüber ist die Aufhebung nur nach Maassgabe des § 1435 wirksam.

§ 1435 BGB.: Einem Dritten gegenüber können aus der Aufhebung der Gütergemeinschaft Einwendungen gegen ein zwischen ihm und einem der Ehegatten vorgenommenes Rechtsgeschäft oder gegen ein zwischen ihnen ergangenes rechtskräftiges Urtheil nur hergeleitet werden, wenn zur Zeit der Vornahme des Rechtsgeschäfts oder zur Zeit des Eintritts der*

Rechtshängigkeit die Aufhebung der allgemeinen Gütergemeinschaft in dem Güterrechtsregister des zuständigen Amtsgerichts eingetragen oder dem Dritten bekannt war.

§ 1479* BGB.: Wird die Gütergemeinschaft durch Urtheil aufgehoben, so kann der Ehegatte, welcher das Urtheil erwirkt hat, verlangen, dass die Auseinandersetzung so erfolgt, wie wenn der Anspruch auf Auseinandersetzung mit der Erhebung der Klage auf Aufhebung der Gütergemeinschaft rechtshängig geworden wäre.

1. Für das bisherige Recht vgl. I 606 Ziff. 5, 615 Ziff. 3 Becher VII. *289*, *306*.

Art. 100. Haftet nach dem Rechte von Nürnberg oder Castell das Gesammtgut für die Verbindlichkeit eines Ehegatten nur zur Hälfte, so kann, wenn die Verbindlichkeit aus dem Gesammtgute berichtigt wird, der andere Ehegatte verlangen, daß ihm aus dem Gesammtgut ein dem Werthe der Aufwendung gleichkommender Betrag als Vorbehaltsgut gewährt wird. Besteht die beschränkte Haftung nach dem Rechte von Castell, so wird ein dem Manne zu gewährender Betrag eingebrachtes Gut. Bei der Zwangsvollstreckung in das Gesammtgut kann er verlangen, daß die zu diesem gehörenden Gegenstände so behandelt werden, wie wenn sie zu gleichen Antheilen gemeinschaftlich wären; das Verlangen ist nach § 771 der Civilprozeßordnung geltend zu machen.

Jeder der Ehegatten kann von dem anderen verlangen, daß das, was zur Berichtigung der Verbindlichkeit oder zur Befriedigung des anderen Ehegatten aus dem Gesammtgute verwendet worden ist, zu dem Gesammtgut erstattet wird; die beiderseitigen Verbindlichkeiten sind Zug um Zug zu erfüllen.

I. 598 (E. 38), 606, 629 Begr., 674, 702 (Z.II 46[38]). II. 850 — Becher VII. 274, *289*, 307, *332*, *411*, *464*, 487.

1. § 771 CPO., d. h. im Wege der Klage bei dem Gericht, in dessen Bezirke die Zwangsvollstreckung erfolgt.

2. Bisheriges Recht. Castell: Haftung des einen Ehetheils für voreheliche Schulden des anderen. OGH. V. 8.

Nürnberg: Leben die Ehegatten in bedingter Ehe unter Ausschluß der Errungenschafts- und jeglicher Erwerbsgemeinschaft, so haftet die Frau für Schulden, die ihr Mann einseitig oder vor Eingehung der Ehe kontrahirt hat, nicht. OGH. VI. 355.

Solidarische Haftung der in versammter Ehe lebenden Ehegatten für gemeinsame Schulden. OGH. VII. 375.

Voraussetzung der Nichthaftung eines Ehetheils für die Schulden des anderen bei allgem. Gütergemeinschaft oder Gewerbgemeinschaft. II. 503, VII. 773.

Art. 101. Die Geltendmachung der Ersatzansprüche, welche den Ehegatten auf Grund des Güterstandes gegen einander zustehen, bestimmt sich, unbeschadet der Vorschriften des Artikel 100, nach den Vorschriften des Bürgerlichen Gesetzbuchs.

I. 598 (E. 39), 629 Begr., 702 (Z.^{II} 46[39]). II. 850 — Becher VII. 274, *332*, *412*, *465*, 487.

1. Die Frage, ob ein Ersatzanspruch entstanden ist, ist, je nachdem dessen Entstehung vor oder nach dem Inkrafttreten des BGB. behauptet wird, nach den bisherigen Gesetzen oder nach den Vorschriften des BGB. zu beurtheilen (vgl. Art. **170** EG. z. BGB. u. Art. 98). Dagegen bemißt sich die Frage der Geltendmachung, abgesehen von Art. 100, gemäß Art. 101 nur nach den Vorschriften des BGB., vgl. aber Art. 103 Anm. 1. Vgl. §§ 1377 Abs. 3 Satz 2, **1394**, **1467**, 1519 Abs. 2, 1525 Abs. 2, **1541** BGB. Hinsichtlich der Verjährung gilt § 204 BGB.

2. Bisheriges Recht. Bayer. LR.: Anspruch des Ehemanns auf Rückersatz der von ihm für Erhaltung des Paraphernalvermögens gemachten Auslagen. OGH. X. **157**.

Der Ehemann, welchem das der Frau aus Anlaß eines ehebrecherischen Verhältnisses Geschenkte von der Frau zur Verwaltung und Nutznießung übergeben wurde, ist zur Ersatzleistung verpflichtet, wenn er dasselbe verbraucht oder veräußert hat. OGH. XIII. 269.

Die Erben der Ehefrau können von dem Ehemann nicht Ersatz dessen verlangen, was die Ehefrau mit Zustimmung ihres Ehemannes von ihrem Vermögen verbraucht hat. OGH. XVI. 4.

Mainz: Für Deliktsschulden haftet die Errungenschaft vorbehaltlich des der Errungenschaft aus dem Sondervermögen zu leistenden Ersatzes. OGH. XVI. 469.

Art. 102. Vereinbarungen, die von den Ehegatten zur Aenderung oder Ergänzung einzelner Vorschriften getroffen worden sind, die für den für ihre Ehe maßgebenden Güterstand gelten, werden von der Aenderung des Güterstandes nicht berührt.

Das Gleiche gilt für eine von einem Dritten getroffene Anordnung der im Abs. 1 bezeichneten Art.

I. 598 (E. 40), 629 Begr., 702 (Z.^{II} 46[40]). II. 850 — Becher VII. 274, *333*, *412*, *465*, 487.

1. Eine solche besondere Vereinbarung der Ehegatten bildet z. B. die Begrenzung des Vorbehaltsguts (vgl. § 1368 BGB.).

2. Hinsichtlich der Anordnungen Dritter vgl. §§ 1369, 1440, 1526 BGB.

3. Die in Art. 102 bezeichneten Vereinbarungen und Anordnungen bleiben selbst dann in Kraft, wenn sie nach den Vorschriften des BGB. nicht hätten getroffen werden können.

Art. 103. Auf einen zur Zeit der Aenderung des Güterstandes anhängigen Rechtsstreit und die Wirkung der Entscheidung ist die Aenderung des Güterstandes ohne Einfluß.

I. 598 (E. 41), 629 Begr., 702 (Z.^{II} 46[41]). II. 850 — Becher VII. 274, *333*, *412*, *465*, 487.

Art. 103 bezieht sich nicht nur auf die Rechtsstreite zwischen den Ehegatten und einem Dritten, sondern auch auf die Rechtsstreite zwischen den Ehegatten. Insofern bedeutet der Artikel auch eine Ausnahme von der Regel des Art. 101.

Art. 104. Auf die dem überlebenden Ehegatten nach den bisherigen Gesetzen zustehenden Rechte, welche durch dieses Gesetz aufrecht erhalten werden, finden die Vorschriften des § 1933 und, soweit diese Rechte nicht von dem anderen Ehegatten nach Belieben ausgeschlossen oder beschränkt werden können, die Vorschriften der §§ 2335 bis 2337 des Bürgerlichen Gesetzbuchs entsprechende Anwendung.

Soweit die Ausschließung der im Abs. 1 bezeichneten Rechte das dem überlebenden Ehegatten nach den Vorschriften des Bürgerlichen Gesetzbuchs zustehende Erbrecht oder Pflichttheilsrecht unberührt läßt, steht sie in den Fällen, in welchen der Eintritt des Erbrechts oder Pflichttheilsrechts von dem Verzicht auf die im Abs. 1 bezeichneten Rechte abhängt, dem Verzichte gleich.

I. 598 (E. 42), 629 Begr., 702 (Z.^{II} 46[42]). II. 850 — Becher VII. 274, *334*, *413*, *466*, 487.

§ 1933 BGB.: Das Erbrecht des überlebenden Ehegatten sowie das Recht auf den Voraus ist ausgeschlossen, wenn der Erblasser zur Zeit seines Todes auf Scheidung wegen Verschuldens des Ehegatten zu klagen berechtigt war und die Klage auf Scheidung oder auf Aufhebung der ehelichen Gemeinschaft erhoben hatte.

§ 2335 BGB.: Der Erblasser kann dem Ehegatten den Pflichttheil entziehen, wenn der Ehegatte sich einer Verfehlung schuldig macht, auf Grund deren der Erblasser nach den §§ 1565—1568 auf Scheidung zu klagen berechtigt ist.

Das Recht zur Entziehung erlischt nicht durch den Ablauf der für die Geltendmachung des Scheidungsgrundes im § 1571 bestimmten Frist.

§ 1565 BGB.: Wegen Ehebruchs, Doppelehe, widernatürlicher Unzucht.

§ 1566 BGB.: Weil ihm der Ehegatte nach dem Leben trachtete.

§ 1567 BGB.: Wegen böslicher Verlassung.

§ 1568 BGB.: Weil der Ehegatte durch schwere Verletzung der durch die Ehe begründeten Pflichten oder durch ehrloses oder unsittliches Verhalten eine so tiefe Zerrüttung des ehelichen Verhältnisses verschuldet hat, dass dem anderen Ehegatten die Fortsetzung der Ehe nicht zugemuthet werden kann.

§ 2336 Abs. 1—3 BGB: Die Entziehung des Pflichttheils erfolgt durch letztwillige Verfügung.

Der Grund der Entziehung muss zur Zeit der Errichtung bestehen und in der Verfügung angegeben werden.

Der Beweis des Grundes liegt demjenigen ob, welcher die Entziehung geltend macht.

§ 2337 BGB: Das Recht zur Entziehung des Pflichttheils erlischt durch Verzeihung. Eine Verfügung, durch die der Erblasser die Entziehung angeordnet hat, wird durch die Verzeihung unwirksam.

1. Die dem überlebenden Ehegatten nach den bisherigen Gesetzen zustehenden Rechte, welche durch das ÜG. aufrecht erhalten werden, wie z. B. der Uebergang des Antheils des verstorbenen Ehegatten am Gesammtgut (Art. 67), der Beisitz (Art. 69 u. a.) u. s. w. sind güterrechtlicher Natur. Gleichwohl finden nach Art. 104 Abs. 1 die erbrechtlichen Vorschriften des BGB. über den Ausschluß des Erbrechts des überlebenden Ehegatten (§ 1933 BGB.) und über die Entziehung des Pflichttheils (§§ 2335—2337 BGB.) entsprechende Anwendung. So ist z. B. im Falle des Art. 67 Abs. 1 der Uebergang des Antheils des verstorbenen Ehegatten am Gesammtgute auf den überlebenden Ehegatten ausgeschlossen, wenn die Voraussetzungen des § 1933 BGB. vorliegen.

2. In gewissen Fällen hat die Ausschließung des überlebenden Ehegatten von den im Abs. 1 bezeichneten Rechten auch den Ausschluß seines Erb- bezw. Pflichttheilsrechtes zur Folge (vgl. z. B. Art. 67 Abs. 2 Satz 3, Art. 78 Abs. 1 Satz 3). In anderen Fällen läßt dagegen die Ausschließung das Erbrecht oder das Pflichttheilsrecht unberührt (vgl. z. B. Art. 67 Abs. 2 Satz 1, Art. 78 Abs. 1 Satz 4). In den letztgenannten Fällen soll nach Art. 104 die Ausschließung die gleiche Wirkung haben, wie wenn der überlebende Ehegatte auf die ihm nach den bisherigen Gesetzen zustehenden, durch das ÜG. aufrecht erhaltenen Rechte verzichtet. Eines Verzichtes bedarf es daher in einem solchen Falle nicht, da die Ausschließung an dessen Stelle tritt.

3. Die Frage, ob durch eine unter der Herrschaft des bisherigen Rechtes errichtete letztwillige Verfügung, durch welche die erbrechtlichen Wirkungen des Güterstandes ausgeschlossen wurden oder in welcher dem überlebenden Ehegatten eine Zuwendung gemacht wurde, auch das ihm nach den Vorschriften des BGB. zustehende Erbrecht oder Pflichttheilsrecht ausgeschlossen werden wollte, ist eine Frage der Auslegung.

Legitimation durch nachfolgende Ehe.

Art. 105. Hat sich der Vater eines unehelichen Kindes, das nach den bisherigen Vorschriften durch nachfolgende Ehe der Eltern nicht legitimirt werden konnte, vor dem Inkrafttreten des Bürgerlichen Gesetzbuchs mit der Mutter verheirathet, so erlangt das Kind mit dem Inkrafttreten des Bürgerlichen Gesetzbuchs die rechtliche Stellung eines ehelichen Kindes. Ist die Ehe nichtig oder ungiltig, so erlangt das Kind die rechtliche Stellung eines Kindes aus der nichtigen oder ungiltigen Ehe. Die Legitimation gilt als mit der Eheschließung erfolgt.

Für die Abkömmlinge des Kindes treten die Wirkungen der Legitimation auch dann ein, wenn das Kind vor dem Inkrafttreten des Bürgerlichen Gesetzbuchs gestorben ist, sofern der Vater oder die Mutter des Kindes noch lebt oder seit dem Tode des Vaters oder der Mutter oder des Kindes dreißig Jahre nicht verstrichen sind. Für die Abkömmlinge von Geschwistern läuft die Frist nicht ab, bevor seit dem Tode des zuletzt verstorbenen von den Geschwistern dreißig Jahre verstrichen sind.

Erworbene Rechte Dritter bleiben unberührt.

I. 260 (E. 47), 286 Begr., 403 (Z.I 47), 703 (Z.II 47). II. 525 — Becher VII. 12, *62*, *149*, 210, 250

1. Wer der Vater des unehelichen Kindes ist, ist nach bisherigem Recht zu beurtheilen.

2. Gleichgültig ist, ob zur Zeit des Inkrafttretens des BGB. die Ehe noch besteht oder die Eltern oder das Kind noch leben; vgl. aber auch Abs. 2.

3. Hinsichtlich der rechtlichen Stellung der Kinder aus nichtigen Ehen vgl. §§ 1721, 1699—1704 BGB.

4. Abs. 2 Satz 2 trifft den Fall, daß die Eltern, deren Ehe bisher die Legitimation nicht bewirken konnte, mehrere Kinder, welche also Geschwister sind, hatten.

5. Abs. 3 findet hauptsächlich dann Anwendung, wenn eine Erbfolge vor dem 1. Januar 1900 eingetreten ist.

Fürstlich Thurn und Taxis'sche Gerichte.

Art. 106. Die zur Zeit des Inkrafttretens des Bürgerlichen Gesetzbuchs bei den Fürstlich Thurn und Taxis'schen Civilgerichten in Regensburg anhängigen Angelegenheiten der freiwilligen Gerichtsbarkeit gehen in diesem Zeitpunkt auf die staatlichen Gerichte über.

Die entbehrlich werdenden Fürstlichen Gerichtsbeamten werden mit den Gehalts- und Pensionsansprüchen, die ihnen nach den am 1. Januar 1899 in Geltung gewesenen Vorschriften zustehen, vom Staate übernommen.

I. 260 (E. 48), 287 Begr., 403 (Z.I 48), 703 (Z.II 48). II. 525 — Becher VII. 12, *63*, *149*, 210, 252.

III. Vorschriften für die Pfalz.

Abwesenheit.

Art. 107. In Abwesenheitssachen, für welche die bisherigen Vorschriften maßgebend sind, gehen die Verrichtungen des Landgerichts mit dem Inkrafttreten des Bürgerlichen Gesetzbuchs auf das Vormundschaftsgericht über. Eine Mitwirkung des Staatsanwalts findet nicht statt.

Für ein zur Zeit des Inkrafttretens des Bürgerlichen Gesetzbuchs anhängiges Verfahren der im Artikel 161 Abs. 1 des Einführungsgesetzes zum Bürgerlichen Gesetzbuche bezeichneten Art verbleibt es bei den bisherigen Vorschriften.

I. 260 (E. 49), 288 Begr., 403 (Z.I 49), 703 (Z.II 49). II. 528 — Becher VII. 12, *64*, *153*, 210, *253*, 488, *503*.

Art. 161 Abs. 1 EG. z. BGB.: Ein zur Zeit des Inkrafttretens des Bürgerlichen Gesetzbuchs anhängiges Verfahren, das eine Todeserklärung, eine Verschollenheitserklärung oder die Einweisung des muthmasslichen Erben in den Besitz oder Genuss des Vermögens eines Verschollenen zum Gegenstande hat, ist nach den bisherigen Gesetzen zu erledigen.

1. Für welche Abwesenheitssachen die bisherigen Vorschriften maßgebend sind, vgl. Art. 161 f. EG. z. BGB.

2. Hinsichtlich der bisherigen Vorschriften vgl. Art. 174 AG. z. CPO.

3. Vormundschaftsgericht ist nach §§ 35 ff. FGG. das Amtsgericht, in dessen Bezirke der Abwesende seinen Wohnsitz hat oder seinen letzten Wohnsitz hatte (vgl. auch I. 288, II. 528 Becher VII. 64, 154).

4. Im Falle des Abs. 2 findet auch die Mitwirkung des Staatsanwalts statt.

Art. 108. Auf die Sicherheitsleistung, die dem vorläufig in den Besitz des Vermögens des Abwesenden Eingewiesenen obliegt, finden von dem Inkrafttreten des Bürgerlichen Gesetzbuchs an die für die Sicherheitsleistung des Vormundes geltenden Vorschriften entsprechende Anwendung.

I. 260 (E. 50), 288 Begr., 404 (Z.^{I} 50), 703 (Z.^{II} 50). II. 528 — Becher VII. 12. *65*, *154*, 210, *253*, 488, *504*.

1. Die betr. Vorschriften finden sich im § 1844 BGB., § 54 FGG. Bis zur Anlegung des Grundbuchs vgl. auch Art. 6 des Gesetzes über das Liegenschaftsrecht in der Pfalz vom 1. Juli 1898.

Art. 109. Zu der im Artikel 126 des Pfälzischen Civilgesetzbuchs vorgeschriebenen Inventarerrichtung bedarf es von dem Inkrafttreten des Bürgerlichen Gesetzbuchs an der Zuziehung des Staatsanwalts oder des Amtsrichters nicht. Das Inventar ist dem Vormundschaftsgericht einzureichen.

Ist das eingereichte Inventar unvollständig, so kann das Vormundschaftsgericht die Ergänzung anordnen.

I. 260 (E. 51), 288 Begr., 404 (Z.^{I} 51), 703 (Z.^{II} 50). II. 528 — Becher VII. 13, *65*, *154*, 210, *253*, 488.

Art. 126 Abs. 1 code civil: Ceux qui auront obtenu l'envoi provisoire, ou l'époux qui aura opté pour la continuation de la communauté, devront faire procéder à l'inventaire du mobilier et des titres de l'absent, en présence du procureur impérial au tribunal de première instance, ou d'un juge de paix requis par le dit procureur impérial.

1. Das Inventar muß durch einen Notar errichtet werden; Art. 63 AG. z. GVG. findet keine Anwendung (s. auch Henle-Schneider Anm. 1).

Art. 110. Soweit nach den bisherigen Vorschriften der vorläufig in den Besitz des Vermögens eines Abwesenden Eingewiesene zur Verfügung über Vermögensstücke des Abwesenden der gerichtlichen Zustimmung bedarf, tritt von dem Inkrafttreten des Bürgerlichen Gesetzbuchs an an deren Stelle die Genehmigung des Vormundschaftsgerichts.

Die besonderen Vorschriften über das Verfahren bei Veräußerungen treten außer Kraft.

I. 261 (E. 52), 288 Begr., 404 (Z.^{I} 52), 704 (Z.^{II} 52). II. 529 — Becher VII. 13, *65*, *155*, 210, *253*, 488.

1. Im Falle des Abs. 1 finden die Vorschriften der §§ 1828—1831 BGB. Anwendung, und zwar auch für bereits anhängige Verfahren.

Art. 111. Ist nach den bisherigen Vorschriften die vorläufige Einweisung in den Besitz des Vermögens eines Abwesenden erfolgt, so kann die endgiltige Einweisung nach dem Inkrafttreten des Bürgerlichen Gesetzbuchs beantragt werden, wenn seit der vorläufigen Einweisung zehn Jahre verstrichen sind.

Die endgiltige Einweisung darf nicht vor dem Schlusse des Jahres erfolgen, in welchem der Abwesende das einunddreißigste Lebensjahr vollendet haben würde. Sind seit der Geburt des Abwesenden siebzig Jahre verstrichen, so genügt der Ablauf von fünf Jahren; sind hundert Jahre verstrichen, so kann die endgiltige Einweisung sofort beantragt werden.

I. 261 (E. 53), 288 Begr., 404 (Z.I 53), 704 (Z.II 53). II. 529 — Becher VII. 13, *66*, *156*, 210, *253*, 488, *504*.

1. Die 30jährige Frist des Art. 129 code civil ist auf zehn Jahre abgekürzt. Ohne Belang ist, ob die vorläufige Einweisung vor oder nach dem Inkrafttreten des BGB. erfolgte.

2. Abs. 2 enthält Ausnahmen von der Regel des Abs. 1.

Art. 112. Die endgiltige Einweisung in den Besitz des Vermögens eines Abwesenden gilt für die Eintragungen in das Grundbuch und in sonstige öffentliche Bücher als Nachweis des Ueberganges des Vermögens auf den Eingewiesenen.

I. 261 (E. 54), 289 Begr., 404 (Z.I 54), 701 (Z.II 54). II. 529 — Becher VII. 13, *66*, *156*, 210, *253*, 488.

1. Es genügt also, wenn der Eingewiesene dem Grundbuchamt den Einweisungsbeschluß vorlegt. Im Uebrigen gelten für die Eintragung in das Grundbuch (und für das Anlegungsverfahren) die allgemeinen Vorschriften. Der Einweisungsbeschluß liefert daher zwar vollen Nachweis des Ueberganges des Vermögens auf den Eingewiesenen. Ob aber ein Recht zu diesem Vermögen auch wirklich gehört, wird durch diesen Beschluß nicht bewiesen.

Aufhebung einer Gemeinschaft.

Art. 113. Soll die Zwangsversteigerung eines gemeinschaftlichen Grundstücks zum Zwecke der Aufhebung der Gemeinschaft erfolgen, so finden von dem Inkrafttreten des Bürgerlichen Gesetzbuchs an, bis das Grundbuch als angelegt anzusehen ist, die bisherigen Vorschriften über die Zwangsversteigerung mit nachstehenden Aenderungen entsprechende Anwendung.

Ein vollstreckbarer Titel ist nicht erforderlich.

Der Nachweis des Eigenthums des Antragstellers oder desjenigen, dessen Recht auf Aufhebung der Gemeinschaft der Antragsteller ausübt, muß sich aus den im Artikel 27 Ziff. 3 des Gesetzes vom 23. Februar 1879 bezeichneten Schriftstücken ergeben.

Von dem Vormund eines Miteigenthümers kann der Antrag nur mit Genehmigung des Vormundschaftsgerichts gestellt werden. Soweit in einem Rechtsverhältnisse, das sich nach den bisherigen Gesetzen bestimmt, zu der Aufhebung der Gemeinschaft die Genehmigung des Vormundschaftsgerichts oder des Nachlaßgerichts erholt werden muß, gilt das Gleiche für die Stellung des Antrags.

Jeder Miteigenthümer kann verlangen, daß für das ganze Meistgebot Zahlungsfristen bis zu fünf Jahren gewährt werden.

Ein Miteigenthümer braucht für sein Gebot keine Sicherheit zu leisten, wenn ihm eine durch ein Vorzugsrecht oder eine Hypothek gesicherte Forderung zusteht, die durch das Gebot voraussichtlich ganz oder theilweise gedeckt wird.

I. 261 (E. 55), 289 Begr., 404 (Z.^{I} 55), 704 (Z.^{II} 55). II. 529 — Becher VII. 13, *66*, *156*. 210, *254*, 488, *504*.

Art 27 Ziff. 3 des Gesetzes vom 23. Februar 1879: ein richtig gestellter beglaubigter Auszug aus dem Grundsteuerkataster, woraus der Eigentumserwerb des Schuldners oder Drittbesitzers und, soweit nötig, ihrer Rechtsvorgänger ersichtlich ist, oder wenn der Eigentumserwerb noch nicht im Kataster eingetragen ist, ein beglaubigter Auszug aus den Registrierungsbüchern oder sonstige den Erwerb bescheinigende Schriftstücke, . . .

1. Für die Landestheile rechts d. Rh. vgl. Art. 41.

2. Art. 113 findet Anwendung sowohl auf Gemeinschaften, auf welche die Vorschriften des BGB. Anwendung finden, gleichviel, ob dieselben zur Zeit des Inkrafttretens des BGB. bereits bestehen (Art. 173 EG. z. BGB.) oder erst nach diesem Zeitpunkte begründet werden, als auch nach Art. 114 auf Gemeinschaften, für welche die bisherigen Vorschriften maßgebend bleiben.

3. Art. 113 findet nur Anwendung, sofern zum Zwecke der Aufhebung der Gemeinschaft die Zwangsversteigerung eines gemeinschaftlichen Grundstückes (§ 753 BGB.) erfolgen soll, also nicht, wenn die Aufhebung im Wege der Vereinbarung erfolgt, oder wenn ein anderer Gegenstand als ein Grundstück gemeinschaftlich ist. Im letzteren Fall finden ausschließlich die §§ 752 ff. BGB. Anwendung.

4. Art. 113 enthält lediglich eine Uebergangsvorschrift bis zur Herstellung des Grundbuchs. Bis zu diesem Zeitpunkt bleibt, abge=

sehen von den im Abs. 2 bis 6 getroffenen Aenderungen, die Subhastationsordnung vom 23. Februar 1879 in Kraft.

Art. 114. Eine Gemeinschaft, für welche die bisherigen Vorschriften maßgebend bleiben, wird nach dem Inkrafttreten des Bürgerlichen Gesetzbuchs, sofern nicht Theilung in Natur zu erfolgen hat, durch Verkauf des gemeinschaftlichen Gegenstandes nach den Vorschriften über den Pfandverkauf, bei Grundstücken durch Zwangsversteigerung und durch Theilung des Erlöses aufgehoben. Die Vorschriften des § 753 Abs. 2 und des § 754 des Bürgerlichen Gesetzbuchs finden Anwendung. Zu dem Antrag auf Anordnung der Zwangsversteigerung ist ein vollstreckbarer Titel erforderlich, wenn nicht der Antrag von allen Theilhabern gestellt wird.

An Stelle des Vorzugsrechts erlangen die Theilhaber nach der Anlegung des Grundbuchs den Anspruch auf Bestellung einer Sicherungshypothek.

Die Theilhaber können auch außer dem Falle des Artikel 36 über die Aufhebung der Gemeinschaft eine Vereinbarung treffen.

I. 261 (E. 56), 289 Begr., 405 (Z.I 56), 705 (Z.II 56). II. 530, 614, 615 – Becher VII 13, *68*, *157*, *203*, 207, 210, *254*, 488, *504*.

§ 753 Abs. 2 BGB.: Hat der Versuch, den Gegenstand zu verkaufen, keinen Erfolg, so kann jeder Theilhaber die Wiederholung verlangen; er hat jedoch die Kosten zu tragen, wenn der wiederholte Versuch misslingt.

§ 754 BGB.: Der Verkauf einer gemeinschaftlichen Forderung ist nur zulässig, wenn sie noch nicht eingezogen werden kann. Ist die Einziehung möglich, so kann jeder Theilhaber gemeinschaftliche Einziehung verlangen.

1. Art. 114, 115 finden Anwendung auf die Erbengemeinschaft, wenn der Erblasser vor dem Inkrafttreten des BGB. gestorben ist (Art. 213 EG. z. BGB. Art. 142 ÜG.), ferner auf die nach der Aufhebung einer Gütergemeinschaft bestehende Gemeinschaft, wenn die Aufhebung vor dem Inkrafttreten des BGB. erfolgt ist (vgl. Art. 133, 134 ÜG.).

2. Im Gegensatz zu Art. 113 ist die Anwendbarkeit der Art. 114, 115 nicht auf gemeinschaftliche Grundstücke beschränkt.

3. Wann Theilung in Natur zu erfolgen hat, ist in den Art. 826, 827 code civil bestimmt.

4. Steht ein Grundstück in Frage, so kommen bis zur Herstellung des Grundbuchs die Vorschriften des Art. 113 mit den in Art. 114 aufgestellten Sondervorschriften, nach diesem Zeitpunkte die Vorschriften des Gesetzes über die Zwangsversteigerung und Zwangsverwaltung, sowie des Ausführungsgesetzes hierzu zur Anwendung.

Der nach dem Abs. 1 Satz 3 erforderliche vollstreckbare Titel kann auch im Wege des Art. 36 geschaffen werden.

5. Die Anwendbarkeit des § 754 BGB. läßt die Bestimmung des Art. 1220 Satz 2 code civil und deren Verhältniß zu Art. 883 unberührt.

Art. 115. Nach dem Inkrafttreten des Bürgerlichen Gesetzbuchs findet in Ansehung der im Artikel 114 bezeichneten Gemeinschaften ein gerichtliches Theilungsverfahren nach den bisherigen Vorschriften nicht mehr statt.

Ein bei einem Notar anhängiges Theilungsverfahren gilt als ein Verfahren nach Artikel 36.

Ein anhängiges Gesuch um die Ermächtigung zur Vornahme einer Theilung gilt als Antrag an den in dem Gesuche bezeichneten Notar auf Vermittelung der Auseinandersetzung nach Artikel 36.

I. 261 (E. 57), 289 Begr., 405 (Z. I 57), 705 (Z. II 57). II. 530 — Becher VII. 13, *68*, *157*, 210, *254*, 488, *504*.

1. Vgl. Art. 114 Anm. 1.

Leibgedingsreichnisse und vorbehaltene Renten.

Art. 116. Bis zu der Zeit, zu welcher das Grundbuch als angelegt anzusehen ist, gilt der auf Grund eines Leibgedingsvertrags dem Berechtigten zustehende Anspruch auf Bestellung einer Reallast für wiederkehrende Leistungen als Anspruch auf Bestellung einer Hypothek an dem überlassenen Grundstücke.

I. 261 (E. 58), 290 Begr., 405 (Z. I 58), 705 (Z. II 58). II. 531 — Becher VII. 14, *69*, *159*, 210, *258*, 488 *505*.

1. Das bisherige pfälzische Recht kennt Reallasten nicht. Es können also nur Leibgedingsverträge in Frage kommen, die nach dem Inkrafttreten des BGB. gemäß Art. 32 ff. AG. z. BGB. geschlossen wurden. Auf Grund des Art. 41 AG. z. BGB. im Zusammenhalte mit Art. 116 ÜG. kann daher bis zur Anlegung des Grundbuchs Abschluß eines Hypothekbestellungsvertrags verlangt werden.

Nach Anlegung des Grundbuchs findet Art. 41 des AG. z. BGB. unmittelbar Anwendung.

2. Für die Zeit nach Herstellung des Grundbuchs vgl. auch Art. 117 f.

Art. 117. Besteht zu der Zeit, zu welcher das Grundbuch als angelegt anzusehen ist, zur Sicherung des Anspruchs auf eine vorbehaltene Rente, die in Geld oder in Boden=

erzeugnissen bestimmt ist, oder zur Sicherung des Anspruchs auf wiederkehrende Leistungen aus einem Leibgedingsvertrag ein Vorzugsrecht oder eine Hypothek an dem überlassenen Grundstücke, so gilt das Vorzugsrecht oder die Hypothek als Reallast, wenn die Einschreibung in das Hypothekenbuch erfolgt ist; anderufalls verwandelt sich das Vorzugsrecht oder die Hypothek in den Anspruch auf Bestellung einer Reallast.

Haftet der Eigenthümer des belasteten Grundstücks zu der im Abs. 1 bezeichneten Zeit nur als Drittbesitzer, so gilt die persönliche Haftung des jeweiligen Eigenthümers für die während der Dauer seines Eigenthums fällig werdenden Leistungen als ausgeschlossen.

Der in der Einschreibung angegebene Werthanschlag gilt als der Höchstbetrag des bei der Zwangsversteigerung im Falle des Erlöschens des Rechtes durch den Zuschlag aus dem Erlöse zu leistenden Ersatzes.

I. 261 (E. 59), 291 Begr., 406 (Z.^{I} 59), 705 (Z.^{II} 59). II. 531 — Becher VII. 14, *70*, *160*, 210, *258*, 488, *505*.

1. vgl. auch Art. 48 ÜG.

2. Unter einer vorbehaltenen Rente versteht man diejenigen Renten, welche als Gegenleistung für die Ueberlassung eines Grundstücks oder im Falle unentgeltlicher Ueberlassung als Auflage zu entrichten sind, z. B. Gülten, Grundrenten, Grundrechte.

3. Voraussetzung für die Anwendbarkeit des Art. ist, daß das Vorzugsrecht oder die Hypothek zu der Zeit, zu welcher das Grundbuch als angelegt anzusehen ist, besteht. Dagegen ist gleichgültig, ob der Leibgedingsvertrag vor oder nach dem Inkrafttreten des BGB. geschlossen wurde.

Eine weitere Voraussetzung ist, daß das Vorzugsrecht oder die Hypothek an dem überlassenen Grundstücke besteht. Bestehen sie an anderen Grundstücken, so gelten sie von der Anlegung des Grundbuchs an nach Art. 1 des Ges. über das Liegenschaftsrecht in der Pfalz vom 1. Juli 1898 als Sicherungshypotheken.

4. Zu Abs. 3 vgl. § 882 BGB.

Art. 118. Die Reallast ist mit demselben Betrag ablösbar wie die Rente.

Ist bei einer nach dem Inkrafttreten des Bürgerlichen Gesetzbuchs begründeten Verbindlichkeit zur Entrichtung einer Rente, die nicht zu einem Leibgedinge gehört, eine Ablösungssumme nicht bestimmt, so tritt die Umwandlung des Vorzugsrechts oder der Hypothek in eine Reallast nicht ein.

I. 261 (E. 60), 291 Begr., 406 (Z.^I^ 60), 706 (Z.^II^ 60). II. 531 — Becher VII. 15. *70, 161*, 210, *258*, 488, *505*.

1. Im Falle des Abs. 2 kann Berichtigung des Grundbuchs verlangt werden.

2. Hinsichtlich der vor dem Inkrafttreten des BGB. begründeten Verbindlichkeiten vgl. Art. 23, 40 des Ablösungsgesetzes v. 4. Juni 1848, Gesetz vom 21. nivôse VIII über die Ablösung und Veräußerung von Staatsrenten, Art. 20 der Gemeindeordnung für die Pfalz.

Rechte auf Erlangung einer Hypothek.

Art. 119. Bis zu der Zeit, zu welcher das Grundbuch als angelegt anzusehen ist, gilt der einem Gläubiger kraft Gesetzes zustehende Anspruch auf Einräumung einer Sicherungshypothek an Grundstücken des Schuldners als Anspruch auf Einräumung einer Hypothek.

I. 262 (E. 61), 291 Begr., 406 (Z.^I^ 61), 706 (Z.^II^ 61). II. 532 — Becher VII. 15, *71, 161*, 210, *258*, 488, *505*.

1. Vgl. Art. 50 ÜG. u. Anm.

2. In Betracht kommen hier nur § 648 BGB. (Bauhandwerkerhypothek) und Art. 14 AG. z. BGB., Art. 4 ÜG. (Ansprüche der Brauer wegen ihrer Forderungen an Schankwirthe).

Art. 120. Das dem Staate, der Brandversicherungsanstalt, den Gemeinden und anderen Kommunalverbänden, den Stiftungen des öffentlichen Rechtes und den unter der Verwaltung einer öffentlichen Behörde stehenden Stiftungen kraft Gesetzes zustehende Recht, zur Sicherung gewisser Forderungen die Eintragung einer Sicherungshypothek an Grundstücken des Schuldners zu verlangen, gilt bis zu der Zeit, zu welcher das Grundbuch als angelegt anzusehen ist, als das Recht, eine Hypothek zu bestellen. Die Hypothek entsteht durch den Beschluß der zuständigen Behörde und wird auf deren Ersuchen in das Hypothekenbuch eingeschrieben. Der Beschluß muß bestimmen, für welchen Geldbetrag und an welchen Grundstücken die Hypothek bestellt wird.

Hat der Schuldner mehrere Grundstücke, so kann er verlangen, daß die Belastung nicht über das für die Eintragung einer Sicherungshypothek bestimmte Maß hinaus erstreckt wird.

I. 262 (E. 62), 291 Begr., 406 (Z.^I^ 62), 706 (Z.^II^ 62). II. 532 — Becher VII. 15, *71, 161*, 210, *258*, 488, *505*.

1. Vgl. Art. 50 Anm. 2 u. 3 ÜG.

2. Zu Abs. 1 Satz 2, 3 vgl. Art. 6 des Ges. über das Liegenschaftsrecht in der Pfalz vom 1. Juli 1898.

Gesetzliche Hypotheken.

Art. 121. Nach dem Inkrafttreten des Bürgerlichen Gesetzbuchs können gesetzliche Hypotheken für den Staat, eine Gemeinde oder eine öffentliche Anstalt nicht mehr entstehen.

I. 262 (E. 63), 292 Begr., 407 (Z.[I] 63), 706 (Z.[II] 63). II. 532 — Becher VII. 15, 72, *161*, 210, *259*, 488.

1. Neben der Vorschrift des Art. 120 ÜG. ist für die gesetzliche Hypothek des Staates u. s. w. kein Raum mehr.

2. Wegen der gesetzlichen Hypothek des Mündels und der Ehefrau vgl. Art. 3 bis 5, 7 bis 11 des Gesetzes über das Liegenschaftsrecht in der Pfalz vom 1. Juli 1898.

Art. 122. Eine vor dem Inkrafttreten des Bürgerlichen Gesetzbuchs entstandene gesetzliche Hypothek des Staates, einer Gemeinde oder einer öffentlichen Anstalt für Forderungen, die aus der Verwaltung öffentlichen Vermögens gegen den Verwalter entstehen, bleibt nur zur Sicherung solcher Forderungen, für welche nach diesem Zeitpunkt auf Grund des Artikel 120 eine Hypothek bestellt werden kann, sowie zur Sicherung der vor diesem Zeitpunkt entstandenen Ersatzforderungen bestehen.

Ist eine gesetzliche Hypothek des Staates, einer Gemeinde oder einer öffentlichen Anstalt bei dem Inkrafttreten des Bürgerlichen Gesetzbuchs nicht eingeschrieben, so erlischt sie.

I. 262 (E. 64), 292 Begr., 407 (Z.[I] 64), 706 (Z.[II] 64). II. 532 — Becher VII. 15, 72, *161*, 210, *259*, 488.

1. Während die Anwendbarkeit des Abs. 1 auf die Hypothek für Forderungen, die aus der Verwaltung öffentlichen Vermögens gegen den Verwalter entstehen, beschränkt ist, gilt Abs. 2 für alle Hypotheken des Staates u. s. w. unbeschränkt. Aber auch soweit die Hypothek nach Abs. 1 bestehen bliebe, erlischt sie gemäß Abs. 2, wenn sie bei dem Inkrafttreten des BGB. nicht eingeschrieben ist.

2. Selbstverständlich kann auch im Falle des Abs. 2 die nachträgliche Eintragung der Hypothek gemäß Art. 120 ÜG. bewirkt werden, wenn die Voraussetzungen dieses Artikels vorliegen.

Verpfändung und Pfändung des Anspruchs auf Herausgabe eines Grundstücks.

Art. 123. Bis zu der Zeit, zu welcher das Grundbuch als angelegt anzusehen ist, erwirbt in dem Falle des § 1287 Satz 2 des Bürgerlichen Gesetzbuchs der Pfandgläubiger und in dem Falle des § 848 Abs. 2 Satz 2 der Civilprozeßordnung der Gläubiger kraft Gesetzes eine Hypothek an dem herausgegebenen Grundstücke. In dem letzteren Falle hat der Sequester die Einschreibung der Hypothek zu beantragen.

Die im Abs. 1 bezeichneten Hypotheken verwandeln sich zu der Zeit, zu welcher das Grundbuch als angelegt anzusehen ist, in Sicherungshypotheken, auch wenn sie nicht in das Hypothekenbuch eingeschrieben sind.

I. 262 (E. 65), 292 Begr., 407 (Z.I 65), 707 (Z.II 65). II. 532 — Becher VII. 16, 73, *161*, 210, *259*, 488.

§ 1287 Satz 2* BGB.: Ist an dem Anspruch auf Uebertragung des Eigenthums an einem Grundstücke ein Pfandrecht bestellt und leistet der Schuldner dieses Anspruchs in Gemässheit der §§ 1281, 1282 *(d. h. wenn die Forderung, für welche das Pfandrecht besteht, ganz oder zum Theil fällig und in eine Geldforderung übergegangen ist, an den Pfandgläubiger oder, solange diese Voraussetzungen nicht eingetreten sind, gemeinschaftlich an den Pfandgläubiger und den Gläubiger)*, so erwirbt der Pfandgläubiger an dem Grundstücke eine Sicherungshypothek.

§ 848 CPO.: Bei Pfändung eines Anspruchs, welcher eine unbewegliche Sache betrifft, ist anzuordnen, dass die Sache an einen auf Antrag des Gläubigers vom Amtsgerichte der belegenen Sache zu bestellenden Sequester herauszugeben sei.

Ist der Anspruch auf Uebertragung des Eigenthums gerichtet, so hat die Auflassung an den Sequester als Vertreter des Schuldners zu erfolgen. Mit dem Uebergange des Eigenthums auf den Schuldner erlangt der Gläubiger eine Sicherungshypothek für seine Forderung. Der Sequester hat die Eintragung der Sicherungshypothek zu bewilligen.

1. Vgl. die Bemerkungen zu Art. 60.

Eheliches Güterrecht.

1. Die Ueberleitungsvorschriften hinsichtlich der nach dem code civil in Betracht kommenden Güterstände sind von folgenden Grundsätzen beherrscht:

a) Die bisherigen Güterstände werden, mit Ausnahme des Dotalrechts, durch die entsprechenden Vorschriften des BGB. ersetzt.

b) Die Uebergangsvorschriften haben keine rückwirkende Kraft; wohl erworbene Rechte Dritter bleiben unberührt.

c) Die in Folge der Ehe eingetretene Beschränkung der Geschäftsfähigkeit der Frau fällt weg.

2. Weitere Uebergangsbestimmungen finden sich in den Art. 7 bis 11 des Gesetzes über das Liegenschaftsrecht in der Pfalz.

3. Endlich sind zu beachten die allgemeinen Uebergangsvorschriften der Art. 19 bis 31 ÜG.

Art. 124. Für die zur Zeit des Inkrafttretens des Bürgerlichen Gesetzbuchs bestehenden Ehen treten an die Stelle der bisherigen Gesetze

bei der gesetzlichen Gütergemeinschaft die Vorschriften des Bürgerlichen Gesetzbuchs über die Fahrnißgemeinschaft,

bei der Errungenschaftsgemeinschaft die Vorschriften des Bürgerlichen Gesetzbuchs über die Errungenschaftsgemeinschaft,

bei der allgemeinen Gütergemeinschaft die Vorschriften des Bürgerlichen Gesetzbuchs über die allgemeine Gütergemeinschaft mit der Maßgabe, daß fortgesetzte Gütergemeinschaft nur eintritt, wenn sie durch Ehevertrag vereinbart wird.

I. 599 (E. 43), 630 Begr., 707 (Z.II 65[1]). II. 822, 853 — Becher VII. 275, *335*, *363*, *414*, *467*, 488, *505*.

1. Im Art. 124 sind für die Gütergemeinschaften des code civil Ueberleitungsvorschriften getroffen; bezüglich des Ausschlusses der Gütergemeinschaft und der Gütertrennung finden sich Ueberleitungsvorschriften im Art. 136 und 137, bezüglich des Dotalrechtes im Art. 139.

2. Die bisherigen Vorschriften über die gesetzliche Gütergemeinschaft finden sich im Art. 1400 ff. code civil, über die Errungenschaftsgemeinschaft in Art. 1498 f. und über die allgemeine Gütergemeinschaft im Art. 1526. Hinsichtlich der Errungenschaftsgemeinschaft ist jedoch zu beachten, daß Art. 124 unter Errungenschaftsgemeinschaft nicht nur denjenigen vertragsmäßigen Güterstand versteht, welcher ausdrücklich im Ehevertrag als Errungenschaftsgemeinschaft bezeichnet oder unter Bezugnahme auf Art. 1498 f. vereinbart ist, sondern jede vertragsmäßige Regelung des Güterstandes darunter begreift, der sich nach der Eheberedung inhaltlich als Errungenschaftsgemeinschaft darstellt, z. B. auch die Vereinbarung, nach der alle beweglichen Sachen, welche die Ehegatten bei dem Abschlusse der Ehe haben und welche sie später erwerben, von der Gütergemeinschaft ausgeschlossen sein sollen (Art. 1500 ff.).

In Zukunft gelten:

a) für die bisherige gesetzliche Gütergemeinschaft die Vorschriften der §§ 1549—1557 BGB.,

b) für die bisherige Errungenschaftsgemeinschaft die Vorschriften der §§ 1519—1548 BGB.,

c) für die bisherige allgemeine Gütergemeinschaft die Vorschriften der §§ 1437—1481 BGB.

3. Wurde nach Eingehung der Ehe, aber vor dem Inkrafttreten des BGB. ein von der gesetzlichen Gütergemeinschaft abweichender Güterstand vereinbart, so ist die Vereinbarung gemäß Art. 1394 f. c. c. nichtig. Wohl aber kann vom Inkrafttreten des BGB. an eine nach den Vorschriften des BGB. zulässige Regelung des Güterstandes durch Ehevertrag vereinbart werden (Art. 200 Abs. 2 EG. z. BGB.).

4. Die Neuregelung erstreckt sich nur auf die künftigen Verhältnisse. Vom Inkrafttreten des BGB. an bestimmt sich daher die Rechtsstellung der Ehegatten zu einander und gegenüber Dritten nur nach den Vorschriften des BGB. Das Gleiche gilt für das Rechtsverhältniß nach der Aufhebung des Güterstandes. Rückwirkende Kraft äußern die Uebergangsvorschriften nicht.

Art. 125. In den Fällen des Artikel 124 werden Gegenstände, die zum Gemeingute gehören, Gesammtgut.

Die Gegenstände, die zum Sondergut eines Ehegatten gehören, werden eingebrachtes Gut dieses Ehegatten. Zum Sondergute der Frau gehörende Gegenstände, deren Nutzungen der Frau vorbehalten sind, werden Vorbehaltsgut.

Bei der Errungenschaftsgemeinschaft gilt die Vorschrift des § 1527 des Bürgerlichen Gesetzbuchs auch für die zur Zeit des Inkrafttretens des Bürgerlichen Gesetzbuchs vorhandenen Gegenstände.

I. 599 (E. 44), 631 Begr., 707 (Z.II 65^2). II. 853 — Becher VII. 275, *337*, *415*, *467*, 488.

§ 1527 BGB.: Es wird vermuthet, dass das vorhandene Vermögen Gesammtgut sei.

1. Was zur Zeit des Inkrafttretens des BGB. Gemeingut u. s. w. ist und daher auf Grund des Art. 125 Gesammtgut u. s. w. wird, ist nach dem bisherigen Recht zu beurtheilen. Doch ist für die Errungenschaftsgemeinschaft gemäß Abs. 3 die Vermuthung des § 1527 BGB. zu beachten. Dagegen sind ausschließlich die Vorschriften des BGB. maßgebend, wenn es sich darum handelt, in welche Gütermasse künftiger Erwerb fällt.

Art. 126. Die Schulden, für die das Gemeingut haftet, werden Gesammtgutsverbindlichkeiten.

Eine gegenüber dem Manne bestehende gerichtliche Hypothek verstreckt sich auf die zum Gesammtgute gehörenden Grundstücke.

Die Schulden des Mannes, für welche die Gläubiger des Mannes nur während der Dauer der Gütergemeinschaft

Befriedigung aus dem Gesammtgute verlangen können, hören mit der Beendigung der Gütergemeinschaft auf, Gesammtgutsverbindlichkeiten zu sein.

Die Gläubiger der Frau haben gegenüber dem eingebrachten Gute der Frau nur die Rechte, die ihnen gegenüber dem Sondergute der Frau zustehen.

I. 599 (E. 45), 632 Begr., 707 (Z.^{II} 65^{3}). II. 853 — Becher VII. 275, *338*, *415*, *467*, 488.

1. Entscheidend ist, ob die Schuld vor oder nach dem Inkrafttreten des BGB. entstanden ist. Während im letzteren Falle ausschließlich die Vorschriften des BGB. maßgebend sind, ist im ersteren Falle die Frage, ob für eine Schuld das Gemeingut haftet, ausschließlich nach dem bisherigen Rechte zu beurtheilen.

2. Unter „Schulden, für die das Gemeingut haftet", sind auch die sogenannten uneigentlichen Gemeinschaftsschulden, d. h. diejenigen Schulden zu verstehen, für welche zwar die Gemeinschaft als solche nicht haftet, welche aber während der Dauer der Gemeinschaft aus Gemeinschaftsmitteln beigetrieben werden konnten.

3. Die Bestimmung des Abs. 2 bildet eine Uebergangsvorschrift bis zur Anlegung des Grundbuchs, da § 866 CPO. die Anlegung des Grundbuchs zur Voraussetzung hat. Die gerichtliche Hypothek unterliegt den Beschränkungen des Art. 56 AG. z. GBO.

4. Durch die Vorschrift des Abs. 3 wird die Anwendbarkeit der §§ 1475, 1480 BGB., welche die Haftung der Frau für Gesammtgutsverbindlichkeiten nach der Auseinandersetzung der Gütergemeinschaft behandeln, ausgeschlossen.

5. In der Haftung des Sonderguts der Frau als solchen tritt durch dessen Verwandlung in eingebrachtes Gut eine Aenderung hinsichtlich des Umfanges des Zugriffsrechtes der Gläubiger nicht ein, sondern für die Rechte der Gläubiger bleibt das bisherige Recht maßgebend; die §§ 1410 ff., 1525, 1550, 1556 BGB. finden insoweit keine Anwendung.

Art. 127. Im Verhältnisse der Ehegatten zu einander fallen die vor dem Inkrafttreten des Bürgerlichen Gesetzbuchs entstandenen Gemeinschaftsschulden demjenigen Ehegatten zur Last, welcher sie nach den bisherigen Gesetzen zu tragen hat.

I. 599 (E. 46), 633 Begr., 708 (Z.^{II} 65^{4}). II. 853 — Becher VII. 275, *340*, *415*, *467*, 488.

1. Hinsichtlich der vor dem Inkrafttreten des BGB. entstandenen Gemeinschaftsschulden bleibt für das Verhältniß der Ehegatten zu einander das bisherige Recht maßgebend; für diese ist daher die Anwendbarkeit der §§ 1463 bis 1465, 1535 bis 1538 BGB. ausgeschlossen. Dagegen geben für das Verhältniß der Ehegatten zu

einander hinsichtlich der nach dem Inkrafttreten des BGB. entstandenen Gesammtgutsverbindlichkeiten ausschließlich die Vorschriften des BGB. Maß.

Art. 128. Die Geltendmachung der Ersatzansprüche, die zur Zeit des Inkrafttretens des Bürgerlichen Gesetzbuchs den Ehegatten gegen einander zustehen, bestimmt sich nach den Vorschriften des Bürgerlichen Gesetzbuchs.

I. 599 (E. 47), 633 Begr., 708 ($Z.^{II}$ 65[5]). II. 853. — Becher VII. 276, *340*, *415*, *467*, 488.

1. Die Frage, ob und in wie weit den Ehegatten zur Zeit des Inkrafttretens des BGB. gegen einander Ersatzansprüche zustehen, ist ausschließlich nach dem bisherigen Recht zu beurtheilen. Nach Art. 128 sollen aber hinsichtlich der Geltendmachung dieser Ersatzansprüche die Vorschriften des BGB. maßgebend sein (vgl. §§ 1377 Abs. 3 Satz 2, 1394, 1467, 1525 Abs. 2, 1541, 1549, 1550 Abs. 2 BGB.). § 204 BGB. findet ebenfalls Anwendung.

Unter die Vorschrift des Art. 128 fallen auch diejenigen Ersatzansprüche, welche dem einen Ehegatten gegen das Gemeingut oder dem Gemeingute gegen einen Ehegatten zustehen.

Art. 129. Ist vor dem Inkrafttreten des Bürgerlichen Gesetzbuchs der Frau eine Erbschaft oder ein Vermächtniß angefallen, so ist die Annahme auch nach diesem Zeitpunkte dem Gesammtgute gegenüber nur wirksam, wenn der Mann die Zustimmung ertheilt. Die Zustimmung kann nicht durch das Vormundschaftsgericht ersetzt werden.

I. 559 (E. 48), 633 Begr., 708 ($Z.^{II}$ 65[6]). II. 853 — Becher VII. 276, *341*, *415*, *467*, 488.

1. Da die in Folge der Ehe eingetretene Beschränkung der Geschäftsfähigkeit der Frau mit dem Inkrafttreten des BGB. weggefallen ist, so bedarf die Frau zur Annahme einer Erbschaft oder eines Vermächtnisses der Zustimmung des Mannes nicht (vgl. §§ 1406 Nr. 1, 1453, 1519 Abs. 2, 1525 Abs. 2, 1549, 1550 Abs. 2 BGB.). Die nach dem Inkrafttreten des BGB. ohne Zustimmung des Mannes erfolgte Annahme von vor diesem Zeitpunkte der Frau angefallenen Erbschaften oder Vermächtnissen ist aber dem Gesammtgute gegenüber unwirksam. Die Annahme selbst kann jedoch der Mann durch Verweigerung der Zustimmung nicht verhindern.

2. Hinsichtlich der Wirkungen einer vor dem Inkrafttreten erfolgten Annahme hat es bei den bisherigen Vorschriften sein Bewenden.

3. Zur Ausschlagung von der Frau vor dem Inkraftreten des BGB. angefallenen Erbschaften oder Vermächtnissen ist die Zustimmung des Mannes nicht erforderlich.

Art. 130. Auf einen zur Zeit des Inkrafttretens des Bürgerlichen Gesetzbuchs anhängigen Rechtsstreit und auf die Wirkung der Entscheidung ist die Aenderung des Güterstandes ohne Einfluß.

I. 599 (E. 49), 634 Begr., 708 (Z.II 65[7]). II. 853 — Becher VII. 276, *341*, *415*, *467*, 488.

1. Art. 130 bezieht sich nicht nur auf Rechtsstreite zwischen den Ehegatten und einem Dritten, sondern auch auf Rechtsstreite zwischen den Ehegatten.

Als Rechtsstreit im Sinne des Art. 130 gilt insbesondere auch ein nach Art. 194 AG. z. CPO. ä. F. anhängiges Verfahren zur Herbeiführung der Vermögensauseinandersetzung.

2. Dagegen wird die Aenderung des Güterstandes durch einen anhängigen Rechtsstreit, insbesondere auch nicht durch einen anhängigen Ehescheidungsprozeß, nicht aufgehalten. Im Falle der Ehescheidung erfolgt die Auseinandersetzung nach dem neuen Recht. (So auch Henle-Schneider Anm. 2.)

Art. 131. Bis zum Schlusse des Jahres 1900 kann die Frau auf Aufhebung der Gütergemeinschaft auch aus den im Artikel 1443 Abs. 1 des Pfälzischen Civilgesetzbuchs bestimmten Gründen klagen, wenn die Thatsachen, auf welche die Klage gestützt wird, vor dem Inkrafttreten des Bürgerlichen Gesetzbuchs eingetreten sind.

I. 599 (E. 50), 634 Begr., 708 (Z.II 65[8]). II. 854 — Becher VII. 276, *342*, *416*, *467*, 488.

Art. 1443 Abs. 1 code civil: La séparation de biens ne peut être poursuivi qu'en justice par la femme, dont la dot est mise en péril, et lorsque le désordre des affaires du mari donne lieu de craindre que les biens de celui-ci ne soient point suffisant pour remplir les droits et reprises de la femme.

1. Für das Verfahren sind ausschließlich die Vorschriften der CPO. maßgebend.

2. Die Wirkungen der Aufhebung bemessen sich ausschließlich nach den Vorschriften des BGB.

Art. 132. Ist zur Zeit des Inkrafttretens des Bürgerlichen Gesetzbuchs über das Vermögen des Mannes der Konkurs eröffnet, so kann die Frau die Aufhebung der Gütergemeinschaft beantragen. Für das Verfahren bleiben die bisherigen Vorschriften maßgebend. Die Vorschriften der §§ 1470, 1479 des Bürgerlichen Gesetzbuchs finden entsprechende Anwendung.

I. 599 (E. 51), 634 Begr., 643, 709 (Z.II 65[9]). II. 854 — Becher VII. 276, *343*, 357a, *416*, *467*, 488, *506*.

§ 1470* BGB.: Die Aufhebung der Gütergemeinschaft tritt mit der Rechtskraft des Urtheils ein. Für die Zukunft gilt Gütertrennung.

Dritten gegenüber ist die Aufhebung nur nach Massgabe des § 1435 wirksam.

§ 1435 BGB.: Einem Dritten gegenüber können aus der Aufhebung der Gütergemeinschaft Einwendungen gegen ein zwischen ihm und einem der Ehegatten vorgenommenes Rechtsgeschäft oder gegen ein zwischen ihnen ergangenes rechtskräftiges Urtheil nur hergeleitet werden, wenn zur Zeit der Vornahme des Rechtsgeschäfts oder zur Zeit des Eintritts der Rechtshängigkeit die Aufhebung der allgemeinen Gütergemeinschaft in dem Güterrechtsregister des zuständigen Amtsgerichts eingetragen oder dem Dritten bekannt war.*

§ 1479* BGB.: Wird die Gütergemeinschaft durch Urtheil aufgehoben, so kann der Ehegatte, welcher das Urtheil erwirkt hat, verlangen, dass die Auseinandersetzung so erfolgt, wie wenn der Anspruch auf Auseinandersetzung mit der Erhebung der Klage auf Aufhebung der Gütergemeinschaft rechtshängig geworden wäre.

1. Für das Verfahren verbleibt es bei der ausschließlichen Zuständigkeit der Landgerichte und bei den Vorschriften des Art. 194 Abs. 1 Satz 2, Abs. 2 bis 4 AG. z. CPO. Dagegen sind die Art. 193, 194 Abs. 5, 195, 196 AG. z. CPO. in Folge der Vorschrift des Satz 3 nicht anwendbar. An die Stelle des in den §§ 1470, 1435, 1479 BGB. bezeichneten Urteils tritt der Beschluß des Landgerichts, durch welchen die Aufhebung ausgesprochen wird, an die Stelle der Erhebung der Klage die Einreichung des Antrags.

2. Ist der Antrag der Frau auf Ausspruch der Vermögensabsonderung schon vor dem Inkrafttreten des BGB. eingereicht, so kommen die Vorschriften des Art. 134 zur Anwendung.

Art. 133. Ist die Beendigung der Gütergemeinschaft vor dem Inkrafttreten des Bürgerlichen Gesetzbuchs erfolgt, so bleiben die bisherigen Gesetze maßgebend.

Sollen von der Frau Gegenstände, die zum Gemeingute gehören, veräußert werden, bevor die Frau sich über die Annahme oder die Ausschlagung der Gütergemeinschaft erklärt hat, so finden die Vorschriften des Artikel 145 Abs. 3 entsprechende Anwendung.

I. 599 (E. 52), 635 Begr., 708 ($Z.^{II}$ 65^{10}). II. 854 — Becher VII. 276, *344*, *416*, *470*, 488.

1. Die Beendigung der Gütergemeinschaft ist vor dem Inkrafttreten des BGB. erfolgt, wenn die dieselbe aussprechende Entscheidung vor diesem Zeitpunkte ergangen und wenn sie entweder noch vor

diesem Zeitpunkte öffentlich bekannt gemacht und vollzogen ist (Art. 1444, 1445 code civil, Art. 196 AG. z. CPO.) oder wenn wenigstens die im Art. 196 AG. z. CPO. bestimmte Frist zur Zeit des Inkrafttretens des BGB. noch nicht abgelaufen ist (vgl. Art. 135 ÜG.).

Sie gilt aber auch dann als vor dem Inkrafttreten des BGB. erfolgt, wenn in einem zur Zeit des Inkrafttretens des BGB. anhängigen Gütertrennungsverfahren eine dieselbe aussprechende Entscheidung ergeht (Art. 1445 Abs. 2 code civil Art. 134 ÜG.).

2. Die bisherigen Gesetze bleiben nach jeder Richtung maßgebend, also z. B. hinsichtlich der Auseinandersetzung (hinsichtlich des Verfahrens vgl. jedoch Art. 113, 114 ÜG.), hinsichtlich des Wahlrechts der Frau, der Schuldenhaftung u. s. w.

3. Bezüglich der gesetzlichen Hypothek der Ehefrau vgl. Art. 9 des Gesetzes über das Liegenschaftsrecht in der Pfalz v. 1. Juli 1898.

4. Will sich im Falle des Abs. 2 die Frau nach Aufhebung der Gütergemeinschaft das Recht auf den Verzicht der Gütergemeinschaft wahren (Art. 1453 ff. code civil), so gelten für sie dieselben Vorschriften, die Art. 145 Abs. 3 für den Benefiziarerben aufstellt.

Unter welchen Voraussetzungen die Frau zur Veräußerung befugt ist, bemißt sich nach dem bisherigen Recht.

5. Bezüglich des Falls, daß der zurückgebliebene Ehegatte eines Abwesenden mit diesem in Gütergemeinschaft lebte (Art. 124 code civil) vgl. I 635 Begr., Becher VII 344.

Art. 134. Ist zur Zeit des Inkrafttretens des Bürgerlichen Gesetzbuchs ein Gütertrennungsverfahren anhängig, so bleiben bis zur Erledigung des Verfahrens die bisherigen Gesetze maßgebend. Der Erledigung des Verfahrens steht es gleich, wenn das Verfahren ein Jahr lang nicht betrieben wird.

Die bisherigen Gesetze bleiben auch für das Verfahren in Geltung.

I. 599 (E. 53), 636 Begr., 709 (Z.^{II} 65^{11}). II. 854 — Becher VII. 276, *345*, *416*, *470*, 488.

1. Die Vorschriften über die Gütertrennung finden sich in Art. 1443 ff. code civil, über das Verfahren in Art. 190 ff. AG. z. CPO. ä. F. Zu beachten ist insbesondere die Vorschrift des Art. 1445 Abs. 2 code civil, wonach das Urtheil, das die Gütertrennung ausspricht, auf den Tag der Klageerhebung (au jour de la demande) rückwirkende Kraft äußert.

2. Bis zur Erledigung des Verfahrens bleiben die bisherigen Gesetze insbesondere auch insofern maßgebend, als bis zu diesem Zeitpunkt die Aenderung des Güterstandes nicht eintritt.

Art. 135. Eine gerichtliche Entscheidung, durch welche die Gütertrennung nach den bisherigen Vorschriften ausgesprochen ist, wird nicht dadurch unwirksam, daß die Veröffentlichung oder der Vollzug unterbleibt. Dies gilt jedoch nicht, wenn zur Zeit des Inkrafttretens des Bürgerlichen Gesetzbuchs die im Artikel 196 des Gesetzes zur Ausführung der Civilprozeßordnung und Konkursordnung bestimmte Frist schon abgelaufen ist.

I. 599 (E. 54), 636 Begr., 709 (Z.II 56[12]). II. 854 — Becher VII. 276, *345*, *416*, *470*, 488.

1. Gleichgültig ist, ob die Entscheidung vor oder nach dem Inkrafttreten des BGB. ergangen ist.

2. Die bisherigen Vorschriften über die Veröffentlichung und den Vollzug der Gütertrennung sind durch Art. 135 nicht aufgehoben, vielmehr werden sie durch Art. 134 ausdrücklich aufrecht erhalten; durch die Bestimmungen des Art. 135 sind nur die Wirkungen der Zuwiderhandlung beseitigt.

Art. 136. Ist zur Zeit des Inkrafttretens des Bürgerlichen Gesetzbuchs für eine Ehe die Gütergemeinschaft nach den Artikeln 1530 bis 1535 des Pfälzischen Civilgesetzbuchs ausgeschlossen, so finden die Vorschriften des Bürgerlichen Gesetzbuchs über den Güterstand der Verwaltung und Nutznießung Anwendung.

Die Vorschriften des Artikel 125 Abs. 2, des Artikel 126 Abs. 4 und der Artikel 128 bis 132, 134, 135 finden entsprechende Anwendung.

I. 599 (E. 55), 636 Begr., 709 (Z.II 65[13]). II. 854 — Becher VII. 277, *347*, *416*, *470*, 488.

1. Die Vorschriften des Art. 1530 bis 1535 code civil handeln de la clause portant que les époux se marient sans communauté.

2. Die Vorschriften des BGB. über den Güterstand der Verwaltung und Nutznießung (§§ 1363 ff. BGB.) finden vorbehaltlich der im Abs. 2 genannten Uebergangsvorschriften Anwendung. Von den dort für entsprechend anwendbar erklärten Artikeln betreffen:

a) Art. 125 Abs. 2: Die Ueberleitung der Sondergüter in die entsprechenden Gütermassen des neuen Rechts,

b) Art. 126 Abs. 4: Die Rechte der bisherigen Gläubiger der Frau gegenüber ihrem eingebrachten Gute,

c) Art. 128: Die Geltendmachung der Ersatzansprüche der Ehegatten unter einander,

d) Art. 129: Die Annahme von der Frau bisher angefallenen Erbschaften und Vermächtnissen.

e) Art. 130: Anhängige Rechtsstreite.
f) Art. 131, 132: Den Anspruch auf Aufhebung der Gemeinschaft.
g) Art. 134, 135: Anhängige Gütertrennungsverfahren.

Art. 137. Besteht zur Zeit des Inkrafttretens des Bürgerlichen Gesetzbuchs für eine Ehe Gütertrennung, so gelten von diesem Zeitpunkt an die Vorschriften der §§ 1427 bis 1430 des Bürgerlichen Gesetzbuchs

Die Vorschrift des Artikel 130 findet entsprechende Anwendung.

I. 600 (E. 56), 637 Begr., 709 (Z.II 65[14]). II. 854 — Becher VII. 277, *347*, *417*, *470*, 488.

§ 1427 BGB.: Der Mann hat den ehelichen Aufwand zu tragen.

Zur Bestreitung des ehelichen Aufwandes hat die Frau dem Manne einen angemessenen Beitrag aus den Einkünften ihres Vermögens und dem Ertrag ihrer Arbeit oder eines von ihr selbständig betriebenen Erwerbsgeschäfts zu leisten. Für die Vergangenheit kann der Mann die Leistung nur insoweit verlangen, als die Frau ungeachtet seiner Aufforderung mit der Leistung im Rückstande geblieben ist. Der Anspruch des Mannes ist nicht übertragbar.

§ 1428 BGB.: Ist eine erhebliche Gefährdung des Unterhalts zu besorgen, den der Mann der Frau und den gemeinschaftlichen Abkömmlingen zu gewähren hat, so kann die Frau den Beitrag zu dem ehelichen Aufwand insoweit zur eigenen Verwendung zurückbehalten, als er zur Bestreitung des Unterhalts erforderlich ist.

Das Gleiche gilt, wenn der Mann entmündigt ist oder wenn er nach § 1910 zur Besorgung seiner Vermögensangelegenheiten einen Pfleger erhalten hat oder wenn für ihn ein Abwesenheitspfleger bestellt ist.

§ 1910. BGB.: Ein Volljähriger, der nicht unter Vormundschaft steht, kann einen Pfleger für seine Person und sein Vermögen erhalten, wenn er in Folge körperlicher Gebrechen, insbesondere weil er taub, blind oder stumm ist, seine Angelegenheiten nicht zu besorgen vermag.

Vermag ein Volljähriger, der nicht unter Vormundschaft steht, in Folge geistiger oder körperlicher Gebrechen einzelne seiner Angelegenheiten oder einen bestimmten Kreis seiner Angelegenheiten, insbesondere seine Vermögensangelegenheiten, nicht zu besorgen, so kann er für diese Angelegenheiten einen Pfleger erhalten.

§ 1429 BGB.: Macht die Frau zur Bestreitung des ehelichen Aufwandes aus ihrem Vermögen eine Aufwendung oder überlässt sie dem Manne zu diesem Zwecke etwas aus ihrem Vermögen, so ist im Zweifel anzunehmen, dass die Absicht fehlt, Ersatz zu verlangen.

§ 1430 BGB.: Ueberlässt die Frau ihr Vermögen ganz oder theilweise der Verwaltung des Mannes, so kann der Mann die Einkünfte, die er während seiner Verwaltung bezieht, nach freiem Ermessen verwenden, soweit nicht ihre Verwendung zur Bestreitung der Kosten der ordnungsmässigen Verwaltung und zur Erfüllung solcher Verpflichtungen der Frau erforderlich ist, die bei ordnungsmässiger Verwaltung aus den Einkünften des Vermögens bestritten werden. Die Frau kann eine abweichende Bestimmung treffen.

1. Gleichgültig ist, ob Gütertrennung auf Grund Ehevertrags oder richterlichen Ausspruchs besteht.

2. § 1431 BGB. ist nicht für anwendbar erklärt, denn für die Wirksamkeit eines übergeleiteten Güterstandes gegenüber Dritten sind die Vorschriften des Art. 25 ÜG. maßgebend.

Art. 138. Vereinbarungen, durch welche die Ehegatten für einen der in den Artikeln 124, 136, 137 bezeichneten Güterstände die bisherigen Vorschriften in einzelnen Beziehungen geändert oder ergänzt haben, werden von der Aenderung des Güterstandes nicht berührt.

Das Gleiche gilt für eine von einem Dritten getroffene Anordnung der im Abs. 1 bezeichneten Art.

I. 600 (E. 57), 637 Begr., 709 (Z.II 65[15]). II. 854 — Becher VII. 277, *348, 417, 470,* 488.

1. Vgl. Art. 102 ÜG.

2. Art. 138 gilt auch, wenn die Ehegatten in einem gemischten Güterstande leben, wie z. B., wenn zwar im Allgemeinen Gütergemeinschaft besteht, auf eine bestimmte Vermögensmasse des einen oder des anderen Ehegatten aber die Grundsätze der Gütertrennung Anwendung finden sollen.

Unter den Art. 138 fallen auch die Klauseln des Art. 1497 Nr. 2—7 2c., soweit sie nicht ihrem Wesen nach als Vereinbarungen eines Güterstandes anzusehen sind. (So auch Henle-Schneider Anm. 1 Abs. 3.)

Art. 139. Besteht zur Zeit des Inkrafttretens des Bürgerlichen Gesetzbuchs für eine Ehe Dotalrecht, so bleiben die bisherigen Vorschriften maßgebend.

Die in Folge der Ehe eingetretene Beschränkung der Geschäftsfähigkeit der Frau fällt mit dem Inkrafttreten des Bürgerlichen Gesetzbuchs weg.

Betreibt die Frau selbständig ein Erwerbsgeschäft, so finden die Vorschriften des § 1405 des Bürgerlichen Gesetzbuchs entsprechende Anwendung. Für Verfügungen über Dotalgrundstücke verbleibt es jedoch auch in diesem Falle bei den bisherigen Vorschriften.

I. 600 (E. 58), 637 Begr., 709 (Z.[II] 65[16]). II. 854 — Becher VII. 277, *349*, *417*, *470*, 488, *506*.

§ 1405 BGB.: Ertheilt der Mann der Frau die Einwilligung zum selbständigen Betrieb eines Erwerbsgeschäfts, so ist seine Zustimmung zu solchen Rechtsgeschäften und Rechtsstreitigkeiten nicht erforderlich, die der Geschäftsbetrieb mit sich bringt. Einseitige Rechtsgeschäfte, die sich auf das Erwerbsgeschäft beziehen, sind der Frau gegenüber vorzunehmen.

Der Einwilligung des Mannes in den Geschäftsbetrieb steht es gleich, wenn die Frau mit Wissen und ohne Einspruch des Mannes das Erwerbsgeschäft betreibt.

Dritten gegenüber ist ein Einspruch und der Widerruf der Einwilligung nur nach Massgabe des § 1435 wirksam.

§ 1435 BGB.: Aus dem Einspruch oder dem Widerruf der Einwilligung können einem Dritten gegenüber Einwendungen gegen ein zwischen ihm und der Frau vorgenommenes Rechtsgeschäft oder gegen ein zwischen ihnen ergangenes rechtskräftiges Urtheil nur hergeleitet werden, wenn zur Zeit der Vornahme des Rechtsgeschäfts oder zur Zeit des Eintritts der Rechtshängigkeit der Einspruch oder der Widerruf der Einwilligung in dem Güterrechtsregister des zuständigen Amtsgerichts eingetragen oder dem Dritten bekannt war.*

1. Durch die Bestimmung des Abs. 2 ist nicht auch die Beschränkung beseitigt, der die unter dem Dotalrecht lebende Frau in Ansehung ihrer Verfügungsmacht auf Grund der in Kraft bleibenden Bestimmungen über das Dotalsystem (Art. 1540 ff. code civil) unterworfen ist.

2. Zu Abs. 3 vgl. Art. 1554—1559 c. c.

Art. 140. Soweit für den Güterstand die bisherigen Gesetze maßgebend bleiben, tritt bei Rechtshandlungen, zu denen ein Ehegatte der gerichtlichen Ermächtigung bedarf, an deren Stelle die Genehmigung des Vormundschaftsgerichts.

Die besonderen Vorschriften über das Verfahren bei Veräußerungen treten außer Kraft.

I. 600 (E. 59), 638 Begr., 710 (Z.[II] 65[17]). II. 854 — Becher VII. 277, *350*, *417*, *470*, 488.

1. Vgl. Art. 133 Abs. 1, 134, 139 ÜG.

2. Ob ein Ehegatte der gerichtlichen Ermächtigung bedarf, bemißt sich nach den bisherigen Gesetzen.

3. Der Genehmigung durch das Vormundschaftsgericht kommt keine andere Bedeutung zu, als der bisherigen gerichtlichen Ermächtigung.

Auf die Ertheilung der Genehmigung finden die §§ 1828 bis 1831 BGB. entsprechende Anwendung.

4. Zu Abs. 2 vgl. Art. 110 Abs. 2 ÜG.

Legitimation durch nachfolgende Ehe.

Art. 141. Hat sich die Mutter eines unehelichen Kindes vor dem Inkrafttreten des Bürgerlichen Gesetzbuchs verheirathet, ohne daß das Kind durch die Eheschließung legitimirt worden ist, so finden, wenn der Ehemann der Mutter nach dem Inkrafttreten des Bürgerlichen Gesetzbuchs seine Vaterschaft in einer öffentlichen Urkunde anerkennt, die Vorschriften der §§ 1719 bis 1722 des Bürgerlichen Gesetzbuchs Anwendung. Die Legitimation gilt als mit der Eheschließung erfolgt. Erworbene Rechte Dritter bleiben unberührt.

I. 262 (E. 66), 292 Begr., 407 (Z.I 66), 710 (Z.II 66). II. 532 — Becher VII. 16, *73*, *162*, 210, *259*, 488, *506*.

§ 1719 BGB.: Ein uneheliches Kind erlangt dadurch, dass sich der Vater mit der Mutter verheirathet, mit der Eheschliessung die rechtliche Stellung eines ehelichen Kindes.

§ 1720 BGB.: Der Ehemann der Mutter gilt als Vater des Kindes, wenn er ihr innerhalb der im § 1717 Abs. 2 bestimmten Empfängnisszeit beigewohnt hat, es sei denn, dass es den Umständen nach offenbar unmöglich ist, dass die Mutter das Kind aus dieser Beiwohnung empfangen hat.

Erkennt der Ehemann seine Vaterschaft nach der Geburt des Kindes in einer öffentlichen Urkunde an, so wird vermuthet, dass er der Mutter innerhalb der Empfängnisszeit beigewohnt habe.

§ 1721 BGB.: Ist die Ehe der Eltern nichtig, so finden die Vorschriften der §§ 1699 bis 1704 entsprechende Anwendung.

§§ 1699 bis 1704: d. h. die Vorschriften über die rechtliche Stellung von Kindern aus nichtigen Ehen.

§ 1722 BGB.: Die Eheschliessung zwischen den Eltern hat für die Abkömmlinge des unehelichen Kindes die Wirkungen der Legitimation auch dann, wenn das Kind vor der Eheschliessung gestorben ist.

1. Vgl. Art. 105 ÜG.

2. Die Legitimation tritt nicht ein, wenn die Anerkennung zwar nach der Eheschließung, aber vor dem Inkrafttreten des BGB. erfolgte.

3. Daß die Ehe zur Zeit der Anerkennung noch besteht, wird nicht erfordert, ebensowenig, daß das Kind oder die Mutter in diesem Zeitpunkt noch lebt.

4. Die Wirkung der Legitimation erstreckt sich auch auf die Abkömmlinge des Kindes.

Erbrecht.

Art. 142. Für die erbrechtlichen Verhältnisse und das Verfahren in Nachlaßsachen bleiben, wenn der Erblasser vor dem Inkrafttreten des Bürgerlichen Gesetzbuchs gestorben ist, von dem Inkrafttreten des Bürgerlichen Gesetzbuchs an die bisherigen Vorschriften nur mit den in den Artikeln 143 bis 146 bestimmten Aenderungen maßgebend.

I. 262 (E. 67), 293 Begr., 407 (Z.^{I} 67), 710 (Z.^{II} 67). II. 532 — Becher VII. 16, *74*, *162*, 211, *260*, 488.

1. Vgl. Art. 213 EG. z. BGB.

2. Hinsichtlich des Verfahrens vgl. Art. 178 AG. z. CPO. ä. F., ferner Art. 770, 773, 1007, 1008 code civil, endlich Art. 36 ÜG.

Art. 143. Die Verrichtungen, für die nach den bisherigen Vorschriften das Amtsgericht, das Landgericht oder der Landgerichtspräsident zuständig ist, gehen auf das Nachlaßgericht über. Eine Mitwirkung des Staatsanwalts findet nicht statt.

Die Erklärung des Erben über den Verzicht auf den Nachlaß oder über die Annahme der Erbschaft mit der Rechtswohlthat des Inventars erfolgt nach den bisherigen Vorschriften.

I. 262 (E. 68), 293 Begr., 407 (Z.^{I} 68), 710 (Z.^{II} 68). II. 532 — Becher VII. 16, *75*, *163*, 211, *260*, 488.

1. Nachlaßgericht: vgl. §§ 72 ff. FGG.

2. Zu Abs. 2 vgl. Art. 784, 796 code civil.

Art. 144. Wird in den Fällen des Artikel 911 Nr. 1, 2 der Pfälzischen Civilprozeßordnung die Anlegung von Siegeln erforderlich, so erfolgt sie von Amtswegen durch das Nachlaßgericht.

Das Gleiche gilt, wenn nach Artikel 812 des Pfälzischen Civilgesetzbuchs für den Nachlaß ein Pfleger zu bestellen ist.

Bei den Pflegschaften für Vakantmassen oder Benefiziarmassen tritt an die Stelle des Vormundschaftsgerichts das Nachlaßgericht.

I. 262 (E. 69), 293 Begr., 408 (Z.I 69), 710 (Z.II 69). II. 533 — Becher VII, 16, *75*, *163*, 211, *260*, 488.

1. Art. 911 Nr. 1, 2 der pfälzischen CPO. behandeln die Fälle, daß ein minderjähriger Erbe ohne Vormund ist und die Anlegung von Siegeln nicht von den Verwandten verlangt wird, ferner daß der Ehegatte des Erblassers oder die Erben oder einer von ihnen abwesend sind.

Art. 812 c. c. betrifft die Bestellung eines Pflegers für einen vakanten Rücklaß.

In diesen Fällen bedarf es des Antrags eines Betheiligten oder des Staatsanwalts nicht mehr, sondern die Anlegung von Siegeln erfolgt von Amtswegen durch das Nachlaßgericht.

2. Nachlaßgericht: vgl. §§ 72 ff. FGG. Hinsichtlich der Siegelanlegung vgl. JMBek. vom 31. December 1899 das Nachlaßwesen betr. § 6 (JMBl. 1900 S. 1) und Art. 105 AG. z. BGB.

Art. 145. Die nach den bisherigen Vorschriften zu einer Verfügung über Nachlaßgegenstände erforderliche gerichtliche Zustimmung wird durch die Genehmigung des Nachlaßgerichts ersetzt.

Die besonderen Vorschriften über das Verfahren bei Veräußerungen treten außer Kraft.

Der Benefiziarerbe hat in den Fällen, in denen er nach den bisherigen Vorschriften zur Wahrung des Inventarrechts bei der Veräußerung von Nachlaßgegenständen bestimmte Formvorschriften zu beobachten hat, zur Veräußerung die Ermächtigung des Nachlaßgerichts zu erholen. Veräußert er einen Nachlaßgegenstand ohne die erforderliche gerichtliche Ermächtigung, so verliert er das Inventarrecht. Die auf Grund der gerichtlichen Ermächtigung vollzogene Veräußerung wird erst mit der Genehmigung des Nachlaßgerichts wirksam.

Die Vorschriften des Abs. 3 finden auf die Fälle des Artikel 796 des Pfälzischen Civilgesetzbuchs und des Artikel 986 der Pfälzischen Civilprozeßordnung entsprechende Anwendung.

I. 262 (E. 70), 294 Begr., 408 (Z.I 70), 711 (Z.II 70). II. 533 — Becher VII. 16, *76*, *164*, 211, *260*, 488.

1. Nachlaßgericht: vgl. §§ 72 ff. FGG.

2. Zu einer wirksamen Veräußerung nach Abs. 3 ist sowohl die Ermächtigung des Nachlaßgerichts zur Veräußerung als auch deren Genehmigung durch dieses Gericht erforderlich.

3. Abs. 3 findet keine Anwendung auf die Verfügung über Vermögensbestandtheile einer Vakantmasse durch den Kurator.

4. Abs. 4 hat die Fälle im Auge, in welchen ein zur Erbfolge berechtigter Erbe, ehe er sich über die Annahme oder Ausschlagung der Erbschaft schlüssig gemacht hat, Gegenstände der Erbmasse verkaufen will, welche dem Verderben ausgesetzt sind oder deren Erhaltung zu kostspielig sein würde.

Art. 146. Hat der Benefiziarerbe nach Artikel 807 des Pfälzischen Civilgesetzbuchs Sicherheit zu leisten, so hat er innerhalb der im Artikel 993 der Pfälzischen Civilprozeßordnung bezeichneten Frist dem Nachlaßgerichte den Nachweis einzureichen, daß die Sicherheit geleistet ist.

I. 262 (E. 71), 294 Begr., 408 (Z.I 71), 711 (Z.II 71). II. 533 — Becher VII. 17, *76*, *164*, 211, *260*, 488.

Art. 807 Abs. 1 code civil: Il est tenu, si les créanciers ou autres personnes intéressés l'exigent de donner caution bonne et solvable de la valeur du mobilier compris dans l'inventaire, et de la portion du prix des immeubles non déléguée aux créanciers hypothécaires.

1. Der Gläubiger oder sonstige Betheiligte, der die Sicherheitsleistung verlangt, hat dem Benefiziarerben eine Aufforderung zustellen zu lassen. Innerhalb drei Tage nach der Zustellung der Aufforderung, mit dem Zusatze eines Tages für je 30 km Entfernung zwischen dem Wohnorte des Erben und dem Gerichtssitze, hat der Benefiziarerbe künftig dem Nachlaßgerichte den Nachweis einzureichen, daß die Sicherheit geleistet ist.

2. Die Sicherheitsleistung selbst erfolgt nach den Vorschriften der §§ 232 ff. BGB.

Personenstand.

Art. 147. Die Vorschriften der §§ 69 bis 71 des Gesetzes über die Angelegenheiten der freiwilligen Gerichtsbarkeit finden von dem Inkrafttreten des Bürgerlichen Gesetzbuchs an auf die vor dem 1. Januar 1876 errichteten Standesregister entsprechende Anwendung. Das Staatsministerium der Justiz kann über die Aufbewahrung der in gerichtlicher Verwahrung befindlichen Register Anordnungen treffen.

I. 262 (E. 72), 294 Begr., 409 (Z.I 72), 711 (Z.II 72). II. 534 — Becher VII. 17, *76*, *165*, 211, *261*, 488, *507*.

§ 69 GFG.: Für die nach dem Gesetz über die Beurkundung des Personenstandes und die Eheschliessung vom 6. Februar 1875 (Reichs-Gesetzbl. S. 23) dem Gericht erster Instanz obliegenden Verrichtungen sind die Amtsgerichte zuständig.

§ 70 GFG.: Gegen eine Verfügung, durch die angeordnet wird, dass eine Eintragung in dem Standesregister zu berichtigen ist, findet die sofortige Beschwerde statt. Die Verfügung tritt erst mit der Rechtskraft in Wirksamkeit.

§ 71 GFG: Sind Vorgänge, die auf Antrag eines Betheiligten am Rande einer Eintragung zu vermerken sind, von einem Notar beurkundet, so gilt dieser als ermächtigt, im Namen des Betheiligten, dessen Erklärung beurkundet ist, die Eintragung des Vermerkes in das Standesregister zu beantragen.

1. In der J. Min. Bek. vom 6. November 1899 (JMBl. S. 1310) ist die Anordnung getroffen, daß die Aufbewahrung bis auf Weiteres bei den Landgerichten zu erfolgen hat.

Hypothekenämter.

Art. 148. Ueber die Einrichtung der Hypothekenämter und die dienstliche Stellung der Hypothekenbewahrer kann das Staatsministerium der Justiz von den bestehenden Vorschriften abweichende Bestimmungen treffen.

I. 592, 711 (Z.II 73). II. 864 — Becher VII. *261*, 263, 488, *507*.

Gegeben zu München, den 9. Juni 1899.

Luitpold, Prinz von Bayern,
des Königreichs Bayern Verweser.

Dr. **Frhr. v. Crailsheim.** Dr. **Frhr. v. Riedel.**
Frhr. v. Feilitzsch. Dr. **Frhr. v. Leonrod.** **Frhr. v. Asch.**
Dr. **v. Landmann.**

Auf Allerhöchsten Befehl:

Der Oberregierungsrath im k. Staatsministerium des Innern:
Dr. Proebst.

B.

Ausführungsgesetz

zum

Bürgerlichen Gesetzbuche.

Einleitung.

Die Ausführungsbestimmungen der Landesgesetzgebungen, welche zum BGB. und den mit demselben im Zusammenhang stehenden anderen Reichsgesetzen ergingen, beruhen auf den Vorbehalten, welche in diesen Gesetzen zu Gunsten der Landesgesetzgebung gemacht sind.

Auf Grund dieser Vorbehalte ist die Landesgesetzgebung in der Lage, theils von den Vorschriften des BGB. u. s. w. abweichende Bestimmungen zu treffen (vgl. z. B. Art. 2, 15 ff. AG. z. BGB.), theils sie zu ergänzen (vgl. z. B. Art. 4 ff.).

Im Ausführungsgesetze zum Bürgerlichen Gesetzbuche vom 9. Juni 1899 sind jedoch nicht alle hiernach in Betracht kommenden Ausführungsvorschriften enthalten.

Weitere Ausführungsvorschriften finden sich:

1. im Gesetze vom 15. Juni 1898, das Unschädlichkeitszeugniß betr. (G. u. VBl. 1898 S. 301);

2. im Gesetze vom 18. Juni 1898, die Vorbereitung der Anlegung des Grundbuchs in den Landestheilen rechts des Rheins betr. (G. u. VBl. 1898 S. 367);

3. im Gesetze über das Liegenschaftsrecht in der Pfalz vom 1. Juli 1898 (G. u. VBl. 1898 S. 370);

4. im Ausführungsgesetze zur Grundbuchordnung und zum Gesetze über die Zwangsversteigerung und die Zwangsverwaltung vom 9. Juni 1899 (G. u. VBl. 1899 S. 125);

5. im Notariatsgesetze vom 9. Juni 1899 (G. u. VBl. 1899 S. 137);

6. im Gesetze, Aenderungen des Gesetzes über das Gebührenwesen betr., vom 9. Juni 1899 (G. u. VBl. 1899 S. 167).

7. Auch das Gesetz, Uebergangsvorschriften zum Bürgerlichen Gesetzbuch vom 9. Juni 1899 (G. u. VBl. 1899 S. 83) ist hieher zu rechnen.

8. Endlich wurden landesgesetzliche Ausführungsvorschriften zum Bürgerlichen Gesetzbuche im Verordnungswege (vgl. z. B. die Kgl. Allerh. Verordnung vom 24. Dezember 1899 zur Ausführung des Bürgerlichen Gesetzbuchs und seiner Nebengesetze [Zuständigkeitsverordnung]) oder im Wege der Ministerialbekanntmachung (vgl. z. B. die Bekanntmachung vom 2. Dezember 1899, Ausführungsvorschriften zu den §§ 980, 981, 983 des Bürgerlichen Gesetzbuchs betr., oder die Bekanntmachung vom 14. Dezember 1899, die Behandlung von Fundsachen betr.) erlassen.

Das Ausführungsgesetz zum Bürgerlichen Gesetzbuche selbst ist von folgenden Grundsätzen beherrscht (Becher IV. V. I 699):

1. Aufrechterhaltung der neueren, von den Reichsgesetzen unberührt gelassenen landesgesetzlichen Vorschriften als Regel, mit vorbehaltenen Ausnahmen;

2. Aufhebung der älteren als Regel, mit vorbehaltenen Ausnahmen (Art. 1 AG. z. BGB.);

3. Reform des nach beiden Richtungen fortbestehenden Landesrechts zum Zweck der Anpassung an die neuen allgemeinen Normen.

B.

Ausführungsgesetz zum Bürgerlichen Gesetzbuche vom 9. Juni 1899.

(Beilage zum Gesetz- und Verordnungsblatte 1899 Nr. 28 vom 12. Juni 1899 S. 1 bis 82.*)

Im Namen Seiner Majestät des Königs. **Luitpold**, von Gottes Gnaden Königlicher Prinz von Bayern, **Regent**.

Wir haben nach Vernehmung des Staatsrathes mit Beirath und Zustimmung der Kammer der Reichsräthe und der Kammer der Abgeordneten und in Ansehung der Artikel 135, 139, 140, des Artikel 166 Ziff. IX, des Artikel 171 Ziff. V, XI und des Artikel 174 unter Beobachtung der in Tit. X § 7 der Verfassungsurkunde vorgeschriebenen Formen beschlossen und verordnen, was folgt:

Aufrechterhaltung älterer Vorschriften.

Art. 1. Neben dem Bürgerlichen Gesetzbuche bleiben die Vorschriften des bürgerlichen Rechtes, welche aus der Zeit vor der Erlassung der Verfassungsurkunde vom 26. Mai 1818 stammen, nur insoweit in Geltung, als sie in den Artikeln 56 bis 59, 69, 74 bis 76, 78, 80, 89, 109, 111, 132, 133

---

*) Ausgegeben am 1. Juli 1899.

des Einführungsgesetzes zum Bürgerlichen Gesetzbuch und im § 16 Nr. 1 des Einführungsgesetzes zur Civilprozeßordnung vorbehalten sind.

Soweit in den in Kraft bleibenden Gesetzen und in diesem Gesetz auf örtliche Verordnungen oder auf das Herkommen verwiesen ist, behalten die bestehenden Verordnungen und das Herkommen ihre Geltung.

I. (E. 1), 16 Begr., 163 (Z.^{I} 1) 295, 305, 312 (Z.^{II} 1), 585, 673. II. 3, 383, 387, 868 — Becher IV. V.^{I} 7, *39*, *139*, 591, *607*, 676, *698*, *737*, 884, *889*, 925, *929*. IV. V.^{III} 2.

Staatsverträge.

Art. 56 EG. z. BGB.: Unberührt bleiben die Bestimmungen der Staatsverträge, die ein Bundesstaat mit einem ausländischen Staate vor dem Inkrafttreten des Bürgerlichen Gesetzbuchs geschlossen hat.

Landesherrliche und gleichgestellte Familien

Art. 57 EG. z. BGB.: In Ansehung der Landesherren und der Mitglieder der landesherrlichen Familien sowie der Mitglieder der Fürstlichen Familie Hohenzollern finden die Vorschriften des Bürgerlichen Gesetzbuchs nur insoweit Anwendung, als nicht besondere Vorschriften der Hausverfassungen oder der Landesgesetze abweichende Bestimmungen enthalten.

Das Gleiche gilt in Ansehung der Mitglieder des vormaligen Hannoverschen Königshauses, des vormaligen Kurhessischen und des vormaligen Herzoglich Nassauischen Fürstenhauses.

Vormals reichsständischer und gleichgestellter Adel.

Art. 58 EG. z. BGB.: In Ansehung der Familienverhältnisse und der Güter derjenigen Häuser, welche vormals reichsständisch gewesen und seit 1806 mittelbar geworden sind oder welche diesen Häusern bezüglich der Familienverhältnisse und der Güter durch Beschluss der vormaligen deutschen Bundesversammlung oder vor dem Inkrafttreten des Bürgerlichen Gesetzbuchs durch Landesgesetz gleichgestellt worden sind, bleiben die Vorschriften der Landesgesetze und nach Massgabe der Landesgesetze die Vorschriften der Hausverfassungen unberührt.

Das Gleiche gilt zu Gunsten des vormaligen Reichsadels und derjenigen Familien des landsässigen Adels, welche vor dem Inkrafttreten des Bürgerlichen Gesetzbuchs dem vormaligen Reichsadel durch Landesgesetz gleichgestellt worden sind.

Familienfideikommisse, Lehen, Stammgüter.

Art. 59 EG. z. BGB.: Unberührt bleiben die landesgesetzlichen Vorschriften über Familienfideikommisse und Lehen, mit Einschluss der allodifizirten Lehen, sowie über Stammgüter.

Jagd und Fischerei.

Art. 69 EG. z. BGB.: Unberührt bleiben die landesgesetzlichen Vorschriften über Jagd und Fischerei, unbeschadet der Vorschrift des § 958 Abs. 2 des Bürgerlichen Gesetzbuchs und der Vorschriften des Bürgerlichen Gesetzbuchs über den Ersatz des Wildschadens.

§ 958 Abs. 2: Das Eigenthum wird (dadurch, dass eine herrenlose bewegliche Sache in Eigenbesitz genommen wird) nicht erworben, wenn die Aneignung gesetzlich verboten ist oder wenn durch die Besitzergreifung das Aneignungsrecht eines Anderen verletzt wird.

Zwangs-, Bannrechte, Realgewerbeberechtigungen.

Art. 74 EG. z. BGB.: Unberührt bleiben die landesgesetzlichen Vorschriften über Zwangsrechte, Bannrechte und Realgewerbeberechtigungen.

Versicherungsrecht.

Art. 75 EG. z. BGB.: Unberührt bleiben die landesgesetzlichen Vorschriften, welche dem Versicherungsrecht angehören, soweit nicht in dem Bürgerlichen Gesetzbuche besondere Bestimmungen getroffen sind.

Verlagsrecht.

Art. 76 EG. z. BGB.: Unberührt bleiben die landesgesetzlichen Vorschriften, welche dem Verlagsrecht angehören.

Haftung der Beamten für Stellvertreter und Gehülfen.

Art. 78 EG. z. BGB.: Unberührt bleiben die landesgesetzlichen Vorschriften, nach welchen die Beamten für die von ihnen angenommenen Stellvertreter und Gehülfen in weiterem Umfange als nach dem Bürgerlichen Gesetzbuche haften.

Ansprüche und Verbindlichkeiten der Beamten etc.

Art. 80 EG. z. BGB.: Unberührt bleiben, soweit nicht in dem Bürgerlichen Gesetzbuch eine besondere Bestimmung getroffen ist, die landesgesetzlichen Vorschriften über die vermögensrechtlichen Ansprüche und Verbindlichkeiten der Beamten, der Geistlichen und der Lehrer an öffentlichen Unterrichtsanstalten aus dem Amts- oder Dienstverhältnisse, mit Einschluss der Ansprüche der Hinterbliebenen.

Unberührt bleiben die landesgesetzlichen Vorschriften über das Pfründenrecht.

Privatpfändung.

Art. 89 EG. z. BGB.: Unberührt bleiben die landesgesetzlichen Vorschriften über die zum Schutze der Grundstücke und der Erzeugnisse von Grundstücken gestattete Pfändung von Sachen, mit Einschluss der Vorschriften über die Entrichtung von Pfandgeld oder Ersatzgeld.

Zwangsenteignung.

Art. 109 EG. z. BGB.: Unberührt bleiben die landesgesetzlichen Vorschriften über die im öffentlichen Interesse erfolgende Entziehung, Beschädigung oder Benutzung einer Sache, Beschränkung des Eigenthums und Entziehung oder Beschränkung von Rechten. Auf die nach landesgesetzlicher Vorschrift wegen eines solchen Eingriffs zu gewährende Entschädigung finden die Vorschriften der Artikel 52, 53 Anwendung soweit nicht die Landesgesetze ein Anderes bestimmen.

Art. 52 EG. z. BGB.: Ist auf Grund eines Reichsgesetzes dem Eigenthümer einer Sache wegen der im öffentlichen Interesse erfolgenden Entziehung, Beschädigung oder Benutzung der Sache oder wegen Beschränkung des Eigenthums eine Entschädigung zu gewähren und steht einem Dritten ein Recht an der Sache zu, für welches nicht eine besondere Entschädigung gewährt wird, so hat der Dritte, soweit sein Recht beeinträchtigt wird, an dem Entschädigungsanspruche dieselben Rechte, die ihm im Falle des Erlöschens seines Rechtes durch Zwangsversteigerung an dem Erlöse zustehen.

Art. 53 EG. z. BGB.: Ist in einem Falle des Artikel 52 die Entschädigung dem Eigenthümer eines Grundstücks zu gewähren, so finden auf den Entschädigungsanspruch die Vorschriften des § 1128 des Bürgerlichen Gesetzbuchs entsprechende Anwendung. Erhebt ein Berechtigter innerhalb der im § 1128 bestimmten Frist Widerspruch gegen die Zahlung der Entschädigung an den Eigenthümer, so kann der Eigenthümer und jeder Berechtigte die Eröffnung eines Vertheilungsverfahrens nach den für die Vertheilung des Erlöses im Falle der Zwangsversteigerung geltenden Vorschriften beantragen. Die Zahlung hat in diesem Falle an das für das Vertheilungsverfahren zuständige Gericht zu erfolgen.

Ist das Recht des Dritten eine Reallast, eine Hypothek, eine Grundschuld oder eine Rentenschuld, so erlischt die Haftung des Entschädigungsanspruchs, wenn der beschädigte Gegenstand wieder hergestellt oder für die entzogene bewegliche Sache Ersatz beschafft ist. Ist die Entschädigung wegen Benutzung des Grundstücks oder wegen Entziehung oder Beschädigung von Früchten oder von Zubehörstücken zu gewähren, so finden die Vorschriften des § 1123 Abs. 2 Satz 1 und des § 1124 Abs. 1, 3 des Bürgerlichen Gesetzbuchs entsprechende Anwendung.

§ 1123 Abs. 2 Satz 1 BGB.: Soweit die nach Art. 53 Abs. 2 Satz 2 zu leistende Entschädigungssumme fällig ist, wird sie mit dem Ablauf eines Jahres nach dem Eintritte der Fälligkeit von der Haftung frei, wenn nicht vorher die Beschlagnahme zu Gunsten des berechtigten Dritten erfolgt.*

§ 1124 Abs. 1, 3 BGB.: Wird die nach Art. 53 Abs. 2 Satz 2 zu leistende Entschädigungssumme eingezogen, bevor*

sie zu Gunsten des berechtigten Dritten in Beschlag genommen worden ist, oder wird vor der Beschlagnahme in anderer Weise über sie verfügt, so ist die Verfügung dem berechtigten Dritten gegenüber wirksam. Besteht die Verfügung in der Uebertragung der Forderung auf einen Dritten, so erlischt die Haftung der Forderung; erlangt ein Dritter ein Recht an der Forderung, so geht es der Hypothek im Range vor.

Der Uebertragung der Forderung auf einen Dritten steht es gleich, wenn das Grundstück ohne die Forderung veräussert wird.

§ 1128 BGB.: Der Verpflichtete kann die Entschädigungssumme mit Wirkung gegen den berechtigten Dritten an den Eigenthümer erst zahlen, wenn er oder der Eigenthümer die Enteignung dem berechtigten Dritten angezeigt hat und seit dem Empfange der Anzeige ein Monat verstrichen ist. Der berechtigte Dritte kann bis zum Ablaufe der Frist dem Entschädigungspflichtigen gegenüber der Zahlung widersprechen. Die Anzeige darf unterbleiben, wenn sie unthunlich ist; in diesem Falle wird der Monat von dem Zeitpunkt an berechnet, in welchem die Entschädigungssumme fällig wird.*

Im Uebrigen finden die für eine verpfändete Forderung geltenden Vorschriften Anwendung; der Entschädigungspflichtige kann sich jedoch nicht darauf berufen, dass er ein aus dem Grundbuch ersichtliches Recht nicht gekannt habe.

Eigenthumsbeschränkungen im öffentlichen Interesse.

Art. 111 EG. z. BGB.: Unberührt bleiben die landesgesetzlichen Vorschriften, welche im öffentlichen Interesse das Eigenthum in Ansehung thatsächlicher Verfügungen beschränken.

Kirchen- und Schulbaulast.

Art. 132 EG. z. BGB.: Unberührt bleiben die landesgesetzlichen Vorschriften über die Kirchenbaulast und die Schulbaulast.

Kirchenstühle, Begräbnissstätten.

Art. 133 EG. z. BGB.: Unberührt bleiben die landesgesetzlichen Vorschriften über das Recht zur Benutzung eines Platzes in einem dem öffentlichen Gottesdienste gewidmeten Gebäude oder auf einer öffentlichen Begräbnissstätte.

Beweiskraft von Geburts- und Sterbeurkunden.

§ 16 Nr. 1 EG. z. CPO.: Unberührt bleiben die Vorschriften des bürgerlichen Rechts über die Beweiskraft der Beurkundung des bürgerlichen Standes in Ansehung der Erklärungen, welche über Geburten und Sterbefälle von den zur Anzeige gesetzlich verpflichteten Personen abgegeben werden.

1. Zu Art. 1 vgl. Art. 55 EG. z. BGB., Staudinger Komm. und insbesondere die ausführliche Abhandlung in Böhm-Klein, Komm. z. BGB. und Henle-Schneider, die bayerischen AG. z. BGB.

2. Die Vorschriften des **bürgerlichen Rechtes** sind genannt im Gegensatz zu denen des öffentlichen Rechts. „Bürgerliches" Recht bedeutet hier „materielles" Recht.

3. Soweit örtliche Verordnungen und Herkommen in Betracht kommen, die sich auf die in Abs. 1 aufrecht erhaltenen Gesetze beziehen, bleiben dieselben schon auf Grund der Vorschrift des Abs. 1 in Kraft.

Abs. 2 hält daher diejenigen örtlichen Verordnungen u. s. w. aufrecht, auf welche entweder

a) in der Verfassungsurkunde oder in den später erlassenen, in Kraft bleibenden Gesetzen oder

b) in dem Ausführungsgesetze selbst Bezug genommen ist, und zwar ohne Unterschied, ob die örtlichen Verordnungen u. s. w. aus der Zeit vor oder nach 1818 stammen.

Volljährigkeitserklärung.

Art. 2. Für die Volljährigkeitserklärung ist das Staatsministerium der Justiz zuständig.

I. 1 (E. 2), 17 Begr., 163 (Z. I 2), 312 (Z. ^{II} 2). II. 39 — Becher IV. V. ^{I} 7, *40*, *200*, 676, 708, *755*. IV. V. ^{III} 2.

Bekanntmachung vom 24. Dezember 1899 die Volljährigkeitserklärung betr. (JMBl. 1900 S. 108):

Zum Vollzuge des Artikel 2 des Ausführungsgesetzes zum Bürgerlichen Gesetzbuch vom 9. Juni 1899 werden die nachstehenden Ausführungsvorschriften erlassen.

§ 1. Der Antrag auf Volljährigkeitserklärung ist bei dem Vormundschaftsgerichte zu stellen.

§ 2. In dem Antrage sind die Thatsachen zu bezeichnen, durch die der Antrag begründet werden soll.

§ 3. Das Vormundschaftsgericht hat zu ermitteln, ob die Voraussetzungen der Volljährigkeitserklärung (§§ 3 bis 5 des BGB.) gegeben sind. Insbesondere soll es die Verwandten und Verschwägerten des Mündels nach § 1847 des BGB. hören, die Leumunds- und Vermögensverhältnisse des Minderjährigen feststellen und ermitteln, ob der Minderjährige die Reife besitzt, die verbürgt, dass er seine Angelegenheiten mit genügender Umsicht selbständig besorgen werde.

§ 4. Der Antrag ist mit den Ermittelungen und den etwaigen Vormundschaftsakten von dem Vormundschaftsgerichte dem Staatsanwalte bei dem Landgericht und von diesem durch die Vermittelung des Oberstaatsanwalts dem Staatsministerium der Justiz vorzulegen.

Die genannten Behörden haben sich über den Antrag gutachtlich zu äussern; das Gutachten hat sich auch darauf zu erstrecken, welche Gebühr für die Entscheidung über den Antrag nach den Vermögensverhältnissen des Minderjährigen angemessen erscheint.

1. Vgl. §§ 3 bis 5 BGB., Art. 147 EG. z. BGB.

2. Gemäß § 196 FGG. finden die in dem I. Abschnitte des FGG. für die Gerichte gegebenen Vorschriften keine Anwendung und tritt die Verfügung, durch welche der Minderjährige für volljährig erklärt wird, mit der Bekanntmachung an den Minderjährigen in Wirksamkeit.

3. Gebühr: Art. 220 Ziff. 1 des Gesetzes über das Gebührenwesen.

Namensänderungen.

Art. 3. Der Familienname kann, soweit nicht ein Anderes vorgeschrieben ist, nur mit Bewilligung des Königs geändert werden.

Zu einer Aenderung des Vornamens ist die Bewilligung der zuständigen Behörde erforderlich.

Die Ausführungsbestimmungen werden von den zuständigen Staatsministerien erlassen.

I. 155, 157 Begr., 164 (Z. I 1a), 295, 312 (Z. II 2a). II. 387, 425, 535 — Becher IV. V. I 596, *600, 608*, 676, *708, 754, 891, 930*. IV. V. III 2.

I. Kgl. Allerh. Verordnung vom 24. Dezember 1899 zur Ausführung des BGB. und seiner Nebengesetze (Zuständigkeitsverordnung) [G. u. VBl. 1899 S. 1229. JMBl. 1900 S. 97]:

Namensänderungen.

§ 1. Ueber Gesuche um die Bewilligung zur Aenderung des Familiennamens hat das Staatsministerium des Innern im Benehmen mit dem Staatsministerium der Justiz und, wenn es sich um einen adeligen Namen handelt, das Staatsministerium des Königlichen Hauses und des Aeussern im Benehmen mit den genannten Staatsministerien Uns zu berichten.

§ 2. Die zu einer Aenderung des Vornamens erforderliche Bewilligung wird von der Distriktspolizeibehörde ertheilt, in deren Bezirke der Antragsteller seinen Wohnsitz oder in Ermangelung eines Wohnsitzes seinen Aufenthalt hat. Hat der Antragsteller in Bayern weder seinen Wohnsitz noch seinen Aufenthalt, so ist die Distriktspolizeibehörde der Heimathgemeinde des Antragstellers zuständig. In München ist die Polizeidirektion zuständig.

Die Distriktspolizeibehörde hat sich vor der Entscheidung über das Gesuch mit dem Staatsanwalte bei dem Landgerichte zu benehmen.

§ 3. Die erforderlichen Ausführungsbestimmungen werden von den Staatsministerien der Justiz und des Innern gemeinschaftlich erlassen.

In Ansehung von adeligen Namen werden die erforderlichen Ausführungsbestimmungen vom Staatsministerium des Königlichen Hauses und des Aeussern erlassen.

Erklärungen über den Familiennamen.

§ 15. Nimmt eine geschiedene Frau auf Grund des § 1577 Abs. 2 des Bürgerlichen Gesetzbuchs ihren Familiennamen oder, falls sie vor der Eingehung der geschiedenen Ehe verheirathet war, den Namen, den sie zur Zeit der Eingehung dieser Ehe hatte, wieder an, so ist zur Entgegennahme der hierauf gerichteten Erklärung die Distriktspolizeibehörde zuständig, in deren Bezirke die Frau ihren Wohnsitz oder in Ermangelung eines im Deutschen Reiche gelegenen Wohnsitzes ihren Aufenthalt hat.

§ 16. Untersagt der Mann auf Grund des § 1577 Abs. 3 des Bürgerlichen Gesetzbuchs der von ihm geschiedenen Frau die Führung seines Namens, so ist zur Entgegennahme der hierauf gerichteten Erklärung die Distriktspolizeibehörde zuständig, in deren Bezirke der Mann seinen Wohnsitz oder in Ermangelung eines im Deutschen Reiche gelegenen Wohnsitzes seinen Aufenthalt hat.

§ 17. Ist nach § 1575 des Bürgerlichen Gesetzbuchs die eheliche Gemeinschaft aufgehoben, so finden die Vorschriften der §§ 15, 16 auf die Wiederannahme des früheren Namens und die Untersagung der Fortführung des Namens entsprechende Anwendung.

§ 18. Ertheilt der Ehemann der Mutter eines unehelichen Kindes dem Kinde mit Einwilligung der Mutter und des Kindes nach § 1706 Abs. 2 des Bürgerlichen Gesetzbuchs seinen Namen, so ist zur Entgegennahme der hierauf gerichteten Erklärung die Distriktspolizeibehörde zuständig, in deren Bezirke der Ehemann seinen Wohnsitz oder in Ermangelung eines im Deutschen Reiche gelegenen Wohnsitzes seinen Aufenthalt hat.

§ 19. Zur Entgegennahme der in den §§ 15—18 bezeichneten Erklärungen ist in München die Polizeidirektion zuständig.

II. Bekanntmachung vom 27. Dezember 1899 Namensänderungen betr. (G. u. VBl. 1899 S. 1241. JMBl. 1899 S. 853):

Zum Vollzuge des Art. 3 des Ausführungsgesetzes zum Bürgerlichen Gesetzbuche vom 9. Juni 1899 und der §§ 1—3 und 15—19 der Allerhöchsten Verordnung vom 24. Dezember 1899 zur Ausführung des Bürgerlichen Gesetzbuchs und seiner Nebengesetze (Zuständigkeitsverordnung) werden nachstehende Anordnungen getroffen:

I.

Aenderung des Familiennamens.

A. Fälle, in welchen zur Aenderung des Familiennamens die Allerhöchste landesherrliche Genehmigung nicht erforderlich ist.

§ 1. Nach Artikel 3 Abs. 1 des Ausführungsgesetzes zum Bürgerlichen Gesetzbuche kann der Familiennamen, soweit nicht ein Anderes vorgeschrieben ist, nur mit Bewilligung des Königs geändert werden.

Die anderen Vorschriften, auf welche hier Bezug genommen wird, finden sich im Bürgerlichen Gesetzbuch und beziehen sich

1. auf Fälle, in welchen die Aenderung des Familiennamens kraft Gesetzes eintritt,

2. auf Fälle, in welchen der Eintritt dieser Aenderung an die Abgabe einer Erklärung gegenüber der zuständigen Behörde geknüpft ist.

§ 2. Kraft Gesetzes tritt die Aenderung des Familiennamens ein:

1. durch Verehelichung (BGB. § 1355),

2. durch Legitimation (BGB. § 1719 mit § 1616),

3. durch Ehelichkeitserklärung (BGB. § 1736 mit § 1616),

4. durch Annahme an Kindesstatt (BGB. § 1758),

5. durch Aufhebung der Annahme an Kindesstatt (BGB. § 1772),

6. wenn die eheliche Gemeinschaft nach der Aufhebung (BGB. § 1575) wiederhergestellt wird und die Frau nach der Aufhebung das Recht, den Namen des Mannes zu führen, verloren hatte (BGB. §§ 1577, 1587).

§ 3. Durch Erklärung gegenüber der zuständigen Behörde tritt eine Aenderung des Familiennamens in folgenden Fällen ein:

1. Die geschiedene Frau kann ihren Familiennamen wieder annehmen. War sie vor der Eingehung der geschiedenen Ehe verheirathet, so kann sie auch den Namen wieder annehmen, den sie zur Zeit der Eingehung dieser Ehe hatte, es sei denn, dass sie allein für schuldig erklärt ist. Die Wiederannahme des Namens erfolgt durch Erklärung gegenüber der zuständigen Behörde; die Erklärung ist in öffentlich beglaubigter Form abzugeben (BGB. § 1577 Abs 2).

Zur Entgegennahme der Erklärung ist die Distriktspolizeibehörde zuständig, in deren Bezirke die Frau ihren Wohnsitz oder in Ermangelung eines im Deutschen Reiche gelegenen Wohnsitzes ihren Aufenthalt hat (Zuständigkeitsverordnung § 15).

2. Ist die geschiedene Frau allein für schuldig erklärt, so kann der Mann ihr die Führung seines Namens untersagen. Die Untersagung erfolgt durch Erklärung gegenüber der zuständigen Behörde; die Erklärung ist in öffentlich beglaubigter

Form abzugeben. Die Behörde soll der Frau die Erklärung mittheilen. Mit dem Verluste des Namens des Mannes erhält die Frau ihren Familiennamen wieder (BGB. § 1577 Abs. 3).

Zur Entgegennahme der Erklärung ist die Distriktspolizeibehörde zuständig, in deren Bezirke der Mann seinen Wohnsitz oder in Ermangelung eines im Deutschen Reiche gelegenen Wohnsitzes seinen Aufenthalt hat (Zuständigkeitsverordnung § 16).

3. Die unter Ziffer 1 und 2 aufgeführten Vorschriften gelten in Ansehung des Namens der Frau, auch wenn die eheliche Gemeinschaft nach § 1575 des Bürgerlichen Gesetzbuchs aufgehoben ist (BGB. § 1586, Zuständigkeitsverordnung § 17).

4. Der Ehemann der Mutter eines unehelichen Kindes kann durch Erklärung gegenüber der zuständigen Behörde dem Kinde mit Einwilligung des Kindes und der Mutter seinen Namen ertheilen; die Erklärung des Ehemanns sowie die Einwilligungserklärungen des Kindes und der Mutter sind in öffentlich beglaubigter Form abzugeben (BGB. § 1706 Abs. 2).

Zur Entgegennahme der Erklärung des Ehemanns ist die Distriktspolizeibehörde zuständig, in deren Bezirke der Ehemann seinen Wohnsitz oder in Ermangelung eines im Deutschen Reiche gelegenen Wohnsitzes seinen Aufenthalt hat (Zuständigkeitsverordnung § 18).

In München ist zur Entgegennahme der in den Ziffern 1 bis 4 bezeichneten Erklärungen die k. Polizeidirektion zuständig (Zuständigkeitsverordnung § 19).

§ 4. Die im § 3 bezeichneten Erklärungen sind zum Protokolle der Distriktspolizeibehörde abzugeben oder schriftlich bei ihr einzureichen. Im letzteren Falle muss die Unterschrift durch einen Notar beglaubigt sein. Wird die Unterschrift ausserhalb Bayerns beglaubigt, so bestimmt sich die Form der Beglaubigung nach den für den Ort der Beglaubigung geltenden Vorschriften.

Ist die Person, deren Namen durch eine der vorbezeichneten Erklärungen geändert wird, minderjährig oder bevormundet, so hat die Distriktspolizeibehörde dem Vormundschaftsgerichte Mittheilung zu machen.

B. Fälle, in welchen zur Aenderung des Familiennamens die Allerhöchste landesherrliche Genehmigung erforderlich ist.

§ 5. Abgesehen von den vorstehend unter A aufgeführten Fällen ist gemäss Artikel 3 Abs. 1 des Ausführungsgesetzes zum Bürgerlichen Gesetzbuche zur Aenderung des Familiennamens die Allerhöchste landesherrliche Bewilligung erforderlich.

Hinsichtlich dieser Namensänderungen ist Folgendes zu beachten:

§ 6. Die Bestimmung in Artikel 3 Abs. 1 des Ausführungsgesetzes zum Bürgerlichen Gesetzbuche bezieht sich nur auf solche Personen, welche die bayerische Staatsangehörigkeit besitzen.

Als Aenderung des Familiennamens ist auch die Aenderung der Schreibweise sowie die Beifügung eines weiteren Namens oder eines sonstigen Zusatzes anzusehen.

§ 7. Gesuche um die Bewilligung zur Aenderung des Familiennamens sind bei der Distriktspolizeibehörde, in deren Bezirke der Gesuchsteller seinen Wohnsitz oder in Ermangelung eines Wohnsitzes seinen Aufenthalt hat, schriftlich einzureichen oder zu Protokoll zu erklären. Hat der Gesuchsteller in Bayern weder seinen Wohnsitz noch seinen Aufenthalt, so ist die Distriktspolizeibehörde der Heimathgemeinde des Gesuchstellers zuständig. In München ist die k. Polizeidirektion zuständig.

§ 8. Das Gesuch ist zu begründen.

Dem Gesuche sind beizulegen:

1. der Nachweis der bayerischen Staatsangehörigkeit,

2. ein beglaubigter Auszug aus dem Geburtsregister,

3. wenn um die Aenderung des Familiennamens einer verheiratheten Person nachgesucht wird, ein beglaubigter Auszug aus dem Heirathsregister.

§ 9. Die Distriktspolizeibehörde hat über das Gesuch

1. die Heimathgemeinde,

2. diejenigen Personen zu vernehmen, von welchen sie annimmt, dass sie an der Aenderung ein Interesse haben.

Sie hat ferner behufs Würdigung der Gebührenfrage über die Vermögens-, Einkommens- und Erwerbsverhältnisse des Gesuchstellers die erforderlichen Erhebungen zu pflegen.

§ 10. Soll der Namen eines Minderjährigen oder Bevormundeten geändert werden, so hat die Distriktspolizeibehörde nach Beendigung der Vernehmungen die Verhandlungen dem Vormundschaftsgerichte zur Aeusserung zu übersenden.

§ 11. Nach der Beendigung des Verfahrens hat die Distriktspolizeibehörde die Verhandlungen der k. Regierung, Kammer des Innern, unter gutachtlicher Aeusserung über das Gesuch und über die Gebühr vorzulegen.

§ 12. Die k. Regierung, Kammer des Innern, hat zunächst die Verhandlungen dem Oberstaatsanwalte bei dem Oberlandesgerichte zur Aeusserung mitzutheilen.

Dieser hat sich nach Anhörung des Amtsgerichts und des Staatsanwalts bei dem Landgericht über das Gesuch zu äussern.

Die k. Regierung hat sodann die Verhandlungen dem k. Staatsministerium des Innern unter gutachtlicher Aeusserung über das Gesuch und über die Gebühr vorzulegen.

§ 13. Von der über das Gesuch getroffenen Entscheidung hat die Distriktspolizeibehörde den Gesuchsteller schriftlich zu verständigen.

Handelt es sich um die Aenderung des Namens einer minderjährigen oder bevormundeten Person, so hat die Distriktspolizeibehörde von der getroffenen Entscheidung dem Vormundschaftsgerichte Mittheilung zu machen.

II.
Aenderung des Vornamens.

§ 14. Nach Artikel 3 Abs. 2 des Ausführungsgesetzes zum Bürgerlichen Gesetzbuch ist zu einer Aenderung des Vornamens die Bewilligung der zuständigen Behörde erforderlich.

Diese Bestimmung bezieht sich nur auf solche Personen, welche die bayerische Staatsangehörigkeit besitzen.

§ 15. Die zu einer Aenderung des Vornamens erforderliche Bewilligung wird von der Distriktspolizeibehörde ertheilt, in deren Bezirke der Antragsteller seinen Wohnsitz oder in Ermangelung eines Wohnsitzes seinen Aufenthalt hat. Hat der Antragsteller in Bayern weder seinen Wohnsitz noch seinen Aufenthalt, so ist die Distriktspolizeibehörde der Heimatgemeinde des Antragstellers zuständig. In München ist die kgl. Polizeidirektion zuständig. (Zuständigkeitsverordnung § 2 Abs. 1.)

§ 16. Gesuche um die Bewilligung zur Aenderung des Vornamens sind bei der nach § 15 zuständigen Distriktspolizeibehörde schriftlich einzureichen oder zu Protokoll zu erklären.

Das Gesuch ist zu begründen.

Dem Gesuche sind beizulegen:

1. der Nachweis der bayerischen Staatsangehörigkeit,
2. ein beglaubigter Auszug aus dem Geburtsregister.

§ 17. Die Distriktspolizeibehörde hat über das Gesuch

1. die Heimatgemeinde,
2. diejenigen Personen zu vernehmen, von welchen sie annimmt, dass sie an der Aenderung ein Interesse haben.

Sie hat ferner behufs Würdigung der Gebührenfrage über die Vermögens-, Einkommens- und Erwerbsverhältnisse des Gesuchstellers die erforderlichen Erhebungen zu pflegen.

§ 18. Soll der Vornamen eines Minderjährigen oder Bevormundeten geändert werden, so hat die Distriktspolizeibehörde nach Beendigung der Vernehmungen die Verhandlungen dem Vormundschaftsgerichte zur Aeusserung zu übersenden.

§ 19. Vor der Entscheidung hat die Distriktspolizeibehörde dem Staatsanwalte bei dem Landgerichte die Verhandlungen zur Aeusserung mitzutheilen. (Zuständigkeitsverordnung § 2 Abs. 2.)

Dieser hat sich nach Anhörung des Amtsgerichts über das Gesuch zu äussern.

§ 20. Von der über das Gesuch getroffenen Entscheidung hat die Distriktspolizeibehörde den Gesuchsteller schriftlich zu verständigen.

Handelt es sich um die Aenderung des Vornamens einer minderjährigen oder bevormundeten Person, so hat die Distriktspolizeibehörde von der getroffenen Entscheidung dem Vormundschaftsgerichte Mittheilung zu machen.

III.

Gebühren.

§ 21. Für die Erklärung, dass die geschiedene Frau den Familiennamen wieder annimmt oder dass der Ehemann der geschiedenen Frau die Führung des Namens untersagt (BGB. § 1577), wird gemäss Artikel 221 des Gebührengesetzes eine Gebühr von 3—50 Mark erhoben.

Das Gleiche gilt für die Erklärung des Mannes der Mutter eines unehelichen Kindes, dass er dem Kinde seinen Namen ertheile. (BGB. § 1706).

§ 22. Für die Genehmigung der Aenderung eines Familiennamens, einschliesslich des vorangegangenen Verfahrens, wird vorbehaltlich der Bestimmung des Artikel 242 des Gebührengesetzes (Bewilligung zur Aenderung adeliger Namen) gemäss Artikel 220 Abs. 1 Ziff. 1 des Gebührengesetzes eine Gebühr von 20—200 Mark erhoben.

Diese Gebühr wird nach Artikel 220 Abs. 2 des Gebührengesetzes im Falle der Abweisung des Gesuchs nur zur Hälfte und, wenn dasselbe noch vor Erlass der Entscheidung zurückgenommen wird, zu zwei Zehntheilen erhoben.

§ 23. Für die Gebührenbewerthung der Verhandlungen über Gesuche um die Bewilligung zur Aenderung des Vornamens kommen die Vorschriften der Artikel 198 und ff. und die allgemeinen Bestimmungen des Gebührengesetzes zur Anwendung.

IV.

Vermerke in den Standesregistern.

§ 24. Die Distriktspolizeibehörde hat über jede Namensänderung, die nicht kraft Gesetzes eintritt, dem Standesbeamten, in dessen Register die Geburt der Person, deren Namen geändert ist, und bei Verheiratheten auch dem Standesbeamten, in dessen Register die Eheschliessung beurkundet ist, Mittheilung zu machen.

Der Standesbeamte hat die Namensänderung am Rande der Geburtsurkunde und bei Verheiratheten auch am Rande der Heirathsurkunde zu vermerken, die Mittheilung der Distriktspolizeibehörde dem Sammelakt einzuverleiben und das alphabetische Verzeichniss zu vervollständigen. Der Vermerk ist auch im Nebenregister einzutragen. Ist das Nebenregister schon an das Amtsgericht abgegeben, so hat der Standesbeamte über die Eintragung des Vermerkes dem Amtsgerichte zu berichten. In der Pfalz hat der Amtsrichter den Bericht dem Staatsanwalte bei dem Landgerichte vorzulegen.

V.

Bekanntmachung der genehmigten Namensänderungen.

§ 25. „Die genehmigten Aenderungen von Familiennamen werden im Amtsblatte des k. Staatsministeriums des Innern und im Kreisamtsblatte, die genehmigten Aenderungen von Vornamen im Kreisamtsblatte bekannt gemacht.

VI.

Uebergangsbestimmung.

§ 26. Auf die am 1. Januar 1900 anhängigen Gesuche finden die neuen Vorschriften Anwendung.

Vereine.

Art. 4. Für die Entziehung der Rechtsfähigkeit eines Vereins nach § 43 des Bürgerlichen Gesetzbuchs und für die Erhebung des Einspruchs gegen die Eintragung eines Vereins oder einer Aenderung der Satzung in das Vereinsregister nach § 61 Abs. 2 und § 71 Abs. 2 des Bürgerlichen Gesetzbuchs ist die Distriktspolizeibehörde, in München die Polizeidirektion, zuständig. Gegen den Beschluß auf Entziehung der Rechtsfähigkeit sowie gegen den Einspruch findet binnen einer Frist von zwei Wochen Beschwerde an die Regierung, Kammer des Innern, statt. Gegen die Entscheidung der Regierung ist weitere Beschwerde an den Verwaltungsgerichtshof zulässig. Für die Beschwerde an den Verwaltungsgerichtshof gelten die Vorschriften des Artikel 45 Abs. 2, 3 des Gesetzes vom 8. August 1878, betreffend die Errichtung eines Verwaltungsgerichtshofes und das Verfahren in Verwaltungsrechtssachen.

1. 1 (E. 3), 17 Begr., 164 (Z.I 3), 312 (Z.II 3). II. 44, 383, 388 — Becher IV. V.I 7, *40*, *210*, 591, 677, *708*, *756*. IV. V.III 2.

§ 43 BGB: Dem Vereine kann die Rechtsfähigkeit entzogen werden, wenn er durch einen gesetzwidrigen Beschluss der Mitgliederversammlung oder durch gesetzwidriges Verhalten des Vorstandes das Gemeinwohl gefährdet.

Einem Vereine, dessen Zweck nach der Satzung nicht auf einen wirthschaftlichen Geschäftsbetrieb gerichtet ist, kann die Rechtsfähigkeit entzogen werden, wenn er einen solchen Zweck verfolgt

Einem Vereine, der nach der Satzung einen politischen, sozialpolitischen oder religiösen Zweck nicht hat, kann die Rechtsfähigkeit entzogen werden, wenn er einen solchen Zweck verfolgt.

Einem Vereine, dessen Rechtsfähigkeit auf Verleihung beruht, kann die Rechtsfähigkeit entzogen werden, wenn er einen anderen als den in der Satzung bestimmten Zweck verfolgt.

§ 61 Abs. 2 BGB: Die Verwaltungsbehörde kann gegen die Eintragung Einspruch erheben, wenn der Verein nach dem öffentlichen Vereinsrecht unerlaubt ist oder verboten werden kann oder wenn er einen politischen, sozialpolitischen oder religiösen Zweck verfolgt.

§ 71 BGB.: Aenderungen der Satzung bedürfen zu ihrer Wirksamkeit der Eintragung in das Vereinsregister. Die Aenderung ist von dem Vorstande zur Eintragung anzumelden. Der Anmeldung ist der die Aenderung enthaltende Beschluss in Urschrift und Abschrift beizufügen.

Die Vorschriften der §§ 60 bis 64 und des § 66 Abs. 2 *(hier: des § 61 Abs. 2)* finden entsprechende Anwendung.

Art. 45 Abs. 2*, 3 VGG.: Die Beschwerden müssen innerhalb einer unerstrecklichen Frist von 14 Tagen, von Eröffnung der betreffenden Verfügung an gerechnet, bei derjenigen Behörde eingelegt werden, welche den beschwerenden Beschluss erlassen hat.

Die Behandlung dieser Beschwerden beim Verwaltungsgerichtshofe bemisst sich nach den für das Verfahren des Verwaltungsgerichtshofes in Verwaltungsrechtssachen geltenden Bestimmungen.

1. Von der Bestimmung des Art. 4 werden auch die zur Zeit des Inkrafttretens des BGB. auf Grund des Gesetzes vom 29. April 1869, die privatrechtliche Stellung von Vereinen betr., bestehenden anerkannten Vereine betroffen (Art. 1 ÜG).

2. Für die Beschwerde gelten auch die Bestimmung der k. Deklaration vom 15. Juni 1898, die Wahrung der Beschwerdefristen in Verwaltungsrechtssachen betr. (G. u. V.-Bl. S. 294), wonach die Beschwerdefrist auch dann als gewahrt anzusehen ist, wenn die Beschwerde innerhalb der gesetzlichen Frist bei der unrichtigen Instanz angebracht wurde.

3. Hinsichtlich der Verleihung der Rechtsfähigkeit an Vereine, deren Zweck auf einen wirthschaftlichen Geschäftsbetrieb gerichtet ist, gilt § 4 der Zuständigkeitsverordnung vom 24. Dezember 1899. (G. u. VBl. S. 1229.)

Stiftungen.

Art. 5. Erlischt eine Stiftung des bürgerlichen Rechtes, so fällt das Stiftungsvermögen in Ermangelung eines anderen

Anfallberechtigten an den Fiskus. Die Vorschrift des Titel IV § 9 Abs. 4 der Verfassungsurkunde bleibt unberührt.

I. 1 (E. 4), 17 Begr., 164 (Z.^{I} 4), 312 (Z.^{II} 4). II. 45, 383, 388 — Becher IV. V.^{I} 8, *41*, *212*, 591, 677, *708*, *757*, *891*. IV. V.^{III} 2.

Titel IV § 9 Abs. 4 der Verfassungsurkunde: Allen Religionstheilen ohne Ausnahme ist das Eigenthum der Stiftungen und der Genuss ihrer Renten nach den ursprünglichen Stiftungsurkunden und dem rechtmässigen Besitze, sie seien für den Kultus, den Unterricht oder die Wohlthätigkeit bestimmt, vollständig gesichert.

1. Das BGB. unterscheidet zwischen Stiftungen des bürgerlichen und Stiftungen des öffentlichen Rechtes. Die ersteren sind in den §§ 80 bis 88 BGB. geregelt, hinsichtlich der letzteren sind im § 89 BGB. einige Bestimmungen getroffen. Der Unterschied selbst ist aber im BGB. nicht festgelegt. In den Protokollen der II. Kommission S. 1168 wird als Stiftung des bürgerlichen Rechtes jede Stiftung bezeichnet, welche auf einem Privatrechtsgeschäfte beruht, es müßte denn sein, daß sie nach ihrer besonderen Beschaffenheit dem Organismus des Staates oder der Kirche dergestalt eingefügt ist, daß sie aus diesem Grunde unter die Kategorie der öffentlich-rechtlichen Stiftungen fällt. Die durch einen Staatsakt begründeten Stiftungen sind dagegen immer als öffentlich-rechtliche Stiftungen zu betrachten (vgl. Planck, Komm. z. BGB. § 89 Note 1 Abs. 2). Diese Unterscheidung deckt sich aber nicht mit der für das bayerische Recht in Geltung gekommenen Unterscheidung zwischen öffentlichen Stiftungen und reinen Privatstiftungen (I. 106 Becher IV. V.^{II} 77). Nach der herrschenden Auffassung wird als öffentliche Stiftung des bayerischen Rechts jede Stiftung angesehen, mit deren Zweck sich ein öffentliches Interesse verknüpft.

Für die Auslegung des Art. 5 kann natürlich nur die Auffassung des BGB. maßgebend sein.

2. Zufolge der Vorschrift des Art. 5 finden nach § 88 BGB. die Vorschriften des § 46 BGB. entsprechende Anwendung, d. h. es finden die Vorschriften über eine dem Fiskus als gesetzlichem Erben angefallene Erbschaft entsprechende Anwendung, ferner hat der Fiskus das Vermögen thunlichst in einer den Zwecken der Stiftung entsprechenden Weise zu verwenden. Die Beschwerde gegen eine Entscheidung über die Verwendung des Stiftungsvermögens geht in letzter Instanz nicht an den Verwaltungsgerichtshof, sondern an das Ministerium.

3. Bezüglich der unter gemeindlicher Verwaltung stehenden Stiftungen vgl. Art. 67 bezw. 51 Gde.O. in der Fassung der Art. 158, 159 AG. z. BGB.

4. Nach § 5 der Zuständigkeitsverordnung (s. Anhang) ist die Ertheilung der zur Entstehung einer rechtsfähigen Stiftung erforderlichen Genehmigung der kgl. Entschließung vorbehalten.

Art. 6. Für den Vollzug von Stiftungsbestimmungen und für die Aufsicht über die Stiftungen sind, unbeschadet der Zuständigkeit des Verwaltungsgerichtshofs, die Verwaltungsbehörden zuständig, sofern nicht die Stiftung ausschließlich privaten Zwecken dient.

I. 295, 313 (Z.^{II} 4 a). II. 585 — Becher IV. V.^{I} *892, 930*. IV. V.^{III} 2.

1. Maßgebend ist der Zweck der Stiftung. Die Vorschriften des BGB. sind daher hinsichtlich der Zuständigkeit für den Vollzug der Stiftungsbestimmungen und für die Aufsicht über die Stiftung ohne Einfluß. Für die Auslegung des Art. 6 gibt vielmehr ausschließlich die bayerisch-rechtliche Unterscheidung zwischen rein privaten und öffentlichen Stiftungen Maß (vgl. auch Art. 5 Note 1). Art. 6 findet daher keine Anwendung, wenn die Stiftung ausschließlich privaten Zwecken dient. Damit ist zugleich die bayerisch-rechtliche Unterscheidung zwischen rein privaten und öffentlichen Stiftungen präzisirt.

2. Welche Verwaltungsbehörden zuständig sind, bemißt sich nach den bisherigen Bestimmungen, insbesondere der Formationsverordnung vom 9. Dezember 1825, Art. 65 ff. der Gemeindeordnung für die Landestheile diesseits des Rheins vom 29. April 1869 u. a.

3. Vgl. Art. 8 Ziff. 35 des Gesetzes über die Errichtung eines Verwaltungsgerichtshofes und das Verfahren in Verwaltungsrechtssachen vom 8. August 1878, wonach alle bestrittenen Rechtsansprüche und Verbindlichkeiten, welche Rechtsansprüche auf den Genuß oder Mitgenuß von Stiftungen oder Rechte im Betreff der Stiftungsverwaltung oder der Verleihung des Stiftungsgenusses betreffen, Verwaltungsrechtssachen sind.

Beschränkungen des Erwerbes juristischer Personen.

Art. 7. Schenkungen oder Zuwendungen von Todeswegen an geistliche Gesellschaften bedürfen zu ihrer Wirksamkeit dem vollen Betrage nach der landesherrlichen Genehmigung, wenn sie Gegenstände im Werthe von mehr als zehntausend Mark betreffen.

Der Berechnung des Werthes wiederkehrender Leistungen wird ein Zinssatz von vier vom Hundert zu Grunde gelegt.

I. 1 (E. 1), 17 Begr., 163 (Z.^{I} 1), 305, 312 (Z.^{II} 1), 585, 673, 715. II. 13, 387, 868 — Becher IV. V.^{I} 7, *39, 157*, 591, 676, *702, 746*, 884, 925, *929*. IV. V.^{III} 2, 14, 15, *25*, 243, *244*, 276, *277*^{4}, 277^{30}, *279*, 313, *314, 345*, 359, *360, 361*.

1. Die Vorschriften der Art. 7 bis 10 beruhen auf dem Vorbehalt des Art. 86, 88 EG. z. BGB. Dagegen wurde von dem Vorbehalt des Art. 87 EG. z. BGB., wonach die Wirksamkeit von Schenkungen an Mitglieder religiöser Orden oder ordensähnlicher Kongregationen (an die sog. Religiosen) sowie der Erwerb derselben von Todeswegen von staatlicher Genehmigung abhängig gemacht werden kann, kein Gebrauch gemacht.

In Folge der Vorschrift des Art. 1, in welchen Art. 86 EG. z. BGB. nicht aufgenommen ist, sind die bisherigen Amortisationsgesetze beseitigt. An deren Stelle treten die Vorschriften der Art. 7 bis 10.

Rückwirkende Kraft kommt den Bestimmungen der Art. 7 ff. nicht zu.

2. Schenkungen: vgl. § 516 ff. BGB.; Zuwendungen von Todeswegen: vgl. §§ 1937, 1939, 1940, 1941 BGB.

3. Der Begriff der geistlichen Gesellschaften ist im Sinne des § 76 Abs. 2 lit. c der II. Verfassungsbeilage zu verstehen. Hiernach fallen darunter namentlich die Klöster, die ordensähnlichen Kongregationen und die selbständigen Bruderschaften, dagegen nicht die geistlichen Institute (Priesterseminarien), die bischöflichen mensae, Domkapitel, Kirchen- und Pfründestiftungen, auch nicht die Diakonissenanstalten, wenigstens nicht nach ihrer bisherigen Verfassung.

4. Genehmigung: vgl. § 184 BGB. Hinsichtlich der Auflassung: vgl. § 925 Abs. 2 BGB., § 18 GBO., § 86 der Geschäftsordnung für Notare.

5. Die landesherrliche Genehmigung ist dem vollen Betrage nach erforderlich. Fehlt daher die Genehmigung, so ist die ganze Zuwendung nichtig.

6. Was die Werthsberechnung anlangt, so kommt lediglich der reine Werth in Betracht; bei Erbschaften sind daher die Nachlaßschulden abzuziehen.

Der Werth wiederkehrender Leistungen von unbestimmter Bezugsdauer wird durch Multiplikation des einjährigen Betrags mit 25 ermittelt; dagegen wird der Werth wiederkehrender Leistungen von bestimmter Dauer nach der Hofmann'schen Formel berechnet. Dieselbe lautet: $x = \frac{100 \cdot k}{100 + (4 \cdot z)}$. Hiebei bedeutet: **x** den gegenwärtigen Werth, **k** den Nominalwerth der Jahresleistung, **z** die Zeit nach Jahren ausgedrückt.

Art. 8. Zum Erwerbe von Gegenständen des unbeweglichen Vermögens, deren Werth den Betrag von zehntausend Mark übersteigt, bedürfen geistliche Gesellschaften auch außer dem Falle des Artikel 7 der landesherrlichen Genehmigung.

Zum unbeweglichen Vermögen im Sinne dieser Vorschrift gehören auch Rechte an einem Grundstücke mit Ausnahme der Hypotheken, Grundschulden und Rentenschulden.

I. 1 (E. 1), 17 Begr., 163 (Z.I 1), 305, 312 (Z.II 1), 585, 673, 715. II. 13, 868 — Becher IV. V.I 7 *39, 157*, 591, 676, *702, 746*, 884, 925, *929*. IV. V.III 2, 14, 15, 25, 243, *244*, 276, *277*[4], 277[30], *279*, 313, *314, 345*, 359, *360, 361*.

1. Art. 8 unterscheidet nicht zwischen entgeltlichem und unentgeltlichem Erwerb.

2. Zum unbeweglichen Vermögen im Sinn des Art. 8 gehören das Eigenthum an Grundstücken, das Erbbaurecht (§ 1017 BGB.), Grunddienstbarkeiten (§§ 1018 ff. BGB.), der Nießbrauch an Grundstücken (§§ 1030 BGB.), beschränkte persönliche Grunddienstbarkeiten (§§ 1090 BGB.), insbesondere das Wohnungsrecht (§ 1093 BGB.), Vorkaufsrechte (§§ 1094 ff. BGB.), Reallasten (§§ 1105 ff. BGB.), ferner das Bergwerkseigenthum, die Kuxe des älteren Rechtes, Fischereirechte, Realgewerbeberechtigungen, Nutzungsrechte der im Art. 164, 196 EG. z. BGB. bezeichneten Verbände, sofern für sie nach Landesrecht die sich auf Grundstücke beziehenden Vorschriften Anwendung finden. Nach Henle-Schneider Anm. 4 fällt auch, insoferne die Realisirung der Forderung durch den Art. 8 bedingt ist, auch das obligatorische Rechtsgeschäft, welches auf die Uebertragung des Eigenthums an einem Grundstücke oder auf die Begründung oder Uebertragung eines Rechtes an einem Grundstücke oder auf die Befreiung eines Grundstücks von einem solchen Rechte gerichtet ist, unter die Vorschrift des Art. 8.

Die Ausnahmen des Abs. 3 finden sich auch in anderen Bestimmungen des BGB. z. B. im § 1821 Abs. 2. Jedoch kann auch im Falle des Abs. 3 die Genehmigung nach Art. 7 erforderlich sein.

Art. 9. Die Vorschriften der Artikel 7, 8 erstrecken sich nicht auf die Englischen Fräulein in Bayern.

I. 1 (E. 1), 17 Begr., 163 ($Z.^{I}$ 1), 305, 312 ($Z.^{II}$ 1), 585, 673, 715. II. 13, 868 — Becher IV. $V.^{I}$ 7, *39*, *157*, 591, 676, *702*, *746*, 884, 925, *929*. IV. $V.^{III}$ 2, 14, 15, *25*, 213, *244*, 276, *277^{4}*, 277^{30}, *279*, 313, *314*, *345*, 359, *360*, *361*.

1. Das Privileg steht nur den Englischen Fräulein in Bayern zu.

Art. 10. Die Vorschriften der Artikel 7, 8 finden auf ausländische juristische Personen, die religiöse oder wohlthätige Zwecke oder Zwecke des Unterrichts oder der Erziehung verfolgen, mit der Maßgabe Anwendung, daß die Genehmigung bei einem den Betrag von fünftausend Mark übersteigenden Werthe, im Falle des Erwerbes des Eigenthums an einem Grundstück ohne Rücksicht auf den Werth erforderlich ist.

I. 1 (E. 1), 17 Begr., 163 ($Z.^{I}$ 1), 305, 312 $Z.^{II}$ 1), 585, 673, 715. II. 13, 868 — Becher IV. $V.^{I}$ 7, *39*, *157*, 591, 676, *702*, *746*, 884, 925, *929*. IV. $V.^{III}$ 2, 14, 15, *25*, 243, *244*, 276, *277^{4}*, 277^{30}, *279*, 313, *314*, *345*, 359, *360*, *361*.

1. Art. 10 findet auf ausländische juristische Personen jeder Art, welche religiöse oder wohlthätige Zwecke oder Zwecke des Unterrichts oder der Erziehung verfolgen, Anwendung, ist also nicht auf geistliche Gesellschaften beschränkt.

2. Ausländische juristische Personen sind alle juristischen Personen, welche nicht im Deutschen Reiche ihren Sitz haben.

3. Die Bestimmung, daß ohne Rücksicht auf den Werth die Genehmigung erforderlich ist, bezieht sich nur auf den Erwerb des Eigenthums an Grundstücken und der den Grundstücken gleichgestellten Rechte (z. B. § 1017 BGB.). Hinsichtlich alles übrigen Erwerbs gelten die Vorschriften der Art. 7, 8 mit der Werthgrenze von 5000 Mark.

Zahlungen aus öffentlichen Kassen.

Art. 11. Zahlungen aus öffentlichen Kassen sind, soweit nicht ein Anderes bestimmt ist, an der Kasse in Empfang zu nehmen, welche die Zahlung zu leisten hat.

I. 1 (E. 5), 18 Begr., 164 (Z.^{I} 5), 295, 313 (Z.^{II} 5). II. 48, 383, 389, 538 — Becher IV. V.^{I} 8, *42*, *218*, 592, *611*, 677, *709*, 758, 885, *901*, *934*. IV. V.^{III} 2.

1. Art. 11 enthält eine Ausnahme von der Regel des § 270 BGB. auf Grund des Art. 92 EG. z. BGB. Die Vorschrift des Art. 11 ist aber lediglich dispositiver Natur. Ein Anderes kann insbesondere auch durch die für die Kasse geltenden Verwaltungsvorschriften bestimmt sein; vgl. Bek. vom 1. März 1900 Zahlungen aus den Staatskassen an auswärtige Empfangsberechtigte im Postanweisungsverkehr (JMBl. S. 584).

2. Oeffentliche Kassen sind z. B. die k. Bank und ihre Filialen, die Kassen der Gemeinden und Distrikte, dagegen nicht die Reichsbank.

Aufrechnung gegen Gehälter und Pensionen. Uebertragung von Wittwen- und Waisenbezügen.

Art. 12. Gegen die Ansprüche der Hof-, Staats- und Gemeindebeamten, öffentlichen Diener und Geistlichen auf Gehalt oder Pension können Ansprüche aus dem Amts- oder Dienstverhältnisse sowie die von dem Gehalt oder der Pension zu entrichtenden Steuern oder Umlagen unbeschränkt aufgerechnet werden.

Für die Ansprüche der Hinterbliebenen der im Abs. 1 bezeichneten Bediensteten auf Wittwen- und Waisenbezüge gilt das Gleiche in Ansehung der von den Bezügen zu entrichtenden Steuern oder Umlagen. Die Wittwen- und Waisenbezüge können weder abgetreten noch verpfändet werden.

Auf die Bezüge der Angehörigen des Heeres und deren Wittwen und Waisen finden diese Vorschriften keine Anwendung.

I. 1 (E. 6), 18 Begr., 164 (Z.^{I} 6), 313 (Z.^{II} 6). II. 55 — Becher IV. V.^{I} 8, *42*, *230*, *614*, 677, *710*, *760*. IV. V.^{III} 3.

1. Art. 12 enthält eine Ausnahmebestimmung von der Regel der §§ 394, 400 BGB. und beruht auf dem Vorbehalt des Art. 81 EG. z. BGB.

2. Die Volksschullehrer sind Gemeindebeamte; gegen Tagelohn Angestellte fallen überhaupt nicht unter die Vorschrift des Art. 12, wohl aber auch nicht statusmäßige Beamte.

3. Zu den Ansprüchen aus dem Amts- oder Dienstverhältnisse gehören insbesondere auch die Ansprüche des Staates u. s. w. nach Art. 60 AG. z. BGB.

4. Als Hinterbliebene können nur solche Personen in Betracht kommen, denen nach dem Tode eines der im Abs. 1 bezeichneten Bediensteten ein Anspruch auf Wittwen- oder Waisenbezüge zusteht. Abs. 1 und 2 lassen die Aufrechnung nur bezüglich der von dem Gehalt u. s. w. zu entrichtenden Steuern und Umlagen, also nur bezüglich der Einkommensteuer, und der hiernach zu bemessenden Kreis-, Distrikts- und Gemeindeumlagen zu, dagegen nicht bezüglich anderer Steuern und Umlagen.

Gegen die Ansprüche der Hinterbliebenen können Ansprüche aus dem Amts- oder Dienstverhältnisse des verstorbenen Bediensteten nicht aufgerechnet werden.

5. Hinsichtlich der Pfändung der genannten Ansprüche vgl. § 850 CPO.

6. Auf die in Abs. 3 bezeichneten Personen findet § 19 des Ges. vom 17. Juni 1887 betr. die Fürsorge für die Wittwen und Waisen von Angehörigen des Reichsheeres und der kaiserlichen Marine (RGBl. S. 237) und § 9 des Ges. vom 13. Juni 1895 betr. die Fürsorge für die Wittwen und Waisen der Personen des Soldatenstandes des Reichsheeres und der kaiserlichen Marine vom Feldwebel abwärts (RGBl. S. 261) Anwendung (vgl. Bündnißvertrag vom 23. November 1870).

Bierlieferungsvertrag.

Art. 13. Wird zwischen einem Brauer und einem Wirthe ein Vertrag über die Lieferung von Bier ohne Bestimmung der Menge des zu liefernden Bieres geschlossen, so gilt, soweit nicht ein Anderes vereinbart wird, als Gegenstand des Vertrags der gesammte Bedarf an Bier, der sich in dem Gewerbebetriebe des Wirthes während der Dauer des Vertragsverhältnisses ergibt. Der Wirth ist verpflichtet, den Bedarf ausschließlich von dem Brauer zu beziehen, der Brauer hat dem Wirthe die jeweils verlangten Mengen zu liefern. Ist die Dauer des Vertragsverhältnisses nicht bestimmt, so kann dieses von jedem Theile für den Schluß des Monats September jedes Jahres gekündigt werden.

Geht das Geschäft des einen oder des anderen Theiles durch Rechtsgeschäft unter Lebenden auf einen Dritten über, so hat der bisherige Inhaber dafür einzustehen, daß der neue Inhaber in den Vertrag eintritt.

I. 1 (E. 7), 18 Begr., 165 (Z.[I] 7), 296, 313 (Z.[II] 7). II. 58, 390, 540 — Becher IV. V.[I] 8, *43*, *237*, *614*, 674, 677, *710*, *760*, 925, *938*. IV., V.[III] 3.

1. Art. **13**, **14** betreffen lediglich den zwischen einem Brauer und einem Wirthe, nicht auch den zwischen einem Brauer und anderen Personen, z. B. Flaschenbierhändlern abgeschlossenen Bierlieferungsvertrag, vgl. auch OLG. XVII. S. 269.

2. Die Bestimmung des Art. 13 ist dispositiver Natur („soweit nicht ein Anderes vereinbart ist").

3. Voraussetzung für die Anwendbarkeit des Art. 13 ist, daß die Menge des zu liefernden Bieres nicht bestimmt ist. Dagegen steht nichts im Wege, daß die Bierlieferung für eine bestimmte Zeit, z. B. für ein Fest, bedungen ist. Ebenso wenig ist ein Hinderniß, daß ein Wirth, der verschiedene Sorten Bier, z. B. helles und dunkles Bier, führt, nur bezüglich einer dieser Sorten einen solchen Bierlieferungsvertrag geschlossen hat. Art. 13 gilt dann nur bezüglich der zu liefernden Sorte. Bezüglich der anderen Sorte haben dagegen beide Theile freie Hand.

4. Gekündigt kann jederzeit werden, und zwar noch am 29. September.

5. Die Rechte des Wirthes im Falle mangelhafter Lieferung sind nach den allgemeinen Grundsätzen zu beurtheilen (§§ 326, 361 ff. BGB., §§ 376 ff. HGB.).

6. Abs. 3 findet sowohl dann Anwendung, wenn das Geschäft des Brauers als auch dann, wenn das Geschäft des Wirthes durch Rechtsgeschäft unter Lebenden auf einen Dritten übergeht.

Der Nachfolger tritt nicht von selbst kraft Gesetzes in den Vertrag ein, sondern der bisherige Inhaber ist verpflichtet, dafür zu sorgen, daß der neue Inhaber in den Vertrag eintritt. Erfüllt er diese Verpflichtung nicht, so haftet er kraft des Gesetzes für den dem anderen Theil dadurch entstehenden Schaden. Der bisherige Inhaber genügt jedoch dieser Verpflichtung nicht schon dann, wenn sich ihm gegenüber der neue Inhaber zum Eintritt in den Vertrag verpflichtet, sondern er wird von seiner Haftung nur dadurch befreit, daß der Gegenkontrahent mit dem Eintritt einverstanden ist. Chikanöse Weigerung befreit ihn selbstverständlich ebenfalls von seiner Haftung (§ 226 BGB). Zu vergleichen ist die ähnliche Bestimmung des § 571 BGB.

Will der bisherige Inhaber nicht über das Sudjahr hinaus haften, so muß er für den Schluß des Monats September kündigen.

Wegen der Haftung für die Schulden des bisherigen Inhabers vgl. § 25 HGB.

Geht das Geschäft im Erbgange auf einen Dritten über, so treten die Erben nach § 1932 BGB. in das bestehende Vertragsverhältnis ein.

7. Hinsichtlich der am 1. Januar 1900 bestehenden Bierlieferungsverträge vgl. Art. 4 ÜG.

Art. 14. Ist bei dem Bestehen eines Vertragsverhältnisses der im Artikel 13 Abs. 1 bezeichneten Art der Wirth Eigenthümer des Grundstücks, auf welchem er sein Geschäft betreibt, so kann der Brauer verlangen, daß ihm für den gestundeten oder rückständigen Kaufpreis des gelieferten Bieres eine Sicherungshypothek an dem Grundstücke bestellt wird.

Hat der Wirth noch andere Grundstücke, die mit dem seinem Geschäftsbetriebe dienenden Grundstücke gemeinschaftlich bewirthschaftet werden, so kann die Erstreckung der Sicherungshypothek auf diese Grundstücke verlangt werden, soweit sie erforderlich ist, damit der Betrag des Kaufpreises durch den Werth der Grundstücke doppelt gedeckt wird. Der Werth wird unter Abzug der Belastungen berechnet, die der Sicherungshypothek im Range vorgehen.

I. 2 (E. 8), 18 Begr., 165 (Z.I 8), 314 (Z.II 8). II. 70, 390 — Becher IV. V.I 9. *43, 261, 623*, 678, *711, 764*. IV. V.III 3.

1. Die Anwendbarkeit des Art. 14 setzt ein Vertragsverhältniß der im Art. 13 Abs. 1 bezeichneten Art voraus, sie ist also dann ausgeschlossen, wenn ein Anderes vereinbart, insbesondere die Menge des zu liefernden Bieres bestimmt ist; sie ist ferner im Falle des Art. 13 Abs. 2 ausgeschlossen. Eine weitere Voraussetzung ist, daß der Wirth Eigenthümer des Grundstückes ist, auf welchem er das Wirthschaftsgewerbe betreibt.

2. Bestellt der Wirth die Sicherungshypothek nicht, so kann der Brauer auf Bestellung derselben klagen, und zur Sicherung seines Anspruches gemäß § 883 BGB. die Eintragung einer Vormerkung erwirken.

3. Voraussetzung des Abs. 2 ist, daß die anderen Grundstücke, wie z. B. Wirthschaftsgärten, mit dem dem Geschäftsbetrieb des Wirthes dienenden Grundstücke gemeinschaftlich bewirthschaftet werden. Trifft diese Voraussetzung nicht zu, so kann die Erstreckung der Sicherungshypothek nicht verlangt werden.

4. Bisher wurde zu Gunsten von Brauereihypotheken häufig zugleich ein Belastungs- und Veräußerungsverbot eingetragen. Eine solche Beschränkung des Eigenthümers ist im Hinblick auf § 1136 BGB. nichtig; dagegen steht nichts im Wege, daß für den Fall der Veräußerung oder Belastung des Grundstücks sofortige Fälligkeit des gestundeten Kaufpreises vereinbart wird.

5. Für die Zeit bis zur Herstellung des Grundbuchs vgl. Art. 50, 55 ÜG., 22 AG. z. GBO.

6. Hinsichtlich der am 1. Januar 1900 bestehenden Bierlieferungsverträge vgl. Art. 4 ÜG.

Gesinderecht.

Art. 15. Auf das Rechtsverhältniß zwischen der Dienstherrschaft und dem Dienstboten finden die allgemeinen Vorschriften des bürgerlichen Rechtes nur insoweit Anwendung, als sich nicht aus den Artikeln 16 bis 28 ein Anderes ergibt.

I. 2 (E. 9), 19 Begr., 165 (Z.[I] 9), 314 (Z.[II] 9). II. 71 — Becher IV. V.[I] 9, *45*, *262*, 678, *712*, *768*. IV. V.[III] 3, *92*.

1. Vgl. auch Bl. f. RA. Bd. 65 S. 201 ff., 221 ff., 304.

2. Die Art. 16 ff. beabsichtigen nicht, unter Berücksichtigung der in Art. 95 Abs. 2, 3 EG. z. BGB. aufgeführten Beschränkungen das Gesinderecht zusammenfassend zu regeln, sondern Art. 15 stellt den Grundsatz auf, daß, soweit sich nicht aus den Art. 16 bis 28 ein Anderes ergibt, auch auf das Gesinderecht die allgemeinen Vorschriften des bürgerlichen Rechtes Anwendung finden. Zu beachten ist die Fassung: allgemeine Vorschriften des „Bürgerlichen Rechtes", nicht: Vorschriften des „allgemeinen Theiles Bürgerlichen Gesetzbuchs". Daher finden unter Berücksichtigung der in den genannten Artikeln getroffenen Sonderbestimmungen, insbesondere auch die Vorschriften des BGB. über den Dienstvertrag (§ 611 ff.), Anwendung. Zu beachten sind auch die Vorschriften der §§ 104 ff., 113, 131, 278, 831, 840, 1357, 1358, 1643, 1822 Nr. 7 BGB., §§ 22, 61 Ziff. 1 KO.

Die öffentlich-rechtliche Seite des Gesindewesens, insbesondere die Bestimmungen des Polizeistrafgesetzbuchs, des Armengesetzes, des Krankenversicherungsgesetzes u. s. w. wird durch die Vorschriften der Art. 15 ff. nicht berührt.

3. Der Begriff des „Gesindes" ist weder hier noch im BGB. definirt. Maßgebend ist daher der landläufige Begriff, jedoch ist die durch Reichsrecht im HGB. (Handlungsgehülfen) und in der Gewerbeordnung (Gewerbegehülfen) u. s. w. getroffene Abgrenzung zu beachten. Im allgemeinen versteht man unter „Gesinde" (Dienstboten) diejenigen Personen, welche sich einem Anderen unter Eintritt in seine Hausgenossenschaft zur fortlaufenden Verrichtung von häuslichen (eventuell wirthschaftlichen) Diensten und Arbeiten gegen Vergütung verpflichtet haben.

Besteht ein Zweifel darüber, ob jemand als Dienstbote oder Gewerbegehülfe zu betrachten ist, so ist darauf zu sehen, ob die betr. Person mehr den Zwecken des Hauswesens oder des Gewerbebetriebs zu dienen hat; dient sie beiden Zwecken in gleichem Maße, so entscheidet der Wille, nach welchem die Person gedungen worden ist oder sich verdungen hat (vgl. auch Landmann, Gewerbeordnung 3. Aufl. Bd. II. S. 6 ff.).

Art. 16. Personen, die nicht im Besitze der bürgerlichen Ehrenrechte sind oder unter Polizeiaufsicht stehen, kann die Polizeibehörde das Halten von Dienstboten unter achtzehn Jahren untersagen.

Personen, die nach § 361 Nr. 6 des Strafgesetzbuchs polizeilicher Aufsicht unterstellt sind, dürfen Dienstboten unter einundzwanzig Jahren nicht halten.

Die Entlassung von Dienstboten, welche diesen Vorschriften zuwider gehalten werden, kann von der Polizeibehörde erzwungen werden.

I. 2 (E. 10), 21 Begr., 166 (Z.^{I} 10), 314 (Z.^{II} 10). II. 72, 541 — Becher IV. V.^{I} 9, *48*, *265*, 678, *712*, *770*, 885, *904*, 925, *941*. IV. V.^{III} 3.

§ 7 der k. Allerh. Verordnung vom 24. Dezember 1899 zur Ausführung des Bürgerlichen Gesetzbuchs und seiner Nebengesetze (Zuständigkeitsverordnung) [G. u. VBl. 1899 S. 1229 und JMBl. 1900 S. 97]:

Nach Art. 16 des Ausführungsgesetzes zum Bürgerlichen Gesetzbuche, das Halten von Dienstboten zu untersagen und die Entlassung von Dienstboten zu erzwingen, ist sowohl die Orts- als auch die Distriktspolizeibehörde zuständig. In München ist die Polizeidirektion zuständig.

1. Während den in Abs. 1 bezeichneten Personen das Halten von Dienstboten unter 18 Jahren durch die Polizeibehörde untersagt werden kann, ist den im Abs. 2 genannten Personen das Halten von Dienstboten unter 21 Jahren kraft Gesetzes untersagt. Der entgegen dem Verbote des Abs. 2 geschlossene Dienstvertrag ist nichtig (§ 134 BGB.).

2. Die Vorschriften des Art. 16 finden nur dann Anwendung, wenn die Voraussetzungen des Abs. 1, 2 bei denjenigen Personen, welche die Dienstboten „halten", nicht auch dann, wenn sie beim Ehegatten oder bei sonstigen Familienangehörigen zutreffen. Gl. A. bezügl. des Abs. 1 Böhm-Klein Anm. 2; AM. bezüglich der Ehegatten Henle-Schneider Anm. 1.

Wenn eine Ehefrau innerhalb des Bereiches ihrer „Schlüsselgewalt" einen Dienstboten anstellt, so gilt der Dienstvertrag als im Namen des Mannes abgeschlossen, wenn nicht die Frau den Vertrag entweder ausdrücklich im eigenen Namen abschließt oder wenn sich nicht ein solcher Wille der Frau aus den Umständen unzweifelhaft ergibt (§ 1357 BGB).

3. Wenn die Polizeibehörde von dem im Abs. 1 bezeichneten Rechte Gebrauch macht oder wenn eine Person nach § 361 Nr. 6 StGB. polizeilicher Aufsicht unterstellt wird, so kann auch die Entlassung der bereits angestellten Dienstboten erzwungen werden (das „Halten", nicht die „Anstellung" von Dienstboten).

4. Um die Entlassung zu erzwingen, stehen der Polizeibehörde die Befugnisse des Art. 21 PStGB. zur Seite.

5. Hinsichtlich der Schadensersatzpflicht der Dienstherrschaft vgl. Art. 26 Abs. 4 AG.

Art. 17. Verdingt sich ein Dienstbote an mehrere Dienstherrschaften für dieselbe Zeit, so hat er bei derjenigen

Dienstherrschaft auf deren Verlangen einzutreten, mit welcher er den Dienstvertrag zuerst geschlossen hat; den übrigen Dienstherrschaften ist er zum Schadensersatze verpflichtet.

I. 2 (E. 11). 21 Begr., 166 (Z.I 11), 314 (Z.II 11). II. 75 — Becher IV. V.I 9, *49, 267*, 678, *713, 776.* IV. V.III 3.

1. Vgl. Art. 106 Abs. 1 Ziff. 2 Art. 108 PStGB.

2. Art. 17 findet auch dann Anwendung, wenn der Dienstbote bei der Verdingung gar nicht die Absicht hatte, den Dienst anzutreten, sondern den Antrag nur machte, um das übliche Dinggeld herauszuschwindeln (§§ 116, 123 BGB.). AM. Schneider-Henle Anm. 1 Abs. 2.

Unter Umständen bildet die mehrfache Verdingung einen Kündigungsgrund, vgl. Art. 24 Abs. 1 Ziff. 1.

3. Ob der Dienstbote bei einer anderen Dienstherrschaft den Dienst bereits angetreten hat, ist ohne Belang. Der Zwang des Art. 17 tritt aber immer nur „auf Verlangen" ein.

Hat sich der Dienstbote an mehr als 2 Dienstherrschaften für dieselbe Zeit verdungen und macht diejenige, mit welcher er den Dienstvertrag zuerst geschlossen hat, von dem Rechte des Art. 17 keinen Gebrauch, so ist die nächstfolgende berechtigt, das Verlangen zu stellen.

4. Hinsichtlich des polizeilichen Vorführungsrechtes vgl. Art. 106 Abs. 4, 5 PStGB.

5. Hinsichtlich der Schadensersatzpflicht vgl. Art. 26 Abs. 4. Wegen des Draufgeldes vgl. Art. 18 Anm. 2.

Art. 18. Das Draufgeld wird im Zweifel nicht vom Lohne abgezogen und im Falle der Aufhebung des Dienstverhältnisses, wenn die Dienstherrschaft zum Schadensersatze verpflichtet ist, nicht auf den zu ersetzenden Betrag angerechnet.

I. 2 (E. 12) 22 Begr., 166 (Z.I 12), 314 (Z.II 12). II. 77 — Becher IV. V.I 9, *49, 273*, 678, *713, 776.* IV. V.III 3.

1. Die Vorschrift des Art. 18 ist eine Auslegungsvorschrift („im Zweifel"). Sie bildet eine Sondervorschrift gegenüber den Bestimmungen des § 337 Abs. 1, 338 Satz 2 BGB. Die übrigen Vorschriften des BGB. über die Draufgabe (§§ 336 ff.) finden dagegen auch für das Gesinderecht Anwendung.

Bei der Auslegung der Vereinbarung sind nicht bloß die gebrauchten Worte, sondern auch die sonstigen Umstände zu berücksichtigen, unter denen der Vertrag geschlossen worden ist; dabei kommt auch eine allgemeine Uebung einzelner Gegenden in Betracht, sofern man annehmen darf, daß die Betheiligten ihren Vertrag in dem Sinne geschlossen haben, in welchem an dem Orte, an dem der Vertrag zu Stande kam, derartige Verträge immer geschlossen werden. Ein örtliches Gewohnheitsrecht ist jedoch nicht vorbehalten, die Vorschrift des Artikels kommt daher ohne Rücksicht auf die Rechtssätze, die sich in einzelnen Gegenden bisher durch Gewohnheitsrecht entwickelt haben, zur Geltung (II. 78, Becher IV VI 275).

2. Das Draufgeld bildet nach der Auffassung des Art. 18 einen Theil des Lohnes, der dem Dienstboten bis zum ersten Ziel gebührt.

Erfolgt daher die Aufhebung des Dienstverhältnisses vor dem ersten Termin, für den gekündigt werden konnte, ohne daß die Dienstherrschaft zum Schadensersatze verpflichtet ist, so ist der Dienstbote nicht zur Rückgabe des ganzen Draufgeldes verpflichtet, sondern, wie vom Lohn, so kann er auch vom Draufgeld einen seinen bisherigen Leistungen entsprechenden Theil behalten (§ 628 BGB.).

War dagegen der Dienstbote zum Schadensersatz verpflichtet, so bildet natürlich der Betrag des Draufgeldes einen Theil des zu ersetzenden Schadens.

Erfolgt die Aufhebung des Dienstverhältnisses nach dem ersten Ziel, so findet weder die Rückgabe noch die Anrechnung des Draufgeldes auf den zu ersetzenden Betrag statt.

Art. 19. Der Dienstbote ist der Dienstherrschaft zur Treue verpflichtet; er hat den Anordnungen der Dienstherrschaft oder ihres Vertreters in Ansehung der ihm nach dem Vertrag und der Sitte obliegenden Verrichtungen und der häuslichen Einrichtungen Folge zu leisten, der Dienstherrschaft und ihrem Vertreter Achtung zu erweisen und sich anständig zu führen. In Fällen der Noth hat er vorübergehend auch solche seinen Kräften und seiner Stellung entsprechende Dienste zu leisten, die nicht zu seinen im Vertrage bestimmten Obliegenheiten gehören.

I. 2 (E. 13), 22 Begr., 166 (Z.I 13), 296, 306, 314 (Z.II 13). II. 79, 383, 542 — Becher IV. V.I 9, *50*, *276*, 592, 678, *713*, *777*, 885, *904*, 925, *942*. IV. V.III 3, 15, *98*.

1. Auch der Vertrag, durch welchen sich ein Dienstbote verdingt, ist gemäß § 157 BGB. so auszulegen, wie Treu und Glauben mit Rücksicht auf die Verkehrssitte es erfordern. Die Verpflichtung des Dienstboten zur Treue hat aber hier einen besonderen Sinn: der Dienstbote soll von seiner Dienstherrschaft Schaden abhalten, ihren Nutzen fördern, sie auf drohende Gefahren aufmerksam machen u. s. w.

2. Unter dem Vertreter sind nicht bloß die ständigen, sondern auch bloß vorübergehend aufgestellte Vertreter zu verstehen.

3. Beharrliche grobe Vernachlässigung der dem Dienstboten obliegenden Pflichten bildet einen außerordentlichen Kündigungsgrund (Art. 24 Abs. 1 Ziff. 4; vgl. auch Art. 106 Abs. 1 Ziff. 7 PStGB.).

4. Wann ein Fall der Noth vorliegt, ist Thatfrage. Jedenfalls findet die Verpflichtung des Dienstboten zu außerordentlichen Dienstleistungen darin ihre Begrenzung, daß die Leistung den Kräften und

der Stellung des Dienstboten entspricht. Im Falle der Noth wird auch die Krankenpflege hieher zu rechnen sein.

Eine besondere Vergütung kann der Dienstbote für die außerordentliche Dienstleistung nicht beanspruchen.

Art. 20. Ist der dem Dienstboten zu gewährende Lohn nach längeren Zeitabschnitten als Vierteljahren bemessen, so kann der Dienstbote nach dem Ablaufe von je drei Monaten der Dienstzeit die Zahlung der Hälfte des auf diesen Zeitraum treffenden Betrags verlangen.

I. 2 (E. 14), 23 Begr., 166 (Z.^I 14), 296, 306, 315 (Z.^II 14). II. 83, 542 — Becher IV. V.^I 10, *52*, *285*, 678, *713*, *783*, 885, *904*, 926, *942*. IV. V.^III 3, 16, *103*.

1. Die Vorschriften über die Lohnzahlung finden sich in den §§ 611, 612, 614—616 BGB. Durch Art. 20 erfährt § 614 BGB. eine Ergänzung; Art. 20 findet aber nur dann Anwendung, wenn nichts Anderes vereinbart ist (Becher IV V^I 783 ff.).

2. Der Anspruch auf Dienstlohn verjährt nach § 196 Abs. 1 Ziff. 8 BGB. in 2 Jahren. Die Verjährung beginnt nach § 200 BGB., mit dem Schlusse des Jahres, in welchem der Anspruch zur Entstehung gelangt. Selbstverständlich finden die übrigen Vorschriften des BGB. über die Verjährung, z. B. über deren Hemmung im Falle der Stundung (§ 202 BGB.), ebenfalls Anwendung.

Läßt der Dienstbote den Lohn längere Zeit stehen, so wird zu prüfen sein, ob nicht nach Lage der Sache Stundung, Umwandlung in ein Darlehen, die Uebernahme der Verwaltung oder ein ähnliches Rechtsgeschäft anzunehmen ist.

Häufig kommt es auch vor, daß Jemand, ohne daß ein Dienstvertrag abgeschlossen wird und insbesondere ohne daß von einem Lohn die Rede ist, von einer Person in deren Hausstand aufgenommen wird, um Dienste zu leisten, wie sie ein Dienstbote zu leisten pflegt, wobei in Aussicht gestellt ist, daß ihr das Anwesen übergeben oder eine Zuwendung auf den Todesfall gemacht wird. Es ist fraglich, ob hier ein Dienstbotenverhältniß vorliegt. Trifft die Hoffnung nicht ein, so wird eine ungerechtfertigte Bereicherung vorliegen, sofern die Dienstleistung nicht geschehen wäre, wenn die Erwartung nicht bestanden hätte, und dem anderen Theil klar gewesen ist, daß die Dienste nur deshalb ohne Lohn geleistet wurden, weil diese Erwartung bestand. Nach § 818 BGB. müßte dann der Werth der Dienste ersetzt werden (I 85, Becher IV V^I 289).

3. Art. 20 ist von Belang für die Pfändbarkeit des Dienstlohnes (Gesetz vom 21. Juni 1869 betr. die Beschlagnahme des Arbeits- oder Dienstlohnes) und für die Aufrechenbarkeit anderer als im Art. 21 bezeichneten Gegenforderungen.

Art. 21. Die Dienstherrschaft kann ihre Entschädigungsansprüche wegen einer auf Vorsatz oder grober Fahrlässigkeit beruhenden Verletzung der dem Dienstboten obliegenden Verpflichtungen gegen dessen Lohnforderung unbeschränkt aufrechnen.

I. 2 (E. 15), 23 Begr., 166 (Z.^{I} 15), 306, 315 (Z.^{II} 15). II. 87, 109, 383, 396 — Becher IV. V.^{I} 10, *52*, *293*, 592, *625*, 679, *714*, *789*, 888, *904*. IV. V.^{III} 3, 16, *110*.

1. Die Haftung des Dienstboten für Vorsatz und Fahrlässigkeit bestimmt sich nach den allgemeinen Vorschriften. Art. 21 handelt lediglich davon, in wie weit die Dienstherrschaft ihre Entschädigungsansprüche unbeschränkt aufrechnen kann.

2. Die unbeschränkte Aufrechnung gestattet Art. 21 nur unter der Voraussetzung, daß dem Dienstboten Vorsatz oder „grobe" Fahrlässigkeit zur Last fällt, also nicht auch bei einfacher Fahrlässigkeit. Im letzteren Falle findet nach § 394 BGB. die Vorschrift des § 850 Abs. 1 Ziff. 1 CPO. im Zusammenhalte mit § 1 des Gesetzes vom 21. Juni 1869 betr. die Beschlagnahme des Arbeits- und Dienstlohnes Anwendung.

Art. 22. Das Dienstverhältniß eines landwirthschaftlichen Dienstboten ist im Zweifel als für ein Dienstjahr und, falls es im Laufe eines Dienstjahrs beginnt, als für die Zeit bis zum Schlusse dieses Dienstjahrs eingegangen anzusehen. Ist das Dienstverhältniß auf unbestimmte Zeit eingegangen, so ist die Kündigung nur für den Schluß eines Dienstjahrs und nur unter Einhaltung einer Kündigungsfrist von sechs Wochen zulässig. Das Dienstjahr beginnt am 1. Februar.

Bei anderen Dienstboten tritt an die Stelle der im § 621 Abs. 4 des Bürgerlichen Gesetzbuchs bestimmten Kündigungsfrist von sechs Wochen eine solche von einem Monate.

I. 2 (E. 16), 24 Begr., 167 (Z.^{I} 16), 315 (Z.^{II} 16). II. 93, 383 — Becher IV. V.^{I} 10, *54*, *303*, 592, 679, *714*, *791*. IV. V.^{III} 3.

§ 621 Abs. 4 BGB.: Ist die Vergütung nach Vierteljahren oder längeren Zeitabschnitten bemessen, so ist die Kündigung nur für den Schluss eines Kalendervierteljahrs und nur unter Einhaltung einer Kündigungsfrist von sechs Wochen zulässig.

1. Für die Beendigung des Dienstverhältnisses sind die Vorschriften der §§ 620 ff. BGB. maßgebend. Für die landwirthschaftlichen Dienstboten enthält jedoch der Abs. 1 des Art. 22 eine Auslegungsregel („im Zweifel"). Hinsichtlich der anderen Dienstboten gelten die genannten Vorschriften des BGB. mit der im Abs. 2 statuirten Beschränkung der sechswöchentlichen Kündigungsfrist des § 621 Abs. 4 auf 1 Monat ausnahmslos.

2. Die Vorschrift des Abs. 1 gilt auch für den Fall der stillschweigenden Verlängerung des Dienstverhältnisses. Zu beachten ist

jedoch, daß, wenn ein landwirthschaftlicher Dienstbote das Dienstverhältniß stillschweigend fortsetzt, dieses nicht als auf unbestimmte Zeit verlängert, sondern im Zweifel nach Abs. 1 Satz 1 als für ein Dienstjahr verlängert gilt.

Wenn also bei landwirthschaftlichen Dienstboten nicht ein Anderes vereinbart ist, so endigt das Dienstverhältniß mit dem Schlusse des Dienstjahrs ohne weitere Kündigung. Wurde also ein solcher Dienstbote am 15. Januar eingestellt, so endigt das Dienstverhältniß mit dem Ablaufe des 31. Januar.

Art. 23. Das Dienstverhältniß kann von jedem Theile ohne Einhaltung einer Kündigungsfrist gekündigt werden, wenn ein wichtiger Grund vorliegt. Die Kündigung ist auch schon vor dem Antritte des Dienstes zulässig.

I. 2 (E. 17), 26 Begr., 167 (Z.I 17), 296, 315 (Z.II 17). II. 96, 541 — Becher IV. V.I 10, *57*, *310*, 679, *714*, *792*, 885, *908*, 926, *946*. IV. V.III 3.

1. Art. 23 Satz 1 entspricht wörtlich dem § 626 BGB. vgl. hiezu Planck Komm. und Staudinger Komm. § 626.

2. In den Art. 24, 25 sind solche wichtige Gründe aufgezählt, die zur außerordentlichen Kündigung berechtigen. Diese Aufzählung ist aber nicht erschöpfend.

3. Ist die Kündigung gerechtfertigt, so tritt die Auflösung des Dienstverhältnisses in Folge der Kündigung, nicht erst in Folge Richterspruchs ein.

Für die außerordentliche Kündigung kann sich der Kündigende auch auf Umstände berufen, die bei der Kündigung nicht angegeben wurden.

4. Für den Fall der Eröffnung des Konkurses über das Vermögen der Dienstherrschaft vgl. § 22 KO.

5. Zu beachten ist auch das dem Ehemann des Dienstboten nach § 1358 BGB. zustehende Kündigungsrecht.

Art. 24. Als ein wichtiger Grund, der die Dienstherrschaft zur Kündigung ohne Einhaltung einer Kündigungsfrist berechtigt, ist es, sofern nicht besondere Umstände eine andere Beurtheilung rechtfertigen, namentlich anzusehen:

1. wenn der Dienstbote die Dienstherrschaft bei Eingehung des Dienstvertrags durch Vorzeigung eines falschen oder gefälschten Dienstzeugnisses oder Dienstbotenbuchs hintergangen oder über das Bestehen eines anderen, ihn gleichzeitig verpflichtenden Dienstverhältnisses in einen Irrthum versetzt hat;
2. wenn der Dienstbote sich eines Diebstahls, mehrmaliger Entwendung, einer Unterschlagung, eines Betrugs oder eines liederlichen Lebenswandels schuldig macht;

3. wenn der Dienstbote den Antritt des Dienstes ohne rechtfertigenden Grund verweigert oder in erheblichem Maße verzögert, wenn er den Dienst während einer den Umständen nach erheblichen Zeit unbefugt verläßt oder den ihm obliegenden Verpflichtungen nachzukommen beharrlich verweigert;
4. wenn der Dienstbote die ihm obliegenden Verpflichtungen beharrlich in grober Weise vernachlässigt, die ihm anvertrauten Personen oder Thiere schlecht behandelt oder durch Vernachlässigung gefährdet;
5. wenn der Dienstbote der Verwarnung ungeachtet mit Feuer und Licht unvorsichtig umgeht;
6. wenn der Dienstbote sich Thätlichkeiten oder grobe Beleidigungen gegen die Dienstherrschaft oder ihren Vertreter oder gegen die Familienangehörigen der Dienstherrschaft oder des Vertreters zu Schulden kommen läßt;
7. wenn der Dienstbote sich einer vorsätzlichen rechtswidrigen Sachbeschädigung zum Nachtheile der Dienstherrschaft, ihres Vertreters, ihrer Familienangehörigen oder des Nebengesindes schuldig macht;
8. wenn der Dienstbote Familienangehörige der Dienstherrschaft oder ihres Vertreters oder das Nebengesinde zu Handlungen verleitet oder zu verleiten versucht oder mit Familienangehörigen der Dienstherrschaft oder des Vertreters Handlungen begeht, die wider die Gesetze oder die guten Sitten verstoßen;
9. wenn der Dienstbote die Behausung zur Nachtzeit heimlich verläßt oder jemand zur Nachtzeit heimlich in die Behausung einläßt;
10. wenn der Dienstbote zu den ihm obliegenden Dienstleistungen unfähig ist oder an der Verrichtung der Dienste durch anhaltende Krankheit oder eine mehr als eine Woche dauernde Freiheitsstrafe oder eine die Zeit von vier Wochen übersteigende militärische Dienstleistung verhindert wird;
11. wenn der Dienstbote an einer ansteckenden oder abschreckenden Krankheit leidet;
12. wenn ein weiblicher Dienstbote sich verheirathet;

13. wenn ein unverheiratheter weiblicher Dienstbote sich im Zustande der Schwangerschaft befindet.

In den unter Ziff. 1 bis 9, 12 genannten Fällen ist die Kündigung wegen Thatsachen, die der Dienstherrschaft länger als eine Woche bekannt sind, nicht mehr zulässig.

I. 2. (E. 18), 26 Begr., 167 (Z.^{I} 18), 296, 306, 315 (Z.^{II} 18). II. 97, 383, 397, 425, 544 — Becher IV. V.^{I} 10, *57*, *311*, 593, *626*, 674, 679, *715*, *792*, 885, *908*, 926, *946*. IV. V.^{III} 4, 16, *113*, *258*.

1. Die Aufzählung der wichtigen Gründe in Art. 24, welche die Dienstherrschaft zur außerordentlichen Kündigung berechtigen, ist nicht erschöpfend. Zu vergleichen sind auch die ähnlichen Vorschriften der §§ 123, 124a RGewO. und des § 71 HGB.

Wie sich aus der Fassung des Art. 24 ergibt, sind die hier aufgezählten Gründe nicht unter allen Umständen als wichtig anerkannt, sondern nur insofern, „als nicht besondere Umstände eine andere Beurtheilung rechtfertigen".

2. Zu Ziff. 1: daß der Dienstherr durch den hervorgerufenen Irrthum zur Eingehung des Dienstverhältnisses auch bestimmt wurde, ist nicht erforderlich. War dies der Fall, so kann die Dienstherrschaft den Vertrag auch nach § 119 BGB. anfechten.

3. Zu Ziff. 2: „Mehrmalige" Entwendung ist auch dann gegeben, wenn bloß zwei Fälle vorliegen. Unter „Entwendung" ist sowohl der Mundraub (§ 370 Ziff. 5 StGB.) als auch der Futterdiebstahl (§ 370 Ziff. 6 StGB.) zu verstehen. Immer ist aber zu prüfen, ob nicht besondere Umstände eine andere Beurtheilung rechtfertigen, z. B. unbedeutende Näschereien, mangelhafte Verköstigung. Der Diebstahl u. s. w. braucht nicht gegen die Dienstherrschaft begangen zu sein.

Wegen „liederlichen Lebenswandels" kann ein Dienstbote entlassen werden, der sich der Unzucht oder der Trunksucht ergibt. Ein Fall wird zwar in der Regel nicht genügen („Lebenswandel"), er kann aber genügen, wenn daraus auf einen liederlichen Lebenswandel geschlossen werden kann, wenn z. B. ein Dienstbote sich schon bei seiner früheren Dienstherrschaft öfter betrunken hat und sich gleich in den ersten Tagen nach seinem Dienstantritt wieder betrinkt. Ob der Dienstbote sich während der Arbeitszeit oder während seiner freien Zeit liederlich führt, ist gleichgültig, vgl. auch Art. 106 Abs. 1 Ziff. 6 PStGB.

4. Zu Ziff. 3: vgl. Art. 106 Abs. 1 Ziff. 3 und 7 PStGB. Ein „rechtfertigender Grund" wird z. B. vorliegen, wenn der Dienstbote der Beerdigung eines nahen Angehörigen am Tage des Dienstantritts beiwohnt. Bloßes „Zuspätkommen" bildet nur dann einen außerordentlichen Kündigungsgrund, wenn der Dienst eine beträchtliche Störung erleidet.

Nur eine „beharrliche", d. i. eine gewisse Hartnäckigkeit bekundende Weigerung berechtigt zur außerordentlichen Kündigung.

5. Zu Ziff. 4: Wegen „beharrlich" s. Anm. 4.

Es wird nicht gerade vorausgesetzt, daß sich der Dienstbote einer Uebertretung der Thierquälerei nach § 360 Ziff. 13 StGB. schuldig macht.

6. Zu Ziff. 5: Ein Fall genügt, wenn eine Verwarnung vorausgegangen ist. Unter Ziff. 5 kann auch das Betreten von Heustädeln mit brennender Pfeife oder Cigarre fallen.

7. Zu Ziff. 6: Zur außerordentlichen Kündigung berechtigt zwar jede Thätlichkeit, aber nur „grobe" Beleidigung. Eine „Thätlichkeit" ist auch dann gegeben, wenn es zur Mißhandlung nicht gekommen ist, z. B. wenn ein Dienstbote nach seiner Dienstherrschaft einen gefährlichen Gegenstand geworfen, sie aber nicht getroffen hat.

8. Zu Ziff. 7: Fahrlässige Sachbeschädigung kann unter Umständen einen außerordentlichen Kündigungsgrund nach Ziff. 4 bilden.

9. Zu Ziff. 9: vgl. Art. 106 Abs. 1 Ziff. 8 PStGB. Unter diese Ziffer fällt nicht der Fall, daß der Dienstbote die Behausung bei Tage verläßt und Nachts nicht heimkommt; dies kann aber unter Umständen die außerordentliche Kündigung wegen liederlichen Lebenswandels (Ziff. 2) rechtfertigen.

10. Zu Ziff. 10: Nicht vorausgesetzt wird, daß der Dienstbote erst während des Dienstes zu den ihm obliegenden Leistungen unfähig wird („unfähig ist"). Unfähig ist der Dienstbote auch dann, wenn ihm die Geschicklichkeiten mangeln, die zu besitzen er bei der Verdingung angegeben hat, oder welche durchschnittlich vorausgesetzt werden können. So auch Henle-Schneider Anm. 18.

„Untersuchungshaft" ist nicht genannt, kann aber trotzdem einen wichtigen Grund bilden (Art. 23).

Wegen der „militärischen Dienstleistungen" vgl. §§ 6, 7 des Wehrgesetzes vom 9. November 1867 und Art. II §§ 2, 13 des Gesetzes vom 1. Februar 1888 (Wehrordnung §§ 116, 117).

11. Zu Ziff. 12: Auch die Verheirathung eines männlichen Dienstboten kann unter Umständen einen Grund zur außerordentlichen Kündigung bilden.

12. Ziff. 13 findet auf verheirathete Dienstboten nicht **Anwendung**.

Auf das Stadium der Schwangerschaft kommt es nicht an. Hatte die Dienstherrschaft schon bei dem Abschlusse des Dienstvertrags Kenntniß, so wird regelmäßig ein Verzicht auf die Geltendmachung dieses Kündigungsgrundes anzunehmen sein.

Art. 25. Als ein wichtiger Grund, der den Dienstboten zur Kündigung ohne Einhaltung einer Kündigungsfrist berechtigt, ist es, sofern nicht besondere Umstände eine andere Beurtheilung rechtfertigen, namentlich anzusehen:

1. wenn die Dienstherrschaft die Aufnahme des Dienstboten verweigert oder den Dienstboten vor Beendigung des Dienstverhältnisses entläßt;

2. wenn der Dienstbote zu den ihm obliegenden Verrichtungen unfähig wird oder wenn sich ergibt, daß die Fortsetzung der Verrichtungen das Leben oder die Gesundheit des Dienstboten einer erheblichen Gefahr aussetzen würde, die ihm bei Eingehung des Dienstverhältnisses nicht bekannt war;
3. wenn die Dienstherrschaft oder ihr Vertreter sich Thätlichkeiten oder grobe Beleidigungen gegen den Dienstboten zu Schulden kommen läßt oder es verweigert, den Dienstboten gegen solche Handlungen eines Familienangehörigen der Dienstherrschaft oder des Vertreters, eines anderen Dienstboten oder eines Angestellten zu schützen;
4. wenn die Dienstherrschaft oder ihr Vertreter oder Familienangehörige der Dienstherrschaft oder des Vertreters dem Dienstboten Handlungen zumuthen, die wider die Gesetze oder die guten Sitten verstoßen;
5. wenn die Dienstherrschaft den Lohn oder den gebührenden Unterhalt nicht gewährt oder den ihr nach § 618 des Bürgerlichen Gesetzbuchs obliegenden Verpflichtungen nachzukommen verweigert;
6. wenn der Dienstherrschaft das Halten der Dienstboten nach Artikel 16 verboten ist.

In den unter Ziff. 3 genannten Fällen ist die Kündigung wegen Thatsachen, die dem Dienstboten länger als eine Woche bekannt sind, nicht mehr zulässig.

I. 3 (E. 19), 26 Begr., 168 (Z.I 19), 296, 316 (Z.II 19). II. 103, 384, 544 -- Becher IV. V.I 11, *57*, *323*, 593, 680, *716*, *801*, 886, *909*, 926, *949*. IV. V.III 4, *117*, *258*.

§ 618 Abs. 1, 2. BGB. Der Dienstberechtigte hat Räume, Vorrichtungen oder Geräthschaften, die er zur Verrichtung der Dienste zu beschaffen hat, so einzurichten und zu unterhalten und Dienstleistungen, die unter seiner Anordnung oder seiner Leitung vorzunehmen sind, so zu regeln, dass der Verpflichtete gegen Gefahr für Leben und Gesundheit soweit geschützt ist, als die Natur der Dienstleistung es gestattet.

Ist der Verpflichtete in die häusliche Gemeinschaft aufgenommen, so hat der Dienstberechtigte in Ansehung des Wohn- und Schlafraums, der Verpflegung sowie der Arbeits- und Erholungszeit diejenigen Einrichtungen und Anordnungen zu treffen, welche mit Rücksicht auf die Gesundheit und die Religion des Verpflichteten erforderlich sind.

1. Auch die die außerordentliche Kündigung der Dienstboten rechtfertigenden Gründe sind im Artikel 25 nicht erschöpfend aufgeführt. Ein Grund zur außerordentlichen Kündigung wird z. B. regelmäßig vorhanden sein, wenn der Dienstbote wegen Erkrankung oder Ablebens eines Angehörigen zu Hause unentbehrlich wird.

Zu beachten ist auch hier, daß die im Art. 25 aufgeführten Gründe nicht unter allen Umständen zur außerordentlichen Kündigung berechtigen, sondern nur, sofern nicht besondere Umstände eine andere Beurtheilung rechtfertigen.

Zu vergleichen sind auch die ähnlichen Vorschriften des § 124 RGew.O. und des § 71 HGB.

2. Ziff. 1 setzt voraus, daß die Verweigerung der Aufnahme oder die vorzeitige Entlassung unberechtigt ist. Ist sie berechtigt, so ist, da das Dienstverhältniß auf Grund der Art. 23, 24 beendigt ist, für die außerordentliche Kündigung durch den Dienstboten kein Raum mehr.

3. Zu Ziff. 2: Ob eine ansteckende Krankheit, von der ein Angehöriger der Familie des Dienstherrn befallen wird, einen wichtigen Grund bildet, kann nur nach Lage des einzelnen Falles beurtheilt werden (vgl. die eingehenden Erörterungen in II. 106, Becher IV, V.[1] 329). Zu beachten ist die Vorschrift des § 618 BGB. (s. o.).

4. Zu Ziff. 3: Hier ist insbesondere zu prüfen, ob nicht im einzelnen Falle die Umstände eine andere Beurtheilung rechtfertigen. Denn es ist nicht zu vergessen, daß der Dienstherr das Recht des Befehls, der Rüge, des Tadels hat. Wenn daher der Dienstherr ein scharfes Wort gebraucht, weil er durch Widersetzlichkeit gereizt wird, ja selbst, wenn er einem jugendlichen Dienstboten im Unmuthe eine Ohrfeige gibt, so werden eben hier die Umstände eine andere Beurtheilung zulassen. Zu berücksichtigen ist auch der Unterschied zwischen Stadt und Land.

5. Zu Ziff. 5: Welcher Unterhalt dem Dienstboten gebührt, dafür ist, abgesehen von besonderen Vereinbarungen die Ortsüblichkeit entscheidend, vgl. auch § 618 Abs. 2 (s. o.).

6. Ziff. 6 ist selbst dann anwendbar, wenn dem Dienstboten bei Eingehung des Dienstverhältnisses das Verbot bekannt war.

Art. 26. Wird das Dienstverhältniß wegen vertragswidrigen Verhaltens des einen Theiles nach Artikel 23 gekündigt, so kann der andere Theil als Schadensersatz den Betrag der Hälfte des auf ein Vierteljahr treffenden Lohnes verlangen. Bei landwirthschaftlichen Dienstboten erhöht sich der Schadensersatz auf den Betrag des vierten Theiles des Jahreslohns, wenn die Kündigung von Seite der Dienstherrschaft in der Zeit vom 1. Juni bis zum 31. Oktober oder von Seite des Dienstboten in der Zeit vom 1. Oktober bis zum Schlusse des Monats Februar erfolgt.

Ist das Dienstverhältniß auf kürzere Zeit als ein Vierteljahr oder so eingegangen, daß es nach kürzeren Zeiträumen als von Vierteljahr zu Vierteljahr gekündigt werden kann, so ist als Schadensersatz im ersteren Falle der Betrag der Hälfte des für die Dienstzeit vereinbarten, im letzteren Falle der Betrag der Hälfte des auf den Zeitraum von einem Kündigungstermine zum anderen treffenden Lohnes zu leisten.

Der in den Abs. 1, 2 bestimmte Schadensersatz kann verlangt werden, ohne daß der Eintritt eines Schadens dargelegt wird. Durch die Geltendmachung des Anspruchs auf diesen Schadensersatz wird das Verlangen eines weiteren Schadensersatzes ausgeschlossen.

Diese Vorschriften finden auch in den Fällen des Artikel 16 Abs. 3, des Artikel 17 und des Artikel 25 Abs. 1 Ziff. 6 Anwendung.

I. 3 (E. 20), 27 Begr., 169 (Z.[1] 20), 296, 317 (Z.[II] 20). II. 108, 384, 548 — Becher IV. V.[I] 12, *59*, *333*, 593, 680, *717*, *812*, 886, *909*, 926, *953*. IV. V.[III] 4.

1. Die Folgen der außerordentlichen Kündigung bestimmt § 628 BGB. Hiernach kann, wenn nach dem Beginne der Dienstleistung außerordentlich gekündigt wird, der Verpflichtete einen seinen bisherigen Leistungen entsprechenden Theil der Vergütung verlangen. Kündigt er, ohne durch vertragswidriges Verhalten des anderen Theiles dazu veranlaßt zu sein, oder veranlaßt er durch sein vertragswidriges Verhalten die Kündigung des anderen Theiles, so steht ihm ein Anspruch auf die Vergütung insoweit nicht zu, als seine bisherigen Leistungen in Folge der Kündigung für den anderen Theil kein Interesse haben. Wird die Kündigung durch vertragswidriges Verhalten des anderen Theiles veranlaßt, so ist dieser zum Ersatze des durch die Aufhebung des Dienstverhältnisses entstehenden Schadens verpflichtet. Dieser Anspruch auf Schadensersatz besteht unabhängig von dem Anspruch anf Vergütung. Ja, es kann der Dienstbote Anspruch auf Vergütung haben, während gleichzeitig der Dienstherrschaft ein Anspruch auf Schadensersatz zusteht.

Wenn Art. 26 bestimmt: „Wird das Dienstverhältniß wegen vertragswidrigen Verhaltens des einen Theiles nach Art. 23 gekündigt", so bestimmt er nicht die Voraussetzungen des Schadensersatzanspruchs, sondern bringt lediglich zum Ausdruck, daß er den Fall des § 628 BGB. im Auge hat. Da in den meisten Fällen die Höhe des Schadens schwer zu beweisen ist, so stellt er eine Art Tarif aus.

Die Voraussetzungen der Schadensersatzpflicht müssen daher in allen Fällen nachgewiesen werden, in welchen der Ersatz des Schadens begehrt wird. Werden bloß die im Art. 26 aufgestellten Sätze verlangt, so braucht die Höhe des Schadens nicht nachgewiesen werden, ja nicht einmal, daß ein Schaden eingetreten ist. Dagegen muß die Höhe des Schadens ziffermäßig dann nachgewiesen werden, wenn ein höherer Betrag geltend gemacht wird.

2. Fraglich ist, ob Schadensersatz auch dann verlangt werden kann, wenn sowohl der Dienstherrschaft als auch dem Dienstboten ein außerordentlicher Kündigungsgrund zustand, wenn aber der eine Theil nicht mehr außerordentlich kündigen konnte, weil ihm der andere Theil zuvor kam. Diese Frage ist zu bejahen; denn dadurch, daß dem anderen Theil auch ein außerordentliches Kündigungsrecht zusteht, von dem aber dieser nicht Gebrauch gemacht hat und jetzt nicht mehr Gebrauch machen kann, wird der durch die außerordentliche Kündigung des einen Theils diesem bereits erwachsene Anspruch auf Schadensersatz nicht zum Erlöschen gebracht. AM. Planck Komm. § 628 Anm. 3d: „Bei der Berechnung des Schadensersatzes ist ein etwaiges Kündigungsrecht des schuldigen Theiles zu berücksichtigen".

3. Zu Abs. 3: Eine Geltendmachung des Anspruchs auf den im Art. 26 bezeichneten Schadensersatz liegt schon dann vor, wenn eine diesbezügliche ausdrückliche Erklärung abgegeben wird.

4. Auch Abs. 4 hat, wie Abs. 1—3, zur Voraussetzung, daß nach den Umständen des Falles ein Anspruch auf Schadensersatz überhaupt begründet werden kann. Ein solcher ist z. B. ausgeschlossen, wenn sich ein minderjähriger Dienstbote bei einer unter polizeilicher Aufsicht stehenden Prostituirten in Kenntniß dieses Umstandes verdingt und dann auf Grund des § 25 Abs. 1 Ziff. 6 außerordentlich kündigt.

5. Wegen der Aufrechnung der Schadensersatzforderung mit der Lohnforderung vgl. Art. 21.

6. Für den Fall der Eröffnung des Konkurses über das Vermögen der Dienstherrschaft vgl. § 22 KO.

Art. 27. Würde der Dienstbote durch den Antritt des Dienstes oder die Fortsetzung des Dienstverhältnisses verhindert, von der ihm gebotenen Gelegenheit zur Verheirathung oder zur Begründung eines eigenen Hausstandes Gebrauch zu machen, so ist er zur Kündigung berechtigt. Die Kündigung ist nach dem Antritte des Dienstes nur für den Schluß eines Kalendermonats zulässig; sie hat spätestens am fünfzehnten des Monats zu erfolgen.

I. 3 (E. 21), 27 Begr., 169 (Z.I 21), 296, 317 (Z.II 21). II. 109, 548 — Becher IV. V.I 12, *60*, *335*, 681, *717*, *812*, 886, *909*, 926, 954. IV. V.III 4.

Die Vorschrift des Art. 27 gilt sowohl für männliche als auch für weibliche Dienstboten; sie findet aber keine Anwendung, wenn es sich für den Dienstboten nur darum handelt, eine Gelegenheit zur Verheirathung oder Begründung eines eigenen Hausstandes erst zu suchen.

Art. 28. Ist die Dienstherrschaft in Folge einer wesentlichen Veränderung der Umstände, insbesondere wegen Verlegung des Wohnsitzes oder wegen Veräußerung des Gutes, zu dessen Bewirthschaftung der Dienstbote aufgenommen ist, dauernd verhindert, von der Dienstleistung Gebrauch zu machen, so kann sie ein auf längere Zeit eingegangenes Dienstverhältniß einem landwirthschaftlichen Dienstboten gegenüber nach Maßgabe des Artikel 22 Abs. 1 Satz 2, 3, einem anderen Dienstboten gegenüber unter Einhaltung einer einmonatigen Kündigungsfrist für den Schluß des Kalendervierteljahrs kündigen.

Im Falle des Todes der Dienstherrschaft ist sowohl der Erbe als der Dienstbote zu der Kündigung nach Abs. 1 berechtigt.

I. 3 (E. 22), 28 Begr., 169 (Z.^{I} 22), 318 (Z.^{II} 22). II. 110 — Becher IV. V.^{I} 12, *61*, *336*, 681, *717*, *812*. IV. V.^{III} 4.

1. Unter Umständen kann die Verlegung des Wohnsitzes u. s. w. auch für den Dienstboten nach Art. 23 einen Grund für die außerordentliche Kündigung bilden. Ob der Dienstbote verpflichtet ist, der Dienstherrschaft an den neuen Wohnsitz zu folgen, kann nur nach den Umständen des einzelnen Falles entschieden werden. Maßgebend ist insbesondere § 157 BGB., wonach Verträge nach Treu und Glauben mit Rücksicht auf die Verkehrssitte auszulegen sind.

2. Unter einem auf längere Zeit eingegangenen Dienstverhältnisse versteht das Gesetz hier ein für eine längere Zeit, als im Art. 22 bestimmt ist, eingegangenes Dienstverhältniß.

Art. 29. Ertheilt die Dienstherrschaft einem Dienstboten, der gegen sie eine schwere Veruntreuung begangen hat, in Kenntniß dieser Thatsache das Zeugniß treuen Verhaltens, so ist sie für den Schaden verantwortlich, welcher der nachfolgenden Dienstherrschaft aus dem Vertrauen auf die Richtigkeit des Zeugnisses entsteht. Die Verantwortlichkeit erlischt mit dem Ablaufe von drei Jahren seit der Ertheilung des Zeugnisses, soweit sie nicht vorher gerichtlich geltend gemacht wird.

I. 29 Begr., 307 (22a, 24a), 585. II. 111, 398 — Becher IV. V.^{I} *64*, *338*, *629*, *717*, *817*. IV. V.^{III} 16, *122*, 243, *262*.

1. Hinsichtlich der Verpflichtung zur Ausstellung eines Dienstzeugnisses vgl. § 630 BGB., Art. 108 PStGB.

2. Art. 29 gibt Dritten einen Anspruch auf Ersatz des Schadens, der durch Ausstellung eines falschen Zeugnisses entstanden ist. Aus der Ausstellung eines falschen Zeugnisses kann aber auch unter Umständen dem Dienstboten ein Anspruch entstehen. Für diesen letzteren Anspruch gelten die allgemeinen Bestimmungen, insbesondere die des § 824 BGB.

3. Die Schadensersatzpflicht nach Art. 29 besteht lediglich gegenüber der nachfolgenden Dienstherrschaft, nicht gegenüber einer nachfolgenden Dienstherrschaft. Nach Henle-Schneider Anm. 5 soll ein kurzer Aushilfsdienst, der in Mitte liegt, nicht in Betracht kommen.

4. Voraussetzung für den Schadensersatz aus Art. 29 ist:

a) daß der Dienstbote gegen die Dienstherrschaft, nicht auch gegen andere Personen (Familienangehörige, Nebengesinde) eine schwere Veruntreuung begangen hat. Nach Henle-Schneider Anm. 1 wäre unter Dienstherrschaft regelmäßig der Dienstherr und dessen Ehefrau zu verstehen. Veruntreuung ist nicht identisch mit Untreue nach § 266 StGB.; darunter fällt z. B. Diebstahl, Unterschlagung, auch Entwendung von Nahrungs- und Genußmitteln. Die Veruntreuung muß eine schwere sein, unbedeutende Veruntreuungen kommen nicht in Betracht;

b) daß die Dienstherrschaft in Kenntniß dieser Thatsache dem Dienstboten das Zeugniß treuen Verhaltens ertheilt. Bewußt wahrheitswidrige Angaben über andere Thatsachen, z. B. über den Fleiß, sind nicht hieher zu rechnen. Erfordert wird ferner, daß die Dienstherrschaft Kenntniß von der Veruntreuung hat; bloßer Verdacht genügt nicht;

c) daß der nachfolgenden Dienstherrschaft in Folge des Vertrauens auf die Richtigkeit des Zeugnisses (Kausalzusammenhang!) ein Schaden entstanden ist. Die bisherige Dienstherrschaft haftet daher nur für den Schaden, der dadurch entsteht, daß der Dienstbote auch bei der neuen Dienstherrschaft Veruntreuungen, gleichviel welcher Art, sich zu Schulden kommen läßt.

Art. 30. Wer einen Dienstboten verleitet, den Dienst ohne rechtfertigenden Grund nicht anzutreten oder vor der Beendigung des Dienstverhältnisses zu verlassen, ist der Dienstherrschaft für den daraus entstehenden Schaden verantwortlich; er haftet neben dem Dienstboten als Gesammtschuldner. Die Vorschriften des Artikel 26 finden Anwendung.

In gleicher Weise haftet derjenige, welcher wissentlich einen bereits verdungenen Dienstboten für die nämliche Zeit für sich dingt.

I. 3 (E. 23), 28 Begr., 169 (Z.I 23), 318 (Z.II 23). II. 111, 384 — Becher IV. V.I 12, *63*, *338*, 593, 681, *717*, *812*. IV. V.III 4.

1. Die Worte „ohne rechtfertigenden Grund" beziehen sich auch auf die vorzeitige Verlassung des Dienstes.

2. Abs. 2 setzt voraus, daß der Betreffende weiß, daß der Dienstbote sich bereits verdungen hat. Henle-Schneider Anm. 4 will auch den Fall hierher rechnen, daß dies der Betreffende den Umständen nach annehmen mußte.

3. Hinsichtlich der Höhe des Schadens gilt der im Art. 26 aufgestellte Tarif.

Art. 31. Ein zur Zeit des Inkrafttretens des Bürgerlichen Gesetzbuchs bestehendes Dienstverhältniß bestimmt sich, wenn nicht die Kündigung nach dem Inkrafttreten des Bürgerlichen Gesetzbuchs für den ersten Termin erfolgt, für den sie nach den bisherigen Gesetzen zulässig ist, von diesem Termin an nach den neuen Vorschriften.

I. 3 (E. 24), 29 Begr., 169 (B.^{I} 24), 318 (B.^{II} 24). II. 114 — Becher IV. V.^{I} 13, *65, 344*, 681, *717, 812*. IV. V.^{III} 4.

1. Vgl. hiezu Staudinger, Komm. z. BGB. Art. 171 EG. z. BGB.

2. Ohne Belang ist, ob das Dienstverhältniß am 1. Januar 1900 auch angetreten war.

3. Die Vorschrift des § 624 BGB. ist schon vom 1. Januar 1900 an maßgebend (Staudinger, Komm. z. BGB. Art. 170 EG. z. BGB. Anm. 2 A d und 171 EG. z. BGB. Anm. 4; Böhm-Klein, Komm. z. AG. z. BGB. Art. 31 Anm. 2).

Leibgedingsvertrag.

Art. 32. Steht mit der Ueberlassung eines Grundstücks ein Leibgedingsvertrag (Leibzuchts-, Altentheils- oder Auszugsvertrag) in Verbindung, so gelten für das sich aus dem Vertrag ergebende Schuldverhältniß, soweit nicht besondere Vereinbarungen getroffen sind, neben den Vorschriften des Bürgerlichen Gesetzbuchs über die Leibrente die besonderen Vorschriften der Artikel 33 bis 48.

I. 4 (E. 25), 30 Begr., 170 (B.^{I} 25), 318 (B.^{II} 25). II. 115 — Becher IV. V.^{I} 13, *65, 345*, 681, *717, 817*. IV. V.^{III} 4.

1. Nach Art. 96 EG. z. BGB. bleiben unberührt die landesgesetzlichen Vorschriften über einen mit der Ueberlassung eines Grundstücks in Verbindung stehenden Leibgedings-, Leibzuchts-, Altentheils- oder Auszugsvertrags, soweit sie das aus dem Vertrag sich ergebende Schuldverhältniß für den Fall regeln, daß nicht besondere Vereinbarungen getroffen werden.

2. Eine Begriffsbestimmung des Leibgedingsvertrags ist nicht gegeben. Wie sich aber aus der Fassung des Art. 32 ergibt, hat derselbe als eine Unterart des Leibrentenvertrags zu gelten (vgl. §§ 759—761 BGB.). Im Allgemeinen versteht man unter Leibgeding den „Inbegriff der Nutzungsrechte und Leistungen, welche sich der Gutsübergeber bei der Gutsübergabe zu seinem und seiner Familienangehörigen Unterhalt auf Lebenszeit vorbehält oder von dem Uebernehmer ausbedingt." So auch Böhm-Klein, Anm. 1.

Die Art. 33 ff. finden jedoch nur Anwendung,

a) wenn der Leibgedingsvertrag mit der Ueberlassung eines Grundstücks in Verbindung steht,

b) soweit nicht besondere Vereinbarungen getroffen sind oder das BGB. schon Bestimmungen enthält. Die Vorschriften der Art. 33 ff. sind daher nur Ergänzungsvorschriften und dispositiver Natur.

Dagegen ist die Frage, unter welchen Voraussetzungen ein Leibgedingsvertrag zu Stande kommt (z. B. die Form des Leibgedingsvertrags), ferner die Frage, ob der Anspruch auf die einzelne Leistung abgetreten werden kann, ausschließlich nach den Vorschriften des BGB. zu beurtheilen.

4. Die Art. 32 ff. regeln das aus dem Leibgedingsvertrag sich ergebende Schuldverhältniß. Soweit daher von dem Berechtigten oder Verpflichteten die Rede ist, ist der ursprüngliche Uebergeber und der ursprüngliche Uebernehmer gemeint. Denn ohne Zustimmung des Berechtigten ändert sich in der Person des Verpflichteten nichts. Doch steht nichts im Wege, daß der Verpflichtete z. B., wenn er das Gut verkauft, die ihm obliegenden Leistungen durch den Käufer bewirken läßt.

5. Bezüglich der Berücksichtigung bei Feststellung des geringsten Gebots: Art. 27 AG. z. GBO.

6. Uebergangsbestimmungen: Art. 48, 116 ff. ÜG.

Art. 33. Die dem Berechtigten gebührenden Leistungen sind auf dem überlassenen Grundstücke zu bewirken. Ist dem Berechtigten auf dem Grundstück eine abgesonderte Wohnung zu gewähren, so hat die Leistung in der Wohnung zu erfolgen.

I. 4 (E. 26), 30 Begr., 170 (Z.I 26), 318 (Z.II 26). II. 117 — Becher IV. V.I 13, *66*, *349*, 681, *717*, *817*. IV. V.III 4.

1. Art. 33 hat, wie sich aus Art. 32 ergibt, nur für den Fall Bedeutung, daß nicht besondere Vereinbarungen getroffen sind.

2. Grundsätzlich ist die Schuld eine Holschuld, im Fall des Satz 2 jedoch ausnahmsweise eine Bringschuld.

Durch den Wegzug des Berechtigten oder Verpflichteten wird der Leistungsort nicht geändert.

3. Bezüglich der „abgesonderten Wohnung" vgl. Art. 37.

4. Ob der Wohnungsberechtigte sich eine Aenderung oder Verlegung der Wohnung gefallen lassen muß, ist nach den allgemeinen Grundsätzen über Treu und Glauben zu beurtheilen.

Art. 34. Hat der Verpflichtete dem Berechtigten Erzeugnisse von der Gattung derjenigen zu liefern, welche auf dem Grundstücke gewonnen werden, so kann der Berechtigte nur Erzeugnisse von der mittleren Art und Güte derjenigen verlangen, welche auf dem Grundstücke bei ordnungsmäßiger Bewirthschaftung gewonnen werden.

I. 4 (E. 27), 30 Begr., 170 (Z.I 27), 318 (Z.II 27). II. 118 — Becher IV. V.I 13, *66, 351,* 681, *717, 817.* IV. V.III 4.

1. Der Berechtigte kann daher nicht auf Grund des § 243 Abs. 1 BGB. Sachen mittlerer Art und Güte schlechthin verlangen.

Art. 35. Hat der Verpflichtete dem Berechtigten Erzeugnisse des Feld- oder Wiesenbaus, des Obstbaus oder des Weinbaus als Jahresvorrath zu liefern, so hat die Lieferung zu der Zeit zu erfolgen, zu welcher die zu liefernden Erzeugnisse nach den Regeln einer ordnungsmäßigen Wirthschaft gewonnen und, soweit der Lieferung eine Bearbeitung voranzugehen hat, bearbeitet sind.

I. 4 (E. 28), 31 Begr., 170 (Z.I 28), 319 (Z.II 28). II. 118 — Becher IV. V.I 13 *67, 351,* 681, *717, 817.* IV. V.III 4.

1. Für Leistungen, die zwar in einer nach dem Jahresbedarf bestimmten Menge, aber nicht als Jahresvorrath zu liefern sind, gilt nicht die Vorschrift des Art. 35, sondern des § 760 Abs. 2, 3 BGB. Hiernach bestimmt sich der Zeitabschnitt, für den im Voraus zu leisten ist, nach der Beschaffenheit und dem Zweck der Leistung; hat der Berechtigte den Zeitabschnitt erlebt, für den im Voraus zu leisten ist, so gebührt ihm die volle auf den Zeitabschnitt entfallende Leistung.

Art. 36. Ist dem Berechtigten ein Theil des Grundstücks, insbesondere ein auf diesem befindliches Gebäude, zur Benutzung zu gewähren, so hat der Verpflichtete die auf diesen Theil des Grundstücks treffenden Lasten zu tragen.

I. 4 (E. 29), 31 Begr., 170 (Z.I 29), 319 (Z.II 29), 383. II. 119 — Becher IV. V.I 13, *67, 353,* 593, 681, *717, 817.* IV. V.III 4.

1. Das Gesetz macht keinen Unterschied zwischen privatrechtlichen und öffentlichrechtlichen Lasten.

2. Art. 36 regelt bloß das Verhältniß zwischen dem Berechtigten und Verpflichteten, nicht auch gegenüber Dritten.

Art. 37. Ist dem Berechtigten auf dem Grundstück eine abgesonderte Wohnung zu gewähren, so hat der Verpflichtete die Wohnung dem Berechtigten in einem zu dem vertragsmäßigen Gebrauche geeigneten Zustande zu überlassen und sie während der Dauer seiner Verpflichtung in diesem Zustande zu erhalten.

Wird das Gebäude durch Zufall zerstört, so hat der Verpflichtete die Wohnung wiederherzustellen. Hat der Zufall eine so wesentliche Verschlechterung der Vermögensverhältnisse des Verpflichteten zur Folge, daß diesem die Wiederherstellung nicht zugemuthet werden kann, so ist dem Berechtigten in solcher Weise Wohnung zu gewähren, wie es den Umständen nach der Billigkeit entspricht. Das Gleiche gilt, wenn das Gebäude wiederherzustellen ist, für die zur Wiederherstellung erforderliche Zeit.

Der Verpflichtete hat auf Verlangen des Berechtigten für das Gebäude Versicherung gegen Brandschaden zu nehmen.

I. 4 (E. 30), I. 31 Begr., 170 (Z.^{I} 30), 319 (Z.^{II} 30). II. 120 — Becher IV. V.^{I} 13, *67*, *354*, 682, *717*, *817*. IV. V.^{III} 4.

1. Eine abgesonderte Wohnung ist eine Wohnung, die gegenüber der Wohnung des Verpflichteten eine selbstständige Wohnung ist. Wenn auch Gemeinschaftlichkeit von Keller, Bodenräumlichkeiten u. s. w. das Vorhandensein einer abgesonderten Wohnung nicht ausschließt, so kann doch von einer abgesonderten Wohnung keine Rede sein, wenn nur eine Wohnung vorhanden ist und der Austrägler bloß das eine oder andere Zimmer zur ausschließlichen Benützung hat.

2. Die Verpflichtung des aus dem Leibgedingsvertrage Verpflichteten ist der im § 536 BGB. statuirten Verpflichtung des Vermiethers wörtlich nachgebildet. Der Verpflichtete hat insbesondere die gewöhnlichen Reparaturkosten zu tragen.

3. Zu beachten ist, daß Art. 37 von dem Verpflichteten, nicht von dem jeweiligen Eigenthümer spricht (vgl. Art. 32 Anm. 4).

4. Ist dem Berechtigten keine abgesonderte Wohnung zu gewähren, sondern ist ihm bloß ein Zimmer zur ausschließlichen Benutzung, im Uebrigen aber die Mitbenutzung der Wohnung des Verpflichteten eingeräumt, so steht ihm, wenn das Gebäude durch Zufall zerstört wird, auch bezüglich der neuen Wohnung des Verpflichteten ein Recht auf ausschließliche Benutzung eines ähnlichen Zimmers und auf Mitbenutzung der übrigen Wohnungsräumlichkeiten des Verpflichteten zu.

Art. 38. Ist dem Berechtigten eine abgesonderte Wohnung zu gewähren, so ist er befugt, seine Familie sowie die zur standesmäßigen Bedienung und zur Pflege erforderlichen Personen in die Wohnung aufzunehmen.

Hat der Verpflichtete dem Berechtigten die Mitbenutzung seiner Wohnung zu gestatten, so erstreckt sich die Befugniß des Berechtigten zur Aufnahme seiner Familie nicht auf Personen, die durch eine erst nach der Schließung des Leibgedingsvertrags eingegangene Ehe oder durch eine nach diesem Zeitpunkt erfolgte Ehelichkeitserklärung oder Annahme an

Kindesstatt Familienangehörige geworden sind, und nicht auf Kinder, die aus dem Hausstande des Berechtigten ausgeschieden waren.

I. 4 (E. 31), 31 Begr., (171 Z.[I] 31), 319 (Z.[II] 31). II. 122 -- Becher IV. V.[I] 14, *67*, *358*, 682, *717*, 817. IV. V.[III] 4.

1. Hinsichtlich des Begriffs der abgesonderten Wohnung vgl. Art. 37 Anm. 1.

2. Abs. 1 ist dem § 1093 Abs. 2 BGB. nachgebildet.

3. Im Falle des Abs. 1 ist der Berechtigte befugt, seine ganze Familie ohne die im Abs. 2 bezeichnete Beschränkung, sowie die zur standesmäßigen Bedienung und zur Pflege für ihn und seine Familie erforderlichen Personen aufzunehmen. Auch Besuche darf er aufnehmen. Dagegen darf er die Wohnung weder ganz noch theilweise vermiethen.

4. Im Falle des Abs. 2 erleidet das Recht des Berechtigten zur Aufnahme seiner Familie eine Einschränkung. Geht er nach der Schließung des Leibgedingsvertrags eine Ehe ein, so darf er nicht einmal seine Frau in die Wohnung, deren Mitbenutzung ihm zusteht, aufnehmen. Ob die Kinder schon vor der Vertragsschließung oder später aus dem Hausstande des Berechtigten ausgeschieden sind, ist belanglos.

Dagegen erleidet keine Einschränkung die Befugniß des Berechtigten zur Aufnahme des erforderlichen Dienst- und Pflegepersonals.

Art. 39. Ist die Verpflegung des Berechtigten ohne nähere Bestimmung vereinbart, so hat der Verpflichtete dem Berechtigten den gesammten Lebensbedarf in standesmäßiger und ortsüblicher Weise zu gewähren; die Kosten der ärztlichen Behandlung und der Heilmittel fallen jedoch dem Berechtigten zur Last.

I. 4 (E. 32), 31 Begr., 171 (Z.[I] 32), 295, 319 (Z.[II] 32). II. 123, 383, 548 — Becher V. V.[I] 14, *68*, *361*, 593, 682, *718*, *818*, 886, *909*, 927, *954*. IV. V.[III] 4, *133*, *265*.

1. „gesammter Lebensbedarf": vgl. § 1610 Abs. 2 BGB.

2. Die Verpflichtung findet ihre Grenzen in der Standesmäßigkeit und Ortsüblichkeit.

3. Im Falle der Erkrankung fallen die Kosten der ärztlichen Behandlung und der Heilmittel, sofern nicht ein Anderes ausdrücklich vereinbart ist oder ein gegentheiliger Wille der Vertragstheile aus den Umständen sich ergibt, dem Berechtigten zur Last. Soweit natürlich die Voraussetzungen der Verwandtenunterhaltspflicht vorliegen, wird hieran durch Satz 2 nichts geändert. Die Verpflichtung zur Gewährung von Krankenkost ist in der Verpflichtung zur Gewährung des gesammten Lebensbedarfs inbegriffen.

Art. 40. Im Falle des Todes des Berechtigten hat der Verpflichtete die Kosten der standesmäßigen Beerdigung zu tragen, soweit die Bezahlung nicht von dem Erben zu erlangen ist.

I. 4 (E. 33), 31 Begr., 171 (Z.I 33), 319 (Z.II 33). II. 128 — Becher IV. V.I 14, *68, 369*, 682, *718, 818*. IV. V.III 4.

1. Nach § 1968 BGB. trägt der Erbe die Kosten der standesmäßigen Beerdigung des Erblassers.

2. Da die Vorschrift des Art. 40 lediglich eine Dispositivvorschrift ist, so kann ein Anderes ausdrücklich oder stillschweigend vereinbart werden.

3. Nach § 844 Abs. 1 BGB. hat im Falle der Tödtung der Ersatzpflichtige die Kosten der Beerdigung demjenigen zu ersetzen, welchem die Verpflichtung obliegt, diese Kosten zu tragen.

4. Aehnliche Verpflichtungen statuirt das BGB. in den §§ 1360 Abs. 3, 1615 Abs. 2, 1713 Abs. 2.

Art. 41. Der Berechtigte kann, falls ihm ein auf dem Grundstücke befindliches Gebäude oder ein Theil eines solchen Gebäudes als Wohnung zum ausschließlichen Gebrauche zu gewähren ist, die Bestellung eines Wohnungsrechts, falls ihm ein Theil des Grundstücks zu sonstiger Benutzung zu gewähren ist, die Bestellung einer entsprechenden persönlichen Dienstbarkeit und, soweit andere wiederkehrende Leistungen zu entrichten sind, die Bestellung einer entsprechenden Reallast an dem Grundstücke verlangen. Die Rechte sind mit dem Range unmittelbar hinter den zur Zeit der Ueberlassung des Grundstücks bestehenden Belastungen zu bestellen.

I. 4 (E. 34), 31 Begr., 171 (Z.I 33), 320, (Z.II 33). II. 128 — Becher IV. V.I 14, *68, 369*, 682, *718, 818*. IV. V.III 4.

1. Art. 41 setzt nicht, wie Art. 37, 38 eine abgesonderte Wohnung voraus. Art. 48 findet daher auch dann Anwendung, wenn der Leibgedingsberechtigte bloß ein einzelnes Zimmer zur ausschließlichen Benutzung zu beanspruchen hat.

2. Wohnungsrecht: § 1093 BGB.; Dienstbarkeiten §§ 1018 ff., 1030 ff., 1090 ff. BGB.; Reallast: §§ 1105 ff. BGB.

3. Wird ein Wohnungsrecht u. s. w. bestellt, so erlangt der ursprünglich bloß obligatorische Anspruch dinglichen Charakter. An dem Inhalt des Schuldverhältnisses wird jedoch nichts geändert. Insbesondere hat im Falle der Bestellung eines Wohnungsrechts der Leibgedingsberechtigte nicht auf Grund des § 1093 BGB. gemäß § 1041 BGB. die gewöhnlichen Erhaltungskosten zu tragen, sondern die Vorschrift des Art. 37 findet nach wie vor Anwendung.

4. Zur Bestellung ist die Einigung der Betheiligten erforderlich (§ 873 BGB.).

Das Wohnungsrecht entsteht aber erst mit der Eintragung. Hinsichtlich der Eintragung vgl. § 50 GBO. Hinsichtlich der Eintragung einer Ersatzsumme vgl. § 882 BGB. Wegen der Löschung vgl. § 23 f. GBO.

5. Zur Sicherung seines Anspruchs kann der Berechtigte eine Vormerkung erwirken (§§ 883 ff. BGB.).

6. Für den Fall der Zwangsversteigerung vgl. Art. 27 AG. z. GBO.

7. Hinsichtlich der am 1. Januar 1900 bestehenden Leibgedingsrechte vgl. Art. 48, 116 ff. ÜG.

8. Ob Art. 41 schon vom Inkrafttreten des BGB. an oder auf Grund des Art. 189 EG. z. BGB. erst von dem Zeitpunkte an gilt, in welchem das Grundbuch als angelegt anzusehen ist, ist bestritten. Henle-Schneider Vorbem. 4 zu Art. 32 ff. und die autogr. JMBek. vom 9. März 1901 vertreten die Auffassung, daß Art. 41 schon vom Inkrafttreten des BGB. an gilt. Je nachdem ist auch die Frage zu beantworten, ob nach dem 1. Januar 1900, wie bisher, für das Leibgeding noch eine Hypothek eingetragen werden kann.

Art. 42. Ist der Verpflichtete mit der Bewirkung einer ihm obliegenden Leistung im Rückstande, so steht dem Berechtigten nicht das Recht zu, wegen der Nichterfüllung oder des Verzugs nach § 325 Abs. 2 oder § 326 des Bürgerlichen Gesetzbuchs von dem Vertrage zurückzutreten oder nach § 527 des Bürgerlichen Gesetzbuchs die Herausgabe des Grundstücks zu fordern.

I. 4 (E. 35), 31 Begr., 171 (Z.^{I} 35), 320 (Z.^{II} 35). II. 128 — Becher IV. V.^{I} 14, *69*, *369*, 682, *718*, *818*. IV. V.^{III} 4.

§ 325 BGB.: . . . so kann der andere Theil Schadensersatz wegen Nichterfüllung verlangen oder von dem Vertrage zurücktreten. Bei theilweiser Unmöglichkeit ist er, wenn die theilweise Erfüllung des Vertrags für ihn kein Interesse hat, berechtigt, Schadensersatz wegen Nichterfüllung der ganzen Verbindlichkeit nach Massgabe des § 280 Abs. 2 zu verlangen oder von dem ganzen Vertrage zurückzutreten. Statt des Anspruchs auf Schadensersatz und des Rücktrittsrechts kann er auch die für den Fall des § 323 bestimmten Rechte (auf Verweigerung bezw. entsprechende Minderung der Gegenleistung, wenn er noch nicht geleistet hat, oder auf Rückforderung des Geleisteten nach den Vorschriften über die Herausgabe einer ungerechtfertigten Bereicherung, wenn er bereits geleistet hat) geltend machen.

Das Gleiche gilt in dem Falle des § 283, wenn nicht die Leistung bis zum Ablaufe der Frist bewirkt wird oder wenn sie zu dieser Zeit theilweise nicht bewirkt ist.

§ 280 Abs. 2.: Der andere Theil kann unter Ablehnung des noch möglichen Theiles der Leistung Schadensersatz wegen Nichterfüllung der ganzen Verbindlichkeit verlangen. Die für das vertragsmässige Rücktrittsrecht geltenden Vorschriften der §§ 346 bis 356 finden entsprechende Anwendung.*

§ 283 BGB.: Ist der Schuldner rechtskräftig verurtheilt, so kann der Gläubiger ihm zur Bewirkung der Leistung eine angemessene Frist mit der Erklärung bestimmen, dass er die Annahme der Leistung nach dem Ablaufe der Frist ablehne. Nach dem Ablaufe der Frist stehen dem Gläubiger die im § 325 Abs. 1 bezeichneten Rechte zu, soweit nicht die Leistung rechtzeitig bewirkt wird; der Anspruch auf Erfüllung ist ausgeschlossen. Die im § 325 Abs. 1 bezeichneten Rechte stehen dem Gläubiger nicht zu, wenn die Leistung in Folge eines Umstandes unmöglich wird, den der Schuldner nicht zu vertreten hat.*

Wird die Leistung bis zum Ablaufe der Frist nur theilweise nicht bewirkt, so steht dem Gläubiger auch das im § 280 Abs. 2 bestimmte Recht zu.

§ 326 BGB.: Ist bei einem gegenseitigen Vertrage der eine Theil mit der ihm obliegenden Leistung im Verzug, so kann ihm der andere Theil zur Bewirkung der Leistung eine angemessene Frist mit der Erklärung bestimmen, dafs er die Annahme der Leistung nach dem Ablaufe der Frist ablehne. Nach dem Ablaufe der Frist ist er berechtigt, Schadensersatz wegen Nichterfüllung zu verlangen oder von dem Vertrage zurückzutreten; der Anspruch auf Erfüllung ist ausgeschlossen. Wird die Leistung bis zum Ablaufe der Frist nicht bewirkt, so findet die Vorschrift des § 325 Abs. 1 Satz 2 entsprechende Anwendung.

Hat die Erfüllung des Vertrags in Folge des Verzugs für den anderen Theil kein Interesse, so stehen ihm die in Abs. 1 bezeichneten Rechte zu, ohne dafs es der Bestimmung einer Frist bedarf.

§ 527 BGB.: Unterbleibt die Vollziehung der Auflage, so kann der Schenker die Herausgabe des Geschenkes unter den für das Rücktrittsrecht bei gegenseitigen Verträgen bestimmten Voraussetzungen nach den Vorschriften über die Herausgabe einer ungerechtfertigten Bereicherung insoweit fordern, als das Geschenk zur Vollziehung der Auflage hätte verwendet werden müssen.

Der Anspruch ist ausgeschlossen, wenn ein Dritter berechtigt ist, die Vollziehung der Auflage zu verlangen.

1. §§ 325 Abs. 2, 326 haben zur Voraussetzung,

a) daß der Verpflichtete rechtskräftig verurtheilt ist, bezw. mit der ihm obliegenden Leistung im Verzuge ist, ferner

b) daß ihm der Berechtigte zur Bewirkung der Leistung eine angemessene Frist mit der Erklärung bestimmt hat, daß er die Annahme der Leistung nach dem Ablaufe der Frist ablehne, endlich

c) daß die Leistung bis zum Ablaufe der Frist entweder überhaupt nicht oder wenigstens theilweise nicht bewirkt ist.

Für den Annahmeverzug des Berechtigten hat es bei den Vorschriften der §§ 293 ff. BGB. sein Bewenden.

§ 527 trifft den Fall, daß der Vollzug einer dem Verpflichteten gemachten Auflage unterbleibt.

2. Im Falle der §§ 325 Abs. 2, 326 schließt Art. 42 lediglich den Rücktritt des Berechtigten aus, nicht aber die übrigen Rechte, die sich aus diesen §§ ergeben, insbesondere nicht das Recht auf Schadensersatz wegen Nichterfüllung unter Ablehnung der Annahme der Leistung.

Das Rücktrittsrecht steht dem Berechtigten jedoch zu, wenn er es sich bei dem Abschlusse des Leibgedingsvertrags vorbehalten hat.

Selbstredend ist in den Fällen der §§ 325 Abs. 2, 326 der Berechtigte nicht gezwungen, die Frist zu bestimmen, er kann auch auf Erfüllung klagen, bezw. auf Grund des Urtheils im Wege der Zwangsvollstreckung vorgehen.

3. Im Falle des § 527 kann der Berechtigte auch auf Vollziehung der Auflage klagen (§ 525 BGB.).

Auch hier kann sich der Berechtigte bei dem Abschlusse des Leibgedingsvertrags das Rücktrittsrecht für den Fall vorbehalten, daß die Vollziehung der Auflage unterbleibt.

Art. 43. Ist der Berechtigte durch besondere Gründe genöthigt, das Grundstück dauernd zu verlassen, so hat der Verpflichtete ihm eine Geldrente zu leisten, welche dem Werthe der Befreiung von der Verpflichtung zur Gewährung der Wohnung und zu Dienstleistungen nach billigem Ermessen entspricht, und für andere Leistungen, die für den Berechtigten in Folge der Abwesenheit von dem Grundstück ohne Interesse sind, den Werth zu vergüten, den sie auf dem Grundstücke haben.

I. 4 (E. 36), 32 Begr., 171 (Z.I 36), 320 (Z.II 36). II. 128 — Becher IV. V.I 14, *69, 370*, 682, 718, 818. IV. V.III 4.

1. Voraussetzung ist, daß der Berechtigte durch besondere Gründe genöthigt wird, das Grundstück dauernd zu verlassen. Es genügt daher nicht eine nicht durch triftige Gründe veranlaßte oder eine bloß vorübergehende Entfernung. Besondere Fälle betreffen die Art. 44. 45.

2. Solange diese Voraussetzungen dauern, hat der Verpflichtete eine Geldrente zu leisten. Sind sie nicht mehr vorhanden, so tritt wieder die Verpflichtung zur Leistung in Natur ein.

3. Beim Vorhandensein der Voraussetzungen des Art. 43 hat der Verpflichtete eine Geldrente zu leisten, welche dem Werthe der Befreiung von der Verpflichtung zur Gewährung der Wohnung und zu den Dienstleistungen entspricht. Nicht maßgebend ist das Interesse des Berechtigten.

Die Höhe der Geldrente ist nach billigem Ermessen zu bestimmen. Soweit andere Leistungen als Dienstleistungen in Betracht kommen, bleibt die Verpflichtung zur Leistung in Natur grundsätzlich bestehen. Jedoch ist für solche Leistungen, die für den Berechtigten in Folge der Abwesenheit von dem Grundstücke ohne Interesse sind, der Werth zu vergüten, den sie auf dem Grundstück haben. Selbstredend wird an dem sonstigen Inhalt der Verpflichtung (vgl. insbes. Art. 33) nichts geändert.

4. Auf die Geldrente finden die Vorschriften der §§ 759, 760 BGB. Anwendung.

Art. 44. Veranlaßt der Berechtigte durch sein Verhalten eine solche Störung der persönlichen Beziehungen zu dem Verpflichteten, daß diesem nicht mehr zugemuthet werden kann, ihm das Wohnen auf dem Grundstücke zu gestatten, so kann der Verpflichtete ihm die Wohnung unter Gewährung einer angemessenen Räumungsfrist kündigen. Macht er von dieser Befugniß Gebrauch, so finden die Vorschriften des Artikel 43 Anwendung.

I. 4 (E. 37), 32 Begr., 172 (Z.I 37), 320 (Z.II 37). II. 129 — Becher IV. V.I 15, *69, 370*, 682, *718, 818*. IV. V.III 4.

1. Ist der Verpflichtete an der Störung schuld, vgl. Art. 45. Sind beide Theile schuld, dann findet § 254 BGB. Anwendung.

2. Vgl. die Anmerkungen zu Art. 43.

Art. 45. Veranlaßt der Verpflichtete durch sein Verhalten eine solche Störung der persönlichen Beziehungen zu dem Berechtigten, daß diesem nicht zugemuthet werden kann, die Wohnung auf dem Grundstücke zu behalten, so hat er dem Berechtigten, falls dieser die Wohnung auf dem Grundstück aufgibt, den für die Beschaffung einer anderen angemessenen Wohnung erforderlichen Aufwand zu ersetzen. In gleicher Weise hat er dem Berechtigten den Schaden zu ersetzen, der daraus entsteht, daß dieser andere ihm gebührende Leistungen nicht auf dem Grundstück in Empfang nehmen kann.

I. 5 (E. 38), 32 Begr., 172 (Z.I 38), 320 (Z.II 38). II. 129 — Becher IV. V.I 15, *69, 370*, 683, *718, 818*. IV. V.III 4.

1. Vgl. Art. 44 Anm. 1.

2. Der Verpflichtete hat dem Berechtigten den Schaden zu ersetzen, der daraus entsteht, daß dieser andere ihm gebührende Leistungen nicht auf dem Grundstück in Empfang nehmen kann. Demnach kann der Berechtigte nicht in jedem Falle statt der Leistung Entschädigung in Geld verlangen. AM. Henle-Schneider Ausf.G. Art. 45 Anm. 2.

Art. 46. Wird das Grundstück veräußert, so stehen dem Berechtigten die im Artikel 45 bestimmten Rechte zu. Er verliert diese Rechte, wenn er nicht vor dem Ablaufe des Kalendervierteljahrs, in welchem er von dem Uebergange des Eigenthums Kenntniß erlangt, und des folgenden Vierteljahrs das Grundstück räumt. Sie stehen ihm nicht zu, wenn die Veräußerung mit Rücksicht auf ein künftiges Erbrecht an einen gesetzlichen Erben des Verpflichteten erfolgt.

Die nach den Artikeln 44, 45 sich aus einer Störung der persönlichen Beziehungen zwischen dem Berechtigten und dem Verpflichteten ergebenden Rechte treten im Falle der Veräußerung des Grundstücks ein, wenn die persönlichen Beziehungen zwischen dem Berechtigten und dem Erwerber von dem einen oder dem anderen in der dort angegebenen Weise gestört werden.

I. 5 (E. 39), 32 Begr., 172 (Z.[I] 39), 320 (Z.[II] 39). II. 130 — Becher IV. V.[I] 15, *70, 372,* 683, *718, 818.* IV. V.[III] 4.

1. Art. 46 trifft jeden Fall der Veräußerung, also z. B. Verkauf, Tausch, Schenkung. Dagegen ist nicht hierher zu rechnen die Verpachtung oder Bestellung eines Nießbrauchs (vgl. Abs. 1 Satz 2: „Uebergang des Eigenthums").

2. Durch die Veräußerung des Grundstücks wird an dem Schuldverhältniß selbst nichts geändert. Der Verpflichtete läßt lediglich seine Leistungen, die ja regelmäßig nicht höchst persönlicher Natur sind, durch den Erwerber bewirken. Insbesondere tritt der Erwerber, auch wenn der Berechtigte das Grundstück nicht räumt, nicht in das Schuldverhältniß ein.

3. Im Falle der Veräußerung stehen, abgesehen vom Falle des Abs. 1 Satz 3, dem Berechtigten die im Art. 45 bestimmten Rechte ohne Weiteres zu, also auch ohne Störung der persönlichen Beziehungen. Tritt eine solche Störung ein, so finden die Art. 44, 45 immer noch nach Abs. 2 Anwendung.

Art. 47. Ist ein Leibgeding für Ehegatten vereinbart, so kann, wenn der eine Ehegatte stirbt, der andere Ehegatte das volle Leibgeding mit Ausnahme der Leistungen verlangen, die unmittelbar für den besonderen Bedarf des verstorbenen Ehegatten bestimmt waren.

In anderen Fällen eines für mehrere Berechtigte vereinbarten Leibgedinges wird der Verpflichtete durch den Tod eines der Berechtigten zu dem Kopftheile des Verstorbenen von seiner Verpflichtung frei, soweit die geschuldeten Leistungen zum Zwecke des Gebrauchs oder Verbrauchs unter den Berechtigten getheilt werden mußten.

I. 5 (E. 40), 33 Begr., 172 (Z.I 40), 321 (Z.II 40). II. 130 — Becher IV. V.I 15, *71, 372,* 683, *718, 818.* IV. V.III 4.

1. Das Leibgeding ist für Ehegatten vereinbart sowohl dann, wenn beide Ehegatten sich das Leibgeding vorbehalten haben, als auch dann, wenn ein Ehegatte das Leibgeding für sich und den anderen Ehegatten vorbehalten hat.

2. Die Auslegungsregel des Abs. 1 trifft nur Bestimmungen für den Fall des Todes eines Ehegatten. Doch ist nicht der Fall geregelt, daß die Ehe aus anderen Gründen aufgelöst oder für nichtig erklärt wird. Henle-Schneider Anm. 1 führen aus: „Wird die Ehe für nichtig erklärt oder geschieden, so fällt das Recht des Ehegatten, für den der Andere das Leibgeding ausbedungen hat, hinweg, insoweit nicht der Letztere dem Ersteren Unterhalt zu gewähren hat. Der Verpflichtete wird jedoch verbunden bleiben, so lange als der Ehegatte lebt, zu dessen Gunsten das Leibgeding bestellt ist, nach Maßgabe des Abs. 1 an denjenigen zu leisten, welcher das Leibgeding ausbedungen hat, sonst wäre der Verpflichtete zum Nachtheile des unterhaltspflichtigen Ehegatten bereichert (vgl. auch Sächs. BGB. §§ 1161, 1162)".

3. Im Falle des Todes des einen Ehegatten gebührt dem überlebenden nicht etwa bloß die Hälfte des Leibgedings, sondern das volle Leibgeding, abzüglich derjenigen Leistungen, die unmittelbar für den Bedarf des verstorbenen Ehegatten bestimmt waren.

4. Als theilbar gelten solche Leistungen nicht, die für einen ungetheilt zu deckenden Bedarf bestimmt sind, wie z. B. die Beschaffung der Beleuchtung oder der Feuerung.

Art. 48. Bei der Beendigung des Rechtsverhältnisses hat der Verpflichtete, wenn er dem Berechtigten die Benutzung eines Theiles des Grundstücks zu gewähren hatte, die Kosten, die der Berechtigte auf die noch nicht getrennten, jedoch nach den Regeln einer ordnungsmäßigen Wirthschaft vor dem Ende des Nutzungsjahrs zu trennenden Früchte verwendet hat, insoweit zu ersetzen, als sie einer ordnungsmäßigen Wirthschaft entsprechen und den Werth dieser Früchte nicht übersteigen. Hatte der Verpflichtete den Theil des Grundstücks für den Berechtigten zu bestellen, so bleiben die von ihm geleisteten Bestellungsarbeiten außer Ansatz.

I. 5 (E. 41), 33 Begr., 172 (Z.I 41), 321 (Z.II 41). II. 130, 384, 401 — Becher IV. V.I 15, *71, 372,* 593, *634,* 683, *718, 818.* IV. V.III 4.

1. Aehnliche Vorschrift: § 592 BGB.

Schuldverschreibungen des Staates und der übrigen juristischen Personen des öffentlichen Rechtes.

Art. 49. Wird eine auf den Inhaber ausgestellte Staatsschuldverschreibung auf den Namen des Gläubigers umgeschrieben, so ist die Staatskasse nur gegen Aushändigung der Schuldverschreibung zur Zahlung verpflichtet.

I. 5 (E. 42), 33 Begr., 173 (Z.^{I} 42), 321 (Z.^{II} 42). II. 133 — Becher IV. V.^{I} 16, *71, 376*, 683, *718, 819*. IV. V.^{III} 5.

I. Bekanntmachung vom 27. November 1899, die Umschreibung der auf den Inhaber lautenden Staatsschuldverschreibungen auf den Namen des Berechtigten betreffend. (Just.-Min.-Bl. 1899 S. 455; Fin.-M.-Bl. S. 281; A.-Bl. S. 645; Kult.M.-Bl. S. 654):

Die zum Vollzuge der Artikel 49 bis 55 des Ausführungsgesetzes zum Bürgerlichen Gesetzbuche von der K. Staats-Schuldentilgungs-Kommission erlassene Bekanntmachung vom 23. d. Mts. wird hiemit zur Kenntniss der Justizbehörden gebracht.

Mit höchster Genehmigung des K. Staatsministeriums der Finanzen findet auch fernerhin die Umschreibung der auf den Inhaber lautenden bayerischen Staatsschuldverschreibungen auf den Namen bestimmter Berechtigter statt.

Dabei geben folgende Bestimmungen Mass:

1. Die Umschreibung wird durch die mit der Führung der treffenden Schuldkataster betrauten K. Kassen bethätigt, somit

a) durch die K. Staats-Schuldentilgungs-Hauptkasse für die Schuldverschreibungen der allgemeinen bayerischen Staatsschuld,

b) durch die K. Eisenbahnbau-Dotations-Hauptkasse für die Schuldverschreibungen der bayerischen Eisenbahnschuld,

c) durch die K. Grundrenten-Ablösungskasse für die Schuldverschreibungen der bayerischen Grundrenten-Ablösungsschuld,

d) durch die K. Grundrenten-Ablösungskasse als Landeskultur-Rentenkasse für die bayerischen Landeskultur-Rentenscheine.

Einschreibungen auf den Schuldurkunden von anderer Seite entbehren jeglicher Rechtsgiltigkeit.

2. Die Umschreibung kann nur auf den Namen von natürlichen oder juristischen Personen, dann von Fideikommissen und Lehen erfolgen.

3. Die Namensumschreibung findet nur bezüglich der betreffenden Hauptschuldurkunden, nicht aber bezüglich der den-

selben beigegebenen Zinsscheine statt; letztere behalten daher die Eigenschaft von den Schuldverschreibungen auf den Inhaber.

4. Der Antrag auf Namensumschreibung ist bei der einschlägigen katasterführenden Kasse unter Vorlage der treffenden Inhaberschuldverschreibung (ohne Zinsscheine) schriftlich einzureichen.

Dabei sind die Schuldgattung, der Zinsfuss, die Katasternummer und der Kapitalsbetrag der umzuschreibenden Staatsschuldverschreibung sowie die natürliche oder juristische Person, bzw. das Fideikommiss oder Lehen, auf dessen Namen die Umschreibung erfolgen soll, genau zu bezeichnen.

Bei Umschreibungen auf den Namen einer natürlichen Person ist insbesondere ausser Vor- und Zunamen auch Stand und Wohnort anzugeben.

Bei Anträgen solcher juristischer Personen, denen nach den jeweils bestehenden Vorschriften die Anlage von Kapitalien nur mit Genehmigung oder Zustimmung der Kuratel- oder Aufsichtsbehörde gestattet ist, ist die Erteilung der Genehmigung bzw. Zustimmung nachzuweisen.

Schuldverschreibungen verschiedener Schuldgattungen sind mit gesonderten Anträgen den treffenden katasterführenden Kassen zu übergeben.

Formulare für die Antragstellung werden bei den einschlägigen katasterführenden Kassen unentgeltlich abgegeben.

5. Die vollzogene Namensumschreibung wird auf der Rückseite der Schuldurkunde in nachstehender Weise beurkundet:

»Umgeschrieben auf den Namen N. N. in N.« oder

»Umgeschrieben auf die Distriktsgemeinde N.«

München, den . . .

Buchhaltung der Kgl. . . . Kasse.

Siegel nebst Unterschrift des Kgl. Oberbuchhalters und des mit der Katasterführung beauftragten Kgl. Buchhalters.

6. Bezüglich der Stellung von Anträgen, welche eine Verfügung über die auf den Namen umgeschriebene Staatsschuldverschreibungen (Umschreibung solcher auf den Namen eines anderen Berechtigten, Löschung einer Umschreibung) enthalten, sowie bezüglich der Empfangnahme der in der umgeschriebenen Schuldurkunde versprochenen Zahlung geben die Bestimmungen in Art. 49, 50 und 51 des bayerischen Ausführungsgesetzes zum Bürgerlichen Gesetzbuche vom 9. Juni 1899 Mass.

Juristische Personen, welche nach den jeweils bestehenden Vorschriften zur Stellung eines Antrags der bezeichneten Art nur mit Genehmigung bzw. Zustimmung der Kuratel- oder Aufsichtsbehörde befugt sind, bzw. zur Empfangnahme der zufolge Kündung oder Verloosung von Schuldverschreibungen zur Heimzahlung gelangenden Kapitalien besonderer Ermächtigung der Kuratel- oder Aufsichtsbehörde bedürfen, haben sich bei der Antragstellung über die Ertheilung der kuratelamtlichen bzw. aufsichtlichen Genehmigung, insoweit es sich aber um die Empfangnahme von zur Heimzahlung gelangenden Kapitalien handelt, über die kuratelamtliche bzw. aufsichtliche Ermächtigung auszuweisen.

7. Für jede Namensumschreibung sowie für die Löschung einer solchen ist von dem Antragsteller eine Gebühr von 50 Pf. für jede Schuldverschreibung zu entrichten.

8. Die Rücksendung der vorgelegten Schuldverschreibungen erfolgt unter Angabe des vollen Nennwerths; doch bleibt den Betheiligten freigestellt, die Rücksendung ohne oder mit geringerer Werthangabe auf ihre Gefahr ausdrücklich zu bestimmen.

Die Befreiung der Gemeinden, Stiftungen, Anstalten von der Portopflicht und von der in Ziffer 7 angeführten Gebühr richtet sich nach den hierüber bestehenden Bestimmungen.

9. Vorstehende Bestimmungen treten mit dem 1. Januar 1900 in Kraft. Mit diesem Zeitpunkte verliert die Bekanntmachung vom 1. September 1860, die Eigenthumsvormerkungen und Vinkulirung von Staatsobligationen au porteur betreffend (Regierungs-Blatt 1860 S. 769 ff.), ihre Wirksamkeit.

II. Bekanntmachung der Staatsministerien des Innern beider Abtheilungen vom 2. Januar 1900, Festmachung der auf den Inhaber lautenden Schuldverschreibungen zu Gunsten von Gemeinden und Stiftungen. (Amtsbl. d. Min. d. Innern S. 125. Kult.-Min.-Bl. S. 1.)

Nach § 806 des Bürgerlichen Gesetzbuches kann die Umschreibung einer auf den Inhaber lautenden Schuldverschreibung auf den Namen eines bestimmten Berechtigten nur durch den Aussteller erfolgen. Nach Art. 176 des Einführungsgesetzes zu diesem Gesetzbuche findet die Ausserkurssetzung von Schuldverschreibungen auf den Inhaber nach dem Inkrafttreten des Bürgerlichen Gesetzbuches nicht mehr statt und verliert eine vorher erfolgte Ausserkurssetzung mit dem Inkrafttreten des Bürgerlichen Gesetzbuches ihre Wirkung.

Mit dem 1. Januar 1900 werden demgemäss rechtsunwirksam die den Schuldverschreibungen auf den Inhaber durch Gemeinde- oder Stiftungsverwaltungen, Kuratel- oder Aufsichtsbehörden beigefügten Vinkulirungsvermerke jeder Art, wenn und soweit diese nicht auch von den Ausstellern der Schuldverschreibungen auf den Namen der Berechtigten umgeschrieben sind.

In Rücksicht hierauf werden die Gemeinden, Stiftungen und Anstalten, in deren Besitz sich Schuldverschreibungen befinden, deren Vinkulirungsvermerke die Bestätigung der Aussteller über die erfolgte Einschreibung der Vinkulirung in den Schuldkatastern noch entbehren, hiemit beauftragt, diese Schuldverschreibungen unverzüglich an die katasterführenden

Kassen ihrer Aussteller zum Zwecke der Umschreibung auf den Namen der Berechtigten zu übersenden.

1. Nach § 806 BGB. kann die Umschreibung einer auf den Inhaber lautenden Schuldverschreibung auf den Namen eines bestimmten Berechtigten nur durch den Aussteller erfolgen; der Aussteller ist jedoch zur Umschreibung nicht verpflichtet. Nach Art. 111 EG. z. BGB. bleiben unberührt die landesgesetzlichen Vorschriften, welche den Bundesstaat oder ihm angehörende Körperschaften, Stiftungen und Anstalten des öffentlichen Rechts abweichend von der Vorschrift des § 806 Satz 2 des BGB. verpflichten, die von ihnen ausgestellten, auf den Inhaber lautenden Schuldverschreibungen auf den Namen eines bestimmten Berechtigten umzuschreiben, sowie die landesgesetzlichen Vorschriften, welche die sich aus der Umschreibung einer solchen Schuldverschreibung ergebenden Rechtsverhältnisse, mit Einschluß der Kraftloserklärung, regeln.

Bayern hat in den Art. 49 ff. lediglich von der zweiten Befugniß des Art. 101 Gebrauch gemacht.

2. Die Umschreibung hat den Zweck, den Gläubiger vor den Gefahren zu schützen, die den Eigenthümer eines Inhaberpapieres bedrohen, wenn das Papier in die Hände eines Unberechtigten kommt. Der Inhaber kann die Zahlung nicht fordern, die Staatskasse ist nicht berechtigt, sie an ihn zu leisten, die besonderen Vorschriften über den Erwerb des Eigenthums an gestohlenen oder sonst abhanden gekommenen Inhaberpapieren (§ 935 Abs. 2 BGB.) finden keine Anwendung. Andererseits wird die Schuldverschreibung durch die Umschreibung nicht zu einem einfachen Schuldscheine, sondern sie bleibt Werthpapier, der Staat ist nur gegen Aushändigung der Schuldverschreibung zur Zahlung verpflichtet; der Besitz des Papiers ist zur Legitimation des Gläubigers erforderlich, wenn auch nicht genügend.

Die Umschreibung erstreckt ihre Wirkung nicht auf die Zinsscheine (Coupons), diese bleiben trotz der Umschreibung des Hauptpapiers Inhaberpapiere.

3. Die Umschreibung auf den Namen eines bestimmten Berechtigten erfolgt

a) bei den in der citirten Bekanntmachung der K. Staatsschuldentilgungskommission vom 23. November 1899 genannten Schuldverschreibungen nach Maßgabe dieser Bekanntmachung. Die Umschreibung ist hiernach eine im Interesse der Gläubiger bestehende Verwaltungseinrichtung, eine Verpflichtung zur Umschreibung ist dagegen gesetzlich nicht statuirt,

b) bei allen übrigen Schuldverschreibungen auf den Inhaber nach Maßgabe des § 806 BGB. Eine Verpflichtung des Ausstellers zur Umschreibung besteht in diesem Falle daher in der Regel nur dann, wenn er sich hierzu besonders verpflichtet hat.

4. Unter bestimmten Voraussetzungen gibt das BGB. gewissen Personen das Recht, Schuldverschreibungen auf den Inhaber, statt

zu hinterlegen, auf den Namen eines bestimmten Berechtigten umschreiben zu lassen, vgl. §§ 1393, 1525, 1550, 1667, 1686, 1815, 2117 BGB.

5. Die Art. 49 ff. regeln die Wirkungen der auf den Namen eines bestimmten Berechtigten erfolgten Umschreibung der in den Art. 49 und 57 bezeichneten Schuldverschreibungen auf den Inhaber, setzen also voraus, daß eine solche Umschreibung erfolgt ist.

6. Die Zahlung erfolgt Zug um Zug gegen Aushändigung der Schuldverschreibung (vgl. auch Anm. 2). Die Verpflichtung zur Ausstellung einer Quittung (§ 368 BGB.) wird durch die Vorschrift des Art. 49 nicht berührt, vgl. auch Art. 11 AG. z. BGB.

Art. 50. Zu der Stellung von Anträgen, welche eine Verfügung über die Schuldverschreibung enthalten, sowie zum Empfange der in der Schuldverschreibung versprochenen Zahlung sind nur der Gläubiger, auf dessen Namen die Schuldverschreibung umgeschrieben ist, seine gesetzlichen Vertreter und Bevollmächtigten, der Konkursverwalter und der Testamentsvollstrecker sowie diejenigen Personen berechtigt, welche die Schuldverschreibung von Todeswegen oder im Wege der Auseinandersetzung in Ansehung eines Nachlasses oder des Gesammtguts einer Gütergemeinschaft erworben haben.

Ist die Schuldverschreibung zum Zwecke der Zwangsvollstreckung gepfändet, so kann der Gläubiger, zu dessen Gunsten die Pfändung erfolgt ist, die Löschung der Umschreibung beantragen.

Eine Ehefrau wird zur Stellung von Anträgen und zum Empfange der Zahlung ohne Zustimmung des Ehemanns zugelassen.

In Ansehung der zu einem Familienfideikommiß oder einem Lehen gehörenden Schuldverschreibungen verbleibt es bei den bestehenden Vorschriften.

I. 5 (E. 43), 33 Begr., 173 (Z. I 43), 321 (Z. II 43). II. 135, 384 — Becher IV. V. I 16, *71, 379*, 593, 684, *718, 819*. IV. V. III 5.

1. Zu den „Anträgen, welche eine Verfügung enthalten", sind insbesondere auch Anträge auf Löschung der Umschreibung und der Antrag auf Umschreibung auf den Namen eines anderen Gläubigers zu rechnen.

2. Hinsichtlich der Formerfordernisse vgl. Art. 51.

3. Zu Abs. 2: Die Pfändung muß „zum Zwecke" der Zwangsvollstreckung erfolgt sein. Da der Arrest nur „zur Sicherung" der

Zwangsvollstreckung stattfindet, so steht Arrestgläubigern der im Abs. 2 bezeichnete Anspruch nicht zu. Das Gleiche von der auf Grund einer einstweiligen Verfügung erfolgten Pfändung (§§ 916 ff., 936 CPO.).

4. Abs. 3 befreit die Ehefrau lediglich von der nach dem betr. ehelichen Güterrecht erforderlichen Zustimmung des Mannes. Dagegen kann, wenn eine Ehefrau minderjährig oder bevormundet ist, von der nach §§ 107 ff. BGB. erforderlichen Zustimmung des gesetzlichen Vertreters, bezw. von der nach § 1815 BGB. erforderlichen Genehmigung des Vormundschaftsgerichts nicht abgesehen werden.

Auch befreit Art. 50 die Ehefrau lediglich gegenüber dem Aussteller von der Beibringung der sonst erforderlichen Zustimmung des Mannes; dagegen kann der Mangel der Zustimmung jedem Dritten entgegengehalten werden, z. B. dem Cessionar, daß die Uebertragung mangels der Zustimmung des Ehemanns nichtig sei.

5. Gemäß Abs. 4 verbleibt es in Ansehung der zu einem Familienfideikommiß oder einem Lehen gehörenden Schuldverschreibungen ohne Ausnahme bei den bestehenden Bestimmungen, insbesondere des Lehensedikts, der VII. Verfassungsbeilage, hauptsächlich § 43, § 102 im Zusammenhalt mit der IV. Verfassungsbeilage § 9. AM. Henle-Schneider Anm. 7: „Abs. 4 bringt zum Ausdruck, daß die in Abs. 1 bis 3 enthaltenen Bestimmungen in Bezug auf die zu einem Lehen u. s. w. gehörig umgeschriebenen Schuldverschreibungen nur mit den wegen dieser Zugehörigkeit gebotenen Modifikationen zur Anwendung kommen."

Art. 51. Der Antragsteller muß sich im Besitze der Schuldverschreibung befinden.

Der Antrag muß öffentlich beurkundet oder öffentlich beglaubigt sein. Anträge einer öffentlichen Behörde bedürfen einer besonderen Beglaubigung nicht.

Für eine Vollmacht oder eine sonstige Vertretungs- oder Verwaltungsbefugniß ist derselbe Nachweis erforderlich wie bei der Bewilligung einer Eintragung in das Grundbuch. Zum Nachweise des Erwerbes von Todeswegen ist ein Zeugniß des Nachlaßgerichts erforderlich. Bei dem Erwerb im Wege der Auseinandersetzung genügt ein Zeugniß des zuständigen Gerichts oder Notars.

Für die Beglaubigung des Antrags und der Vollmacht ist auch die Gemeindebehörde des Wohnorts des Antragstellers oder des Vollmachtgebers zuständig.

Ist seit der Umschreibung eine Aenderung in der Person des Gläubigers (Verheirathung einer Frau, Aenderung des Namens, des Standes oder des Gewerbes, des Wohnorts) eingetreten, so kann verlangt werden, daß die Identität durch eine öffentliche Urkunde nachgewiesen wird.

Diese Vorschriften gelten auch für die Quittung über den Empfang der Zahlung.

I. 5 (E. 44), 33 Begr., 173 (Z.^{I} 44), 322 (Z.^{II} 44), 673. II. 136, 885 — Becher IV. V.^{I} 16, *71*, *382*, 684, *718*, *819*. IV. V.^{III} 5, *266*, 278, *311*.

1. Zu Abs. 2. Zur öffentlichen Beurkundung und zur öffentlichen Beglaubigung sind nach Art. 1 Not.-Ges. die Notare zuständig. Doch besteht kein Notariatszwang, siehe jedoch auch Abs. 4. Hinsichtlich der öffentlichen Beglaubigung vgl. § 129 BGB.

2. Zu Abs. 3 vgl. insbesondere §§ 29, 33, 36 GBO., §§ 1507, 2353 BGB.

Zum Nachweise des Erwerbs von Todeswegen genügt übrigens auch ein besonderes, auf den Erwerb der Schuldverschreibung gerichtetes Zeugniß (I. 34, Becher IV. V.^{I} *74*).

Art. 52. Ist das Verfügungsrecht des Antragstellers oder des Empfängers der Zahlung in der im Artikel 51 bestimmten Weise nachgewiesen, so ist die Staatsschuldenverwaltung ohne weitere Prüfung zu der Annahme berechtigt, daß der Antragsteller oder der Empfänger der Zahlung über die Schuldverschreibung rechtswirksam verfügen kann.

I. 5 (E. 45), 33 Begr., 174 (Z.^{I} 45), 322 (Z.^{II} 45). II. 136 — Becher IV. V.^{I} 16, *71*, *383*, 684, *718*, *819*. IV. V.^{III} 5.

1. Die Einrede der Fälschung oder des Erlöschens der Vertretungsmacht ist nicht zulässig.

2. Selbstverständlich darf die Staatsschuldenverwaltung die Zahlung nicht bewerkstelligen, wenn ihr noch vor der Auszahlung der Mangel des Verfügungsrechts dargethan wird. Das Gleiche gilt von der Stellung eines Antrags, soweit demselben noch nicht stattgegeben ist.

Art. 53. Eine Uebertragung der Schuldverschreibung wird der Staatskasse gegenüber erst mit der Umschreibung wirksam.

I. 5 (E. 46), 33 Begr., 174 (Z.^{I} 46), 322, (Z.^{II} 46). II. 136 — Becher IV. V.^{I} 17, *71*, *383*, 684 *718*, *819*. IV. V.^{III} 5.

1. Die Uebertragung als solche ist formlos. Solange jedoch die Umschreibung nicht erfolgt ist, ist sie der Staatskasse, aber auch nur dieser gegenüber, nicht wirksam; ein Dritter, z. B. ein Pfändungsgläubiger, kann sich daher auf diese Unwirksamkeit nicht berufen.

Die Fassung des Art. 53 ist übrigens nicht ganz genau; denn eine Uebertragung der Schuldverschreibung wird der Staatskasse gegenüber auch schon mit der Umschreibung wirksam, also z. B. ohne Rücksicht darauf, ob noch die eheherrliche Zustimmung fehlt.

2. Der Umschreibung steht gleich ein formgerechter Antrag auf Umschreibung, dem doch sofort stattgegeben werden müßte, sofern die Schuldverschreibung mit vorgelegt wird.

Art. 54. Die Vorschriften der §§ 798 bis 803, 805 des Bürgerlichen Gesetzbuchs gelten auch für die auf den Namen des Gläubigers umgeschriebenen Schuldverschreibungen.

Auf das Aufgebotsverfahren zum Zwecke der Kraftloserklärung einer solchen Schuldverschreibung finden die Vorschriften der §§ 1010 bis 1014 der Civilprozeßordnung keine Anwendung.

I 5 (E. 47), 33 Begr., 174 (Z.[I] 47), 322 (Z.[II] 46). II. 137 — Becher IV. V.[I] 17, *71, 384*, 684, *718, 819*. IV. V.[III] 5.

§ 798 BGB.: Ist eine Schuldverschreibung auf den Inhaber in Folge einer Beschädigung oder einer Verunstaltung zum Umlaufe nicht mehr geeignet, so kann der Inhaber, sofern ihr wesentlicher Inhalt und ihre Unterscheidungsmerkmale noch mit Sicherheit erkennbar sind, von dem Aussteller die Ertheilung einer neuen Schuldverschreibung auf den Inhaber gegen Aushändigung der beschädigten oder verunstalteten verlangen. Die Kosten hat er zu tragen und vorzuschiessen.

§ 799 BGB.: Eine abhanden gekommene oder vernichtete Schuldverschreibung auf den Inhaber kann, wenn nicht in der Urkunde das Gegentheil bestimmt ist, im Wege des Aufgebotsverfahrens für kraftlos erklärt werden. Ausgenommen sind Zins-, Renten- und Gewinnantheilscheine sowie die auf Sicht zahlbaren unverzinslichen Schuldverschreibungen.

Der Aussteller ist verpflichtet, dem bisherigen Inhaber auf Verlangen die zur Erwirkung des Aufgebots oder der Zahlungssperre erforderliche Auskunft zu ertheilen und die erforderlichen Zeugnisse auszustellen. Die Kosten der Zeugnisse hat der bisherige Inhaber zu tragen und vorzuschiessen.

§ 800 BGB.: Ist eine Schuldverschreibung auf den Inhaber für kraftlos erklärt, so kann derjenige, welcher das Ausschlussurtheil erwirkt hat, von dem Aussteller, unbeschadet der Befugniss, den Anspruch aus der Urkunde geltend zu machen, die Ertheilung einer neuen Schuldverschreibung auf den Inhaber an Stelle der für kraftlos erklärten verlangen. Die Kosten hat er zu tragen und vorzuschiessen.

§ 801 BGB.: Der Anspruch aus einer Schuldverschreibung auf den Inhaber erlischt mit dem Ablaufe von dreissig Jahren nach dem Eintritte der für die Leistung bestimmten Zeit, wenn nicht die Urkunde vor dem Ablaufe der dreissig Jahre dem Aussteller zur Einlösung vorgelegt wird. Erfolgt die Vorlegung, so verjährt der Anspruch in zwei Jahren von dem Ende der Vorlegungsfrist an. Der Vorlegung steht die gerichtliche Geltendmachung des Anspruchs aus der Urkunde gleich.

Bei Zins-, Renten- und Gewinnantheilscheinen beträgt die Vorlegungsfrist vier Jahre. Die Frist beginnt mit dem Schlusse des Jahres, in welchem die für die Leistung bestimmte Zeit eintritt.

Die Dauer und der Beginn der Vorlegungsfrist können von dem Aussteller in der Urkunde anders bestimmt werden.

§ 802 BGB.: Der Beginn und der Lauf der Vorlegungsfrist sowie der Verjährung werden durch die Zahlungssperre zu Gunsten des Antragstellers gehemmt. Die Hemmung beginnt mit der Stellung des Antrags auf Zahlungssperre; sie endigt mit der Erledigung des Aufgebotsverfahrens und, falls die Zahlungssperre vor der Einleitung des Verfahrens verfügt worden ist, auch dann, wenn seit der Beseitigung des der Einleitung entgegenstehenden Hindernisses sechs Monate verstrichen sind und nicht vorher die Einleitung beantragt worden ist. Auf diese Frist finden die Vorschriften der §§ 203, 206, 207 entsprechende Anwendung.

§ 203 BGB.: Der Beginn und der Lauf der sechsmonatigen Frist ist gehemmt, solange der Berechtigte durch Stillstand der Rechtspflege an der Stellung des Antrags auf Einleitung des Aufgebotsverfahrens verhindert ist.*

Das Gleiche gilt, wenn eine solche Verhinderung in anderer Weise durch höhere Gewalt herbeigeführt wird.

§ 206 BGB.: Ist eine geschäftsunfähige oder in der Geschäftsfähigkeit beschränkte Person ohne gesetzlichen Vertreter, so wird die gegen sie laufende Frist nicht vor dem Ablaufe von sechs Monaten nach dem Zeitpunkte vollendet, in welchem die Person unbeschränkt geschäftsfähig wird oder der Mangel der Vertretung aufhört.*

Diese Vorschriften finden keine Anwendung, soweit eine in der Geschäftsfähigkeit beschränkte Person prozessfähig ist.

§ 207 BGB.: Gehört der Anspruch zu einem Nachlasse so wird die Frist nicht vor dem Ablaufe von sechs Monaten nach dem Zeitpunkte vollendet, in welchem die Erbschaft von dem Erben angenommen oder der Konkurs über den Nachlass eröffnet wird oder von welchem an der Anspruch von einem Vertreter gemacht werden kann.*

§ 803 BGB.: Werden für eine Schuldverschreibung auf den Inhaber Zinsscheine ausgegeben, so bleiben die Scheine, sofern sie nicht eine gegentheilige Bestimmung enthalten, in Kraft, auch wenn die Hauptforderung erlischt oder die Verpflichtung zur Verzinsung aufgehoben oder geändert wird.

Werden solche Zinscheine bei der Einlösung der Hauptschuldverschreibung nicht zurückgegeben, so ist der Aussteller berechtigt, den Betrag zurückzubehalten, den er nach Abs. 1 für die Scheine zu zahlen verpflichtet ist.

§ 805 BGB.: Neue Zins- oder Rentenscheine für eine Schuldverschreibung auf den Inhaber dürfen an den Inhaber der zum Empfange der Scheine ermächtigenden Urkunde (Erneuerungsschein) nicht ausgegeben werden, wenn der Inhaber der Schuldverschreibung der Ausgabe widersprochen hat. Die Scheine sind in diesem Falle dem Inhaber der Schuldverschreibung auszuhändigen, wenn er die Schuldverschreibung vorlegt.

1. Wegen der Zuständigkeit für das Aufgebotsverfahren vgl. Art. 69 AG. z. CPO. in der Fassung der Ziff. XIV. AG. z. BGB. (Art. 29 neuer Textierung).

2. Für das Aufgebotsverfahren zum Zwecke der Kraftloserklärung der vor dem 1. Januar 1900 von vorneherein auf den Namen ausgestellten Schuldverschreibungen gelten die gleichen Vorschriften, vgl. Art. 7 ÜG.

Art. 55. Die Vorschriften der Artikel 49 bis 54 gelten auch für die Staatsschuldverschreibungen, deren Umschreibung auf den Namen des Gläubigers vor dem Inkrafttreten des Bürgerlichen Gesetzbuchs erfolgt ist. An dem Rechte aus einem vor diesem Zeitpunkt ausgestellten Erneuerungsscheine wird nichts geändert.

I. 6 (E. 48), 33 Begr., 132 (zu Art. 42 Ziff. 16), 174, (Z.^{I} 48), 322 (Z.^{II} 48). II. 138 — Becher IV. V.^{I} 17, *71*, *385*, 684, *718*, *819*. IV. V.^{I} *128*. IV. V.^{III} 5.

1. Art. 55 stellt diejenigen Staatsschuldverschreibungen, deren Umschreibung auf den Namen des Gläubigers vor dem Inkrafttreten des BGB. erfolgt ist, den nach diesem Zeitpunkte umgeschriebenen völlig gleich.

2. Hinsichtlich der Erneuerungsscheine solcher Schuldverschreibungen vgl. Art. 3 des Gesetzes vom 29. September 1861 und Art. 13, 15 Abs. 2 des Gesetzes vom 18. März 1896, einige Bestimmungen über die Inhaberpapiere betr. Die Zinsscheine werden von der Vorschrift des Art. 55 nicht betroffen, da bezüglich ihrer eine Umschreibung nicht stattfindet.

3. Hinsichtlich der vor dem Inkrafttreten des BGB. fällig gewordenen Ansprüche vgl. Art. 8 ÜG.

Art. 56. Das Erlöschen und die Verjährung der Ansprüche aus einer Staatsschuldverschreibung oder einem Zinsscheine kommt dem Fonds zu statten, aus welchem die Zahlung zu leisten war.

I. 6 (E. 49), 35 Begr., 174 (Z.^{I} 49), 323 (Z.^{II} 49). II. 138 — Becher IV. V.^{I} 17, *76*, *396*, 684, *718*, *819*. IV. V.^{III} 5.

1. Vgl. auch Art. 8 ÜG.

Art. 57. Die Vorschriften der Artikel 49 bis 55 finden entsprechende Anwendung auf Schuldverschreibungen, die von einer dem bayerischen Staate angehörenden Körperschaft, Stiftung oder Anstalt des öffentlichen Rechtes ausgestellt sind.

I. 6 (E. 50), 35 Begr., 174 (Z.^{I} 50), 323 (Z.^{II} 50). II. 139 — Becher IV. V.^{I} 17 *76, 387*, 685, *718, 819*. IV. V.^{III} 5.

1. Hinsichtlich der Schuldverschreibungen, die nicht vom Staate oder den im Art. 57 genannten juristischen Personen, z. B. von Hypothekenbanken, ausgestellt sind, gelten ausschliesslich die Vorschriften des BGB.

Haftpflicht bei Benutzung öffentlicher Grundstücke oder Gewässer zu Anlagen oder Betrieben.

Art. 58. Werden öffentliche Straßen oder Plätze mit Genehmigung der zuständigen Behörde zu dem Betrieb einer Eisenbahn benutzt, so ist der Unternehmer auch für den Schaden verantwortlich, der bei dem Betrieb in Folge des öffentlichen Gebrauchs der Straßen oder Plätze an einer fremden Sache entsteht, sofern nicht der Unfall durch höhere Gewalt oder durch Verschulden des Inhabers der Sache verursacht ist.

Der Anspruch auf Schadensersatz verjährt in zwei Jahren von dem Unfall an.

I. 6 (E. 51), 35 Begr., 174 (Z.^{I} 51), 323 (Z.^{II} 51). II. 139 — Becher IV. V.^{I} 17, *76, 387*, 685, *718, 820*. IV. V.^{III} 5.

1. Art. 58 beruht auf dem Vorbehalt des Art. 105 EG. z. BGB. und ist dem § 1 des Reichshaftpflichtgesetzes nachgebildet. Während aber dieser Paragraph die Haftung für Verletzung und Tödtung von Personen behandelt, regelt Art. 58 die Haftung für die Beschädigung von Sachen.

2. Unter Eisenbahnen versteht man dem öffentlichen Verkehr dienende Anlagen oder Wege, auf welchen die Beförderung von Personen und Gütern mittels Fahrzeuge bewirkt wird, die sich auf eisernen Geleisen oder Schienen bewegen.

Demnach scheiden insbesondere aus:

a) alle nicht dem öffentlichen Verkehr dienenden Anlagen, z. B. die Bahnen auf Ziegeleien,

b) alle Anlagen, bei welchen die Fahrzeuge sich entweder überhaupt nicht auf Schienen oder wenigstens nicht auf Eisenschienen bewegen, z. B. Velocipede, Benzinmotorwagen, Luftseilbahnen.

Sofern aber die erforderlichen Voraussetzungen gegeben sind, ist es gleichgültig, ob der Staat oder eine Privatperson der Unternehmer ist, ferner ob die bewegende Kraft Dampf, Elektrizität, heiße Luft, Pferde u. s. w. sind.

3. Die Haftung aus Art. 58 besteht nur dann, wenn die öffentlichen Straßen und Plätze **mit Genehmigung** der zuständigen Behörde zu dem Betrieb einer Eisenbahn benutzt werden. Freilich ergibt sich daraus die etwas merkwürdige Folge, daß der Unternehmer, der die öffentliche Straße **ohne** Genehmigung benutzt, nur nach den allgemeinen Vorschriften des BGB. über Schadensersatzpflicht haftet, daß ihn also nicht die gesteigerte Haftung aus Art. 58 trifft. (So auch Böhm-Klein Anm. 6.)

4. Die Haftung aus Art. 58 ist nicht begründet, soweit die Eisenbahn nicht über öffentliche Straßen und Plätze, sondern über Privatgrundstücke geführt ist.

5. Der Unternehmer haftet nach Art. 58 nicht für jeden Schaden, sondern nur für den Schaden, der **bei** dem Betrieb **in Folge** des öffentlichen Gebrauchs der Straßen und Plätze entsteht. Dagegen stellt Art. 58 eine über die allgemeinen Vorschriften hinausgreifende Haftung des Unternehmers für den Schaden, der bei dem öffentlichen Gebrauche der Straßen und Plätze durch das **Bestehen** einer Eisenbahnanlage verursacht wird, nicht auf. Weiter geht nach bisherigem Recht OGH. XI. S. 379, wonach eine Trambahngesellschaft an sich für den einem fremden Pferde durch Einklemmen eines Fußes in das Schienengeleise zugegangenen Schaden zu haften hat.

Nach der Rechtsprechung des Reichsgerichts bedeutet das Wort „bei" nicht lediglich eine örtliche und zeitliche Verbindung des Unfalls mit dem Betrieb einer Eisenbahn, vielmehr wird erfordert, daß die Möglichkeit eines Kausalzusammenhangs zwischen dem Unfall und den besonderen Gefahren des Eisenbahnbetriebs, gegen welchen das Gesetz Schutz gewähren will, vorhanden ist.

Unter dem **Betrieb einer Eisenbahn** ist zwar nicht lediglich die Beförderung auf der Eisenbahn zu verstehen, denn das Gesetz hat absichtlich den „Betrieb" einer Eisenbahn gesetzt. Auch sind damit nicht alle Betriebshandlungen des Eisenbahnunternehmers gemeint, vielmehr nur diejenigen, welche mit dem eigentlichen Eisenbahnbetrieb, der Beförderung auf der Bahn zusammenhängen, namentlich die Vorbereitung, Durchführung und der Abschluß der Beförderung.

Bei der Beurtheilung, ob eine Betriebshandlung anzunehmen ist, ist maßgebend, ob sie mit den eigenthümlichen Gefahren des Betriebs der Eisenbahn, der Beförderung auf der Bahn verbunden ist, ob sie sich innerhalb des Bereichs der dem Eisenbahnbetrieb eigenthümlichen Gefahren und in ursächlichem Zusammenhang damit zuträgt.

6. **Die Haftung des Unternehmers wird ausgeschlossen**

a) durch höhere Gewalt,

b) durch eigenes Verschulden des Inhabers der Sache. Der letztere braucht nicht gerade auch der Eigenthümer der Sache zu sein. Im Falle konkurrirenden Verschuldens findet § 254 BGB. Anwendung. Selbstverständlich muß man, wenn man sich auf einer

Straße bewegt, die zum Betrieb einer Eisenbahn benutzt wird, auf den Betrieb Rücksicht nehmen; man darf nicht so unbekümmert dahingehen, wie in einer Straße mit geringerem Verkehr.

Soweit ein solcher Ausschließungsgrund nicht vorliegt, haftet der Unternehmer auch für Zufall.

Die Beweislast hinsichtlich des Ausschlusses der Haftung trifft den Unternehmer.

7. Hinsichtlich der Verjährung sind auch die Vorschriften der §§ 198 ff. BGB. zu beachten.

Art. 59. Wird die Benutzung eines dem öffentlichen Gebrauche dienenden Grundstücks oder eines öffentlichen Gewässers zu einer Anlage oder einem Betriebe gestattet, so kann bei der Ertheilung der Genehmigung von der zuständigen Behörde bestimmt werden, daß der Unternehmer für den Schaden, der bei dem öffentlichen Gebrauche des Grundstücks oder des Gewässers durch die Anlage oder den Betrieb verursacht wird, oder für gewisse Arten eines solchen Schadens verantwortlich ist.

Im Falle der Tödtung oder einer Verletzung des Körpers oder der Gesundheit eines Menschen finden die Vorschriften der §§ 842 bis 844 des Bürgerlichen Gesetzbuchs Anwendung.

Die Ersatzpflicht des Unternehmers erstreckt sich nicht auf einen Schaden, der durch höhere Gewalt oder durch Verschulden des Verletzten oder des Inhabers der beschädigten Sache verursacht ist.

Der Anspruch auf Schadensersatz verjährt in zwei Jahren von dem Unfall an. Im Falle einer Tödtung beginnt die Verjährung der im § 844 des Bürgerlichen Gesetzbuchs bestimmten Ansprüche mit dem Eintritte des Todes.

I. 6 (E. 52), 35 Begr., 175 (Z.I 52), 323 (Z.II 52). II. 141 — Becher IV. V.I 17, *76, 391,* 685, *718, 820.* IV. V.III 5.

§ 842 BGB.: Die Verpflichtung zum Schadensersatze wegen einer gegen die Person gerichteten unerlaubten Handlung erstreckt sich auf die Nachtheile, welche die Handlung für den Erwerb oder das Fortkommen des Verletzten herbeiführt.

§ 843 BGB.: Wird in Folge einer Verletzung des Körpers oder der Gesundheit die Erwerbsfähigkeit des Verletzten aufgehoben oder gemindert oder tritt eine Vermehrung seiner Bedürfnisse ein, so ist dem Verletzten durch Entrichtung einer Geldrente Schadensersatz zu leisten.

Auf die Rente finden die Vorschriften des § 760 Anwendung. Ob, in welcher Art und für welchen Betrag der Ersatzpflichtige Sicherheit zu leisten hat, bestimmt sich nach den Umständen.

Statt der Rente kann der Verletzte eine Abfindung in Kapital verlangen, wenn ein wichtiger Grund vorliegt.

Der Anspruch wird nicht dadurch ausgeschlossen, dass ein Anderer dem Verletzten Unterhalt zu gewähren hat.

§ 760 BGB.: Die Rente ist für drei Monate vorauszuzahlen. Hat der Gläubiger den Beginn des Zeitabschnitts erlebt, für den die Rente im Voraus zu entrichten ist, so gebührt ihm der volle auf den Zeitabschnitt entfallende Betrag.*

§ 844 BGB.: Im Falle der Tödtung hat der Ersatzpflichtige die Kosten der Beerdigung demjenigen zu ersetzen, welchem die Verpflichtung obliegt, die Kosten zu tragen.

Stand der Getödtete zur Zeit der Verletzung zu einem Dritten in einem Verhältnisse, vermöge dessen er diesem gegenüber kraft Gesetzes unterhaltspflichtig war oder unterhaltspflichtig werden konnte, und ist dem Dritten in Folge der Tödtung das Recht auf den Unterhalt entzogen, so hat der Ersatzpflichtige dem Dritten durch Entrichtung einer Geldrente insoweit Schadensersatz zu leisten, als der Getödtete während der muthmasslichen Dauer seines Lebens zur Gewährung des Unterhalts verpflichtet gewesen sein würde; die Vorschriften des § 843 Abs. 2 bis 4 finden entsprechende Anwendung. Die Ersatzpflicht tritt auch dann ein, wenn der Dritte zur Zeit der Verletzung erzeugt, aber noch nicht geboren war.

1. Art. 59 verleiht der für die Genehmigung des Betriebs oder der Anlage zuständigen Behörde die Befugniß, — er statuirt aber keine Pflicht —, dem Unternehmer eine gesteigerte Haftung aufzuerlegen.

2. Zu den dem öffentlichen Gebrauche dienenden Grundstücken gehören vor allem auch öffentliche Straßen und Plätze. Unter „öffentlichem Gebrauch“ ist der Jedem zustehende, der Gemein-Gebrauch zu verstehen.

Der Begriff der öffentlichen Gewässer ist derselbe wie im Gesetz über die Benützung des Wassers vom 28. Mai 1852. Als öffentliche Flüsse werden hiernach diejenigen betrachtet, welche und soweit sie zur Schifffahrt oder zur Floßfahrt mit gebundenen Flößen dienen. Die Nebenarme solcher Flüsse gelten, selbst wenn sie nicht der Schiff- oder Floßfahrt dienen, als öffentliche Gewässer, soweit nicht entgegenstehende Rechte erworben sind, und unbeschadet der Bestimmung des Art. 33, wonach die künstlich angelegten Wasserleitungen und Kanäle, soweit nicht entgegengesetzte Rechte erworben sind, zum Privateigenthume des Grundbesitzers gehören. Flüsse, welche aufhören, zur Schiff- und Floßfahrt zu dienen, verlieren dadurch die Eigenschaft öffentlicher Gewässer nicht (Art. 2 des Wasserbenützungsgesetzes). Welche Seen und sonstige stehende Gewässer als öffentliche zu betrachten seien, ist nach den desfalls bestehenden Rechtsverhältnissen zu beurtheilen (Art. 7 a. a. O.). Von dem Staate errichtete Kanäle sind nur insoweit dem freien Gebrauche eröffnet, als dieses durch die Staatsregierung bestimmt wird (Art. 8 a. a. O.).

3. Als Anlagen und Betriebe sind in der Begründung angeführt: Wasser-, Gas-, elektrische Leitungen, Abzugskanäle, Rohrpostanlagen, Druckluft-, Warmluftleitungen, Schwebebahnen. Auch Eisenbahnanlagen gehören hierher.

4. Die Bestimmung muß von der zuständigen Behörde bei der Ertheilung der Genehmigung getroffen werden; eine spätere Bestimmung ist unzulässig. Die im Gesetz über die Benützung des Wassers vom 28. Mai 1852 den Verwaltungsbehörden eingeräumten Befugnisse werden durch Art. 59 nicht berührt.

5. Der Schaden muß bei dem öffentlichen Gebrauche des Grundstücks oder Gewässers durch die Anlage oder den Betrieb verursacht worden sein (vgl. Art. 58 Anm. 5 ff.). Handelt es sich dagegen um einen Privatgebrauch, der allerdings auch von der öffentlichen Behörde bewilligt werden kann, so findet Art. 59 keine Anwendung. Dies trifft insbesondere bei Fischereirechten zu.

6. Zu beachten ist, daß Art. 59 nicht nur im Falle der Beschädigung von Sachen, sondern auch im Falle der Tödtung oder Körperverletzung von Personen Anwendung findet.

§ 845 BGB. ist nicht für anwendbar erklärt. War daher der Verletzte oder Getödtete kraft Gesetzes einem Dritten zur Leistung von Diensten in dessen Hauswesen oder Gewerbe verpflichtet, so kann der Dritte für die entgehenden Dienste keinen Ersatz verlangen.

7. Wegen des Schadens, der aus den für Triebwerke und Bewässerungs- oder Entwässerungsanstalten hergestellten Uferschutzvorrichtungen entsteht, verbleibt es bei der Vorschrift des Art. 7 Abs. 2 des Uferschutzgesetzes vom 28. Mai 1852. Ebensowenig ist an der nach Art. 69 des Wasserbenützungsgesetzes vom 28. Mai 1852 mit Ausübung der Flößerei in Triftgewässern verbundenen Haftpflicht etwas geändert.

Haftung des Staates und der Kommunalverbände für Beamte.

Art. 60. Verletzt ein Beamter des Staates, einer Gemeinde oder eines anderen Kommunalverbandes in Ausübung der ihm anvertrauten öffentlichen Gewalt vorsätzlich oder fahrlässig die ihm einem Dritten gegenüber obliegende Amtspflicht, so trifft dem Dritten gegenüber die im § 839 des Bürgerlichen Gesetzbuchs bestimmte Verantwortlichkeit an Stelle des Beamten den Staat oder den Verband, in dessen Dienste der Beamte steht. Bei den Amtsgeschäften der Gerichtsvollzieher gilt dies auch für die Verletzung der Pflichten gegenüber dem Auftraggeber.

Ausländern kann die Entschädigung, vorbehaltlich der Haftung des Beamten, verweigert werden, wenn nicht nachgewiesen ist, daß in dem Heimathstaate des Beschädigten eine der Vorschrift des Abs. 1 Satz 1 entsprechende Haftung Deutschen gegenüber wenigstens insoweit anerkannt wird, als der Ersatz des Schadens von dem Beamten nicht zu erlangen ist.

Die für einzelne Klassen von Beamten bestehenden besonderen Vorschriften bleiben unberührt.

Der Beamte hat dem Staate oder dem Verband, in dessen Dienste er steht, den Schaden zu ersetzen, der dem Staate oder dem Verband aus der Verletzung der Amtspflicht entsteht. Die Vorschriften des § 852 des Bürgerlichen Gesetzbuchs finden mit der Maßgabe Anwendung, daß die dreijährige Verjährungsfrist mit dem Zeitpunkte beginnt, in dem die Ersatzpflicht des Staates oder des Verbandes dem Beschädigten gegenüber anerkannt oder rechtskräftig festgestellt ist.

I. 6 (E. 53), 36 Begr., 175 (Z.^I 53), 296, 324 (Z.^II 53). II. 149, 403, 549 — Becher IV. V.^I 18, *78*, *403*, 594, *635*, 685, *718*, *821*, *870*, 886, *910*, *957*. IV. V.^III 5, *135*.

§ 839 BGB.: Verletzt ein Beamter vorsätzlich oder fahrlässig die ihm einem Dritten gegenüber obliegende Amtspflicht, so hat er dem Dritten den daraus entstehenden Schaden zu ersetzen. Fällt dem Beamten nur Fahrlässigkeit zur Last, so kann er nur dann in Anspruch genommen werden, wenn der Verletzte nicht auf andere Weise Ersatz zu erlangen vermag.

Verletzt ein Beamter bei dem Urtheil in einer Rechtssache seine Amtspflicht, so ist er für den daraus entstehenden Schaden nur dann verantwortlich, wenn die Pflichtverletzung mit einer im Wege des gerichtlichen Strafverfahrens zu verhängenden öffentlichen Strafe bedroht ist. Auf eine pflichtwidrige Verweigerung oder Verzögerung der Ausübung des Amtes findet diese Vorschrift keine Anwendung.

Die Ersatzpflicht tritt nicht ein, wenn der Verletzte vorsätzlich oder fahrlässig unterlassen hat, den Schaden durch Gebrauch eines Rechtsmittels abzuwenden.

§ 852 BGB.: Der Anspruch auf Ersatz des aus einer unerlaubten Handlung entstandenen Schadens verjährt in drei Jahren von dem Zeitpunkte an, in welchem der Verletzte von dem Schaden und der Person des Ersatzpflichtigen Kenntniss erlangt, ohne Rücksicht auf diese Kenntniss in dreissig Jahren von der Begehung der Handlung an.

Hat der Ersatzpflichtige durch die unerlaubte Handlung auf Kosten des Verletzten etwas erlangt, so ist er auch nach

der Vollendung der Verjährung zur Herausgabe nach den Vorschriften über die Herausgabe einer ungerechtfertigten Bereicherung verpflichtet.

1. Art. 60 wälzt die an sich nach § 839 BGB. den Beamten treffende Haftung auf den Staat, die Gemeinden und anderen Kommunalverbände, in deren Dienst der Beamte steht. Der Staat u. s. w. haftet primär an Stelle des Beamten. Durch die primäre „Haftung" des Staates u. s. w. wird aber nicht die „Schuld" des Beamten, sondern lediglich seine „Haftung" ausgeschlossen. Das Verhältniß ist daher als Gesammtschuldverhältniß aufzufassen (vgl. auch Henle-Schneider Anm. 9). Denn es schulden Mehrere eine Leistung in der Weise, daß jeder die ganze Leistung zu bewirken verpflichtet, der Gläubiger aber die Leistung nur einmal zu fordern berechtigt ist (§ 421 BGB). Diese rechtliche Konstruktion ist von Bedeutung wegen der §§ 422 ff. BGB.

Art. 60 f. behandelt nur die „Haftung" des Staates und der Kommunalverbände für Beamte und den hieraus entspringenden Ersatzanspruch des Staates u. s. w. Ein wesentlich anders gearteter Fall liegt vor, wenn es sich um einen dem Amts- oder Dienstverhältnisse entspringenden Ersatzanspruch des Staates oder Verbandes selbst gegen den Beamten oder umgekehrt des letzteren gegen den Staat u. s. w. handelt. Dieser Fall wird in erster Linie von dem öffentlichen Landesrechte beherrscht, wie es für die konkreten Beamtenverhältnisse einschlägig ist. Immerhin können auch hier privatrechtliche Rechtsnormen einschlagen und zwar selbst in der Art, daß die ganze Rechtssache sich als solche von privatrechtlichem Charakter darstellt und somit auch der Civilgerichtsbarkeit zufällt (vgl. Staudinger, Vorträge für Verwaltungsbeamte, S. 586).

2. Der Begriff des Beamten ist nicht näher bestimmt; denn die Begrenzung folgt von selbst aus dem Erforderniß, daß es sich um einen „in Ausübung der dem Beamten anvertrauten öffentlichen Gewalt" zugefügten Schaden handeln muß. Es kommt daher nicht in Betracht, ob eine Person auch als Beamter im staatsrechtlichen Sinn anzusehen ist oder nur in Ausübung einer allgemeinen staatsrechtlichen Pflicht ein öffentliches Amt, z. B. als Schöffe oder Geschworener, verwaltet. Insoweit ist die Haftung des Staates u. s. w. aber grundsätzlich für alle Beamten anerkannt, nicht bloß für die höheren, die Beamten im engeren Sinne, sondern auch für die niederen Bediensteten, soweit ihnen die Ausübung einer öffentlichen Gewalt übertragen ist. Diese Haftung ist auch dann nicht ausgeschlossen, wenn dem Beschädigten die Wahl des Beamten, der in seinen Angelegenheiten thätig werden sollte, freistand.

3. Hat der Beamte zwar seine Amtspflicht verletzt, jedoch nicht in Ausübung der ihm anvertrauten öffentlichen Gewalt, so ist die Haftung des Staates u. s. w. nach Art. 60 nicht begründet. So ist ein Volksschullehrer zwar Gemeindebeamter; macht er sich aber einer Ueberschreitung des Züchtigungsrechtes schuldig, so ist die Gemeinde für den Ersatz des entstandenen Schadens nicht haftbar, da nicht die Ausübung einer öffentlichen Gewalt in Frage steht.

Für den Schaden, den der Beamte in Ausübung einer ihm zustehenden privatrechtlichen Vertretungsbefugniß durch eine zum Schadensersatz verpflichtende Handlung einem Dritten zugefügt hat, ist der Staat u. s. w. nicht auf Grund des Art. 60 AG. z. BGB., sondern auf Grund der §§ 89, 31 BGB. haftbar.

4. Unter den „anderen Kommunalverbänden" sind die Distrikts- und Kreisgemeinden zu verstehen.

Die Kreisirrenanstalten sind im verwaltungsrechtlichen Sinne Staatsanstalten, nicht Anstalten der Kreisgemeinden; soweit die Beamten und Bediensteten derselben als Willensorgane der den Betrieb führenden juristischen Person in Betracht kommen, sind sie daher Willensorgane des Staates; für ein Verschulden, das ihnen in dieser Eigenschaft zur Last fällt, und für Mangel der Einrichtung haftet der Staat, nicht die Kreisgemeinde. OGH. XVII. S. 461.

5. Haftbar ist der Staat oder der Verband, in dessen Dienst der Beamte steht. Daher ist die Haftung einer Gemeinde für ihre Beamten auch dann begründet, wenn die Ernennung nicht durch die Gemeinde, sondern durch die staatliche Behörde erfolgte.

Steht der Beamte gleichzeitig im Dienste des Staates und eines Verbandes, so kommt es darauf an, in wessen Dienst der Beamte die schädigende Handlung vorgenommen hat.

Daß der Beamte zur Zeit der Geltendmachung des Anspruchs noch im Dienste des Staates u. s. w. steht, wird nicht erfordert.

6. Die Haftung des Staates u. s. w. ist nur dann begründet, wenn der Beamte die ihm einem Dritten gegenüber obliegende Amtspflicht vorsätzlich oder fahrlässig verletzt. Den Gegensatz bilden diejenigen Amtspflichten, die dem Beamten gegenüber dem Dienstherrn obliegen. Hierher gehören die zahlreichen Diensteinstruktionen, die häufig bloße Ordnungsvorschriften sind.

Eine ausdrückliche Vorschrift nach dieser Richtung besteht in Ansehung des Vormundschaftsrichters (§§ 1674, 1848 BGB). Das Gegentheil gilt in Ansehung des Gemeindewaisenraths.

7. Die Haftung des Staates u. s. w. geht nicht weiter, als nach § 839 BGB. der Beamte haften würde. Alle Einreden, die nach § 839 BGB. dem Beamten zustünden, stehen dem Staate u. s. w. zu.

8. Soweit der Gerichtsvollzieher dem Exequenden gegenüber eine Verletzung der Amtspflicht sich zu schulden kommen läßt, haftet der Staat schon nach Abs. 1 Satz 1. Satz 2 dehnt die Haftung auch auf die Verletzung der Pflichten gegenüber dem Auftraggeber aus („auch"). Soweit dagegen der Gläubiger den Gerichtsvollzieher als eine Art Anwalt handeln läßt, z. B. durch ihn einen Mahnbrief schreiben läßt und ihn zur Emfangnahme des geschuldeten Betrags ermächtigt, besteht eine Haftung des Staates nicht.

9. Ausländern kann die Entschädigung verweigert werden, wenn nicht der Nachweis der Reciprocität erbracht wird. Es genügt der Nachweis einer, wenn auch bloß subsidiären Haftung des fremden Staates. Die Behauptung der Reciprocität muß in die Klagebegründung aufgenommen werden.

Abs. 1 Satz 2 ist nicht angeführt. Es genügt daher der Nachweis, daß der fremde Staat für die Handlungen seiner Gerichtsvollzieher haftet. Der bayerische Staat kann seine Haftung auch dann nicht ablehnen, wenn der fremde Staat für die Verletzung der Pflichten seiner Gerichtsvollzieher gegenüber dem Auftraggeber nicht haftet.

Soweit auf Grund des Abs. 2 die Haftung des Staates u. s. w. ausgeschlossen ist, bleibt der Beamte verhaftet. Ihm steht das Recht des Abs. 2 nicht zu, dagegen kann möglicherweise Art. 31 EG. z. BGB. Anwendung finden.

10. Hinsichtlich der Haftung des Staates für Notare vgl. Art. 126 Not.-G., für Grundbuchbeamte § 12 GBO.

11. Der Beamte hat dem Staat u. s. w. allen Schaden zu ersetzen, der ihm aus der Verletzung der Amtspflicht entsteht. Der Staat u. s. w. kann den Ersatz des Schadens auch verlangen, ehe er den Verletzten schadlos gehalten hat. Freilich geht dann der Anspruch nicht auf Bezahlung einer Geldsumme, sondern auf Befreiung von der Haftung.

Hinsichtlich des Umfangs der Ersatzpflicht gibt § 839 BGB. Maß. Ob der Beamte auch die dem Staate in dem Rechtsstreite mit dem Beschädigten entstandenen Prozeßkosten zu erstatten hat, hängt von der Lage des einzelnen Falles ab. Der Beamte hat sie nicht zu ersetzen, wenn der Rechtsstreit deswegen entstanden ist, weil der Staat seine Verpflichtung bestritten, der Beamte sie aber anerkannt hat. Hinsichtlich der Kosten einer etwaigen Nebenintervention vgl. § 101 CPO.

Hinsichtlich der Aufrechnungsbefugniß vgl. Art. 12 AG. z. BGB.

12. Wegen der ausschließlichen Zuständigkeit der Landgerichte vgl. Art. 26 AG. z. GVG.

Art. 61. Ist ein Beamter des Staates, einer Gemeinde oder eines anderen Kommunalverbandes für einen Schaden der im Artikel 60 Abs. 1 bezeichneten Art deswegen nicht verantwortlich, weil er sich im Zustande der Bewußtlosigkeit oder in einem die freie Willensbestimmung ausschließenden Zustande krankhafter Störung der Geistesthätigkeit befunden hat, so kann der Beschädigte von dem Staate oder dem Verbande Schadensersatz verlangen.

Für den Schaden, der daraus entsteht, daß der Beamte bei einem Urtheil in einer Rechtssache die Amtspflicht verletzt, ist der Staat oder der Verband in dem Falle des Abs. 1 nicht verantwortlich.

Die Vorschriften des § 839 Abs. 1 Satz 2, Abs. 2 Satz 2, Abs. 3 des Bürgerlichen Gesetzbuchs und des Artikel 60 Abs. 1 Satz 2, Abs. 2, 3 finden entsprechende Anwendung.

I. 296 Ziff. 17, 324 (Z.^{II} 53^{a}). II. 149, 553 — Becher IV. V.^{I} 888, *921*, 927. *960*.

1. Nach Art. 61 haftet der Staat für die Amtshandlungen seiner Beamten in weiterem Umfange, als diese nach § 839 BGB. haften würden.

2. Hinsichtlich des Ausdrucks: „im Zustande der Bewußtlosigkeit u. s. w." vgl. §§ 105, 827 BGB.

3. Zu Abs. 2 vgl. § 839 Abs. 2 BGB.

4. Nach Abs. 3 kann der Staat u. s. w., wenn dem Beamten nur Fahrlässigkeit zur Last fällt, nur dann in Anspruch genommen werden, wenn der Verletzte nicht auf andere Weise Ersatz zu erlangen vermag (§ 839 Abs. 1 Satz 2 BGB.). Auf eine pflichtwidrige Verweigerung oder Verzögerung der Ausübung des Amtes finden die Vorschriften des Abs. 2 keine Anwendung (§ 839 Abs. 2 Satz 2 BGB.). Die Ersatzpflicht tritt nicht ein, wenn der Verletzte vorsätzlich oder fahrlässig unterlassen hat, den Schaden durch Gebrauch eines Rechtsmittels abzuwenden (§ 839 Abs. 3 BGB.).

5. Da Art. 60 Abs. 4 nicht für anwendbar erklärt ist, so ist der Beamte nicht regreßpflichtig.

Nachbarrecht.

Das BGB. bestimmt in den §§ 903, 904 den Inhalt des Eigenthums im Allgemeinen und trifft in den §§ 905 ff. Beschränkungen des Eigenthümers zu Gunsten der Nachbarn.

Nach Art. 124 EG. z. BGB. bleiben jedoch unberührt die landesgesetzlichen Vorschriften, welche das Eigenthum an Grundstücken zu Gunsten der Nachbarn noch anderen als den im BGB. bestimmten Beschränkungen unterwerfen. Auf dieser Grundlage beruhen die Vorschriften der Art. 62—80.

Soweit in diesen Artikeln die älteren Vorschriften nicht ausdrücklich aufrecht erhalten sind, treten sie außer Kraft. Dies gilt insbesondere hinsichtlich der Mauerausbauchung des gemeinen Rechts, des Hammerschlags- und Leiterrechts, des Neidbaues, des Traufrechts u. s. w. Es braucht daher der auf Grund des bisherigen Rechtes bestehende Zustand, wie z. B. bei dem Traufrecht oder Hammerschlagsrecht, nicht mehr geduldet zu werden.

Soweit es dagegen sich nicht um eine nachbarrechtliche Befugniß sondern um eine Grunddienstbarkeit handelt, wenn z. B. eine an sich nachbarrechtliche Befugniß als Grunddienstbarkeit bestellt wurde, bleibt dieselbe mit dem sich aus den bisherigen Gesetzen ergebenden Inhalt und Rang bestehen (Art. 184 EG. z. BGB.).

Dagegen werden die baupolizeilichen Vorschriften, da sie dem öffentlichen Rechte angehören, weder durch die Bestimmungen des BGB. noch das AG. z. BGB. berührt.

Sämmtliche nachbarrechtliche Vorschriften sowohl des BGB. als auch das AG. z. BGB. gelten vom Inkrafttreten des BGB. an (Art. 181 EG. z. BGB.).

Art. 62. Sind Fenster weniger als 0,60 m von der Grenze eines Nachbargrundstücks entfernt, das mit Gebäuden versehen ist oder als Hofraum oder Hausgarten dient, so müssen sie auf Verlangen des Eigenthümers dieses Grundstücks so eingerichtet werden, daß bis zur Höhe von 1,80 m über dem hinter ihnen befindlichen Boden weder das Oeffnen noch das Durchblicken möglich ist. Die Entfernung wird von dem Fuße der Wand, in der sich das Fenster befindet, unterhalb der zunächst an der Grenze befindlichen Außenkante der Fensteröffnung ab gemessen.

Den Fenstern stehen Lichtöffnungen jeder Art gleich.

I. 6 (E. 54), 38, 39 Begr., 175 (Z.[I] 54), 324 (Z.[II] 54). II. 160, 164, 384 — Becher IV. V.[I] 18, *81, 84, 425*, 594, 685, *721, 826*. IV. V.[III] 6, *140*.

1. Die baupolizeilichen Vorschriften über die Anbringung von Fenstern werden durch die Bestimmungen der Art. 62 ff. nicht berührt. Sie sind öffentlichen Rechts, während die Art. 62 ff. privatrechtliche Eigenthumsbeschränkungen enthalten. Als solche gelten sie vom Inkrafttreten des BGB. an, nicht erst von der Anlegung des Grundbuchs an.

2. Vorausgesetzt wird ein Nachbargrundstück, das mit Gebäuden versehen ist oder als Hofraum oder Hausgarten dient.

Ein Hausgarten ist ein Grundstück, welches die Bestimmung hat, den Bewohnern des Hauses als Garten zu dienen.

Wird auf dem Nachbargrundstück nachträglich ein Gebäude aufgeführt u. s. w., während es bisher z. B. eine Wiese war, so müssen auf Verlangen die Fenster des anderen Grundstückes nachträglich entsprechend den Vorschriften des Art. 65 umgeändert werden.

Will man sich gegen solche Eventualitäten schützen, so muß man sich eine Grunddienstbarkeit bestellen lassen.

3. Die Fenster genügen den Vorschriften des Art. 62, wenn bis zur Höhe von 1,80 m weder das Oeffnen noch das Durchblicken möglich ist. Daß bis zur angegebenen Höhe Fenster überhaupt nicht bestehen dürfen, ist nicht gesagt. Es ist daher zulässig, auch in geringerer Höhe Fenster anzulegen, sofern sie nur nicht geöffnet werden können, und ihre Scheiben aus undurchsichtigem Material (Milchglas, gewelltem Glas) hergestellt sind.

4. Die Herstellung eines dem Art. 62 entsprechenden Zustandes kann lediglich der Eigenthümer des Nachbargrundstückes verlangen, dagegen nicht der Pächter oder Nießbraucher. Die Geltendmachung des Verlangens ist nicht an eine Frist gebunden, auch unterliegt der Anspruch auf Herstellung des gesetzmäßigen Zustandes nicht der Verjährung (Art. 78). Er erlischt auch nicht durch Verzicht.

5. Lichtöffnungen sind Oeffnungen, die bestimmt sind, dem Lichte Eintritt zu gewähren.

6. Die Vollstreckung des Urtheils erfolgt nach § 887 CPO.

7. Uebergangsvorschrift s. Art. 66.

Art. 63. Balkone, Erker, Gallerien und ähnliche Anlagen, die weniger als 0,60 m von der Grenze eines Nachbargrundstücks abstehen, das mit Gebäuden versehen ist oder als Hofraum oder Hausgarten dient, müssen auf der dem Nachbargrundstücke zugekehrten Seite auf Verlangen des Nachbars mit einem der Vorschrift des Artikel 62 entsprechenden Abschlusse versehen werden. Der Abstand wird bei vorspringenden Anlagen von dem zunächst an der Grenze befindlichen Vorsprung ab, bei anderen Anlagen nach Artikel 62 Abs. 1 Satz 2 gemessen.

I. 6 (E. 55), 39 Begr., 176 (Z.I 55), 325 (Z.II 55). II. 165, 384 — Becher IV. V.I 18, *84*, *434*, 594, 686, *721*, *828*. IV. V.III 6, *140*.

1. Vgl. die Anm. zu Art. 62.

2. Unter die „ähnlichen Anlagen“ fallen z. B. Terrassen, dagegen nicht Thüren. Die Beseitigung der letzteren kann unter Umständen auf Grund des § 907 BGB. verlangt werden.

3. „Nachbar“ hat hier dieselbe Bedeutung wie im Art. 62 „Eigenthümer des Nachbargrundstücks“.

4. Der Abschluß muß so beschaffen sein, daß er bis zur Höhe von 1.80 m weder das Oeffnen noch das Durchblicken gestattet.

5. Uebergangsvorschrift s. Art. 66.

Art. 64. Die Vorschriften der Artikel 62, 63 kommen auch gegenüber einem Grundstücke, das einer öffentlichen Eisenbahnanlage dient, zur Anwendung. Die Fenster und anderen Lichtöffnungen sowie der Abschluß der im Artikel 63 bezeichneten Anlagen dürfen jedoch so eingerichtet werden, daß sie das Durchblicken gestatten.

I. 6 (E. 56), 39 Begr., 176 (Z.I 56), 325 (Z.II 56). II. 165 — Becher IV. V.I 19, *84*, *434*, 686, *721*, *829*. IV. V.III 6, *140*.

1. Dient das Nachbargrundstück einer öffentlichen Eisenbahnanlage, so genügt es, daß bis zur Höhe von 1,80 m die Oeffnung der Fenster, Balkone u. s. w. nicht möglich ist.

2. Der Anspruch erlischt nicht durch Verzicht und unterliegt nicht der Verjährung (Art. 77, 78).

3. Uebergangsvorschrift s. Art. 66.

Art. 65. Für Fenster, andere Lichtöffnungen und Anlagen der im Artikel 63 bezeichneten Art, die sich an der Baulinie befinden, gelten die Vorschriften der Artikel 62 bis 64 nicht.

I. 6 (E. 57), 39 Begr., 176 (Z.I 57), 325 (Z.II 57). II. 166 — Becher IV. V.I 19 *84*, *434*, 686, *721*, *829*. IV. V.III 6, *140*.

1. Solange eine Baulinie nicht vorhanden ist, gelten die Beschränkungen der Art. 62—64. Sie fallen aber weg, sobald die Baulinie so gezogen ist, wie man bei der Herstellung des Gebäudes erwartet hat.

2. Der Anspruch erlischt nicht durch Verzicht und unterliegt nicht der Verjährung (Art. 77, 78).

3. Uebergangsvorschrift s. Art. 66.

Art. 66. Für die zur Zeit des Inkrafttretens des Bürgerlichen Gesetzbuches bestehenden Lichtöffnungen, Fenster, Balkone, Erker und ähnlichen Anlagen bleiben die bisherigen Vorschriften in Geltung, soweit sie eine geringere Beschränkung bestimmen als die Artikel 62 bis 65.

I. 6 (E. 58), 39 Begr., 176 (Z.I 58), 325 (Z.II 58). II. 167 — Becher IV. V.I 19, *84*, *435*, 686, *721*, *829*. IV. V.III 6, *140*.

1. Soweit die bisherigen Vorschriften eine geringere Beschränkung, wenn auch anderer Art, z. B. Vergitterung, bestimmen, als die Art. 62—65, bleiben sie in Geltung. Dies ist natürlich auch dann der Fall, wenn sie, wie z. B. das gemeine Recht oder das bayerische Landrecht eine Beschränkung überhaupt nicht kennen. Soweit dagegen die Beschränkung weitergeht, treten sie außer Kraft; es gelten dann die Vorschriften der Art. 62—65. Ob das eine oder andere zutrifft, ist in jedem einzelnen Falle besonders zu untersuchen. Unter allen Umständen muß das Fenster u. s. w. entweder den alten oder den neuen Bestimmungen entsprechen.

2. Die bisherigen Vorschriften bleiben so lange in Geltung, als die Fenster bestehen. Werden die Fenster umgebaut, so müssen sie den neuen Vorschriften entsprechend hergestellt werden. Anders, wenn irgend ein anderer Theil des Hauses umgebaut wird.

3. Der Anspruch aus Art. 66 erlischt nicht durch Verzicht und unterliegt nicht der Verjährung, selbst wenn dies nach bisherigem Rechte möglich war. (Art. 77, 78.)

Art. 67. Hat der Eigenthümer eines Gebäudes vor dem Inkrafttreten des Bürgerlichen Gesetzbuchs nach den Vorschriften des Preußischen Landrechts durch Zeitablauf das Recht erlangt, daß zum Schutze seiner Fenster vor Verdunkelung mit Anlagen auf einem Nachbargrundstück ein bestimmter Abstand eingehalten werden muß, so gilt dieses Recht als Grunddienstbarkeit.

Das Gleiche gilt, wenn der Eigenthümer eines Gebäudes vor dem Inkrafttreten des Bürgerlichen Gesetzbuchs nach den Vorschriften des Pfälzischen Rechtes durch Zeitablauf das Recht erlangt hat, Fenster, andere Lichtöffnungen oder Anlagen der im Artikel 63 bezeichneten Art zu halten, die den gesetzlichen Vorschriften nicht entsprechen.

I. 7 (E. 59), 40 Begr., 176 (Z. I 59), 325 (Z. II 59). II. 168, 385 — Becher IV. V. I 19, *87, 437*, 594, 686, *721, 829*. IV. V. III 6, *140*.

1. Bezüglich der im Art. 67 erwähnten Bestimmungen des Preußischen Landrechts und des Pfälzischen Rechts war es bisher streitig, ob eine nachbarrechtliche Beschränkung in Frage steht oder eine Grunddienstbarkeit. Art. 67 entscheidet diese Frage im letzteren Sinne.

2. In Betracht kommen:

a) für das Preußische Landrecht: Th. I. Tit. 8 §§ 142 ff. Tit. 9 §§ 579 ff., 620 ff. mit Tit. 22 § 14;

b) für das Pfälzische Recht: Art. 675 ff. 690 code civil.

3. Die im Preußischen Landrecht bestimmte Zeit von 10 Jahren und im code civil bestimmte Zeit von 30 Jahren muß vor dem Inkrafttreten des BGB. bereits abgelaufen sein. Nach diesem Zeitpunkt kann das Recht wenigstens durch Zeitablauf nicht mehr erworben werden.

4. Der Rang der Grunddienstbarkeit wird durch den Zeitpunkt des Erwerbs derselben bestimmt.

5. Der Inhalt der Grunddienstbarkeit ergiebt sich aus Art. 67 selbst. Nach Preußischem Landrecht hat der Eigenthümer nicht bloß das Recht, das dem Gesetze nicht entsprechende Fenster beizubehalten, sondern er wird auch gegen Verdunkelung durch Anlagen auf dem Nachbargrundstück geschützt. Nach dem Pfälzischen Recht hat er dagegen nur das Recht, das Fenster beizubehalten, dagegen kann er die Verbauung des Fensters nicht hindern. Bez. des Pfälz. R. vgl. RG. Bd. 13 S. 305, Bd. 15 S. 328; OGH. Bd. 5 S. 89, Bd. 8 S. 571.

6. Wegen der Eintragung der Grunddienstbarkeit vergl. Art. 10, 44, 45 ÜG.

Art. 68. Werden zwei Grundstücke durch eine Mauer geschieden, zu deren Benutzung die Eigenthümer der Grundstücke gemeinschaftlich berechtigt sind, so kann der Eigenthümer des einen Grundstücks dem Eigenthümer des anderen Grundstücks nicht verbieten, die Mauer ihrer ganzen Dicke nach zu erhöhen, wenn ihm nachgewiesen wird, daß durch die Erhöhung die Mauer nicht gefährdet wird.

Der Eigenthümer des Grundstücks, von dem aus die Erhöhung erfolgt ist, kann dem Eigenthümer des anderen

Grundstücks die Benutzung des Aufbaus verbieten, bis ihm für die Hälfte oder, wenn nur ein Theil des Aufbaus benutzt werden soll, für den entsprechenden Theil der Baukosten Ersatz geleistet wird. Ist der Bauwerth geringer als der Betrag der Baukosten, so bestimmt sich der zu ersetzende Betrag nach dem Bauwerthe. Die Ersatzleistung kann auch durch Hinterlegung oder durch Aufrechnung erfolgen. Solange das Verbietungsrecht besteht, hat der Berechtigte den Mehraufwand zu tragen, den die Unterhaltung der Mauer in Folge der Erhöhung verursacht.

Wird die Mauer zum Zwecke der Erhöhung verstärkt, so ist die Verstärkung auf dem Grundstück anzubringen, dessen Eigenthümer die Erhöhung unternimmt. Der nach Abs. 2 von dem Eigenthümer des anderen Grundstücks zu ersetzende Betrag erhöht sich um den entsprechenden Theil des Werthes der zu der Verstärkung verwendeten Grundfläche. Verlangt der Eigenthümer des Grundstücks, auf dem die Verstärkung angebracht worden ist, die Ersatzleistung, so ist er verpflichtet, dem Eigenthümer des anderen Grundstücks das Eigenthum an der zu der Mauer verwendeten Grundfläche seines Grundstücks soweit zu übertragen, daß die neue Grenzlinie durch die Mitte der verstärkten Mauer geht; die Vorschriften über den Kauf finden Anwendung.

I. 7 (E. 60), 41 Begr., 177 (Z.^{I} 60), 297, 325 (Z.^{II} 60). II. 171 — Becher IV. V.^{I} 19. *89*, *443*, 686, *722*, *834*, *926*, *978*. IV. V.^{III} 6, *140*.

1. Art. 68 setzt voraus:

a) daß zwei Grundstücke durch eine Mauer geschieden werden. Die Mauer muß daher auf der Grenze beider Grundstücke stehen. Unter der Herrschaft des BGB. ist die Mauer als durch die Grenzlinie getrennt im Sondereigenthum der Nachbarn stehend zu denken. Der Eigenthümer eines jeden Grundstückes ist daher auch Eigenthümer der Mauer, soweit die Grenze seines Grundstückes reicht. Dagegen besteht an der Mauer kein Eigenthum nach Bruchtheilen, kein Miteigenthum.

b) daß die Eigenthümer der Grundstücke zur Benutzung der Mauer gemeinschaftlich berechtigt sind. Häufig wird eine solche Berechtigung durch Vertrag entstehen; vgl. jedoch auch die Vermuthung des § 921 BGB. Einen Zwang zur Errichtung von Kommunmauern kennt das BGB. nicht.

2. Nach § 922 BGB. kann jeder Nachbar eine solche Mauer zu dem Zwecke, der sich aus ihrer Beschaffenheit ergiebt, insoweit benutzen, als nicht die Mitbenutzung des anderen beeinträchtigt wird. Die Unterhaltungskosten sind von den Nachbarn zu gleichen Theilen zu

tragen. Solange einer der Nachbarn an dem Fortbestande der Mauer ein Interesse hat, darf sie nicht ohne seine Zustimmung beseitigt werden. Im Uebrigen bestimmt sich das Rechtsverhältniß zwischen den Nachbarn nach den Vorschriften über die Gemeinschaft (§§ 741—758 BGB.). Im Falle Kommunmauerzwangs nach bisherigem Rechte vgl. Art. 70 Abs. 2.

3. Weitere Vorschriften trifft auf Grund des Art. 124 EG. z. BGB. der Art. 68 und zwar:

a) Abs. 1 bezüglich des Aufbaues;

b) Abs. 2 bezüglich der Benutzung des Aufbaues durch den Nachbarn;

c) Abs. 3 bezüglich der Verstärkung der Mauer.

4. Der Eigenthümer des Nachbargrundstückes hat kraft seines Eigenthumsrechtes an sich die Befugniß, den Aufbau auf die in seinem Eigenthume stehenden Mauertheile dem Eigenthümer des anderen Grundstückes zu verbieten. Nach § 907 BGB. kann er aber auch den Aufbau auf den im Eigenthum des Nachbarn stehenden Mauertheil verbieten, wenn es nicht ohne Schaden für die Mauer geschehen kann.

Nach Abs. 1. des Art. 68 muß sich der Nachbar des einen Grundstücks gefallen lassen, daß der Eigenthümer des anderen Grundstücks die Mauer ihrer ganzen Dicke nach erhöht, wenn ihm nachgewiesen wird (Klagegrund!), daß durch die Erhöhung die Mauer nicht gefährdet wird. Der Nachweis muß so beschaffen sein, daß er vernünftige Zweifel ausschließt. Wird der vollständige Nachweis erst im Laufe des Prozesses erbracht, so treffen die Kosten den Kläger, wenn dann der Beklagte den Anspruch sofort anerkennt (§ 93 CPO.).

5. Der Anspruch auf Erhöhung der gemeinschaftlichen Mauer unterliegt nicht der Verjährung (Art. 78).

6. Das Verbietungsrecht des Abs. 2 steht ebenso wie der Anspruch auf die Ersatzsumme dem jeweiligen Eigenthümer des Grundstücks zu, von dem aus die Erhöhung erfolgt ist. AM. Böhm-Klein Anm. 2; „Dem Eigenthümer, der die Erhöhung vorgenommen hat." (Vgl. jedoch den Gesetzestext.)

Eintragung der im Abs. 2 bezeichneten Befugnisse in das Grundbuch ist nicht erforderlich.

Hinsichtlich des Verzichts vgl. Art. 77.

Solange Ersatz nicht geleistet ist, kann der Eigenthümer des Grundstücks, von dem aus die Erhöhung erfolgt ist, dem Eigenthümer des anderen Grundstücks jede Benutzung des Aufbaues, aber nicht die Benutzung des übrigen Theiles der gemeinschaftlichen Mauer verbieten, dagegen hat er auch den Mehraufwand zu tragen, den die Unterhaltung der Mauer in Folge der Erhöhung verursacht. Während daher, abgesehen vom Falle anderweitiger vertragsmäßiger Regelung, die Benutzung der gemeinschaftlichen Mauer, insbesondere zum Zwecke des Anbaues ohne Vergütung zulässig ist, braucht der Eigenthümer des Grundstückes, von dem aus die Erhöhung erfolgt ist, die Benutzung des Aufbaues nur gegen Zahlung der Ablösungssumme zu gestatten.

Ersatzleistung durch Hinterlegung vgl. §§ 372 ff. BGB.; durch Aufrechnung §§ 387 ff. BGB.; vgl. auch §§ 268, 1142, 1224 BGB.

7. Abs. 3 setzt voraus, daß die Verstärkung zum Zwecke der Erhöhung erfolgt, er findet daher keine Anwendung, wenn die Mauer deswegen verstärkt werden muß, weil sie zu schwach ist, um einen vorzunehmenden Anbau zu tragen.

Die Uebertragung des Eigenthums erfolgt durch Auflassung und bedarf der Eintragung in das Grundbuch (vgl. die ähnliche Vorschrift des § 915 BGB.).

Abs. 3 ist zwar weder im Art. 77 (Verzicht) noch im Art. 78 (Ausschluß der Verjährung) genannt; gleichwohl gelten die Bestimmungen auch im Falle des Abs. 3 (vgl. Böhm-Klein Anm. 5).

Art. 69. Ist eine Mauer der im Artikel 68 Abs. 1 bezeichneten Art vor dem Inkrafttreten des Bürgerlichen Gesetzbuchs von dem Eigenthümer des einen Grundstücks erhöht worden, so finden, soweit nach den bisherigen Vorschriften für die Benutzung des Aufbaus seitens des Eigenthümers des anderen Grundstücks ein Theil der Kosten zu ersetzen oder eine sonstige Vergütung zu leisten ist, die Vorschriften der Artikel 68 Abs. 2, 3 Anwendung, es sei denn, daß die Vergütung schon vor dem Inkrafttreten des Bürgerlichen Gesetzbuchs fällig geworden ist.

I. 7 (E. 61), 41 Begr., 177 (Z.I 61), 326 (Z.II 61). II. 172 — Becher IV. V.I 20, *89*, *445*, 687, *722*, *837*. IV. V.III 6, *140*.

1. Da es sich um nachbarrechtliche Befugnisse handelt, so finden auf die bestehenden gemeinschaftlichen Mauern nach Art. 181 EG. z. BGB. die Vorschriften des BGB. von dessen Inkrafttreten an Anwendung. Die vor dem 1. Januar 1900 errichteten gemeinschaftlichen Mauern sind daher genau so zu beurtheilen wie die nach diesem Zeitpunkte errichteten. Demgemäß ist die Mauer ein Bestandtheil beider Grundstücke, d. h. sie ist nach der Grenzlinie als zu dem einen und dem anderen Grundstücke gehörig und sie ist eine Grenzeinrichtung, auf welche §§ 921, 922 BGB. Anwendung finden. Vgl. Art. 68 Anm. 1 und 2, siehe jedoch Art. 70 Abs. 2.

2. Art. 69 setzt voraus, daß die Erhöhung der gemeinschaftlichen Mauer vor dem Inkrafttreten des BGB. erfolgt ist. Wurde mit der Erhöhung erst begonnen, vgl. Art. 70. Erfolgte die Erhöhung widerrechtlich, so bleibt das Recht auf Beseitigung derselben bestehen.

3. Art. 69 hält die bisherigen Vorschriften über die Vergütung für die Benutzung des Aufbaues für den Fall aufrecht, daß die Vergütung schon vor dem Inkrafttreten des BGB. fällig geworden ist. Wann die Benutzung des Aufbaues erfolgt, ist belanglos. War dagegen die Vergütung in diesem Zeitpunkte noch nicht fällig geworden, so gelten die Vorschriften des Abs. 2, 3 des Art. 68.

4. Hinsichtlich des Verzichtes vgl. Art. 77.

Art. 70. Hat zur Zeit des Inkrafttretens des Bürgerlichen Gesetzbuchs der Eigenthümer eines Grundstücks auf Grund eines ihm nach den bisherigen Vorschriften gegenüber dem Eigenthümer eines Nachbargrundstücks zustehenden Zwangsrechts eine Mauer, durch welche die Grundstücke geschieden werden, zu gemeinschaftlicher Benutzung zu errichten begonnen, so bleiben diese Vorschriften für das Recht und die Pflicht zur Herstellung der Mauer maßgebend.

Ist eine Mauer, durch welche zwei Grundstücke geschieden werden, von dem Eigenthümer des einen Grundstücks auf Grund eines ihm nach den bisherigen Vorschriften gegenüber dem Eigenthümer des anderen Grundstücks zustehenden Zwangsrechts zu gemeinschaftlicher Benutzung hergestellt worden, so finden an Stelle der bisherigen Vorschriften, nach welchen im Falle der Benutzung der Mauer seitens des Eigenthümers des anderen Grundstücks ein Theil der Kosten zu ersetzen ist, die Vorschriften des Artikel 68 Abs. 2, 3 entsprechende Anwendung, es sei denn, daß der Ersatzanspruch schon vor dem Inkrafttreten des Bürgerlichen Gesetzbuchs fällig geworden ist.

I. 7 (E. 62), 41 Begr., 177 (Z.I 62), 326 (Z.II 62). II. 173 — Becher IV. V.I 20, *89*, *447*, 687, *722*, *837*. IV. V.III 6, *140*.

1. Einen Zwang zur Betheiligung bei der Errichtung einer Grenzmauer zu gemeinschaftlicher Benutzung oder zur Umwandlung einer an der Grenze stehenden Mauer, die dem einen Nachbarn allein gehört, in eine der gemeinschaftlichen Benutzung unterliegende Grenzmauer (Kommunmauer) kennen nur das Pfälzische Recht (Art. 663 code civil) sowie die Statutarrechte von München (Bau- und Kundschaftsordnung vom Jahre 1489; Auer Stadtrecht S. 200 ff.) und von Nürnberg (Reformation von 1564 Tit. 26 Gesetz 8). Dem BGB. ist der Kommunmauerzwang fremd.

2. Abs. 1 trifft den Fall, daß zur Zeit des Inkrafttretens des BGB. auf Grund eines solchen Zwangsrechts mit der Herstellung der Kommunmauer b e g o n n e n war. Für das Recht und die Pflicht zur Herstellung der Mauer bleiben die bisherigen Vorschriften in Kraft; im übrigen, insbesondere für die Benutzung der fertiggestellten Mauer sowie hinsichtlich der Erhöhung gelten jedoch die Vorschriften des BGB. (§§ 741 ff., 922) und des AG. z. BGB. (Art. 68, 70 Abs. 2).

3. Abs. 2 trifft sowohl den Fall, daß die Kommunmauer vor dem Inkrafttreten des BGB. hergestellt war, als auch den Fall, daß die Herstellung zur Zeit des Inkrafttretens des BGB. begonnen war und nach diesem Zeitpunkt vollendet wurde.

Nach Abs. 2 finden die Vorschriften des Art. 68 Abs. 2, 3 an Stelle der bisherigen Vorschriften, nach welchen im Falle der Benutzung der Mauer seitens des Eigenthümers des anderen Grundstücks ein Theil der Kosten zu ersetzen ist, entsprechende Anwendung, außer wenn der Ersatzanspruch schon vor dem Inkrafttreten des BGB. fällig geworden ist (vgl. die ähnliche Vorschrift des Art 69). Im Falle der Erhöhung der Mauer und der Benutzung des Aufbaues findet, wenn sie nach dem Inkrafttreten des BGB. erfolgt, Art. 68 unmittelbare Anwendung.

Hinsichtlich des Verzichts vgl. Art. 77.

Art. 71. Der Eigenthümer eines Grundstücks kann verlangen, daß auf einem Nachbargrundstücke nicht Bäume, Sträucher oder Hecken, Weinstöcke oder Hopfenstöcke in einer geringeren Entfernung als 0,50 m oder, falls sie über 2 m hoch sind, in einer geringeren Entfernung als 2 m von der Grenze seines Grundstücks gehalten werden.

Zu Gunsten eines Waldgrundstücks kann nur die Einhaltung eines Abstandes von 0,50 m verlangt werden. Das Gleiche gilt, wenn Wein oder Hopfen auf einem Grundstück angebaut wird, in dessen Lage dieser Anbau nach den örtlichen Verhältnissen üblich ist.

I. 7 (E. 63), 42 Begr., 178 (Z.^{I} 63), 326 (Z.^{II} 63). II. 173 — Becher IV. V.^{I} 20, *91, 447,* 687, *722, 837.* IV. V.^{III} 6. *140.*

1. Abs. 1 enthält die Regel, Abs. 2, Art. 72 und 74 enthalten die Ausnahmen von dieser Regel. Die Vorschrift des § 910 BGB. („Der Eigenthümer eines Grundstücks kann Wurzeln eines Baumes oder Strauches, die von einem Nachbargrundstück eingedrungen sind, abschneiden und behalten. Das Gleiche gilt von herüberragenden Zweigen, wenn der Eigenthümer den Besitzer des Nachbargrundstücks eine angemessene Frist zur Beseitigung bestimmt hat, und die Beseitigung nicht innerhalb der Frist erfolgt. Dem Eigenthümer steht dieses Recht nicht zu, wenn die Wurzeln oder die Zweige die Benutzung des Grundstücks nicht beeinträchtigen.") wird durch die Bestimmungen der Art. 71 ff. nicht berührt (vgl. hierzu auch Art. 9 ÜG.).

2. Sobald das Verlangen auf Zurückrückung des über 2 m hohen Baumes gestellt ist, ist der Nachbar nicht mehr berechtigt, dasselbe durch Kürzung des Baumes auf 2 m illusorisch zu machen.

3. Bemessung der Entfernung: siehe Art. 73.

4. Oedungen sind keine Waldgrundstücke. (So Böhm-Klein Anm. 3.)

5. Verjährungsfrist: 5 Jahre, vgl. Art. 78. Verzicht ist unzulässig, vgl. Art. 77.

6. Uebergangsbestimmung: Art. 75.

Art. 72. Gegenüber einem landwirthschaftlich benutzten Grundstücke, dessen wirthschaftliche Bestimmung durch Schmälerung des Sonnenlichts erheblich beeinträchtigt werden würde, ist mit Bäumen von mehr als 2 m Höhe ein Abstand von 4 m einzuhalten. Auf Stein- und Kernobstbäume findet diese Vorschrift keine Anwendung.

Die Einhaltung des im Abs. 1 bestimmten Abstandes kann nur verlangt werden, wenn das Grundstück die bezeichnete wirthschaftliche Bestimmung schon zu der Zeit gehabt hat, zu welcher die Bäume die Höhe von 2 m überschritten haben.

I. 7 (E. 64), 42 Begr., 178 (Z.I 64), 327 (Z.II 64). II. 174, 385, 408 — Becher IV. V.I 20, *91, 449*, 594, *644*, 687, *722*, *837*. IV. V.III 6, *140*.

1. Art. 72 enthält eine Ausnahme von Art. 71 Abs. 1.

2. Art. 72 findet nicht auf alle landwirthschaftlichen benutzten Grundstücke (Gegensatz: Viehweiden, Oedungen) Anwendung, sondern nur auf solche, deren wirthschaftliche Bestimmung durch Schmälerung des Sonnenlichtes erheblich beeinträchtigt werden würde.

Vorausgesetzt wird ferner, daß das Grundstück die bezeichnete wirthschaftliche Bestimmung schon zu der Zeit gehabt hat, zu welcher die Bäume die Höhe von 2 m überschritten haben.

Wenn auch der Anspruch nicht sofort geltend gemacht zu werden braucht, so wird doch erfordert, daß das Grundstück im Zeitpunkt der Geltendmachung des Anspruchs die bezeichnete wirthschaftliche Bestimmung noch hat. (So auch Böhm-Klein Anm. 4.) Sind diese Voraussetzungen gegeben, so ist belanglos, ob in der Zwischenzeit die wirthschaftliche Bestimmung gewechselt hat.

3. Die Anwendbarkeit des Art. 72 ist auf Bäume beschränkt. Sträucher, Weinstöcke, Hopfenstöcke u. s. w. bleiben außer Betracht.

4. Hinsichtlich der Stein- und Kernobstbäume gilt die Regel des Art. 71.

5. Ausnahmen s. Art. 74.

6. Hinsichtlich der Verjährung des Anspruchs vgl. Art. 78. Verzicht ist ausgeschlossen, vgl. Art. 77.

7. Uebergangsvorschrift: Art. 75.

Art. 73. Der nach den Artikeln 71, 72 einzuhaltende Abstand wird von der Mitte des Stammes an der Stelle, wo dieser aus dem Boden hervortritt, bei Sträuchern und Hecken von der Mitte der zunächst an der Grenze befindlichen Triebe, bei Hopfenstöcken von der Hopfenstange oder dem Steigdraht ab gemessen.

I. 7 (E. 65), 42 Begr., 178 (Z.I 65), 327 (Z.II 65). II. 176 — Becher IV. V.I 21, *91, 453*, 687, *723*, *837*. IV. V.III 6. *140*.

Art. 74. Die Vorschriften der Artikel 71, 72 finden keine Anwendung auf Gewächse, die sich hinter einer Mauer oder einer sonstigen dichten Einfriedigung befinden und diese nicht oder nicht erheblich überragen. Sie gelten ferner nicht für Bäume, die längs einer öffentlichen Straße oder auf einem öffentlichen Platze gehalten werden, sowie für Pflanzungen, die zum Uferschutze, zum Schutze von Abhängen oder Böschungen oder zum Schutze einer Eisenbahn dienen.

Die Vorschrift des Artikel 72 Abs. 1 gilt auch nicht für Bäume, die sich in einem Hofraum oder einem Hausgarten befinden.

Im Falle einer Aufforstung kann die Einhaltung des im Artikel 72 Abs. 1 bestimmten Abstandes nicht verlangt werden, wenn die Aufforstung nach der Lage des aufzuforstenden Grundstücks der wirthschaftlichen Zweckmäßigkeit entspricht.

I. 7 (E. 66, 64 Abs. 3), 42 Begr., 178 (Z.^{I} 66), 327 (Z.^{II} 65). II. 174, 176, 385, 408 — Becher IV. V.^{I} 21, *91, 448, 454*, 594, *645*, 688, *722, 837*. IV. V.^{III} 6, *140*.

1. Abs. 1 enthält Ausnahmen von den Vorschriften der Art. 71, 72, d. h. es kann die Einhaltung eines bestimmten Abstandes nicht verlangt werden.

Abs. 2 und 3 erklärt lediglich die Vorschrift des Art. 72 Abs. 1 für unanwendbar, d. h. es hat bei der Regel des Art. 71 Abs. 1 sein Bewenden.

2. Abs. 1 Satz 2 erfordert lediglich, daß die Bäume *längs* einer öffentlichen Straße gehalten werden, es wird daher nicht vorausgesetzt, daß sie *auf* dem Straßenkörper gehalten werden. Gestattet der Eigenthümer des anstoßenden Grundstückes auf diesem die Pflanzung von Alleebäumen, so kommen für ihn die Vorschriften über die Einhaltung eines bestimmten Abstandes natürlich nicht zur Anwendung. Aber auch sein Nachbar kann die Einhaltung eines bestimmten Abstandes nicht verlangen, wohl aber steht ihm das Recht des § 910 BGB. zu.

3. Ein *Hausgarten* ist ein Grundstück, welches die Bestimmung hat, den Bewohnern des Hauses als Garten zu dienen.

4. Im Falle des Abs. 4 wird erfordert, daß die Aufforstung *nach Lage des aufzuforstenden Grundstücks*, nicht etwa nach den Verhältnissen des betreffenden Eigenthümers, der wirthschaftlichen Zweckmäßigkeit entspricht.

5. *Verjährung*: Art. 78.

6. *Uebergangsvorschrift*: Art. 75.

Art. 75. Für die zur Zeit des Inkrafttretens des Bürgerlichen Gesetzbuchs vorhandenen Bäume, Sträucher und Hecken, Weinstöcke und Hopfenstöcke verbleibt es bei den bisherigen Vorschriften, soweit sie das Halten der Gewächse in einer geringeren als der nach den Artikeln 71 bis 74 einzuhaltenden Entfernung von der Grenze des Nachbargrundstücks gestatten.

Bei einem Grundstücke, das zur Zeit des Inkrafttretens des Bürgerlichen Gesetzbuchs mit Wald bestanden ist, gilt bis zur nächsten Verjüngung des Waldes das Gleiche auch für neue Bäume und Sträucher. Im Falle der Verjüngung kann die Einhaltung eines mehr als 2 m betragenden Abstandes nicht verlangt werden. Die Verjüngung gilt im Falle des Plenterbetriebs am 1. Januar 1950 als eingetreten.

I. 8 (E. 67), 42 Begr., 179 (Z.I 67), 327 (Z.II 67). II. 178, 409, 561 — Becher IV. V.I 21, *91, 458*, 688, *723, 842, 976.* IV. V.III 6, *140, 269.*

1. Art. 1 hält die bisherigen Vorschriften insoweit aufrecht, als sie das Halten der Gewächse in einer geringeren als nach dem neuen Recht zulässigen Entfernung gestatten. Soweit dieselben eine größere Entfernung fordern, sind sie mit dem 1. Januar 1900 außer Kraft getreten.

2. Die bisherigen Vorschriften bleiben solange in Kraft, als die Bäume u. s. w. stehen. Hecken gelten hierbei als Einheit, so daß die Ersetzung einiger Theile derselben durch neue Gewächse nicht schadet. Anders bei einer Baumreihe; will hier ein Baum durch einen anderen ersetzt werden, so muß die nach dem neuen Recht erforderliche Entfernung bezüglich dieses Baumes eingehalten werden.

3. Eine Verjüngung findet statt, wenn der Wald ganz oder theilweise abgetrieben und dann wieder aufgeforstet wird. Den Gegensatz bildet der Plenterbetrieb. Derselbe besteht darin, daß man die Stämme, die ihr natürliches Wachsthum erreicht haben und so groß sind, daß sie der Eigenthümer verwenden kann, herausnimmt und die anderen jüngeren Bäume, die theils als Unterwuchs vorhanden sind, theils nachgepflanzt werden, stehen läßt. Da im Falle des Plenterbetriebs eine eigentliche Verjüngung des Waldes nicht eintritt, — denn bis zur Ersetzung der zuletzt gepflanzten alten Bäume sind die zuerst gepflanzten neuen auch alt —, so gilt die Verjüngung am 1. Januar 1950 als eingetreten.

4. Im Falle der Verjüngung kann die Einhaltung eines mehr als 2 m betragenden Abstandes nicht verlangt werden. Im Falle des Plenterbetriebes kann vor dem 1. Januar 1950 die Einhaltung dieses Abstandes nicht verlangt werden. Die Einhaltung eines mehr als 2 m betragenden Abstandes kann selbst im Falle des Art. 72 Abs. 1 nicht verlangt werden.

Im Falle theilweiser Verjüngung kann lediglich bezüglich des verjüngten Theils die Einhaltung einer Entfernung von mehr als 2 m nicht verlangt werden. Ob, wenn lediglich einzelne Bäume, z. B. eine Baumreihe, stehen bleiben, nicht eine Verjüngung der ganzen Fläche anzunehmen ist, ist Thatfrage.

5. Hinsichtlich der Verjährung vgl. Art. 78.

6. Uebergangsvorschrift hinsichtlich der überhängenden Zweige und übergreifender Wurzeln, vgl. Art. 9 ÜG.

Art. 76. Soweit in den Landestheilen rechts des Rheins nach örtlichem Herkommen bei der Bestellung landwirthschaftlicher Grundstücke die Ueberschreitung der Grenze eines Nachbargrundstücks gestattet ist (Anwenderecht), bleibt diese Befugniß mit dem bisherigen Inhalte bestehen.

I. 8 (E. 68), 43 Begr., 179 (Z.I 68), 328 (Z.II 68). II. 180, 385, 410 — Becher IV. V.I 21, *92*, *460*, 594, 688, *723*, *843*. IV. V.III 6, *142*.

1. Das Anwenderecht (auch Tretrecht, Trepprecht, s. Roth. bayer. Civ. R. Bd. II. Abth. I. S. 211 Anm. 10) kommt in verschiedenem Umfange vor, indem nach einigen Rechten das Nachbargrundstück nur zum Wenden des Pfluges und Gespannes benützt, nach anderen auch die Grenze desselben beim Eggen und Pflügen benützt werden darf. Auch die Voraussetzungen sind nach den einzelnen Rechten verschieden. Art. 78 läßt das Anwenderecht mit dem bisherigen Inhalte bestehen. Hiernach ist auch die Frage zu beurtheilen, ob es gegenüber einem bestellten Grundstück ausgeübt werden darf.

2. Hinsichtlich des Erlöschens durch Verzicht vgl. Art. 77. Hinsichtlich des Erlöschens durch Zeitablauf vgl. Art. 79

Art. 77. Die im Artikel 68 Abs. 2, im Artikel 69, im Artikel 70 Abs. 2 und im Artikel 76 bezeichneten nachbarrechtlichen Befugnisse erlöschen durch Verzicht des Berechtigten. Der Verzicht erfolgt durch Erklärung gegenüber dem Eigenthümer des Nachbargrundstücks. Die Erklärung muß im Falle des Artikel 76 in öffentlich beglaubigter Form abgegeben werden.

Ist das Grundstück des Berechtigten mit dem Rechte eines Dritten belastet, so finden die Vorschriften des § 876 des Bürgerlichen Gesetzbuchs entsprechende Anwendung. Im Falle der Belastung mit einer Reallast, einer Hypothek, einer Grundschuld oder einer Rentenschuld ist der Verzicht auf das im Artikel 68 Abs. 2, im Artikel 69 und im Artikel 70

Abs. 2 bezeichnete Verbietungsrecht dem Dritten gegenüber wirksam, wenn er erfolgt, bevor das Grundstück zu Gunsten des Dritten in Beschlag genommen worden ist.

I. 8 (E. 69), 44 Begr., 179 (Z.I 69), 297, 328 (Z.II 69). II. 183, 410, 565 — Becher IV. V.I 21, *94*, *468*, *648*, 688, *723*, *843*, 887, *923*, 928, *983*, IV. V.III 7, *142*.

§ 876 BGB.: Ist ein Recht an einem Grundstücke mit dem Rechte eines Dritten belastet, so ist zur Aufhebung des belasteten Rechtes die Zustimmung des Dritten erforderlich. Steht das aufzuhebende Recht dem jeweiligen Eigenthümer eines anderen Grundstücks zu, so ist, wenn dieses Grundstück mit dem Rechte eines Dritten belastet ist, die Zustimmung des Dritten erforderlich, es sei denn, dass dessen Recht durch die Aufhebung nicht berührt wird. Die Zustimmung ist dem Grundbuchamt oder demjenigen gegenüber zu erklären, zu dessen Gunsten sie erfolgt; sie ist unwiderruflich.

1. Die Art. 68 Abs. 2, 69 und 70 Abs. 2 betreffen das Recht, die Benutzung der gemeinschaftlichen Mauer bis zur Erstattung des Baukostenantheils zu verbieten, Art. 76 das Anwenderecht.

2. In anderen als den besonders aufgeführten Fällen kann auf nachbarrechtliche Befugnisse mit Wirkung gegenüber jedem späteren Eigenthümer des Grundstücks, zu dessen Gunsten die Befugniß gegeben ist, nur durch Bestellung einer entsprechenden Grunddienstbarkeit verzichtet werden. Zur Eingehung einer bloß persönlichen Verpflichtung, von der Befugniß keinen Gebrauch zu machen, genügt der formlose Vertrag zwischen den Betheiligten.

3. Während im Falle des Verzichts auf das Anwenderecht die Erklärung in öffentlich beglaubigter Form abgegeben werden muß, ist in den übrigen nach Abs. 1 zugelassenen Fällen für den Verzicht keine besondere Form vorgeschrieben.

4. Hinsichtlich der Zuständigkeit für die öffentliche Beglaubigung vgl. Art. 1, 35 Not.G. Die Amtsgerichte sind nicht zuständig (Art. 167 I AG. z. BGB.), ebensowenig die Bürgermeister.

5. Nach § 876 BGB. ist die Zustimmung des Dritten entbehrlich, wenn das Recht des Dritten durch den Verzicht nicht berührt wird.

Aber auch dann, wenn diese Voraussetzung nicht zutrifft, wenn also an sich die Zustimmung des Dritten erforderlich wäre, ist diese Zustimmung im Falle des Abs. 2 Satz 2 entbehrlich, nämlich dann, wenn

a) der Verzicht eines der im Art. 68 Abs. 2, Art. 69 oder Art. 70 Abs. 2 bezeichneten Verbietungsrechte betrifft,

b) das Grundstück mit einer Reallast, Hypothek, Grundschuld oder Rentenschuld belastet ist, und endlich

c) der Verzicht erfolgt, bevor das Grundstück zu Gunsten des Reallastberechtigten u. s. w. beschlagnahmt worden ist.

Erfolgt der Verzicht erst nach der Beschlagnahme, so ist die Zustimmung des beschlagnahmenden Reallastberechtigten u. s. w., dagegen nicht anderer Reallastberechtigter u. s. w. erforderlich. Fehlt dessen Zustimmung, so ist der Verzicht nicht nichtig, sondern nur dem beschlagnahmenden Reallastgläubiger u. s. w. gegenüber unwirksam.

Dagegen gilt die Regel des Abs. 2 Satz 1, wenn entweder auf ein Anwenderecht verzichtet werden will, oder wenn das Grundstück des Berechtigten mit anderen Rechten als Reallasten u. s. w. belastet ist.

Art. 78. Die sich aus den Vorschriften der Artikel 62 bis 66 und des Artikel 68 Abs. 1 ergebenden Ansprüche unterliegen nicht der Verjährung. Der Anspruch auf Beseitigung eines die Vorschriften der Artikel 71 bis 75 verletzenden Zustandes verjährt in fünf Jahren. Die Verjährung beginnt mit dem Ablaufe des Kalenderjahrs, in welchem die Verletzung erkennbar wird.

Werden Gewächse, in Ansehung deren der Anspruch verjährt ist, durch neue ersetzt, so ist die vollendete Verjährung ohne Einfluß auf das Recht des Eigenthümers des Nachbargrundstücks, in Ansehung der neuen Gewächse die Einhaltung des in den Artikeln 71 bis 74 und im Artikel 75 Abs. 2 vorgeschriebenen Abstandes zu verlangen.

I. 8 (E. 70), 44 Begr., 179 (Z.^{I} 70), 328 (Z.^{II} 70). II. 184, 410 — Becher IV. V.^{I} 21, *94, 469, 648,* 688, *723 844,* IV. V.^{III} 7, *142.*

1. Nicht genannt sind die Art. 67, 68 Abs. 2, 3, 69, 70, 76. Die im Art. 67 bezeichneten Rechte gelten als Grunddienstbarkeit; hinsichtlich der Verjährung finden daher die §§ 901, 902, 1028 BGB. Anwendung. Das im Art. 76 genannte Anwenderecht erlischt zwar nicht durch Verjährung, wohl aber mit dem Ablauf der im Art. 79 bezeichneten Präclusivfrist. Hinsichtlich des Art. 68 Abs. 2, 3, 69, 70 ist eine Bestimmung nicht getroffen. Jedenfalls aber unterliegt der Anspruch auf Ersatz der Baukosten, der mit der Benutzung des Aufbaues, bezw. im Falle des Art. 70 mit der Benutzung der gemeinschaftlichen Mauer entstanden ist, der gewöhnlichen Verjährung nach Maßgabe der §§ 194, 195 BGB. Von dem Zeitpunkte an, in dem dieser Anspruch erloschen ist, kann auch das Verbietungsrecht der genannten Artikel nicht mehr geltend gemacht werden.

2. Nach Abs. 1 Satz 3 beginnt die Verjährung mit dem Ablaufe des Kalenderjahrs, in welchem die Verletzung erkennbar geworden ist. Daß auch die Beseitigung des gesetzwidrigen Zustandes verlangt wurde, ist nicht erforderlich.

3. Nach Abs. 2 kann der Nachbar, wenn Gewächse, in Ansehung deren der Anspruch verjährt ist, durch neue ersetzt werden, trotz des Ablaufs der Verjährungsfrist in Ansehung der neuen Gewächse die Einhaltung des vorgeschriebenen Abstandes verlangen.

Art. 79. Ein Anwenderecht erlischt mit dem Ablaufe von zehn Jahren nach der letzten Ausübung. Die für die Verjährung geltenden Vorschriften der §§ 202 bis 207, 209 bis 212, 216, 217, 219, 220 des Bürgerlichen Gesetzbuchs finden entsprechende Anwendung.

I. 8 (E. 71) 44 Begr., 179 (Z.^{I} 71), 328 (Z.^{II} 71). II. 184, 385, 410, — Becher IV. V^{I} 22, *94*, *469*, 595, *648*, 688, *723*, *844*, IV. V.^{III} 7, *142*.

§ 202 Abs. 1 BGB.: Die Verjährung ist gehemmt, solange die Leistung gestundet oder der Verpflichtete aus einem anderen Grund vorübergehend zur Verweigerung der Leistung berechtigt ist.

§ 203 BGB.: Die Verjährung ist gehemmt, solange der Berechtigte durch Stillstand der Rechtspflege innerhalb der letzten sechs Monate der Verjährungsfrist an der Rechtsverfolgung gehindert ist.

Das Gleiche gilt, wenn eine solche Verhinderung in anderer Weise durch höhere Gewalt herbeigeführt wird.

§ 204 BGB.: Die Verjährung von Ansprüchen zwischen Ehegatten ist gehemmt, solange die Ehe besteht. Das Gleiche gilt von Ansprüchen zwischen Eltern und Kindern, während der Minderjährigkeit der Kinder und von Ansprüchen zwischen dem Vormund und dem Mündel während der Dauer des Vormundschaftsverhältnisses.

§ 205 BGB.: Der Zeitraum, während dessen die Verjährung gehemmt ist, wird in die Verjährungsfrist nicht eingerechnet.

§ 206 Abs. 1 Satz 1 BGB.: Ist eine geschäftsunfähige oder eine in der Geschäftsfähigkeit beschränkte Person ohne gesetzlichen Vertreter, so wird die gegen sie laufende Verjährung nicht vor dem Ablaufe von sechs Monaten nach dem Zeitpunkte vollendet, in welchem die Person unbeschränkt geschäftsfähig wird oder der Mangel der Vertretung aufhört.

§ 207 Satz 1 BGB.: Die Verjährung eines Anspruchs, der zu einem Nachlasse gehört oder sich gegen einen Nachlass richtet, wird nicht vor dem Ablauf von sechs Monaten nach dem Zeitpunkte vollendet, in welchem die Erbschaft von dem Erben angenommen oder der Konkurs über den Nachlass eröffnet wird oder von welchem an der Anspruch von einem Vertreter oder gegen einen Vertreter geltend gemacht werden kann.

§ 209 BGB.: Die Verjährung wird unterbrochen, wenn der Berechtigte auf Befriedigung oder auf Feststellung des Anspruchs, auf Ertheilung der Vollstreckungsklausel oder auf Erlassung eines Vollstreckungsurtheils Klage erhebt.

Der Erhebung der Klage stehen gleich:

4. die Streitverkündung in dem Prozesse, von dessen Ausgange der Anspruch abhängt;

5. die Vornahme einer Vollstreckungshandlung und, soweit die Zwangsvollstreckung den Gerichten oder anderen Behörden zugewiesen ist, die Stellung des Antrags auf Zwangsvollstreckung.

§ 210 BGB.: Hängt die Zulässigkeit des Rechtwegs von der Vorentscheidung einer Behörde ab oder hat die Bestimmung des zuständigen Gerichts durch ein höheres Gericht zu erfolgen, so wird die Verjährung durch die Einreichung des Gesuchs an die Behörde oder das höhere Gericht in gleicher Weise wie durch Klageerhebung unterbrochen, wenn die Klage binnen drei Monaten nach der Erledigung des Gesuchs erhoben wird. Auf die Frist finden die Vorschriften der §§ 203, 206, 207 entsprechende Anwendung.

§ 211 BGB.: Die Unterbrechung durch Klageerhebung dauert fort, bis der Prozess rechtskräftig entschieden oder anderweit erledigt ist.

Geräth der Prozess in Folge einer Vereinbarung der Parteien oder dadurch, dass er nicht betrieben wird, in Stillstand, so endigt die Unterbrechung mit der letzten Prozesshandlung der Parteien oder des Gerichts. Die nach der Beendigung der Unterbrechung beginnende neue Verjährung wird dadurch, dass eine der Parteien den Prozess weiter betreibt, in gleicher Weise wie durch Klageerhebung unterbrochen.

§ 212 BGB.: Die Unterbrechung durch Klageerhebung gilt als nicht erfolgt, wenn die Klage zurückgenommen oder durch ein nicht in der Sache selbst entscheidendes Urtheil rechtskräftig abgewiesen wird.

Erhebt der Berechtigte binnen sechs Monaten von neuem Klage so gilt die Verjährung als durch die Erhebung der ersten Klage unterbrochen. Auf diese Frist finden die Vorschriften der §§ 203, 206, 207 entsprechende Anwendung.

§ 216 BGB.: Die Unterbrechung durch Vornahme einer Vollstreckungshandlung gilt als nicht erfolgt, wenn die Vollstreckungsmassregel auf Antrag des Berechtigten oder wegen Mangels einer gesetzlichen Voraussetzung aufgehoben wird.

Die Unterbrechung durch Stellung des Antrags auf Zwangsvollstreckung gilt als nicht erfolgt, wenn dem Antrage nicht stattgegeben oder der Antrag vor der Vornahme der Vollstreckungshandlung zurückgenommen oder die erwirkte Vollstreckungsmassregel nach Abs. 1 aufgehoben wird.

§ 217 BGB.: Wird die Verjährung unterbrochen, so kommt die bis zur Unterbrechung verstrichene Zeit nicht in Betracht; eine neue Verjährung kann erst nach der Beendigung der Unterbrechung beginnen.

§ 219 BGB.: Als rechtskräftige Entscheidung im Sinne des § 211 Abs. 1 . . gilt auch ein unter Vorbehalt ergangenes rechtskräftiges Urtheil.

§ 220 BGB: Ist der Anspruch vor einem Schiedsgericht oder einem besonderen Gerichte, vor einem Verwaltungsgericht oder einer Verwaltungsbehörde geltend zu machen, so finden die Vorschriften der §§ 209 bis 213, . . . 219 entsprechende Anwendung.

Sind in dem Schiedsvertrage die Schiedsrichter nicht ernannt oder ist die Ernennung eines Schiedsrichters aus einem anderen Grunde erforderlich oder kann das Schiedsgericht erst nach der Erfüllung einer sonstigen Voraussetzung angerufen werden, so wird die Verjährung schon dadurch unterbrochen, dass der Berechtigte das zur Erledigung der Sache seinerseits Erforderliche vornimmt.

1. § 219 BGB. ist nur angeführt, weil er auf § 211 verweist.

Art. 80. Die Vorschrift des § 26 der Gewerbeordnung findet auf Eisenbahn-, Dampfschiffahrts- und ähnliche Unternehmungen, welche dem öffentlichen Verkehre dienen, entsprechende Anwendung.

I. 8 (E. 72), 45 Begr., 179 (Z.I 72), 328 (Z.II 72). II. 185, 410 — Becher IV. V.I 22, *96, 471, 648*, 688, *724, 845*. IV. V.III 7, *142*

§ 26 Gew.O.: Soweit die bestehenden Rechte zur Abwehr benachtheiligender Einwirkungen, welche von einem Grundstücke aus auf ein benachbartes Grundstück geübt werden, dem Eigenthümer oder Besitzer des letzteren eine Privatklage gewähren, kann diese Klage einer mit obrigkeitlicher Genehmigung errichteten gewerblichen Anlage gegenüber niemals auf Einstellung des Gewerbebetriebs, sondern nur auf Herstellung von Einrichtungen, welche die benachtheiligende Einwirkung ausschliessen, oder, wo solche Einrichtungen unthunlich oder mit einem gehörigen Betriebe des Gewerbes unvereinbar sind, auf Schadloshaltung gerichtet werden.

Form der Auflassung.

Art. 81. In Ansehung der in Bayern liegenden Grundstücke kann die Einigung der Parteien bei der Uebertragung des Eigenthums und der Bestellung eines Erbbaurechts außer vor dem Grundbuchamt auch vor einem bayerischen Notar erklärt werden.

I. 8 (E. 73), 45 Begr., 180 (Z.I 73), 329 (Z.II 73). II. 187, 415 — Becher IV. V.I 22, *96, 471, 648*, 688, *724 846*. IV. V.III 7, *142*.

1. Art. 81 handelt von der Form der Auflassung. Nach § 925 BGB. muß die zur Uebertragung des Eigenthums an einem Grundstücke nach § 873 erforderliche Einigung des Veräußerers und des Erwerbers (Auflassung) bei gleichzeitiger Anwesenheit beider Theile vor dem Grundbuchamt erklärt werden. Ebenso muß nach § 1015 BGB. die zur Bestellung des Erbbaurechts nach § 873 erforderliche Einigung

des Eigenthümers und des Erwerbers bei gleichzeitiger Anwesenheit beider Theile vor dem Grundbuchamt erklärt werden. Endlich finden nach § 1017 Abs. 2 BGB. die für den Erwerb des Eigenthums geltenden Vorschriften auf das Erbbaurecht entsprechende Anwendung. Die für die Uebertragung des Eigenthums geltenden Vorschriften finden auch Anwendung auf die Uebertragung der durch Landesgesetz den Grundstücken gleichgestellten Rechte, nämlich des Bergwerkseigenthums und der unbeweglichen Kuxe des älteren Rechtes (Art. 22 und Art. 263 des Berggesetzes vom 20. März 1869 in der Fassung vom 20. Juli 1900 (G. u. VBl S. 775), des Fischereirechts, der Realgewerbeberechtigungen (Art. 17 Abs. 2 AG. z. GBO.) und des im Art. 19 Abs. 2 des Gesetzes über das Liegenschaftsrecht in der Pfalz vom 1. Juni 1898 bezeichneten Rechts an einzelnen Räumen eines fremden Gebäudes.

Regelmäßig geht der Einigung (Auflassung) ein obligatorischer Vertrag voraus. Nach § 313 BGB. bedarf ein Vertrag, durch den sich der eine Theil verpflichtet, das Eigenthum an einem Grundstücke oder ein diesem gleichgeachtetes Recht zu übertragen, der gerichtlichen oder notariellen Beurkundung. Freilich wird ein ohne Beobachtung dieser Form geschlossener Vertrag seinem ganzen Inhalte nach gültig, wenn die Auflassung und die Eintragung in das Grundbuch erfolgen.

Für die Beurkundung des obligatorischen Vertrags sind nach Art. 15 Abs. 2 AG. z. GVG. in der Fassung des Art. 167 Ziff. I. AG. z. BGB., Art. 1 Not.G. die Notare ausschließlich zuständig.

Auf Grund des § 98 GBO. ist im Art. 12 AG. z. GBO. bestimmt: „Das Grundbuchamt soll die Erklärung der Auflassung nur entgegennehmen, wenn die nach § 313 BGB. erforderliche Urkunde vorgelegt wird. Das Gleiche gilt für die Notare. Der Vorlegung der Urkunde steht die Aufnahme durch den Notar gleich".

2. Art. 81 beruht auf dem Vorbehalt des Art. 143 Abs. 1 EG. z. BGB. und will verhüten, daß die Parteien gezwungen werden, bei den im Art. 81 bezeichneten Verträgen zwei Behörden (Notar und Grundbuchamt) anzugehen.

Künftig muß daher der obligatorische Vertrag unter allen Umständen von einem Notar beurkundet werden. Die sich daranschließende Auflassung kann sowohl vor dem Notar als auch vor dem Grundbuchamte erklärt werden. Es kann aber auch der obligatorische Vertrag und die Auflassung in einer Urkunde von dem Notar beurkundet werden.

3. Die Anwendbarkeit des Art. 81 ist auf die in Bayern liegenden Grundstücke beschränkt. Hinsichtlich außerbayerischer Grundstücke ist die Zuständigkeit bayerischer Notare nur dann gegeben, wenn das Recht des betreffenden Staates sie anerkennt.

4. Den Gegensatz zu den „bayerischen" Notaren bilden die „außerbayerischen" Notare. Deren Zuständigkeit wird durch Art. 81 ausgeschlossen.

5. Ausgeschlossen ist aber auch die Zuständigkeit aller übrigen bayerischen Behörden außer den Grundbuchämtern und Notaren, insbesondere der Pflegschafts- und Nachlaßgerichte.

Art. 82. Werden Grundstücke durch einen Notar versteigert, so bedarf es bei der Auflassung, sofern sie noch in dem Versteigerungstermine stattfindet, nicht der gleichzeitigen Anwesenheit beider Theile.

I. 8 (E. 74). 45 Begr., 180 (Z.I 74), 329 (Z.II 74). II. 191, 417 — Becher IV. V.I 22, *97*, *480*, *662*, 689, *724*, *846*. IV. V.III 7, *142*.

1. Art. 82 beruht auf dem Vorbehalt des Art. **143** Abs. 2 EG. z. BGB.

2. Gleichgültig ist, ob die Versteigerung freiwillig oder im Zwangswege erfolgt.

3. Hinsichtlich der Zuständigkeit der Notare vgl. Art. 1, Art. 2 Ziff. 3 Not.G., Art. **15** Abs. 2 Satz 2 AG. z. GVG. in der Fassung des Art. 167 AG. z. BGB., Art. 25, **44** AG. z. GBO.

Uebertragung des Eigenthums, Begründung und Aufhebung von Dienstbarkeiten an buchungsfreien Grundstücken.

Art. 83. Zur Uebertragung des Eigenthums an einem Grundstücke, das im Grundbuche nicht eingetragen ist und nach den Vorschriften der Grundbuchordnung auch nach der Uebertragung nicht eingetragen zu werden braucht, ist die Einigung des Veräußerers und des Erwerbers darüber, daß das Eigenthum übergehen soll, und die öffentliche Beurkundung der Erklärungen der beiden Theile erforderlich.

Die Uebertragung des Eigenthums kann nicht unter einer Bedingung oder einer Zeitbestimmung erfolgen.

I. 8 (E 75), 46 Begr., 180 (Z.I 75), 329 (Z.II 75). II. 192, 417 — Becher IV. V.I 22, *98*, *481*, *662*, 689, *725*, *847*. IV. V.III 7, *142*.

1. Hinsichtlich der buchungsfreien Grundstücke bestehen in den § 90 f. GBO. folgende reichsgesetzliche Vorschriften:

§ 90 GBO.: Durch landesherrliche Verordnung kann bestimmt werden, daß die Grundstücke des Fiskus oder gewisser juristischer Personen, die öffentlichen Wege und Gewässer, sowie solche Grundstücke, welche einem dem öffentlichen Verkehre dienenden Bahnunternehmen gewidmet sind, nur auf Antrag ein Grundbuchblatt erhalten. Das Gleiche gilt von den Grundstücken eines Landesherrn und den Grundstücken, welche zum Haushalt oder Familiengut einer landesherrlichen Familie, der Fürstlichen Familie Hohenzollern oder der Familie des vormaligen Hannoverschen Königshauses, des vormaligen Churhessischen und des vormaligen Herzoglich Nassauischen Fürstenhauses gehören.

Steht demjenigen, welcher nach Abs. 1 von der Verpflichtung zur Eintragung befreit ist, das Eigenthum an einem Grundstücke zu, über das ein Blatt geführt wird, oder erwirbt er ein solches Grund=

stück, so ist auf seinen Antrag das Grundstück aus dem Grundbuch auszuscheiden, wenn eine Eintragung, von welcher das Recht des Eigenthümers betroffen wird, nicht vorhanden ist.

§ 91 GBO.: Das Verfahren zum Zwecke der Eintragung von Grundstücken, die bei der Anlegung des Grundbuchs ein Blatt nicht erhalten haben, wird durch landesherrliche Verordnung bestimmt.

Auf Grund dieser Vorschriften sind nachstehende landesgesetzliche Vorschriften erlassen:

a) Art. 2 des Gesetzes vom 18. Juni 1898, die Vorbereitung der Anlegung des Grundbuchs in den Landestheilen rechts des Rheins betreffend: „Durch Königliche Verordnung wird bestimmt, auf welche der im § 90 GBO. bezeichneten Grundstücke die Vorschrift des Art. 1 („die Grundstücke, für welche im Hypothekenbuch ein Folium nicht angelegt ist, werden von Amtswegen in das Hypothekenbuch eingetragen") keine Anwendung findet".

b) Die Königliche Verordnung vom 1. Juli 1898, die vom Buchungszwange befreiten Grundstücke betreffend. § 1: „Die im § 90 Abs. 1 GBO. bezeichneten Grundstücke erhalten nur auf Antrag ein Grundbuchblatt. Juristische Personen im Sinne des § 90 Abs. 1 GBO. sind die Kreis- und Distriktsgemeinden, die politischen und Kirchengemeinden, die Ortschaften, die öffentlichen Stiftungen, die Klöster und die Versicherungsanstalten für die Invaliditäts- und Altersversicherung". § 2: „Auf die im § 1 bezeichneten Grundstücke findet der Art. 1 des Gesetzes vom 18. Juni 1898, die Vorbereitung der Anlegung des Grundbuchs in den Landestheilen rechts des Rheines betreffend, keine Anwendung".

2. Art. 83 trifft Vorschriften über die Uebertragung des Eigenthums an einem in Bayern gelegenen Grundstücke, das

a) zur Zeit der Eigenthumsübertragung im Grundbuche nicht eingetragen ist und

b) auch nach der Uebertragung nach den Vorschriften der GBO. (s. Anm. 1) nicht eingetragen zu werden braucht.

Art. 83 findet daher keine Anwendung:

a) wenn das Grundstück nicht eingetragen ist, obwohl es zu den buchungspflichtigen Grundstücken gehört, und zwar selbst dann nicht, wenn es an eine vom Buchungszwange befreite Person veräußert wird (vgl. den Text: „und auch nach der Uebertragung" ferner: Art. 186 Abs. 2 EG. z. BGB.; §§ 20, 27 VO. vom 23. Juli 1898; §§ 71, 72 Just.-Min.-Bek. vom 1. Oktober 1898 für das rechtsrheinische Bayern und § 36 der VO. vom 28. August 1898 und Nr. 311, 312 der Grundbuchanlegungsordnung für die Pfalz).

b) wenn und so lange ein buchungsfreies Grundstück im Grundbuch eingetragen ist,

c) wenn ein buchungsfreies Grundstück zwar nicht eingetragen ist, aber an eine Person veräußert wird, die dem Buchungszwange unterliegt. Anders, wenn das Grundstück wegen seiner Zweckbestimmung vom Buchungszwange befreit ist, z. B. öffentliche Wege, die nicht im Eigenthume vom Buchungszwange befreiter Personen stehen.

3. Art. 83 enthält eine Sondervorschrift gegenüber der Vorschrift des § 925 BGB. Zur Eigenthumsübertragung ist erforderlich und genügend die Einigung des Veräußerers und des Erwerbers und die öffentliche Beurkundung der Erklärung beider Theile.

Nicht erfordert wird die Erklärung der Einigung vor dem Grundbuchamt oder dem Notar, die Erklärung der Einigung bei gleichzeitiger Anwesenheit beider Theile vor dem Grundbuchamt und endlich die Eintragung in das Grundbuch.

4. Die öffentliche Urkunde braucht nicht eine Notariatsurkunde zu sein. Es genügt daher auch, wenn die von einer Behörde abgegebene schriftliche Erklärung die Eigenschaft einer öffentlichen Urkunde hat.

5. Art. 83 handelt lediglich vom dinglichen Vertrag, die Vorschriften über den obligatorischen Vertrag s. § 313 BGB. u. Art. 15 Abs. 2 AG. z. GBG. in der Fassung des Art. 167 AG. z. BGB. Art. 1 Not. Ges.

6. Abs. 2 entspricht dem § 925 Abs. 2 BGB.

Art. 84. Zur Begründung einer Dienstbarkeit an einem Grundstücke, das im Grundbuche nicht eingetragen ist und nach den Vorschriften der Grundbuchordnung nicht eingetragen zu werden braucht, ist die Einigung des Bestellers und des Erwerbers darüber, daß das Grundstück mit der Dienstbarkeit belastet werden soll, erforderlich. Die Erklärung des Bestellers muß in öffentlich beglaubigter Form abgegeben werden.

Zur Aufhebung einer Dienstbarkeit an einem Grundstücke der im Abs. 1 bezeichneten Art ist die Erklärung des Berechtigten gegenüber dem Eigenthümer erforderlich, daß er die Dienstbarkeit aufgebe; die Erklärung muß in öffentlich beglaubigter Form abgegeben werden. Die Vorschriften des § 876 des Bürgerlichen Gesetzbuchs finden entsprechende Anwendung.

Eine Dienstbarkeit an einem Grundstücke der im Abs. 1 bezeichneten Art erlischt mit dem Ablaufe von zehn Jahren nach der letzten Ausübung. Hat eine Ausübung nicht stattgefunden, so beginnt die zehnjährige Frist mit dem Zeitpunkte, von dem an die Ausübung zulässig war. Die für die Verjährung geltenden Vorschriften der §§ 202 bis 207, 209 bis 212, 216, 217, 219, 220 des Bürgerlichen Gesetzbuchs finden entsprechende Anwendung. Der Lauf der Erlöschungsfrist wird nicht dadurch gehemmt, daß die Dienstbarkeit nur zeitweise ausgeübt werden kann. Die Frist endigt jedoch in diesem Falle nicht, bevor die Zeit, zu welcher die Ausübung zulässig war, zum zweiten Male eingetreten und seit dem zweiten Eintritt ein Jahr verstrichen ist.

I. 8 (E. 76), 46 Begr., 155, 157, 180 (Z. I 76), 329 (Z. II 76). II. 193, 417, 425 — Becher IV. V. I 22, *98*, *483*, 597, *600*, *662*, 689, 725, *847*, *923*, *985*, IV. V. III 7, *142*.

§ 202 Abs. 1 BGB.: Die Verjährung ist gehemmt, solange die Leistung gestundet oder der Verpflichtete aus einem anderen Grund vorübergehend zur Verweigerung der Leistung berechtigt ist.

§ 203 BGB.: Die Verjährung ist gehemmt, solange der Berechtigte durch Stillstand der Rechtspflege innerhalb der letzten sechs Monate der Verjährungsfrist an der Rechtsverfolgung gehindert ist.

Das Gleiche gilt, wenn eine solche Verhinderung in anderer Weise durch höhere Gewalt herbeigeführt wird.

§ 204 BGB.: Die Verjährung von Ansprüchen zwischen Ehegatten ist gehemmt, solange die Ehe besteht. Das Gleiche gilt von Ansprüchen zwischen Eltern und Kindern, während der Minderjährigkeit der Kinder und von Ansprüchen zwischen dem Vormund und dem Mündel während der Dauer des Vormundschaftsverhältnisses.

§ 205 BGB.: Der Zeitraum, während dessen die Verjährung gehemmt ist, wird in die Verjährungsfrist nicht eingerechnet.

§ 206 Abs. 1 Satz 1 BGB.: Ist eine geschäftsunfähige oder eine in der Geschäftsfähigkeit beschränkte Person ohne gesetzlichen Vertreter, so wird die gegen sie laufende Verjährung nicht vor dem Ablaufe von sechs Monaten nach dem Zeitpunkte vollendet, in welchem die Person unbeschränkt geschäftsfähig wird oder der Mangel der Vertretung aufhört.

§ 207 Satz 1 BGB.: Die Verjährung eines Anspruchs, der zu einem Nachlasse gehört oder sich gegen einen Nachlass richtet, wird nicht vor dem Ablauf von sechs Monaten nach dem Zeitpunkte vollendet, in welchem die Erbschaft von dem Erben angenommen oder der Konkurs über den Nachlass eröffnet wird oder von welchem an der Anspruch von einem Vertreter oder gegen einen Vertreter geltend gemacht werden kann.

§ 209 BGB.: Die Verjährung wird unterbrochen, wenn der Berechtigte auf Befriedigung oder auf Feststellung des Anspruchs, auf Ertheilung der Vollstreckungsklausel oder auf Erlassung eines Vollstreckungsurtheils Klage erhebt.

Der Erhebung der Klage stehen gleich:

4. die Streitverkündung in dem Prozesse, von dessen Ausgange der Anspruch abhängt;

5. die Vornahme einer Vollstreckungshandlung und, soweit die Zwangsvollstreckung den Gerichten oder anderen Behörden zugewiesen ist, die Stellung des Antrags auf Zwangsvollstreckung.

§ 210 BGB: Hängt die Zulässigkeit des Rechtwegs von der Vorentscheidung einer Behörde ab oder hat die Bestimmung des zuständigen Gerichts durch ein höheres Gericht zu erfolgen, so wird die Verjährung durch die Einreichung des Gesuchs an die Behörde oder das höhere Gericht in gleicher Weise wie durch Klageerhebung unterbrochen, wenn die Klage binnen drei Monaten nach der Erledigung des Gesuchs erhoben wird. Auf die Frist finden die Vorschriften der §§ 203, 206, 207 entsprechende Anwendung.

§ 211 BGB.: Die Unterbrechung durch Klageerhebung dauert fort, bis der Prozess rechtskräftig entschieden oder anderweit erledigt ist.

Geräth der Prozess in Folge einer Vereinbarung der Parteien oder dadurch, dass er nicht betrieben wird, in Stillstand, so endigt die Unterbrechung mit der letzten Prozesshandlung der Parteien oder des Gerichts Die nach der Beendigung der Unterbrechung beginnende neue Verjährung wird dadurch, dass eine der Parteien den Prozess weiter betreibt, in gleicher Weise wie durch Klageerhebung unterbrochen.

§ 212 BGB.: Die Unterbrechung durch Klageerhebung gilt als nicht erfolgt, wenn die Klage zurückgenommen oder durch ein nicht in der Sache selbst entscheidendes Urtheil rechtskräftig abgewiesen wird.

Erhebt der Berechtigte binnen sechs Monaten von neuem Klage, so gilt die Verjährung als durch die Erhebung der ersten Klage unterbrochen. Auf diese Frist finden die Vorschriften der §§ 203, 206, 207 entsprechende Anwendung.

§ 216 BGB.: Die Unterbrechung durch Vornahme einer Vollstreckungshandlung gilt als nicht erfolgt, wenn die Vollstreckungsmassregel auf Antrag des Berechtigten oder wegen Mangels einer gesetzlichen Voraussetzung aufgehoben wird.

Die Unterbrechung durch Stellung des Antrags auf Zwangsvollstreckung gilt als nicht erfolgt, wenn dem Antrage nicht stattgegeben oder der Antrag vor der Vornahme der Vollstreckungshandlung zurückgenommen oder die erwirkte Vollstreckungsmassregel nach Abs. 1 aufgehoben wird.

§ 217 BGB.: Wird die Verjährung unterbrochen, so kommt die bis zur Unterbrechung verstrichene Zeit nicht in Betracht; eine neue Verjährung kann erst nach der Beendigung der Unterbrechung beginnen.

§ 219 BGB.: Als rechtskräftige Entscheidung im Sinne des § 211 Abs. 1 . . gilt auch ein unter Vorbehalt ergangenes rechtskräftiges Urtheil.

§ 220 BGB.: Ist der Anspruch vor einem Schiedsgericht oder einem besonderen Gerichte, vor einem Verwaltungsgericht oder einer Verwaltungsbehörde geltend zu machen, so finden die Vorschriften der §§ 209 bis 213, . . . 219 entsprechende Anwendung.

Sind in dem Schiedsvertrage die Schiedsrichter nicht ernannt oder ist die Ernennung eines Schiedsrichters aus einem anderen Grunde erforderlich oder kann das Schiedsgericht erst nach der Erfüllung einer sonstigen Voraussetzung angerufen werden, so wird die Verjährung schon dadurch unterbrochen, dass der Berechtigte das zur Erledigung der Sache seinerseits Erforderliche vornimmt.

§ 876 BGB.: Ist ein Recht an einem Grundstücke mit dem Rechte eines Dritten belastet, so ist zur Aufhebung des belasteten Rechtes die Zustimmung des Dritten erforderlich. Steht das aufzuhebende Recht dem jeweiligen Eigenthümer eines anderen Grundstücks zu, so ist, wenn dieses Grundstück mit dem Rechte eines Dritten belastet ist, die Zustimmung des Dritten erforderlich, es sei denn, dass dessen Recht durch die Aufhebung nicht berührt wird. Die Zustimmung ist dem Grundbuchamt oder demjenigen gegenüber zu erklären, zu dessen Gunsten sie erfolgt; sie ist unwiderruflich.

1. Auch hier handelt es sich, wie bei Art. 83, um buchungsfreie Grundstücke, die im Grundbuch nicht eingetragen sind (vgl. Art. 83 Anm. 1 und 2).

2. Unter Dienstbarkeiten versteht das BGB. sowohl die Grunddienstbarkeiten (§§ 1018 ff.), als auch den Nießbrauch (§§ 1030 ff.), als auch die beschränkten persönlichen Dienstbarkeiten (§§ 1090 ff.) Stehen dagegen andere Rechte in Frage, z. B. Vorkaufsrechte, Reallasten, Hypotheken, Grundschulden oder Rentenschulden, so findet § 873 BGB. Anwendung, d. h. zur Belastung des Grundstücks mit einem solchen Rechte ist die Einigung des Berechtigten und des anderen Theiles über den Eintritt der Rechtsänderung und die Eintragung der Rechtsänderung in das Grundbuch erforderlich. Zu diesem Behufe ist aber die Anlegung eines Grundbuchblattes für das belastete, an sich buchungsfreie Grundstück erforderlich.

3. Zur Begründung von Dienstbarkeiten an im Grundbuch nicht eingetragenen buchungsfreien Grundstücken ist die Einigung des Bestellers und des Erwerbers darüber, daß dies Grundstück mit der Grunddienstbarkeit belastet werden soll, ferner die Abgabe der Erklärung des Bestellers in öffentlich beglaubigter Form (§§ 129 BGB.) erforderlich. Eine besondere Form für die Annahmeerklärung wird nicht verlangt. Durch die Vorschrift des Art. 84 wird die Eintragung in das Grundbuch nicht ausgeschlossen; ein Anspruch auf Eintragung ist aber nicht anerkannt.

4. Abs. 2 enthält eine Ausnahme von § 875 BGB. Wie dort, so genügt auch hier die einseitige Erklärung des Berechtigten, der Annahme der Verzichtserklärung bedarf es nicht. — Oeffentliche Beglaubigung vgl. § 129 BGB.

5. Die Ansprüche aus eingetragenen Rechten unterliegen nicht der Verjährung (§ 901 BGB.). Für Dienstbarkeiten an buchungsfreien nicht eingetragenen Grundstücken gilt dagegen Abs. 3. Wann

die Ausübung zulässig ist, ist nach Lage des einzelnen Falles zu entscheiden. Es genügt nicht die bloße Möglichkeit der Ausübung, sondern es muß auch eine Veranlassung zur Ausübung der Dienstbarkeit bestehen.

6. Vgl. die Uebergangsbestimmungen in Art. **11** ff. ÜG.

Ausschliessung von Dienstbarkeiten und Reallasten.

Art. 85. Als Reallast kann außer dem Rechte auf Leistungen, die zu einer Leibrente, insbesondere zu einem Leibgedinge, gehören, nur das Recht auf die regelmäßig wiederkehrende Leistung von fest bestimmten Geldbeträgen oder fest bestimmten Mengen von Bodenerzeugnissen bestellt werden.

Bei der Bestellung einer Reallast solcher Art muß der Geldbetrag bestimmt werden, durch dessen Zahlung der Eigenthümer die Reallast ablösen kann.

Auf die Ablösung der Reallast finden die für die Ablösung einer Rentenschuld geltenden Vorschriften des § 1202 des Bürgerlichen Gesetzbuchs entsprechende Anwendung. Haftet der Eigenthümer für die während der Dauer seines Eigenthums fällig werdenden Leistungen auch persönlich, so erstreckt sich im Falle der Kündigung die persönliche Haftung auf die Ablösungssumme.

I. 8 (E. 77), 46 Begr., 155, 158, 181 (Z.^I 77), 329 (Z.^II 77). II. 195, 419 — Becher IV. V.^I 23, *99*, *488*, 597, *601*, *667*, 689, *725*, *848*. IV. V.^III 7, *142*.

§ 1202 BGB.: Der Eigenthümer kann das Ablösungsrecht erst nach vorgängiger Kündigung ausüben. Die Kündigungsfrist beträgt sechs Monate, wenn nicht ein Anderes bestimmt ist.

Eine Beschränkung des Kündigungsrechts ist nur soweit zulässig, dass der Eigenthümer nach dreissig Jahren unter Einhaltung der sechsmonatigen Frist kündigen kann.

Hat der Eigenthümer gekündigt, so kann der Gläubiger nach dem Ablaufe der Kündigungsfrist die Zahlung der Ablösungssumme aus dem Grundstücke verlangen.

1. Hinsichtlich der Bestellung von Leistungen, die zu einem Leibgedinge gehören, als Reallast vgl. Art. 41 AG. z. BGB., Art. 27 AG. z. GBO. Art. **46**, **48**, **116** ff. ÜG.

2. Ausgeschlossen sind durch die Vorschrift des Art. 85 insbesondere Reallasten, welche

a) persönliche Dienstleistungen zum Gegenstande haben (Frohnden),

b) die nach den Umständen, insbesondere den Erträgnissen wechseln (Zehnten),

c) die nicht zu einer fest bestimmten Zeit zu entrichten sind (Besitzveränderungsabgaben).

3. Ein Vertrag ohne Bestimmung einer Ablösungssumme ist nichtig.

4. Art. 85 handelt nur von erst zu bestellenden Reallasten. Hinsichtlich bestehender Reallasten vgl. Art 46, 116 ff. ÜG. Nach Art. 189 Abs. 1 Satz 3 EG. z. BGB. können vom 1. Januar 1900 an mit dem Art. 85 in Widerspruch stehende Reallasten auch vor Herstellung des Grundbuchs nicht mehr begründet werden.

Art. 86. Forstberechtigungen, Jagdberechtigungen und Weiderechte können auch in der Pfalz nicht begründet werden.

I. 155 (77 a). 158 Begr., 181 (Z.^{I} 77 a). 329 (Z.^{II} 77 a). II. 195, 419 – Becher IV. V.^{I} 597, *601, 667*. 689. *725, 848*. IV. V.^{III} 7, *142*.

1. Art. 86 schließt nur die Begründung dinglicher Rechte aus. Die Begründung persönlicher Berechtigungen ist nicht verboten.

2. Hinsichtlich bestehender Forstberechtigungen u. s. w. hat es nach Art. 184 EG. z. BGB. bei den bisherigen Vorschriften sein Bewenden.

Amtliche Ermittelung des Werthes von Grundstücken.

Art. 87. Der Eigenthümer eines Grundstücks kann den Werth des Grundstücks mit Rücksicht auf die Sicherheit von Hypotheken, Grundschulden oder Rentenschulden durch Sachverständige amtlich feststellen lassen. Für die Ernennung, Beeidigung und Vernehmung der Sachverständigen ist das Amtsgericht zuständig, in dessen Bezirke das Grundstück liegt. Die Vernehmung kann auch durch einen Notar erfolgen.

Die Staatsministerien der Justiz und des Innern können die Grundsätze bestimmen, nach denen der Werth der Grundstücke festzustellen ist, und das bei der Feststellung zu beobachtende Verfahren regeln.

I. 8 (E. 78), 47 Begr., 181 (Z.^{I} 78), 330 (Z.^{II} 78). II. 197, 420 — Becher IV. V.^{I} 23 *100, 493*, 690, *725, 849*. IV. V.^{III} 7, *142*.

1. Die amtliche Werthsermittelung ist eine Angelegenheit der freiwilligen Gerichtsbarkeit; vgl. auch § 164 GFG.

2. Der Eigenthümer hat lediglich die Befugniß, aber nicht die Verpflichtung, den Werth seines Grundstücks durch Sachverständige amtlich feststellen zu lassen. Dritte, insbesondere die Gläubiger, haben kein Recht darauf.

3. Eine amtliche Feststellung liegt nur dann vor, wenn sie durch das zuständige Amtsgericht oder einen Notar (vgl. § 269 der Geschäftsordnung für Notariate vom 20. Dezember 1899, JMBl. S. 686) unter Beiziehung der Sachverständigen erfolgte. Diese Werthsfeststellung eignet sich auch zur Eintragung in das Hypothekenbuch, bezw. in das Grundbuch.

Selbstredend kann der Eigenthümer den Werth seines Grundstücks auch nicht amtlich durch Sachverständige feststellen lassen. Eine solche nichtamtliche Feststellung liegt insbesondere dann vor, wenn entweder der Eigenthümer selbst oder eine andere Behörde, als das zuständige Amtsgericht oder der Notar, z. B. das Bezirksamt, die Schätzer mit der Werthsfeststellung beauftragt hat. Eine solche Feststellung hat nicht dieselbe Wirkung wie die amtliche Feststellung; sie eignet sich daher nicht zur Eintragung ins Grundbuch, ferner haften die Sachverständigen nicht auf Grund des Art. 88, sondern lediglich nach den allgemeinen civilrechtlichen Grundsätzen.

4. Ein Zwang, sich als Sachverständiger aufstellen zu lassen, besteht nicht.

5. Durch Art. 87 werden die Bestimmungen nicht berührt, welche für die Schätzung von Grundstücken bei Kapitalsausleihen durch die Gemeinden und Stiftungen maßgebend sind; vgl. Art. 112 Ziff. 8, 159 Ziff. 10 der rechtsrh. Gemeindeordnung, Art. 91 Ziff. 9 der pfälz. Gemeindeordnung, FMEntschl. vom 6. August 1869.

6. Da die Staatsministerien von der Befugniß des Abs. 2 noch keinen Gebrauch gemacht haben, gilt vorerst noch die Instruktion für Schätzungen und Schätzmänner vom 13. März 1823.

Art. 88. Verletzt ein zur amtlichen Feststellung des Werthes von Grundstücken mit Rücksicht auf die Sicherheit von Hypotheken, Grundschulden oder Rentenschulden bestellter Schätzer vorsätzlich oder aus Fahrlässigkeit die ihm obliegende Berufspflicht, so hat er den daraus für einen Hypotheken-, Grundschuld- oder Rentenschuldgläubiger entstehenden Schaden dem Gläubiger zu ersetzen. Fällt dem Schätzer nur Fahrlässigkeit zur Last, so kann er nur dann in Anspruch genommen werden, wenn der Beschädigte nicht auf andere Weise Ersatz zu erlangen vermag.

I. 9 (E. 79), 47 Begr., 181 (Z.I 79), 330 (Z.II 79). II. 202, 420 — Becher IV. V.I 23, *101*, *502*, 690, *725*, *849*. IV. V.III 7, *142*.

1. Vgl. Art. 87 Anm. 3.

2. Dem Eigenthümer haftet der Schätzer aus dem Vertrag. Den Hypotheken-, Grundschuld- und Rentenschuldgläubigern haftet er dagegen kraft Gesetzes und zwar **jedem** dieser Gläubiger, der in Folge der Verletzung der Berufspflicht des Schätzers Schaden erleidet. Im Falle des Satz 2 ist jedoch die Haftung eine bloß subsidiäre.

Recht der Gemeinden und Stiftungen auf Sicherungshypothek gegenüber ihren Verwaltern.

Art. 89. Die Gemeinden und die anderen Kommunalverbände, die Stiftungen des öffentlichen Rechtes und die unter der Verwaltung einer öffentlichen Behörde stehenden Stiftungen sind berechtigt, zu verlangen, daß für die Forderungen, die aus der Verwaltung ihres Vermögens gegen den Verwalter entstehen, eine Sicherungshypothek an Grundstücken des Verwalters in das Grundbuch eingetragen wird. Die Eintragung der Hypothek ist für den Betrag zu erwirken, für welchen der Verwalter Sicherheit zu leisten hat, soweit nicht die Sicherheit anderweit geleistet wird.

Die Eintragung der Hypothek erfolgt auf Ersuchen der Behörde, welcher die Ausführung der über die Sicherheitsleistung getroffenen Bestimmung obliegt. Ergibt sich eine Haftung des Verwalters, so kann das Ersuchen auch von der für die Feststellung der Haftung zuständigen Behörde gestellt werden.

Die Eintragung der Hypothek an mehreren Grundstücken darf nur soweit verlangt werden, daß der Werth der Grundstücke das Doppelte des zu sichernden Betrags erreicht; der Werth wird unter Abzug der Belastungen berechnet, welche der Hypothek im Range vorgehen.

I. 9 (E. 80), 48 Begr., 181 (Z.^{I} 80), 330 (Z.^{II} 80). II. 202, 420 — Becher IV. V.^{I} 23, *102*, *502*, 690, *726*, *851*. IV. V.^{III} 7, *142*.

1. Art. 89 hat die Anlegung des Grundbuchs zur Voraussetzung. Bis zu diesem Zeitpunkte vgl. Art. 50, 120 ÜG.

2. Ob und in welchem Umfange der Verwalter Sicherheit zu leisten hat, wie das Maß der zu leistenden Sicherheit bestimmt wird, unter welchen Umständen die geleistete Sicherheit zu erhöhen ist und wer für die Ausführung der über die Sicherheitsleistung getroffenen Bestimmungen zu sorgen hat, ist durch die Vorschriften des öffentlichen Rechts bestimmt (vgl. für die Verwalter des Gemeinde- und örtlichen Stiftungsvermögens Art. 87 Abs. 4, Art. 134 Abs. 4 der Gemeindeordnung für die Landestheile rechts des Rheins, Art. 67 Abs. 4 der Gemeindeordnung für die Pfalz; für die Verwalter eines Ortschaftsvermögens Art. 153 Abs. 5, 8 der Gemeindeordnung für die Landestheile rechts des Rheins, Art. 85 Abs. 1 der Gemeindeordnung für die Pfalz; für die Verwalter des Vermögens der örtlichen Armenpflege Art. 33 des Ges., die öffentliche Armen- und Krankenpflege betr.; für die Kirchenpfleger Ziff. 135 der Vollzugsvorschriften zu dem

revidirten Gemeindeedikt vom 31. Oktober 1837; für die Distrikts-kassiere Art. 20 Abs. 2 des Ges., die Distriktsräthe betr.).

3. Hinsichtlich der Erfordernisse des Antrags auf Eintragung vgl. §§ 1113, 1190 BGB., § 28, 39 GBO.

4. Im Falle des Abs. 2 Satz 2 ist die Durchführung des Feststellungsverfahrens nicht erforderlich, vgl. Art. 158 der rechtsrh., Art. 90 der pfälz. Gemeindeordnung, Art. 42 Abs. 1 des Armengesetzes.

Bekanntmachung des Verlustes von Inhaberpapieren.

Art. 90. Die Distriktspolizeibehörden haben auf Antrag desjenigen, welchem ein Inhaberpapier gestohlen worden, verloren gegangen oder sonst abhanden gekommen ist, den Verlust im Reichsanzeiger bekannt zu machen, wenn der Verlust glaubhaft gemacht wird. Der Antragsteller hat die Kosten vorzuschießen.

Bei dem Verluste von Banknoten und anderen auf Sicht zahlbaren unverzinslichen Inhaberpapieren kann die Bekanntmachung nicht verlangt werden; für abhanden gekommene Zins-, Renten- oder Gewinnantheilscheine kann sie nur verlangt werden, wenn die Scheine später als in dem nächsten auf die Bekanntmachung folgenden Einlösungstermine fällig werden.

I. 155 (80a), 158, 182 (Z.[I] 80a), 331 (Z.[II] 80a). II. 420, 425 — Becher IV. V.[I] 597, *601*, *667*, 674, 690, *726*, *851*. IV. V.[III] 7, *142*.

Kgl. Allerh. Verordnung vom 24. Dezember 1899 zur Ausführung des Bürgerlichen Gesetzbuchs und seiner Nebengesetze (Zuständigkeitsverordnung):

§ 8. Die nach Art. 90 des Ausführungsgesetzes zum Bürgerlichen Gesetzbuche obliegenden Verrichtungen hat in München die Polizeidirektion vorzunehmen.

1. Nach § 367 HGB. gilt, wenn ein Inhaberpapier, das dem Eigenthümer gestohlen worden, verloren gegangen oder sonst abhanden gekommen ist, an einen Kaufmann, der Bankier- oder Geldwechslergeschäfte betreibt, veräußert oder verpfändet wird, dessen guter Glaube als ausgeschlossen, wenn zur Zeit der Veräußerung oder Verpfändung der Verlust des Papiers von einer öffentlichen Behörde oder von dem aus der Urkunde Verpflichteten im Deutschen Reichsanzeiger bekanntgemacht und seit dem Ablaufe des Jahres, in welchem die Veröffentlichung erfolgt ist, nicht mehr als ein Jahr verstrichen war. Welche Behörde hiernach zur Bekanntmachung zuständig ist, bestimmt Art. 90.

2. Der Begriff des „Inhaberpapiers" ist umfassender als der der „Schuldverschreibung auf den Inhaber".

Lösungsanspruch der öffentlichen Pfandleihanstalten.

Art. 91. Oeffentlichen Pfandleihanstalten steht das Recht zu, Sachen, an denen sie nach den Vorschriften des § 935 Abs. 1 und der §§ 1207, 1208 des Bürgerlichen Gesetzbuchs ein Pfandrecht nicht oder nur im Range nach dem Rechte eines Dritten, mit welchem die Sache belastet ist, erwerben, dem Berechtigten nur gegen Bezahlung des auf die Sache gewährten Darlehens sammt Zinsen herauszugeben. Die Vorschriften des § 1003 des Bürgerlichen Gesetzbuchs finden entsprechende Anwendung.

I. 9 (E. 81), 49 Begr., 182 (Z.^{I} 81), 331 (Z.^{II} 81). II. 202, 420 — Becher IV. V.^{I} 24, *103*, *503*, 690, *726*, *852*. IV. V.^{III} 7, *142*.

§ 935 BGB.: Der Erwerb des Eigenthums auf Grund der §§ 932 bis 934 tritt nicht ein, wenn die Sache dem Eigenthümer gestohlen worden, verloren gegangen oder sonst abhanden gekommen war. Das Gleiche gilt, falls der Eigenthümer nur mittelbarer Besitzer war, dann, wenn die Sache dem Besitzer abhanden gekommen war.

Diese Vorschriften finden keine Anwendung auf Geld oder Inhaberpapiere sowie auf Sachen, die im Wege öffentlicher Versteigerung veräussert werden.

§ 1207 BGB.: Gehört die Sache nicht dem Verpfänder, so finden auf die Verpfändung die für den Erwerb des Eigenthums (im guten Glauben) geltenden Vorschriften der §§ 932, 934, 935 entsprechende Anwendung.

§ 1208 BGB.: Ist die Sache mit dem Rechte eines Dritten belastet, so geht das Pfandrecht dem Rechte vor, es sei denn, dass der Pfandgläubiger zur Zeit des Erwerbes des Pfandrechts in Ansehung des Rechtes nicht in gutem Glauben ist. Die Vorschriften des § 932 Abs. 1 Satz 2, des § 935 und des § 936 Abs. 3 finden entsprechende Anwendung.

§ 1003 BGB.: Der Besitzer kann den Eigenthümer unter Angabe des als Ersatz verlangten Betrags auffordern, sich innerhalb einer von ihm bestimmten angemessenen Frist darüber zu erklären, ob er die Verwendungen genehmige. Nach dem Ablaufe der Frist ist der Besitzer berechtigt, Befriedigung aus der Sache nach den Vorschriften über den Pfandverkauf, bei einem Grundstücke nach den Vorschriften über die Zwangsvollstreckung in das unbewegliche Vermögen zu suchen, wenn nicht die Genehmigung rechtzeitig erfolgt.

Bestreitet der Eigenthümer den Anspruch vor dem Ablaufe der Frist, so kann sich der Besitzer aus der Sache erst dann befriedigen, wenn er nach rechtskräftiger Feststellung des Betrags der Verwendungen den Eigenthümer unter Bestimmung einer angemessenen Frist zur Erklärung aufgefordert hat und die Frist verstrichen ist; das Recht auf Befriedigung aus der Sache ist ausgeschlossen, wenn die Genehmigung rechtzeitig erfolgt.

1. Art. 91 beruht auf dem Vorbehalt des Art. 94 Abs. 2 EG. z. BGB.

2. Nach der Erklärung des Min.-Komm. sind unter öffentlichen Pfandleihanstalten diejenigen zu verstehen, welche vom Staat oder von Kommunen irgend welcher Art errichtet werden, und bei denen öffentliche, gemeinnützige Interessen vorwiegen. Böhm-Klein Anm. 1 sieht von dem zweiten Erfordernisse ab.

3. Art. 91 statuirt für die öffentlichen Pfandleihanstalten nicht etwa Ausnahmevorschriften über den gutgläubigen Erwerb des Pfandrechts an Sachen, die entweder dem Verpfänder nicht gehören oder mit dem besseren Rechte Dritter belastet sind. Die diesbezüglichen Vorschriften des BGB. gelten auch für sie. Wohl aber giebt ihnen dieser Artikel, wenn die Sache dem Eigenthümer oder, sofern der Eigenthümer nur mittelbarer Besitzer war, dem Besitzer gestohlen worden, verloren gegangen oder sonst abhanden gekommen war, das Recht, dem Anspruch auf Herausgabe nicht, wie andere Personen unbedingt, sondern nur gegen Bezahlung des auf die Sache gewährten Darlehens sammt Zinsen entsprechen zu müssen.

In anderen Fällen, also insbesondere dann, wenn der Erwerb des Pfandrechts deswegen nicht eintritt, weil die Anstalt sich nicht in gutem Glauben befand, steht der Anstalt der Lösungsanspruch nicht zu.

4. Der Anspruch des Art. 91 hat die rechtliche Natur eines Zurückbehaltungsrechts.

Herausgabe und Bezahlung hat Zug um Zug zu erfolgen vgl. §§ 273, 274 BGB.

Nach Ablauf der gemäß §. 1003 BGB. gesteckten Erklärungsfrist kann die öffentliche Leihanstalt nach den Vorschriften über den Pfandverkauf Befriedigung suchen.

Anlegung von Mündelgeld in Hypothekenforderungen.

Art. 92. Für die Anlegung von Mündelgeld ist eine Hypothek, eine Grundschuld oder eine Rentenschuld als sicher nur zu erachten, wenn sie innerhalb der ersten Hälfte des Werthes des Grundstücks zu stehen kommt.

I. 9 (E. 82), 49 Begr., 182 (Z.^{I} 82), 331 (Z.^{II} 82). II. 205, 420 — Becher IV. V.^{1} 24, *105*, *504*, 691, *726*, *852*. IV. V.^{III} 8, *142*.

1. Hinsichtlich der Anlegung von Mündelgeld vgl. §§ 1806 ff. BGB., Art. 32 ÜG., § 12 ff. die Bek. vom 19. Januar 1900 das Vormundschaftswesen betr. (JMBl. 1900 S. 181 ff.), vom 9. September 1899 die Anlegung von Mündelgeld in Werthpapieren der bayerischen Kreditanstalten betr. (JMBl. 1899 S. 383 ff.), vom 21. Dezember 1899,

die Anlegung von Mündelgeld bei den öffentlichen Sparkassen betr. (G. u. VBl. 1899 S. 1239, JMBl. 1900 S. 113 f.).

2. Nach § 1806 BGB. hat der Vormund das zum Vermögen des Mündels gehörende Geld verzinslich anzulegen, so weit es nicht zur Bestreitung von Ausgaben bereit zu halten ist. Ebenso hat nach § 1642 BGB. der Vater das seiner Verwaltung unterliegende Geld des Kindes, unbeschadet der Vorschrift des § 1653 BGB., wonach der Vater das Geld des Kindes mit Genehmigung des Vormundschaftsgerichtes für sich verbrauchen darf, nach den für die Anlegung von Mündelgeld geltenden Vorschriften der §§ 1807, 1808 verzinslich anzulegen, so weit es nicht zur Bestreitung von Ausgaben bereit zu halten ist. Das Vormundschaftsgericht kann aber dem Vater aus besonderen Gründen eine andere Anlegung gestatten. Diese Vorschrift gilt nach § 1686 BGB. auch für die Mutter, so weit ihr die Verwaltung des Kindesvermögens zukommt. Auch in anderen Fällen wird auf die Vorschriften über die Anlegung von Mündelgeld Bezug genommen, z. B. in den §§ 238, 1079, 1288, 1377, 1691, 2119 BGB., § 40 des Krankenversich.-G. vom 15. Juni 1888, § 76 des Unfallversicherungsgesetzes vom 6. Juli 1884, § 164 des Invalidenversicherungsgesetzes vom 13. Juli 1899.

3. Wie die Fassung des Gesetzes klar ersehen läßt, trifft Art. 92 nur Vorschriften über die „Anlegung von Mündelgeld"; dagegen trifft er nicht zu, wenn z. B. der Vater oder der Vormund für das seiner Verwaltung unterliegende Vermögen Sicherheit zu leisten hat (§§ 1668, 1844 BGB.).

4. In welcher Weise die Anlegung von Mündelgeld erfolgen soll, ist in den §§ 1807 ff. BGB. bestimmt. § 1807 Abs. 1 Ziff. 1 gestattet die Anlegung in Forderungen, für die eine sichere Hypothek an einem „inländischen" Grundstück besteht, oder in sicheren Grundschulden oder Rentenschulden an „inländischen" Grundstücken. Nach § 1807 Abs. 2 BGB. können die Landesgesetze für die „innerhalb ihres Geltungsbereichs" belegenen Grundstücke die Grundsätze bestimmen, nach denen die Sicherheit einer Hypothek, einer Grundschuld oder einer Rentenschuld festzustellen ist. Auf diesem Vorbehalt beruht die Vorschrift des Art. 92.

5. Welcher Werth maßgebend ist, der Verkaufswerth oder der Ertragswerth, ist hier nicht bestimmt, sondern bei der Feststellung des Werthes sind die im Art. 87 Abs. 2 bestimmten Grundsätze, also zunächst noch der Schätzerinstruktion vom 13. März 1823, anzuwenden.

Der Vormund u. s. w. ist zwar nicht gehalten, eine amtliche Feststellung des Werthes des Grundstücks vornehmen zu lassen; aber die Außerachtlassung der amtlich aufgestellten Grundsätze für die Feststellung des Werthes kann ihm als Verschulden angerechnet werden, wenn dem Mündel ein Schaden erwächst und sich herausstellt, daß er sich geirrt hat.

6. Es genügt, daß die Hypothek u. s. w. innerhalb der ersten Werthshälfte zu stehen kommt. Daß sie auch den ersten Rang einnimmt, wird nicht verlangt.

Gemeindewaisenrath.

Art. 93. Für jede Gemeinde wird ein Gemeindewaisenrath bestellt.

In Städten mit mehr als 100,000 Einwohnern können mehrere Gemeindewaisenräthe, jeder für einen abgegrenzten Theil des Stadtbezirkes, gebildet werden.

I. 9 (E. 83), 50 Begr., 183 (Z.I 83), 332 (Z.II 83). II. 207, 420 — Becher IV. V.I 24, *107*, *508*, *668*, 691, *727*, *854*. IV. V.III 8, 17, *142*.

1. „Der Gemeindewaisenrath ist ein Hülfsorgan der Obervormundschaft und zwar nicht nur im Verhältnisse zu dem Vormundschaftsgerichte, zu dessen Bezirke die Gemeinde gehört, sondern zu allen Vormundschaftsgerichten, die für eine obervormundschaftliche Thätigkeit in Ansehung der sich in der Gemeinde aufhaltenden Mündel zuständig sind." Die Organisation des Gemeindewaisenrathes überläßt das BGB. der Landesgesetzgebung. Dagegen ist der Wirkungskreis des Gemeindewaisenrathes im BGB. selbst begrenzt (§§ 1849, 1850, 1851, 1675, 1779 Abs. 1, 1792 Abs. 4, 1862 Abs. 1, 1915 BGB. § 49 GFG.).

2. Nach den Art. 93 ff. ist der Gemeindewaisenrath eine selbstständige Gemeindebehörde. Jede Gemeinde muß daher einen Gemeindewaisenrath haben. Im Falle des Abs. 2 können jedoch in einer Gemeinde auch mehrere Gemeindewaisenräthe gebildet werden. Die Aufsicht über den Gemeindewaisenrath steht der vorgesetzten Gemeindebehörde zu. Die nothwendigen Auslagen sind von der Gemeinde zu tragen.

3. Zu Abs. 2: vgl. Art. 95 und § 2 der Bek. vom 22. Dezember 1899 (s. Art. 99).

Art. 94. Der Gemeindewaisenrath besteht in Gemeinden mit städtischer Verfassung sowie in Gemeinden mit mehr als 5000 Einwohnern aus dem Bürgermeister, wo deren mehrere vorhanden sind, aus dem ersten, als Vorsitzenden, und aus einer Anzahl gewählter Waisenräthe. Der Bürgermeister kann sich durch ein Mitglied des Magistrats oder der Gemeindeverwaltung vertreten lassen.

In den übrigen Gemeinden werden ein oder mehrere Waisenräthe aufgestellt. Bei der Aufstellung mehrerer Waisenräthe ist jedem ein örtlich abgegrenzter Bezirk zuzuweisen.

I. 9 (E. 84), 50 Begr., 183 (Z.I 84), 332 (Z.II 84). II. 207, 420 — Becher IV. V.I 24, *107*, *508*, *668*, 691, *727*, *854*. IV. V.III 8, 17, *142*.

1. „Gemeindewaisenrath" bezeichnet die Behörde, „Waisenrath" die einzelnen Mitglieder des Gemeindewaisenrathes.

2. Im Falle des Abs. 1 besteht der Gemeindewaisenrath

a) aus dem kraft Gesetzes zum Vorsitzenden berufenen (ersten) Bürgermeister. Sind mehrere Gemeindewaisenräthe gebildet, so ist der Bürgermeister in jedem derselben Vorsitzender;

b) aus den gewählten Waisenräthen.

3. Der Bürgermeister als Vorsitzender kann sowohl ständig als auch jeweils für den einzelnen Fall einen Vertreter aufstellen. Hinsichtlich der Obliegenheiten des Vorsitzenden vgl. § 8 der Bek. vom 22. Dezember 1899 (s. Art. 99).

4. Im Falle des Abs. 2 besteht der Gemeindewaisenrath nur aus den gewählten Mitgliedern. Der Bürgermeister ist hier nicht Vorsitzender. Ist nur ein Waisenrath aufgestellt, so ist dieser der Gemeindewaisenrath. Sind mehrere Waisenräthe aufgestellt, so hat jeder Waisenrath innerhalb seines Bezirkes alle Rechte und Pflichten des Gemeindewaisenrathes. Vgl. auch Art. 95 und §§ 2, 9 der Bek. vom 22. Dezember 1899 (s. Art. 99).

Art. 95. Die Zahl der Waisenräthe wird in Gemeinden mit städtischer Verfassung vom Magistrat unter Zustimmung der Gemeindebevollmächtigten, in anderen Gemeinden von der Gemeindeverwaltung festgesetzt. Das Gleiche gilt von der Bildung mehrerer Gemeindewaisenräthe nach Artikel 93 Abs. 2. Die Gemeindeverwaltung bestimmt in den Fällen des Artikel 94 Abs. 2 auch die Bezirke der einzelnen Waisenräthe.

I. 9 (E. 85), 50 Begr., 183 (Z.I 85), 332 (Z.II 85). II. 219, 420 — Becher IV. V.I 25, *107*, *522*, 595, *669*, 691, *727*, *854*. IV. V.III 8, 17, *142*.

1. Vgl. § 1, 2 der Bek. vom 22. Dezember 1899 (s. Art. 99).

Art. 96. Die Waisenräthe werden in Gemeinden mit städtischer Verfassung von den in einen Wahlkörper vereinigten Magistratsmitgliedern und Gemeindebevollmächtigten, in den übrigen Gemeinden von der Gemeindeverwaltung gewählt.

Zur Wahl der Waisenräthe ist nach der Vollendung der ordentlichen Gemeindewahl und nach der Bildung des Armenpflegschaftsraths zu schreiten.

Wählbar ist, wer zum Mitgliede des Armenpflegschaftsraths gewählt werden kann.

Als gewählt ist zu erachten, wer bei der Wahl die meisten Stimmen erhalten hat. Die Wahl gilt für die Zeit bis zu der nächsten nach Abs. 2 stattfindenden Wahl.

Abgänge in dem Personalstande der Waisenräthe sind sofort durch Neuwahl zu ersetzen.

Die Gewählten werden durch den Bürgermeister auf Handgelübde verpflichtet.

I. 9 (E. 86), 50 Begr., 183 (Z.I 86), 332 (Z.II 86). II. 219, 385, 420 — Becher IV. V.I 25, *107*, *522*, 595, *669*, 691, *727*, *854*. IV. V.III 8, 17, *142*.

1. Hinsichtlich der ersten Wahl vgl. Art. 178.

2. In Gemeinden mit städtischer Verfassung ist zur Gültigkeit der Wahl der Waisenräthe erforderlich, daß sowohl vom Magistrathe als auch von den Gemeindebevollmächtigten mehr als die Hälfte der gesetzlichen Mitgliederzahl an der Wahl theilgenommen hat. Entsch. d. Verw. Ger. H. XXII S. 1.

Streitigkeiten über die Giltigkeit der Wahl der Waisenräthe sind Verwaltungsrechtssachen im Sinne des Art. 8 Ziff. 33 des Gesetzes vom 8. August 1878.

3. Hinsichtlich der Wählbarkeit vgl. Art. 23 des Armenges. in der Fassung des Art. 160 Ziff. VII (vgl. Bek. vom 30. Juli 1899 G. u. VOBl. S. 469), vgl. auch Art. 97 Anm. 2.

4. Vgl. §§ 3—5 der Bek. vom 22. Dezember 1899 (s. Art. 99).

Art. 97. Das Amt des Waisenraths ist ein unentgeltliches Gemeindeamt.

I. 9 (E. 87), 50 Begr., 183 (Z.I 87), 332 (Z.II 87). II 219, 420 — Becher IV. V.I 25, *107*, *522*, *669*, 691, *727*, *854*. IV. V.III 8, 17, *142*.

Bekanntmachung vom 23. August 1900, den Waisenrath betr. (JMBl. S. 1134):

Den Waisenräthen werden die baren Auslagen, die ihnen durch die Theilnahme an den in den §§ 16 bis 19 der Bekanntmachung vom 22. Dezember 1899 (JMBl. S. 553, MABl. 1900 S. 108) vorgeschriebenen Versammlungen erwachsen, nach Massgabe der folgenden Bestimmungen vergütet:

§ 1. Waisenräthe, die ihren Aufenthalt am Orte der Versammlung oder an einem nicht mehr als zwei Kilometer davon entfernten Orte haben, erhalten keine Vergütung.

Musste der Waisenrath ausserhalb seines Aufenthaltsortes zum Versammlungsort einen Weg bis zur Entfernung von mehr als zwei Kilometer zurücklegen, so erhält er eine Entschädigung für die Reise und für den durch die Abwesenheit vom Aufenthaltsorte verursachten Aufwand.

§ 2. Soweit die Eisenbahn, das Dampfboot oder die Post benützt werden kann, erhält der Waisenrath als Entschädigung für die Reise den Ersatz des Fahrpreises und zwar bei Benützung der Eisenbahn des Preises der zweiten Wagenklasse, bei Benützung des Dampfboots des Preises des ersten Platzes. Kann eine Rückfahrkarte verwendet werden, so wird nur der Preis der Rückfahrkarte vergütet.

Soweit die Beförderung auf der Eisenbahn, dem Dampfboot oder der Post nicht möglich oder nicht zweckmässig ist, erhält der Waisenrath für jedes angefangene Kilometer des Hinwegs und des Rückwegs zehn Pfennig.

§ 3. Die Entschädigung für den durch die Abwesenheit vom Aufenthaltsorte verursachten Aufwand beträgt, wenn der Waisenrat auf die Theilnahme an der Versammlung mit Einschluss des Hinwegs und des Rückwegs mehr als vier Stunden verwenden musste, drei Mark, anderenfalls zwei Mark.

§ 4. Vorbehaltlich der revisorischen Prüfung werden die Vergütungen vom Richter, welcher die Versammlung leitet, festgesetzt und zur Zahlung angewiesen. Der Richter hat sich dabei einer nach dem anliegenden Formulare herzustellenden Tabelle zu bedienen.

§ 5. Die Zahlung erfolgt durch den rechnungsführenden Gerichtsschreiber aus den Gebühreneinnahmen des Gerichts gegen Abrechnung mit dem Rentamte. Findet die Versammlung nicht am Sitze des Gerichts statt, so ist die Zahlung nach Massgabe der Bekanntmachung vom 15. Februar 1900, Zahlungen aus den Staatskassen an auswärtige Empfangsberechtigte im Postanweisungsverkehre betr. (JMBl. S. 584, FMBl. S. 178), vom Gerichtsschreiber zu leisten; das Postporto wird von der Staatskasse getragen und ist gleichfalls aus der Gebühreneinnahme zu entnehmen. Bei der Abrechnung mit dem Rentamt ist diesem die im § 4 bezeichnete Tabelle zu übersenden. Sind Vergütungen durch Postanweisung ausgezahlt worden, so sind dem Rentamte mit der Abrechnung die dem Postaufgabebuche (Ziff. 3 der Bekanntmachung vom 15 Februar 1900) zu entnehmenden Postaufgabescheine zu übersenden.

Findet die Versammlung an einem Orte statt, an welchem nicht das Amtsgericht, aber das Rentamt seinen Sitz hat, so ist die Zahlung von dem Rentamt auf grund der Tabelle zu leisten, die ihm der die Versammlung leitende Richter zu übersenden hat.

1. Das Amt des Waisenrathes ist unentgeltlich zu versehen. Die Auslagen werden jedoch nach Maßgabe der Bestimmungen der Gemeindeordnungen (Art. 125 der rechtsrh. GdeO., Art. 56 der pfälz. GdeO.) ersetzt, vgl. auch die abgedruckte Bek.

2. Das Amt des Waisenrathes ist ein Gemeindeamt. „Daraus ergibt sich, daß die Ablehnung der Wahl zum Waisenrathe nur aus den Gründen erfolgen kann, aus welchen die Wahl zu Gemeindeämtern abgelehnt werden kann, daß bezüglich der Uebernahme und Fortführung des Amtes, sowie der Disziplin die Vorschriften der GdeO. Anwendung finden und daß für Streitigkeiten über die Wählbarkeit zum Waisenrathe, über die Verpflichtung zur Uebernahme des Amtes und die Berechtigung und Verpflichtung zum Austritte gemäß

Art. 8 Ziff. 33 des Ges. vom 8. August 1878, die Errichtung eines Verwaltungsgerichtshofs u. s. w. betr., der Verwaltungsrechtsweg offen steht (vgl. auch Art. 79 Abs. 2, 80 Abs. 3, 126 Abs. 3, 127 Abs. 3 der rechtsrh. GdeO., Art. 57 Abs. 3, 59 Abs. 2 der pfälz. GdeO)."

3. Vgl. § 14 der Bek. vom 22. Dezember 1899 (s. Art. 99).

Art. 98. Der Gemeindewaisenrath ist befugt, Frauen, welche hiezu bereit sind, als Waisenpflegerinnen in widerruflicher Weise aufzustellen.

In den im Artikel 94 Abs. 2 bezeichneten Gemeinden erfolgt die Aufstellung auf den Vorschlag des Waisenraths durch den Bürgermeister.

Die Waisenpflegerinnen haben unter Leitung des Gemeindewaisenraths bei der Beaufsichtigung der im Kindesalter stehenden Mündel und bei der Ueberwachung weiblicher Mündel mitzuwirken.

I. 9 (E. 88), 50 Begr., 183 (B.I 88), 332 (B.II 88). II. 222, 420, 425 — Becher IV. V.I 25, *107*, *537*, *669*, 675, 691, *727*, *854*. IV. V.III 8, 17, *142*.

1. Waisenpflegerinnen können, aber müssen nicht aufgestellt werden. Ein Zwang zur Annahme des Amtes besteht nicht.

2. Als Waisenpflegerinnen können sowohl ledige als auch verheirathete Frauen aufgestellt werden.

3. Vgl. §§ 19, 20 der Bek. vom 22. Dezember 1889 (s. Art. 99).

Art. 99. Die Geschäftsführung des Gemeindewaisenraths, insbesondere der Verkehr mit dem Vormundschaftsgerichte, wird durch die Staatsministerien der Justiz und des Innern geregelt.

Es kann insbesondere angeordnet werden, daß die Waisenräthe eines Bezirkes zeitweise unter der Leitung des Vormundschaftsrichters zusammentreten, um von dem Zustande der Aufsicht über die Erziehung und körperliche Pflege der Mündel in dem Bezirke Kenntniß zu erlangen sowie allgemeine Fragen ihrer Amtsführung zu besprechen und Mängel abzustellen.

I. 10 (E. 89), 50 Begr., 184 (B.I 89), 333 (B.II 89). II. 223, 325, 421 — Becher IV. V.I 25, *107*, *539*, 595, *669*, 691, *727*, *854*. IV. V.III 8, 17, *142*.

Bekanntmachung vom 22. Dezember 1899 den Gemeindewaisenrath betr. (JMBl. 1899 S. 553, Amtsbl. des Min. d. Inn. 1900 S. 108):

Im Vollzuge der Vorschriften des Bürgerlichen Gesetzbuchs und des Ausführungsgesetzes zum Bürgerlichen Gesetzbuch über den Gemeindewaisenrath werden folgende Bestimmungen getroffen:

1. Bestellung des Gemeindewaisenraths.

§ 1. Vor der Festsetzung der Zahl der Waisenräthe soll sich die Gemeindebehörde mit dem Vormundschaftsgerichte benehmen. Die Festsetzung ist dem Vormundschaftsgericht anzuzeigen.

Das Gleiche gilt von einer Aenderung der Zahl der Waisenräthe.

§ 2. Die Vorschriften des § 1 finden auf die Bildung mehrerer Gemeindewaisenräthe nach Artikel 93 Absatz 2 des Ausführungsgesetzes zum Bürgerlichen Gesetzbuche, sowie in den Fällen des Artikel 94 Absatz 2 dieses Gesetzes auf die Bildung der Bezirke der einzelnen Waisenräthe entsprechende Anwendung.

§ 3. Die im Artikel 96 Absatz 6 des Ausführungsgesetzes zum Bürgerlichen Gesetzbuche bestimmte Verpflichtung des zum Waisenrathe Gewählten ist nicht erforderlich, wenn der Gewählte gleichzeitig ein anderes öffentliches Amt, z. B. als Pfarrer, Magistratsrath oder Mitglied der Gemeindeverwaltung, bekleidet.

§ 4 Die Waisenräthe sind bei der Verpflichtung, die Waisenpflegerinnen sind bei der Bestellung auf die Wahrung des Amtsgeheimnisses (§ 20) hinzuweisen.

§ 5. Von der Wahl der Waisenräthe hat die Gemeindebehörde dem Vormundschaftsgericht unter Angabe des Namens, des Standes oder Gewerbes und des Wohnorts, in grösseren Orten auch der Wohnung, der Gewählten Kenntnis zu geben. Dabei ist zu bemerken, ob die Gewählten verpflichtet worden sind.

In gleicher Weise ist ein Abgang im Personalstande der Waisenräthe, sowie das Ergebniss der Ersatzwahl dem Vormundschaftsgericht anzuzeigen.

§ 6. Das Vormundschaftsgericht hat ein Verzeichniss der Waisenräthe zu führen. In dem Verzeichnisse sind die Bezirke der Waisenräthe anzugeben.

§ 7. Jeder Waisenrath erhält von dem Vormundschaftsgericht ein Exemplar der Anweisung zur Führung des Waisenrathsamts. Sind an einem Amtsgerichte mehrere Vormundschaftsrichter aufgestellt, so trifft der Amtsgerichtsvorstand über die Aushändigung der Anweisung die erforderlichen Anordnungen.

2. Geschäftsführung des Gemeindewaisenraths.

§ 8. In Gemeinden mit städtischer Verfassung, sowie in Gemeinden mit mehr als 5000 Einwohnern obliegt dem Vorsitzenden des Gemeindewaisenraths die Vertheilung der Geschäfte unter die Waisenräthe, die Beaufsichtigung der Geschäftsführung der Waisenräthe, die Leitung der Verhandlung in den Sitzungen und die Sorge für die Ausführung der gefassten Beschlüsse.

Die einzelnen Waisenräthe haben die Geschäfte bezüglich der ihnen zugewiesenen Vormundschaften und Pflegschaften selbständig wahrzunehmen und innerhalb ihres Geschäftskreises mit den Vormündern, Gegenvormündern und Pflegern, sowie mit dem Vormundschaftsgericht unmittelbar zu verkehren.

Im übrigen kann der Gemeindewaisenrath die Geschäftsführung durch eine Geschäftsordnung regeln.

§ 9. In Gemeinden mit weniger als 5000 Einwohnern — in den Landestheilen rechts des Rheins, sofern die Gemeinden die Landgemeindeverfassung haben, — nimmt jeder Waisenrath in dem ihm zugewiesenen Bezirke die dem Gemeindewaisenrath obliegenden Verrichtungen selbständig wahr.

§ 10. Die Waisenräthe sollen mit den Mitgliedern des Armenpflegschaftsraths und den aufgestellten Bezirksarmenpflegern in stetem gegenseitigem Benehmen bleiben. Insbesondere sollen die Waisenräthe dem Armenpflegschaftsrathe Mittheilung machen, wenn sie davon Kenntniss erlangen, dass die Erziehung von Kindern, für welche aus der Armenkasse Unterstützung gewährt wird, von dem Vater, der Mutter, dem Vormund oder dem Pfleger vernachlässigt wird.

§ 11. Auf Grund der Mittheilungen des Vormundschaftsgerichts über die Anordnung der Vormundschaft oder Pflegschaft und über die Person des Vormundes, Gegenvormundes oder Pflegers (§ 1851 Absatz 1 des Bürgerlichen Gesetzbuchs), sowie auf Grund der Mittheilungen anderer Gemeindewaisenräthe über die Verlegung des Wohnsitzes in den Bezirk des Gemeindewaisenraths (§ 1851 Absatz 2 des Bürgerlichen Gesetzbuchs, § 13 dieser Bekanntmachung) ist eine Waisenliste nach dem anliegenden Muster zu führen.

In Gemeinden mit städtischer Verfassung, sowie in Gemeinden mit mehr als 5000 Einwohnern wird die Liste alphabetisch geführt. Für die Führung der Liste sorgt der Vorsitzende des Gemeindewaisenraths. Der Vorsitzende übergibt jedem Waisenrathe diejenigen Mittheilungen des Vormundschaftsgerichts oder anderer Gemeindewaisenräthe, welche sich auf Mündel oder Pfleglinge beziehen, zu deren Beaufsichtigung der Waisenrath berufen ist. Der Waisenrath führt auf Grund der Mittheilungen ein Verzeichniss der von ihm zu beaufsichtigenden Mündel und Pfleglinge. Die Mittheilungen werden nach der alphabetischen Reihenfolge der Namen der Mündel und Pfleglinge aufbewahrt.

In den übrigen Gemeinden führt jeder Waisenrath die Waisenliste nach der Zeitfolge der Mittheilungen des Vormundschaftsgerichts und der anderen Gemeindewaisenräthe. Die Mittheilungen werden nach der alphabetischen Reihenfolge der Namen der Mündel und Pfleglinge aufbewahrt.

Der Umfang der Waisenliste ist so zu bemessen, dass sie für mehrere Jahre geführt werden kann. Die Waisenliste ist mit einem dauerhaften Einbande zu versehen oder in einen festen Umschlag einzuheften.

§ 12. Auf Grund der Mittheilungen des Vormundschaftsgerichts über einen in der Person des Vormundes, des Gegenvormundes oder des Pflegers eingetretenen Wechsel (§ 1851 Absatz 1 des Bürgerlichen Gesetzbuchs) sind die Waisenliste und das nach § 11 Absatz 2 zu führende Verzeichniss richtig zu stellen.

§ 13. Verlegt der Mündel oder Pflegling den Aufenthalt in den Bezirk eines anderen Gemeindewaisenraths oder wird die Vormundschaft oder Pflegschaft beendet, so ist der Eintrag in der Waisenliste durch Durchstreichen zu löschen.

Im Falle der Verlegung des Aufenthalts des Mündels oder Pfleglings ist in der Waisenliste anzugeben, an welchen Gemeindewaisenrath und an welchem Tage die Anzeige von der Verlegung des Aufenthalts abgesendet worden ist. Von der Verlegung des Aufenthalts hat der Gemeindewaisenrath auch dem Vormundschaftsgericht Anzeige zu machen.

Von der Beendigung der Vormundschaft oder Pflegschaft hat das Vormundschaftsgericht dem Gemeindewaisenrathe Kenntniss zu geben.

§ 14. Das Amt eines Waisenraths ist ein gemeindliches Ehrenamt.

Der Waisenrath erhält für seine Thätigkeit keine Vergütung. Die Kosten für das Schreibmaterial, insbesondere die Formulare, die baaren Auslagen der Waisenräthe und die Portoauslagen für portopflichtige Schreiben und Sendungen sind von der Gemeinde zu bestreiten. Nach Massgabe des Bedürfnisses hat die Gemeinde ferner für die Besorgung des Schreibwerkes des Gemeindewaisenraths, insbesondere für die Führung der Waisenliste, durch Aufstellung gemeindlicher Bediensteter zu sorgen.

§ 15. Für die Aufforderung an den Gemeindewaisenrath, einen Vormund, Gegenvormund, Pfleger, Beistand oder ein Mitglied eines Familienraths vorzuschlagen (§ 1779 Abs. 1, § 1862 Abs. 1 des Bürgerlichen Gesetzbuchs),

für den Vorschlag des Gemeindewaisenraths (§ 1849 des Bürgerlichen Gesetzbuchs),

für die Mittheilung von der Anordnung der Vormundschaft oder Pflegschaft über einen sich im Bezirke des Gemeindewaisenraths aufhaltenden Mündel oder Pflegling (§ 1851 Abs. 1 des Bürgerlichen Gesetzbuchs),

für die Mittheilung von einem Wechsel in der Person des Vormundes, Gegenvormundes oder Pflegers (§ 1851 Abs. 1 des Bürgerlichen Gesetzbuchs),

für die Mittheilung von der Beendigung der Vormundschaft oder Pflegschaft (§ 13 Abs. 3 dieser Bekanntmachung) sowie

für die Mittheilung von der Verlegung des Aufenthalts des Mündels oder Pfleglings an den Gemeindewaisenrath des neuen Aufenthaltsorts (§ 1851 Abs. 2 des Bürgerlichen Gesetzbuchs)

und an das Vormundschaftsgericht
sollen Formulare nach den anliegenden Mustern verwendet werden.

§ 16. Die Waisenräthe sollen zeitweise zusammentreten, um von dem Zustande der Aufsicht über die Erziehung und körperliche Pflege der Mündel in dem Bezirke Kenntniss zu erlangen, sowie allgemeine Fragen ihrer Amtsführung zu besprechen und Mängel abzustellen.

§ 17. In den unmittelbaren Städten, in der Pfalz in den Gemeinden, welche die Kreisregierung, Kammer des Innern, im Benehmen mit dem Präsidenten des Oberlandesgerichts bezeichnet, werden die nach § 16 stattfindenden Versammlungen vom Vorsitzenden des Gemeindewaisenraths berufen und geleitet. Der Vormundschaftsrichter soll zu den Versammlungen eingeladen werden; auf sein Erfordern muss ihm jederzeit das Wort ertheilt werden. Der Vormundschaftsrichter kann mit dem Vorsitzenden des Gemeindewaisenraths vereinbaren, dass die Versammlung im Gerichtsgebäude stattfindet.

§ 18. Die übrigen Waisenräthe des Amtsgerichtsbezirkes werden zu den nach § 16 stattfindenden Versammlungen durch den Vormundschaftsrichter berufen. Die Versammlungen finden unter der Leitung des Vormundschaftsrichters statt. Der Vormundschaftsrichter kann sämmtliche Waisenräthe oder nur die gewisser Bezirke zusammenberufen. Er kann sie auch an einen andern Ort als den Sitz des Gerichts zusammenberufen. Insbesondere kann er, wenn er an einem ausserhalb seines Amtssitzes gelegenen Orte aus Anlass eines anderen Amtsgeschäfts sich befindet, die Waisenräthe der Umgegend an diesem Orte versammeln.

Die Berufung soll alle zwei Jahre mindestens einmal und darf jährlich höchstens einmal stattfinden

Der Vormundschaftsrichter hat bei Bestimmung von Zeit und Ort der Versammlung jede irgend vermeidbare Belästigung der Waisenräthe zu vermeiden.

§ 19. Ueber die Theilnahme der Waisenpflegerinnen an den nach § 16 stattfindenden Versammlungen entscheidet in den im § 17 bezeichneten Gemeinden der Gemeindewaisenrath, in den übrigen Gemeinden der die Versammlung leitende Richter.

§ 20. Die Waisenräthe sind verpflichtet, über alle vermöge ihres Amtes ihnen bekannt gewordenen Angelegenheiten, insbesondere über die Familien- und Vermögensverhältnisse der Mündel und Pfleglinge, Verschwiegenheit zu beobachten.

Diese Verpflichtung dauert auch noch nach der Beendigung des Amtes des Waisenraths fort (Art. 106, 112 des Ausführungsgesetzes zur Strafprozessordnung vom 18. August 1879).

Gleiches gilt von den Waisenpflegerinnen.

§ 21. In die Waisenlisten sind auch die bei dem Inkrafttreten des Bürgerlichen Gesetzbuchs schon vorhandenen Mündel und Pfleglinge einzutragen.

Die ersten Waisenlisten sind von den Vormundschaftsgerichten anzulegen. Ueber die Art der Anlegung trifft, wenn das Amtsgericht mit mehreren Vormundschaftsrichtern besetzt ist, der Amtsgerichtsvorstand, vorbehaltlich des aufsichtlichen Eingreifens des Präsidenten des Landgerichts, die erforderlichen Anordnungen. Die Uebersendung der Waisenlisten an die Gemeindewaisenräthe soll bis zum 1. April 1900 erfolgen. Bis zu diesem Zeitpunkt unterbleiben die im § 1851 des Bürgerlichen Gesetzbuchs und im § 13 dieser Bekanntmachung bestimmten Mittheilungen des Vormundschaftsgerichts an die Gemeindewaisenräthe.

„Die Formulare wurden der Raumersparniß halber weggelassen."

1. In den Art. 93 bis 99 sind nur die Grundzüge der Organisation bestimmt; die weitere Ausführung bleibt zum Theile der Selbstverwaltung der Gemeinde, zum Theile der Regelung durch Ministerialvorschriften (vgl. die abgedruckte Bekanntmachung) überlassen.

2. Zu Abs. 2 vgl. § 18 der abgedruckten Bekanntmachung.

Anstaltsvormund.

Art. 100. Für eine unter staatlicher Verwaltung oder Aufsicht stehende Erziehungs- oder Verpflegungsanstalt kann durch Anordnung der zuständigen Staatsministerien bestimmt werden, daß der Vorstand der Anstalt die Rechte und Pflichten eines Vormundes für die zur Erziehung oder zur Verpflegung in die Anstalt aufgenommenen Minderjährigen hat.

Der Vorstand behält die Rechte und Pflichten des Vormundes auch nach der Beendigung der Erziehung oder der Verpflegung bis zur Volljährigkeit des Mündels.

Dem Vorstande stehen die nach § 1852 Abs. 2 des Bürgerlichen Gesetzbuchs zulässigen Befreiungen zu. Ein Gegenvormund ist nicht zu bestellen.

Der Vorstand hat die Aufnahme des Minderjährigen in die Anstalt dem Vormundschaftsgericht anzuzeigen.

Die Befugniß des Vormundschaftsgerichts, einen anderen Vormund zu bestellen, bleibt unberührt. Auf Antrag des Vorstandes ist ein anderer Vormund zu bestellen.

I. 10 (E. 90), 52 Begr., 184 (Z.^{I} 90), 333 (Z.^{II} 90). II. 225, 421 — Becher IV V.^{I} 25, *110*, *540*, *669*, 692, *728*, *858*. IV. V.^{III} 8, *172*.

§ 1852 Abs. 2 BGB.: Der Vater kann anordnen, dass der von ihm benannte Vormund bei der Anlegung von Geld den in den §§ 1809, 1810 bestimmten Beschränkungen nicht unterliegen und zu den im § 1812 bezeichneten Rechtsgeschäften der Genehmigung des Gegenvormundes oder des Vormundschaftsgerichts nicht bedürfen soll. Diese Anordnungen sind als getroffen anzusehen, wenn der Vater die Bestellung eines Gegenvormundes ausgeschlossen hat.

§ 1809 BGB.: Der Vormund soll Mündelgeld nach § 1807 Abs. 1 Nr. 5 (bei einer inländischen öffentlichen Sparkasse, welche von der zuständigen Behörde des Bundesstaats, in welchem sie ihren Sitz hat, zur Anlegung von Mündelgeld für geeignet erklärt ist) oder nach § 1808 (d. h. wenn die Anlegung den Umständen nach nicht in der im § 1807 bezeichneten Weise erfolgen kann, bei der Reichsbank, einer Staatsbank oder bei einer anderen durch Landesgesetz dazu für geeignet erklärten inländischen Bank oder bei einer Hinterlegungsstelle) nur mit der Bestimmung anlegen, dass zur Erhebung des Geldes die Genehmigung des Gegenvormundes oder des Vormundschaftsgerichts erforderlich ist.

§ 1810 BGB.: Der Vormund soll die in den §§ 1806 bis 1808 vorgeschriebene Anlegung nur mit Genehmigung des Gegenvormundes bewirken; die Genehmigung des Gegenvormundes wird durch die Genehmigung des Vormundschaftsgerichts ersetzt. Ist ein Gegenvormund nicht vorhanden, so soll die Anlegung nur mit Genehmigung des Vormundschaftsgerichts erfolgen, sofern nicht die Vormundschaft von mehreren Vormündern gemeinschaftlich geführt wird.

§ 1812 Abs. 1 BGB.: Der Vormund kann über eine Forderung oder über ein anderes Recht, kraft dessen der Mündel eine Leistung verlangen kann, sowie über ein Werthpapier des Mündels nur mit Genehmigung des Gegenvormundes verfügen, sofern nicht nach den §§ 1819 bis 1822 die Genehmigung des Vormundschaftsgerichts erforderlich ist. Das Gleiche gilt von der Eingehung der Verpflichtung zu einer solchen Verfügung.

I. § 23 der Zuständigkeitsverordnung vom 24. Dezember 1899:

Die Anordnung, dass der Vorstand einer unter staatlicher Verwaltung oder Aufsicht stehenden Erziehungs- oder Verpflegungsanstalt die Rechte und Pflichten eines Vormundes für die zur Erziehung oder Verpflegung in die Anstalt aufgenommenen Minderjährigen hat, wird vom Staatsministerium der Justiz und demjenigen Staatsministerium erlassen, unter dessen Aufsicht die Anstalt steht.

II. Bekanntmachung vom 19. Januar 1900, das Vormundschaftswesen betr. (JMBl. 1900 S. 181):

§ 27. Der Anstaltsvormund (Art. 100 AG. zum BGB.) hat die Aufnahme eines Minderjährigen in die Anstalt dem Vormundschaftsgerichte anzuzeigen. Das Vormundschaftsgericht hat den bisherigen Vorstand davon in Kenntniss zu setzen, dass sein Amt beendigt ist, und ihn, wenn er Vermögen des Mündels zu verwalten hatte, zur Rechenschaftsablage (§ 1890 BGB) aufzufordern.

Der Anstaltsvormund behält die Rechte und Pflichten eines Vormundes auch nach der Beendigung der Erziehung oder der Verpflegung bis zur Volljährigkeit des Mündels. Sein Amt erlischt durch den Austritt des Mündels aus der Anstalt nicht. Von dem Austritte hat er dem Vormundschaftsgericht und dem Gemeindewaisenrath Anzeige zu machen. Dem Gemeindewaisenrathe hat er auch jede Verlegung des Aufenthalts des Mündels mitzutheilen.

Dem Anstaltsvormunde stehen die im § 1852 Abs. 2 des BGB. bezeichneten Befreiungen zu. Im Uebrigen hat das Vormundschaftsgericht auch über den Anstaltsvormund die Aufsicht zu führen und sich von Zeit zu Zeit über die Verhältnisse der Mündel Bericht erstatten zu lassen.

Das Vormundschaftsgericht kann jeder Zeit einen anderen Vormund bestellen. Auf Antrag des Anstaltsvormundes muss ein anderer Vormund bestellt werden. Die Bestellung eines anderen Vormundes kommt insbesondere dann in Betracht, wenn der Mündel nach dem Austritte aus der Anstalt sich an einem vom Sitze der Anstalt weit entfernten Orte aufhält und Zweckmässigkeitsrücksichten für die Bestellung eines anderen Vormundes sprechen.

1. Art. 100 beruht auf dem Vorbehalte des Art. 136 EG. z. BGB.

2. Der Anstaltsvormund hat alle Rechte und Pflichten eines Vormundes.

3. Durch die Bek. vom 16. Februar 1900 (JMBl. S. 543, G. u. VBl. S. 140) wurden die Rechte und Pflichten eines Anstaltsvormunds den Verwaltungskommissionen der städtischen Waisenhäuser in Landau in der Pfalz, in Speyer und Zweibrücken verliehen.

4. Vgl. §. 27 der Vormundschaftsordnung vom 19. Januar 1900 (JMBl. S. 181 ff.).

Rechte der öffentlichen Wohlthätigkeitsanstalten in Ansehung des Nachlasses unterstützter oder verpflegter Personen.

Art. 101. Oeffentliche Wohlthätigkeitsanstalten können aus dem Nachlasse der von ihnen innerhalb der letzten zehn Jahre vor dem Tode unterstützten oder unentgeltlich verpflegten Personen Ersatz der für die Unterstützung oder die Verpflegung gemachten Aufwendungen für die ganze Dauer der Leistung verlangen, soweit nicht durch die Geltendmachung des Anspruchs der nothdürftige Unterhalt eines pflichttheilsberechtigten Angehörigen des Erblassers gefährdet werden würde.

Der Ersatzanspruch kann nicht zum Nachtheile der Nachlaßgläubiger geltend gemacht werden. Verbindlichkeiten

aus Pflichttheilsrechten, Vermächtnissen und Auflagen bleiben außer Betracht.

I. 10 (E. 92), 54 Begr., 184 (Z.I 90a), 333 (Z.II 90a). II. 226, 385, 421 — Becher IV. V.I 26, *114*, *542*, 595, 692, *728*, *859*. IV. V.III 8, *172*.

1. Die Vorschrift des Art. 101 beruht auf dem Vorbehalte des Art. 103 EG. z. BGB.; vgl. hierzu Becher IV. V.I *728*, *859*. Die Vorschrift ist jedoch nicht zwingenden Rechts, daher kann durch Vertrag das Gegentheil vereinbart werden.

2. Oeffentliche Wohlthätigkeitsanstalten sind diejenigen Wohlthätigkeitsanstalten, welche entweder von einer juristischen Person des öffentlichen Rechts errichtet oder selbst eine juristische Person des öffentlichen Rechts sind. Vgl. die Ausdrucksweise „öffentliche Wohlthätigkeitsanstalten“ nicht: „Wohlthätigkeitsanstalten des öffentlichen Rechts“ und hierzu Becher IV. V.I *865*.

3. Der Anspruch aus Art. 101 entsteht mit dem Tode der unterstützten oder verpflegten Person. Vorausgesetzt wird aber, daß die Person nach dem Inkrafttreten des BGB. gestorben ist. Trifft diese Voraussetzung zu, so macht es keinen Unterschied, ob die Unterstützung oder Verpflegung vor oder nach diesem Zeitpunkte gewährt wurde. Ist die Person vorher gestorben, so ist die Frage, ob und in welchem Umfange der Wohlthätigkeitsanstalt ein Anspruch zusteht, nach dem bisherigen Rechte zu beurtheilen (Art. 170 EG. z. BGB).

4. Art. 101 statuirt lediglich einen Ersatzanspruch, kein Erbrecht. Wegen der Anrechnung des Werthes der der Anstalt nach Art. 102 zugefallenen Sachen auf den Ersatzanspruch vgl. Art. 102 Abs. 2.

5. Hinsichtlich des „nothdürftigen Unterhalts“ vgl. § 1611 BGB.

6. Hinsichtlich der „Pflichttheilsberechtigten“ § 2303 BGB.

Art. 102. **Durch die Satzungen einer öffentlichen Verpflegungsanstalt kann der Anstalt ein Recht auf die Sachen eingeräumt werden, welche von einer Person, die in der Anstalt bis zum Tode unentgeltlich verpflegt worden ist, zum Zwecke des Gebrauchs in der Anstalt eingebracht worden sind.**

Das Eigenthum an den der Anstalt zufallenden Sachen geht mit dem Eintritte des Erbfalls auf die Anstalt über. Der Werth der Sachen wird auf den der Anstalt zustehenden Ersatzanspruch angerechnet.

I. 10 (E. 93), 54 Begr., 184 (Z.I 90b), 334 (Z.II 90b). II. 226, 385, 421 — Becher IV. V.I 26, *114*, *542*, 595, 692, *728*, *859*. IV. V.III 8, *172*.

1. Der Anspruch aus Art. 102 ist davon abhängig, daß eine diesbezügliche Bestimmung in die Satzung aufgenommen ist.

2. Im Gegensatz zur Bestimmung des Art. 101 wird hier erfordert, daß die verpflegte Person bis zum Tode sich in der Anstalt befand.

3. In Betracht kommen nur solche Gegenstände, die zum Zwecke des Gebrauchs in der Anstalt eingebracht worden sind. Ausgeschlossen sind daher

a) Gegenstände, die überhaupt nicht zum Gebrauche bestimmt sind.

b) Gegenstände, die lediglich zum Zwecke des Gebrauchs außerhalb der Anstalt bestimmt sind, z. B. ein Jagdgewehr,

4. Das Eigenthum geht kraft Gesetzes über.; der Uebergang kann nicht durch Verfügungen des Verlebten ausgeschlossen werden.

5. Hinsichtlich des Ersatzanspruches vgl. Art. 101.

Festsetzung des Ertragswerths.

Art. 103. Soweit in Fällen der Erbfolge oder der Aufhebung einer fortgesetzten Gütergemeinschaft der Ertragswerth eines Landguts festzusetzen ist, gilt als solcher, vorbehaltlich der Berücksichtigung besonderer Umstände, der fünfundzwanzigfache Betrag des jährlichen Reinertrags. Durch Königliche Verordnung kann eine andere Verhältnißzahl bestimmt werden.

Die Grundsätze, nach welchen der Reinertrag festzustellen ist, und die bei der Ermittelung des Ertragswerths zu berücksichtigenden besonderen Umstände werden von den Staatsministerien der Justiz und des Innern durch allgemeine Anordnung bestimmt.

I. 10 (E. 91), 53 Begr., 185 (Z.I 91), 334 (Z.II 91). II. 229, 421 — Becher IV. V.I 26, *113*, *541*, *669*, 692, *730*, *867*. IV. V.III 8, *172*.

1. „Die im § 1503 BGB. für die fortgesetzte Gütergemeinschaft und in den §§ 2049, 2312 BGB. für die Auseinandersetzung unter Miterben, sowie für die Berechnung des Pflichttheils getroffenen Vorschriften setzen Bestimmungen über die Berechnung des Ertragswerthes eines Landguts voraus. Das BGB. enthält hierüber nur im § 2049 Abs. 2 die Vorschrift, daß der Ertragswerth sich nach dem Reinertrage bestimmt, den das Landgut nach seiner bisherigen wirthschaftlichen Bestimmung bei ordnungsmäßiger Bewirthschaftung nachhaltig gewähren kann. Der Landesgesetzgebung ist es im Art. 137 EG. z. BGB. überlassen, die Grundsätze aufzustellen, nach denen der Ertragswerth festzustellen ist."

2. Die im Abs. 2 bezeichneten Anordnungen sind noch nicht getroffen.

Vermittelung der Auseinandersetzung in Ansehung eines Nachlasses oder eines Gesammtguts.

Art. 104. Für die Vermittelung der Auseinandersetzung in Ansehung eines Nachlasses zwischen mehreren Erben oder in Ansehung des Gesammtguts einer aufgehobenen ehelichen oder fortgesetzten Gütergemeinschaft zwischen den Betheiligten sind neben den Amtsgerichten die Notare zuständig.

Der Antrag kann, sofern nicht die Betheiligten die Wahl eines anderen Notars vereinbaren, nur bei einem Notar gestellt werden, der im Bezirk oder am Sitze des für die Vermittelung zuständigen Gerichts aufgestellt ist.

Bei den nach den Vorschriften der Civilprozeßordnung erfolgenden Zustellungen obliegen dem Notar auch die Verrichtungen des Gerichtsschreibers. Der Notar ist auch für die Festsetzung der einem Betheiligten zu erstattenden Kosten zuständig.

I. **10** (E. 94), 55 Begr., 155, 158, 185 (Z.^{I} 94), 334 (Z.^{II} 94). II. 230, 421 — Becher IV. V.^{I} 27, *117*, *551*, 597, *601*, *669*, 693, *730*, *867*, IV. V.^{III} 8, *173*.

I. Bekanntmachung vom **31.** December 1899 das Nachlasswesen betr. (JMBl. 1900 S. 1):

VII. Auseinandersetzung in Ansehung eines Nachlasses.

§ 78. Für die Vermittelung der Auseinandersetzung in Ansehung eines Nachlasses zwischen Miterben sind sowohl die Amtsgerichte als auch die Notare zuständig (Art. 104 Abs. 1 des AG. zum BGB.)

§ 79. Der Antrag auf Auseinandersetzung soll enthalten:

1. den Namen, Stand, letzten Wohnort, Sterbeort und Todestag des Erblassers sowie die Angabe, ob der Erblasser verheirathet, verwittwet oder ledig war;
2. soweit möglich die Angabe der Betheiligten nach Namen, Stand und Wohnort, ferner den Grund der Betheiligung; als Betheiligte gelten nicht nur diejenigen Personen, welche nach § 86 Abs. 2 des GFG. berechtigt sind, den Antrag auf Vermittelung der Auseinandersetzung zu stellen, sondern auch der Nacherbe;
3 soweit möglich die Feststellung der Theilungsmasse; der Angabe der Theilungsmasse bedarf es nicht, wenn schon ein den ganzen Nachlass umfassendes Nachlassverzeichniss (§ 1960 Abs. 2 des BGB.) oder das Nachlassinventar (§§ 2002, 2003 des BGB.) aufgenommen worden ist.

§ 80. Ist der Antrag unvollständig oder hält das Nachlass gericht eine weitere Aufklärung für angemessen, so hat es den Antragsteller zur Ergänzung zu veranlassen. Es kann dem Antragsteller auch die Beschaffung der nötigen Unterlagen (Testamente, Erbverträge, Eheverträge, Auszüge aus dem Grundbuch, aus dem Hypothekenbuch u. s. w.) aufgeben (§ 87 Abs. 2 des GFG.).

Der Antragsteller wird häufig nicht in der Lage sein, die Theilungsmasse vollständig anzugeben; in solchem Falle bleibt die Feststellung der Masse der Verhandlung mit den Beteiligten überlassen.

§ 81. Die Ladung der Beteiligten (§ 89 des GFG.) hat nach dem anliegenden Formular XV zu erfolgen.

Eine Abschrift des Antrags soll nur dann mitgetheilt werden, wenn der Antrag vollständig ist. Andernfalls sollen die Betheiligten und die Theilungsmasse auf der Rückseite soweit möglich verzeichnet werden.

§ 82. Soweit die Durchführung des Auseinandersetzungsverfahrens noch vorbereitende Massregeln erfordert, ist darüber mit den erschienenen Betheiligten zu verhandeln.

Als solche Massregeln kommen insbesondere in Betracht:

Vereinbarungen über die Abschätzung und über die Art der Theilung einzelner Nachlassgegenstände, ob durch Theilung in Natur oder im Wege des Verkaufs oder durch Uebernahme Seitens eines Miterben, ferner über die Art des Verkaufs, ob durch freihändigen Verkauf oder durch öffentliche Versteigerung und unter wessen Leitung und über die Zahlungsbedingungen (§§ 2042, 2048 ff., 752 ff. des BGB., 180 ff. des ZVG.);

die Feststellung des Gegenstandes und des Werthes der unter den Abkömmlingen zur Ausgleichung zu bringenden Zuwendungen;

die Bezeichnung der Nachlassgegenstände, aus denen Nachlassverbindlichkeiten zu berichtigen oder die zur Sicherstellung von Nachlassverbindlichkeiten zurückzubehalten sind (§ 2046 des BGB.), die Uebernahme von Nachlassverbindlichkeiten durch einzelne Miterben, namentlich durch den überlebenden Ehegatten;

die Feststellung der gegenseitigen Ansprüche der Nachlassmasse und der einzelnen Miterben, namentlich des überlebenden Ehegatten.

§ 83. Treffen die erschienenen Betheiligten über vorbereitende Massregeln eine Vereinbarung, so ist sie vom Nachlassgerichte zu beurkunden. Sind die Betheiligten sämmtlich erschienen oder ertheilen die nichterschienenen Betheiligten ihre Zustimmung zu gerichtlichem Protokoll oder in öffentlich beglaubigter Urkunde, so ist die Vereinbarung vom Nachlassgerichte zu bestätigen. Vor dem Gerichtsschreiber kann die Zustimmung nicht erklärt werden.

Ist ein Betheiligter nicht erschienen, so ist nach Massgabe des § 91 Abs. 3 des GFG. zu verfahren. Hierbei soll das anliegende Formular XVI benützt werden.

§ 84. Die Vorschriften des § 83 finden auch dann Anwendung, wenn in dem Termine nur ein Betheiligter erscheint und über vorbereitende Massregeln Vorschläge macht.

§ 85. Sobald die Auseinandersetzung stattfinden kann, ist sie vom Nachlassgerichte vorzunehmen. Es braucht nicht erst die Rechtskraft der Bestätigung einer Vereinbarung über vorbereitende Massregeln abgewartet zu werden, sondern das Verfahren soll sich ganz der Lage der Sache im einzelnen Falle anschliessen. Insbesondere kann über vorbereitende Massregeln und den Auseinandersetzungsplan im selben Termine verhandelt werden.

Das Nachlassgericht hat den Termin zur Auseinandersetzung von Amtswegen zu bestimmen und hierzu die Betheiligten zu laden.

§ 86. Die Auseinandersetzung findet auf Grund des von dem Nachlassgericht angefertigten Auseinandersetzungsplans (§ 93 des GFG.) statt.

Der Auseinandersetzungsplan hat den Stand des Nachlasses zur Grundlage, wie dieser sich nach der Verwertung oder Uebernahme der Nachlassgegenstände und nach der Berichtigung oder Uebernahme der Nachlassverbindlichkeiten darstellt, und muss enthalten die Berechnung der Ansprüche der einzelnen Betheiligten und die Bezeichnung der Nachlassgegenstände, die der einzelne Betheiligte erhält, und die Ausgleichung der Ansprüche.

§ 87. Sind die erschienenen Betheiligten mit dem Auseinandersetzungsplan einverstanden, so hat das Nachlassgericht die Auseinandersetzung zu beurkunden.

Sind die Betheiligten sämmtlich erschienen oder ertheilen die nicht erschienenen Betheiligten ihre Zustimmung nachträglich zu gerichtlichem Protokoll oder in einer öffentlich beglaubigten Urkunde, so ist die Auseinandersetzung zu bestätigen (§ 93 Abs. 1 des GFG.). Vor dem Gerichtsschreiber kann die Zustimmung nicht erklärt werden.

Ist ein Betheiligter nicht erschienen, so ist nach Massgabe des § 93 Abs. 2 des GFG. zu verfahren. Hierbei ist das anliegende Formular XVII zu verwenden.

§ 88. Wird eine Ausfertigung von der Bestätigung einer Vereinbarung über vorbereitende Massregeln oder über den Auseinandersetzungsplan erteilt, so ist dies auf dem Aktenstücke, welches die Bestätigung enthält, zu vermerken; bei der Ertheilung einer vollstreckbaren Ausfertigung ist zu vermerken, dass die Ausfertigung als vollstreckbare ertheilt ist, sowie für welche Partei und zu welcher Zeit die Ausfertigung ertheilt ist.

§ 89. Ob das Nachlassgericht von seiner Befugniss, die Ladung der Betheiligten zu einem neuen Termine durch die Verkündung des Termins zu ersetzen (§ 90 Abs. 2 Satz 2 des GFG.), Gebrauch machen will, ist seinem pflichtmässigen Ermessen überlassen. Eine neue Ladung soll dann stattfinden, wenn das Ausbleiben von Betheiligten als entschuldigt erscheint.

Ist kein Betheiligter erschienen, so ruht das Verfahren.

Entfernt sich ein Betheiligter vor dem Schlusse der Verhandlung, ohne eine widersprechende Erklärung abgegeben zu haben, so ist er als nicht erschienen zu behandeln. Ist seine vorzeitige Entfernung als entschuldigt anzusehen, so findet Abs. 1 Satz 2 Anwendung.

Widerspricht ein erschienener Betheiligter der Durchführung des Verfahrens oder verweigert er eine Erklärung zur Sache und ist eine Einigung nicht zu erzielen, so ist das Verfahren, sofern es sich nicht bloss um einzelne Streitpunkte handelt (§ 95 des GFG.), einzustellen.

Ergibt sich, dass die Auseinandersetzung aus einem der in den §§ 2043—2045 des BGB. enthaltenen Gründe oder in Folge Vereinbarung der Betheiligten (§ 2042 Abs. 2 des BGB.) ausgeschlossen ist, so ist das Verfahren einzustellen oder bis zur Hebung des Hinderungsgrundes auszusetzen.

Auch nach der Einstellung des Verfahrens kann dasselbe auf Antrag eines Betheiligten nach Hebung des Hindernisses wieder aufgenommen werden.

§ 90. Bedarf ein Betheiligter zu einem bei der Auseinandersetzung vorgenommenen Rechtsgeschäfte, insbesondere zur vorgängigen Vereinbarung oder zur Auseinandersetzung der Genehmigung des Vormundschaftsgerichts (vgl. z. B. §§ 1643, 1821, 1822 Nr. 2 des BGB.), so hat das Nachlassgericht, soweit es nicht selbst zur Genehmigung zuständig ist (§ 88 Satz 2, § 97 Abs. 2 des GFG.), den Vertreter des Betheiligten zur Beibringung der Genehmigung zu veranlassen oder die Genehmigung selbst herbeizuführen.

§ 91. Fällt bei der Auseinandersetzung einem unter elterlicher Gewalt, Vormundschaft oder Pflegschaft stehenden Betheiligten Vermögen zu, so hat das Nachlassgericht hiervon dem zuständigen Vormundschaftsgericht Anzeige zu machen.

§ 92. Wenn anlässlich der Auseinandersetzung zum Nachlasse gehörende Grundstücke auf Betheiligte übertragen werden sollen, so ist das Nachlassgericht zur Entgegennahme der Auflassungserklärungen und der Eintragungsbewilligungen nicht zuständig. Das Nachlassgericht hat den Betheiligten anheimzustellen, die erforderlichen Erklärungen vor dem Grundbuchamt oder einem Notar abzugeben.

§ 93. Ist die Vermittelung der Auseinandersetzung einem Notar übertragen, so hat dieser von der Uebertragung, sowie von der Bestätigung der Auseinandersetzung dem Nachlassgerichte kurze Mittheilung zu machen.

§ 94. Ist die Vermittelung der Auseinandersetzung einem Notar übertragen, so ist der Notar in den Fällen des § 88 des GFG. zur Bestellung eines Abwesenheitspflegers und in den Fällen des § 97 daselbst zur Ertheilung oder Verweigerung der Genehmigung an Stelle des Vormundschaftsgerichts nicht zuständig. Für die bezeichneten Geschäfte ist vielmehr das Nachlassgericht zuständig.

VIII. Auseinandersetzung in Ansehung eines Gesammtguts.

§ 95. Hat das Nachlassgericht nach Beendigung einer ehelichen oder fortgesetzten Gütergemeinschaft die Auseinandersetzung in Ansehung des Gesammtguts zu vermitteln (§ 99 des

GFG.), so finden die im vorstehenden Abschnitte getroffenen Vorschriften entsprechende Anwendung.

§ 96. Das Gleiche gilt für die im Art. 24 Abs. 2 des Gesetzes, Uebergangsvorschriften zum BGB. betreffend, zugelassene Vermittelung zum Zwecke der im Art. 83 Abs. 2 daselbst bezeichneten Ausgleichung des Ehegewinns nach Beendigung einer Gemeinschaft des Zugewinsts.

II. Bekanntmachung vom 24. Dezember 1899, die Geschäftsordnung für die Notariate betr. (JMBl. 1899 S. 591):

V. Theilungen und Auseinandersetzungen.

§ 254. Die Notare sind wie bisher befugt und berufen, die freiwilligen Auseinandersetzungsverhandlungen der bei einer Erbschaft betheiligten Personen und die freiwillige Auseinandersetzung von Gütergemeinschaftsmassen auf Ersuchen zu leiten und zu beurkunden.

§ 255. Als amtliche Verlassenschaftskommissäre im Sinne der Vorschriften des Notariatsgesetzes vom 10. November 1861 können die Notare künftig nur dann thätig sein, wenn der Erblasser vor dem 1. Januar 1900 gestorben und deshalb das bisherige Recht auf die Auseinandersetzung des Nachlasses anzuwenden ist.

§ 256. Ist ein Notar in einem vor dem 1. Januar 1900 errichteten Testamente zum Verlassenschaftskommissär bestellt, und der Erblasser nach dem 31. Dezember 1899 gestorben, so kann der Notar zwar nicht als Verlassenschaftskommissär thätig sein, die Bestellung bleibt jedoch soweit wirksam, als darin die Ernennung zum Testamentsvollstrecker liegt. Der Notar hat sich in diesem Falle bezüglich der Annahme oder Ablehnung des Amtes des Testamentsvollstreckers und bezüglich der Führung des Amtes nach den Bestimmungen des Bürgerlichen Gesetzbuchs zu richten.

Die Testamentsvollstreckung ist nicht Amtsgeschäft des Notariats, sondern persönliches Privatamt des Notars.

§ 257. Die amtliche Vermittelung der Auseinandersetzung des Nachlasses nach den Bestimmungen der §§ 86—98 des Gesetzes über die Angelegenheiten der freiwilligen Gerichtsbarkeit kann dem Notar nicht nur in den Fällen übertragen werden, in welchen der Erblasser nach dem 31. Dezember 1899 gestorben ist, sondern gemäss Artikel 36 des Gesetzes, Uebergangsvorschriften zum Bürgerlichen Gesetzbuche betreffend, auch dann, wenn der Tod des Erblassers vor dem 1. Januar 1900 eingetreten ist.

Nach der gleichen Vorschrift kann die im Gesetz über die Angelegenheiten der freiwilligen Gerichtsbarkeit geregelte Auseinandersetzung in Ansehung des Gesammtguts einer ehelichen oder einer fortgesetzten Gütergemeinschaft auf Antrag der Betheiligten durch den Notar auch dann stattfinden, wenn für die Auseinandersetzung in Ansehung der Gütergemeinschaft die bisherigen Vorschriften massgebend sind.

§ 258. Ohne Rücksicht auf örtliche Grenzen ist der Notar zur Uebernahme der Vermittelung der Auseinandersetzung nur dann zuständig, wenn die sämmtlichen bei der Auseinandersetzung Betheiligten sich für seine Berufung zur Vermittelung geeinigt haben.

Anderenfalls ist nur derjenige Notar zur Uebernahme der Vermittelung zuständig, der im Bezirk oder am Sitze des für die Vermittelung örtlich zuständigen Gerichtes, also des Nachlassgerichts, oder des nach § 99 Abs. 2 des Gesetzes über die Angelegenheiten der freiwilligen Gerichtsbarkeit örtlich zuständigen Amtsgerichtes, aufgestellt ist. (Art. 104 des Ausführungsgesetzes zum Bürgerlichen Gesetzbuche.)

§ 259. Das amtliche Verfahren in den im § 257 bezeichneten Fällen der Vermittelung der Auseinandersetzung richtet sich nach den Vorschriften des Gesetzes über die Angelegenheiten der freiwilligen Gerichtsbarkeit. Daneben sind diejenigen Vorschriften entsprechend anzuwenden, welche für die Vermittelung der Auseinandersetzung des Nachlasses den Gerichten gegeben sind.

Hierbei obliegen dem Notar gemäss Art. 104 Abs. 3 des Ausführungsgesetzes zum Bürgerlichen Gesetzbuche bei den nach den Vorschriften der Civilprocessordnung erfolgenden Zustellungen auch die Verrichtungen des Gerichtsschreibers. Auch ist er für die Festsetzung der einem Betheiligten zu erstattenden Kosten zuständig. Zur Bestellung eines Abwesenheitspflegers und zur Ertheilung vormundschaftsgerichtlicher Genehmigungen ist der Notar nicht zuständig.

§ 260. Da die Vermittelung der Auseinandersetzung nach den Bestimmungen des Gesetzes über die Angelegenheiten der freiwilligen Gerichtsbarkeit eine rein amtliche Thätigkeit, also Amtsgeschäft des Notariats ist, so ist der zur Vermittelung berufene Notar nicht gehindert, auf Ersuchen auch solche Verfügungen der Betheiligten über die auseinanderzusetzende Masse oder Bestandteile derselben, welche ausserhalb des Rahmens des Vermittelungsverfahrens fallen, zu beurkunden (z. B. Verkäufe, Versteigerungen), die Masse oder Bestandtheile derselben in Verwahrung zu nehmen und die thatsächliche Theilung durchzuführen.

Dagegen kann der zur amtlichen Vermittelung berufene Notar nicht gleichzeitig das Amt des Testamentsvollstreckers ausüben.

§ 261. Wegen der in der Pfalz beim Inkrafttreten des Bürgerlichen Gesetzbuches anhängigen gerichtlichen Theilungsverfahren, wird auf den Artikel 115 des Gesetzes, Uebergangsvorschriften zum Bürgerlichen Gesetzbuche betreffend, verwiesen.

1. Hinsichtlich der Vermittelung durch Notare sind noch zu beachten §§ 51, 66, 68, 203 der Geschäftsordnung für Notariate; Art. 47 ff., 70 der Notariatsgebührenordnung vom 28. Dezember 1899 (G. u. VOBl. 1899 S. 1192 und JMBl. 1899 S. 761).

2. Uebergangsvorschrift: Art. 36 ÜG.

3. Hinsichtlich der Kosten vgl. Art. 131, 132.

Mitwirkung der Gemeindebehörden bei der Sicherung eines Nachlasses.

Art. 105. Die Anlegung von Siegeln zur Sicherung eines Nachlasses, der sich nicht in der Gemeinde befindet, in welcher das zuständige Amtsgericht seinen Sitz hat, kann dem Bürgermeister übertragen werden. In dringenden Fällen hat der Bürgermeister für die Sicherung des Nachlasses vorläufig durch Anlegung von Siegeln zu sorgen; die getroffene Maßregel ist sofort dem Amtsgerichte anzuzeigen.

Dem Bürgermeister kann auch die Entsiegelung übertragen werden.

I. 155 (E. **94a**), 159 Begr., 185 (Z.I 94a), 334 (Z.II 94a). II. 421, 426. — Becher IV. V I 598, *602*, *669*, 675, 693, *731*, *868*. IV. V.III 8, 172.

Bekanntmachung vom 31. Dezember 1899, das Nachlasswesen betr. (JMBl. 1900 S. 1):

II.. Sicherung des Nachlasses.

§ 2. Sobald dem Nachlassgerichte der Tod einer Person durch die Anzeige des Standesbeamten (§ 1) oder sonst in zuverlässiger Weise bekannt geworden ist, hat es sich darüber schlüssig zu machen, ob zu einer amtlichen Fürsorge nach Massgabe der §§ 1960 bis 1962 des BGB. Veranlassung gegeben ist.

§ 3. Die Voraussetzungen für das Einschreiten des Nachlassgerichts sind im § 1960 Abs. 1 des BGB. bestimmt. Der § 1960 Abs. 1 lässt die Thätigkeit des Nachlassgerichts nur in bestimmt bezeichneten Fällen zu, nämlich nur, wenn der Erbe bekannt ist, die Erbschaft aber nicht angenommen hat, ferner wenn der Erbe unbekannt ist, d. h. keine Kenntniss darüber besteht, wer als Erbe berufen ist, endlich wenn über die Annahme der Erbschaft durch den Berufenen Ungewissheit besteht. Aber auch wenn einer dieser Fälle vorliegt, tritt die Fürsorge des Nachlassgerichts nur ein, soweit ein Bedürfniss vorhanden ist. Ob ein Bedürfniss vorliegt, ist nicht nur mit Rücksicht auf den Erben, sondern auch mit Rücksicht auf die Nachlassgläubiger zu prüfen. Die Sorge für den Nachlass wird regelmässig unterbleiben können, wenn ein überlebender Ehegatte und gemeinschaftliche Abkömmlinge als Erben berufen sind oder wenn ein Testamentsvollstrecker die Verwaltung des

Nachlasses übernommen hat. Deshalb allein, weil in der Person des Erben Gründe bestehen, welche die Einleitung einer Vormundschaft für ihn selbst rechtfertigen, also z. B. weil der Erbe minderjährig ist und beide Eltern gestorben sind, liegt ein Bedürfniss für die Fürsorge des Nachlassgerichts regelmässig nicht vor; in solchem Falle hat das Vormundschaftsgericht einen Vormund aufzustellen und die Fürsorge des Vormundes und des Vormundschaftsgerichts erstreckt sich auch auf den dem Bevormundeten angefallenen Nachlass.

Ein etwaiges Verbot des Erblassers, für die Sicherung des Nachlasses zu sorgen, insbesondere ein Verbot der Siegelung, ist wirkungslos.

§ 4. Die Fürsorge des Nachlassgerichts soll auch nicht in einem weiteren Umfang, als ein Bedürfniss besteht, eintreten.

§ 5. Die Mittel, welche dem Nachlassgericht zur Sicherung des Nachlasses zur Verfügung stehen, sind zunächst thatsächlicher Natur; überdies kann das Nachlassgericht eine Nachlasspflegschaft (§ 1960 Abs. 2, §§ 1961, 1962 des BGB.) anordnen.

Die wichtigsten Sicherungsmittel thatsächlicher Natur sind die Anlegung von Siegeln, die Aufnahme des Nachlassverzeichnisses und die Hinterlegung von Geld, Werthpapieren und Kostbarkeiten.

§ 6. Gegenstand der Anlegung von Siegeln sind die zum Nachlasse gehörenden beweglichen Sachen.

Ausgenommen bleiben die zum täglichen Gebrauche der Hausgenossen und zur Fortführung des Haushalts, des Geschäfts- oder Wirthschaftsbetriebs erforderlichen Gegenstände und Vorräthe sowie diejenigen Sachen, welche sich zur Verwahrung in geschlossenen Behältnissen und Räumen oder sonst zur Versiegelung nicht eignen, z. B. Sachen, die dem Verderben ausgesetzt sind. Das Recht der Familienangehörigen des Erblassers, die zur Zeit des Todes des Erblassers zu dessen Hausstande gehören und von ihm Unterhalt bezogen haben, auf die Benützung der Wohnungs- oder Haushaltsgegenstände (§ 1969 Abs. 1 des BGB.) ist zu beachten. Wohnungsräume eines Verstorbenen sollen nicht versiegelt werden, bevor die aus Rücksichten der Reinlichkeit im einzelnen Falle unerlässlichen Massnahmen getroffen und, wenn der Todesfall durch eine ansteckende Krankheit herbeigeführt worden ist, die nöthigen Desinfectionsmassregeln vorgesehen sind.

Die Anwesenden sind auf die Unverletzlichkeit der Siegel und die Strafen wegen unbefugten Erbrechens, Ablösens oder Beschädigens eines Siegels (§ 136 des Strafgesetzbuchs) hinzuweisen.

Die Beaufsichtigung der Siegel und der nicht unter Verschluss gebrachten Sachen ist einem im Hause wohnenden Betheiligten oder einem Dritten mit der Weisung, für deren Sicherung zu sorgen, zu übertragen.

Die Schlüssel zu den versiegelten Behältnissen und Räumen sind der bestellten Aufsichtsperson zur Verwahrung einzuhändigen oder in gerichtliche Verwahrung zu nehmen.

§ 7. Werden bei der Siegelung Gelder, Werthpapiere oder Kostbarkeiten, die zum Nachlasse gehören, vorgefunden, so sind sie, wenn das Nachlassgericht nicht ausdrücklich ein Anderes angeordnet hat, zu verzeichnen und bei der Hinterlegungsstelle zu hinterlegen. Ausnahmsweise können sie auch im Einverständnisse mit den anwesenden Betheiligten an dem bisherigen Verwahrungsorte belassen werden, wenn sie hier unter einen sicheren Verschluss gebracht werden können.

Für die Fortführung des Haushalts, des Geschäfts- oder Wirthschaftsbetriebs, sowie zur Bestreitung dringender Nachlassverbindlichkeiten, namentlich der Beerdigungskosten, kann den Betheiligten eine bestimmte Geldsumme gegen Empfangsschein mit der Verpflichtung zur späteren Abrechnung gegenüber dem Erben überlassen werden.

§ 8. Die Sicherung des Nachlasses kann auch auf die alleinige Hinterlegung des Geldes, der Werthpapiere und der Kostbarkeiten beschränkt werden.

§ 9. Ueber die Anlegung von Siegeln ist ein Protokoll aufzunehmen.

Das Protokoll hat insbesondere zu enthalten:

1. den Ort und Tag der Handlung und den Namen des die Siegelung vornehmenden Beamten,
2. die Bezeichnung der Nachlasssache unter Angabe des Namens, Standes, Wohnsitzes, Sterbeorts und Todestags des Erblassers,
3. die Namen der bekannten gesetzlichen Erben,
4. die Namen der anwesenden Personen, den Hergang der Handlung, die Bezeichnung der Behältnisse und Räume, die versiegelt wurden, und des hauptsächlichsten Inhalts derselben,
5. eine allgemeine Bezeichnung der nicht unter Siegel gelegten Sachen und der hiewegen getroffenen Massregeln,
6. die Verzeichnung der zur gerichtlichen Hinterlegung übernommenen Gelder, Werthpapiere und Kostbarkeiten, die Angabe der den Betheiligten überlassenen Geldsumme und die Bescheinigung hierüber.

Das Protokoll ist zu verlesen und von den anwesenden Betheiligten, von dem Verwahrer, sowie von dem die Siegelung vornehmenden Beamten zu unterzeichnen.

In gleicher Weise ist ein Protokoll aufzunehmen, wenn lediglich Gelder, Werthpapiere und Kostbarkeiten zum Zwecke der Hinterlegung zu Gerichtshanden genommen werden (§ 8).

§ 10. Wann die Entsiegelung anzuordnen ist, bestimmt sich nach den Umständen des einzelnen Falles.

Insbesondere ist die Entsiegelung vom Nachlassgericht anzuordnen:

1. wenn die Erbschaft von dem Erben angenommen worden ist,
2. wenn das Nachlassverzeichnis aufzunehmen ist,
3. insoweit der Gebrauch einzelner versiegelter Sachen notwendig wird; in diesem Falle sind die herausgenommenen Sachen und der Namen des Empfängers zu verzeichnen und die übrigen Sachen wieder zu versiegeln.

§ 11. Zu der Entsiegelung sind die Betheiligten oder deren Vertreter, sowie die bestellten Verwahrer soweit thunlich zu laden.

Finden sich Verletzungen der Siegel oder des Verschlusses vor, so ist zu untersuchen, ob die versiegelten Sachen sämmtlich vorhanden sind. Liegt eine strafbare Handlung vor, so ist der Staatsanwaltschaft Anzeige zu machen.

Ueber die Entsiegelung ist ein Protokoll aufzunehmen. In dem Protokoll ist der Befund der Siegel und der versiegelten Sachen zu vermerken und das Vorhandensein der Sachen, die nicht versiegelt wurden, festzustellen. Das Protokoll ist zu verlesen und von den Betheiligten, sowie von dem die Entsiegelung vornehmenden Beamten zu unterzeichnen.

§ 12. Der Inhalt des Nachlassverzeichnisses bestimmt sich nach dem Bedürfnisse, das zur Anordnung des Nachlassverzeichnisses Veranlassung gibt (§ 4). Das Nachlassgericht kann anordnen, dass der gesammte Nachlass verzeichnet wird oder dass in das Nachlassverzeichniss nur ein Theil der Nachlassgegenstände, z. B. nur die beweglichen Nachlasssachen oder nur gewisse Nachlasssachen, aufgenommen werden.

Das Verzeichniss soll eine Beschreibung der Nachlassgegenstände enthalten. Das Nachlassgericht kann anordnen, dass in dem Verzeichnisse der Werth der Gegenstände angegeben wird, und dass zur Bestimmung des Werthes Schätzer zugezogen werden.

Eine Verzeichnung der Nachlassverbindlichkeiten liegt an sich ausser den Zwecken der Sicherung des Nachlasses. Es ist aber zu beachten, dass das nach § 1960 Abs. 2 des BGB. aufgenommene Nachlassverzeichniss, wenn es den Vorschriften der §§ 2001—2003 des BGB. entspricht, nach § 2004 als Nachlassinventar dienen kann.

§ 13. Wird bei einer zur Sicherung des Nachlasses vorgenommenen Massregel, insbesondere anlässlich der Siegelung oder der Aufnahme des Nachlassverzeichnisses, ein Testament, ein Erbvertrag, ein Ehe- und Erbvertrag oder ein Hinterlegungsschein für eine Verfügung von Todeswegen vorgefunden, so sind sie von dem die Massregel ausführenden Beamten an sich zu nehmen und an das Nachlassgericht unverzüglich zu übersenden.

Das Protokoll über die Siegelung oder die Uebernahme zur Hinterlegung (§ 9) hat, wenn eine Verfügung von Todeswegen oder ein Hinterlegungsschein vorgefunden worden ist, hierüber eine Angabe zu enthalten.

§ 14. Zur Sicherung des Nachlasses kann angeordnet werden, dass auch andere Nachlasssachen als Geld, Werthpapiere oder Kostbarkeiten zu Gerichtshanden genommen und, soweit in dem Amtsgerichtsgebäude hierzu geeignete Räume zur Verfügung stehen, in diesen Räumen, andernfalls in sonst einem geeigneten Raume untergebracht werden.

Die Anordnung einer solchen Massregel ist zu unterlassen, wenn die Kosten der Verwahrung unverhältnissmässig hoch sind oder wenn sie aus dem Nachlasse nicht gedeckt werden können.

Der Vorstand des Amtsgerichts kann, unbeschadet der Zuständigkeit der Aufsichtsbehörden, allgemein oder für gewisse Fälle verbieten, dass Nachlasssachen in gerichtliche Räume verbracht werden.

§ 15. Die Anordnung der thatsächlichen Sicherungsmassregeln ist Aufgabe des Nachlassgerichts.

§ 16. Die Anlegung von Siegeln und die Entsiegelung kann der Richter selbst vornehmen.

Er kann sie auch übertragen

1. dem Gerichtsschreiber (Art. 63 des AG. z. GVG. in der Fassung des Art. 167 des AG. z. BGB.);
2. einem Notar (Art. 2 des NG.);
3. zur Sicherung eines Nachlasses, der sich nicht in der Gemeinde befindet, in welcher das Nachlassgericht seinen Sitz hat, dem Bürgermeister.

Die Entsiegelung kann einem dieser Beamten auch dann übertragen werden, wenn die Siegelung von einem anderen Beamten vorgenommen worden ist.

In dringenden Fällen hat der Bürgermeister für die Sicherung des Nachlasses, der sich nicht in der Gemeinde befindet, in welcher das Nachlassgericht seinen Sitz hat, vorläufig von sich aus durch Anlegung von Siegeln zu sorgen; die getroffene Massregel ist sofort dem Amtsgericht anzuzeigen (Art. 105 des AG. z. BGB.).

§ 17. Die Anlegung von Siegeln, sowie die Entsiegelung soll der Richter selbst nur ausnahmsweise und nur aus besonderen Gründen vornehmen.

Wird der Gerichtsschreiber mit der Vornahme der Siegelung oder der Entsiegelung beauftragt, so soll das Nachlassgericht den Auftrag schriftlich ertheilen. Das anliegende Formular I enthält ein Muster für den Auftrag. Der Gerichtsschreiber soll die Verfügung, welche den Auftrag enthält, den Betheiligten bei Beginn der Siegelung oder Entsiegelung vorzeigen. Es empfiehlt sich, die Vornahme der Siegelung oder Entsiegelung bei Gerichten, welche nur mit einem Gerichtsschreiber besetzt sind, einem geeigneten stellvertretenden Gerichtsschreiber und bei Gerichten, welche mit mehr als einem Gerichtsschreiber besetzt sind, dem nicht mit der Geschäftsleitung betrauten Gerichtsschreiber zu übertragen.

Der die Siegelung oder Entsiegelung vornehmende Richter oder Gerichtsschreiber hat das Protokoll (§ 9) selbst aufzunehmen; ein Gerichtsschreiber oder Gerichtsschreibereibediensteter darf zur Aufnahme des Protokolls nicht beigezogen werden.

Die Entsiegelung ist, wenn thunlich, dem Bürgermeister zu übertragen. Auch die Siegelung soll in einfachen Fällen regelmässig dem Bürgermeister übertragen werden.

Wird die Entsiegelung aus Anlass der Aufnahme des Nachlassverzeichnisses angeordnet (§ 10 Abs. 2 Nr. 2), so wird die Vornahme der Entsiegelung zweckmässig dem Beamten übertragen, welcher das Nachlassverzeichniss aufzunehmen hat.

§ 18. Die Ausführung der Hinterlegung obliegt, wenn eine Siegelung stattgefunden hat, demjenigen, welcher die Siegelung vornimmt. Die nach den §§ 13, 48 der Hinterlegungsordnung vom 18. Dezember 1899 (JMBl. S. 1057) erforderliche Hinterlegungserklärung ist, wenn die Siegelung durch einen anderen Beamten als den Bürgermeister stattgefunden hat, von dem Beamten abzugeben. Hat der Bürgermeister die Siegelung vorgenommen, so hat er lediglich die zu hinterlegenden Sachen dem Nachlassgericht einzusenden; dessen Sache ist es sodann, die Hinterlegungserklärung abzugeben.

Hat eine Siegelung nicht stattgefunden (§ 8), so kann das Nachlassgericht das Geld, die Werthpapiere und die Kostbarkeiten selbst oder durch den Gerichtsschreiber in Verwahrung nehmen und selbst oder durch den Gerichtsschreiber die Hinterlegung bethätigen.

Im Uebrigen finden die Vorschriften des § 17 entsprechende Anwendung.

Die Empfangsbescheinigung über die Hinterlegung (§§ 19, 48 der Hinterlegungsordnung) ist zu den Nachlassakten zu nehmen.

§ 19. Zur Aufnahme des Nachlassverzeichnisses ist das Nachlassgericht nicht zuständig.

Die Aufnahme des Nachlassverzeichnisses gehört regelmässig zur Zuständigkeit der Notare (Art. 2 Ziff. 1 des NG). Uebersteigt der Wert des Nachlasses ohne Abzug der Schulden den Betrag von 2000 M. nicht oder nicht erheblich, so ist zur Aufnahme des Nachlassverzeichnisses auch der Gerichtsschreiber des Amtsgerichts zuständig (Art. 63 des AG. z. BGB.).

Hiernach hat das Nachlassgericht, wenn ein Nachlassverzeichniss aufzunehmen ist, mit dessen Aufnahme je nach der

Grösse des Nachlasses einen Notar oder Gerichtsschreiber zu beauftragen. Der Auftrag ist schriftlich zu ertheilen. Das Formular I kann hierzu benutzt werden.

§ 20. Der Notar hat das in Ausführung der gerichtlichen Anordnung aufgenommene Nachlassverzeichniss bei dem Nachlassgericht in Urschrift einzureichen.

§ 21. Ist eine zur Sicherung des Nachlasses angeordnete Massregel in Abwesenheit des Erben oder eines Miterben vorgenommen worden, so soll ihn das Nachlassgericht von der Massregel, soweit thunlich, in Kenntniss setzen.

Wegen der Zuständigkeit der Notare vgl. Art. 2 Not. Ges., § 274 der Geschäftsordnung für Notariate vom 24. Dezember 1899.

Sicherungsmaßregeln bei dem Tode eines Beamten.

Art. 106. Durch Königliche Verordnung können für den Fall des Todes eines Beamten des Staates, einer Kreisgemeinde, einer Distriktsgemeinde oder einer nicht unter gemeindlicher Verwaltung stehenden öffentlichen Stiftung Bestimmungen über die Sicherung der amtlichen Schriftstücke, Gelder und sonstigen Gegenstände, die der Verstorbene in Verwahrung gehabt hat, insbesondere über die Anlegung von Siegeln, getroffen werden.

I. 10 (E. 95), 56 Begr., 185 (Z.^I 95), 335 (Z.^II 95). II. 231, 421 — Becher IV. V.^I 27, *117*, *553*, *669*, 693, *731*, *868*. IV. V.^III 8, *173*.

I. Kgl. Allerh. Verordnung vom 7. December 1899 Sicherungsmassregeln beim Tode eines Beamten betr. (G. u. VO. Bl. 1899 S. 1013; JMBl. 1899 S. 549):

§ 1. Nach dem Tode eines Beamten des Staates, einer Kreisgemeinde, einer Distriktsgemeinde oder einer nicht unter gemeindlicher Verwaltung stehenden öffentlichen Stiftung, mit Ausnahme der Pfründe- und Kirchenstiftungen, hat — unbeschadet der Zuständigkeit des Nachlassgerichts — die Behörde, welcher der Verstorbene angehört, oder die Aufsichtsbehörde für die Sicherung der amtlichen Schriftstücke, Gelder und sonstigen Sachen, die der Verstorbene in Verwahrung gehabt hat, Sorge zu tragen, soweit ein Bedürfniss besteht. Die Behörde kann insbesondere die Anlegung von Siegeln anordnen.

Für den Fall des Todes eines Unserer Minister behalten Wir Uns vor, Selbst das Erforderliche anzuordnen.

§ 2. Die Behörde, welcher die im § 1 bezeichnete Fürsorge obliegt, kann um die Vornahme geeigneter Massregeln auch das Nachlassgericht ersuchen.

Hat ein Rentamtmann, Rentamtsverweser oder Steuereinnehmer zur Zeit seines Todes eine Kasse zu verwalten und befindet sich die vorgesetzte Dienstbehörde nicht an dem Sitze der Kasse, so hat das Nachlassgericht zur Sicherung der im § 1 bezeichneten Sachen die geeigneten Massregeln von Amtswegen vorzunehmen, sofern nicht die Behörde ersucht, hiervon abzusehen. Das Nachlassgericht hat der Behörde von den Massregeln Mittheilung zu machen. Der Behörde liegt es ob, das Weitere zu veranlassen.

§ 3. Werden bei der Ausführung einer Massregel, die das Nachlassgericht zur Sicheruug eines Nachlasses auf Grund des § 1960 des Bürgerlichen Gesetzbuchs angeordnet hat, Sachen der im § 1 bezeichneten Art vorgefunden, so hat das Gericht die Behörde, welcher der Verstorbene angehört, oder die Aufsichtsbehörde hiervon zu benachrichtigen und ihr zugleich von den Sicherungsmassregeln, die in Ansehung dieser Sachen vorgenommen worden sind, Mittheilung zu machen. Der Behörde liegt es ob, das Weitere zu veranlassen,

§ 4. Diese Verordnung tritt am 1. Januar 1900 in Kraft.

II. Bekanntmachung vom 31. Dezember 1899, das Nachlasswesen betr. (JMBl. 1900 S. 1):

§ 23. Für den Fall des Todes eines Beamten gelten in Ansehung der Sicherung der amtlichen Schriftstücke, Gelder und sonstigen Sachen, deren Herausgabe auf Grund des Dienstverhältnisses verlangt werden kann, besondere Vorschriften.

Für die Beamten des Staates, einer Kreisgemeinde, einer Distriktsgemeinde oder einer nicht unter gemeindlicher Verwaltung stehenden öffentlichen Stiftung mit Ausnahme der Pfründe- und Kirchenstiftungen sind die Vorschriften in der Kgl. Verordnung vom 7. Dezember 1899 (JMBl. S. 549) enthalten.

Für den Fall des Todes eines Beamten einer Gemeinde oder einer örtlichen Stiftung sind die auf Grund der Gemeindeordnung bestehenden oder ergehenden Bestimmungen massgebend. Wird das Nachlassgericht von der Gemeindebehörde um die Vornahme der Sicherungsmassregeln ersucht, so hat es dem Ersuchen zu entsprechen; werden bei der Ausführung einer Massregel, die das Nachlassgericht zur Sicherung des Nachlasses auf Grund des § 1960 des BGB. angeordnet hat, amtliche Schriftstücke, Gelder oder sonstige Sachen, deren Herausgabe auf Grund des Dienstverhältnisses verlangt werden kann, vorgefunden, so hat das Nachlassgericht hiervon der Gemeindebehörde Mittheilung zu machen.

Für den Fall des Todes von Verwaltern eines Pfründe- oder Kirchenstiftungsvermögens sind die einschlägigen bestehenden oder ergehenden Bestimmungen massgebend; für den Fall des Todes eines Geistlichen wird auf den § 68 der II. Beilage zur Verfassungsurkunde verwiesen.

III. Bekanntmachung vom 24. Dezember 1899, die Geschäftsordnung für die Notariate betr. (JMBl. 1899 S. 591):

3. Sicherung der Amtsbestände.

§ 312. Nach dem Tode eines Notars oder Notariatsverwesers hat das Amtsgericht, in dessen Bezirk das Notariat liegt, für die Sicherung der Amtsbestände (Siegel, Urkunden, Bücher und Register, Gelder, Werthpapiere und Kostbarkeiten) Sorge zu tragen, soweit ein Bedürfniss besteht. Das Amtsgericht kann insbesondere die Anlegung von Siegeln anordnen.

Gleiches obliegt dem Amtsgerichte dann, wenn im Falle der Entfernung des Notars oder einer geistigen Erkrankung das Bedürfniss einer amtlichen Fürsorge gegeben ist. Ueber die getroffenen Sicherungsmassregeln ist sofort dem Präsidenten des Landgerichts Bericht zu erstatten. Der Präsident des Landgerichts kann weitere Sicherungsmassregeln anordnen und die bestehenden aufheben.

1. Art. 106 bezieht sich nur auf Beamte, welche dem bayerischen Staate angehören, also nicht auf Beamte des Reiches oder eines anderen Bundesstaates.

2. Für die Beamten der Gemeinden und örtlichen Stiftungen bedarf es einer dem Art. 106 entsprechenden Vorschrift nicht, da die Gemeinden auf Grund der Art. 107, 145 Abs. 8 der rechtsrh. und Art. 78 Abs. 10 der pfälz. GdeO. die Befugniß haben, die erforderlichen Anordnungen zu treffen.

3. Hinsichtlich der Geistlichen hat es bei der Vorschrift des § 68 der II. Beil. z. Verf. Urk. sein Bewenden. Dieselbe lautet:

„Bei Sterbfällen der Geistlichen soll darauf Rücksicht genommen werden, daß die geistlichen Verrichtungen, wenn der Verstorbene dergleichen versehen hat, nicht gehemmt werden; alles, was darauf Bezug hat und zum Gottesdienst gehört, als heilige Gefäße rc., soll von der Sperre ausgenommen und mittels Verzeichnisses entweder dem Nachfolger im Beneficium sogleich verabfolgt oder anderen sicheren Händen einstweilen übergeben werden, wenn nicht zu ihrer Uebernahme ein Abgeordneter der geistlichen Behörde sich einfindet, welche zu diesem Ende von dem weltlichen Richter bei jedem Sterbfalle eines im Benefizium stehenden Geistlichen davon in Kenntniß zu setzen ist."

Vollziehung einer Auflage von öffentlichem Interesse.

Art. 107. Bezweckt in den Fällen des § 525 Abs. 2 oder des § 2194 Satz 2 des Bürgerlichen Gesetzbuchs die Auflage die Förderung von Interessen, die zum Wirkungskreis einer Körperschaft, Stiftung oder Anstalt des öffentlichen Rechtes gehören, so ist deren Behörde zuständig, die Vollziehung der Auflage zu verlangen.

I. 10 (E. 96), 56 Begr., 186 (Z.^{I} 96), 335 (Z.^{II} 96). II. 232, 421 — Becher IV V.^{I} 27, *119*, *555*, *669*, 693, *781*, *869*. IV. V.^{III} 8, *178*.

I. § 525 BGB.: Wer eine Schenkung unter einer Auflage gemacht hat, kann die Vollziehung der Auflage verlangen, wenn er seinerseits geleistet hat. Liegt die Vollziehung der Auflage im öffentlichen Interesse, so kann nach dem Tode des Schenkers auch die zuständige Behörde die Vollziehung der Auflage verlangen.

§ 2194 BGB.: Die Vollziehung einer (vom Erblasser gemachten) Auflage können der Erbe, der Miterbe und derjenige verlangen, welchem der Wegfall des mit der Auflage zunächst Beschwerten unmittelbar zu Statten kommen würde. Liegt die Vollziehung im öffentlichen Interesse, so kann auch die zuständige Behörde die Vollziehung verlangen,

II. Kgl. Allerh. Verordnung vom 24. December 1899 zur Ausführung des Bürgerlichen Gesetzbuchs und seiner Nebengesetze (Zuständigkeitsverordnung).

§ 24. Zuständig die im öffentlichen Interesse liegende Vollziehung einer Auflage zu verlangen (§ 525 Abs. 2, § 2194 Satz 2 BGB.), ist die Behörde, zu deren Wirkungskreis die Wahrung des Interesses gehört, sofern nicht nach Art. 107 des Ausführungsgesetzes zum Bürgerlichen Gesetzbuche die Behörde einer Körperschaft, Stiftung oder Anstalt des öffentlichen Rechtes hierfür zuständig ist.

III. Bek. vom 31. December 1899 das Nachlasswesen betr.

§ 33. Das Nachlassgericht hat die Betheiligten, welche bei der Eröffnung des Testaments nicht zugegen gewesen sind, nach § 2262 BGB. von dem sie betreffenden Inhalt in Kenntniss zu setzen.

Als Betheiligte gelten nicht nur die als Erben Eingesetzten, sondern auch Nacherben und Vermächtnissnehmer, Empfänger von Auflagen, die Behörde, welche die Vollziehung einer Auflage verlangen kann (Art. 107 AG. z. BGB., § 24 der Zuständigkeitsverordnung zum BGB. vom 24. December 1899 G. u. VBl. S. 1229) und der Testamentsvollstrecker.

Insoweit es sich um die Förderung von Interessen handelt, deren Wahrnehmung den S t a a t s behörden obliegt, bedurfte es keiner gesetzlichen Bestimmung, da es zu dem Organisationsrechte der Krone gehört, darüber Anordnungen zu treffen, welche staatlichen Behörden zuständig sein sollen (vgl. § 24 der Zuständigkeitsverordnung; so auch Böhm-Klein Anm. 2, Henle-Schneider Anm. 1).

Art. 107 setzt nur voraus, daß die Auflage die Förderung von Interessen bezweckt, die zum Wirkungskreis der Körperschaft u. s. w. gehören, dagegen nicht, daß die Förderung solcher Interessen der unmittelbare Zweck der Auflage ist.

Eröffnung von Testamenten und Erbverträgen.

Art. 108. Befindet sich ein Testament oder ein Erbvertrag seit mehr als vierundfünfzig Jahren in amtlicher Verwahrung, so ist die Eröffnung vorzunehmen, sofern nicht bekannt ist, daß der Erblasser noch lebt. Die Vorschriften des § 2259 Abs. 2 und der §§ 2260 bis 2262 des Bürgerlichen Gesetzbuchs finden entsprechende Anwendung.

I. 295 (96a), 335 (Z.II 96a). II. 566 — Becher IV. V.I 928, *986*. IV. V.III 8, *173*.

§ 2259 Abs. 2 BGB.: Befindet sich ein Testament bei einer anderen Behörde als einem Gericht oder befindet es sich bei einem Notar in amtlicher Verwahrung, so ist es nach dem Tode des Erblassers an das Nachlassgericht abzuliefern. Das Nachlassgericht hat, wenn es von dem Testamente Kenntniss erlangt, die Ablieferung zu veranlassen.

§ 2260 BGB.: Das Nachlassgericht hat, sobald es von dem Tode des Erblassers Kenntnis erlangt, zur Eröffnung eines in seiner Verwahrung befindlichen Testaments einen Termin zu bestimmen. Zu dem Termine sollen die gesetzlichen Erben des Erblassers und die sonstigen Betheiligten soweit thunlich geladen werden.

In dem Termin ist das Testament zu öffnen, den Betheiligten zu verkünden und ihnen auf Verlangen vorzulegen. Die Verkündung darf im Falle der Vorlegung unterbleiben.

Ueber die Eröffnung ist ein Protokoll aufzunehmen. War das Testament verschlossen, so ist in dem Protokolle festzustellen, ob der Verschluss unversehrt war.

§ 2261 BGB.: Hat ein anderes Gericht als das Nachlassgericht das Testament in amtlicher Verwahrung, so liegt dem anderen Gerichte die Eröffnung des Testaments ob. Das Testament ist nebst einer beglaubigten Abschrift des über die Eröffnung aufgenommenen Protokolls dem Nachlassgerichte zu übersenden; eine beglaubigte Abschrift des Testaments ist zurückzubehalten.

§ 2262 BGB.: Das Nachlassgericht hat die Betheiligten, welche bei der Eröffnung des Testaments nicht zugegen gewesen sind, von dem sie betreffenden Inhalte des Testaments in Kenntniss zu setzen.

1. Die Vorschrift gilt auch für vor dem Inkrafttreten des BGB. errichtete Testamente.

2. Hinsichtlich der Testamente, welche sich in der amtlichen Verwahrung eines Notars befinden, vgl. §§ 252 f. der Bek. vom 24. Dezember 1899 die Geschäftsordnung für die Notariate betr. (JMBl. 1899 S. 191), vgl. ferner § 24 f. der Bekanntmachung vom 31. Dezember 1899 das Nachlaßwesen betr. (JMBl. 1900 S. 1 ff.).

Oeffentliche Sparkassen.

Bekanntmachung vom 21. Dezember 1899, die Anlegung von Mündelgeld bei öffentlichen Sparkassen betr. (G. u. VBl. 1899 S. 1239, JMBl. 1900 S. 113):

Auf Grund des § 1807 Abs. 1 Nr. 5 des Bürgerlichen Gesetzbuchs werden die bayerischen gemeindlichen und distriktiven Sparkassen sowie die ältere gräflich Castell'sche Creditkasse in Castell zur Anlegung von Mündelgeld für geeignet erklärt.

Wenn nach der Satzung einer Sparkasse Mündelgeld nicht mit der Bestimmung angelegt werden kann, dass zur Erhebung des Geldes die Genehmigung des Gegenvormundes oder des Vormundschaftsgerichts erforderlich ist, hat die Sparkasse die Satzung in der Weise zu ändern, dass das Geld mit der bezeichneten Bestimmung angelegt werden kann. Wird die Aenderung nicht bis zum 1. Juni 1900 vorgenommen, so wird die Zulassung der Anlegung von Mündelgeld widerrufen werden.

Art. 109. Bei einer öffentlichen Sparkasse können Ehefrauen ohne Zustimmung des Ehemanns, Minderjährige und andere in der Geschäftsfähigkeit beschränkte Personen ohne Einwilligung des gesetzlichen Vertreters Spareinlagen machen.

I. 10 (E. 97), 57 Begr., 186 (Z.I 97), 335 (Z.II 97). II. 234, 385, 421 — Becher IV. V.I 27, *119*, *558*, 595, *669*, 693, *731*, *869*. IV. V.III 8, *173*.

1. Oeffentliche Sparkassen sind Sparkassen, die von einer juristischen Person des öffentlichen Rechts errichtet worden sind.

2. Nach § 114 BGB. steht, wer wegen Geistesschwäche, wegen Verschwendung oder wegen Trunksucht entmündigt oder nach § 1906 unter vorläufige Vormundschaft gestellt ist, in Ansehung der Geschäftsfähigkeit einem Minderjährigen gleich, der das siebente Lebensjahr vollendet hat.

3. Die Vorschrift des Art. 109 gilt nur bezüglich der Spareinlagen, dagegen nicht auch hinsichtlich anderer Rechtsgeschäfte, z. B. Abtretung. Bez. der Kündigung und Einziehung s. Art. 110.

Art. 110. Ist eine öffentliche Sparkasse nach ihrer Satzung bei der Zahlung eines Guthabens an den Inhaber der Sparurkunde (Sparbuch, Sparschein) nicht verpflichtet, die Berechtigung des Inhabers zu prüfen, so ist sie, sofern nicht in der Urkunde eine abweichende Bestimmung getroffen ist, ohne weitere Prüfung zu der Annahme berechtigt, daß der Inhaber das Guthaben rechtswirksam kündigen und einziehen kann.

I. 10 (E. 98), 57 Begr., 186 (Z.I 98), 335 (Z.II 98). II. 234, 421 — Becher IV. V.I 27, *121, 560,* 693, *731, 869.* IV. V.III 8, *173.*

„Die Sparurkunden können als Legitimationspapiere im Sinne des § 808 BGB. ausgestellt werden, so daß die Sparkasse berechtigt, aber nicht verpflichtet ist, die Legitimation des Inhabers zu prüfen, und durch Zahlung an den Inhaber frei wird, auch wenn dieser nicht der Berechtigte ist." Für den Fall nun, daß die Sparkasse in ihre Satzung die Bestimmung aufgenommen hat, daß sie bei der Zahlung eines Guthabens nicht verpflichtet ist, die Berechtigung (Legitimation) des Inhabers der Sparurkunde zu prüfen, „gewährt ihr Art. 110 noch weiteren Schutz, indem er nicht nur den Mangel des Verfügungsrechts, sondern auch einen Mangel in der Geschäftsfähigkeit für unschädlich erklärt. Mit der Zahlung an den Inhaber der Urkunde erlischt die Verbindlichkeit der Sparkasse, auch wenn die Zahlung nach den Vorschriften des Bürgerlichen Rechts an den Inhaber nicht rechtswirksam geschehen kann".

Eine Ausnahme besteht dann, wenn in der Urkunde eine abweichende Bestimmung getroffen ist. Hierher gehört insbesondere der Fall, wenn Mündelgeld mit der Bestimmung angelegt ist, daß zur Erhebung des Geldes die Genehmigung des Gegenvormundes oder des Vormundschaftsgerichts erforderlich ist (§ 1809 BGB.; vgl. auch §§ 1079, 1288 Abs. 1, 1691 BGB.).

Art. 111. Die Kraftloserklärung einer abhanden gekommenen oder vernichteten Sparurkunde einer öffentlichen Sparkasse kann auch bei dem Vorstande der Sparkasse beantragt werden.

Für das bei der Kraftloserklärung durch den Vorstand zu beobachtende Verfahren gelten die Vorschriften der Artikel 112 bis 120.

I. 11 (E. 99), 58 Begr., 186 (Z.I 99), 335 (Z.II 99). II. 235, 421 — Becher IV. V.I 27, *122, 561,* 694, *731, 869.* IV. V.III 8, *173.*

1. Voraussetzung ist, daß die Sparurkunde ein Legitimationspapier im Sinne des § 808 BGB. ist. Für andere Sparurkunden ist die Kraftloserklärung reichsgesetzlich ausgeschlossen.

2. Ist diese Voraussetzung gegeben, so hat, wenn die Sparurkunde abhanden gekommen oder vernichtet worden ist, der Antragsteller die Wahl zwischen dem gerichtlichen Aufgebotsverfahren (§§ 1003 ff. CPO., Art. 30 AG. z. CPO. n. F.) und dem in den Art. 111 ff. geregelten Aufgebotsverfahren („auch").

3. Lehnt der Vorstand der Sparkasse den Antrag auf Kraftloserklärung ab, so ist hiergegen keine Beschwerde zulässig, der Antragsteller hat dann nur noch die Möglichkeit, das gerichtliche Aufgebotsverfahren zu beantragen.

Art. 112. Der Antragsteller hat den Verlust der Urkunde und die Thatsachen, von welchen seine Berechtigung abhängt, glaubhaft zu machen. Ueber die Wahrheit seiner Angaben kann ihm eine Versicherung an Eidesstatt abgenommen werden.

I. 11 (E. 100), 58 Begr., 186 (Z.I 100), 336 (Z.II 100). II. 235, 421 — Becher IV. V.I 28, *122, 561*, 694, *731, 869*. IV. V.III 8, *173*.

Art. 113. Der Vorstand erläßt ein Aufgebot und ordnet, wenn die Urkunde abhanden gekommen ist, die Sperre des Guthabens an.

I. 11 (E. 101), 58 Begr., 186 (Z.I 101), 336 (Z.II 101). II. 235, 421 — Becher IV V.I 28, *122, 561*. 694, *731, 869*. IV. V.III 8, *173*.

1. Eines eigenen Antrags auf Sperre bedarf es nicht.

Art. 114. Das Aufgebot hat zu enthalten:

1. die Bezeichnung des Antragstellers und der Urkunde;
2. die Aufforderung an den Inhaber der Urkunde, binnen drei Monaten seine Rechte unter Vorlegung der Urkunde anzumelden, widrigenfalls die Urkunde für kraftlos erklärt werden würde.

Die Bezeichnung der Urkunde soll die Angabe enthalten, für wen die Urkunde bei der ersten Einzahlung ausgestellt worden ist.

Ist in der Satzung der Sparkasse vorgeschrieben, daß die Sparbücher zeitweise behufs Richtigstellung der Bücher oder zu anderem Zwecke eingefordert werden, so muß die Anmeldungsfrist so bestimmt werden, daß sie nicht vor dem nächsten Termine, für welchen die Bücher eingefordert werden, beginnt.

I. 11 (E. 102), 58 Begr., 187 (Z.I 101), 336 (Z.II 101). II. 235, 421 — Becher IV. V.I 28, *122, 561*, 694, *731, 869*. IV. V.III 8, 173.

1. Abs. 3 trifft nicht zu, wenn nur ein Termin bestimmt ist, zu welchem die Zinsen in die Bücher eingetragen werden, falls diese vorgelegt werden.

Art. 115. Das Aufgebot ist durch Aushang bei der Sparkasse und durch einmalige Einrückung eines Auszugs in das für die Bekanntmachungen der Sparkasse bestimmte Blatt zu veröffentlichen.

Der Vorstand kann die einmalige Einrückung in noch ein anderes Blatt oder die einmalige Wiederholung der Einrückung in das im Abs. 1 bestimmte Blatt anordnen.

I. 11 (E. 103), 58 Begr., 187 (Z.[I] 102), 336 (Z.[II] 102). II. 237, 385, 421 — Becher IV. V.[I] 28, *122*, *563*, 595, 694, *732*, *869*, IV. V.[III] 8, *173*.

1. Eine Anordnung nach Abs. 2 zu treffen, ist in das Ermessen des Vorstandes gestellt. Die Unterlassung gibt keinen Anfechtungsgrund nach Art. 119 bezw. § 957 CPO. ab.

Art. 116. Meldet der Inhaber der Urkunde seine Rechte unter Vorlegung der Urkunde an, so hat der Vorstand den Antragsteller hievon zu benachrichtigen und ihm die Einsicht der Urkunde innerhalb einer zu bestimmenden Frist zu gestatten. Auf Antrag des Inhabers der Urkunde ist zu deren Vorlegung ein Termin zu bestimmen.

Die Sperre des Guthabens darf erst aufgehoben werden, nachdem dem Antragsteller die Einsicht nach Maßgabe des Abs. 1 gestattet worden ist.

I. 11 (E. 104), 58 Begr., 187 (Z.[I] 104), 336 (Z.[II] 104). II. 237, 421 — Becher IV. V.[I] 28, *122*, *565*, 694, *732*, *869*. IV. V.[III] 9, *173*.

1. Wird die Urkunde nicht vorgelegt, so findet Art. 117 Anwendung.

Meldet dagegen der Inhaber der Urkunde seine Rechte unter Vorlegung der Urkunde an, so ist der Zweck des Aufgebots erfüllt, das Urkundenaufgebot ist erledigt, weil die Kraftloserklärung nicht erfolgen kann. Eines besonderen Beschlusses bedarf es nicht.

2. Die Benachrichtigung hat den Zweck, dem Antragsteller zu ermöglichen, sein Recht gegenüber dem Inhaber im Wege der Klage geltend zu machen.

3. Dagegen wird durch die Vorlage der Urkunde nicht auch die Sperre des Guthabens hinfällig. Zur Aufhebung derselben ist ein Beschluß erforderlich, der erst nach dem im Abs. 2 bezeichneten Zeitpunkte erlassen werden darf.

Art. 117. Wird die Urkunde nicht vorgelegt, so ist sie durch Beschluß des Vorstandes für kraftlos zu erklären.

Vor der Erlassung des Beschlusses kann dem Antragsteller über die Wahrheit einer von ihm aufgestellten Behauptung eine Versicherung an Eidesstatt abgenommen werden.

Der Beschluß, durch den die Urkunde für kraftlos erklärt wird, ist durch Aushang bei der Sparkasse und durch einmalige Einrückung des wesentlichen Inhalts in das im Artikel 115 Abs. 1 bezeichnete Blatt zu veröffentlichen.

I. 11 (E. 105), 58 Begr., 187 (Z.I 105), 336 (Z.II 105). II. 238, 421 — Becher IV V.I 28, *122 566*, 694, *732*, *869*. IV. V.III 9, *173*.

. . . .

Art. 118. An Stelle der für kraftlos erklärten Urkunde erhält der Antragsteller eine neue Urkunde.

I. 11 (E. 106), 58 Begr., 187 (Z.I 106), 337 (Z.II 106). II. 239, 421 — Becher IV V.I 29, *122*, *568*, 694, *732*, *869*. IV. V.III 9, *173*.

1. Der Antragsteller hat lediglich einen Anspruch auf Ausstellung einer neuen Urkunde an Stelle der für kraftlos erklärten Urkunde. Dagegen hat er nicht auch ohne Weiteres das Recht, die Auszahlung des Sparguthabens zu verlangen, wenn eine Kündigungsfrist vereinbart ist. Doch steht nichts im Wege, daß die Kündigung schon vor der Kraftloserklärung erfolgt.

Art. 119. Der Beschluß des Vorstandes, durch den die Urkunde für kraftlos erklärt wird, kann nur durch Klage nach Maßgabe der §§ 957, 958 der Civilprozeßordnung angefochten werden. Zuständig ist das Landgericht oder, falls der in der Urkunde angegebene Betrag nicht die Summe von dreihundert Mark übersteigt, das Amtsgericht, in dessen Bezirke die Sparkasse ihren Sitz hat.

Das auf die Anfechtungsklage ergangene Urtheil ist, soweit es die Kraftloserklärung aufhebt, nach dem Eintritte der Rechtskraft in der im Artikel 117 Abs. 3 für die Kraftloserklärung vorgeschriebenen Weise zu veröffentlichen.

I. 11 (E. 107), 58 Begr., 187 (Z.I 107), 337 (Z.II 107). II. 239, 246, 385, 421 — Becher IV. V.I 29, *122*, *568*, 595, 695, *732*, *869*. IV. V.III 9, *173*.

§ 957 CPO.: Gegen das Ausschlussurtheil findet ein Rechtsmittel nicht statt. Das Ausschlussurtheil kann bei dem Landgerichte, in dessen Bezirke das Aufgebotsgericht seinen Sitz hat, mittels einer gegen den Antragsteller zu erhebenden Klage angefochten werden:

1. wenn ein Fall nicht vorlag, in welchem das Gesetz das Aufgebotsverfahren zulässt:

2. wenn die öffentliche Bekanntmachung des Aufgebots oder eine in dem Gesetze vorgeschriebene Art der Bekanntmachung unterblieben ist;

3. wenn die vorgeschriebene Aufgebotsfrist nicht gewahrt ist;

4. wenn der erkennende Richter von der Ausübung des Richteramts kraft Gesetzes ausgeschlossen war;

5. wenn ein Anspruch oder ein Recht ungeachtet der erfolgten Anmeldung nicht dem Gesetze gemäss in dem Urtheile berücksichtigt ist;

6. wenn die Voraussetzungen vorliegen, unter welchen die Restitutionsklage wegen einer strafbaren Handlung stattfindet.

§ 958 CPO.: Die Anfechtungsklage ist binnen der Nothfrist eines Monats zu erheben. Die Frist beginnt mit dem Tage, an welchem der Kläger Kenntniss von dem Ausschlussurtheile erhalten hat; in dem Falle jedoch, in welchem die Klage auf einem der im § 957 Nr. 4, 6 bezeichneten Anfechtungsgrunde beruht und dieser Grund an jenem Tage noch nicht zur Kenntniss des Klägers gelangt war, erst mit dem Tage, an welchem der Anfechtungsgrund dem Kläger bekannt geworden war.

Nach Ablauf von zehn Jahren, von dem Tage der Verkündung des Ausschlussurtheils an gerechnet, ist die Klage unstatthaft.

Art. 120. Die Kraftloserklärung und das vorangehende Verfahren sind gebührenfrei. Die baaren Auslagen hat der Antragsteller zu tragen.

Für die Ausstellung der neuen Urkunde kann eine Gebühr bis zu fünfzig Pfennig erhoben werden.

I. 11 (E. 108), 58 Begr., 188 (Z.^{I} 108), 337 (Z.^{II} 108). II. 240, 421 — Becher IV. V.^{I} 29, *122*, *570*, 695, *732*, *869*. IV. V.^{III} 9, *173*.

1. Die Vorschrift des Art. 120 findet auch dann Anwendung, wenn es zu einer Kraftloserklärung nicht kommt.

Art. 121. Die Vorschriften der Artikel 110 bis 120 finden auch auf die vor dem Inkrafttreten dieses Gesetzes ausgegebenen Sparurkunden Anwendung.

I. 11 (E. 109), 58 Begr., 188 (Z.^{I} 109), 337 (Z.^{II} 108). II. 240, 421 — Becher IV. V.^{I} 29, *124*, *570*, 695, *732*, *869*. IV. V.^{III} 9, *173*.

Ansprüche aus Rechtsverhältnissen des öffentlichen Rechtes und Grundgefällen.

Art. 122. Für Leistungen, die auf Grund eines Rechtsverhältnisses des öffentlichen Rechtes von einem Grundstücke zu entrichten sind, haftet das Grundstück. Die Haftung für fällige Leistungen erlischt mit dem Ablaufe von zwei Jahren nach dem Eintritte des Zeitpunkts, von dem an die Leistung gefordert werden kann, wenn nicht vorher die Beschlagnahme des Grundstücks erfolgt ist.

I. 11 (E. 110), 59 Begr., 188 (Z.^{I} 110), 337 (Z.^{II} 110). II. 240, 421 — Becher IV. V.^{I} 29, *124*, *570*, *669*, 695, *732*. IV. V.^{III} 9, *173*.

1. Die Vorschrift ist einerseits auf die Ansprüche aus Rechtsverhältnissen des öffentlichen Rechts beschränkt, andererseits auf alle Ansprüche des öffentlichen Rechts ausgedehnt, auch wenn sie nicht dem Staate, sondern z. B. einer Kreis-, Distrikts- oder Ortsgemeinde zustehen.

2. Welche Leistungen auf Grund eines Rechtsverhältnisses des öffentlichen Rechtes von dem Grundstücke zu entrichten sind, bestimmt sich nach den Gesetzen, auf Grund deren die Leistungen geschuldet werden.

Zu diesen Leistungen gehören insbesondere die Grundsteuer, die Haussteuer, die Umlagen, welche von der Grund- und der Haussteuer berechnet werden, die Brandversicherungsbeiträge nach Art. 72, 75 des Brandversicherungsgesetzes vom 3. April 1875, die Hagelversicherungsbeiträge nach Art. 4 des Hagelversicherungsgesetzes vom 13. Februar 1884, die Beiträge zur land- und forstwirthschaftlichen Krankenversicherung nach Art. 12 des bayer. Ausf.-G. z. Reichskrankenversicherungsgesetz vom 5. April 1888, die Beiträge zu genossenschaftlichen Bewässerungs- und Entwässerungsanlagen nach Art. 13, 14 des Ges. vom 28. Mai 1852 über die Bewässerungs- und Entwässerungsunternehmungen zum Zwecke der Bodenkultur und Art. 9 Abs. 2 Ziff. 3 des Ges. vom 21. April 1884 über die Landeskulturrentenanstalt, die von dem Bergwerksbesitzer zu leistenden Beiträge zu der Knappschaftskasse und einer nach den Vorschriften des Berggesetzes errichteten Krankenkasse nach Art. 38 Abs. 2 AG. zu GBO. Auch Leistungen, welche für die Benutzung von Gemeindeanstalten (Kanalisation, Unrathabfuhr, Wasserleitung, Gasleitung, elektrische Leitungen) geschuldet werden, können hierher gerechnet werden. Vorausgesetzt wird in letzterem Falle, daß es sich um eine Veranstaltung handelt, die mit der Benutzung des Grundstücks im Zusammenhang steht, und daß in der statutarischen Bestimmung, durch welche die Leistung auferlegt wird, die Leistungspflicht mit dem Eigenthum an dem Grundstück in Verbindung gebracht, der jeweilige Eigenthümer als Schuldner bezeichnet ist.

Nicht hierher gehören z. B. die Gewerbe-, Kapitalrenten- und Einkommensteuer, der Malzaufschlag, die Besitzveränderungsgebühren.

3. Die Haftung des Grundstücks wird insbes. im Falle der Zwangsversteigerung praktisch; denn nach § 10 Abs. 1 Ziff. 3 gewähren die Ansprüche auf Entrichtung der öffentlichen Lasten des Grundstücks wegen der laufenden und der aus den letzten 2 Jahren rückständigen Beträge an dritter Stelle ein Recht auf Befriedigung aus dem Grundstücke, und zwar nach dem Verhältniß ihrer Beträge.

Aber auch außerhalb der Immobiliarzwangsvollstreckung ist die Haftung des Grundstücks in Folge des in den Art. 6—8 des AG. z. CPO. n. F. den Verwaltungsbehörden eingeräumten Vollstreckungsrechts von Bedeutung.

4. Die zweijährige Frist ist keine Verjährungsfrist, sondern eine Präclusivfrist. Die Vorschriften des BGB. unter Hemmung und Unterbrechung der Verjährung gelten daher für sie nicht.

Art. 123. Die Staatskasse ist berechtigt, für ihre Ansprüche wegen fälliger öffentlicher Abgaben und Kosten eines Verfahrens die Eintragung einer Sicherungshypothek an den Grundstücken des Schuldners zu verlangen. Die Eintragung der Sicherungshypothek an mehreren Grundstücken darf nur soweit verlangt werden, daß der Werth der Grundstücke den zweifachen Betrag des zu sichernden Anspruchs erreicht; der Werth wird unter Abzug der Belastungen berechnet, welche der Sicherungshypothek im Range vorgehen.

Die Eintragung der Sicherungshypothek erfolgt auf das Ersuchen der Behörde, welcher die Beitreibung der Leistung obliegt.

I. 11 (E. 111), 60 Begr., 188 (Z.^{I} 111), 337 (Z.^{II} 111). II. 241, 421 — Becher IV V.^{I} 29, *126*, *571*, *669*, 695, *732*, *869*. IV. V.^{III} 9, *173*.

1. Art. 123 hat die Anlegung des Grundbuchs zur Voraussetzung. Bis zu diesem Zeitpunkt vgl. Art. 50 ff., 120 UG.

2. Der Anspruch auf Eintragung der Sicherungshypothek nach Art. 123 ist lediglich der Staatskasse, nicht auch den Gemeinden eingeräumt.

3. Unter öffentlichen Abgaben ist alles zu verstehen, was der Staat aus einem Titel des öffentlichen Rechtes zur Deckung seiner Bedürfnisse und zur Bestreitung der zur Erreichung des Staatszwecks erforderlichen Ausgaben aus dem Vermögen der Staatsbürger erhebt (OGH Bd. IX S. 606, 332, XII S. 476, XIV S. 519, so auch Böhm-Klein Anm. 3). Zu den öffentlichen Abgaben gehören nicht die sog. ärarialischen Holzgelder (vgl. Bl. f. RA. Bd. 66 S. 59, 149, 169).

Unter den Kosten eines Verfahrens sind diejenigen Kosten zu verstehen, welche dem Staate kraft öffentlichen Rechts geschuldet werden. Gleichgiltig ist, ob es sich um ein Verfahren vor den Civil- oder Strafgerichten oder den Verwaltungsbehörden handelt. Insbesondere ist der Anspruch des Staates auf die im Gerichtskostengesetz bestimmten Gebühren und Auslagen hierher zu rechnen.

Dagegen gehört nicht hierher der privatrechtliche Anspruch auf Kostenerstattung, der dem Staate daraus entsteht, daß sein Prozeßgegner zur Kostenerstattung verurtheilt wird.

4. Eine weitere Voraussetzung für die Eintragung der Sicherungshyothek ist, daß der Anspruch fällig ist. Daher kann z. B. wenn Jemand in einem Strafverfahren zur Kostentragung verurtheilt ist, bloß für die entstandenen Kosten des Strafverfahrens und des Strafvollzugs, dagegen nicht für die künftig entstehenden Kosten die Eintragung einer Sicherheitshypothek verlangt werden.

Ein die Summe von 300 M. übersteigender Betrag wird hier nicht vorausgesetzt.

Nicht zu verwechseln mit dem Anspruch auf Eintragung einer Sicherungshypothek nach Art. 123 ist der Fall, daß auf Grund eines für vollstreckbar erklärten Ausstandsverzeichnisses (Art. 6—8 AG. z. CPO.) die Erwirkung einer Sicherungshypothek nach Maßgabe der §§ 864 ff. CPO. erfolgt. Dieser Weg steht auch den Gemeinden offen.

Art. 124. Die aus Rechtsverhältnissen des öffentlichen Rechtes entstandenen Ansprüche des Staates, einer Gemeinde oder eines anderen Kommunalverbandes auf eine Geldzahlung erlöschen, soweit nicht ein Anderes vorgeschrieben ist, mit dem Ablaufe von drei Jahren, wenn die Thatsachen festgestellt sind, auf welchen der Anspruch beruht. Die Frist beginnt mit dem Schlusse des Kalenderjahrs, in welchem der Zeitpunkt eintritt, von dem an die Leistung auf Grund der festgestellten Thatsachen gefordert werden kann. Die Vorschriften über die Hemmung und die Unterbrechung der Verjährung finden entsprechende Anwendung.

Der Lauf der Frist wird auch durch die im Beitreibungsverfahren an den Pflichtigen gerichtete Aufforderung zur Zahlung unterbrochen.

Besteht für den Anspruch ein Pfandrecht oder eine Hypothek, so wird durch das Erlöschen des Anspruchs die Geltendmachung des Rechtes, Befriedigung aus dem verhafteten Gegenstande zu suchen, nicht gehindert.

I. 12 (E. 112), 60 Begr., 188 (Z.^{I} 112), 337 (Z.^{II} 112). II. 242, 421, 426 — Becher IV. V.^{I} 29, *126*, *573*, *669*, 695, *732*, *869*. IV. V.^{III} 9 *173*.

1. Der Ablauf der dreijährigen Frist bewirkt das Erlöschen des Anspruchs, er erzeugt nicht bloß eine Einrede, wie die privatrechtliche Verjährung (§ 222 BGB).

2. Ein Anderes kann vorgeschrieben sein entweder durch Reichsrecht (z. B. § 5 des Gerichtskostengesetzes) oder durch Landesrecht (Art. 11 AG. z. CPO. n. F.).

3. Nicht erforderlich ist, daß die geschuldete Leistung in das Erhebungssoll eingetragen ist, es müssen aber die Grundlagen des Anspruchs in solcher Weise festgestellt sein, daß der Betrag ohne Weiteres berechnet werden kann (OGH. IX S. 253, XI S. 768, XIV S. 691). Grund und Höhe des Anspruchs müssen daher außer Frage gestellt, der Anspruch in dieser Beziehung liquid sein.

4. Von welchem Zeitpunkt an die Leistung gefordert werden kann, bestimmt sich nach dem Gesetze, auf das der Anspruch sich gründet. Der Zeitpunkt, in dem der Anspruch liquid ist (Anm. 3), und der Termin, in welchem der Anspruch fällig ist, treffen nicht immer zusammen.

5. Die Verjährung wird durch Art. 124 nicht ausgeschlossen. Nur kann natürlich, wenn die Feststellung innerhalb der dreißig Jahre nicht erfolgt, die Präclusivfrist des Art. 124 nicht mehr in Frage kommen.

6. Hinsichtlich der Vorschriften über die Hemmung und Unterbrechung der Verjährung vgl. §§ 202 ff., 208 ff. BGB.

Die Stellung des Antrags auf Eintragung einer Vollstreckungshypothek unterbricht den Lauf der Frist (§ 209 Abs. 2 Ziff. 5 BGB), dagegen nicht der Antrag auf Eintragung einer Sicherungshypothek nach Art. 123.

7. Beitreibungsverfahren im Sinne des Abs. 2 ist nicht identisch mit dem Zwangsvollstreckungsverfahren, sondern ist in dem weiteren Sinne aufzufassen, daß auch das Mahnverfahren darunter fällt. Es genügt daher auch die bloß mündliche Aufforderung.

8. Zu Abs. 3 vgl. § 223 BGB.

Art. 125. Die aus Rechtsverhältnissen des öffentlichen Rechtes entstandenen Ansprüche gegen den Staat, eine Gemeinde oder einen anderen Kommunalverband auf eine Geldzahlung erlöschen, soweit nicht ein Anderes vorgeschrieben ist, mit dem Ablaufe von drei Jahren. Die Frist beginnt mit dem Schlusse des Kalenderjahrs, in welchem der Zeitpunkt eintritt, von dem an die Leistung gefordert werden kann. Die Vorschriften über die Hemmung und die Unterbrechung der Verjährung finden entsprechende Anwendung.

Das Erlöschen ist ausgeschlossen, wenn der Empfangsberechtigte sich vor dem Ablaufe der Frist bei der Kasse, welche die Zahlung zu leisten hat, zum Empfange meldet.

Diese Vorschriften gelten insbesondere auch für die Ansprüche auf Rückerstattung mit Unrecht erhobener Abgaben oder Kosten eines Verfahrens.

I. 12 (E. 113), 60 Begr., 189 (Z.I 113), 338 (Z.II 113). II. 245, 421 — Becher IV. V.I 30, *126*, *579*, *669*, 696, *732*, *869*. IV. V.III 9, *173*.

1. Voraussetzung ist, daß es sich um Ansprüche aus Rechtsverhältnissen des öffentlichen Rechts handelt. Die Bodenzinse gehören daher nicht hierher.

2. Durch die Meldung nach Abs. 2 wird das Erlöschen des Anspruchs ausgeschlossen; der Anspruch unterliegt dann der ordentlichen Verjährung von 30 Jahren.

3. Hinsichtlich der Zuständigkeit im Falle des Abs. 3 vgl. Böhm-Klein Anm. 4.

Art. 126. Die Vorschriften des Artikel 124 finden auf die Ansprüche der Kirchen, der Geistlichen und der sonstigen Kirchenbediensteten wegen der Gebühren für kirchliche Handlungen, auf die Ansprüche einer Genossenschaft des öffentlichen Rechtes auf Leistungen, die den Mitgliedern aus dem Genossenschaftsverband obliegen, sowie auf die Ansprüche auf Brückenzölle, Pflasterzölle und ähnliche Abgaben, die in Folge eines besonderen Rechtsverhältnisses an eine Privatperson zu entrichten sind, entsprechende Anwendung. An die Stelle der Feststellung der Thatsachen, auf welchen der Anspruch beruht, tritt die Fälligkeit des Anspruchs.

Auf die Ansprüche auf Rückerstattung mit Unrecht erhobener Leistungen der im Abs. 1 bezeichneten Art finden die Vorschriften des Artikel 125 Abs. 1 entsprechende Anwendung.

I. 155 (E. 113 a), 159 Begr., 189 (Z.^{I} 113 a), 338 (Z.^{II} 113 a). II. 421, 426 — Becher IV. V.^{I} 598, *603*, *669*, 696, *732*, *869*. IV. V.^{III} 9, *173*.

1. Unter den Gebühren für kirchliche Handlungen sind die sog. Stolgebühren, unter den bezeichneten Ansprüchen einer Genossenschaft des öffentlichen Rechts insbesondere die Ansprüche nach Art. 55 der rechtsrheinischen, Art. 40 der pfälzischen GdeO., nach Art. 13, 14 des Ges. vom 28. Mai 1852 über die Bewässerungs- und Entwässerungsunternehmungen, nach Art. 2 des Ges. vom 5. April 1889 über die Haltung und Körung von Zuchtstieren zu verstehen.

2. Die im Art. 124 Abs. 2 an die Einforderung der Leistung geknüpfte Unterbrechung des Laufes der Verjährung tritt hier nicht schon dann ein, wenn der Berechtigte den Verpflichteten zur Zahlung auffordert, sondern nur, wenn die für das Beitreibungsverfahren zuständige Behörde die Aufforderung erläßt.

Art. 127. Die Vorschriften der Artikel 124 bis 126 gelten auch für noch nicht verjährte Ansprüche, die vor dem Inkrafttreten des Bürgerlichen Gesetzbuchs entstanden sind. Die Vorschriften des Artikels 169 des Einführungsgesetzes zum Bürgerlichen Gesetzbuche finden entsprechende Anwendung.

I. 156 (E. 113 b), 159 Begr., 189 (Z.^{I} 113 b), 338 (Z.^{II} 113 b). II. 421, 426 — Becher IV. V.^{I} 598, *603*, *670*, 696, *732*, *869*. IV. V.^{III} 9. *173*.

Art. 169 EG. z. BGB.: Die Vorschriften des Bürgerlichen Gesetzbuchs finden auf die vor dem Inkrafttreten des Bürgerlichen Gesetzbuchs entstandenen, noch nicht verjährten Ansprüche Anwendung. Der Beginn sowie die Hemmung und Unterbrechung der Verjährung bestimmen sich jedoch für die Zeit vor dem Inkrafttreten des Bürgerlichen Gesetzbuchs nach den bisherigen Gesetzen.

Ist die Verjährungsfrist nach dem Bürgerlichen Gesetzbuche kürzer als nach den bisherigen Gesetzen, so wird die kürzere Frist von dem Inkrafttreten des Bürgerlichen Gesetzbuchs an berechnet. Läuft jedoch die in den bisherigen Gesetzen bestimmte längere Frist früher als die im Bürgerlichen Gesetzbuche bestimmte kürzere Frist ab, so ist die Verjährung mit dem Ablaufe der längeren Frist vollendet.

Vgl. Finanzministerial-Bekanntmachung vom 23. Dezember 1899 (JMBl. 1900 S. 481, abgedruckt bei Art. 136).

Art. 128. Die Grundgefälle des Staates und der Ablösungskasse sowie die an deren Stelle getretenen Lasten bedürfen zur Erhaltung der Wirksamkeit gegenüber dem öffentlichen Glauben des Grundbuchs nicht der Eintragung in das Grundbuch.

Die Vorschriften der Artikel 123, 124, 127 gelten auch für die wiederkehrenden Leistungen aus den im Abs. 1 bezeichneten Lasten.

I. 12 (E. 114), 61 Begr., 156, 159, 189 (Z.I 114), 339 (Z.II 114). II. 245, 385, 421 — Becher IV. V.I 30, *129, 580*, 596, *671*, 696, *732, 869*. IV. V.III 9, *173*.

Vgl. Art. 27 Abs. 2 AG. z. GBO.

Angelegenheiten der freiwilligen Gerichtsbarkeit.

Art. 129. Die Vorschriften der §§ 2 bis 27, 29 bis 34 und des § 199 Abs. 2 des Gesetzes über die Angelegenheiten der freiwilligen Gerichtsbarkeit gelten, soweit nicht ein Anderes vorgeschrieben ist, auch für diejenigen Angelegenheiten der freiwilligen Gerichtsbarkeit, für welche die landesgesetzlichen Vorschriften maßgebend sind. Eine Anfechtung der Entscheidungen des Obersten Landesgerichts als Beschwerdegerichts findet nicht statt.

I. 12 (E. 115), 62 Begr., 190 (Z.I 115), 339 (Z.II 115). II. 246, 422 — Becher IV. V.I 30, *130, 582, 671*, 696, *732, 870*. IV. V.III 9, *173*.

1. Auf dem Gebiete der freiwilligen Gerichtsbarkeit bleiben neben den Vorschriften der Reichsgesetze, insbesondere des Gesetzes über die Angelegenheiten der freiwilligen Gerichtsbarkeit sowie der Grundbuchordnung, die Landesgesetze vor allem für diejenigen Angelegenheiten maßgebend, die außerhalb des Bereichs der Reichsgesetzgebung liegen.

Zu diesen Angelegenheiten gehören insbesondere:

a) die Verrichtungen des Fideikommißgerichts (Beilage VII zur Verfassungsurkunde und Verordnung vom 3. März 1857) und die nach dem Gesetze vom 22. Februar 1855 über die landwirthschaftlichen Erbgüter den Gerichten obliegenden Verrichtungen;

b) die Verrichtungen, welche in standesherrlichen Vormundschaftssachen durch § 10 Abs. 1 der IV. Beilage zur Verfassungsurkunde den Gerichten zugewiesen sind;

c) die den Gerichten durch die Gesetze vom 21. April 1884 über die Landeskulturrentenanstalt in der Fassung vom 30. Mai 1900 und vom 29. Mai 1886 über die Flurbereinigung in der Fassung vom 30. Juli 1899 übertragenen Verrichtungen;

d) die Feststellung der Unschädlichkeit gewisser Aenderungen des Gegenstandes von Hypotheken und anderen Rechten (Gesetz vom 1. Juli 1898);

e) die Feststellung des Bestehens von Realgewerbeberechtigungen;

f) die amtliche Ermittelung des Werthes von Grundstücken (Art. 87);

g) die Feststellung des Datums einer Privaturkunde (Art. 33 AG. z. CPO. n. F.; Art. 129, 172 Geb. Ges.);

h) die Rechtshülfe in Angelegenheiten, die vor nicht deutschen Behörden anhängig sind, z. B. die Vernehmung von Zeugen, die Abnahme von Eiden in ausländischen Nachlaßsachen (vgl. auch Art. 3 Not.G.);

i) gewisse den Notaren zugewiesene Verrichtungen, z. B. die Ausstellung von Lebenszeugnissen, die Beglaubigung von Abschriften (Art. 1, 33 Not.Ges.).

Die Landesgesetze sind ferner für diejenigen Angelegenheiten der freiwilligen Gerichtsbarkeit maßgebend, die sich auf Rechtsverhältnisse beziehen, für welche nach den Bestimmungen des EG. z. BG. das Landesrecht in Geltung bleibt, insbesondere für die Anlegung des Grundbuchs und für die Verrichtungen des Registergerichts bei den registrirten Gesellschaften nach dem Gesetz vom 29. April 1869 die Erwerbs- und Wirtschaftsgesellschaften bet.- (Art. 165 EG. z. BGB., vgl. die Bekanntmachung von 24. Dezember 1899 die Registerführung bei den Amtsgerichten betr. JMBl. 1899 S. 789 ff.).

2. Die §§ 1—34 des Gesetzes über die Angelegenheiten der freiwilligen Gerichtsbarkeit vom 17. Mai 1898 enthalten die „allgemeinen" Vorschriften über diese Materie. Unanwendbar sind § 1, weil dessen Vorschrift durch Art. 129 ersetzt ist, und § 28, wonach über die weitere Beschwerde das Oberlandesgericht entscheidet, weil die Vorschrift dieses Paragraphen durch Art. 167 Ziff. XII ersetzt ist.

Von den für anwendbar erklärten Paragraphen treffen Vorschriften:

a) § 2 über die Leistung der Rechtshülfe, (vgl. Bekanntmachung vom 22. Januar 1901, die Kosten der Rechshülfe in der freiwilligen Gerichtsbarkeit betr. [G.- u. V.-Bl. S. 143, JMBl. S. 266] und vom 16. April 1901, die auf Ersuchen der Behörden eines anderen Bundesstaats erfolgende Einziehung von Kosten in Angelegenheiten der freiwilligen Gerichtsbarkeit und in Grundbuchsachen [JMBl. S. 319]),

b) §§ 3—5, 7 über die örtliche Zuständigkeit,

c) §§ 6, 7 über die Ablehnung und Ausschließung des Richters,

d) §§ 8, 9 über Gerichtssprache, Sitzungspolizei, Berathung und Abstimmung,

e) § 10 über die Gerichtsferien,

f) § 11 über die Abgabe von Erklärungen zu Protokoll des Gerichtsschreibers,

g) § 12 über den Offizialbetrieb,

h) § 13 über die Zulassung von Bevollmächtigten und Beiständen,

i) § 14 über das Armenrecht,

k) § 15 über den Beweis durch Zeugen und Sachverständige und über die Glaubhaftmachung,

l) § 16 über den Eintritt der Wirksamkeit gerichtlicher Verfügungen und die Form ihrer Bekanntmachung,

m) § 17 über die Berechnung von Fristen,

n) § 18 über die Abänderung gerichtlicher Verfügungen,

o) §§ 19—30 über das Rechtsmittel der Beschwerde und der weiteren Beschwerde,

p) § 31 über die Rechtskraftszeugnisse,

q) § 32 über die Folgen der Aufhebung einer Verfügung,

r) § 33 über die Androhung von Ordnungsstrafen, bez. deren Vollstreckung vgl. Art. 285, 287 Geb.=Ges.,

s) § 34 über die Einsicht in die Gerichtsakten und Ertheilung von Abschriften.

3. Die erwähnten Bestimmungen des GFG. gelten nur, soweit nicht ein Anderes vorgeschrieben ist, vgl. z. B. § 94 Hyp.G. bezüglich der sofortigen weiteren Beschwerde in Hypothekensachen. Diese ist, im Gegensatz zur Frist des Art. 64 AG. z. CPO. ä. F. nunmehr gemäß § 29 Abs. 4, § 22 GFG. an eine zweiwöchige Frist gebunden (vgl. Beschluß des OGH. vom 8. März 1900 Samml. I 150, 378 Bl. f. RA. Bd. 65 S. 148); ferner ist nach Art. 8 des Gesetzes vom 1. Juli 1898 über das Unschädlichkeitszeugniß die Beschwerde gegen die Feststellung der Unschädlichkeit ausgeschlossen u. s. w.

4. Hinsichtlich der Zustellungen vgl. JMBek. vom 16. Dezember 1899, die Ausführung der Zustellungen von Amtswegen betr. (JMBl. S. 475), JMBek. vom 15. Dezember 1899, die Vornahme von Zustellungen in den Wohnungen von Personen, die der inländischen Gerichtsbarkeit nicht unterworfen sind betr., (JMBl. 515) und JMBek. vom 26. Dezember 1899, die Niederlegung von Schriftstücken im Zustellungsverfahren betr. (JMBl. 1900 S. 110).

Art. 130. In den Angelegenheiten der freiwilligen Gerichtsbarkeit ist, soweit nicht ein Anderes vorgeschrieben ist, die Anwendung unmittelbaren Zwanges zum Vollzug einer Verfügung zulässig, durch welche die Herausgabe einer Sache oder der Person eines Kindes, Mündels oder Pflegebefohlenen oder eine Maßregel angeordnet wird, deren Ausführung die Anwendung unmittelbaren Zwanges erfordert.

Die Zwangsmaßregeln werden von dem Gericht erster Instanz angeordnet.

Wird die herauszugebende Person oder Sache nicht vorgefunden, so kann der zur Herausgabe Verpflichtete zur Leistung des Offenbarungseids angehalten werden. Die Vorschriften des § 883 Abs. 2, 3, des § 900 Abs. 1 und der §§ 901, 902, 904 bis 910, 912, 913 der Civilprozeßordnung finden entsprechende Anwendung.

I. 156 (115 a), 159 Begr., 190 (3.I 115 a), 339 (3.II 115 a). II. 422, 426 Becher IV. V.I 598, *604, 671*, 696, *734, 871*. IV. V.III 9, *175*.

§ 883 Abs. 2, 3 CPO.: Wird die herauszugebende Sache nicht vorgefunden, so ist der Schuldner verpflichtet, auf Antrag des Gläubigers den Offenbarungseid dahin zu leisten:

dass er die Sache nicht besitze, auch nicht wisse, wo die Sache sich befinde.

Das Gericht kann eine der Lage der Sache entsprechende Aenderung der vorstehenden Eidesnorm beschliessen.

§ 900 Abs. 1 CPO.: Das Verfahren beginnt mit der Ladung des Schuldners zur Leistung des Offenbarungseides.

§ 901 CPO.: Gegen den Schuldner, welcher in dem zur Leistung des Offenbarungseides bestimmten Termin nicht erscheint oder die Leistung des Eides ohne Grund verweigert, hat das Gericht zur Erzwingung der Eidesleistung auf Antrag die Haft anzuordnen.

§ 902 CPO.: Der verhaftete Schuldner kann zu jeder Zeit bei dem Amtsgerichte des Haftortes beantragen, ihm den Eid abzunehmen. Dem Antrag ist ohne Verzug stattzugeben.

Nach der Leistung des Eides wird der Schuldner aus der Haft entlassen und der Gläubiger hiervon in Kenntniss gesetzt.

§ 904 CPO.: Die Haft ist unstatthaft:

1. gegen Mitglieder einer deutschen gesetzgebenden Versammlung während der Sitzungsperiode, sofern nicht die Versammlung die Vollstreckung genehmigt;

2. gegen Militärpersonen, welche zu einem mobilen Truppentheil oder zur Besatzung eines in Dienst gestellten Kriegsfahrzeugs gehören;

3. gegen den Schiffer, die Schiffsmannschaft und alle übrigen auf einem Seeschiff angestellten Personen, wenn das Schiff zum Abgehen fertig (segelfertig) ist.

§ 905 CPO.: Die Haft wird unterbrochen:

1. gegen die Mitglieder einer deutschen gesetzgebenden Versammlung für die Dauer der Sitzungsperiode, wenn die Versammlung die Freilassung verlangt;

2. gegen Militärpersonen, welche zu einem mobilen Truppentheil oder auf ein in Dienst gestelltes Kriegsfahrzeug gehören, für die Dauer dieser Verhältnisse.

§ 906 CPO.: Gegen einen Schuldner, dessen Gesundheit durch die Vollstreckung der Haft einer nahen und erheblichen Gefahr ausgesetzt wird, darf, solange dieser Zustand dauert, die Haft nicht vollstreckt werden.

§ 907 CPO.: Die Haft wird in einem Raume vollstreckt, in welchem nicht zugleich Untersuchungs- oder Strafgefangene sich befinden.

§ 908 CPO.: Das Gericht hat bei Anordnung der Haft einen Haftbefehl zu erlassen, in welchem der Gläubiger, der Schuldner und der Grund der Verhaftung bezeichnet wird.

§ 909 CPO.: Die Verhaftung des Schuldners erfolgt durch einen Gerichtsvollzieher. Der Haftbefehl muss bei der Verhaftung dem Schuldner vorgezeigt und auf Begehren abschriftlich mitgetheilt werden.

§ 910 CPO.: Bei der Verhaftung eines Beamten, eines Geistlichen oder eines Lehrers an öffentlichen Unterrichtsanstalten ist der vorgesetzten Dienstbehörde von dem Gerichtsvollzieher Anzeige zu machen. Die Verhaftung darf erst erfolgen, nachdem die vorgesetzte Behörde für die dienstliche Vertretung des Schuldners gesorgt hat. Die Behörde ist verpflichtet, ohne Verzug die erforderlichen Anordnungen zu treffen und den Gerichtsvollzieher hiervon in Kenntniss zu setzen.

§ 912 CPO.: Soll die Haft gegen eine dem aktiven Heere oder der aktiven Marine angehörende Militärperson vollstreckt werden, so hat das Gericht die vorgesetzte Militärbehörde um die Vollstreckung zu ersuchen.

§ 912 CPO.: Die Haft darf die Dauer von sechs Monaten nicht übersteigen. Nach Ablauf der sechs Monate wird der Schuldner aus der Haft entlassen.

1. Herausgabe einer Sache: z. B. eines Erbscheines, dessen Einziehung nach § 2361 Abs. 1 BGB. angeordnet ist (vgl. § 46 der Bekanntmachung vom 31. Dezember 1899 das Nachlaßwesen betr.).

2. Die Herausgabe eines Kindes u. s. w. kommt insbesondere in den Fällen der §§ 1635 Abs. 1, 1666 Abs. 1, 1838 BGB. in Betracht.

3. Direkter Zwang kann auch erforderlich werden in den Fällen der §§ 1631 Abs. 2, 1636 BGB.

4. Vgl. § 201 der Bekanntmachung vom 28. April 1900, die Geschäftsanweisung für Gerichtsvollzieher betr. (JMBl. S. 621 ff.)

Art. 131. In den Angelegenheiten der freiwilligen Gerichtsbarkeit, mit Einschluß der Grundbuchsachen, sind die Kosten, soweit nicht besondere Vorschriften bestehen, von demjenigen zu tragen, in dessen Angelegenheit die amtliche Verrichtung stattfindet. Die einem anderen Betheiligten entstandenen Kosten sind diesem zu erstatten, soweit die gemachten Aufwendungen zur zweckentsprechenden Erledigung der Angelegenheit nothwendig waren.

Die durch einen unbegründeten Antrag, eine unbegründete Beschwerde oder durch Verschulden eines Betheiligten verursachten Kosten, mit Einschluß der Aufwendungen eines anderen Betheiligten, soweit diese den Umständen nach nothwendig waren, fallen dem Betheiligten zur Last, der sie verursacht hat. Die Vorschriften des § 91 Abs. 1 Satz 2, des § 100 Abs. 1, 2 und des § 102 der Civilprozeßordnung finden entsprechende Anwendung.

I. 156 (115 b), 159 Begr., 190 (Z.I 115 b), 339 (Z.II 115 b). II. 122, 426 Becher IV. V.I 599, *604*, *672*, 697, *734*, *871*. IV. V.III 9, *173*.

§ 91 Abs. 1 Satz 2 CPO : Die Kostenerstattung umfasst auch die Entschädigung des Gegners für die durch nothwendige Reisen oder durch die nothwendige Wahrnehmung von Terminen entstandene Zeitversäumniss; die für die Entschädigung von Zeugen geltenden Vorschriften finden entsprechende Anwendung.

§ 100 Abs. 1, 2 CPO.: Besteht der unterliegende Theil aus mehreren Personen, so haften dieselben für die Kostenerstattung nach Kopftheilen.

Bei einer erheblichen Verschiedenheit der Betheiligung am Rechtsstreite kann nach dem Ermessen des Gerichts die Betheiligung zum Massstabe genommen werden.

§ 102 CPO.: Gerichtsschreiber, gesetzliche Vertreter, Rechtsanwälte und andere Bevollmächtigte sowie Gerichtsvollzieher können durch das Prozessgericht auch von Amtswegen zur Tragung derjenigen Kosten verurtheilt werden, welche sie durch grobes Verschulden veranlasst haben.

Die Entscheidung kann ohne mündliche Verhandlung erfolgen. Vor der Entscheidung sind die Betheiligten zu hören.

Gegen die Entscheidung findet sofortige Beschwerde statt.

1. Besondere Vorschriften enthalten z. B. die §§ 138, 152 GFG., ferner die §§ 1034, 1035, 1038, 1067 Abs. 1, 1372 Abs. 2,

1528 Abs. 2, 1550, 1667 Abs. 3, 1672 Abs. 2, 1844 Abs. 3, 2061 Abs. 2, 2121 Abs. 4, 2122, 2314 Abs. 2 BGB. In Angelegenheiten, die den Erben als solchen treffen, entstandene Kosten gehören zu den Nachlaßverbindlichkeiten (§ 1967 Abs. 2 BGB.).

2. Beantragt der Vater die Hinausgabe von Kindesvermögen zum Unterhalte des Kindes, so treffen die Kosten der weiteren Beschwerde ihn, auch wenn dieselbe begründet ist (Samml. I 317).

3. Vgl. auch Art. 132.

Art. 132. Die Kosten des im Artikel 104 bezeichneten Verfahrens fallen, soweit sie durch das gemeinschaftliche Verfahren entstehen, bei der Auseinandersetzung in Ansehung eines Nachlasses dem Nachlasse, bei der Auseinandersetzung in Ansehung des Gesammtguts einer aufgehobenen ehelichen oder fortgesetzten Gütergemeinschaft dem Gesammtgute zur Last.

I. 156 (115c), 159 Begr., 190 (Z.I 115c), 339 (Z.II 115c). II. 422, 426 — Becher IV. V.I 599, *604*, *672*, 697, *734*, *871*. IV. V.III 9, *173*.

Art. 132 trifft nur bezüglich der Kosten eine Vorschrift, welche durch das gemeinschaftliche Verfahren entstehen. Hiervon sind die durch die Theilnahme der einzelnen Betheiligten, z. B. durch Aufstellung eines Rechtsanwalts entstandenen Kosten zu unterscheiden.

Art. 133. Die Kosten, welche einem Betheiligten zu erstatten sind, werden auf Antrag durch das Gericht erster Instanz, in Vormundschaftssachen, falls ein Familienrath bestellt ist, durch den Vorsitzenden festgesetzt. Gegen die Verfügung, durch welche die Festsetzung erfolgt, findet die sofortige Beschwerde statt.

Aus der Verfügung, durch welche die zu erstattenden Kosten festgesetzt werden, findet die Zwangsvollstreckung nach den Vorschriften statt, welche für die Zwangsvollstreckung aus den in bürgerlichen Rechtsstreitigkeiten erlassenen Kostenfestsetzungsbeschlüssen gelten.

I. 156 (115d), 159 Begr., 190 (Z.I 115d), 339 (Z.II 115d). II. 422, 426 — Becher IV. V.I 599, *604*, *672*, 697, *734*, *871*. IV. V.III 9, *173*.

Einsicht des Grundsteuerkatasters, des Bergwerksverleihungsbuchs und der Fideikommißmatrikel.

Art. 134. Die Einsicht des Grundsteuerkatasters und des Verleihungsbuchs der Bergbehörde ist Jedem gestattet. Von den Eintragungen kann eine Abschrift gefordert werden;

die Abschrift ist auf Verlangen zu beglaubigen. Von den zu dem Kataster oder den Büchern gehörigen Plänen und Messungsverzeichnissen können Auszüge gefordert werden; die Auszüge sind auf Verlangen zu beglaubigen.

Auf das Recht, von der Fideikommißmatrikel, den Urkunden, auf die in der Fideikommißmatrikel zur Ergänzung einer Eintragung Bezug genommen ist, und den noch nicht erledigten Eintragungsanträgen Einsicht zu nehmen und von den Eintragungen, den Urkunden und den Anträgen Abschrift zu fordern, finden die für das Grundbuch, die Urkunden, auf die im Grundbuche zur Ergänzung einer Eintragung Bezug genommen ist, und die noch nicht erledigten Anträge auf Eintragung in das Grundbuch geltenden Vorschriften entsprechende Anwendung.

I. 13 (E. 122), 64 Begr., 191 (Z.I 122), 341 (Z.II 122). II. 248, 386, 422 – Becher V. V.I 32, *134*, *585*, 596, *672*, 697, *734*, *871*. IV. V.III 9, *173*.

1. Nach § 11 GBO. „ist die Einsicht des Grundbuchs Jedem gestattet, der ein berechtigtes Interesse darlegt. Das Gleiche gilt von Urkunden, auf die im Grundbuche zur Ergänzung einer Eintragung Bezug genommen ist, sowie von den noch nicht erledigten Eintragungsanträgen. Soweit die Einsicht des Grundbuchs, der im Abs. 1 bezeichneten Urkunden und der noch nicht erledigten Eintragungsanträge gestattet ist, kann eine Abschrift gefordert werden; die Abschrift ist auf Verlangen zu beglaubigen".

Aenderungen der seit 1818 erlassenen Gesetze.

Art. 135. Die Verfassungsurkunde vom 26. Mai 1818 wird dahin geändert:

I. Titel V § 4 Abs. 2 Nr. 4 und § 5 werden aufgehoben.

II. In der VII. Beilage erhält

1. der § 14 Abs. 3 folgende Fassung:

Die Anfechtung der Entscheidungen richtet sich nach den für die Beschwerde in Angelegenheiten der freiwilligen Gerichtsbarkeit geltenden Vorschriften.

2. Der § 28 Satz 2 und der § 109 werden aufgehoben.

III. Die VIII. Beilage wird aufgehoben.

In der Pfalz können Familienfideikommisse auch in Zukunft nicht errichtet werden.

I. 67 (E. 1), 88 **Begr.**, 195 (Z.^{I} 1), 342 (Z.^{II} 122). II. 253, 427, 429 -- Becher IV. V.^{II} 1. *41, 131*, 365, *369*, 390, *421, 436, 533*. IV. V.^{III} 9, *174*.

1. Durch Ziffer I und III werden die letzten Reste der Siegelmäßigkeitsrechte aufgehoben.

2. Zu Ziffer II[1]. § 14 Abs. 3 lautete in der bisherigen Fassung: „Gegen die Entschließungen der Appellationsgerichte in Fideikommißsachen finden Rechtsmittel, wie in streitigen Rechtssachen statt.“

Vgl. nunmehr Art. 129 AG. z. BGB.; Art. 36 Ziff. 1, Art. 42 AG. z. GBG.

3. Zu Ziffer II[2]:

§ 28 lautete bisher:

„Wenn sich gleich bei der Errichtung oder bei den nur bedingt bestätigten Fideikommissen in der Folge ein Mangel an dem zur Gründung eines Familienfideikommisses nothwendigen Vermögen bezeigt, so können diejenigen, welche zum Fideikommisse berufen sind, das Mangelnde entweder aus eigenem Vermögen oder durch Verwendung der Früchte zur Vermehrung der Substanz nach der in § 10 enthaltenen Bestimmung ergänzen und hierdurch die fideikommissarische Disposition aufrecht erhalten.

Kann die Disposition als Familien-Fideikommiß nicht bestehen, so bleibt sie als fideikommissarische Substitution (§ 109) gültig.“

§ 109: „Jeder bayerische Unterthan kann durch rechtsgültige Handlungen unter Lebenden und von Todeswegen über sein Vermögen so verfügen, daß derjenige, welcher es erhält, verpflichtet ist, dasselbe nach seinem Tode oder in anderen bestimmten Fällen dem ernannten Nachfolger zu überlassen“.

Die Vorschrift des § 109 ist durch die §§ 2109, 2162, 2163, 2210 BGB. ersetzt. Inwieweit eine nicht als Fideikommißerrichtung wirksame Anordnung als ein anderes Rechtsgeschäft wirksam bleibt, bestimmt sich künftighin nach den Vorschriften des BGB. (vgl. § 140 BGB.).

Im Hinblick auf Art. 213 EG. z. BGB. ist die Wirksamkeit einer fideikommissarischen Substitution gemäß §§ 28 Abs. 2, 109 nach den bisherigen Vorschriften zu beurtheilen, wenn der Erblasser vor dem Inkrafttreten des BGB. gestorben ist, dagegen ohne Rücksicht auf die Zeit der Errichtung nach den Vorschriften des BGB., wenn er nach dessen Inkrafttreten gestorben ist.

4. Zu beachten ist die Fassung des Abs. 2: „In der Pfalz können Familienfideikommisse auch in Zukunft nicht mehr errichtet werden“. Daher können in der Pfalz gelegene Vermögenstheile auch nicht einem im rechtsrheinischen Bayern gelegenen Familienfideikommiß angegliedert werden. Wohl aber kann ein Pfälzer im rechtsrheinischen Bayern ein Familienfideikommiß errichten.

Art. 136. Das Gesetz vom 15. August 1828, die allgemeine Grundsteuer betreffend, in der Fassung der Bekanntmachung vom 10. Juni 1881 wird dahin geändert:

I. Als § 71a werden folgende Vorschriften eingestellt:

Die Umschreibung eines Grundstücks auf einen neuen Besitzer setzt den Nachweis voraus, daß der neue Besitzer Eigenthümer des Grundstücks ist.

Die Umschreibung auf den neuen Besitzer erfolgt, wenn zu dem Erwerbe des Eigenthums die Eintragung in das Grundbuch erforderlich ist, auf Grund der Eintragung im Grundbuche. In den übrigen Fällen muß das Eigenthum des neuen Besitzers in der für die Eintragung in das Grundbuch vorgeschriebenen Weise nachgewiesen werden.

Zur Eintragung einer Aenderung in dem Bestand eines Grundstücks, abgesehen von der Vereinigung ganzer Grundstücke, insbesondere zur Eintragung einer Theilung, ist die Vorlage eines von der Messungsbehörde angefertigten Planes, in welchem die Aenderung ersichtlich gemacht ist, und eines Auszugs aus dem Messungsverzeichniß erforderlich.

II. Der § 72 erhält folgende Fassung:

Jede Aenderung, durch die nach § 71 eine Umschreibung veranlaßt wird, ist bei der Umschreibbehörde anzumelden.

Die Anmeldepflicht obliegt bei Aenderungen, zu denen die Eintragung in das Grundbuch erforderlich ist, den Grundbuchämtern, bei anderen Aenderungen den Behörden oder Notaren, von welchen eine die Aenderung betreffende Urkunde aufgenommen oder eine die Aenderung betreffende Entscheidung erlassen wird, im Falle einer neuen Messung der Messungsbehörde, in den übrigen Fällen den Parteien.

Die Art der Anmeldung wird durch Ministerialvorschrift bestimmt.

III. Der § 73 Abs. 1 erhält folgende Fassung:

Unterlassen die Parteien die ihnen nach § 72 Abs. 2 obliegende Anmeldung, so hat die Umschreibbehörde sie unter Festsetzung einer Frist von mindestens zwei Wochen und Androhung der im § 74 bestimmten Ordnungsstrafe zu der Anmeldung aufzufordern.

IV. Der § 81 erhält folgenden Abs. 3:

Ueberläßt der Eigenthümer das Grundstück einem Anderen ohne Uebertragung des Eigenthums zum Eigenbesitze, so bleibt er neben dem Besitzer für die Grundsteuer haftbar.

V. Der § 116 Abs. 2, 3 wird aufgehoben.

I. 67 (E. 2), 88 Begr., 196 (Z.^{I} 2), 342 (Z.^{II} 122[2]). II. 257, 429 — Becher IV. V^{II} 2, *42*, *139*, *369*, 390, *421*, *441*, 529, *533*. IV. V.^{III} 9, *176*

Die Finanzministerial-Bekanntmachung vom 23. Dezember 1899 (JMBl. 1900 S. 481):

Nach Art. 177 des Ausführungsgesetzes zum Bürgerlichen Gesetzbuche vom 9. Juni 1899 (Beilage I zum Allerhöchsten Landtagsabschiede vom 10. Juni 1899, G.- u. VBl. S. 299) bleiben die in Art. 136 Abs. 1—4 dieses Gesetzes abgeänderten Vorschriften des Grundsteuergesetzes vom $\frac{\text{15. August 1828}}{\text{19. Mai 1881}}$ in Kraft, bis das Grundbuch als angelegt anzusehen ist.

Im Einvernehmen mit den K. Staatsministerien der Justiz und des Innern wird darauf aufmerksam gemacht, dass in Folge dessen auch die Bekanntmachung zum Vollzuge des Grundsteuergesetzes vom 29. Januar 1882 (G.- u. VBl. S. 49) bis zu dem gleichen Zeitpunkte, jedoch mit dem Abmasse giltig bleibt, dass die Bestimmung im Schlusssatze des § 3 Ziffer II derselben nur für den Fall eines Verfahrens nach bisherigem Rechte noch zutreffen wird.

Zugleich wird darauf hingewiesen, dass die durch Art. 136 Nr. 5 und Art. 137 des Ausführungsgesetzes aufgehobenen Vorschriften im § 116 Abs. 2, 3 des Grundsteuergesetzes und im § 37 Abs. 2, 3 des Haussteuergesetzes vom $\frac{\text{15. August 1828}}{\text{19. Mai 1881}}$ durch die Bestimmungen in Art. 124 und 125 des Ausführungsgesetzes nach Massgabe des Art. 127 desselben und zwar gemäss Art. 176 des gleichen Gesetzes mit Beginn vom 1. Januar 1900 an ersetzt werden.

1. Zu Ziffer I:

a) Zum Erwerbe des Eigenthums ist die Eintragung in das Grundbuch erforderlich in den Fällen der §§ 873, 925, 927 Abs. 2

BGB. Auch die Verurtheilung des bisherigen Eigenthümers zur Abgabe der Auflassungserklärung ist hierher zu rechnen.

b) Zu den „übrigen Fällen" zählt z. B. der Erwerb buchungsfreier Grundstücke durch eine nicht buchungspflichtige Person, der Erwerb durch Erbgang, durch Gütergemeinschaft (§ 1438 BGB.), durch Zwangsversteigerung, Zwangsenteignung, Flurbereinigung u. s. w.

Der Nachweis ist in diesen Fällen nach Maßgabe des §§ 22 Abs. 1. 29, 34, 36, 39 GBO., Art. 16 AG. z. GBO. zu führen.

c) Die Vorlage der im Abs. 3 bezeichneten Pläne u. s. w. ist nicht erforderlich bei der Vereinigung ganzer Grundstücke, d. h. weder dann, wenn mehrere Grundstücke zu einem Grundstücke vereinigt werden, noch dann, wenn ein Grundstück zum Bestandtheil eines anderen erklärt wird (§ 890 BGB.).

d) Zu den Aenderungen im Bestande eines Grundstückes sind auch Aenderungen der Bebauungsart zu rechnen.

2. Zu Ziffer II: vgl Ia.

Die im Abs. 3 bezeichnete Ministerialvorschrift ist noch nicht erlassen; daher gelten noch die bisherigen Vollzugsvorschriften vom 29. Januar 1882.

3. Zu Ziffer V: Die aufgehobenen Vorschriften sind durch die Art. 122—125 AG. z. BGB. ersetzt.

Ziffer V gilt bereits seit 1. Januar 1900.

Art. 137. In dem Gesetze vom 15. August 1828, die allgemeine Haussteuer betreffend, in der Fassung der Bekanntmachung vom 10. Juni 1881 wird der § 37 Abs. 2, 3 aufgehoben.

I 67 (E. 3), 88 Begr., 197 (Z.I 3), 343 (Z.II 122[3]). II. 260, 429, 471, 567 — Becher IV. V.III 2, *44*, *145*, *369*, 391 *447* *533*, IV. V.III 9, *176*.

Die aufgehobenen Vorschriften sind durch die Art. 122, 124, 125 AG. z. BGB. ersetzt, vgl. Finanzministerial-Bekanntmachung vom 23. Dezember 1899 (abgedruckt bei Art. 136).

Art. 138. Das Forststrafgesetz für die Pfalz vom 28. Dezember 1831 in der Fassung der Bekanntmachung vom 2. Oktober 1879 und des Gesetzes vom 17. Juni 1896 wird dahin geändert:

I. Im Artikel 8 wird der Satz 2 durch folgenden Abs. 2 ersetzt:

Diese Verfügung ist jedoch in Betreff der Strafe auf Personen einer und derselben Familie

(Artikel 13 Abs. 1 Ziff. 1 bis 5) nicht anwendbar, welche gemeinschaftlich einen Forstfrevel nach Art. 19, 22 oder 23 begehen; diese werden solidarisch in die Strafe verurtheilt. In dem Urtheil oder den Strafbefehlen ist auszusprechen, gegen welchen oder welche Frevler die Umwandlung der Geldstrafe in Haftstrafe einzutreten hat, wenn erstere nicht beigetrieben werden kann. Geschieht die Umwandlung gleichzeitig gegen mehrere dieser Frevler, so darf dennoch die von den Einzelnen zu erstehende Haft zusammengerechnet die nach Art. 5 der Geldstrafe entsprechende Dauer nicht überschreiten.

II. Der Artikel 13 Abs. 1 erhält folgende Fassung:

Als civilverantwortlich sind außer dem Forstfrevler vorzuladen und als haftbar für Geldstrafe, Werth- und Schadensersatz, dann für die Kosten — vorbehaltlich des Rückgriffs, wo ein solcher statthat, — mitzuverurtheilen:

1) die Ehemänner wegen der Frevel ihrer bei ihnen wohnenden Ehefrauen;
2) die Väter und nach ihrem Tode die Mütter wegen der Frevel ihrer bei ihnen wohnenden und noch unverheiratheten Kinder (leibliche Kinder, Stief-, Adoptiv- und Pflegekinder);
3) die Vormünder und Pfleger sowie überhaupt diejenigen, welchen Minderjährige in Pflege gegeben sind, wegen der Frevel der bei ihnen wohnenden Pflegebefohlenen;
4) die Dienstherrschaften wegen der Frevel ihrer bei ihnen wohnenden Dienstboten;
5) die Lehrmeister und Gewerbsleute wegen der Frevel ihrer Zöglinge, Gesellen und Gehilfen, solange diese Personen unter ihrer Aufsicht stehen;
6) die Geschäftsgeber wegen der Frevel ihrer Arbeiter und Geschäftsträger, wenn der Frevel in oder bei der Ausführung der aufgetragenen oder anvertrauten Verrichtungen geschah.

III. Im Artikel 16 wird
1. der Eingang des Abs. 1 dahin geändert:
Die öffentliche Klage wegen Forstfrevels verjährt:
2. der Abs. 3 aufgehoben.

IV. Im Artikel 26 erhält der Abs. 4 folgenden Zusatz:
Hiebei finden die Bestimmungen des Art. 8 Abs. 2 Satz 2 und 3 gleichmäßige Anwendung.

V. Der Artikel 66 erhält folgende Fassung:
Die Vorladung des Angeklagten sowie der civilverantwortlichen Person muß enthalten:
1) Namen, Stand, Wohn- oder Aufenthaltsort des Vorzuladenden;
2) eine kurze Bezeichnung der Forstrügesache;
3) die beantragte Strafe und Entschädigung;
4) Tag und Stunde der Verhandlung;
5) den Hinweis darauf, daß gegen den Angeklagten und gegen die civilverantwortliche Person auch dann, wenn weder sie noch Bevollmächtigte erscheinen, zur Hauptverhandlung geschritten würde.

VI. Der Artikel 67 erhält folgende Fassung:
Die Zustellung der Vorladung hat wenigstens drei Tage vor der Sitzung zu geschehen.
In Fällen, in denen Gefahr auf Verzug ist, kann der Richter die Abkürzung der im Abs. 1 bestimmten Frist verfügen; von der Verfügung ist in der Vorladung Mittheilung zu machen.

VII. Der Artikel 91 erhält folgende Abs. 2, 3:
Für die durch den Gerichtsdiener erfolgenden Zustellungen in dem Verfahren vor den Amtsgerichten kann das Staatsministerium der Justiz anordnen, daß das Schriftstück offen übergeben wird, und eine abgekürzte Beurkundung in tabellarischer Form vorschreiben.
Das offen zu übergebende Schriftstück wird mit der Geschäftsnummer bezeichnet, unter der

es in dem zur Beurkundung der Zustellung bestimmten Verzeichniß eingetragen ist. Der Tag der Zustellung ist auf dem Schriftstücke zu vermerken.

VIII. Der Artikel 68 wird aufgehoben.

I. 67 (E. 4), 89 Begr., 197 (Z.^{I} 4), 298, 343 (Z.^{II} 122[4]). II. 261, 429, 481 -- Becher IV. V.^{II} 2, *44*, *146*, *369*, 389, 391, *447*, 529, *533*. IV. V.^{III} 10, *176*.

§§ 59—67 der Bekanntmachung vom 16. December 1899 die Ausführung der Zustellungen von Amtswegen betr. (JMBl. 1899 S. 475):

VII. Zustellungen in Forstrügesachen.

§ 59. In Forstrügesachen finden auf die Zustellungen von Amtswegen die für die Zustellungen von Amtswegen in gewöhnlichen Strafsachen geltenden Vorschriften der §§ 54—58 entsprechende Anwendung.

Für die Zustellungen von Vorladungen der Angeklagten, der civilverantwortlichen Personen und der Zeugen zur Hauptverhandlung, für die Zustellung von Urtheilen an die in der Hauptverhandlung in ihrer Abwesenheit verurtheilten Angeklagten und civilverantwortlichen Personen und für die Zustellung von Strafantrittsbefehlen gelten jedoch im Verfahren vor den Amtsgerichten, sofern die Zustellung durch den Gerichtsdiener erfolgen soll, die Vorschriften der §§ 60—65.

§ 60. Die Zustellung der im § 59 Abs. 2 bezeichneten Schriftstücke erfolgt auf Grund der in den Vollzugsvorschriften zum Forstgesetz und zum Forststrafgesetze bestimmten tabellarischen Verzeichnisse (§§ 46, 60 der revidirten Vollzugsvorschriften zum Forstgesetze, JMBl. 1879, S. 1649, 1656 und die Formulare hierzu Ziffer VIII, X, XV JMBl. 1879, S. 1684—1687, 1692, ferner §§ 28, 51 der revidirten Vollzugsvorschriften zum Forststrafgesetze, ausserordentliche Beilage zu Nr. 79 des Kreisamtsblatts für die Pfalz von 1879).

§ 61. Der mit der Zustellung beauftragte Gerichtsdiener erhält von dem Gerichtsschreiber für jede Gemeinde, in welcher Zustellungen zu erfolgen haben, ein nach dem im § 60 bezeichneten Formulare hergestelltes Verzeichnis der Personen, welchen zugestellt werden soll, sowie die erforderliche Zahl beglaubigter Auszüge aus den Verzeichnissen. Die Herstellung und Beglaubigung der Auszüge obliegt dem Gerichtsschreiber; für die Auszüge sind in den Vollzugsvorschriften zum Forstgesetz und zum Forststrafgesetze Formulare festgesetzt (siehe Formular Ziffer IX, XI, XVI a. a. O.).

§ 62. Die Zustellung geschieht durch Uebergabe des Auszugs, d. h. einer beglaubigten Abschrift der die Person, welcher zuzustellen ist, betreffenden Stelle des Verzeichnisses. Der Auszug wird mit der Geschäftsnummer, unter der er in dem Verzeichniss eingetragen ist, bezeichnet und offen übergeben.

Die Beurkundung der Zustellung geschieht dadurch, dass in die dazu bestimmte Spalte des Verzeichnisses die Person, an welche zugestellt worden ist, sowie die Zeit und der Ort der Zustellung angegeben werden. Der Tag der Zustellung ist auf dem zu übergebenden Auszuge zu vermerken.

§ 63. Die Zustellung einer Vorladung an einen Angeklagten oder eine civilverantwortliche Person hat wenigstens drei Tage vor der Sitzung zu geschehen.

In Fällen, in denen Gefahr auf Verzug ist, kann der Richter die Abkürzung der im Abs. 1 bestimmten Frist verfügen; von der Verfügung ist in der Vorladung Mittheilung zu machen.

§ 64. Das Verzeichniss mit der Beurkundung der geschehenen Zustellung ist alsbald nach der Ausführung der Zustellung dem Gerichtsschreiber zu überliefern.

§ 65. Soweit die Zustellungen auf Grund von Verzeichnissen erfolgen, sind sie in das Register für Zustellungen von Amtswegen (§ 8) nicht einzutragen.

§ 66. Der Gerichtsschreiber soll die im § 59 Abs. 2 bezeichneten Zustellungen nur in besonderen Fällen durch die Post besorgen lassen.

§ 67. Gegenüber den bisherigen Vorschriften ergeben sich mithin hauptsächlich folgende Aenderungen:

1. Die sämmtlichen bei der Zustellung zu übergebenden Schriftstücke sind vom Gerichtsschreiber zu beglaubigen.

2. Der Vermerk über die Zustellung (§ 62 Abs. 2 Satz 2) muss künftig auch bei dem Auszuge, welcher die Ladung zum Strafantritt enthält, angebracht werden; das bisherige Formular XVI enthält einen Vordruck hierzu nicht.

3. Die für die Ersatzzustellung durch Niederlegung in Forstrügesachen bisher geltenden Vorschriften des Art. 156 des Forstgesetzes und des Art. 68 des Forststrafgesetzes sind in den Art. 138, 146 des Ausführungsgesetzes zum BGB. gestrichen und damit durch den § 182 der CPO. ersetzt worden. Mit Rücksicht hierauf fällt künftig der in der Bekanntmachung vom 16. August 1879 (JMBl. S. 554) vorgeschriebene Vermerk »Forstrügesache« weg.

1. Zu Ziffer I:

Das Vorbild zu Art. 8 bildet Art. 56 des rechtsrheinischen Forstgesetzes.

Durch die Verweisung auf Art. 13 Abs. 1 (vgl. Ziffer II) ergibt sich, daß „Familie“ im weiteren Sinne zu verstehen ist.

Die solidarische Verurtheilung erfolgt nur, soweit die Strafe jeden Einzelnen trifft. Liegt nur gegen einen der Familienangehörigen ein Erhöhungsgrund vor, so wird die erhöhte Strafe gegen ihn allein ausgesprochen (so Böhm-Klein Anm. 3, Henle-Schneider Anm. 3).

2. Zu Ziffer II:

Unter Civilverantwortlichkeit versteht man die civilrechtliche Verpflichtung zur Leistung des Schadenersatzes für unerlaubte Handlungen eines Anderen. Ihr Umfang ergibt sich aus der Fassung des Artikels.

Art. 13 Abs. 1 entspricht nunmehr wörtlich dem Art. 69 Abs. 1 Ziffer 1—6 des rechtsrheinischen Forstgesetzes.

Zu Ziff. 2: Hat die Mutter ein uneheliches Kind oder ein Kind erster Ehe eingeheirathet, so ist der Ehemann als Vater civilverantwortlich: dies gilt auch dann, wenn der Ehemann erster Ehe noch lebt, die Kinder aber bei dem Ehemann zweiter Ehe sich befinden.

3. Zu Ziffer III: Durch die nunmehrige Fassung des Art. 16 ist zum Ausdruck gebracht, daß auf die Verjährung des Schadensersatzanspruchs § 852 BGB. Anwendung findet.

4. Zu Ziffer V—VIII: vgl. die Eingangs abgedruckte Ministerialbekanntmachung.

Art. 139. Das Gesetz vom 17. November 1837, die Zwangsabtretung von Grund-Eigenthum für öffentliche Zwecke betreffend, wird dahin geändert:

I. Im Artikel XV werden

1. im Satz 2 die Worte: „durch Anschlagung an dem Gerichtssitze und in sämmtlichen betheiligten Gemeinden" ersetzt durch die Worte:

   „durch Veröffentlichung in dem ihr zu amtlichen Kundmachungen dienenden Blatte und durch Anheftung in den betheiligten Gemeinden",

2. in der Ziff. 2 des Satz 3 die Worte: „für die Angerufenen" ersetzt durch die Worte:

   „für die Abtretungspflichtigen",

3. als Ziff. 3 folgende Vorschrift beigefügt:

   3. für die übrigen Betheiligten, in der Voraussetzung des Erschienenseins der Anrufenden, Ausschließung mit den etwaigen Einwendungen gegen die angesprochene Abtretung.

4. folgende Vorschriften als Abs. 2, 3 eingestellt:

   Die schriftliche Mittheilung an die Betheiligten und die Antragsteller oder deren Vertreter ist durch die Gemeindebehörde oder durch die Post gegen Nachweis zuzustellen. Die Zustellung unterbleibt, wenn der Wohnort der zu ladenden Person nicht bekannt ist.

Soweit die im Artikel XI bezeichneten Betheiligten nicht im Grundbuch eingetragen sind, werden sie nur berücksichtigt, wenn sie Erben eines eingetragenen Berechtigten sind oder wenn ihre Rechte angemeldet und auf Verlangen der Distriktspolizeibehörde glaubhaft gemacht sind. Die Rechtswirksamkeit der Ladung ist bei den im Artikel XI bezeichneten Betheiligten von der Zustellung der schriftlichen Mittheilung nur abhängig, wenn der Betheiligte sich zur Theilnahme an dem Verfahren gemeldet und erforderlichen Falles sein Recht glaubhaft gemacht hat.

II. Der Eingang des Artikel XVI hat zu lauten:

Die Distriktspolizeibehörde hat, sobald die Ladung erfolgt ist, bezüglich der in Anspruch genommenen Gegenstände . . . .

III. Der Artikel XXII Ziff. 1 bis 4 wird aufgehoben.

I. 68 (E. 5), 91 Begr., 198 (Z.^{I} 5), 298, 315 (Z.^{II} 122^{5}). II. 264, 429, 567. Becher 4, *47*, *151*, *371*, 392, *422*, *450*, 529, *533*. IV. V.^{III} 9. *176*.

Zu Ziffer I. Nach Art. XV Satz 2 in der bisherigen Fassung wurden die Betheiligten zu dem zur Verhandlung über die Abtretungspflicht bestimmten Termine durch Anschlag am Gerichtssitze und in den sämmtlichen betheiligten Gemeinden sowie durch schriftliche Mittheilung geladen.

Ziffer 1 setzt an Stelle des Anschlages am Gerichtssitze die Veröffentlichung in dem der Distriktspolizeibehörde zu amtlichen Kundmachungen dienenden Blatte, während durch die Einfügung des Abs. 2 (s. Ziff. 4) bezüglich der Zustellung der schriftlichen Mittheilung Vorschriften getroffen werden.

Die in Ziffer 2, 3 vorgenommenen Aenderungen sollen den bei Anwendung des Gesetzes entstandenen Zweifel beseitigen, ob unter den Angerufenen im Sinne des Art. 15 Satz 3 Ziff. 2 nur die Abtretungspflichtigen (Art. I, Art. II Ziff. II, Art. VI Abs. 2) oder auch die übrigen Betheiligten zu verstehen sind.

Art. 140. Der Artikel 5 Abs. 2 Ziff. 1 des Gesetzes vom 4. Juni 1848, die Wahl der Landtags-Abgeordneten betreffend, in der Fassung der Bekanntmachung vom 22. März 1881 erhält folgende Fassung:

1) Personen, welche entmündigt oder nach § 1906 des Bürgerlichen Gesetzbuchs unter vorläufige Vormundschaft gestellt sind.

I. 68 (E. 6), 92 Begr., 199 (Z.[I] 6), 345 (Z.[II] 122[6]). II. 267 Becher IV. V.[II] 4, *49*, *158*, *371*, 393, *455*. IV. V.[III] 10, *179*.

Vgl. §§ 6, 104, 114 BGB., Art. 155, 156, 210, 211 EG. z. BGB. Nach Art. 211 EG. z. BGB. verliert die nach den französischen und badischen Gesetzen für einen Geistesschwachen angeordnete Bestellung eines Beistandes (Art. 499 c.) ihre Wirkung erst mit dem Ablaufe von 6 Monaten nach dem Inkrafttreten des BGB. Auf Grund des Art. 140 soll eine solche Bestellung schon vom 1. Januar 1900 keinen Einfluß auf die Wahlfähigkeit mehr haben.

Art. 141. Das Gesetz vom 4. Juni 1848 über die Aufhebung der standes- und gutsherrlichen Gerichtsbarkeit, dann die Aufhebung, Fixirung und Ablösung von Grundlasten wird dahin geändert:

I. Der Artikel 29 Abs. 2 Satz 1 erhält folgende Fassung:

Solche Bodenzinskapitalien haben denselben Rang wie die Grundrenten, an deren Stelle sie treten.

II. Der Artikel 30 Abs. 2 Satz 1 erhält folgende Fassung:

Solche Annuitäten haben den Rang der Gefälle, an deren Stelle sie getreten sind.

I. 68 (E. 7), 92 Begr., 199 (Z.[I] 7), 346 (Z.[II] 122[5]) II. 267 Becher IV. V.[II] 5, *49*, *158*, *371*, 393, *455*. IV. V.[III] 10, *179*.

1. Art. 29 und 30 lauten in der bisherigen Fassung:

Art. 29: „Wer einem Berechtigten, dessen Renten an die Ablösungskasse nicht abgetreten worden sind, eine jährliche fixe Rente schuldet, ist berechtigt, statt der Fortentrichtung derselben ein zu 4% verzinsliches, von seiner Seite kündbares Bodenzinskapital auf das Achtzehnfache ihres jährlichen Betrags zu bestellen, von welchem Zeitpunkte an er nur mehr die vierprozentigen Zinsen des Bodenzinskapitals zu entrichten hat.

Solche Bodenzinskapitalien genießen dieselben Vorrechte des Hypotheken-Gesetzes und der Prioritätsordnung, welche die Grundrenten, an deren Stelle sie treten, bisher gehabt haben."

Art. 30: „Will der Pflichtige das Ablösungskapital mittels Annuitäten abtragen, so bezahlt er entweder sein ganzes bisheriges Geldreichniß oder die in Geld umgewandelte Naturalabgabe ohne Rücksicht auf die in Art. 28 normierte Reduktion 34 Jahre lang oder neun Zehntel derselben 43 Jahre lang; nach Ablauf dieser Fristen ist er dann jeder weiteren Verpflichtung enthoben und die Ablösungssumme getilgt.

Solche Annuitäten genießen dieselben Vorrechte des Hypothekengesetzes und der Prioritätsordnung, welche die Gefälle, an deren Stelle sie treten, bisher genossen haben."

Die getroffenen Aenderungen sind deswegen erforderlich, weil das Hypothekengesetz und die Prioritätsordnung mit dem Inkrafttreten des neuen Grundbuchsrechts außer Kraft treten (Art. 175 Abs. 1 Ziff. 1, 2, Art. 177 AG. z. BGB.)

2. Hinsichtlich des bisherigen Rechtes vgl. § 12 Nr. 4 Hyp.G., § 12 Nr. 7 der Prioritätsordnung, Art. 108 Abs. 1 Ziff. 1 und Art. 151 Abs. 1 Ziff. 1 der Subhastationsordnung.

3. Nach Art. 184 EG. z. BGB. bleiben die genannten Grundrenten und Gefälle mit dem sich aus den bisherigen Gesetzen ergebenden Inhalt und Range bestehen. Nach § 22 Ziff. 5 Hyp.G. bedürfen die Grundgefälle des Staates und der Ablösungskasse und die an deren Stelle getretenen Leistungen der Eintragung in das Hypothekenbuch nicht und gehen daher allen Hypotheken im Range vor. Die anderen Grundgefälle dagegen bedürfen zwar nicht zu ihrer Wirksamkeit an sich, wohl aber zur Wirksamkeit gegenüber dem öffentlichen Glauben des Hypothekenbuchs (§§ 25 ff. Hyp.G.) der Eintragung.

Art. 142. Die noch geltenden Vorschriften des Gesetzes vom 12. März 1850, die Verpflichtung zum Ersatze des bei Aufläufen diesseits des Rheins verursachten Schadens betreffend, werden auf die Pfalz erstreckt.

Die Schließung einer gütlichen Uebereinkunft mit dem Beschädigten nach Artikel 4 Abs. 1 und die Vertheilung der Umlage auf die Pflichtigen nach Artikel 10 Abs. 1 des Gesetzes vom 12. März 1850 erfolgt in der Pfalz durch den Gemeinderath.

I. 69 (E. 8), 92 Begr., 200 (Z.I 8), 346 (Z.II 1228). II. 270 — Becher IV. V.II 5, *50, 163, 371,* 393, *456.* IV. V.III 10, *181.*

Von dem genannten Gesetze gelten nach Art. 1—3, Art. 4 Abs. 1, Art. 8 Abs. 1, Art. 9—15.

Art. 143. Das Gesetz vom 30. März 1850, die Ausübung der Jagd betreffend, wird dahin geändert:

1. Als Artikel 1a werden folgende Vorschriften eingestellt:

Dem Jagdrecht unterliegen die wilden Säugethiere und Vögel, deren Fleisch, Pelzwerk oder Gefieder verwerthet zu werden pflegt oder die als Raubthiere diesem Wilde nachstellen. Die Thiergattungen, welche zu dem jagdbaren Wilde gehören, können durch Königliche Verordnung bestimmt werden.

Das ausschließliche Recht des Jagdberechtigten erstreckt sich auf die verendeten Thiere sowie auf die Eier des Federwildes.

II. Im Artikel 18 erhält die Ziff. 1 folgende Fassung:

1) den wegen Geisteskrankheit oder Geistesschwäche Entmündigten und den notorisch Geisteskranken.

III. Im Artikel 19 erhält die Ziff. 1 folgende Fassung:

1) den Minderjährigen, den wegen Verschwendung oder wegen Trunksucht Entmündigten und den nach § 1906 des Bürgerlichen Gesetzbuchs unter vorläufige Vormundschaft gestellten Personen.

Die in der Ziff. I enthaltenen Vorschriften gelten auch für die Pfalz.

1. 69 (E. 9), 93 Begr., 200 (Z.[I] 9), 346 (Z.[II] 122[a]). II. 270 – Becher IV. V.[II] 9, *51, 163, 371,* 393, *424, 456.* IV. V.[III] 10, *180.*

Verordnung vom 11. Juli 1900 (G.- u. VBl. S. 693):

§ 1. Folgende Thiere werden für jagdbar erklärt:

A. Haarwild. 1. Rothwild, 2. Damwild, 3. Rehwild, 4. Gemswild, 5. Schwarzwild, 6. der gemeine Hase und der Alpenhase, 7. das wilde Kaninchen, 8. das Murmelthier, 9. der Biber, 10. der Fuchs, 11. die Wildkatze und die verwilderte Hauskatze, 12. der Dachs, 13. der Fischotter, 14. der Sumpfotter (Nörz), 15. die Marder, 16. der Iltis, 17. die Wiesel.

B. Federwild. 1. Auerwild, 2. Birkwild, 3. Rackelwild, 4 das Haselhuhn, 5. das Schneehuhn, 6. das Steinhuhn, 7. das Feldhuhn, 8. die Wachtel, 9. die Fasanen, 10. das wilde Truthuhn, 11. das Steppenhuhn, 12. die Wildtauben (Ringel-, Hohl- und Turteltaube), 13. der Krammetsvogel (Wachholder-Drossel), 14. die Waldschnepfe und die Bekassinen, 15. der Kiebitz, 16. der Brachvogel (Moosgrille), 17. die Trappen, 18. der Kranich, 19 die Reiher, darunter die Rohrdommel, 20. alle übrigen Sumpfvögel sowie Wasser- und Rohrhühner mit Ausnahme der Störche, 21. die wilden Schwäne, 22. die Wildgänse, 23. die Wildenten, 24. die Säger, 25. die Möven mit Ausnahme der Lachmöve und die Seeschwalben, 26. der Kormoran (Sparbe), 27. die Taucher, 28. der Uhu, 29. die Adler, 30. die Falken mit Ausnahme des Thurmfalken, 31. der Habicht und der Sperber, 32. die Weihen, 33. die Milane, 34. die Bussarde, 35. die Geier.

§ 2. Die Staatsministerien der Justiz, des Innern und der Finanzen werden ermächtigt, weitere Thiergattungen, welche der Begriffsbestimmung in Artikel 1a des Jagdgesetzes vom

30. März 1850 entsprechen und durch Einwanderung oder künstliche Einbürgerung in das Gebiet des Königreichs gelangt sind oder gelangen werden, für jagdbar zu erklären.

§ 3. Diese Verordnung gilt auch für die Pfalz.

1. Nach Art. 69 EG. z. BGB. bleiben unberührt die landesgesetzlichen Vorschriften über Jagd und Fischerei, unbeschadet der Vorschrift des § 958 Abs. 2 BGB. („das Eigenthum wird nicht erworben, wenn die Aneignung gesetzlich verboten ist oder wenn durch die Besitzergreifung das Aneignungsrecht eines Andern verletzt wird") und der Vorschriften des BGB. über den Ersatz des Wildschadens. Abgesehen von diesen beiden Aenderungen und den im Art. 143 bestimmten Aenderungen bleibt es bei dem bisherigen Recht.

Für die Landestheile rechts des Rheines ist dasselbe in dem hier geänderten Gesetze vom 30. März 1850, für die Pfalz in der Verordnung vom 21. September 1815, welche durch Verordnung der bayerischen Landesadministration am linken Rheinufer vom 11. Juli 1816 auf den Kreis Landau erstreckt wurde, festgelegt.

2. Unter dem Jagdrechte versteht das Gesetz das ausschließliche Recht des Grundeigenthümers zur Aneignung des auf seinem Grund und Boden befindlichen jagdbaren Wildes.

3. Das ausschließliche Recht des Jagdberechtigten erstreckt Abs. 2 auch auf die verendeten Thiere (Fallwild). Als solches gelten nach der Rechtsprechung nicht die Reste eines vollständig in Verwesung übergegangenen Thierkörpers (Entsch. d. RG. in Strafs. III 226, V 281, XIII 84, XV 268, XIX 49, XXIII 89, bayer. ob. Ger. H. in Strafs. VIII 26, 479. OLG. München IV 440, V 343, 349, VII 282), insbesondere unterliegen dem Jagdrechte nicht die nach dem Gesetze der Natur abgeworfenen Geweihe (Entsch. d. RG. i. Strafs. XIII 84).

Wenn auch durch Abs. 2 die Eier des Federwildes als Gegenstand des Jagdrechtes erklärt sind, so bleibt doch § 10 der VO. vom 5. Oktober 1863 (Reg. Bl. S. 1657) in Geltung. Hiernach ist das Ausheben der Nester und der Nestbrut des Federwildes untersagt. Ausnahmen sind aus besonderen Gründen mit Bewilligung der Kreisregierung zulässig.

4. Art. 18 des Gesetzes vom 15. März 1850 bestimmt diejenigen Personen, denen die Jagdkarte verweigert werden muß, Art. 19 diejenigen, welchen sie verweigert werden kann.

Für volljährig Erklärte stehen Volljährigen gleich (§ 3 Abs. 2 BGB.), daher kann ihnen die Jagdkarte nicht deswegen verweigert werden, weil sie noch nicht 21 Jahre alt sind.

Art. 144. Das Gesetz vom 15. Juni 1850, den Ersatz des Wildschadens betreffend, wird dahin geändert:

I. Der Artikel 1 erhält folgende Fassung:

Die Vorschriften des Bürgerlichen Gesetzbuchs über die Verpflichtung zum Ersatze des

Wildschadens werden durch die folgenden Bestimmungen ergänzt.

II. Der Artikel 2 erhält folgende Fassung:

Die Ersatzpflicht erstreckt sich auf den Schaden, welcher durch jagdbare Säugethiere anderer als der im Bürgerlichen Gesetzbuche bezeichneten Gattungen angerichtet wird.

III. Der Artikel 3 Abs. 1, 2 erhält folgende Fassung:

Ist das Jagdrecht auf den zu einem Jagdbezirke vereinigten Grundstücken nach den gesetzlichen Vorschriften über die Ausübung der Jagd von der Gemeinde verpachtet oder wird es von der Gemeinde in Selbstverwaltung ausgeübt, so haftet dem Beschädigten an Stelle der Grundeigenthümer die Gemeinde.

Sind mehrere Gemeindebezirke zu einem Jagdbezirke vereinigt, so haften die Gemeinden als Gesammtschuldner.

IV. Der Artikel 5 erhält folgende Fassung:

Der vom Wilde in Baumschulen, in Obstgärten oder an einzeln stehenden jungen Bäumen verursachte Schaden wird nicht vergütet, wenn die Herstellung von Schutzvorrichtungen unterblieben ist, die unter gewöhnlichen Umständen zur Abwendung des Schadens ausreichen.

V. Als Artikel 8a wird folgende Vorschrift eingestellt:

Der Beschädigte hat den Anspruch auf Ersatz des Wildschadens bei Verlust des Anspruchs binnen sechs Tagen, nachdem er von der Beschädigung Kenntniß erlangt hat, bei der Ortspolizeibehörde anzumelden, in deren Bezirke der Schaden entstanden ist. Zur Wahrung der Frist genügt die Absendung der Anmeldung. Die Ortspolizeibehörde soll die Anmeldung sofort dem Ersatzpflichtigen mittheilen.

VI. Die Artikel 4, 6 werden aufgehoben.

Die Artikel 1, 2, 5, 7 bis 8a des Gesetzes vom 15. Juni 1850 werden auf die Pfalz erstreckt.

I. 69 (E. 10), 94 Begr., 200 (Z.^{I} 10). 346 (Z.^{II} 122[10]). II. 273, 430, 567 — Becher IV. V.^{II} 5, *53*, *167*, *371*, 393, *459*, 530, *533*, *549*. IV. V.^{III} 10, *180*.

1. Für die Verpflichtung zum Ersatze des Wildschadens ist in erster Linie § 835 BGB. maßgebend.

§ 835 BGB. lautet:

„Wird durch Schwarz-, Roth-, Elch-, Dam- oder Rehwild oder durch Fasanen ein Grundstück beschädigt, an welchem dem Eigenthümer das Jagdrecht nicht zusteht, so ist der Jagdberechtigte verpflichtet, dem Verletzten den Schaden zu ersetzen. Die Ersatzpflicht erstreckt sich auf den Schaden, den die Thiere an den getrennten, aber noch nicht eingeernteten Erzeugnissen des Grundstücks anrichten.

Ist dem Eigenthümer die Ausübung des ihm zustehenden Jagdrechts durch das Gesetz entzogen, so hat derjenige den Schaden zu ersetzen, welcher zur Ausübung des Jagdrechts nach dem Gesetze berechtigt ist. Hat der Eigenthümer eines Grundstücks, auf dem das Jagdrecht wegen der Lage des Grundstücks nur gemeinschaftlich mit dem Jagdrecht auf einem anderen Grundstück ausgeübt werden darf, das Jagdrecht dem Eigenthümer dieses Grundstücks verpachtet, so ist der letztere für den Schaden verantwortlich.

Sind die Eigenthümer der Grundstücke eines Bezirkes zum Zwecke der gemeinschaftlichen Ausübung des Jagdrechts durch das Gesetz zu einem Verbande vereinigt, der nicht als solcher haftet, so sind sie nach dem Verhältnisse der Größe ihrer Grundstücke ersatzpflichtig."

Hierzu tritt auf Grund der Vorbehalte der Art. 70, 71 EG. z. BGB. ergänzend das Gesetz vom 15. Juni 1850 mit den im Art. 144 getroffenen Abänderungen; dieses Gesetz hat nunmehr folgende Fassung:

Art. 1 siehe oben Ziff. I.

Art. 2 siehe oben Ziff. II.

Art. 3 Abs. 1, 2 siehe oben Ziff. III.

Abs. 3 und 4: „In allen Fällen ist der aus Gemeindekassen geleistete Ersatz von den einzelnen Grundeigenthümern der betreffenden Gemeinde zu vergüten und auf dieselben verhältnißmäßig zu vertheilen.

Der Gemeinde ist unbenommen, in dem Jagdpachtvertrage den oder die Pächter der Jagd für den Rückersatz des aus der Gemeindekasse geleisteten Wildschadens haftend zu erklären."

Art. 4 aufgehoben, siehe oben Ziffer VI.

Art. 5 siehe oben Ziff. IV.

Art. 6 aufgehoben, siehe oben Ziffer VI.

Art. 7: „Wenn Getreide und ähnliche Erzeugnisse, deren voller Werth sich erst zur Zeit der Ernte bemessen läßt, vor diesem Zeitpunkte durch Wild beschädigt worden, so ist der Wildschaden nur in demjenigen Umfange zu erstatten, in welchem er sich zur Zeit der Ernte darstellt".

Art. 8: „Insoweit der Wildschaden nach den Grundsätzen einer ordentlichen Wirthschaft durch Wiederanbau in demselben Jahre ausgeglichen werden kann, soll hierauf bei der Abschätzung Rücksicht genommen werden".

Art. 8a siehe oben Ziff. V.

Art. 9, 10 sind durch die Bestimmungen des Reichsgerichtsverfassungsgesetzes und der Reichscivilprozeßordnung über die Zuständigkeit und Klagenverbindung gegenstandslos geworden.

Art. 11: „Das Verfahren und der Instanzenzug richten sich nach den für die Civilrechtsstreitigkeiten bestehenden Vorschriften".

Art. 12, welcher den Zeitpunkt des Inkrafttretens bestimmt und Uebergangsvorschriften enthält, ist heute gegenstandslos.

2. Ziffer I bringt zum Ausdruck, daß durch das Gesetz vom 15. Juni 1850 in seiner nunmehrigen Fassung die Vorschriften des BGB. über den Wildschaden ergänzt werden sollen.

Voraussetzung für die Verpflichtung zum Ersatz des Wildschadens ist, daß durch jagdbares Wild ein Grundstück beschädigt wird, dagegen künftig nicht mehr, daß der Schaden durch Ueberhege verursacht wird.

3. Zu Ziffer II: Zu ersetzen ist nur der von jagdbaren Säugethieren und Fasanen, dagegen nicht der von anderem Federwild verursachte Wildschaden. Welche Säugethiere als jagdbar gelten, bestimmt sich nach Art. 1a des Gesetzes vom 30. März 1850, die Ausübung der Jagd betr. in der Fassung des Art. 143 und der bei letzterem Artikel abgedruckten Verordnung vom 11. Juli 1900. Daher ist insbesondere auch der von Hasen und Kaninchen verursachte Wildschaden zu ersetzen.

4. Ziff. III findet, wie überhaupt der ganze Artikel 3, auf die Pfalz keine Anwendung.

5. Zu Ziffer IV: Ueber den Begriff „Obstgärten" vgl. Sammlung d. Entsch. d. OGH. i. Civ. S. VI. 32. Weinberge und Gemüsegärten sind nicht genannt. Als außergewöhnlicher Umstand kann z. B. gelten, wenn es in Folge außergewöhnlicher Schneefälle dem Wild möglich wird, die Einzäunung zu überspringen.

Die Beweislast, daß die Herstellung der erforderlichen Schutzvorrichtungen unterblieben ist, obliegt dem Ersatzpflichtigen.

6. Zu Ziffer V: Die Beweislast bezüglich der nicht rechtzeitigen Anmeldung trifft den Ersatzpflichtigen.

Die Unterlassung der Mittheilung der Anmeldung ist auf den Schadensersatzanspruch ohne Einfluß, unter Umständen kann aber der betreffende Beamte für den hieraus entstandenen Schaden verantwortlich gemacht werden (§ 839 BGB., Art. 60, 61 AG. z. BGB.).

Nach § 852 BGB. verjährt der Anspruch auf Ersatz des Wildschadens in drei Jahren von dem Zeitpunkte an, in welchem der Verletzte von der Person des Ersatzpflichtigen Kenntniß erlangt, ohne Rücksicht auf diese Kenntniß in dreißig Jahren von der Vornahme der schädigenden Handlung an.

Art. 145. Im Artikel 14 des Gesetzes vom 4. Mai 1851, das Einschreiten der bewaffneten Macht zur Erhaltung der gesetzlichen Ordnung betreffend, werden die Worte: „in dem Pfalzkreise die Bestimmungen des einschlägigen Gesetzes vom 10. Vend IV“ gestrichen.

I. 69 (E. 12), 95 Begr., 201 (Z.^I 12), 347 (Z.^II 122 II), II. 283 — Becher IV. V.^II 6, *55*, *185*, *371*, 394, *464*. IV. V.^III 11, *181*.

1. Das Gesetz erfuhr bereits durch Art. 2 Nr. 13 des Gesetzes über den Vollzug der Einführung des Strafgesetzbuchs für das Deutsche Reich in Bayern vom 26. Dezember 1871 eine Aenderung, wodurch die Art. 9—13 aufgehoben wurden.

2. Die Aenderung hängt mit der im Art. 142 enthaltenen Ausdehnung des Gesetzes vom 12. März 1850 auf die Pfalz und der auf Grund des Art. 1 AG. z. BGB. erfolgten Aufhebung des Gesetzes vom 10. vend. IV zusammen.

Art. 146. Das Forstgesetz vom 28. März 1852 in der Fassung der Bekanntmachung vom 4. Juli 1896 wird dahin geändert:

I. Der Artikel 154 erhält folgende Fassung:

Die Vorladung des Angeklagten sowie der civilverantwortlichen Person muß enthalten:

1. Namen, Stand, Wohn- oder Aufenthaltsort des Vorzuladenden;
2. eine kurze Bezeichnung der Forstrügesache;
3. die beantragte Strafe und Entschädigung;
4. Tag und Stunde der Verhandlung;
5. den Hinweis darauf, daß gegen den Angeklagten und gegen die civilverantwortliche Person auch dann, wenn weder sie noch Bevollmächtigte erscheinen, zur Hauptverhandlung geschritten würde.

II. Der Artikel 155 erhält folgende Fassung:

Die Zustellung der Vorladung hat wenigstens drei Tage vor der Sitzung zu geschehen.

In Fällen, in denen Gefahr auf Verzug ist, kann der Richter die Abkürzung der im Abs. 1 bestimmten Frist verfügen; von der Verfügung ist in der Vorladung Mittheilung zu machen.

III. Der Artikel 188 erhält folgende Abs. 2, 3:

Für die durch den Gerichtsdiener erfolgenden Zustellungen in dem Verfahren vor den Amtsgerichten kann das Staatsministerium der Justiz anordnen, daß das Schriftstück offen übergeben wird, und eine abgekürzte Beurkundung in tabellarischer Form vorschreiben.

Das offen zu übergebende Schriftstück wird mit der Geschäftsnummer bezeichnet, unter der es in dem zur Beurkundung der Zustellung bestimmten Verzeichniß eingetragen ist. Der Tag der Zustellung ist auf dem Schriftstücke zu vermerken.

IV. Der Artikel 156 wird aufgehoben.

I. 69 (E. 13), 95 Begr., 201 (Z.I 13), 347 (Z.II 122[12]). II. 283 — Becher IV. V.II 6, *55*, *186*, *371*, 394. *464*. IV. V.III 11. *181*.

Die im Art. 146 getroffenen Aenderungen stimmen mit den im Art. 138 V—VIII für das Forststrafgesetzbuch für die Pfalz getroffenen Aenderungen vollkommen überein. Es wird daher auf die Ausführungen dortselbst verwiesen.

Art. 147. Das Gesetz vom 28. Mai 1852 über die Benützung des Wassers wird dahin geändert:

I. Der Artikel 21 erhält folgende Fassung:

Für Beschädigungen, die nicht eine nothwendige Folge der Benützung des Leinpfads sind, sondern durch Mißbrauch oder Nachlässigkeit der bei der Schiff- oder Floßfahrt beschäftigten Personen verursacht werden, sind die Urheber und ihre Dienstherrn nach den bestehenden Vorschriften verantwortlich.

II. Der Artikel 37 erhält folgende Fassung:

Durch Begründung einer Dienstbarkeit können von den Bestimmungen der Artikel 34 und 35 abweichende Verhältnisse festgesetzt werden.

III. Im Artikel 39 Abs. 1 werden die Worte: „als Zubehör der Grundstücke" ersetzt durch die Worte: „als zu den Grundstücken gehörig".

IV. Der Artikel 47 Abs. 1 erhält folgende Fassung:

Wo nicht durch Lokalverordnungen, Herkommen oder besondere Rechtsverhältnisse etwas

Anderes festgesetzt ist, liegt jedem Ufereigenthümer die Pflicht ob, sein Ufer von allen Hindernissen des Wasserablaufs frei zu erhalten.

V. Der Eingang des Artikel 54 hat zu lauten:

Sofern nicht Lokalverordnungen, Herkommen oder besondere Rechtsverhältnisse eine Ausnahme begründen, ...

VI. Der Eingang des Artikel 59 Abs. 1 hat zu lauten:

Die durch Lokalverordnungen, Herkommen oder besondere Rechtsverhältnisse festgesetzte Vertheilung des Wassers . . . .

VII. Im Artikel 60 Abs. 1 und im Artikel 68 Abs. 1 werden die Worte: „Herkommen, besondere Rechtstitel oder Verjährung“ ersetzt durch die Worte:

„Herkommen oder besondere Rechtsverhältnisse“.

VIII. Der Artikel 103 wird aufgehoben.

I. 70 (E. 14), 95 Begr., 202 (Z.I 14), 348 (Z.II 122 [13]). II. 283, 430 — Becher IV. V.II 7, *55*, *186*, *371*, 395, *464*. IV. V.III 19, *181*.

1. Zu Ziffer I: Zunächst sind für die Haftung für Leinpfadbeschädigungen die Vorschriften des BGB., insbesondere der §§ 831, 840 maßgebend. Außerdem kommen in Betracht die Sondervorschriften des RG. über die privatrechtlichen Verhältnisse der Binnenschiffahrt vom 15. Juni 1895 in der Fassung vom 20. Mai 1898, §§ 3, 4 und des RG. über die privatrechtlichen Verhältnisse der Flößerei vom 15. Juni 1895, §§ 22, 23, wonach der Schiffs- oder Floßeigenthümer für den von dem Führer oder der Mannschaft des Schiffes oder Floßes verschuldeten, durch das Schiff oder Floß verursachten Schaden mit dem Schiffe und seiner Fracht bezw. mit dem Floße vorbehaltlich des Rückgriffs gegen die schuldigen Personen haftet.

2. Zu Ziffer II.

Art. 34 des Wasserbenützungsgesetzes lautet:

„Dem Eigenthümer steht ausschließlich die Verfügung über solches Wasser (Wasser in Teichen, Cisternen, Brunnen, anderen Behältern, noch nicht abgeflossenes Wasser, das auf dem Grundstücke entspringt oder sich sammelt, künstliche Wasserleitungen oder Kanäle) zu; er ist aber nicht befugt, dem Wasser, welches auf seinem Grundstücke entspringt oder sich darauf natürlich sammelt, zum Abflusse auf fremdes Eigenthum eine dasselbe belästigende andere Leitung zu geben, als wohin nach Beschaffenheit des Bodens der natürliche Lauf geht.“

Art. 35:

„Der Eigenthümer des niedriger liegenden Grundstückes ist nicht befugt, den natürlichen Ablauf des Wassers von dem höher liegenden Grundstücke zu dessen Nachtheil abzuändern.“

Die Abänderung des Art. 37 war deshalb geboten, weil die Verjährung d. h. Ersitzung von Rechten an Grundstücken, abgesehen von dem hier nicht in Betracht kommenden Falle des § 900 Abs. 2, dem BGB. fremd ist. Künftig können daher von den gesetzlichen Vorschriften abweichende Verhältnisse nur noch durch Bestellung einer Grunddienstbarkeit geschaffen werden (§ 873 BGB.).

3. Zu Ziffer III: Art. 39 Abs. 1 lautete bisher:

„Flüsse und Bäche, welche weder zur Schifffahrt noch zur Floßfahrt mit gebundenen Flößen dienen, werden mit Inbegriff des bestehenden Gefälls als Zubehör der Grundstücke betrachtet, zwischen welchen sie hindurchfließen, nach Maßgabe der Uferlänge eines jeden Grundstücks."

Diese Aenderung war deswegen erforderlich, weil nach § 97 BGB. nur bewegliche Sachen Zubehör einer anderen sein können. Das Flußbett ist, soweit es zu dem Ufergrundstücke gehört, Bestandtheil des letzteren.

4. Zu Ziffer IV—VII gilt das zu Ziffer II Bemerkte, d. h. auch hier wird das Institut der Verjährung beseitigt. Dagegen bleibt das Herkommen in denjenigen Fällen, in denen das Gesetz darauf verweist (Art. 37, 47, 54, 59, 60, 68), auch künftig als Rechtsquelle bestehen. Daher kann sich auch nach dem Inkrafttreten des BGB. noch Herkommen bilden.

5. Zu Ziffer VIII: Die Vorschriften der in den einzelnen Landestheilen geltenden Gesetze über die Rechtswirksamkeit des Herkommens (Gewohnheitsrechts), fallen mit dem Inkrafttreten des BGB. weg. Daß die Lokalverordnungen nur dann maßgebend sind, wenn sie rechtsgültig sind, ist selbstverständlich. Deshalb wurde Art. 103 gestrichen.

Infolge der Streichung des Art. 103 hat das Herkommen künftig auch in der Pfalz Geltung.

Art. 148. In dem Gesetze vom 28. Mai 1852 über die Bewässerungs- und Entwässerungs-Unternehmungen zum Zwecke der Boden-Cultur erhält der Artikel 14 folgende Fassung:

> Die Beitragsverbindlichkeit zu den Unterhaltungskosten ist öffentliche Last der betheiligten Grundstücke und erlischt nur mit dem vorschriftsmäßigen Ausscheiden des Grundstücks oder mit der Auflösung der Genossenschaft.

I. 70 (E. 15), 96 Begr., 203 (Z.^{I} 15), 349 (Z.^{II} 122^{14}). II. 288, 430 — Becher IV. V.^{II} 8, *57*, *196*, *371*, 395, *464*. IV. V.^{III} 19, *181*.

1. Die Qualifikation der Beitragsverbindlichkeit als öffentliche Last ist für die Vorschriften der §§ 436, 1047, 1385 BGB., § 10 Abs. 1 Nr. 3 ZVG., Art. 122 AG. z. BGB. von Belang.

Art. 149. Der Artikel 29 des Gesetzes vom 28. Mai 1852 über den Uferschutz und den Schutz gegen Ueberschwemmungen wird aufgehoben.

I. 70 (E. 16), 96 Begr., 203 (Z.^{I} 16), 349 (Z.^{II} 122[15]). II. 289, 430 — Becher IV. V.^{II} 8, *58*, *196*, *371*, 395, *465*. IV. V.^{III} 19, *181*.

1. Art. 29 ist aus denselben Gründen aufgehoben worden wie Art. 103 des Wasserbenützungsgesetzes in Art. 147 Ziffer VIII.

Art. 150. Das Gesetz vom 28. Mai 1852 über die Ausübung und Ablösung des Weiderechtes auf fremdem Grund und Boden wird dahin geändert:

I. Im Artikel 17 werden die Worte: „mit den in § 12 Ziffer 3 und 4 des Hypothekengesetzes und § 12 Ziffer 7 der Prioritätsordnung vom 1. Juni 1822 festgesetzten Vorzügen" ersetzt durch die Worte:

„mit dem Range des Weiderechts".

II. Im Artikel 18 werden die Worte: „welches gleichfalls die im Artikel 17 erwähnten Vorrechte des Hypothekengesetzes und der Prioritätsordnung genießt" ersetzt durch die Worte:

„welches gleichfalls den im Artikel 17 bestimmten Rang hat".

III. Im Artikel 42 werden die Worte: „mit den im Artikel 17 bestimmten Vorrechten" ersetzt durch die Worte:

„mit dem im Artikel 17 bestimmten Range".

I. 70 (E. 17), 96 Begr., 203 (Z.^{I} 17), 349 (Z.^{II} 122[16]). II. 289, 430 — Becher IV. V.^{II} 8, *58*, *197*, *371*, 395, *465*. IV. V.^{III} 19, *181*.

Die Aenderungen des Weiderechtsgesetzes waren aus den gleichen Gründen erforderlich wie die des Grundlastenablösungsgesetzes vgl. daher die Ausführungen zu Art. 141.

Art. 151. Der Artikel 8 Abs. 2 und der Artikel 9 Abs. 3 des Gesetzes vom 28. Mai 1852, die Sicherung, Fixirung und Ablösung der auf dem Zehentrechte lastenden kirchlichen Baupflicht betreffend, werden aufgehoben.

I. 70 (E. 18), 96 Begr., 203 (Z.^{I} 18), 349 (Z.^{II} 122[17]). II. 289, 430 — Becher IV. V.^{II} 8, *58*, *197*, *371*, 396, *465*. IV. V.^{III} 19, *181*.

Nach Art. 8, 9 des Zehentbaupflichtgesetzes kann die auf einem Zehentrechte lastende kirchliche Baupflicht als Reallast auf Grundbesitz übertragen oder in eine Reallast auf Leistung des jährlichen Baukanons umgewandelt werden. Die aus der Reallast der Baupflicht zu entrichtenden Leistungen haben nach Art. 8 Abs. 2 im Konkurse das im § 12 Nr. 7 der Prioritätsordnung bestimmte Vorzugsrecht, an dessen Stelle der im Art. 108 Abs. 1 Ziffer 1 und im Art. 151 Abs. 1. Ziff. 1 der Subhastationsordnung bezeichnete Rang getreten ist, jedoch nur unbeschadet der bestehenden Hypotheken; dem jährlichen Baukanon ist im Art. 9 Abs. 3 dasselbe Vorzugsrecht und der im § 12. Nr 4 des Hyp.=G. bestimmte gesetzliche Hypothekentitel eingeräumt.

Für Reallasten, die nach der Anlegung des Grundbuchs begründet werden, sind die Vorschriften des BGB. maßgebend; der Rang bestimmt sich nach § 879 BGB. Die vor dieser Zeit begründeten Reallasten behalten nach Art. 184 EG. z. BGB. den Rang, der sich aus den bisherigen Gesetzen ergibt; der gesetzliche Hypothekentitel fällt mit der Aufhebung des Hyp.G. weg.

Art. 152. Das Gesetz vom 22. Februar 1855, die landwirthschaftlichen Erbgüter betreffend, wird dahin geändert:

I. Der Schluß des Artikel 4 Abs. 2 erhält folgende Fassung:

> . . . . daß ihre Forderungen dergestalt, wie sie angezeigt sind, und für Forderungen, für die eine dingliche Haftung nicht besteht, Sicherungshypotheken auf das Erbgut eingetragen werden sollen.

II. Am Artikel 6 erhält

1. der Abs. 4 Satz 3 folgende Fassung:

> Zur Gültigkeit solcher Rechtsgeschäfte ist die Bestätigung des zuständigen Gerichts (Art. 3) erforderlich.

2. An die Stelle der Abs. 6, 7 treten folgende Vorschriften:

> Zu einer Belastung des Erbguts, zu der der Eigenthümer nach den Vorschriften dieses Gesetzes verpflichtet ist, ist die Zustimmung des Anerben nicht erforderlich.
>
> Wegen anderer als derjenigen Verbindlichkeiten, die auf dem Erbgute haften oder den Eigenthümer nach den Vorschriften dieses Gesetzes treffen, findet die Zwangsvollstreckung in das Erbgut nur mittelst Zwangsverwaltung statt.

III. Im Artikel 8 werden die Worte: „vorbehaltlich der Bestimmungen des Hypothekengesetzes §§ 24—26“ ersetzt durch die Worte:

„vorbehaltlich der Vorschriften zu Gunsten derjenigen, welche Rechte von einem Nichtberechtigten herleiten,“.

IV. Der Artikel 10 Abs. 5 erhält folgende Fassung:

Zur Gutsübergabe unter Lebenden ist die Bestätigung durch das nach Art. 3 zuständige Gericht erforderlich.

V. Im Artikel 27 erhält

1. der Eingang folgende Fassung:

Die Bestellung einer Sicherungshypothek an dem Erbgute können verlangen:

2. Die Ziff. 3 wird durch folgenden Abs. 2 ersetzt:

Die Personen, welche nach den Art. 20, 24 Alimente anzusprechen haben, können, falls ihnen ein zu dem Erbgute gehörendes Gebäude oder ein Theil eines solchen Gebäudes als Wohnung zum ausschließlichen Gebrauche zu gewähren ist, die Bestellung eines Wohnungsrechts, falls ihnen ein Theil des Erbguts zu sonstiger Benützung zu gewähren ist, die Bestellung einer entsprechenden persönlichen Dienstbarkeit und, soweit andere wiederkehrende Leistungen zu entrichten sind, die Bestellung einer entsprechenden Reallast an dem Erbgute verlangen.

VI. Die Artikel 2, 30, 33 werden aufgehoben.

I. 70 (E. 19), 96 Begr., 203 (Z.^{I} 19), 350 (Z.^{II} 122[18]). II. 289, 430 — Becher IV. V.^{II} 8, *58*, *198*, *371*, 396, *465*. IV. V.^{III} 19, *181*.

1. Zu Ziffer I: Die Aenderung in Art. 4 Abs. 2 war erforderlich, weil das BGB. mehrere Arten von Hypotheken kennt. Für die bezeichneten Forderungen soll eine Sicherungshypothek eingetragen werden.

2. Zu Ziffer II[1]:

Art. 6 Abs. 4 lautet in der bisherigen Fassung:

„Der Austausch von Grundstücken kann von dem Gutseigenthümer auch ohne Zustimmung der Anerben vorgenommen werden, wenn dieses Rechtsgeschäft zum Zweck der Arrondirung geschieht und dadurch der Grundbesitz nicht in dem Maße verringert wird, daß derselbe nicht mehr mit einem Simplum der Grundsteuer von wenigstens sechs Gulden belegt ist. Die auf diesem Wege erworbenen Grundstücke gehören zur Substanz des Erbgutes. Zur Gültigkeit solcher Rechtsgeschäfte ist die Verlautbarung derselben vor dem zuständigen Gericht (Art. 3) erforderlich."

In Zukunft ist an Stelle der gerichtlichen Verlautbarung die gerichtliche Bestätigung erforderlich.

3. Zu Ziffer II²: Die Aenderung war erforderlich, weil das BGB. gesetzliche Hypothekentitel nicht mehr kennt.

Während Abs. 6 u. F. die Anlegung des Grundbuchs voraussetzt, gilt Abs. 7 mangels dieser Voraussetzung schon vom 1. Januar 1900 ab.

4. Zu Ziffer III: Gemeint sind insbesondere die Vorschriften der §§ 892 ff. BGB. über den öffentlichen Glauben des Grundbuchs.

5. Zu Ziffer IV: Auch hier wird die gerichtliche Verlautbarung durch die gerichtliche Bestätigung ersetzt.

6. Zu Ziffer V¹: Der Eingang des Art. 27 wurde geändert, weil das BGB. einen gesetzlichen Hypothekentitel nicht kennt. Bis zur Anlegung des Grundbuchs vgl. die Uebergangsbestimmung im Art. 50 ÜG.

7. Zu Ziffer V²: vgl. die analoge Bestimmung in Art. 41 AG. z. BGB.

8. Zu Ziffer VI: Art. 2 wurde aufgehoben, weil er, soweit er von gewillkürtem und unbeweglichem Zubehör spricht, mit den Vorschriften des BGB. über die Zubehörungen der Grundstücke im Widerspruch stände, soweit er sich auf gesetzliches Zubehör bezieht, aber selbstverständlich ist.

Art. 30, welcher von dem Erlöschen der Erbgutseigenschaft durch Verjährung handelt, ist als gegenstandslos aufgehoben worden, weil dem BGB. eine Ersitzung von Grundstücken — abgesehen von dem hier nicht in Betracht kommenden Falle des § 900 Abs. 2 — fremd ist.

Art. 33 ist durch die Vorschrift des Art. 129 AG. z. BGB. ersetzt.

Art. 153. Das Gesetz vom 23. Februar 1868, die Ablösbarkeit der auf Grund und Boden haftenden oder mit einer Gewerbsrealität verbundenen Ehehafts-Verhältnisse betreffend, wird dahin geändert:

I. Im Artikel 11 Abs. 1 Satz 1 werden die Worte: „mit fünf vom Hundert" ersetzt durch die Worte: „mit vier vom Hundert".

II. Der Artikel 12 Abs. 1 erhält folgende Fassung:

Für die Ablösungssumme haftet das Grundstück in gleicher Weise wie für ein Bodenzinskapital; die Ablösungssumme hat den Rang der Reichnisse, an deren Stelle sie tritt. Für die im Falle des Verzugs zu entrichtenden Zinsen gelten die Vorschriften über die aus einer Reallast zu entrichtenden wiederkehrenden Leistungen.

III. An die Stelle der Artikel 13, 14 tritt folgende Vorschrift:

Ist die Ehehaftsgerechtigkeit mit Rechten Dritter belastet, so ist die Beiziehung und die Zustimmung der Berechtigten zu der Ablösung nicht erforderlich.

An dem Anspruch auf die Ablösungssumme haben die Dritten, soweit ihre Rechte beeinträchtigt werden, dieselben Rechte, die ihnen im Falle des Erlöschens ihrer Rechte durch Zwangsversteigerung an dem Erlöse zustehen. Die Vorschriften des § 1128 des Bürgerlichen Gesetzbuchs finden entsprechende Anwendung; die im § 1128 vorgeschriebene Benachrichtigung der Berechtigten erfolgt nach dem Vollzuge der im Artikel 2 vorgeschriebenen Protokollirung oder nach dem Abschlusse der in Gemäßheit der Artikel 3 bis 8 gepflogenen Ablösungsverhandlungen durch die Distriktsverwaltungsbehörde. Erhebt ein Berechtigter innerhalb der im § 1128 bestimmten Frist Widerspruch gegen die Zahlung der Ablösungssumme an den Bezugsberechtigten, so kann dieser und jeder der Berechtigten die Eröffnung eines Vertheilungsverfahrens nach den für die Vertheilung des Erlöses im Falle der Zwangsversteigerung geltenden Vorschriften beantragen. Die Zahlung hat in diesem Falle an das für das Vertheilungsverfahren zuständige Gericht zu erfolgen.

I. 71 (E. 20), 96 Begr., 204 (Z.^{I} 20), 351 (Z.^{II} 122[19]). II. 292, 430 – Becher IV. V.^{II} 9, *60*, *203*, *371*, 396, *465*. IV. V.^{III} 19, *181*.

§ 1128 BGB. Ist ein (mit einer Hypothek belastetes) Gebäude versichert, so kann der Versicherer die Versicherungssumme mit Wirkung gegen den Hypothekengläubiger an den Versicherten erst zahlen, wenn er oder der Versicherte den Eintritt des Schadens dem Hypothekengläubiger angezeigt hat und seit dem Empfange der Anzeige ein Monat verstrichen ist. Der Hypothekengläubiger kann bis zum Ablaufe der Frist dem Versicherer gegenüber der Zahlung widersprechen. Die Anzeige darf unterbleiben, wenn sie unthunlich ist; in diesem Falle wird der Monat von dem Zeitpunkt an berechnet, in welchem die Versicherungssumme fällig wird.

Im Uebrigen finden die für eine verpfändete Forderung geltenden Vorschriften Anwendung; der Versicherer kann sich jedoch nicht darauf berufen, dass er eine aus dem Grundbuch ersichtliche Hypothek nicht gekannt habe.

1. Ueber „Ehehaften" vgl. Roth, bayer. Civ.R. Bd. II. 3 Abth. S. 304; Becher, bayer. LCR. S. 1087.

2. Zu Ziffer I vgl. auch Art. 3 ÜG.

3. Zu Ziffer II. Die Aenderung erfolgte aus dem gleichen Grunde wie bei Art. 141, 150 AG. z. BGB., vgl. auch § 1107, 110 BGB.

4. Vgl. die ähnlichen Vorschriften in Art. 52, 53 EG. z. BGB. Aus der analogen Anwendung des § 1128 BGB. ergibt sich: Die Zahlung der Ablösungssumme an den ablösungspflichtigen Bezugsberechtigten mit Wirkung gegen den berechtigten Dritten kann erst erfolgen, wenn dieser zuvor von der Ablösung benachrichtigt wurde und seit dem Empfange der Benachrichtigung ein Monat verstrichen ist. Die Benachrichtigung hat nach dem Vollzug der im Art. 2 des Gesetzes vorgeschriebenen Protokollirung, nämlich des giltigen Uebereinkommens der Betheiligten von der Distriktsverwaltungsbehörde, das erst mit dieser Protokollirung wirksam wird, oder wenn ein giltiges Uebereinkommen nicht zu Stande gekommen ist, nach dem Abschlusse der in Gemäßheit der Art. 3—8 gepflogenen Ablösungsverhandlungen durch die Distriktsverwaltungsbehörde zu erfolgen. Die Benachrichtigung kann jedoch unterbleiben, wenn sie unthunlich ist; in diesem Falle wird der Monat von dem Zeitpunkte an berechnet, in welchem die Ablösungssumme fällig wird. Ein berechtigter Dritter kann bis zum Ablaufe der einmonatigen Frist der Zahlung widersprechen. Ist solches geschehen, so kann dieser und jeder andere Betheiligte Eröffnung eines Vertheilungsverfahrens nach Maßgabe des Abs. 3 der neuen Fassung beantragen, in welchem Falle alsdann die Zahlung an das für das Vertheilungsverfahren zuständige Gericht erfolgen muß (so Böhm-Klein zu Ziff. III Anm. 2).

Art. 154. Das Gesetz vom 16. April 1868 über Heimat, Verehelichung und Aufenthalt wird dahin geändert:

I. Der Artikel 1 Abs. 3 erhält folgende Fassung:

Den ehelichen Kindern werden die Kinder gleichgeachtet, welche nach dem bürgerlichen Rechte die rechtliche Stellung von ehelichen Kindern haben.

II. Im Artikel 4 erhält

1. der Abs. 2 folgende Fassung:

Einer geschiedenen Frau bleibt die Heimat, welche der Mann zur Zeit der Scheidung hatte. Die Aufhebung der ehelichen Gemeinschaft nach § 1575 des Bürgerlichen Gesetzbuchs wird der Scheidung gleichgeachtet.

2. der Abs. 3 folgende Fassung:

Ist die Ehe nichtig, so behält die Frau die Heimat, die der Mann zur Zeit der Nichtigkeitserklärung oder der Auflösung der Ehe hat, wenn ihr die Nichtigkeit der Ehe bei der Eheschließung nicht bekannt war; die Vorschriften des § 1345 Abs. 2 und des § 1704 des Bürgerlichen Gesetzbuchs finden entsprechende Anwendung.

III. Im Artikel 6 in der Fassung des Gesetzes vom 17. Juni 1896 wird

1. dem Abs. 3 folgender Satz beigefügt:

Die Vorschriften des Art. 1 Abs. 3 und des Art. 4 Abs. 2 Satz 2 finden Anwendung.

2. Die Abs. 5, 6 erhalten folgende Fassung:

Als selbständig sind nicht zu erachten:

1) entmündigte Personen;

2) Dienstboten und Gewerbsgehilfen, die in die häusliche Gemeinschaft des Dienstherrn aufgenommen sind, sowie Kinder, die dem elterlichen Hausstand angehören und von dem Familienhaupt unterhalten werden.

Steuern der Ehefrau, sofern nicht die eheliche Gemeinschaft nach § 1575 des Bürgerlichen Gesetzbuchs aufgehoben ist, und der minderjährigen im elterlichen Unterhalte stehenden Kinder sind dem Familienhaupte zuzurechnen.

IV. Der Artikel 12 erhält folgende Fassung:

Für Verhandlungen über den Vollzug der Art. 6 bis 7a wird eine andere als die Gebühr, welche für die Urkunde über die Verleihung des Heimatrechts zu entrichten ist, nicht erhoben.

V. Im Artikel 13 Abs. 3, 5 treten an die Stelle der Worte: „die aus dieser Ehe hervorgegangenen Kinder" die Worte:

„die Kinder dieser Ehe sowie die durch die Ehe legitimirten Kinder".

VI. Der Artikel 17 Abs. 1 erhält folgende Fassung:

Der auf Grund der Art. 15, 16 einem Manne angewiesenen vorläufigen Heimat folgt auch seine Ehefrau, es sei denn, daß die eheliche Gemeinschaft nach § 1575 des Bürgerlichen Gesetzbuchs aufgehoben ist.

VII. Im Artikel 18 Abs. 2 werden die Worte: „der angewiesenen Heimatgemeinde" ersetzt durch die Worte:

„der vorläufigen Heimatgemeinde".

VIII. Im Artikel 24 Ziff. 2 werden die Worte: „angewiesene Heimat" ersetzt durch die Worte:

„vorläufige Heimat".

IX. Im Artikel 25 werden die Worte: „vorbehaltlich dessen, was das Gesetz über den obersten Verwaltungsgerichtshof bestimmen wird" ersetzt durch die Worte:

„unbeschadet dessen, was das Gesetz vom 8. August 1878, betreffend die Errichtung eines Verwaltungsgerichtshofes und das Verfahren in Verwaltungsrechtssachen, bestimmt".

X. Im Artikel 31 werden die Worte: „und nach dem örtlichen Herkommen" gestrichen.

XI. Im Artikel 33 in der Fassung des Gesetzes vom 17. März 1892 erhält

1. der Abs. 1 folgende Fassung:

Ein in den Landestheilen rechts des Rheins heimatberechtigter Mann darf eine Ehe erst eingehen, wenn durch ein von der zuständigen Behörde ausgestelltes Zeugniß festgestellt ist, daß der Eheschließung das im Art. 36 bestimmte Einspruchsrecht nicht entgegensteht.

2. Im Abs. 2 werden ersetzt im Satz 1 die Worte: „die aus der Ehe entsprossenen oder durch dieselbe legitimirten Kinder" durch die Worte:

„die Kinder dieser Ehe sowie die durch die Ehe legitimirten Kinder"

und im Satz 3 die Worte: „mit ihren aus dieser Ehe entsprossenen oder durch dieselbe legitimirten Kindern" durch die Worte:

„mit den Kindern dieser Ehe sowie den durch die Ehe legitimirten Kindern".

3. Als Abs. 5 wird folgende Vorschrift beigefügt:

Das Zeugniß verliert seine Kraft, wenn die Ehe nicht binnen sechs Monaten nach der Ausstellung des Zeugnisses geschlossen wird.

XII. Im Artikel 36 erhalten

1. im Abs. 1 in der Fassung der Königlichen Deklaration vom 21. April 1884 die Ziff. 3, 7 folgende Fassung:

3) wenn der Mann oder die Braut zu einer Zuchthausstrafe oder wegen Verbrechens oder Vergehens gegen die Sittlichkeit oder wegen Raubes, Diebstahls, Unterschlagung, Betrugs, Hehlerei, Fälschung, Gaukelei zu einer Freiheitsstrafe von wenigstens vier Wochen verurtheilt worden ist und seit Abbüßung oder Nachlaß der Strafe drei Jahre noch nicht verflossen sind, sowie wenn der Mann oder die Braut innerhalb der unmittelbar vorhergehenden drei Jahre mindestens dreimal wegen Arbeitsscheue, Landstreicherei oder Bettels verurtheilt worden ist;

7) wenn und solange der Mann unter Vormundschaft steht oder das Entmündigungsverfahren gegen ihn eingeleitet oder über sein Vermögen das Konkursverfahren eröffnet ist.

2. Im Abs. 3 werden ersetzt die Worte: „eine angewiesene Heimat" durch die Worte:

„eine vorläufige Heimat"

und die Worte: „die angewiesene Heimatgemeinde“ durch die Worte:

„die vorläufige Heimatgemeinde“.

XIII. Im Artikel 37 Abs. 3 werden die Worte: „eine angewiesene Heimat“ ersetzt durch die Worte:

„eine vorläufige Heimat“.

XIV. Im Artikel 40 erhält

1. der Abs. 1 folgende Fassung:

Hinsichtlich der Beschwerden gegen Beschlüsse der Distriktsverwaltungsbehörde, durch welche das nach Art. 33 auszustellende Verehelichungszeugniß verweigert oder gegen einen auf Grund des Art. 36 erhobenen Einspruch ertheilt wird, bestimmt sich die Zuständigkeit und das Verfahren nach dem Gesetze vom 8. August 1878, betreffend die Errichtung eines Verwaltungsgerichtshofes und das Verfahren in Verwaltungsrechtssachen. Im Uebrigen können die Betheiligten gegen die Beschlüsse der Distriktsverwaltungsbehörde innerhalb einer Nothfrist von 14 Tagen Beschwerde an die vorgesetzte Kreisregierung, Kammer des Innern, ergreifen, welche nach kollegialer Berathung in zweiter und letzter Instanz zu entscheiden hat.

2. Der Abs. 2 Ziff. 3 wird aufgehoben.

XV. Im Artikel 41 in der Fassung des Gesetzes vom 23. Februar 1872 werden ersetzt

1. im Abs. 1 die Worte: „bis zu fünfzig Thalern“ durch die Worte:

„bis zu einhundertfünfzig Mark“,

2. im Abs. 3 die Worte: „wieder aufgelöst worden ist“ durch die Worte:

„für nichtig erklärt oder aufgelöst worden ist“.

XVI. Im Artikel 43 Abs. 1 in der Fassung des Gesetzes vom 23. Februar 1872 treten an die Stelle der Worte: „nach Maßgabe des Artikel 45 Ziff. 5, 6 und 9“ die Worte:

„nach Maßgabe des Artikel 45 Ziff. 5, 6“.

XVII. Im Artikel 44 treten

1. im Abs. 2 an die Stelle der Worte: „bis zu 10 fl.“ die Worte:

„bis zu achtzehn Mark“,

2. im Abs. 3 wird das Wort: „taxfreie“ ersetzt durch das Wort:

„gebührenfreie“.

XVIII. Im Artikel 45 in der Fassung des Gesetzes vom 23. Februar 1872 werden ersetzt

1. in der Ziff. 5 die Worte: „wegen Diebstahls“ durch die Worte:

„wegen Raubes, Diebstahls“,

2. in der Ziff. 6 die Worte: „nach Artikel 149 Abs. I des Polizeistrafgesetzbuches“ durch die Worte:

„nach § 148 Abs. 1 Nr. 5 oder 7 oder § 149 Abs. 1 Nr. 1, 3 oder 5 der Gewerbeordnung“ und die Worte: „oder Artikel 10 des Gesetzes, den Vollzug der Einführung des Strafgesetzbuches für das Deutsche Reich in Bayern betreffend,“ durch die Worte:

„oder § 153 der Gewerbeordnung“.

XIX. Im Artikel 51 ist statt „Art. 50 Abs. III“ zu setzen:

„Art. 50 Abs. 1“.

XX. Im Artikel 52 werden ersetzt

1. im Abs. 1 die Worte: „vorbehaltlich dessen, was das Gesetz über die Errichtung eines obersten Verwaltungsgerichtshofes bestimmen wird“ durch die Worte:

„unbeschadet dessen, was das Gesetz vom 8. August 1878, betreffend die Errichtung eines Verwaltungsgerichtshofes und das Verfahren in Verwaltungsrechtssachen, bestimmt“,

2. im Abs. 5 die Worte: „von der Tax- und Stempelpflicht befreit“ durch das Wort:

„gebührenfrei“.

XXI. Die noch bestehenden Ueberschriften vor einzelnen Artikeln werden gestrichen.

XXII. Die Artikel 20, 26, 32, 34, 35, 38 werden aufgehoben.

Die vor dem Inkrafttreten des Bürgerlichen Gesetzbuchs vereinkindschafteten Kinder stehen in Ansehung der Heimat den ehelichen Kindern gleich.

Für das der Eheschließung vorangehende Aufgebot verbleibt es bei den bisherigen Vorschriften, wenn die Bekanntmachung vor dem Inkrafttreten des Bürgerlichen Gesetzbuchs angeheftet worden ist.

Ein auf Grund civilrechtlicher Bestimmungen nach den bisherigen Vorschriften bei der Gemeindeverwaltung oder der Distriktsverwaltungsbehörde erhobener Einspruch gegen die Eheschließung ist dem Standesbeamten mitzutheilen.

I. 71 (E. 21), 98 Begr., 205 (Z.[I] 21), 298, 351 (Z.[II] 122[20]). II. 295, 427, 430, 471 567 Becher IV. V.[II] 10. *61*, *205*, 366. *371*, 385, 397, *466*, 530, *534*, *550*. IV V.[III] 11. *181*.

§ 1345 Abs. 2 BGB.: Diese Vorschrift *(zu Gunsten des gutgläubigen Ehegatten)* findet keine Anwendung, wenn die Nichtigkeit auf einem Formmangel beruht und die Ehe nicht in das Heirathsregister eingetragen worden ist.

§ 1575 Abs. 1 Satz 1 BGB.: Der Ehegatte, der auf Scheidung zu klagen berechtigt ist, kann statt auf Scheidung auf Aufhebung der ehelichen Gemeinschaft klagen.

§ 1704 BGB.: Ist die Ehe wegen Drohung anfechtbar und angefochten, so steht der anfechtungsberechtigte Ehegatte einem Ehegatten gleich, dem die Nichtigkeit der Ehe bei der Eheschliessung unbekannt war.

1. Auf Grund der Ermächtigung im Art. 177 hat das Heimathgesetz durch die Bekanntmachung vom 30. Juli 1899 eine neue Fassung erhalten (s. G.- u. VBl. 1899 S. 470).

2. Zu Ziffer I:

Nach dem BGB. haben die rechtliche Stellung von ehelichen Kindern

a) die durch nachfolgende Ehe legitimirten Kinder (§§ 1719 ff. BGB.),

b) die für ehelich erklärten Kinder (§ 1736 BGB.),

c) die an Kindesstatt angenommenen Kinder (§ 1757 BGB.),

d) Kinder aus einer nichtigen Ehe, die im Falle der Gültigkeit der Ehe ehelich sein würden, sofern nicht beide Ehegatten die Nichtigkeit der Ehe bei der Eheschließung gekannt haben. Ausgenommen ist jedoch der Fall, wenn die Nichtigkeit der Ehe auf einem

Formmangel beruht und die Ehe nicht in das Heirathsregister eingetragen worden ist (§ 1699 BGB.).

In den Fällen a bis c wird vorausgesetzt, daß die Legitimation u. s. w. erst unter der Herrschaft des BGB. erfolgt ist, im Falle d, daß die Ehe unter der Herrschaft des BGB. geschlossen wurde.

Inwieweit die Kinder aus einer vor dem Inkrafttreten des BGB. geschlossenen nichtigen oder ungültigen Ehe als eheliche Kinder anzusehen sind (Art. 207 EG. z. BGB.), ferner inwieweit einem vor dem Inkrafttreten des BGB. außerehelich erzeugten Kinde aus einem besonderen Grunde, insbesondere wegen Erzeugung im Brautstande, die rechtliche Stellung eines ehelichen Kindes zukommt (Art. 208 EG. z. BGB.), endlich inwieweit ein vor dem Inkrafttreten des BGB. legitimirtes oder an Kindesstatt angenommenes Kind die rechtliche Stellung eines ehelichen Kindes hat (Art. 209 EG. z. BGB.), bestimmt sich nach den bisherigen Gesetzen. Hierbei sind jedoch die Art. 105, 141 UG. zu beachten. Soweit ihnen nach den bisherigen Gesetzen die rechtliche Stellung ehelicher Kinder zukommt, haben sie vom 1. Januar 1900 an die Heimath des Vaters. AM. Henle-Schneider Anm. 3: „Es war augenscheinlich nicht die Absicht des Gesetzgebers, vom 1. Januar 1900 an den nicht voll adoptirten Kindern und den Brautkindern die Heimath des Adoptirenden bezw. des Erzeugers zu geben. Vielmehr soll auf solche Fälle Art. 1 Abs. 3 in der bisherigen Fassung als Auslegungsregel auch weiterhin anzuwenden sein".

Die Aenderung in Art. 1 Abs. 3 ist auch von Bedeutung für Art. 9 Abs. 3 und Art. 10 Abs. 3 Heim. Ges.

3. Zu Ziffer II¹: Soweit vor dem 1. Januar 1876 (vgl. § 65, 76, 77 Personenst.-Ges.) eine Trennung von Tisch und Bett ausgesprochen wurde, bemessen sich deren Wirkungen nach Art. 4 Abs. 2 Satz 2 in der bisherigen Fassung.

4. Zu Ziffer II²: War der Frau bei der Eheschließung die Nichtigkeit der Ehe bekannt, so hat sie ihre Heimath da, wo sie ihr zukäme, wenn sie diese Ehe nicht geschlossen hätte.

5. Zu Ziffer XI¹: Durch die Aenderung in XI¹ und durch die in Ziffer XXII erfolgte Aufhebung der Art. 32, 34, 35, 38 hat das Verehelichungszeugniß eine wesentlich andere Bedeutung als bisher.

Künftig wird durch dasselbe nur bestätigt, „daß das im Art. 36 bestimmte Einspruchsrecht der Heimathgemeinde des Mannes der Eheschließung nicht entgegensteht".

Während bisher das für die Ausstellung eines Verehelichungszeugnisses vorgeschriebene Verfahren das standesamtliche Aufgebot vollständig ersetzte, ist künftighin folgendes Verfahren einzuschlagen (vgl. Bekanntmachung vom 3. Mai 1900 JMBl. S. 853):

a) Wenn ein in den Landestheilen rechts des Rheines beheimatheter Mann eine Ehe eingehen will, so bedarf er eines Verehelichungszeugnisses nach Maßgabe des Art. 33 Abs. 1 n. F. Dieses kann ihm sofort ausgestellt werden, wenn er nachweist, daß seine Heimathgemeinde einen Einspruch gegen die Verehelichung entweder nicht erheben kann oder nicht erheben will.

b) Ausländer bedürfen des im Art. 39 Heim.-Ges. vorgeschriebenen Verehelichungszeugnisses wie bisher.

c) Alle übrigen Personen bedürfen eines Verehelichungszeugnisses nicht; ein solches ist in Folge der Aufhebung des Art. 38 Heim.-Ges. insbesondere auch dann nicht erforderlich, wenn ein in der Pfalz heimathberechtigter Mann in den Landestheilen rechts des Rheines eine Ehe eingehen will.

Wird das erforderliche Verehelichungszeugniß dem Standesbeamten beigebracht, oder ist ein solches nicht erforderlich, so erläßt der Standesbeamte das Aufgebot. Das Verfahren vor dem Standesbeamten richtet sich in allen Fällen nach den Vorschriften der §§ 1316 ff. BGB. und der §§ 41 ff. Pers.-St.-Ges.

Auf Grund des Art. 33 Abs. 5 u. F. im Zusammenhalt mit § 1316 Abs. 1 Satz 2 BGB. kann der Fall vorkommen, daß das Aufgebot noch wirksam ist, während das Verehelichungszeugniß bereits seine Kraft verloren hat. In diesem Falle müßte der Standesbeamte seine Mitwirkung zur Eheschließung ablehnen.

6. Ziffer XIV enthält keine sachliche Aenderung gegenüber dem bisherigen Rechte.

7. Zu Abs. 2, 3 vgl. die Bekanntmachung d. Min. d. Innern vom 3. August 1899, die Eheschließung betr. (JMBl. 1899 S. 358).

Art. 155. Das Gesetz vom 16. Mai 1868 über den Malzaufschlag in der Fassung der Bekanntmachung vom 10. Dezember 1889 wird dahin geändert:

I. Der Artikel 52 Abs. 3 erhält folgende Fassung:

> Ist eine solche Mühle im Besitz einer politischen Gemeinde, so haftet die Gemeindekasse; ist sie im Besitz einer Genossenschaft, so haften die Genossenschaft und die Genossen für Strafe und Kosten nach den für Genossenschaftsverbindlichkeiten geltenden Vorschriften; in beiden Fällen bleibt der Rückgriff gegen denjenigen, welcher die Uebertretung veranlaßt hat, vorbehalten.

II. Der Artikel 60 Abs. 2 Satz 2 und der Artikel 61 Abs. 2 Satz 2 werden aufgehoben.

I. 73 (E. 22) 101 Begr., 209 (Z.I 22), 355 (Z.II 122[21]). II. 304, 431 — Becher IV. V.II 13, *67*, *222*, 399, *470*. IV. V.III 11, *182*.

1. Zu Ziffer I: Von den für Genossenschaftsverbindlichkeiten geltenden Vorschriften werden insbesondere die Vorschriften des Gesetzes betr. die Erwerbs- und Wirthschaftsgenossenschaften vom 1. Mai 1889 in der Fassung vom 20. Mai 1898 in Betracht kommen. Hiernach

ist zu unterscheiden, ob eine eingetragene Genossenschaft mit unbeschränkter Haftpflicht oder mit beschränkter Haftpflicht oder mit unbeschränkter Nachschußpflicht in Frage steht. Uebrigens ist „Genossenschaft" hier im weiteren Sinne aufzufassen, es fallen also auch die nicht eingetragenen Genossenschaften darunter. So auch Henle-Schneider Anm. 2 im Anschluß an die Aeußerung des Min.-Komm. Auf diese finden nach § 54 BGB. die Vorschriften über die Gesellschaft (§§ 705—740 BGB.) Anwendung (vgl. auch Art. 2 Abs. 1 UG.).

2. Zu Ziffer II: „Nach Art. 60 des Malzaufschlaggesetzes kann das Hauptzollamt unter bestimmten Voraussetzungen verfügen, daß ein wiederholt wegen Malzaufschlaghinterziehung bestrafter Pächter oder selbständiger Geschäftsführer in keinem aufschlagpflichtigen Betrieb und in keiner zum Malzbrechen verwendeten Mühle als Pächter oder selbständiger Geschäftsführer zugelassen werden darf. In Folge dieser Verfügung muß der Betriebsberechtigte den Pächter oder Geschäftsführer aus dem Geschäft entfernen. Tritt dieser in ein anderes Geschäft als Pächter oder Geschäftsführer ein, so muß er nach Art. 61 auch aus der neuen Stellung entfernt werden. Dabei bleiben nach Art. 60 Abs. 2 Satz 2 dem Betriebsberechtigten alle Entschädigungsansprüche, während dieser solche Ansprüche wegen Auflösung des Pacht- oder Dienstvertrags nicht geltend machen kann. In Zukunft finden an Stelle der aufgehobenen Bestimmungen die Vorschriften des § 325 BGB. Anwendung." (Begr.)

Art. 156. Das Gesetz vom 16. Mai 1868, die Vermarkung der Grundstücke betreffend, wird dahin geändert:

I. Der Eingang des Artikel 2 Abs. 1 hat zu lauten:

Zur Abmarkung zwischen Nachbargrundstücken kann von jedem betheiligten Grundeigenthümer . . .

II. Der Artikel 5 erhält folgende Fassung:

Verständigen sich die betheiligten Grundeigenthümer, die bestehende Grenzlinie mittelst Austausches von Grund und Boden zu verändern, oder nehmen die Feldgeschworenen wahr, daß eine Verrückung der bisherigen Grenze beabsichtigt wird, so darf die Vermarkung erst erfolgen, wenn die Aenderungen im Bestande der Grundstücke und in den Eigenthumsverhältnissen in das Grundbuch eingetragen sind.

III. Der Eingang des Artikel 7 hat zu lauten:

Streitigkeiten über den Anspruch auf Errichtung oder Wiederherstellung fester Grenzzeichen und über die Art der Vermarkung, insbesondere . . .

IV. Im Artikel 8 werden die Worte: „unter Darlegung des Bedürfnisses" ersetzt durch die Worte:

„unter Darlegung der Beschaffenheit der Grenze".

V. Die Artikel 1, 3, 4 werden aufgehoben.

I. 73 (E. 23), 101 **Begr.**, 209 (Z.^I 23), 356 (Z.^II 122[22]). II. 305, 379, 431 — Becher IV. V.^II 13. *67*, *225*, *373*, 400, *471*. IV. V.^III 11, *182*.

Nunmehr gilt das Gesetz vom 30. Juni 1900, die Abmarkung der Grundstücke betr. (G. u. V. Bl. S. 553, JMBl. 1901 S. 89) mit den Vollzugsvorschriften vom 31. Dezember 1900 (JMBl. S. 101) und der Feldgeschworenenordnung vom 21. Dezember 1900 (JMBl. S. 149).

Art. 157. Das Berggesetz vom 20. März 1869 wird dahin geändert:

I. Der Artikel 6 erhält folgenden Abs. 3:

Auf die jährlich zu leistende Entschädigung finden die Vorschriften des Art. 129a, auf den Ersatz des Minderwerths finden die Vorschriften des Art. 134 entsprechende Anwendung.

II. Als Artikel 36a werden folgende Vorschriften eingestellt:

Die Bergbehörde hat dem Grundbuchamt eine beglaubigte Abschrift der Verleihungsurkunde und eine beglaubigte Zeichnung des Planes (Art. 33) zur Eintragung des verliehenen Bergwerkseigenthums in das Grundbuch mitzutheilen.

In den Fällen des Art. 35 Abs. 2 hat die Bergbehörde das Grundbuchamt um die erforderlichen Eintragungen zu ersuchen. Soweit Hypotheken, Grundschulden oder Rentenschulden von der Aenderung oder Aufhebung der Verleihung betroffen werden, finden auf die Eintragung die Vorschriften der §§ 42 bis 44 der Grundbuchordnung keine Anwendung. Das Grundbuchamt hat den Besitzer des Hypotheken-, Grundschuld- oder Rentenschuldbriefs zur Vorlegung anzuhalten, um nach den Vorschriften des § 62 Abs. 1, des § 69 und des § 70 Abs. 1 der Grundbuchordnung zu verfahren.

III. Der Artikel 40 erhält folgende Fassung:

Auf das Bergwerkseigenthum finden die sich auf Grundstücke beziehenden Vorschriften entsprechende Anwendung.

IV. Der Artikel 41 erhält folgende Fassung:

Für den Erwerb eines bestehenden Bergwerkseigenthums gelten dieselben Vorschriften wie für den Erwerb des Eigenthums an einem Grundstücke.

Auf die Ansprüche aus dem Bergwerkseigenthume finden die für die Ansprüche aus dem Eigenthume geltenden Vorschriften entsprechende Anwendung.

V. Der Artikel 50 erhält folgenden Abs. 2:

Auf die Entschädigungsforderung finden die Vorschriften des Art. 134 Abs. 1 entsprechende Anwendung.

VI. Der Artikel 55 erhält folgenden Zusatz:

Die Vereinbarung muß öffentlich beurkundet oder öffentlich beglaubigt sein.

VII. Als Artikel 62a wird folgende Vorschrift eingestellt:

Ist die Bestätigung der Vereinigung mehrerer Bergwerke, der Theilung des Feldes eines Bergwerkes in selbständige Felder oder des Austausches von Feldestheilen erfolgt, so hat die Bergbehörde das Grundbuchamt unter Mittheilung einer beglaubigten Abschrift der Bestätigungsurkunde und beglaubigter Planzeichnungen um die Eintragungen zu ersuchen, welche durch die eingetretenen Rechtsänderungen veranlaßt werden.

Soweit Hypotheken, Grundschulden oder Rentenschulden von der Rechtsänderung betroffen werden, finden die Vorschriften des Art. 36a Abs. 2 Satz 2, 3 entsprechende Anwendung.

VIII. An die Stelle des Artikel 93 Abs. 5 treten folgende Vorschriften:

Ein abhanden gekommener oder vernichteter Kurschein kann, wenn nicht das Gegentheil bestimmt ist, im Wege des Aufgebotsverfahrens für kraftlos erklärt werden.

Die Vorschriften der §§ 798, 800 des Bürgerlichen Gesetzbuchs finden auf Kurscheine entsprechende Anwendung.

IX. Der Artikel 101 Abs. 3 hat zu lauten:

Gewerken, die nicht im Deutschen Reiche wohnen, haben zur Empfangnahme der Einladungen einen im Deutschen Reiche wohnenden Bevollmächtigten zu bestellen.

X. An die Stelle des Artikel 112 Satz 2, 3 tritt folgende Vorschrift:

Bestellt die Gewerkschaft einen Grubenvorstand, so kann die Zustellung an jedes Mitglied des Grubenvorstandes erfolgen.

XI. Im Artikel 117 wird das Wort: „Vollmachtsvertrag" ersetzt durch das Wort:

„Auftrag".

XII. Als Artikel 129a wird folgende Vorschrift eingestellt:

Die im Art. 126 und im Art. 129 Abs. 1 bezeichneten Entschädigungsforderungen haften, wenn das benützte Grundstück oder das Grundstück, dessen jeweiligem Eigenthümer die Dienstbarkeit an dem benützten Grundstücke zusteht, mit Reallasten, Hypotheken, Grundschulden oder Rentenschulden belastet ist, für diese Rechte. Die Vorschriften des § 1123 Abs. 2 Satz 1 und der §§ 1124, 1125 des Bürgerlichen Gesetzbuchs finden mit der Maßgabe entsprechende Anwendung, daß Verfügungen über die Entschädigungsforderungen den Berechtigten gegenüber unwirksam sind, soweit die Fälligkeit erst später als drei Monate nach der Beschlagnahme eintritt.

XIII. Der Artikel 134 erhält folgende Fassung:

Die von dem Grundeigenthümer nach der Vorschrift des Art. 127 Abs. 1 erworbenen Ansprüche auf Ersatz des Minderwerths haften, wenn das beschädigte Grundstück oder das Grundstück, dessen jeweiligem Eigenthümer die Dienstbarkeit an dem beschädigten Grundstücke zusteht, mit Reallasten, Hypotheken, Grundschulden oder Rentenschulden belastet ist, für diese Rechte nach Maßgabe der Vorschriften des § 1127 Abs. 2 und des § 1128 des Bürgerlichen Gesetzbuchs. Erhebt ein Berechtigter innerhalb der im § 1128 bestimmten Frist Widerspruch gegen die Zahlung der Entschädigung an den Eigenthümer, so kann der Eigenthümer und jeder Berechtigte die Eröffnung eines Vertheilungsverfahrens nach den für die Vertheilung des Erlöses im Falle der Zwangsversteigerung geltenden Vorschriften beantragen. Die Zahlung hat in diesem Falle an das für das Vertheilungsverfahren zuständige Gericht zu erfolgen.

Das Recht, die im Art. 127 Abs. 2 bezeichnete Sicherheitsleistung zu verlangen, steht auch den im Abs. 1 bezeichneten Berechtigten zu. Macht einer der Berechtigten von dieser Befugniß Gebrauch, so ist die Sicherheit in der Weise zu leisten, daß sie auch dem Berechtigten haftet.

XIV. Im Artikel 135 wird der Satz 2 durch folgenden Abs. 2 ersetzt:

Auf die in den Fällen des Art. 127 Abs. 3, des Art. 128, des Art. 129 Abs. 2 und des Art. 132 zu leistenden Entschädigungen finden, wenn das betroffene Grundstück oder das Grundstück, dessen jeweiligem Eigenthümer das betroffene Recht zusteht, mit Hypotheken, Grundschulden oder Rentenschulden oder mit anderen Rechten belastet ist, für welche eine besondere Entschädigung nicht gewährt wird, die für die

Entschädigung im Falle der Zwangsenteignung geltenden Vorschriften Anwendung.

XV. Der Artikel 151 erhält folgenden Abs. 2:

Auf die Entschädigungsforderung finden im Falle der Beschädigung eines Grundstücks die Vorschriften des Art. 134 Abs. 1 entsprechende Anwendung; im Falle der Beschädigung von Zubehörstücken haftet die Entschädigungsforderung den im Art 134 Abs. 1 bezeichneten Berechtigten nach Maßgabe der Vorschriften des § 1123 Abs. 2 Satz 1, des § 1124 Abs. 1, 3 und des § 1127 Abs. 2 des Bürgerlichen Gesetzbuchs.

XVI. Der Artikel 154 erhält folgende Fassung:

Ansprüche auf Ersatz eines durch den Bergbau verursachten Schadens (Art. 151, 152), welche sich nicht auf Vertrag gründen, verjähren nach den für Ersatzansprüche aus unerlaubten Handlungen geltenden Vorschriften.

XVII. Der Artikel 162 erhält folgenden Abs. 3:

Die Vorschriften des Art. 36a Abs. 2 finden entsprechende Anwendung.

XVIII. Der Eingang des Artikel 227 erhält folgende Fassung:

Die Art. 85 bis 88, 91, 93, 95, 96, 98 und 99 finden . . . . .

XIX. Der Artikel 228 Abs. 2 erhält folgende Fassung:

Die Kuxe behalten die Eigenschaft von Rechten, die den Grundstücken gleichstehen. Die Vorschrift des Art. 41 Abs. 1 findet entsprechende Anwendung.

XX. Im Artikel 229 Satz 2 werden die Worte: „Veräußerung von Kuxen und" gestrichen.

XXI. Der Artikel 232 erhält folgende Fassung:

In den Fällen der Art. 119, 121 müssen die Erklärungen des Gewerken und der Gläubiger öffentlich beurkundet oder öffentlich beglaubigt sein.

In dem Falle der Art. 119, 120 erfolgt der Verkauf des Antheils im Wege der Zwangsversteigerung unbeweglicher Sachen.

Ein unverkäuflicher Antheil wird in den Fällen der Art. 120, 121 der Gewerkschaft im Grundbuche zugeschrieben.

XXII. Der Artikel 48 Abs. 3, der Artikel 94 Abs. 2 und der Artikel 115 Abs. 2 werden aufgehoben.

I. 73 (E. 24), 102 Begr., 156, 161, 209 (Z.^{I} 24), 356 (Z.^{II} 122^{23}). II. 308, 431 — Becher IV. V.^{II} 14, *67*, *227*, *373*, 400, *473*. IV. V.^{III} 11, *182*.

1. Weiter sind zum Berggesetze erlassen worden:

a) das Gesetz vom 30. Juni 1900, betr. Aenderung einiger Bestimmungen des Berggesetzes für das Königreich Bayern vom 20 März 1869 (G.= u. VBl. S. 745),

b) die Kgl. Allerhöchste Verordnung vom 30. Juli 1900, die Organisation und den Wirkungskreis der Bergbehörden betr. (G.= u. VBl. S. 839).

Durch die Bekanntmachung vom 20. Juli 1900, die Redaktion des Berggesetzes für das Königreich Bayern betr. (G.= u. VBl. S. 775), wurde das Gesetz in neuer Fassung publicirt.

Art. 158. Das Gesetz vom 29. April 1869, die Gemeindeordnung für die Landestheile diesseits des Rheins betreffend, wird dahin geändert:

I. Im Artikel 11 erhalten die Abs. 2, 3 folgende Fassung:

Als selbständig sind nicht zu erachten:

1. Personen, welche entmündigt sind;
2. Dienstboten und Gewerbsgehilfen, die in die häusliche Gemeinschaft des Dienstherrn aufgenommen sind, sowie Kinder, die dem elterlichen Hausstand angehören und von dem Familienhaupt unterhalten werden.

Steuern der Ehefrau, sofern nicht die eheliche Gemeinschaft nach § 1575 des Bürgerlichen Gesetzbuchs aufgehoben ist, und der minderjährigen im elterlichen Unterhalte stehenden Kinder sind dem Familienhaupte zuzurechnen.

II. Der Artikel 13 Abs. 2 lit. f erhält folgende Fassung:

f) wenn das Entmündigungsverfahren gegen ihn eingeleitet ist;

III. Im Artikel 15 Abs. 5 werden die Worte: „minderjährige und andere unselbständige Personen“ und im Artikel 47 Abs. 4 Satz 3 werden die Worte: „minderjährige und unter Kuratel stehende Personen“ ersetzt durch die Worte:

„Minderjährige und Personen, die entmündigt oder nach § 1906 des Bürgerlichen Gesetzbuchs unter vorläufige Vormundschaft gestellt sind“.

IV. Der Artikel 67 erhält folgende Fassung:

Ist die Erfüllung des Stiftungszwecks unmöglich geworden oder gefährdet sie das Gemeinwohl, so finden auch bei Stiftungen des öffentlichen Rechtes die Vorschriften des § 87 des Bürgerlichen Gesetzbuchs Anwendung.

Zu der zu treffenden Verfügung ist in Gemeinden mit städtischer Verfassung die Zustimmung der Gemeindebevollmächtigten, in den übrigen Gemeinden die Zustimmung der Gemeinde- beziehungsweise Ortsversammlung erforderlich. Der Beschluß bedarf der Genehmigung der vorgesetzten Verwaltungsbehörde.

V. Der Artikel 156 Abs. 6 wird aufgehoben.

I. 75 (E. 25), 105 Begr., 156, 161, 213 (Z.^{I} 25), 307, 359 (Z.^{II} 122[24]). II. 308, 427, 431 – Becher IV. V.^{II} 16, *76*, 229, *360*, 362, *364*, 366, *373*, 402, *426*, *474*. IV. V.^{III} 12, 17, *188*.

§ 87 BGB.: Ist die Erfüllung des Stiftungszwecks unmöglich geworden oder gefährdet sie das Gemeinwohl, so kann die zuständige Behörde der Stiftung eine andere Zweckbestimmung geben oder sie aufheben.

Bei der Umwandlung des Zweckes ist die Absicht des Stifters thunlichst zu berücksichtigen, insbesondere dafür Sorge zu tragen, dass die Erträge des Stiftungsvermögens dem Personenkreise, dem sie zu Statten kommen sollten, im Sinne des Stifters thunlichst erhalten bleiben. Die Behörde kann die Verfassung der Stiftung ändern, soweit die Umwandlung des Zweckes es erfordert.

Vor der Umwandlung des Zweckes und der Aenderung der Verfassung soll der Vorstand der Stiftung gehört werden.

§ 1575 Abs. 1 Satz 1 BGB.: Der Ehegatte, der auf Scheidung zu klagen berechtigt ist, kann statt auf Scheidung auf Aufhebung der ehelichen Gemeinschaft klagen.

1. Zu Ziffer I: Die Aenderung stimmt wörtlich überein mit der Aenderung in Art 154 Ziffer III[2].

2. Zu Ziff. IV: Die Vorschrift des § 87 BGB. gilt zunächst nur für Stiftungen des bürgerlichen Rechtes; auf Grund des Art. 67 Abs. 1 gilt sie aber auch für Stiftungen des öffentlichen Rechtes. Hinsichtlich dieses Unterschiedes vgl. Art. 5 AG. z. BGB. Anm. 1. Vgl. ferner Art. 165 II AG. z. BGB.

Zuständig sowohl zur Aenderung des Stiftungszweckes als auch zur Aufhebung der Stiftung ist in Gemeinden mit städtischer Verfassung der Magistrat, in den übrigen Gemeinden der Gemeindeausschuß.

Die Vorschrift des Art. 67 Abs. 2 findet zunächst nur auf Stiftungen des öffentlichen Rechts Anwendung; sie wird aber auch dann anzuwenden sein, wenn eine Stiftung des bürgerlichen Rechtes in Frage steht. So auch Böhm-Klein Anm. 3, Henle Schneider Anm. 9, Kahr, Komm. z. GdeO. Art. 67 Anm. 1 b.

3. Zu Ziffer V: Die aufgehobene Vorschrift ist durch Art. 105 AG. z. BGB. ersetzt.

Art. 159. Das Gesetz vom 29. April 1869, die Gemeindeordnung für die Pfalz betreffend, wird dahin geändert:

I. Im Artikel 10 erhalten die Abs. 2, 3 folgende Fassung:

Als selbständig sind nicht zu erachten:

1. Personen, welche entmündigt sind;
2. Dienstboten und Gewerbsgehilfen, die in die häusliche Gemeinschaft des Dienstherrn aufgenommen sind, sowie Kinder, die dem elterlichen Hausstand angehören und von dem Familienhaupt unterhalten werden.

Steuern der Ehefrau, sofern nicht die eheliche Gemeinschaft nach § 1575 des Bürgerlichen Gesetzbuchs aufgehoben ist, und der minderjährigen im elterlichen Unterhalte stehenden Kinder sind dem Familienhaupte zuzurechnen.

II. Der Artikel 11 Abs. 2 lit. f erhält folgende Fassung:

f) wenn das Entmündigungsverfahren gegen ihn eingeleitet ist;

III. Im Artikel 37 Abs. 3 Satz 3 werden die Worte: „minderjährige und unter Kuratel stehende Personen" ersetzt durch die Worte:

„Minderjährige und Personen, die entmündigt oder nach § 1906 des Bürgerlichen Gesetzbuchs unter vorläufige Vormundschaft gestellt sind".

IV. Der Artikel 51 erhält folgende Fassung:

Ist die Erfüllung des Stiftungszwecks unmöglich geworden oder gefährdet sie das Gemeinwohl, so finden auch bei Stiftungen des öffentlichen Rechtes die Vorschriften des § 87 des Bürgerlichen Gesetzbuchs Anwendung.

Zu der zu treffenden Verfügung bedarf der Gemeinderath der Genehmigung der vorgesetzten Verwaltungsbehörde.

I. 75 (E. 26), 105 Begr., 213 (Z.I 26), 360 (Z.II 122[25]). II. 308, 431 — Becher IV V.II 1, *76*, *229*, *373*, 403, *479*. IV. V.III 12, *189*.

Die Aenderungen stimmen mit den in Art. 158 Ziffer I—IV an der Gemeindeordnung für die Landestheile rechts des Rheines vorgenommenen Aenderungen wörtlich überein.

Art. 160. Das Gesetz vom 29. April 1869, die öffentliche Armen- und Kranken-Pflege betreffend, wird dahin geändert:

I. Der Artikel 5 Abs. 2 erhält folgende Fassung:

Desgleichen haben diejenigen, welche einem Hilfsbedürftigen gegenüber nach den Vorschriften des Bürgerlichen Gesetzbuchs unterhaltspflichtig waren, Ersatz der in Folge der Nichterfüllung ihrer Verpflichtung für dessen Unterhalt gemachten Aufwendungen zu leisten.

II. Der Artikel 5a Abs. 1 in der Fassung des Gesetzes vom 3. Februar 1888 hat zu lauten:

Auf Antrag der Armenpflege können der Ehegatte und der frühere Ehegatte, die Eltern und Großeltern, die Kinder und Enkel eines Hilfsbedürftigen durch Beschluß der Distriktsverwaltungsbehörde angehalten werden, dem Hilfsbedürftigen nach Maßgabe ihrer gesetzlichen Unterhaltspflicht die erforderliche Unterstützung zu gewähren und Ersatz der in Folge der Nichterfüllung ihrer Verpflichtung für den Unterhalt gemachten Aufwendungen zu leisten. Das Gleiche gilt in Ansehung eines unehelichen Kindes von dem Vater, sofern er seine Vaterschaft nach § 1718 des Bürgerlichen Gesetzbuchs anerkannt hat oder seine Unterhaltspflicht in einem vollstreckbaren Titel festgestellt ist.

III. Im Artikel 7 in der Fassung des Gesetzes vom 3. Februar 1888 werden

1. die Worte: „wenn nicht arme Notherben vorhanden sind oder der Unterstützte von einer Wohlthätigkeitsanstalt beerbt wird" ersetzt durch die Worte:

„wenn nicht arme Pflichttheilsberechtigte vorhanden sind".

2. Als Abs. 2 werden folgende Vorschriften beigefügt:

Der Ersatzanspruch kann nicht zum Nachtheile der Nachlaßgläubiger geltend gemacht werden; Verbindlichkeiten aus Pflichttheilsrechten, Vermächtnissen und Auflagen bleiben außer Betracht. Trifft er mit dem Ersatzanspruch einer öffentlichen Wohlthätigkeitsanstalt zusammen, von der der Verstorbene innerhalb der letzten zehn Jahre vor dem Tode unterstützt oder unentgeltlich verpflegt worden ist, so kann er auch nicht zum Nachtheile dieses Anspruchs geltend gemacht werden.

IV. Im Artikel 8 werden

1. im Abs. 1 die Worte: „tax- und stempelfrei zu behandeln" ersetzt durch das Wort:

„gebührenfrei".

2. Der Abs. 2 erhält folgende Fassung:

In bürgerlichen Rechtsstreitigkeiten steht den Armenpflegen in dem Verfahren vor den bayerischen Gerichten Gebührenfreiheit zu.

V. Im Artikel 11 Abs. 1 werden hinter den Worten: „im Dienste oder in einer ständigen Arbeit stehen" die Worte eingeschaltet:

„und nicht kraft Gesetzes oder statutarischer Bestimmung der Krankenversicherungspflicht unterliegen".

VI. Im Artikel 20 Abs. 1 in der Fassung des § 41 des Landtagsabschieds vom 15. April 1875 wird das Wort „Reichswährung" gestrichen.

VII. Im Artikel 23 Abs. 3 erhalten die Ziff. 1, 3 folgende Fassung:

1) Personen, die entmündigt oder nach § 1906 des Bürgerlichen Gesetzbuchs unter vorläufige Vormundschaft gestellt sind;

3) Personen, über deren Vermögen der Konkurs eröffnet ist.

VIII. Der Artikel 36 Abs. 4 erhält folgende Fassung:

Der Armenpflegschaftsrath ist berechtigt, die Entmündigung wegen Verschwendung oder wegen Trunksucht zu beantragen, wenn Grund zu der Besorgniß besteht, daß der zu Entmündigende der Armenkasse zur Last fallen werde.

IX. Im Artikel 43 Abs. 1 werden die Worte: „vorbehaltlich dessen, was das Gesetz über den obersten Verwaltungsgerichtshof bestimmen wird“ ersetzt durch die Worte:

„unbeschadet dessen, was das Gesetz vom 8. August 1878, betreffend die Errichtung eines Verwaltungsgerichtshofes und das Verfahren in Verwaltungsrechtssachen, bestimmt“.

X. Im Eingange des Artikel 44 tritt an die Stelle des Wortes: „Arrest“ das Wort: „Haft“.

I. 75 (E. 27), 106 Begr., 214 (Z.[I] 27), 361 (Z.[II] 122[26]). II. 315, 427, 431, 471 — Becher IV. V.[II] 18, *78*, *239*, 366, *373*, 368, 403, *479*. IV. V.[III] 12, *190*.

§ 1718 BGB.: Wer seine Vaterschaft nach der Geburt des Kindes in einer öffentlichen Urkunde anerkennt, kann sich nicht darauf berufen, dass ein Anderer der Mutter innerhalb der Empfängnisszeit beigewohnt habe.

1. Durch die Bekanntmachung vom 30. Juli 1899 (G.= u. VBl. 1899 S. 489) hat das Gesetz eine neue Fassung erhalten (vgl. Art. 177 AG.).

2. Zu Ziffer I: Nach den Vorschriften des BGB. sind unterhaltspflichtig:

a) Ehegatten während bestehender Ehe (§ 1360 BGB.),

b) im Falle der Scheidung der allein für schuldig erklärte Ehegatte (§§ 1578 ff. BGB.),

c) bei nichtigen Ehen der bösgläubige Ehegatte gegenüber dem gutgläubigen Ehegatten (§ 1345 BGB.), außer wenn die Nichtigkeit auf einem Formmangel beruht und die Ehe nicht in das Heirathsregister eingetragen worden ist,

d) wenn eine wegen Drohung anfechtbare Ehe für nichtig erklärt wird, dem anfechtungsberechtigten Ehegatten gegenüber und, wenn eine wegen Irrthums anfechtbare Ehe für nichtig erklärt wird, dem zur Anfechtung nicht berechtigten Ehegatten gegenüber der andere Ehegatte, es sei denn, daß der erstere den Irrthum bei der Eingehung der Ehe kannte oder kennen mußte (§ 1346 BGB.),

e) bei Wiederverheirathung im Falle der Todeserklärung, wenn die Ehe nach § 1350 BGB. von dem Ehegatten der früheren Ehe angefochten wird, dieser gegenüber seinem neuen Ehegatten, wenn nicht der letztere bei der Eheschließung wußte, daß der für todt erklärte Ehegatte die Todeserklärung überlebt hat (§ 1351 BGB.),

f) Verwandte in gerader Linie gegenseitig (§ 1601 ff.), im Falle der Ehelichkeitserklärung vgl. § 1739 BGB., der Annahme an Kindesstatt vgl. § 1766 BGB.,

g) der Vater gegenüber dem unehelichen Kinde (§ 1708 ff. BGB.), sowie gegenüber dessen Mutter (§ 1715 BGB.),

h) die Eltern gegenüber Kindern aus nichtigen Ehen (§§ 1700, 1703 BGB.).

Nicht hierher gehören diejenigen Fälle, in welchen nicht auf Grund des Familienrechts kraft Gesetzes, sondern aus einem anderen Rechtsgrunde (vgl. z. B. §§ 823, 843, 844 Abs. 2 BGB.) einem Hülfsbedürftigen eine Geldrente zu leisten ist.

Ebensowenig gehören diejenigen Fälle hierher, in welchen die Unterhaltspflicht im öffentlichen Rechte begründet ist.

Art. 5 Abs. 2 findet nur Anwendung, soweit die Aufwendungen nach dem 1. Januar 1900 gemacht wurden. Wurden sie vorher gemacht, so bestimmt sich gemäß Art. 170 EG. z. BGB. die Ersatzpflicht nach dem bisherigen Rechte.

3. Zu Ziffer II: Die im Art. 5a Abs. 1 genannten Personen können nur nach Maßgabe ihrer gesetzlichen Unterhaltspflicht herangezogen werden.

Im Falle des Satz 2 wird die Anerkennung der Vaterschaft nach § 1718 BGB. deswegen verlangt, weil durch eine solche Anerkennung die Einrede der mehreren Beischläfer ausgeschlossen wird. Erfolgte die Anerkennung vor dem 1. Januar 1900, so bleibt dieselbe auch in Ansehung des Art. 5a wirksam, wenn entweder die Anerkennung der Vaterschaft die gleiche Wirkung hat wie die Anerkennung nach § 1718 BGB., oder wenn zwar trotz der Anerkennung die Einrede der mehreren Zuhälter nicht ausgeschlossen wird, wenn aber diese Einrede den Unterhaltsanspruch nicht zerstört.

Nach Böhm-Klein Fußnote 5 findet Art. 5a Anwendung, wenn die Anerkennung vor dem 1. Januar 1900 rechtsgültig, nach Henle-Schneider Anm. 6, wenn sie in authentischer Form erfolgt ist.

Ob die Unterhaltspflicht durch einen vollstreckbaren Titel vor oder nach dem 1. Januar 1900 festgestellt ist, ist gleichgültig.

Vgl. auch die Strafbestimmung in § 361 Ziff. 10 StGB.

4. Zu Ziffer III¹: vgl. § 2303 BGB.

5. Zu Ziffer III²: Bezüglich des Ersatzanspruchs der öffentlichen Wohlthätigkeitsanstalten vgl. Art. 101 AG. z. BGB.

6. Zu Ziffer IV²: Ob Armenpflegen Anspruch auf Bewilligung des Armenrechts haben, hat der Prozeßrichter auf Grund der Bestimmungen des § 114 CPO. zu entscheiden. Im Abg.-Aussch. wurde diese Frage für den Fall bejaht, daß die Armenpflege „außer Stande ist, ohne Beeinträchtigung der Möglichkeit, ihre eigenen Zwecke zu erfüllen, die Prozeßkosten zu bezahlen" (II. 316, Becher IV. V.II 242). Die Frage ist zu verneinen, weil das Armenrecht nur einzelnen physischen Personen, nicht juristischen Personen oder Gesellschaften ertheilt werden kann (JW. 1901 S. 248. AM. Henle-Schneider Anm. 11 a. E. vgl. auch OGH. XV. 163).

7. Zu Ziffer VIII: vgl. § 6 BGB. Das Antragsrecht besteht auch dann, wenn Grund zu der Besorgniß besteht, daß die Angehörigen, deren Familienoberhaupt der zu Entmündigende ist, der Armenkasse zur Last fallen werden, vgl. auch wegen der Anordnung einer vorläufigen Vormundschaft Bl. f. RA. Bd. 65 S. 493.

Art. 161. Das Gesetz vom 29. April 1869, die privatrechtliche Stellung der Erwerbs- und Wirthschaftsgesellschaften betreffend, wird für die noch bestehenden registrirten Gesellschaften dahin geändert:

I. An die Stelle des Artikel 38 Abs. 3 tritt folgende Vorschrift:

> In jedem Falle kann die Gesellschaft einen Gesellschafter aus den im Gesellschaftsvertrage festgesetzten Gründen sowie wegen Verlustes der bürgerlichen Ehrenrechte ausschliessen.

II. An die Stelle des Artikel 74 Abs. 1 tritt folgende Vorschrift:

> Das Register für die registrirten Gesellschaften wird von den Gerichten geführt, denen die Führung des Handelsregisters obliegt.

III. Der Artikel 43 Abs. 2 wird aufgehoben.

I. 76 (E. 28), 107 Begr., 216 (Z.I 28), 362 (Z.II 122²⁷). II. 318, 431 — Becher IV. V.II 19, *80*, *246*, *374*, 404, *480*. IV. V.III 12, *190*.

Bekanntmachung vom 24. Dezember 1899, die Registerführung bei den Amtsgerichten betr., s. Anhang.

1. Nach Art. 165 EG. z. BGB. bleiben die Vorschriften des Gesetzes über die privatrechtliche Stellung der Erwerbs- und Wirthschaftsgesellschaften für diejenigen registrirten Gesellschaften in Kraft, welche auf Grund dieses Gesetzes nach § 2 des Gesetzes vom 23. Juni 1873, betr. die Einführung des Gesetzes des norddeutschen Bundes über die privatrechtliche Stellung der Erwerbs- und Wirthschaftsgenossenschaften vom 4. Juli 1868 im Königreiche Bayern, zur Zeit

des Inkrafttretens des BGB. noch bestehen (vgl. auch § 6 EG. z. KO., § 153 bish. Fassung des Gesetzes vom 1. Mai 1889 über die Erwerbs- und Wirthschaftsgenossenschaften). Vgl. ferner § 211 der JMBek. vom 24. Dezember 1899, die Registerführung bei den Amtsgerichten betr. (JMBl. S. 789) und § 21 der JMBek. vom 14. Dezember 1899, die Führung des Genossenschaftsregisters betr. (a. a. O.)

Art. 162. Das Polizeistrafgesetzbuch vom 26. Dezember 1871 wird dahin geändert:

I. Der Artikel 81 Abs. 2 erhält folgenden Zusatz:

Die Ermächtigung ist, wenn es sich um eine Maßregel handelt, zu der eine Anordnung des Vormundschaftsgerichts erforderlich ist, von der Erlassung dieser Anordnung abhängig zu machen.

II. Im Artikel 122 Abs. 2 wird statt „113" gesetzt „113 Ziff. 2, 3".

I. 76 (E. 29), 108 Begr., 216 (Z.[I] 29), 363 (Z.[II] 122[28]). II. 319, 431 Becher IV. V.[II] 79, *81*, *247*, *374*, 405, *481*. IV. V.[III] 12, *190*.

1. Weitere Aenderungen des PStGB. erfolgten durch das Gesetz vom 22. Juni 1900, die Ergänzung und Abänderung des Polizeistrafgesetzbuchs für das Königreich Bayern vom 26. Dezember 1871 (G.- u. VBl. S. 483), betr. Es wurde Art. 72a neu eingefügt, Art. 73 Abs. 2, 3 und Art. 101 erhielten eine neue Fassung.

2. Zu Ziff. I: Nach Art. 81 Abs. 1 PStGB. ist strafbar, wer ihm angehörige oder anvertraute Kinder, Kranke, Gebrechliche Blödsinnige oder andere dergleichen hilflose Personen in Bezug auf Schutz, Aufsicht, Verpflegung oder ärztlichen Beistand verwahrlost. Nach Abs. 2 kann im Strafurtheile ausgesprochen werden, daß die Polizeibehörde ermächtigt sei, in anderer Weise für die Unterbringung der betreffenden Personen auf Kosten des Pflichtigen zu sorgen. Handelt es sich um eine Maßregel, zu der eine Anordnung des Vormundschaftsgerichts erforderlich ist, so ist die Ermächtigung von der Erlassung dieser Anordnung abhängig zu machen.

Anordnungen des Vormundschaftsgerichts kommen in Betracht bei unter elterlicher Gewalt stehenden Personen (§§ 1666, 1684, 1686 BGB.), bei bevormundeten Minderjährigen (§ 1838 BGB.), bei bevormundeten Volljährigen (§ 1901 BGB.) und bei Pflegebefohlenen (§§ 1910, 1915 BGB.).

Art. 163. In dem Gesetze vom 28. April 1872, die Grundentlastung betreffend, erhält der Satz 2 des Artikel 17 Abs. 1 folgende Fassung:

Sie haben den gleichen Rang wie die Grundabgabe und die belasteten Grundstücke haften für sie in gleicher Weise wie für diese.

I. 76 (E. 30), 108 Begr., 216 (Z.^{I} 30), 363 (Z.^{II} 122^{29}). II 322, 431 — Becher IV. V.^{II} 19, *81*, 255, *374*, 405, *481*. IV. V.^{III} 12, *196*.

Vgl. Art. 141 Ziff. I, II, Art. 150 Ziff. I—III, 153 Ziff. II AG. z. BGB.

Art. 164. Das Gesetz vom 3. April 1875, die Brandversicherungsanstalt für Gebäude in den Landestheilen rechts des Rheins betreffend, wird dahin geändert:

I. Der Artikel 3 Abs. 1 erhält folgende Fassung:

Ausnahmsweise müssen der Anstalt einverleibt werden:
1) die sämmtlichen Gebäude des Staates;
2) die Gebäude der Gemeinden, der Kirchen, der Schul- und sonstigen Stiftungen;
3) die Gebäude der Pfarreien, Benefizien, ständigen Curatien, Pfarrvikariate und Exposituren.

II. Im Artikel 8 wird die Verweisung „(Art. 3 Ziff. 5)" gestrichen.

III. In den Artikel 10 wird zwischen Abs. 1 und Abs. 2 folgender neue Absatz eingefügt:

Die Versicherung kann auch von dem Nießbraucher zu Gunsten des Eigenthümers und für ein Gebäude, das im Eigenthume Mehrerer steht, von einem der Miteigenthümer zu Gunsten der sämmtlichen Eigenthümer genommen werden.

IV. Der Artikel 14 erhält folgende Fassung:

Bei den im Art. 3 Abs. 1 bezeichneten Gebäuden richtet sich der Mindestbetrag der Versicherung nach den jeweiligen besonderen Ministerialvorschriften, er darf jedoch nicht auf weniger als den halben Werth der verbrennbaren Theile bestimmt werden.

V. Der Artikel 15 Abs. 3 erhält folgende Fassung:

Die Minderung tritt mit dem nächstfolgenden Jahre in Wirksamkeit. Ist das Grundstück mit Hypotheken, Grundschulden oder Rentenschulden belastet, so ist der Nachweis erforderlich, daß die Gläubiger ihre Zustimmung in rechtsverbindlicher Weise erklärt haben.

VI. Der Artikel 39 Abs. 3 erhält folgende Fassung:

Die Bewilligung zum Wiederaufbau des abgebrannten Gebäudes auf einem Grundstücke mit anderer Plannummer sowie die Bewilligung zu einer anderen Verwendung der Entschädigungsgelder setzt, wenn das Grundstück mit Reallasten, Hypotheken, Grundschulden, Rentenschulden oder mit einem Nießbrauche belastet ist, den Nachweis voraus, daß die Berechtigten ihre Zustimmung in rechtsverbindlicher Weise erklärt haben. Der Nachweis ist zu den Akten zu bringen. Bei Reallasten, Hypotheken, Grundschulden und Rentenschulden genügt der Nachweis, daß die Berechtigten innerhalb der im § 1128 Abs. 1 des Bürgerlichen Gesetzbuchs bestimmten Frist einen Widerspruch nicht erhoben haben; die Anzeige von dem Eintritte des Schadens kann durch die nach Abs. 2 zuständige Behörde erfolgen. Der Nachweis ist nicht erforderlich, wenn das zuständige Gericht festgestellt hat, daß die Bewilligung für die Berechtigten unschädlich ist.

VII. Der Artikel 43 Satz 1, 2 erhält folgende Fassung:

Der Anspruch auf Entschädigungsgelder kann, soweit diese zu einem bestimmten Zwecke, insbesondere nach Art. 38, 39 zum Wiederaufbau des Gebäudes, zu verwenden sind, vorbehaltlich der Bestimmung des Art. 41 Abs. 2, nicht abgetreten werden. Der Anspruch auf die zum Wiederaufbau zu verwendenden Entschädigungsgelder kann jedoch mit der Baustelle unter der Bedingung des Wiederaufbaus veräußert werden.

VIII. Der Artikel 46 erhält folgende Fassung:

Ist das beschädigte Gebäude eines der vorsätzlichen oder fahrlässigen Brandstiftung beschuldigten Versicherten mit Hypotheken, Grundschulden, Rentenschulden oder mit einem Nießbrauche belastet oder ist von den Miteigenthümern des Gebäudes einer beschuldigt, so wird zwar zum Besten der Berechtigten oder der anderen Miteigenthümer die Entschädigungssumme gegen dereinstigen Ersatz aus dem Vermögen des Schuldigen von der Anstalt vorgeschossen, jedoch zu keinem anderen Zwecke als zu dem der Wiederherstellung der beschädigten Gegenstände.

Die Versicherungskammer ist berechtigt, für die festgesetzte Entschädigungssumme eine Sicherungshypothek an den Grundstücken des Beschuldigten eintragen zu lassen.

Die Eintragung der Hypothek an mehreren Grundstücken des Beschuldigten darf nur soweit verlangt werden, daß der Werth der Grundstücke das Doppelte des zu sichernden Betrags erreicht; der Werth wird unter Abzug der Belastungen berechnet, welche der Hypothek im Range vorgehen.

IX. Der Artikel 71 erhält folgende Fassung:

Steht das versicherte Gebäude im Miteigenthume Mehrerer, so haften die Miteigenthümer, welche die Versicherung genommen haben, für die Beiträge als Gesammtschuldner.

Das Grundstück haftet im Ganzen, auch wenn nur einer der Miteigenthümer die Versicherung genommen hat. Das Gleiche gilt, wenn der Nießbraucher die Versicherung zu Gunsten des Eigenthümers genommen hat.

X. Der Artikel 75 erhält folgende Fassung:

Werden Brandversicherungsbeiträge von einem Stellvertreter (Art. 70, 73, 74) vorgeschossen, so geht der Anspruch der Anstalt auf diesen über.

XI. Im Artikel 77 Abs. 1 werden die Worte: „insbesondere auch die Einwilligung der sämmtlichen Hypothekgläubiger oder amtliche Bescheinigung der Hypothekfreiheit“ gestrichen.

XII. Der Artikel 9 Abs. 2, der Artikel 32 Abs. 4 Satz 2, der Artikel 47 Abs. 2, der Artikel 72, der Artikel 78 Abs. 1 Ziff. 3 und der Artikel 88 Satz 2 werden aufgehoben.

Die Aufhebung des Artikel 3 Abs. 1 Ziff. 6 und des Artikel 32 Abs. 4 Satz 2 sowie die Aenderungen der Artikel 10, 15, 71 treten schon vor der Zeit, zu welcher das Grundbuch als angelegt anzusehen ist, in Kraft.

I. 76 (E. 31), 109 Begr., 217 ($Z.^{I}$ 31), 363 ($Z.^{II}$ 122[30]). II. 323, 428, 431 — Becher IV. $V.^{II}$ 19, *82*, *255*, 367, *374*, 405, *482*. IV. $V.^{III}$ 12, *196*.

§ 1128 Abs. 1 BGB.: Ist ein Gebäude versichert, so kann der Versicherer die Versicherungssumme mit Wirkung gegen den Hypothekengläubiger an den Versicherten erst zahlen, wenn er oder der Versicherte den Eintritt des Schadens dem Hypothekengläubiger angezeigt hat und seit dem Empfange der Anzeige ein Monat verflossen ist. Der Hypothekengläubiger kann bis zum Ablaufe der Frist dem Versicherer gegenüber der Zahlung widersprechen. Die Anzeige darf unterbleiben, wenn sie unthunlich ist; in diesem Falle wird der Monat von dem Zeitpunkt an berechnet, in welchem die Versicherungssumme fällig wird.

1. Zu Ziffer III: Durch die Ziffer III wird lediglich eine Verpflichtung der Brandversicherungsanstalt statuirt, dem Antrag des Nießbrauchers bezw. eines Miteigenthümers der bezeichneten Art zu entsprechen. Ob eine Verpflichtung oder ein Recht des Nießbrauchers oder Miteigenthümers besteht, die Versicherung in der angegebenen Weise zu nehmen, bestimmt sich nach den Vorschriften des BGB. So hat nach § 1045 BGB. „der Nießbraucher die Sache für die Dauer des Nießbrauchs gegen Brandschaden und sonstige Unfälle auf seine Kosten unter Versicherung zu nehmen, wenn die Versicherung einer ordnungsmäßigen Wirthschaft entspricht. Die Versicherung ist so zu nehmen, daß die Forderung gegen den Versicherer dem Eigenthümer zusteht". Nach §§ 1008, 741, 744 Abs. 2 BGB. ist jeder Miteigenthümer berechtigt, die zur Erhaltung des gemeinschaftlichen Gegenstandes nothwendigen Maßregeln ohne Zustimmung der anderen Theilhaber zu treffen; er kann verlangen, daß diese ihre Einwilligung zu einer solchen Maßregel im Voraus ertheilen.

Die Wirkung einer auf Grund der Ziffer III genommenen Versicherung gegenüber der Brandversicherungsanstalt bemißt sich nach Ziffer IX.

2. Zu Ziffer VI: vgl. JMBl. vom 8. Dezember 1899 (JMBl. S. 540).

Der in Ziffer VI geforderte Nachweis ist nicht erforderlich, wenn das abgebrannte Gebäude auf einem Grundstück mit derselben Plannummer wieder aufgebaut werden soll.

Vgl. auch Art. 17 des Gesetzes vom 15. Juni 1898 das Unschädlichkeitszeugniß betr.

3. Zu Ziffer VII: Auf Grund dieser Bestimmung kann der Anspruch auf Entschädigungsgelder gemäß § 1274 Abs. 2 BGB. auch nicht verpfändet werden.

4. Zu Ziffer VIII: Diese Bestimmung gilt bereits seit 1. Januar 1900 (vgl. Art. 50 ÜG.).

5. Zu Ziffer IX: vgl. Ziffer III und Anm. 1.

Hat der Nießbraucher zu Gunsten des Eigenthümers die Versicherung genommen, so haftet letzterer nur mit dem Grundstück, nicht auch persönlich für die Beiträge.

6. Zu Ziffer X: Mit dem Übergange des Anspruchs auf den Stellvertreter gehen auch die damit verbundenen Vorrechte über (§ 401 Abs. 2 BGB.).

7. Zu Ziffer XI und XII: vgl. JMBek. vom 8. Dezember 1899 (JMBl. S. 540).

Art. 165. Das Gesetz vom 8. August 1878, betreffend die Errichtung eines Verwaltungsgerichtshofes und das Verfahren in Verwaltungsrechtssachen, wird dahin geändert:

I. An die Stelle des Artikel 7 Abs. 2 treten folgende Vorschriften:

Der Verwaltungsgerichtshof ist berufen, in den Fällen, in welchen der Staat, eine Gemeinde oder ein anderer Kommunalverband wegen des Schadens in Anspruch genommen werden soll, den ein Beamter in Ausübung der ihm anvertrauten öffentlichen Gewalt vorsätzlich oder fahrlässig einem Dritten zugefügt hat, die Vorentscheidung darüber zu treffen, ob der Beamte sich einer Ueberschreitung seiner Amtsbefugnisse oder der Unterlassung einer ihm obliegenden Amtshandlung schuldig gemacht hat. Das Gleiche gilt, wenn ein Beamter wegen des Schadens in Anspruch genommen werden soll, den er durch eine in Ausübung oder in Veranlassung der Ausübung der ihm anvertrauten öffentlichen Gewalt vorgenommene Handlung einem Dritten zugefügt hat. Soweit der Staat oder der Verband, in dessen Dienste der Beamte steht, einen Schaden zu ersetzen hat, für den der Beamte selbst nicht verantwortlich ist, hat der Verwaltungsgerichtshof die Vorentscheidung darüber zu treffen, ob der Beamte seine Amtsbefugnisse überschritten oder eine ihm obliegende Amtshandlung unterlassen hat. Bei Handlungen eines Beamten der streitigen oder

der freiwilligen Gerichtsbarkeit ist die Vorentscheidung nicht erforderlich.

Die Vorentscheidung ist für das Gericht bindend.

Soll der Anspruch gegen den Staat oder den Verband wegen schuldhafter Verletzung der Amtspflicht erhoben werden, so wirkt die Vorentscheidung auch für das Verhältniß zwischen dem Staate oder dem Verband und dem Beamten.

Auf das Verfahren finden die für Verwaltungsrechtssachen geltenden Vorschriften Anwendung. Vor Erlassung der Vorentscheidung ist auch im Falle des Abs. 2 Satz 1 der Beamte zu hören.

II. In den Artikel 10 wird folgende Vorschrift als Ziff. 3a eingestellt:

3a) Umwandlung des Zweckes oder Aufhebung einer Stiftung nach den Vorschriften des § 87 des Bürgerlichen Gesetzbuchs, wenn von dem Vorstande der Stiftung oder von einem zum Genuß oder zum Mitgenusse der Stiftung Berechtigten bestritten wird, daß die Erfüllung des Stiftungszwecks unmöglich geworden sei oder das Gemeinwohl gefährde.

I. 77 (E. 32), 112 Begr., 218 (Z.^{I} 32), 298, 308, 365 (Z.^{II} 122[31]). II. 330, 431, 471, 569 -- Becher IV. V.^{II} 21, *89*, *268*, *374*, 386, 406, *426*, *483*, *535*, 540, *553*, IV. V.^{III} 12, 18, *212*, *273*, 278, *312*.

§ 87 BGB.: Ist die Erfüllung des Stiftungszwecks unmöglich geworden oder gefährdet sie das Gemeinwohl, so kann die zuständige Behörde der Stiftung eine andere Zweckbestimmung geben oder sie aufheben.

Bei der Umwandlung des Zweckes ist die Absicht des Stifters thunlichst zu berücksichtigen, insbesondere dafür Sorge zu tragen, dass die Erträge des Stiftungsvermögens dem Personenkreise, dem sie zu Statten kommen sollten, im Sinne des Stifters thunlichst erhalten bleiben. Die Behörde kann die Verfassung der Stiftung ändern, soweit die Umwandlung des Zweckes es erfordert.

Vor der Umwandlung des Zweckes und der Aenderung der Verfassung soll der Vorstand der Stiftung gehört werden.

1. Zu Ziffer I:

a) Die Zuständigkeit der Landesgesetzgebung beruht nicht, wie von einigen Autoren angenommen wird, auf dem Vorbehalt des § 11 Abs. 2 EG z. GVG., sondern auf den in VGH XII S. 146 angestellten Erwägungen, die auch jetzt noch zutreffen: „Aus der gesetzlich und verfassungsmäßig gewahrten Selbständigkeit der Gerichte einerseits sowie der Verwaltungsbehörden andererseits und der gegenseitigen Unabhängigkeit voneinander innerhalb ihres amtlichen Wirkungskreises ist der Grundsatz abzuleiten, daß Verwaltungsbeamte innerhalb ihres im öffentlichen Rechte begründeten amtlichen Wirkungskreises nur der Kontrolle der zuständigen Verwaltungsbehörden unterliegen, welche allein nach Anleitung der in dem öffentlichen Rechte wurzelnden Gesetze, Verordnungen und Instruktionen festzustellen berufen sind, ob der Beamte seine dienstlichen Befugnisse überschritten oder seine dienstlichen Obliegenheiten vernachlässigt hat, und daß erst dann, wenn in dieser Hinsicht im administrativen Verfahren eine bejahende Feststellung erfolgt ist, das Verhalten des Beamten durch seine amtliche Stellung nicht mehr gedeckt wird und einen privatrechtlichen Charakter gewinnt, welcher die Eröffnung des Rechtsweges für einen durch jenes Verhalten angeblich Verletzten ermöglicht".

b) Die Vorentscheidung durch den Verwaltungsgerichtshof greift Platz:

α) in denjenigen Fällen, in welchen der Staat, eine Gemeinde oder ein anderer Kommunalverband wegen des Schadens in Anspruch genommen werden soll, den ein Beamter in Ausübung der ihm anvertrauten öffentlichen Gewalt vorsätzlich oder fahrlässig einem Dritten zugefügt hat. Es sind dies die Fälle der Art. 60, 61 AG. z. BGB.; § 12 GBO.,

β) in denjenigen Fällen, in welchen ein Beamter wegen des Schadens in Anspruch genommen werden soll, den er durch eine in Ausübung „oder in Veranlassung der Ausübung" der ihm anvertrauten öffentlichen Gewalt vorgenommene Handlung einem Dritten zugefügt hat. Hierher gehören die Fälle, in welchen nicht der Staat u. s. w., sondern der Beamte ausschließlich haftet, z. B. auf Grund des Art. 60 Abs. 2 AG. z. BGB., oder weil ein Schaden in Frage steht, der nicht in Ausübung, sondern nur in Veranlassung der Ausübung der dem Beamten anvertrauten öffentlichen Gewalt einem Dritten zugefügt wurde; endlich die Fälle, in welchen der Staat freiwillig Entschädigung geleistet hat und nun gegen den Beamten im Prozeßwege Regreß nimmt.

Die Vorentscheidung ist nicht erforderlich:

α) bei den Beamten der freiwilligen und streitigen Gerichtsbarkeit, zu denen insbesondere Richter, Notare, Gerichtsschreiber (Entsch. d. Verw.-Ger.-H. XIV S. 130), Gerichtsvollzieher (a. a. O. IV S. 467, XIV S. 130), Staatsanwälte, Amtsanwälte, auch Verwaltungsbeamte, wenn sie in der Eigenschaft als Hülfsbeamte der Staatsanwaltschaft thätig geworden sind oder Vollstreckungshandlungen vorgenommen haben, über welche den Gerichten die Entscheidung zusteht (a. a. O. XII S. 278), zu rechnen sind,

β) bei Beamten und Dienern der Kirche als solchen, Offizieren und Militärpersonen, Lehrern (vgl. die Anm. zu Art. 60), da bei diesen die Voraussetzungen nach Art. 60 ff. AG. z. BGB. nicht vorliegen,

γ) wenn der Beschädigte der Staat oder der Verband selbst ist („einem Dritten", vgl. Staudinger, Vorträge S. 586).

c) Die Vorentscheidung ist zu treffen:

α) regelmäßig darüber, ob der Beamte sich einer Ueberschreitung seiner Amtsbefugnisse oder der Unterlassung einer ihm obliegenden Amtshandlung schuldig gemacht hat,

β) in denjenigen Fällen, in denen der Beamte selbst nicht verantwortlich ist, z. B. im Falle des Art. 61 AG. z. BGB., wegen Ueberlastung u. s. w., darüber, ob der Beamte seine Amtsbefugnisse überschritten oder eine ihm obliegende Amtshandlung unterlassen hat.

Art. 60, 61 erfordern für die Haftung ferner, daß die dem Beamten einem Dritten gegenüber obliegende Amtspflicht verletzt wurde. Diese Worte fehlen hier zwar, allein die Entscheidung des Verwaltungsgerichtshofes wird sich auch hierauf zu erstrecken haben (vgl. Henle-Schneider Anm. 5 c).

d) Die Vorentscheidung des Verwaltungsgerichtshofes ist für das Gericht bindend. Die Wirkung der Vorentscheidung besteht daher darin, daß dieselbe eine rechtskräftige, auch den Civilrichter bindende Entscheidung über die Vorfrage enthält, über die der Verwaltungsgerichtshof zu entscheiden hatte. Diese Entscheidung ist eine Entscheidung in der Sache selbst, nicht bloß eine Entscheidung darüber, ob der Rechtsweg gegen den Beamten eröffnet ist oder nicht (Entsch. d. Verw.-Ger.-H. IV S. 174, XIII 470; Bl. f. RA. 65 S. 126).

α) Verneint der Verwaltungsgerichtshof die Vorfrage, so ist die civilrechtliche Verfolgbarkeit des Anspruchs ausgeschlossen.

β) Bejaht er sie, so ist hierin eine sachliche Entscheidung über das dienstliche Verschulden getroffen. Darüber aber, ob das festgestellte dienstliche Verschulden auch ein Verschulden bildet, das nach den Vorschriften des bürgerlichen Rechts zum Schadensersatz verpflichtet, ob ein ursächlicher Zusammenhang zwischen dem Verschulden des Beamten und dem eingetretenen Schaden besteht, ob überhaupt ein Schaden entstanden ist, oder ob nicht gemäß § 254 BGB.

das überwiegende Verschulden den Beschädigten selber trifft, darüber hat der Civilrichter zu entscheiden (vgl. Bl. f. RA. 65 S. 126).

Die Vorentscheidung, aber auch nur diese, wirkt auch dann für das Verhältniß zwischen dem Staate oder dem Verband und dem Beamten, wenn der Staat oder der Verband nach ergangener Vorentscheidung gezahlt haben, ohne es zum Rechtsweg kommen zu lassen.

2. Zu Ziffer II: Daraus, daß Ziffer 3a in den Art. 10 des VGG. eingeschoben wird, ergibt sich, daß die hier bezeichneten Angelegenheiten erst in der letzten Instanz zu Verwaltungsrechtssachen werden; der Verwaltungsgerichtshof ist erste und letzte verwaltungsgerichtliche Instanz. Für die unteren Instanzen gilt daher das Verfahren nach Art. 45 des VGG. sammt der Kgl. Deklaration vom 5. Juli 1898.

Unanwendbar ist die Bestimmung für Stiftungen, die rein privatrechtlichen Zwecken dienen (vgl Art. 6 AG. z. BGB.).

Bezüglich der Vereine vgl. Art. 4 AG. z. BGB.

Art. 166. Das Gesetz vom 23. Februar 1879 zur Ausführung der Reichs-Civilprozeßordnung und Konkursordnung wird dahin geändert:

I. Im Artikel 3 werden die Worte: „unbeschadet der Vorschriften in den §§ 394 und 397 der Civilprozeßordnung" ersetzt durch die Worte:

„unbeschadet der Vorschriften der §§ 810, 811 des Bürgerlichen Gesetzbuchs".

II. Als Artikel 9a wird folgende Vorschrift eingestellt:

Ueber das Vermögen einer der im Art. 9 Abs. 2 bezeichneten juristischen Personen des öffentlichen Rechtes findet ein Konkurs nicht statt.

III. Im Artikel 10 erhält

1. der Abs. 1 folgende Fassung:

Die Ansprüche aus der Haftung des Staates oder der Gemeinden für den bei Zusammenrottungen verursachten Schaden sowie die Ansprüche des Fiskus gegen die betheiligten Gemeinden auf Ersatz der Kosten, die aus dem Einschreiten der bewaffneten Macht zur Erhaltung der inneren Sicherheit oder der gesetzlichen Ordnung entstehen, erlöschen mit dem Ablauf eines Jahres, wenn nicht vorher die Klage erhoben wird.

Die einjährige Frist beginnt für die Ansprüche der ersteren Art mit der Beschädigung, für die Ansprüche der letzteren Art mit dem Zeitpunkt, in welchem die Verwendung der bewaffneten Macht ihr Ende erreicht

2. der Abs. 3 Satz 1 folgende Fassung:

Hinsichtlich des Vollzugs der gegen die Beklagten ergehenden Urtheile verbleibt es bei den Bestimmungen der Gesetze vom 12. März 1850 und vom 4. Mai 1851.

IV. Im Artikel 20 Abs. 1 werden die Worte: „in den nicht zur ordentlichen streitigen Gerichtsbarkeit gehörenden Sachen“ ersetzt durch die Worte:

„in den Angelegenheiten, für welche die Landesgesetze maßgebend sind“.

V. Die Ueberschrift vor dem Artikel 45 hat zu lauten:

„Zwangsenteignung“.

VI. Im Artikel 46 Abs. 1 werden

1. im Satz 1 die Worte: „und unter den Betheiligten nur noch die Frage über die Art oder den Betrag der zu leistenden Entschädigung streitig“ gestrichen.

2. An die Stelle des Satz 2 treten folgende Vorschriften:

Der Antrag hat die genaue Bezeichnung des abzutretenden Grundstücks sowie die Angabe des Abtretungspflichtigen und der sonstigen Betheiligten zu enthalten. Der Antrag soll soweit thunlich für die in demselben Verwaltungsbezirke belegenen Grundstücke gleichzeitig gestellt werden.

VII. In den Artikel 47 Abs. 2 wird zwischen Satz 1 und Satz 2 folgende Vorschrift eingestellt:

Auf die Ladung finden die Vorschriften des Art. XV Abs. 1 Satz 2, Abs. 2, 3 des Gesetzes vom 17. November 1837 entsprechende Anwendung; schriftliche Mittheilung erfolgt nur an den Abtretungsberechtigten, die Abtretungspflichtigen und die sonstigen Betheiligten, die sich zur Theilnahme an dem Schätzungsverfahren bei der Distriktsverwaltungsbehörde gemeldet haben.

VIII. Der Abs. 2 des Artikel 50 erhält folgende Fassung:

Für die Klage ist das Gericht ausschließlich zuständig, in dessen Bezirke das abzutretende Grundstück liegt.

IX. Der Artikel 51 Satz 2 erhält folgende Fassung:

Ist der Abtretungsberechtigte der Staat, so kann an Stelle der Einweisung in den Besitz die sofortige Zwangsabtretung erwirkt werden; zu einer Sicherheitsleistung ist der Staat nicht verpflichtet.

X. Der Artikel 53 erhält folgende Fassung:

An der Entschädigungssumme stehen den Betheiligten, deren Rechte nach Art. XI des Gesetzes vom 17. November 1837 auf die Entschädigungssumme übergegangen sind, dieselben Rechte zu, die sie im Falle des Erlöschens ihrer Rechte durch Zwangsversteigerung an dem Erlöse haben würden. Der bisherige Eigenthümer und jeder Berechtigte kann die Eröffnung eines Vertheilungsverfahrens nach den für die Vertheilung des Erlöses im Falle der Zwangsversteigerung geltenden Vorschriften beantragen.

Das Gericht hat bei der Eröffnung des Verfahrens von Amtswegen das Grundbuchamt um die im § 19 Abs. 2 des Gesetzes über die Zwangsversteigerung und die Zwangsverwaltung bezeichneten Mittheilungen zu ersuchen.

Als Betheiligte im Sinne des § 9 Nr. 1 des Gesetzes über die Zwangsversteigerung und die Zwangsverwaltung gelten diejenigen, für welche zur Zeit der Ertheilung der beglaubigten Abschrift des Grundbuchblatts ein Recht im Grundbuch eingetragen oder durch Eintragung gesichert ist; die in Folge der Zwangsabtretung erfolgten Rechtsänderungen bleiben außer Betracht. Als Beschlagnahme im Sinne des § 13 des angeführten Gesetzes ist die Zwangsabtretung, im Falle der Einweisung des Abtretungsberechtigten in den Besitz die Einweisung anzusehen.

XI. Der Artikel 55 erhält folgenden Zusatz:

Vor dieser kann auch die Auflassung erklärt werden.

XII. Als Artikel 55a wird unter der Ueberschrift: „Ablösung" folgende Vorschrift eingestellt:

Bei der Ablösung eines Rechtes, das dem jeweiligen Eigenthümer eines Grundstücks zusteht, finden, wenn das Grundstück des Berechtigten mit Rechten Dritter belastet ist, auf die Ablösungssumme, soweit nicht besondere Vorschriften bestehen, die im Falle der Zwangsenteignung für die Entschädigung geltenden Vorschriften entsprechende Anwendung.

XIII. Als Artikel 68 a wird unter der Ueberschrift: „Zwangsvollstreckung bei Fideikommissen, Lehen und landwirthschaftlichen Erbgütern gegen den Nachfolger" folgende Vorschrift eingestellt:

Bei Familienfideikommissen, Lehen mit Einschluß der allodifizirten Lehen, Stammgütern und landwirthschaftlichen Erbgütern finden auf die Zwangsvollstreckung gegen den Rechtsnachfolger des Schuldners die für die Zwangsvollstreckung gegen den Erben des Schuldners geltenden Vorschriften entsprechende Anwendung.

XIV. An die Stelle des Artikel 69 treten unter der Ueberschrift: „Aufgebotsverfahren" folgende Vorschriften:

Art. 69. Für das Aufgebotsverfahren zum Zwecke der Kraftloserklärung ist bei Schuldverschreibungen des bayerischen Staates das Amtsgericht, bei welchem die Staatsschuldentilgungsanstalt ihren allgemeinen Gerichtsstand hat, bei Schuldverschreibungen, die von einer dem bayerischen Staate angehörenden Körperschaft, Stiftung oder Anstalt des öffentlichen Rechtes ausgestellt sind, das Amtsgericht, bei welchem die Körperschaft, Stiftung oder Anstalt ihren allgemeinen Gerichtsstand hat, ausschließlich zuständig.

Art. 69a. Für das Aufgebotsverfahren zum Zwecke der Kraftloserklärung einer Urkunde der im § 808 des Bürgerlichen Gesetzbuchs bezeichneten Art, für welche Zins- oder Rentenscheine nicht ausgegeben sind, sowie eines Hypotheken-, Grundschuld- oder Rentenschuldbriefs gelten die nachfolgenden besonderen Bestimmungen.

Die öffentliche Bekanntmachung des Aufgebots und der Zahlungssperre erfolgt durch Anheftung an die Gerichtstafel und durch zweimalige Einrückung in das für die Bekanntmachungen des Gerichts bestimmte Blatt. Das Gericht kann anordnen, daß die Bekanntmachung noch in anderen Blättern erfolgen soll. Die Aufgebotsfrist muß mindestens drei Monate betragen. Sie beginnt mit der ersten Einrückung in das für die Bekanntmachungen des Gerichts bestimmte Blatt.

Die im § 1017 Abs. 2, 3 und im § 1022 Abs. 1 der Civilprozeßordnung vorgeschriebenen Bekanntmachungen erfolgen in dem für die Bekanntmachungen des Gerichts bestimmten Blatte.

Auf Versicherungspolizen sowie auf Grundschuld- und Rentenschuldbriefe, die auf den Inhaber ausgestellt sind, finden diese Vorschriften keine Anwendung.

Art. 69b. Die öffentliche Bekanntmachung der in den §§ 977, 982, 988, 1002 der Civilprozeßordnung bezeichneten Aufgebote erfolgt durch Anheftung an die Gerichtstafel und einmalige Einrückung in das für die Bekanntmachungen des Gerichts bestimmte Blatt. Die

Aufgebotsfrist beginnt mit der Einrückung in dieses Blatt.

Wird die öffentliche Bekanntmachung des wesentlichen Inhalts des Ausschlußurtheils angeordnet, so erfolgt sie durch das im Abs. 1 bezeichnete Blatt.

XV. Der Artikel 88 wird unter der Ueberschrift: „Feststellung des Datums einer Privaturkunde" als Artikel 70a eingestellt.

XVI. Die Artikel 12 bis 19, 23 bis 33, 56 bis 67, 71 bis 77, 79 bis 87, 89 bis 121, 123 bis 126, 135, 140 bis 168, 171 bis 174, 176 bis 219, 222 bis 224 werden aufgehoben.

Die Vorschriften der Artikel 25 bis 33, 125, 171 bleiben jedoch in Kraft, bis das Grundbuch als angelegt anzusehen ist. Für das im § 82 des Hypothekengesetzes bestimmte Aufgebot verbleibt es in Ansehung des Verfahrens bei den bisherigen Vorschriften mit der Maßgabe, daß die Vorschriften des Artikel 69b entsprechende Anwendung finden und die Aufgebotsfrist mindestens sechs Wochen betragen muß. Bei einer vertragsmäßigen Versteigerung von Grundstücken nach Artikel 202 bleiben für das Verfahren die Vorschriften des Artikel 202 Abs. 1, 4 bis 7 maßgebend.

Die Artikel 127 bis 134, 136 bleiben in Ansehung der Hypotheken in Kraft, welche zu der Zeit bestehen, zu der das Grundbuch als angelegt anzusehen ist.

Der Artikel 169 bleibt für Rechtsverhältnisse, die sich nach den bisherigen Vorschriften bestimmen, in Kraft, sofern der Wohnsitz vor dem Inkrafttreten des Bürgerlichen Gesetzbuchs erwählt worden ist.

Die Artikel 220, 221 bleiben für die nach den bisherigen Vorschriften errichteten Urkunden der in ihnen bezeichneten Art in Kraft.

Die noch geltenden Vorschriften der Preußischen Allgemeinen Gerichtsordnung und der Pfälzischen Civilprozeßordnung werden aufgehoben. Die Vorschrift des

§ 128 Theil I Titel 10 der Preußischen Allgemeinen Gerichtsordnung bleibt jedoch für die vor dem 1. Januar 1876 erfolgten Eintragungen in die Kirchenbücher in Kraft.

Soweit nach dem Inkrafttreten des Bürgerlichen Gesetzbuchs das in Theil I Titel 51 §§ 100 bis 109 der Preußischen Allgemeinen Gerichtsordnung bestimmte Aufgebot stattfindet, verbleibt es in Ansehung des Verfahrens bei den bisherigen Vorschriften. Das Gleiche gilt für das Hypothekenreinigungsverfahren nach Pfälzischem Rechte.

Da das AG. z. CPO. in der vierten Abtheilung dieses Buches behandelt wird, so sind Erläuterungen zu Art. 166 überflüssig.

Art. 167. Das Ausführungsgesetz vom 23. Februar 1879 zum Reichs-Gerichtsverfassungsgesetze wird dahin geändert:

1. Der Artikel 15 erhält folgende Fassung:

Die Amtsgerichte sind, soweit nicht andere Bestimmungen getroffen sind, für die Angelegenheiten zuständig, welche zur Zuständigkeit der Stadt- und Landgerichte gehört haben.

Die Amtsgerichte sind neben den Notaren zuständig für die Beurkundung von Vereinbarungen zwischen dem Vater eines unehelichen Kindes und diesem über den Unterhalt für die Zukunft oder über eine an Stelle des Unterhalts zu gewährende Abfindung sowie für die Beurkundung einer Vereinbarung zwischen dem Vater eines unehelichen Kindes und der Mutter über die der Mutter aus der Beiwohnung und der Entbindung entstandenen Ansprüche, sofern diese Vereinbarung mit der Vereinbarung über den Unterhalt des Kindes in derselben Urkunde verbunden wird. Die Amtsgerichte sind nicht zuständig für die Beurkundungen, die nach den Vorschriften der Reichsgesetze durch ein Gericht oder einen Notar zu bewirken sind, sowie für die öffentliche Beglaubigung einer Unterschrift oder eines Handzeichens.

Die Amtsgerichte sind als Nachlaßgerichte nicht zuständig zur Aufnahme des Inventars.

II. Als Artikel 15a wird folgende Vorschrift eingestellt:

Die Amtsgerichte können für bestimmte Arten von Gutachten, soweit nicht besondere Vorschriften maßgebend sind, Sachverständige öffentlich bestellen und im Allgemeinen beeidigen.

III. Dem Artikel 17 Abs. 2 wird folgende Vorschrift beigefügt:

Ist die Dienstaufsicht zwischen mehreren Amtsrichtern getheilt, so bestimmt das Staatsministerium der Justiz denjenigen, welchem die Vertheilung der Geschäfte zusteht.

IV. Der Artikel 21 erhält folgende Fassung:

Die im Art. 20 Abs. 1 angeordnete Stellvertretung erstreckt sich nicht auf den Fall rechtlicher Verhinderung des Gerichts.

V. Der Artikel 22 erhält folgende Fassung:

Die Ausfertigungen in den nicht zur ordentlichen streitigen Gerichtsbarkeit gehörenden Angelegenheiten werden, soweit nicht besondere Vorschriften bestehen, von dem Amtsrichter unterschrieben.

VI. Der Artikel 29 erhält folgende Fassung:

Die in dem gegenwärtigen Gesetze den Landgerichten zugewiesenen, nicht zur ordentlichen streitigen Gerichtsbarkeit gehörenden Angelegenheiten werden von den Civilkammern erledigt.

VII. Im Artikel 30 erhält:

1. der Abs. 1 folgende Fassung:

Die Vorschriften der §§ 61 bis 68, 77 des Reichs-Gerichtsverfassungsgesetzes gelten auch für die zur Zuständigkeit der Landgerichte gehörenden Angelegenheiten, für welche die Vorschriften der Landesgesetze maßgebend sind.

2. Im Abs. 3 werden die Worte: „in den Fällen des § 100 des Reichs-Gerichtsverfassungsgesetzes der Vorsitzende der Kammer für Handelssachen“ gestrichen.

3. Der Abs. 4 erhält folgende Fassung:

Ausfertigungen in den Angelegenheiten der freiwilligen Gerichtsbarkeit werden von dem Gerichtsschreiber unterschrieben.

VIII. Im Artikel 36 Ziff. 2 werden die Worte: „nach den Vorschriften des gegenwärtigen Gesetzes" ersetzt durch die Worte:

„nach Art. 28".

IX. Im Artikel 37 werden die Worte: „mit Ausnahme der Behandlung der im Art. 41 bezeichneten Strafsachen" gestrichen.

X. Der Artikel 38 erhält folgende Fassung:

Die Vorschriften der §§ 121, 124 des Reichs-Gerichtsverfassungsgesetzes gelten auch für die zur Zuständigkeit der Oberlandesgerichte gehörenden Angelegenheiten, für welche die Vorschriften der Landesgesetze maßgebend sind.

Auf die Vertretung des Präsidenten finden die Vorschriften des Art. 32 entsprechende Anwendung.

XI. Der Artikel 39 erhält folgende Fassung:

Die Vorschriften des Art. 30 Abs. 3, 5 finden bei den Oberlandesgerichten entsprechende Anwendung.

Ausfertigungen in Angelegenheiten der freiwilligen Gerichtsbarkeit, für die das Oberlandesgericht als oberes Gericht zuständig ist, werden von dem Gerichtsschreiber unterschrieben.

XII. An die Stelle des Artikel 42 Abs. 3 treten folgende Vorschriften:

Dem Obersten Landesgerichte wird ferner die Verhandlung und Entscheidung der zur Zuständigkeit der Oberlandesgerichte gehörenden Revisionen und Beschwerden in Strafsachen sowie, unbeschadet der Zuständigkeit des Reichsgerichts, die Entscheidung über das Rechtsmittel der weiteren Beschwerde in Grundbuchsachen und anderen Angelegenheiten der freiwilligen Gerichtsbarkeit zugewiesen.

Das Oberste Landesgericht ist, soweit nicht andere Bestimmungen getroffen sind, für die Angelegenheiten zuständig, welche zur Zuständigkeit des Obersten Gerichtshofs gehört haben.

XIII. Der Artikel 48 erhält folgende Fassung:

Die Civilsenate des Obersten Landesgerichts entscheiden in den Angelegenheiten, für welche die Vorschriften der Landesgesetze maßgebend sind, in der Besetzung von sieben Mitgliedern mit Einschluß des Vorsitzenden, über das Rechtsmittel der weiteren Beschwerde gegen Entscheidungen der Landgerichte als Beschwerdegerichte und über die Bestimmung des zuständigen Gerichts jedoch in der Besetzung von fünf Mitgliedern mit Einschluß des Vorsitzenden.

XIV. Der Artikel 51 Abs. 1 erhält folgende Fassung:

Bei dem Obersten Landesgerichte wird ein Generalstaatsanwalt, bei jedem Oberlandesgerichte wird ein Oberstaatsanwalt, bei jedem Landgerichte wird ein Erster Staatsanwalt aufgestellt.

XV. Der Artikel 52 Abs. 1 erhält folgende Fassung:

Der Generalstaatsanwalt, die Oberstaatsanwälte und die Staatsanwälte werden vom König ernannt.

XVI. Der Artikel 63 erhält folgende Fassung:

Die Gerichtsschreiber bei den Amtsgerichten sind zuständig, Siegelungen und Entsiegelungen sowie die Verrichtungen einer Urkundsperson gemäß § 123 der Konkursordnung vorzunehmen und Vermögensverzeichnisse aufzunehmen, die nach gesetzlicher Vorschrift dem Vormundschaftsgericht einzureichen sind. Sie sollen sich diesen Geschäften nur auf Anordnung des Richters unterziehen.

Den Gerichtsschreibern bei den Amtsgerichten kann von dem Nachlaßgerichte die Aufnahme des Inventars übertragen werden.

Die Aufnahme eines Vermögensverzeichnisses nach Abs. 1 oder eines Inventars nach Abs. 2 soll nur angeordnet werden, wenn anzunehmen ist, daß der Werth des Vermögens oder des Nachlasses ohne Abzug der Schulden den Betrag von zweitausend Mark nicht oder nicht erheblich übersteigt.

XVII. Im Artikel 64 werden die Worte: „verpflichteten Schreiber" ersetzt durch das Wort: „Gerichtsschreibereibediensteten".

XVIII. Im Artikel 65 werden die Worte: „sowie des Zustellungswesens in Sachen der nichtstreitigen Rechtspflege" gestrichen.

XIX. Im Artikel 69 erhält

1. die Ziff. 6 folgende Fassung:

   6) dem Generalstaatsanwalte hinsichtlich der Staatsanwaltschaft bei dem Obersten Landesgerichte, dem Oberstaatsanwalt und dem Ersten Staatsanwalte hinsichtlich der Staatsanwaltschaften ihres Bezirkes.

2. Zwischen Abs. 1 und Abs. 2 wird folgender neue Absatz eingefügt:

   Der Präsident des Oberlandesgerichts und des Landgerichts kann sich mit Genehmigung des Staatsministeriums der Justiz bei der Erledigung einzelner Aufsichtsgeschäfte, die sich auf ein untergebenes Gericht beziehen, durch einen richterlichen Beamten des Gerichts, dessen Vorstand er ist, vertreten lassen.

3. Der bisherige Abs. 2 erhält folgenden Zusatz:

   Wird der Präsident nach Abs. 2 durch einen richterlichen Beamten vertreten, der nicht Mitglied des Präsidiums ist, so nimmt dieser an der Beschlußfassung des Präsidiums mit berathender Stimme theil.

XX. Als Artikel 74a wird folgende Vorschrift eingestellt:

Die Aufsicht über die Amtsführung der Standesbeamten in der Pfalz gehört zu den

Gegenständen der Justizverwaltung. Die erforderlichen Ausführungsbestimmungen erläßt das Staatsministerium der Justiz.

XXI. Der dreizehnte Titel erhält die Ueberschrift:

„Hinterlegungswesen".

XXII. Der Artikel 76 erhält folgende Fassung:

Für die in Angelegenheiten des bürgerlichen Rechtes oder nach den Vorschriften über das gerichtliche Verfahren erfolgenden Hinterlegungen werden bei den Amtsgerichten Hinterlegungsstellen errichtet. Für mehrere Amtsgerichtsbezirke kann eine Hinterlegungsstelle errichtet werden.

Die näheren Bestimmungen über die Hinterlegung werden durch Königliche Verordnung getroffen.

Die Staatsregierung kann die Besorgung des Hinterlegungswesens der Königlichen Bank übertragen und die hiefür erforderlichen Ausführungsvorschriften erlassen.

Bei den amtsgerichtlichen Hinterlegungsstellen findet die Anlegung von Mündelgeld nach § 1808 des Bürgerlichen Gesetzbuchs nicht statt.

XXIII. Der Artikel 77 Abs. 1 erhält folgende Fassung:

Die Gerichte haben sich in den Angelegenheiten, für welche die Vorschriften der Landesgesetze maßgebend sind, Rechtshülfe zu leisten.

XXIV. Im Artikel 78 Abs. 1 und im Artikel 79 werden die Worte: „in den nicht zur ordentlichen streitigen Gerichtsbarkeit gehörenden Angelegenheiten" ersetzt durch die Worte:

„in den Angelegenheiten, für welche die Vorschriften der Landesgesetze maßgebend sind".

XXV. Der Artikel 28 Abs. 2, 3 und die Artikel 41, 46, 47 werden aufgehoben.

I. 79 (E. 34), 117 Begr., 157, 161, 223 (Z.[I] 34), 370 (Z.[II] 122[33]). II. 337, 428, 432, 575 — Becher IV. V.[II] 25, *99*, *281*, 363, *365*, 367, *376*, 409, *428*, *493*, 541, *563*. IV. V.[III] 12, *234*.

Da das AG. z. GVG. in der fünften Abtheilung behandelt wird, so sind Erläuterungen zu Art. 167 überflüssig.

Art. 168. Das Gesetz vom 18. August 1879 zur Ausführung der Reichs-Strafprozeßordnung wird dahin geändert:

I. Im Artikel 107 werden die Worte: „Notare oder“ gestrichen.

II. Die Artikel 14, 30, 31, 117 bis 121 werden aufgehoben.

I. 81 (E. 35), 123 Begr., 227 (Z.^{I} 35), 374 (Z.^{II} 122[34]). II. 360, 433 — Becher IV. V.^{II} 28, *109*, *324*, *377*, 412, *511*. IV. V.^{III} 13, 237.

1. Die in Art. 14, 30, 31 enthaltenen Vorschriften sind durch die §§ 830, 840, 852, 853 BGB. ersetzt.

2. Die Art. 107, 117—121 sind in Folge der Bestimmungen der Art. 67, 69, 70, 80 ff. des Notariatsgesetzes gegenstandslos geworden.

Art. 169. Das Gesetz vom 18. August 1879 über die Erbschaftssteuer wird dahin geändert:

I. Im Artikel 1 Abs. 1 erhält

1. die lit. a folgende Fassung:

a) von Erbschaften, Vermächtnissen und Schenkungen auf den Todesfall, aus Auflagen auf Zuwendungen dieser Art, die dem Empfänger der Leistung einen Vermögensvortheil zu verschaffen bezwecken, sowie aus Pflichttheilsrechten;

2. die lit. b fällt weg.

II. Im Artikel 4 erhält

1. die Ziff. 1 folgende Fassung:

1) Als Verwandtschaft gilt auch die durch Annahme an Kindesstatt begründete Verwandtschaft sowie das Verhältniß zwischen einem unehelichen Kinde und dessen Abkömmlingen einerseits und dem Vater und dessen Verwandten andererseits, sofern die Vaterschaft erweislich anerkannt ist.

2. die Ziff. 2 folgenden Zusatz:

Die Aufhebung der ehelichen Gemeinschaft nach § 1575 des Bürgerlichen Gesetzbuchs steht der Scheidung gleich.

III. An die Stelle der Artikel 7, 8 treten folgende Vorschriften:

Artikel 7. Auf Grundstücke und denselben gleichstehende Rechte, welche sich außerhalb Bayerns befinden, erstreckt sich die Steuerpflicht nicht.

Innerhalb Bayerns befindliche Grundstücke und denselben gleichstehende Rechte unterliegen der Erbschaftssteuer ohne Unterschied, ob der Erblasser Bayer oder Nichtbayer war und ob er seinen Wohnsitz in Bayern hatte oder nicht.

Artikel 8. Anderes als das im Art. 7 bezeichnete Vermögen unterliegt der Erbschaftssteuer, wenn der Erblasser zur Zeit seines Todes, im Falle der Todeserklärung bei dem Beginne der Verschollenheit, seinen Wohnsitz in Bayern hatte.

Soweit hienach außerhalb Bayerns befindliches Vermögen der Besteuerung unterliegt, wird auf die Erbschaftssteuer die in dem Staate, in welchem sich das Vermögen befindet, von diesem Vermögen zu entrichtende Erbschaftsabgabe angerechnet.

Hatte der Erblasser zur Zeit seines Todes, im Falle der Todeserklärung bei dem Beginne der Verschollenheit, keinen Wohnsitz, so unterliegt das bewegliche Vermögen der Erbschaftssteuer, soweit es zur Zeit des Todes des Erblassers, im Falle der Todeserklärung zur Zeit der Erlassung des die Todeserklärung aussprechenden Urtheils, sich in Bayern befindet.

Artikel 8a. Für den Fall, daß der Erblasser seinen Wohnsitz in einem Staate gehabt hat, in dem die Erbschaftssteuer nach anderen als den im Art. 8 bestimmten Grundsätzen erhoben wird, oder Angehöriger eines solchen Staates gewesen ist, kann das Staatsministerium der Finanzen zum Zwecke der Ausgleichung und thunlichster Vermeidung einer Doppelbesteuerung anordnen, daß das bewegliche Vermögen

1) ohne Rücksicht auf den Wohnsitz des Erblassers der Erbschaftssteuer unterliegt, wenn der Erblasser bayerischer Staatsangehöriger gewesen ist;
2) ohne Rücksicht auf den Wohnsitz und die Staatsangehörigkeit des Erblassers der Erbschaftssteuer unterliegt, wenn das Vermögen sich in Bayern befindet.

IV. Im Artikel 11 werden die Worte: „oder die Einweisung in den Besitz des Vermögens eines Abwesenden (Art. 1b)" gestrichen.

V. Der Artikel 22 erhält folgende Fassung:

Bei einer Nacherbfolge oder einem Nachvermächtnisse wird der Vorerbe oder der erste Vermächtnißnehmer als Nießbraucher und der Nacherbe oder der Nachvermächtnißnehmer als Erwerber der Substanz des an ihn herauszugebenden Vermögens behandelt.

Ist jedoch die Einsetzung des Nacherben oder das Nachvermächtniß auf dasjenige beschränkt, was bei dem Eintritte des Falles der Nacherbfolge oder des Nachvermächtnisses übrig sein wird, so haben sowohl der Vorerbe oder der erste Vermächtnißnehmer von dem vollen Betrage des ihm angefallenen als der Nacherbe oder der Nachvermächtnißnehmer von dem vollen Betrage des an ihn herausgegebenen Vermögens nach ihrem Verhältnisse zum Erblasser die Erbschaftssteuer zu entrichten. Die von dem Vorerben oder dem Vorvermächtnißnehmer entrichtete Steuer wird für den Betrag, für welchen der Nacherbe oder der Nachvermächtnißnehmer steuerpflichtig ist, insoweit zurückvergütet, als sie den Betrag übersteigt, den der Vorerbe oder der Vorvermächtnißnehmer als Nießbraucher schulden würde.

VI. Im Artikel 23 erhält der Satz 1 folgende Fassung:

Haben Ehegatten gemeinschaftlich Verwandte des einen oder beider Ehegatten als Erben eingesetzt oder mit anderen Zuwendungen von

Todeswegen bedacht, so wird angenommen, daß der Anfall von dem dem Bedachten am nächsten verwandten Ehegatten herrühre, soweit dessen Nachlaß reicht, sofern sich nicht aus den Umständen ergibt, daß die Zuwendung von dem anderen Ehegatten ausgegangen ist.

VII. Der Artikel 26 erhält folgende Fassung:

Testamentsvollstrecker, gesetzliche Vertreter und Bevollmächtigte der Erbinteressenten, Nachlaßpfleger sowie die Verwalter von Familienstiftungen haften persönlich für die Steuer, wenn sie vor deren Entrichtung oder Sicherstellung die Erbschaft, einzelne Erbtheile, Vermächtnisse, Schenkungen auf den Todesfall, Pflichttheile oder Bezüge aus Familienstiftungen ausantworten oder steuerpflichtige Auflagen erfüllen.

VIII. Im Artikel 28 Abs. 2 werden die Worte „oder auf Einweisung in den Besitz des Vermögens eines Abwesenden" gestrichen.

IX. Im Artikel 30 werden ersetzt im Satz 1 die Worte: „letztwilliger Verfügungen" durch die Worte:

„einer Verfügung von Todeswegen"

und im Satz 2 die Worte: „letztwillige Verfügungen" durch die Worte:

„die Verfügungen von Todeswegen".

X. Im Artikel 31 Abs. 1 wird statt „notarielles Inventar" gesetzt „vorschriftmäßig errichtetes Inventar".

XI. Der Artikel 34 erhält folgende Fassung:

Für Personen, die unter elterlicher Gewalt, unter Vormundschaft oder unter Pflegschaft stehen, sowie für juristische Personen sind die in den Art. 29, 31 bis 33 aufgestellten Verpflichtungen von den gesetzlichen Vertretern zu erfüllen.

XII. Im Artikel 35 Abs. 1 wird das Wort „notariellen" gestrichen.

XIII. Als Artikel 44a wird der Abs. 4 des Artikel 46 eingestellt.

XIV. Der Artikel 25 Abs. 3 Satz 2 und der Artikel 46 Abs. 1 bis 3 werden aufgehoben.

Soweit für einen nach dem Inkrafttreten des Bürgerlichen Gesetzbuchs eintretenden Anfall die Vorschriften des bisherigen bürgerlichen Rechtes maßgebend bleiben, gilt das Gleiche von den bisherigen Vorschriften des Gesetzes über die Erbschaftssteuer; die Vorschriften der Artikel 7 bis 8a der neuen Fassung gelten jedoch auch für solche Anfälle.

I. 81 (E. 36), 123 Begr., 227 (Z.[I] 36), 374 (Z.[II] 122[35]). II 360, 428, 433 — Becher IV. V.[II] 28, *110*, *334*, *377*, 413, *516*. IV. V.[III] 13, *328*.

Das Erbschaftssteuergesetz hat eine neue Fassung durch die Bekanntmachung vom 11. November 1899 erhalten (G.= u. VBl. S. 889).

Art. 170. Das Gesetz vom 21. April 1884, die Landeskultur=Rentenanstalt betreffend, wird dahin geändert:

I. Im Artikel 7 erhält der Satz 2 folgende Fassung:

> Grundbesitz, welcher schon mit Hypotheken, Grundschulden oder Rentenschulden belastet ist, kann überdieß nur dann als Sicherheit angenommen werden, wenn die Gläubiger der für das Darlehen und die Kulturrente zu bestellenden Hypothek im Range ausweichen.

II. Der Artikel 8 erhält folgende Fassung:

> Die Sicherheit kann auch in der Weise geleistet werden, daß land= und forstwirthschaftlich benützbarer Grundbesitz mit der Kulturrente als ablösbarer Reallast belastet wird. Die Ablösungssumme muß innerhalb der ersten Werthshälfte zu stehen kommen. Ist der Grundbesitz schon mit Hypotheken, Grundschulden oder Rentenschulden belastet, so muß der Reallast der Vorrang eingeräumt werden.
>
> Die Ablösung der Reallast kann binnen sechs Monaten von der Kommission gefordert werden
>
> 1) in den Fällen des Artikel 5 Abs. II Ziff. 1 und 2,

2) wenn der Erwerber des belasteten Grundbesitzes die persönliche Haftung für rückständige Renten nicht übernimmt,

3) wenn ohne Einwilligung der Anstaltsverwaltung und ohne gerichtliche Feststellung der Unschädlichkeit von dem belasteten Grundbesitz ein Grundstück oder eine Theilfläche oder ein Realrecht abgetrennt worden ist.

III. Der Artikel 9 Abs. 2 Ziff. 3 erhält folgende Fassung:

3) Die ermittelten Theilrenten sind öffentliche Lasten der Grundstücke, auf die sie nach Ziff. 2 vertheilt worden sind.

IV. Der Artikel 10 Abs. 2 Satz 3 erhält folgende Fassung:

Das Gesuch hat die Erklärung zu enthalten, ob die Sicherheit nach Artikel 7 oder nach Artikel 8 bestellt werden soll.

V. Im Artikel 12 werden

1. die Eingangsworte durch folgende Vorschriften ersetzt:

Soll als Sicherheit für das Darlehen und die Kulturrente eine Hypothek oder eine Reallast an dem Grundstücke bestellt werden, zu dessen Verbesserung das Darlehen gewährt wird, so findet auf Antrag des Gesuchstellers eine gerichtliche Aufforderung der Hypotheken-, Grundschuld- und Rentenschuldgläubiger zur Erklärung darüber statt, ob sie dem Vorrange der zu bestellenden Hypothek oder Reallast widersprechen. Ist das Recht eines der Gläubiger mit dem Rechte eines Dritten belastet, so ist die gerichtliche Aufforderung auch an den Dritten zu richten.

Für die gerichtliche Aufforderung gelten die nachfolgenden Bestimmungen:

2. Die Ziff. 2 erhält folgende Fassung:

Nach Zusicherung des Darlehens läßt die Kommission ihren Bescheid und das Darlehensgesuch mit den Beilagen durch die Distriktsverwaltungsbehörde dem Amtsgerichte, bei welchem das Grundbuch für das Grundstück geführt wird, mittheilen und das Amtsgericht um Erlassung der Aufforderung an die Hypotheken-, Grundschuld- und Rentenschuldgläubiger und, sofern ein Recht, das zurücktreten soll, mit dem Rechte eines Dritten belastet ist, an den Dritten ersuchen.

3. Die Ziff. 3 lit. b, c, d erhält folgende Fassung:

b) die Bezeichnung der Hypotheken, Grundschulden und Rentenschulden, welche der als Sicherheit für das Darlehen und die Kulturrente zu bestellenden Hypothek oder Reallast im Range ausweichen sollen;

c) die Mittheilung, daß die Beschreibung des Unternehmens mit den Plänen und Kostenvoranschlägen und der Bescheid der Kommission auf der Gerichtsschreiberei eingesehen werden können;

d) die Eröffnung, daß die Zustimmung des Hypotheken-, Grundschuld- oder Rentenschuldgläubigers und, sofern dessen Recht mit dem Rechte eines Dritten belastet ist, auch die Zustimmung des Dritten zu der Rangausweichung angenommen werde, wenn nicht innerhalb eines Monats bei dem Amtsgerichte schriftlich oder zum Protokolle des Gerichtsschreibers Widerspruch erhoben wird.

4. An die Stelle der Ziff. 3 Abs. 2 Satz 2 treten folgende Vorschriften:

Die öffentliche Zustellung erfolgt durch Anheftung an die Gerichtstafel und einmalige Einrückung in das für die Bekanntmachungen des Amtsgerichts bestimmte Blatt. Das Amtsgericht kann anordnen, daß die Veröffentlichung noch in einem anderen Blatte erfolgen soll. Die Erklärungsfrist beginnt mit dem Ablaufe von zwei Wochen seit der Einrückung, im Falle mehrfacher Einrückung seit der letzten Einrückung.

5. Die Ziff. 3 erhält folgenden Abs. 3:

Berechtigte, die nicht im Grundbuch eingetragen sind, werden nur berücksichtigt, wenn sie Erben eines eingetragenen Berechtigten sind oder wenn ihre Rechte angemeldet und auf Verlangen des Amtsgerichts glaubhaft gemacht sind.

6. Die Ziff. 4 erhält folgende Fassung:

Soweit innerhalb der Frist Widerspruch nicht erhoben ist, hat das Amtsgericht auszusprechen, daß die Rangausweichung als von den aufgeforderten Berechtigten bewilligt zu erachten ist. Die Berechtigten sind in dem Beschlusse zu bezeichnen.

7. Als Ziff. 6 wird folgende Vorschrift hinzugefügt:

In dem Falle der Ziff. 4 finden auf die Eintragung des Vorranges der als Sicherheit für das Darlehen und die Kulturrente bestellten Hypothek oder Reallast, soweit durch die Eintragung eine Hypothek, Grundschuld oder Rentenschuld betroffen wird, die Vorschriften der §§ 42 bis 44 der Grundbuchordnung keine Anwendung. Das Grundbuchamt hat den Besitzer des Hypotheken-, Grundschuld- oder Rentenschuldbriefs zur Vorlegung anzuhalten, um nach den Vorschriften des § 62 Abs. 1 und des § 70 Abs. 1 der Grundbuchordnung zu verfahren.

VI. Im Artikel 13 Abs. 4 werden

1. die Worte: „und unterliegt nur der in dieses Grundstück stattfindenden Zwangsvollstreckung“ gestrichen,

2. folgende Vorschrift beigefügt:

Ist das Grundstück zum Zwecke der Zwangsvollstreckung in Beschlag genommen, so ist die Anstalt zu der Auszahlung nicht verpflichtet.

VII. Der Artikel 18 erhält folgende Fassung:

Die Bewilligung zur Löschung der für die Landeskultur-Rentenanstalt eingetragenen Hypothek oder Reallast oder zur Umschreibung der Hypothek wird von der Anstaltsverwaltung durch schriftliche Erklärung ertheilt.

Hat die Hypothek den Vorrang vor den zur Zeit der Eintragung bestehenden Hypotheken, Grundschulden und Rentenschulden nach Artikel 12 Ziff. 4 erlangt, so kann diesen Rechten gegenüber der Vorrang, soweit sich die Hypothek mit dem Eigenthum an dem belasteten Grundstück in einer Person vereinigt, nicht geltend gemacht werden.

VIII. An die Stelle des Artikel 23 Abs. 1 Satz 2 treten folgende Vorschriften:

Für Schuldbekenntnisse und Bestellungen von Hypotheken und Reallasten, für Rangänderungen zu Gunsten der zu bestellenden Hypotheken oder Reallasten, mit Einschluß der Berichtigung der Hypotheken-, Grundschuld- und Rentenschuldbriefe, sowie für Eintragung und Löschung der Hypotheken und Reallasten und für die Umschreibung der Hypotheken auf den Eigenthümer des belasteten Grundstücks werden Gebühren zur Staatskasse nicht erhoben. Das Gleiche gilt für Erklärungen, welche die Aufhebung einer Hypothek, Grundschuld oder Rentenschuld zu Gunsten der zu bestellenden Hypothek oder Reallast betreffen.

IX. Der Artikel 22 wird aufgehoben.

Bis zu der Zeit, zu welcher das Grundbuch als angelegt anzusehen ist, bleibt die Geltung des Artikel 12 des Gesetzes vom 21. April 1884 auf die Landestheile rechts des Rheins beschränkt. Für die im Artikel 12 bestimmte gerichtliche Aufforderung tritt an die Stelle des Amtsgerichts, bei welchem das Grundbuch für das Grundstück geführt wird, das Amtsgericht, bei welchem das Hypothekenbuch für das Grundstück geführt wird; soweit es nach Artikel 12 Ziff. 3 Abs. 3 auf Eintragungen im Grundbuch ankommt, treten an deren Stelle die entsprechenden Eintragungen im Hypothekenbuche. Die Vorschrift des Artikel 18 Abs. 2 findet auf das nach § 84 des Hypothekengesetzes dem Schuldner zustehende Recht entsprechende Anwendung.

I, 82 (E. 37), 125 Begr., 229 (Z.^{I} 37), 377 (Z.^{II} 122[36]). II. 365, 433 — Becher IV. V.^{II} 30, *114*, *334*, *377*, 413, *516*. IV. V.^{III} 13, *238*.

Weitere Aenderungen wurden getroffen in dem Gesetz vom 18. Mai 1900, die Abänderung einiger Bestimmungen des Gesetzes über die Landeskulturrentenanstalt (G.- u. VBl. S. 451).

Durch die Bekanntmachung vom 30. Mai 1900 die Redaktion des Gesetzes über die Landeskulturrentenanstalt betr. (G.- u. VBl. S. 465), hat das Gesetz eine neue Fassung erhalten.

Art. 171. Das Gesetz vom 29. Mai 1886, die Flurbereinigung betreffend, wird dahin geändert:

I. Als Artikel 9a wird folgende Vorschrift eingestellt:

Zu den im Flurbereinigungsverfahren abzugebenden Erklärungen bedarf der Vater oder die Mutter als Inhaber der elterlichen Gewalt sowie ein Vormund oder Pfleger nicht der Genehmigung des Vormundschaftsgerichts oder des Familienraths, ein Nachlaßpfleger nicht der Genehmigung des Nachlaßgerichts, der gesetzliche Vertreter einer Körperschaft, Stiftung oder Anstalt des öffentlichen Rechtes oder einer unter der Verwaltung einer öffentlichen Behörde stehenden Stiftung nicht der Genehmigung der vorgesetzten Behörde.

II. Der Artikel 10 Abs. 1 erhält folgende Fassung:

Sind die in die Unternehmung einbezogenen Grundstücke desselben Eigenthümers verschieden belastet, so sind die an ihre Stelle tretenden Grundstücke in Ermangelung einer anderweitigen Uebereinkunft, soweit es zur Wahrung der auf sie übergehenden Rechte erforderlich ist, nach den verschiedenen Belastungen auszuscheiden und im Steuerkatasterplane mit besonderen Nummern zu bezeichnen. Verfügungsbeschränkungen stehen den Belastungen gleich.

III. Der Artikel 13 erhält folgende Fassung:

Wird bei einer Flurbereinigung zum Zwecke der Ausgleichung eine Geldentschädigung nach

Art. 6 Abs. 5 geleistet, so ist sie zunächst zur Ablösung der Grundlasten zu verwenden, soweit diese wegen des Minderwerths der eingetauschten Grundstücke nicht auf diese übertragbar sind; auf den Rest finden, wenn die ausgetauschten Grundstücke mit Rechten Dritter belastet sind, die für die Haftung des Entschädigungsanspruchs und das Vertheilungsverfahren im Falle der Zwangsenteignung geltenden Vorschriften Anwendung.

Eine nach Art. 6 Abs. 6 zu leistende Geldentschädigung haftet für Reallasten, Hypotheken, Grundschulden und Rentenschulden, mit denen die ausgetauschten Grundstücke belastet sind, nach Maßgabe der Vorschriften des § 1123 Abs. 2 Satz 1 und des § 1124 Abs. 1, 3 des Bürgerlichen Gesetzbuchs.

IV. Der Artikel 16 Abs. 1 erhält folgende Fassung:

Die nach den Art. 20, 25, 32 ergehenden Ladungen und Mittheilungen sind, wenn Personen betheiligt sind, die unter Vormundschaft stehen oder für welche die Bestellung eines Pflegers oder eines Beistandes angeordnet ist, auch an das Vormundschaftsgericht, falls eine Nachlaßpflegschaft angeordnet ist, auch an das Nachlaßgericht, für Stiftungen auch an die Aufsichtsbehörde zu richten.

V. Der Artikel 18 Abs. 4 erhält folgenden Zusatz:

Bei Familienfideikommissen finden auch in solchen Fällen die Vorschriften des Art. 9 Anwendung.

VI. Der Artikel 20 Abs. 1 erhält folgende Fassung:

Ist eine Unternehmung als zur weiteren Instruirung geeignet erklärt, so sind die nach Maßgabe des hiebei festgesetzten Umfanges der Unternehmung betheiligten Grundeigenthümer beziehungsweise deren gesetzliche Vertreter durch die Distriktsverwaltungsbehörde zu einer Tagsfahrt mit der Eröffnung zu laden, daß

1) Einwendungen bezüglich der Voraussetzungen der Flurbereinigung (Art. 1 bis 5) bei Vermeidung des Ausschlusses entweder in der Tagsfahrt oder binnen vierzehn Tagen nach derselben bei der Distriktsverwaltungsbehörde vorgebracht werden müssen,

2) diejenigen betheiligten Grundeigenthümer, welche weder in Person erscheinen noch durch einen Bevollmächtigten vertreten sind, unbeschadet der nach Ziff. 1 zu erhebenden Einwendungen, als der Inangriffnahme der Flurbereinigung zustimmend erachtet werden und auch aller Einwendungen gegen die sonstigen Beschlüsse der Tagsfahrt verlustig gehen,

3) zur Stellvertretung eine von der Gemeindebehörde des Wohnorts beglaubigte Vollmacht genügt.

VII. Im Artikel 21 erhält

1. der Eingang folgende Fassung:

Bei der von der Distriktsverwaltungsbehörde abzuhaltenden Tagsfahrt ist zunächst die beabsichtigte Unternehmung unter Bekanntgabe des zu erwartenden Betrags der Kosten darzulegen sowie auf den im Art. 20 Abs. 1 Ziff. 1 erwähnten Rechtsnachtheil hinzuweisen und sodann Beschluß zu fassen.

2. Der Abs. 5 wird aufgehoben.

VIII. Als Artikel 21 a wird folgende Vorschrift eingestellt:

Werden in der Tagsfahrt nach Art. 21 oder während der im Art. 20 Abs. 1 Ziff. 1 festgesetzten Frist von den Betheiligten Einwendungen bezüglich der Voraussetzungen der Flurbereinigung erhoben, so hat die Flurbereinigungs-Kommission zunächst darüber zu entscheiden.

Der Bescheid ist den betheiligten Grundeigenthümern in Ausfertigung zuzustellen.

Gegen den Bescheid ist die Beschwerde an den Verwaltungsgerichtshof zulässig. Die Vorschriften des Art. 35 Abs. 3 finden Anwendung.

IX. Als Artikel 23 a wird folgende Vorschrift eingestellt:

Der Ausschuß oder der beauftragte Geometer hat als Geschäftsführer des Unternehmens die auf dieses bezüglichen gemeinschaftlichen Angelegenheiten der betheiligten Grundeigenthümer gerichtlich und außergerichtlich wahrzunehmen.

X. Im Artikel 25 erhält

1. der Abs. 1 folgende Fassung:

Dem Ausschusse beziehungsweise dem beauftragten Geometer kommt der Betrieb aller auf die Ausarbeitung des Projekts bezüglichen Angelegenheiten zu. Hierunter fällt insbesondere die Herstellung des Uebersichtsplans, aus welchem das neu anzulegende Wegenetz und die weiter nöthigen gemeinsamen Anlagen ersichtlich sind, die Aufstellung des Forderungsregisters, die Entgegennahme von Erinnerungen der drittberechtigten Personen, die Vornahme der Werthsermittlungen, der Betrieb der Vermessungen, die Entwerfung des Vertheilungsplans mit Anfertigung der Vorschläge über die Vertheilung der Grundsteuern und Grundlasten sowie der verschiedenen Belastungen im Falle des Art. 10 Abs. 1 und die Ausscheidung der Kosten.

2. der Abs. 4 folgenden Zusatz:

Die vierzehntägige Frist beginnt mit dem Eröffnungstermine, wenn der Betheiligte ungeachtet ordnungsmäßiger Ladung in dem Termine nicht erschienen ist. Die Ladung erfolgt nach Art. 20 Abs. 3 und, wenn der Wohnort des Betheiligten nicht bekannt ist, nach Art. 20 Abs. 2, 4.

3. der Eingang des Abs. 5 folgende Fassung:

Nach Beschluß der Flurbereinigungs-Kommission kann die Anerkennung . . . .

XI. Als Artikel 25 a werden folgende Vorschriften eingestellt:

Nach der Absteckung der neuen Flureintheilung kann die Flurbereinigungs-Kommission die betheiligten Grundeigenthümer auf Antrag von mindestens drei Viertheilen derselben vorläufig in den Besitz der Neuzutheilungen durch den Flurbereinigungs-Ausschuß beziehungsweise den beauftragten Geometer setzen, wenn aus einem längeren Aufschube der Ueberweisung den Antragstellern ein erheblicher Nachtheil erwachsen würde.

Soweit die Flureintheilung bei der endgiltigen Feststellung geändert wird, ist den widersprechenden Betheiligten der Schaden zu ersetzen, den sie dadurch erlitten haben, daß die Ueberweisung vor der endgiltigen Feststellung der Flureintheilung erfolgt ist. Der Schadensersatz gehört zu den Kosten des Unternehmens.

XII. Der Artikel 26 erhält folgende Fassung:

Die Hypotheken-, Grundschuld- und Rentenschuldgläubiger sowie die sonstigen nach Art. 8 Abs. 2 widerspruchsfähigen Personen sind auf Antrag des Ausschusses oder des beauftragten Geometers durch das Amtsgericht, bei welchem das Grundbuch für die auszutauschenden Grundstücke geführt wird, öffentlich aufzufordern, ihre Erinnerungen gegen die sich aus der bevorstehenden Flurbereinigung ergebenden Aenderungen des Gegenstandes ihrer Rechte innerhalb einer Frist von einem Monat entweder bei dem Flurbereinigungs-Ausschusse beziehungsweise dem beauftragten Geometer oder schriftlich oder zum Protokolle des Gerichtsschreibers bei dem Amtsgerichte geltend zu machen. Die Aufforderung hat die Mittheilung zu enthalten, daß der genaue Ausweis des gegenwärtig den Gegenstand ihrer Rechte bildenden und des bei Durchführung der Unternehmung an dessen Stelle tretenden Grundbesitzes, der Schätzung beider und der etwaigen Geldentschädigungen auf der Gerichtsschreiberei eingesehen werden kann. In der Aufforderung ist darauf hinzuweisen, daß ein Widerspruchsrecht nur insoweit besteht, als der Grundbesitz, auf welchen die Rechte übergehen sollen, nicht mindestens den gleichen Werth hat wie der gegenwärtig den Gegenstand der Rechte bildende Grundbesitz. Als Rechtsnachtheil ist anzudrohen, daß das Widerspruchsrecht verloren geht, wenn es nicht vor dem Ablaufe der Frist geltend gemacht wird.

Die Aufforderung geschieht durch Anheftung an die Gerichtstafel und durch einmalige Einrückung in das für die Bekanntmachungen des Amtsgerichts bestimmte Blatt. Das Amtsgericht kann anordnen, daß die Veröffentlichung noch in einem anderen Blatte erfolgen soll. Die Erinnerungsfrist beginnt mit dem Ablaufe von zwei Wochen seit der Einrückung, im Falle der Einrückung in ein zweites Blatt seit der letzten Einrückung.

Der im Abs. 1 erwähnte Ausweis ist von dem Flurbereinigungs-Ausschusse beziehungsweise von dem beauftragten Geometer zu liefern.

XIII. Der Artikel 27 erhält folgende Fassung:

Nach dem Ablaufe der im Art. 26 bestimmten Frist hat das Amtsgericht das Ergebniß der Aufforderung dem Flurbereinigungs-Ausschusse beziehungsweise dem beauftragten Geometer mitzutheilen.

XIV. Im Artikel 28 Abs. 1 Satz 1 werden nach den Worten: „die Werthsermittlung" eingeschaltet die Worte:

„und auf die Höhe der nach Art. 25a zu leistenden Entschädigung".

XV. Im Artikel 34 Abs. 2 werden die Worte: „dann die Hypothekverhältnisse, Geldentschädigungen und Geldleistungen" ersetzt durch die Worte:

„die Ordnung der sich aus den Vorschriften der Art. 10, 12 ergebenden Belastungsverhältnisse, die Angabe der Geldentschädigungen und Geldleistungen".

XVI. In den Artikel 36 wird als Abs. 4 folgende Vorschrift aufgenommen:

Sind Geldentschädigungen festgesetzt, so erfolgt für den Grundbesitz, dessen Zuweisung mit den Entschädigungen zusammenhängt, die Ertheilung der vollziehbaren Auszüge und die Bezeichnung des Tages des Eigenthumsüberganges erst, wenn die von den Betheiligten zu leistenden Geldbeträge eingezahlt oder die Empfangsberechtigten befriedigt sind.

XVII. Der Artikel 37 erhält folgende Fassung:

Die Flurbereinigungs-Kommission hat das Grundbuchamt unter Mittheilung des Operats oder eines beglaubigten Auszugs aus diesem um die erforderlichen Eintragungen in das Grundbuch zu ersuchen. In dem Ersuchen ist der Tag des Eigenthumsüberganges anzugeben. Bei Eintragungen, von denen Hypotheken, Grundschulden oder Rentenschulden betroffen werden, finden die Vorschriften der §§ 42 bis 44 der Grundbuchordnung keine Anwendung. Das Grundbuchamt hat den Besitzer des Hypotheken-, Grundschuld- oder Rentenschuldbriefs zur Vorlegung anzuhalten, um nach den Vorschriften des § 62 Abs. 1 und des § 70 Abs. 1 der Grundbuchordnung zu verfahren.

Von den nach Art. 6 Abs. 5 festgesetzten Geldentschädigungen hat die Flurbereinigungs-Kommission dem Amtsgerichte, welches für das im Art. 13 bezeichnete Vertheilungsverfahren zuständig ist, Mittheilung zu machen.

XVIII. Im Artikel 39 Abs. 1 werden die Worte: „Operatsauszügen und Hypothekenbriefen" ersetzt durch die Worte:

„Operatsauszügen, Hypotheken-, Grundschuld- und Rentenschuldbriefen".

XIX. Im Artikel 42 werden nach dem Worte: „Aussteckungspfähle" eingeschaltet die Worte:

„oder Sicherungssteine".

XX. Die Artikel 44 bis 50 werden aufgehoben.

Bis zu der Zeit, zu welcher das Grundbuch als angelegt anzusehen ist, tritt für die im Artikel 26 des Gesetzes vom 29. Mai 1886 bestimmte gerichtliche Aufforderung an die Stelle des Amtsgerichts, bei welchem das Grundbuch für die auszutauschenden Grundstücke geführt wird, in den Landestheilen rechts des Rheins das Amtsgericht, bei welchem das Hypothekenbuch für die Grundstücke geführt wird, in der Pfalz das Amtsgericht, in dessen Bezirke die Grundstücke belegen sind. Die Vorschriften des Artikel 37 Abs. 1 Satz 1 finden in den Landestheilen rechts des Rheins auf die Eintragungen in das Hypothekenbuch entsprechende Anwendung. In der Pfalz bleiben bis dahin an Stelle des Artikel 10 Abs. 1, 2 der Artikel 46 und an Stelle des Artikel 37 Abs. 1 der Artikel 49 in Geltung.

I. 83 (E. 38), 127 Begr., 229 (Z.[I] 38), 299, 380 (Z.[II] 122[37]). II. 369, 428, 433 — Becher IV. V.[II] 33, *119*, *340*, 368, *377*, 415, *434*, *518*, 541. IV. V.[III] 13, *239*.

§ 1123 Abs. 2 Satz 1 BGB.: Soweit die Forderung fällig ist, wird sie mit dem Ablauf eines Jahres nach dem Eintritte der Fälligkeit von der Haftung frei, wenn nicht vorher die Beschlagnahme zu Gunsten des Hypothekengläubigers erfolgt.

§ 1124 Abs. 1 Satz 3 BGB.: Wird der Mieth- oder Pachtzins eingezogen, bevor er zu Gunsten des Hypothekengläubigers in Beschlag genommen worden ist oder wird vor der Beschlagnahme in anderer Weise über denselben verfügt, so ist die Verfügung dem Hypothekengläubiger gegenüber wirksam. Besteht die Verfügung in der Uebertragung der Forderung auf einen Dritten, so erlischt die Haftung der Forderung; erlangt ein Dritter ein Recht an der Forderung, so geht es der Hypothek im Range vor.

Der Uebertragung der Forderung auf einen Dritten steht es gleich, wenn das Grundstück ohne die Forderung veräussert wird.

§ 62 Abs. 1 GBO.: Eintragungen, die bei der Hypothek erfolgen, sind von dem Grundbuchamt auf dem Hypothekenbriefe zu vermerken; der Vermerk ist mit Unterschrift und Siegel zu versehen.

§ 70 Abs. 1 GBO.: Die Vorschriften der §§ 56—69 finden auf den Grundschuldbrief und den Rentenschuldbrief entsprechende Anwendung. Der Rentenschuldbrief muss auch die Ablösungssumme angeben

Durch die Bekanntmachung vom 30. Juli 1899 (G.= u. VBl. S. 507) hat das Flurbereinigungsgesetz eine neue Fassung erhalten.

Art. 172. Der Artikel 4 des Gesetzes vom 5. Mai 1890, die Vereinigung der Brandversicherungsanstalt der Pfalz mit jener in den Landestheilen rechts des Rheins sowie die Abänderung einiger Bestimmungen des Brandversicherungsgesetzes vom 3. April 1875 und des Polizeistrafgesetzbuches vom 26. Dezember 1871 betreffend, wird aufgehoben.

I. 86 (E. 39), 131 Begr., 238 (Z.^{I} 39), 385 (Z.^{II} 122^{38}). II. 378, 433 — Becher IV. V.^{II} 37, *125*, *356*, *377*, 418, *524*. IV. V.^{III} 11, *240*.

Art. 173. In dem Gesetze vom 2. Februar 1898, die Fortsetzung der Grundentlastung betreffend, wird der Artikel 22 Abs. 1 Satz 2 aufgehoben.

I. 87 (E. 40), 131 Begr., 238 (Z.^{I} 40), 385 (Z.^{II} 122^{39}). II. 378, 433 — Becher IV. V.^{II} 37, *125*, *356*, *377*, 418, *524*. IV. V.^{III} 14, *240*.

Vgl. hierher Art. 177 AG. z. BGB.

Art. 174. Was in den in Kraft bleibenden landesgesetzlichen Vorschriften von dem Hypothekenbuch und dem Hypothekenamte bestimmt ist, findet auf das Grundbuch und das Grundbuchamt entsprechende Anwendung.

Die Vorschriften über Hypotheken finden entsprechende Anwendung auf Grundschulden und Rentenschulden.

86 (E. 41), 131 Begr., 238 (Z.^{I} 41), 385 (Z.^{II} 122^{40}). II. 378, 433 — Becher IV. V.^{II} 38, *125*, *357*, *377*, 419, *524*. IV. V.^{III} 14, *240*.

Im AG. z. BGB. wurden bei den einzelnen in Kraft bleibenden Gesetzen die durch die Einführung des Grundbuchs und die Zulassung von Grundschulden und Rentenschulden veranlaßten Aenderungen regelmäßig nur dann berücksichtigt, wenn die von ihnen betroffenen Vorschriften auch aus anderen Gründen einer Aenderung bedurften. Um auch die nicht ausdrücklich abgeänderten Vorschriften zu berücksichtigen, gibt Art. 174 eine allgemeine Vorschrift.

Schlußbestimmungen.

Art. 175. Aufgehoben sind:

1. das Hypothekengesetz vom 1. Juni 1822;
2. das Gesetz vom 1. Juni 1822, die Einführung des Hypothekengesetzes und der Prioritätsordnung betreffend;

3. das Gesetz vom 11. September 1825, die Förmlichkeiten bei Anlegung und Abnahme der gerichtlichen Siegel, dann bei denjenigen Vermögensabtheilungen und Veräußerungen, welche unter Mitwirkung des Richteramts geschehen müssen, betreffend;
4. das Gesetz vom 11. September 1825, die Aufhebung einiger Bestimmungen des Reglements für den Geschäftsgang der Justizämter im Fürstenthume Leiningen vom 31. August 1805 betreffend;
5. der § 30 Abs. 6 und die §§ 31 bis 34 des Finanzgesetzes vom 28. Dezember 1831;
6. das Gesetz vom 28. Dezember 1831, die Privatvereine zur Versicherung der Feldfrüchte gegen Wetter- und insbesondere Hagelschäden betreffend;
7. das Gesetz vom 28. Dezember 1831, einige civilrechtliche Gegenstände auf den Fall des Eindringens der asiatischen Cholera in Bayern betreffend;
8. die Ziff. 73 lit. a der Nummer III des Landtagsabschieds vom 29. Dezember 1831;
9. das Gesetz vom 23. Mai 1846, die Regulierung des Biersatzes und die Verhältnisse der Bräuer zu den Wirthen und dem Publikum betreffend;
10. das Gesetz vom 29. Juni 1851, die kaufmännischen Anweisungen betreffend;
11. das Gesetz vom 29. Juni 1851, die bürgerlichen Rechte der israelitischen Glaubensgenossen betreffend;
12. das Gesetz vom 22. Februar 1855, die Statutar- und Gewohnheitsrechte der K. Haupt- und Residenzstadt München betreffend;
13. das Gesetz vom 22. Februar 1855, die Aufhebung der lex Anastasiana und anderer bezüglich der Abtretung von Rechten vorgeschriebenen Beschränkungen betreffend;
14. das Gesetz vom 26. März 1859, die Verjährungsfristen betreffend;
15. das Gesetz vom 26. März 1859, die Gewährleistung bei Viehveräußerungen betreffend;

16. das Gesetz vom 29. September 1861, die Verjährung der Forderungen aus Staats-Schuldurkunden der Staatsschulden-Tilgungsanstalt betreffend;

17. der § 26 Ziff. 2 und der § 28 Ziff. 2 Abs. 2 des III. Abschnitts des Landtagsabschieds vom 10. November 1861;

18. das Gesetz vom 10. November 1861, die Einführung des allgemeinen deutschen Handelsgesetzbuchs betreffend;

19. das Gesetz vom 5. Dezember 1867, die Abänderung der gesetzlichen Bestimmungen über die Zinsen betreffend;

20. das Gesetz vom 2. Mai 1868 über die Schließung und Trennung der Ehen der keiner anerkannten Religionsgesellschaft angehörenden Personen;

21. das Gesetz vom 16. Mai 1868, Abänderung einiger Bestimmungen des in der Pfalz geltenden Civilgesetzbuchs über Privilegien und Hypotheken betreffend;

22. der § 60 des Landtagsabschieds vom 29. April 1869;

23. das Gesetz vom 29. April 1869, die privatrechtliche Stellung von Vereinen betreffend;

24. das Gesetz vom 14. Januar 1871, die Intercessionen betreffend;

25. der § 21 des Landtagsabschieds vom 18. Februar 1871;

26. das Gesetz vom 29. Dezember 1873, die Todeserklärung der in Folge des Krieges von 1870/71 vermißten Personen betreffend;

27. das Gesetz vom 27. Juli 1874, die Todeserklärung der in Folge des Krieges von 1866 vermißten Personen betreffend;

28. das Gesetz vom 28. Februar 1880, die Abänderung des Art. 9 des pfälzischen Notariatsgesetzes vom 25. Ventôse XI betreffend;

29. das Gesetz vom 20. März 1882, die Vollstreckungsbefehle in der Pfalz betreffend;

30. das Gesetz vom 29. Mai 1886, die Abänderung einiger Bestimmungen des Hypothekengesetzes betreffend;

31. das Gesetz vom 18. Dezember 1887, die der Pfändung nicht unterworfenen Sachen und Forderungen betreffend;
32. das Gesetz vom 26. April 1888, die Abänderung von Bestimmungen des in der Pfalz geltenden Hypotheken- und Vormundschaftsrechts betreffend;
33. das Gesetz vom 5. Mai 1890, die Form einiger Rechtsgeschäfte betreffend;
34. das Gesetz vom 18. März 1896, die Abänderung des Art. 19 des Notariatsgesetzes vom 10. November 1861 betreffend;
35. das Gesetz vom 18. März 1896, einige Bestimmungen über die Inhaberpapiere betreffend.

Das in der Pfalz geltende Civilgesetzbuch (Code civil) tritt außer Kraft.

Die im § 7 Ziff. I lit. e der Verordnung vom 31. Juli 1817, die Organisation der Generaladministration der Posten betreffend, enthaltene Fristbestimmung für die Beschreitung des Rechtswegs fällt weg.

I. 13 (E. 124), 86 (E. 42), 65 und 131 Begr., 191 (Z.^{I} 124), 238 (Z.^{I} 42), 386 (Z.^{II} 122[41]). II. 251, 378, 433 — Becher IV. V.^{I} 32, *136, 589, 672, 734, 872.* IV. V.^{II} 38, *126, 357,* 419, *434 524.* IV. V.^{III} 14, *240.*

Art. 176. Dieses Gesetz tritt gleichzeitig mit dem Bürgerlichen Gesetzbuch in Kraft.

I. 13 (E. 125), 87 (E. 43), 192 (Z.^{I} 125), 240 (Z.^{I} 43), 388 (Z.^{II} 122[42]). II. 251, 378 — Becher IV. V.^{I} 32, *590, 596, 672, 734, 872.* IV. V.^{II} 39, *357,* 420, *525.* IV. V.^{III} 14, *240.*

Art. 177. Die in diesem Gesetz abgeänderten oder für aufgehoben erklärten Vorschriften des Liegenschaftsrechts bleiben, unbeschadet der Vorschriften des Artikel 67, insoweit in Kraft, als ihre Geltung im Artikel 189 des Einführungsgesetzes zum Bürgerlichen Gesetzbuche vorbehalten ist.

I. 13 (E. 123), 64 Begr., 87 (E. 44), 133 Begr., 191 (Z.^{I} 123), 240 (Z.^{I} 44), 388 (Z.^{II} 123). II. 250, 378, 386, 433 — Becher IV. V.^{I} 32, *135, 589,* 596, *672, 871.* IV. V.^{II} 39, *130, 357,* 420, *526.* IV. V.^{III} 14, *240.*

Art. 67 AG. z. BGB.: Hat der Eigenthümer eines Gebäudes vor dem Inkrafttreten des Bürgerlichen Gesetzbuchs nach den

Vorschriften des Preussischen Landrechts durch Zeitablauf das Recht erlangt, dass zum Schutze seiner Fenster vor Verdunkelung mit Anlagen auf einem Nachbargrundstück ein bestimmter Abstand eingehalten werden muss, so gilt dieses Recht als Grunddienstbarkeit.

Das Gleiche gilt, wenn der Eigenthümer eines Gebäudes vor dem Inkrafttreten des Bürgerlichen Gesetzbuchs nach den Vorschriften des Pfälzischen Rechtes durch Zeitablauf das Recht erlangt hat, Fenster, andere Lichtöffnungen oder Anlagen der im Artikel 63 bezeichneten Art zu halten, die den gesetzlichen Vorschriften nicht entsprechen.

Art. 189 EG. z. BGB.: Der Erwerb und Verlust des Eigenthums sowie die Begründung, Uebertragung, Belastung und Aufhebung eines anderen Rechts an einem Grundstücke oder eines Rechtes an einem solchen Rechte erfolgen auch nach dem Inkrafttreten des BGB. nach den bisherigen Gesetzen, bis das Grundbuch als angelegt anzusehen ist. Das Gleiche gilt von der Aenderung des Inhalts und des Ranges der Rechte. Ein nach den Vorschriften des BGB. unzulässiges Recht kann nach dem Inkrafttreten des BGB. nicht mehr begründet werden.

Ist zu der Zeit, zu welcher das Grundbuch als angelegt anzusehen ist, der Besitzer als der Berechtigte im Grundbuche eingetragen, so finden auf eine zu dieser Zeit noch nicht vollendete, nach § 900 BGB. zulässige Ersitzung die Vorschriften des Art. 169 entsprechende Anwendung.

Die Aufhebung eines Rechtes, mit dem ein Grundstück oder ein Recht an einem Grundstücke zu der Zeit belastet ist, zu welcher das Grundbuch als angelegt anzusehen ist, erfolgt auch nach dieser Zeit nach den bisherigen Gesetzen, bis das Recht im Grundbuch eingetragen wird.

Art. 169 EG. z. BGB.: Die Vorschriften des Bürgerlichen Gesetzbuchs finden auf die vor dem Inkrafttreten des Bürgerlichen Gesetzbuchs entstandenen, noch nicht verjährten Ansprüche Anwendung. Der Beginn sowie die Hemmung und Unterbrechung der Verjährung bestimmen sich jedoch für die Zeit vor dem Inkrafttreten des Bürgerlichen Gesetzbuchs nach den bisherigen Gesetzen.

Ist die Verjährungsfrist nach dem Bürgerlichen Gesetzbuche kürzer als nach den bisherigen Gesetzen, so wird die kürzere Frist von dem Inkrafttreten des Bürgerlichen Gesetzbuchs an berechnet. Läuft jedoch die in den bisherigen Gesetzen bestimmte längere Frist früher als die im Bürgerlichen Gesetzbuche bestimmte kürzere Frist ab, so ist die Verjährung mit dem Ablaufe der längeren Frist vollendet.

Art. 178. Die Wahl der Waisenräthe findet nach den Vorschriften des Artikel 96 zum ersten Male im Jahre 1899 statt.

Art. 179. Die Staatsregierung wird ermächtigt, die Texte:

1. des Gesetzes über Heimath, Verehelichung und Aufenthalt vom 16. April 1868,
2. des Gesetzes, die öffentliche Armen- und Kranken-Pflege betreffend, vom 29. April 1869,
3. des ersten Abschnitts des Gesetzes zur Ausführung der Reichs-Civilprozeßordnung und Konkursordnung vom 23. Februar 1879,
4. des Gesetzes über die Erbschaftssteuer vom 18. August 1879,
5. des Gesetzes, die Flurbereinigung betreffend, vom 29. Mai 1886,

wie sie sich aus den Aenderungen ergeben, welche in

diesem Gesetze,
dem Gesetze vom 26. Dezember 1871 (G.-Bl. S. 81),
dem Gesetze vom 23. Februar 1872 (G.-Bl. S. 214),
dem Landtagsabschiede vom 15. April 1875 (G.- u. V.-Bl. S. 345),
dem Gesetze vom 28. Februar 1884 (G.- u. V.-Bl. S. 75),
dem Gesetze vom 21. April 1884 (G.- u. V.-Bl. S. 213),
dem Gesetze vom 3. Februar 1888 (G.- u. V.-Bl. S. 81),
dem Gesetze vom 17. März 1892 (G.- u. V.-Bl. S. 51),
dem Gesetze vom 26. Mai 1892 (G.- u. V.-Bl. S. 144),
dem Gesetze vom 17. Juni 1896 (G.- u. V.-Bl. S. 297)

vorgesehen sind, unter fortlaufender Nummernfolge der Artikel und bei den in einzelnen Artikeln enthaltenen Aufzählungen unter fortlaufender Reihenfolge der Ziffern oder Buchstaben sowie unter Berichtigung der Verweisungen, durch das Gesetz- und Verordnungs-Blatt bekannt zu machen.

Bei der Bekanntmachung des ersten Abschnitts des Gesetzes vom 23. Februar 1879 bleiben die Ueberschrift sowie die Vorschriften, die nur noch als Uebergangsbestimmungen gelten, weg.

Die Neutextirung des Heimath-, Armen- und Flurbereinigungsgesetzes erfolgte durch die Bekanntmachung vom 30. Juli 1899 (G.- u. VBl. S. 469), des Erbschaftssteuergesetzes durch die Bekanntmachung vom 11. November 1899 (G.- u. VBl. S. 889), des Ausführungsgesetzes zur Civilprozeßordnung durch die Bekanntmachung vom 26. Juni 1899 (G.- u. VBl. S. 401).

Gegeben zu München, den 9. Juni 1899.

Luitpold, Prinz von Bayern,
des Königreichs Bayern Verweser.

Dr. **Frhr. v. Crailsheim.** Dr. **Frhr. v. Riedel.**
Frhr. v. Feilitzsch. Dr. **Frhr. v. Leonrod.** **Frhr. v. Asch.**
Dr. **v. Landmann.**

Auf Allerhöchsten Befehl:
Der Oberregierungsrath im k. Staatsministerium des Innern:
Dr. Proebst.

C.

Ausführungsgesetz

zu

der Grundbuchordnung und zu dem Gesetz über die Zwangsversteigerung und die Zwangsverwaltung.

Einleitung.

Die Grundbuchordnung, sowie das Gesetz über die Zwangsversteigerung und die Zwangsverwaltung mit dem zugehörigen Einführungsgesetze lassen nicht nur in demselben Umfange, in welchem in dem EG. z. BGB. zu Gunsten der Landesgesetze Vorbehalte gemacht sind, landesgesetzliche Vorschriften über das Grundbuchwesen, sowie über die Zwangsversteigerung und die Zwangsverwaltung zu (§ 83 GBO., § 2 EG. z. ZVG.), sondern ermächtigen auch außerhalb des Bereichs dieser Vorbehalte die Landesgesetzgebung, eine Reihe von abweichenden und ergänzenden Vorschriften zu erlassen. Durch die Grundbuchordnung ist der Landesgesetzgebung eine weitere Aufgabe gestellt, indem vorausgesetzt ist, daß die Landesgesetzgebung die Behörden bestimmt, denen die Verrichtungen des Grundbuchamts obliegen, und die mit der Einrichtung der Grundbuchämter zusammenhängenden Vorschriften über die Zuständigkeit der Grundbuchämter, die Ausschließung der Grundbuchbeamten von der Ausübung des Amtes und andere allgemeine Fragen erläßt (Begr.).

Als Ausführungsbestimmung ist bis jetzt lediglich die Königliche Allerhöchste Verordnung vom 28. Juli 1900, die Gebühren der Notare in Grundbuchsachen betr. (JMBl. S. 1043) und die Bekanntmachung vom 17. Juli 1900, die Führung des Grundbuchs in der Pfalz betr. (JMBl. S. 1048), erlassen. Die Bestimmungen der letzteren sind bei den einschlägigen Artikeln des Ausführungesetzes berücksichtigt, während die erstere im Anhang zum Abdrucke gelangt.

C.

Ausführungsgesetz zu der Grundbuchordnung und zu dem Gesetz über die Zwangsversteigerung und die Zwangsverwaltung vom 9. Juni 1899.

(Beilage zum Gesetz- und Verordnungsblatt 1899 Nr. 28 vom 12. Juni 1899 S. 125 bis 136.*)

Im Namen Seiner Majestät des Königs. **Luitpold,** von Gottes Gnaden Königlicher Prinz von Bayern, **Regent.**

Wir haben nach Vernehmung des Staatsrathes mit Beirath und Zustimmung der Kammer der Reichsräthe und der Kammer der Abgeordneten beschlossen und verordnen, was folgt:

I. Ausführungsvorschriften zu der Grundbuchordnung.

Einrichtung der Grundbuchämter.

Art. 1. Für die Verrichtungen des Grundbuchamts sind die Amtsgerichte zuständig.

I. 135 (E. 1), 139 Begr., 243 (Z. I 1), 587 (Z. II 1). II. 441, 473, 477 — Becher VI. 1, *10*, *41*, *107*, 154, 162, 177.

---

*) Ausgegeben zu München, den 1. Juli 1899.

1. Da die GBO. selbst keine Bestimmung darüber getroffen hat, welche Behörden als Grundbuchämter zu gelten haben, so bleibt deren nähere Bestimmung der Landesgesetzgebung überlassen.

2. Verrichtungen: nicht bloß für die Führung des Grundbuchs, sondern für alle Verrichtungen, die dem Grundbuchamte zugewiesen sind, z. B. für die Entgegennahme von Erklärungen, für die Ertheilung von Hypothekenbriefen, für die Herstellung von Theilhypothekenbriefen u. s. w., vgl. § 1 der Bekanntmachung vom 17. Juli 1900, die Führung des Grundbuchs in der Pfalz betr. (JMBl. 1900 S. 1048).

3. Das Amtsgericht ist künftig in allen Fällen für die Verrichtungen des Grundbuchamts zuständig, also auch dann, wenn ein Grundstück in Frage steht, das zu einem Familienfideikommisse gehört oder das im Eigenthum eines Mitgliedes des königlichen Hauses steht (vgl. für das bisher. Recht §§ 87, 131 Hyp.-Ges.). Vgl. auch § 15 ff. AG. z. GBG.

4. Wegen der Kosten in Grundbuchsachen vgl. Art. 131 AG. z. BGB. und JMBek. vom 16. April 1901, die auf Ersuchen der Behörde eines Bundesstaates erfolgende Einziehung von Kosten in Angelegenheiten der freiwilligen Gerichtsbarkeit und in Grundbuchsachen betr. (JMBl. S. 319).

Art. 2. Mit den Obliegenheiten des Grundbuchbeamten kann das Staatsministerium der Justiz ausnahmsweise auch einen zum Richteramt befähigten Rechtskundigen betrauen.

I 135 (E. 2), 140 Begr., 243 (Z. I 2), 587 (Z. II 2). II. 442, 477 — Becher VI. 1, *11*, *51*, *109*, 157, 162, *180*.

1. Ausnahmsweise: also nur für dringende Fälle und nur vorübergehend, nicht dauernd, so z. B. bei Erkrankung des Grundbuchbeamten, während dessen Einberufung zu militärischen Uebungen, während des Urlaubs, bei Vereinigung des Grundbuchs u. s. w.

2. Einen mit dem Richteramte betrauten Rechtskundigen: auch einen Notar, wenn auch derselbe zur Uebernahme des Amtes nicht verpflichtet ist.

3. Die Rechtsgültigkeit der Eintragung hängt nicht davon ab, daß der betreffende Rechtskundige thatsächlich die Voraussetzungen erfüllt hat, welche zum Richteramt befähigen, ebensowenig davon, daß ein Ausnahmefall im Sinne des Art. 2 vorliegt. Es genügt, daß der Betreffende durch das Staatsministerium der Justiz mit den Obliegenheiten des Grundbuchbeamten betraut worden ist.

4. Der mit den Obliegenheiten des Grundbuchbeamten Betraute handelt auf eigene Verantwortlichkeit. Bez. der Haftung des Staates vgl. § 12 GBO..

Art. 3. Für die Beurkundung des Zeitpunkts, in welchem ein Antrag bei dem Grundbuchamt eingeht, ist auch der Gerichtsschreiber des Amtsgerichts zuständig.

Das Gleiche gilt von der Aufnahme des Protokolls über die Einlegung einer Beschwerde oder einer weiteren Beschwerde.

I. 135 (E. 3), 140 Begr., 244 ($Z.^{I}$ 3), 58 ($Z.^{II}$ 3). II. 444, 477 — Becher VI. 1, *11, 51, 110*, 57, 162, *180*.

1. Nach § 13 Abs. 1 Satz 2 GBO. soll der Zeitpunkt, in welchem ein Antrag bei dem Grundbuchamt eingeht, auf dem Antrage genau vermerkt werden. Die Feststellung dieses Zeitpunktes ist z. B. wichtig in den Fällen der §§ 17, 18 GBO. Nach §§ 5, 6 der Bekanntmachung vom 17. Juli 1900, die Führung des Grundbuchs in der Pfalz betr. (JMBl. S. 1040), „hat der Grundbuchbeamte den Zeitpunkt, in welchem ein Antrag bei dem Grundbuchamt eingeht, auf der den Antrag enthaltenden Urkunde nach Tag, Stunde und Minute zu vermerken; bleibt nicht die Urkunde, sondern eine Beilage bei dem Grundbuchamt zurück, so ist der Einlaufsvermerk auch auf die Beilage zu setzen. In Fällen der Verhinderung des Grundbuchbeamten oder seines Stellvertreters hat der Gerichtsschreiber den Einlaufsvermerk zu machen. Er hat den Einlauf alsbald an das Grundbuchamt abzugeben. Jeder Antrag, der bei dem Grundbuchamt eingeht, ist sofort unter Angabe des Tages des Einlaufs in das Tagebuch (§ 45) einzutragen. Auf den Antrag ist neben dem Einlaufsvermerk die Tagebuchnummer unter Beifügung des Buchstaben G zu setzen; z. B. „17. Dezember 1900, 10 Uhr 30 G 319."

2. Zuständig: nicht nur für den Fall der Verhinderung des Grundbuchbeamten (AM. anscheinend I. 140, 444 Becher VI. *11, 110*). Die Vorschrift im § 5 Abs. 3 der Bekanntmachung vom 17. Juli 1900 (s. Anm. 1) ist jedenfalls nur instruktioneller Natur.

3. Die Einlegung der Beschwerde oder der weiteren Beschwerde erfolgt nach §§ 73, 80 GBO. entweder durch Einreichung einer Beschwerdeschrift oder durch Erklärung zum Protokolle (vgl. Art. 9) des Grundbuchamts oder des Gerichtsschreibers des Beschwerdegerichts. Erfolgt die Einlegung der weiteren Beschwerde durch Einreichung einer Beschwerdeschrift, so muß diese von einem Rechtsanwalt unterzeichnet sein, außer wenn sie von einer Behörde oder von dem Notar eingelegt wird, der den Eintragungsantrag gestellt hat.

Art. 4. Das Grundbuch wird von dem Grundbuchamte geführt, in dessen Bezirke das Grundstück liegt.

I. 135 (E. 4), 140 Begr., 244 ($Z.^{I}$ 4), 57 ($Z.^{II}$ 4). II. 445, 477 — Becher VI. 2, *11, 55, 57*, 162, *180*.

Art. 4—7 behandeln die örtliche Zuständigkeit des Grundbuchamts. Nach § 2 Abs. 1 GBO. sind die Grundbücher für Bezirke einzurichten. Vgl. § 1 der Allerhöchsten Verordnung vom 28. August 1898, die Anlegung des Grundbuchs in der Pfalz betreffend.

Art. 5. Liegt ein Grundstück in den Bezirken verschiedener Grundbuchämter oder sollen mehrere in den

Bezirken verschiedener Grundbuchämter liegende Grundstücke zu einem Grundstücke vereinigt werden, so wird das zuständige Grundbuchamt durch das im Instanzenzuge zunächst höhere Gericht bestimmt.

Eine Anfechtung der Entscheidung findet nicht statt.

I. 135 (E. 5), 140 Begr., 244 (Z. I 5), 587 (Z. II 5). II. 445, 477 — Becher VI. 2, *11*, 55, *111*, 157, *180*.

1. Nach § 890 Abs. 1 BGB. können mehrere Grundstücke dadurch zu einem Grundstück vereinigt werden, daß der Eigenthümer sie als ein Grundstück in das Grundbuch eintragen läßt. Nach § 5 GBO. soll dies nur dann geschehen, wenn hiervon Verwirrung nicht zu besorgen ist.

2. Das im Instanzenzuge zunächst höhere Gericht: d. h. dasjenige im Instanzenzuge zunächst höhere Gericht, zu dessen Bezirke die verschiedenen Grundbuchämter gehören. Gehören die Grundbuchämter zu einem und demselben Landgerichtssprengel, so entscheidet das Landgericht; trifft dies nicht zu, liegen sie aber im Sprengel eines und desselben Oberlandesgerichtssprengels, so entscheidet das Oberlandesgericht. Liegen sie dagegen im Bezirke verschiedener Oberlandesgerichtssprengel, so entscheidet das oberste Landesgericht (Art. 8 AG. z. GBO. §§ 5, 199 Abs. 2 Satz 2 FGG. vgl. auch § 36 RCPO.).

3. Art. 5 trifft nicht auf den Fall zu, daß ein in Bayern gelegenes Grundstück mit einem außerhalb Bayerns gelegenen Grundstück vereinigt werden soll. Das Reichsgericht ist zur Entscheidung nicht zuständig; denn durch landesgesetzliche Vorschrift kann die Zuständigkeit des Reichsgerichts nicht begründet werden. Es bleibt daher nur der Weg diplomatischer Vereinbarung offen.

4. Hierher sind auch zu vergleichen §§ 4, 15 der Bekanntmachung vom 17. Juli 1900, die Führung des Grundbuchs in der Pfalz betr. (JMBl. 1900 S. 1048):

§ 4. Besitzt jemand Grundstücke in mehreren angelegten Steuergemeinden desselben Grundbuchamtsbezirkes, so kann für ihn auf Antrag in dem Grundbuch einer der Steuergemeinden ein gemeinschaftliches Grundbuchblatt angelegt werden, wenn Verwirrung nicht zu besorgen ist. Das gemeinschaftliche Grundbuchblatt wird in dem Grundbuche der Steuergemeinde angelegt, in der das Anwesen oder der Hauptheil der Grundstücke liegt; auf Antrag kann das Grundbuchblatt auch in dem Grundbuch einer anderen Steuergemeinde angelegt werden. Die in den Grundbüchern der übrigen Steuergemeinden vorhandenen Grundbuchblätter des Antragstellers sind unter Hinweis auf das gemeinschaftliche Grundbuchblatt abzuschließen. In den Personenregistern und in den Sachregistern dieser Steuergemeinden ist das gemeinschaftliche Grundbuchblatt zu vermerken.

Erwirbt der Antragsteller später in einer Steuergemeinde des Grundbuchamtsbezirkes weitere Grundstücke, so werden sie auf das gemeinschaftliche Grundbuchblatt eingetragen, wenn nicht die Eintragung in dem Grundbuche der Steuergemeinde beantragt wird, in der das Grundstück liegt. Hatte der Antragsteller in dieser Steuergemeinde noch kein Grundbuchblatt, so ist in dem Grundbuche der Steuergemeinde ein Schutzblatt für ihn anzulegen.

§ 15. Die Vereinigung mehrerer Grundstücke zu einem Grundstücke (§ 890 Abs. 1 des BGB.) soll nur zugelassen werden, wenn die Grundstücke in demselben Grundbuchamtsbezirke liegen, wenn sie an einander grenzen und wenn sie nicht in verschiedener Weise mit Hypotheken, Grundschulden oder Rentenschulden belastet sind.

Die Vereinigung soll erst in das Grundbuch eingetragen werden, wenn dem Grundbuchamt ein von der Messungsbehörde angefertigter Plan, in dem die Aenderung ersichtlich gemacht ist, und ein Auszug aus dem Messungsverzeichnisse vorgelegt werden.

Art. 6. Soll ein Grundstück einem im Bezirk eines anderen Grundbuchamts liegenden Grundstück als Bestandtheil zugeschrieben werden, so ist für die Entscheidung über den Antrag auf Zuschreibung und, wenn dem Antrage stattgegeben wird, für die Führung des Grundbuchs über das ganze Grundstück das andere Grundbuchamt zuständig.

I. 135 (E. 6), 140 Begr., 241 (Z. I 6), 587 (Z. II 6). II. 445 477 -- Becher VI. 2, *12*, 55, *111*, 157, 163, *180*.

1. Nach § 890 Abs. 2 BGB. kann ein Grundstück dadurch zum Bestandtheil eines anderen Grundstücks gemacht werden, daß der Eigenthümer es diesem im Grundbuche zuschreiben läßt. Nach § 5 GBO. soll dies nur dann geschehen, wenn hiervon Verwirrung nicht zu besorgen ist.

Hierher ist auch zu vergleichen § 17 der Bekanntmachung vom 17. Juli 1900, die Führung des Grundbuchs in der Pfalz betr. (JMBl. 1900 S. 1052):

§ 17. Die Zuschreibung eines Grundstücks als Bestandtheil eines anderen Grundstücks (§ 890 Abs. 2 des BGB.) soll nur zugelassen werden, wenn die Grundstücke nicht in verschiedener Weise mit Hypotheken, Grundschulden oder Rentenschulden belastet sind. Das zugeschriebene Grundstück behält seine bisherige Plannummer.

Die Eintragung erfolgt in der Weise, daß unter einer selbständigen Nummer etwa eingetragen wird: „Pl. Nr. 1716 (Nr. 2) der Pl. Nr. 8669 (Nr. 16) als Bestandtheil zugeschrieben laut ꝛc."

Soll ein Grundstück aus einer anderen Steuergemeinde zugeschrieben werden, so sind bei der Eintragung diese Steuergemeinde und die Beschreibung des Grundstücks anzugeben, z. B. „Pl. Nr. 1716 Acker am Rain, Steuergemeinde Großassenheim zu 0,055 ha der Pl. Nr. 8669 (Nr. 16) als Bestandtheil zugeschrieben laut ꝛc." Die das zugeschriebene Grundstück betreffende Eintragung im Grundbuche der Steuergemeinde, in der das Grundstück liegt, wird gelöscht, und in der Spalte 4 wird auf die Stelle und das Grundbuchblatt verwiesen, wo die Zuschreibung eingetragen ist.

2. Maßgebend ist die Lage des Hauptgrundstückes. Welches Grundstück das Hauptgrundstück sein soll, wird durch den Antrag des Eigenthümers bestimmt. Nicht erforderlich ist, daß dieses auch das wirthschaftlich wichtigste ist. Liegt das Hauptgrundstück in den Bezirken verschiedener Grundbuchämter, so kommt Art. 5 zur Anwendung. Abgesehen von diesem Falle bedarf es einer Bestimmung durch das höhere Gericht nicht.

3. Erfolgt die Zuschreibung, so umfaßt die Zuständigkeit des Grundbuchamtes des Hauptgrundstücks das ganze Grundstück in seinem nunmehrigen Bestand. Der Anlegung eines Sperrfoliums bedarf es nicht. War für das zugeschriebene Grundstück bereits ein Grundbuchblatt angelegt, so wird die Zuschreibung auf diesem vermerkt. Unter allen Umständen ist in das nach § 2 Abs. 2 GBO. zu führende Verzeichniß die Bemerkung einzutragen, daß das Grundstück dem anderen Grundbuchbezirke zugewiesen ist.

Art. 7. Für Bergwerke kann das Staatsministerium der Justiz die Führung des Grundbuchs für mehrere Amtsgerichtsbezirke einem Amtsgericht übertragen.

I. 135 (E. 7), 140 Begr., 244 (Z.[I] 7), 588 (Z.[II] 7), II. 439, 477 — Becher VI. 3, *12*, *55*, *112*, 157, 163, *180*.

1. Hinsichtlich der Anlegung von Grundbuchblättern für Bergwerke vgl. Art. 17 AG. z. GBO.; § 28 der Allerhöchsten Verordnung vom 23. Juli 1898, die Anlegung des Grundbuchs in den Landestheilen rechts des Rheins betr., und § 77 Abs. 2 Ziffer 2 der Geschäftsanweisung für die Anlegungsbeamten vom 1. Oktober 1898.

Art. 8. Die Vorschriften der §§ 2, 5 bis 10, 13, 14, 16 bis 18, 34 und des § 199 Abs. 2 Satz 2 des Gesetzes über die Angelegenheiten der freiwilligen Gerichtsbarkeit finden auf Grundbuchsachen, soweit nicht reichsgesetzliche Vorschriften bestehen, entsprechende Anwendung.

I. 135 (E. 8), 140 Begr., 241 (Z.[I] 8), 588 (Z.[II] 8), II. 445, 477 — Becher VI. 2, *12*, *56*, *112*, 157, 163, *180*.

§ 2 GFG.: Die Gerichte haben sich Rechtshülfe zu leisten. Die §§ 158—169 des Gerichtsverfassungsgesetzes finden Anwendung.

§ 158 GVG.: Das ***Ersuchen*** *um Rechtshülfe ist an das Amtsgericht zu richten, in dessen Bezirke die Amtshandlung vorgenommen werden* ***soll.***

§ 159 GVG.: Das Ersuchen darf nicht abgelehnt werden. Das Ersuchen eines nicht im Instanzenzuge vorgesetzten Gerichts ist jedoch abzulehnen, wenn dem ersuchten Gerichte die örtliche Zuständigkeit mangelt oder die vorzunehmende Handlung nach dem Rechte des ersuchten Gerichts verboten ist.

§ 160 GVG.: Wird das Ersuchen abgelehnt oder wird der Vorschrift des § 159 Abs. 2 zuwider dem Ersuchen stattgegeben, so entscheidet das Oberlandesgericht, zu dessen Bezirke das ersuchte Gericht gehört. Eine Anfechtung dieser Entscheidung findet nur statt, wenn dieselbe die Rechtshülfe für unzulässig erklärt und das ersuchende und das ersuchte Gericht den Bezirken verschiedener Oberlandesgerichte angehören. Ueber die Beschwerde entscheidet das Reichsgericht.

Die Entscheidungen erfolgen auf Antrag der Betheiligten oder des ersuchenden Gerichts ohne mündliche Verhandlung.

§ 161 GVG.: Die Herbeiführung der zum Zwecke von Vollstreckungen, Ladungen und Zustellungen erforderlichen Handlungen erfolgt nach den Vorschriften der Prozessordnungen ohne Rücksicht darauf, ob die Handlungen in dem Bundesstaate, welchem das Prozessgericht angehört, oder in einem anderen Bundesstaate vorzunehmen sind.

§ 162 GVG.: Gerichte, Staatsanwaltschaften und Gerichtsschreiber können wegen Ertheilung eines Auftrags an einen Gerichtsvollzieher die Mitwirkung des Gerichtsschreibers des Amtsgerichts in Anspruch nehmen, in dessen Bezirke der Auftrag ausgeführt werden soll. Der von dem Gerichtsschreiber beauftragte Gerichtsvollzieher gilt als unmittelbar beauftragt.

§§ 163, 164 GVG. handelt von der Vollstreckung von Freiheitsstrafen im Wege der Rechtshülfe.

§ 165 GVG.: Im Falle der Rechtshülfe unter den Behörden verschiedener Bundesstaaten sind die baaren Auslagen, welche durch eine Ablieferung oder Strafvollstreckung entstehen, der ersuchten Behörde von der ersuchenden zu erstatten.

Im Uebrigen werden die Kosten der Rechtshülfe von der ersuchenden Behörde nicht erstattet.

Ist eine zahlungspflichtige Partei vorhanden, so sind die Kosten von derselben durch die ersuchende Behörde einzuziehen und der eingezogene Betrag der ersuchten Behörde zu übersenden.

Stempel-, Einregistrirungsgebühren oder andere öffentliche Abgaben, welchen die von der ersuchenden Behörde übersendeten Schriftstücke (Urkunden, Protokolle) nach dem Rechte der ersuchten Behörde unterliegen, bleiben ausser Ansatz.

§ 166 GVG.: Für die Höhe der den geladenen Zeugen und Sachverständigen gebührenden Beträge sind die Bestimmungen massgebend, welche bei dem Gerichte gelten, vor welches die Ladung erfolgt.

Sind die Beträge nach dem Rechte des Aufenthaltsorts der geladenen Personen höher, so können die höheren Beträge gefordert werden.

Bei weiterer Entfernung des Aufenthaltsorts der geladenen Personen ist denselben auf Antrag ein Vorschuss zu bewilligen.

§ 167 GVG.: Ein Gericht darf Amtshandlungen ausserhalb seines Bezirks ohne Zustimmung des Amtsgerichts nur

vornehmen, wenn Gefahr im Verzuge obwaltet. In diesem Falle ist dem Amtsgerichte des Ortes Anzeige zu machen.

§ 168 GVG. handelt von der Verfolgung Flüchtiger.

§ 169 GVG.: Die in einem Bundesstaate bestehenden Vorschriften über die Mittheilung von Akten einer öffentlichen Behörde an ein Gericht dieses Bundesstaates kommen auch dann zur Anwendung, wenn das ersuchende Gericht einem anderen Bundesstaate angehört.

§ 5 GFG.: Besteht Streit oder Ungewissheit darüber, welches von mehreren Gerichten örtlich zuständig ist, so wird das zuständige Gericht durch das gemeinschaftliche obere Gericht bestimmt. Ist das zuständige Gericht in einem einzelnen Falle an der Ausübung des Richteramts rechtlich oder thatsächlich verhindert, so erfolgt die Bestimmung durch das ihm im Instanzenzuge vorgeordnete Gericht.

Eine Anfechtung der Entscheidung findet nicht statt.

§ 6 GFG.: Ein Richter ist von der Ausübung des Richteramts kraft Gesetzes ausgeschlossen:

1. in Sachen, in denen er selbst betheiligt ist oder in denen er zu einem Betheiligten in dem Verhältniss eines Mitberechtigten oder Mitverpflichteten steht;
2. in Sachen seiner Ehefrau, auch wenn die Ehe nicht mehr besteht;
3. in Sachen einer Person, mit der er in gerader Linie oder im zweiten Grade der Seitenlinie verwandt oder verschwägert ist;
4. in Sachen, in denen er als Vertreter eines Betheiligten bestellt oder als gesetzlicher Vertreter eines solchen aufzutreten berechtigt ist.

Ein Richter kann sich der Ausübung seines Amtes wegen Befangenheit enthalten. Die Ablehnung eines Richters ist ausgeschlossen.

§ 7 GFG.: Gerichtliche Handlungen sind nicht aus dem Grunde unwirksam, weil sie von einem örtlich unzuständigen Gericht oder von einem Richter vorgenommen sind, der von der Ausübung des Richteramts kraft Gesetzes ausgeschlossen ist.

§ 8 GFG.: Auf das gerichtliche Verfahren finden die Vorschriften des Gerichtsverfassungsgesetzes über die Gerichtssprache, über die Sitzungspolizei und über die Berathung und Abstimmung entsprechende Anwendung, die Vorschriften über die Gerichtssprache mit den sich aus dem § 9 ergebenden Abweichungen.

§ 9 GFG.: Der Zuziehung eines Dolmetschers bedarf es nicht, wenn der Richter der Sprache, in der sich die betheiligten Personen erklären, mächtig ist; die Beeidigung des Dolmetschers ist nicht erforderlich, wenn die betheiligten Personen darauf verzichten. Auf den Dolmetscher finden die Vorschriften des § 6 entsprechende Anwendung.

§ 10 GFG.: Auf das gerichtliche Verfahren sind die Gerichtsferien ohne Einfluss. Die Bearbeitung der Vormundschaftssachen und der Nachlasssachen kann während der Ferien unterbleiben, soweit das Bedürfniss einer Beschleunigung nicht vorhanden ist.

§ 13 GFG.: Die Betheiligten können mit Beiständen erscheinen. Sie können sich, soweit nicht das Gericht das persönliche Erscheinen anordnet, auch durch Bevollmächtigte vertreten lassen. Die Bevollmächtigten haben auf Anordnung des Gerichts oder auf Verlangen eines Betheiligten die Bevollmächtigung durch eine öffentlich beglaubigte Vollmacht nachzuweisen.

§ 14 GFG.: Die Vorschriften der Civilprozessordnung über das Armenrecht sowie die Vorschriften der §§ 34—36 der Rechtsanwaltsordnung finden entsprechende Anwendung.

§ 34 RAO.: Einer Partei, welcher das Armenrecht bewilligt ist, kann auch, in soweit eine Vertretung durch Anwälte nicht geboten ist, zur vorläufig unentgeltlichen Wahrnehmung ihrer Rechte vom Prozessgericht ein Rechtsanwalt auf Antrag beigeordnet werden.

§ 35 RAO.: Gegen die Entscheidung, durch welche die Beiordnung abgelehnt wird, steht der Partei die Beschwerde nach Massgabe der Civilprozessordnung zu.

§ 36 RAO.: Die Auswahl eines beizuordnenden Rechtsanwalts erfolgt durch den Vorsitzenden des Gerichts aus der Zahl der bei diesem zugelassenen Anwälte.

Gegen die Verfügung steht der Partei und dem Rechtsanwalte die Beschwerde nach Massgabe der Civilprozessordnung zu.

§ 16 GFG.: Gerichtliche Verfügungen werden mit der Bekanntmachung an denjenigen, für welchen sie ihrem Inhalte nach bestimmt sind, wirksam.

Die Bekanntmachung erfolgt, wenn mit ihr der Lauf einer Frist beginnt, durch Zustellung nach den für die Zustellung von Amtswegen geltenden Vorschriften der Civilprozessordnung; durch die Landesjustizverwaltung kann jedoch für Zustellungen im Ausland eine einfachere Art der Zustellung angeordnet werden. In denjenigen Fällen, in welchen mit der Bekanntmachung nicht der Lauf einer Frist beginnt, soll in den Akten vermerkt werden, in welcher Weise, an welchem Orte und an welchem Tage die Bekanntmachung zur Ausführung gebracht ist; durch die Landesjustizverwaltung kann näher bestimmt werden, in welcher Weise in diesen Fällen die Bekanntmachung zur Ausführung gebracht werden soll.

Einem Anwesenden kann die Verfügung zu Protokoll bekannt gemacht werden. Auf Verlangen ist ihm eine Abschrift der Verfügung zu ertheilen.

§ 17 GFG.: Für die Berechnung der Fristen gelten die Vorschriften des Bürgerlichen Gesetzbuchs.

Fällt das Ende der Frist auf einen Sonntag oder allgemeinen Feiertag, so endigt die Frist mit dem Ablaufe des nächstfolgenden Werktags.

§ 18 GFG.: Erachtet das Gericht eine von ihm erlassene Verfügung nachträglich für ungerechtfertigt, so ist es berechtigt, sie zu ändern; soweit eine Verfügung nur auf Antrag erlassen werden kann und der Antrag zurückgewiesen worden ist, darf die Aenderung nur auf Antrag erfolgen.

Zu der Aenderung einer Verfügung, die der sofortigen Beschwerde unterliegt, ist das Gericht nicht befugt.

§ 34 GFG.: Die Einsicht der Gerichtsakten kann Jedem insoweit gestattet werden, als er ein berechtigtes Interesse glaubhaft macht. Das Gleiche gilt von der Ertheilung einer Abschrift; die Abschrift ist auf Verlangen zu beglaubigen.

§ 199 Abs. 2 Satz 2 GFG.: Auch gilt es (das oberste Landesgericht) im Sinne der §§ 5, 46 als gemeinschaftliches oberes Gericht für alle Gerichte des Bundesstaats.

1. Zu § 2 GFG.: Die Verpflichtung zur Rechtshülfe beschränkt sich nicht auf den Verkehr der bayerischen Grundbuchämter miteinander, sondern erstreckt sich auch auf den Verkehr mit den Grundbuchämtern der übrigen Bundesstaaten, gleichviel welche Behörden dort als Grundbuchämter in Frage kommen. Freilich wird durch die Bestimmung des § 2 lediglich eine Verpflichtung der bayerischen Grundbuchämter zur Rechtshülfe begründet. (Vgl. Bekanntmachung vom 16. April 1901, die auf Ersuchen der Behörde eines anderen Bundesstaates erfolgende Einziehung von Kosten in Angelegenheiten der freiwilligen Gerichtsbarkeit und in Grundbuchsachen betr. (JMBl. S. 319).

Zu § 5 GFG.: Das gemeinschaftliche obere Gericht für alle Gerichte des Königreichs ist das oberste Landesgericht (§ 199 Abs. 2 Satz 2 GFG.)

Zu § 6 GFG.: Die Ablehnung des Grundbuchrichters ist unstatthaft.

Zu § 7 GFG.: Gleichviel ob Handlungen in Frage stehen, die von dem ausgeschlossenen oder unzuständigen Richter oder ihm gegenüber vorgenommen worden sind, z. B.: Löschungsbewilligungen, oder Eintragungen in das Grundbuch oder sonstige gerichtliche Handlungen (vgl. auch § 10 GBO.).

Zu § 13 GFG.: Für die Vollmacht zur Abgabe einer Erklärung, die sich auf eine Eintragung bezieht, gelten die besonderen Vorschriften der §§ 29, 30, 32 GBO.

Zu § 14 GFG.: vgl. § 80 GBO.

Zu § 16 GFG: Die Verweisung auf § 16 hat nur Bedeutung für Verfügungen, die nicht in einer Eintragung bestehen, z. B. für die Zurückweisung eines Eintragungsantrages, die Fristbestimmung nach § 18 Abs. 1 GFG., die Einforderung des Hypothekenbriefes nach § 62 Abs. 2 GBO. Wenn auch nach § 55 GBO. jede Eintragung dem Antragsteller, dem eingetragenen Eigenthümer sowie allen aus dem Grundbuche ersichtlichen Personen, zu deren Gunsten die Eintragung erfolgt oder deren Recht durch sie betroffen wird, bekannt gemacht werden soll, so ist doch die Eintragung sofort wirksam.

Hierher sind zu vergleichen §§ 33—36 der Bekanntmachung vom 17. Juli 1900, die Führung des Grundbuchs in der Pfalz betr. (JMBl. 1900 S. 1056):

„§ 33. Die Bekanntmachung einer Verfügung des Grundbuchamts und die Bekanntmachung einer Eintragung in das Grundbuch erfolgt durch Mittheilung des Inhalts der Verfügung oder der Eintragung. Der Wortlaut der Verfügung oder der Eintragung ist mitzutheilen, wenn die Mittheilung beantragt wird oder wenn sie aus besonderen Gründen geboten erscheint.

Für die schriftliche Bekanntmachung gelten die Vorschriften der §§ 49—51 der Bekanntmachung vom 16. Dezember 1899, die Ausführung der Zustellungen von Amtswegen betreffend (JMBl. S. 475).

Die Bekanntmachung ist auf dem bei dem Grundbuchamte verbleibenden Aktenstücke zu vermerken, soweit sie sich nicht aus dem Protokoll oder aus sonstigen bei dem Grundbuchamte befindlichen Urkunden ergibt.

Wird auf die Bekanntmachung verzichtet, so ist der Verzicht in gleicher Weise zu vermerken.

§ 34. Geht die Urkunde, auf Grund deren die Eintragung vorgenommen worden ist, an den Antragsteller oder an den Notar zurück, so ist auf der Urkunde oder auf einem beizufügenden Blatte der Vollzug der Eintragung zu vermerken. Entspricht die Eintragung dem Antrage, so genügt der Vermerk, daß die Eintragung antragsgemäß erfolgt ist; anderenfalls ist die Abweichung vom Antrage kurz zu erwähnen. Der Vollzugsvermerk ist zu datiren, von dem Grundbuchbeamten zu unterschreiben und mit dem Gerichtssiegel zu versehen.

Einer weiteren Mittheilung des Inhalts der Eintragung an den Antragsteller oder an den Notar bedarf es nicht.

Der Vollzugsvermerk kann etwa lauten: Eingetragen nach Antrag am 12. Juli 1901 im Grundbuche von Kleinassenheim Band II S. 17.

Langfelden, den . . . . . .

K. Amtsgericht (Grundbuchamt).

Siegel. Finkenberger,
Amtsrichter.

§ 35. Die schriftliche Bekanntmachung von Zwischenverfügungen und von Verfügungen, durch die ein Antrag abgelehnt wird, soll nicht durch Vermerk auf der Urkunde nach § 34, sondern stets durch Mittheilung auf einem eigenen Blatte erfolgen. Hat der Notar die Urkunde mit einem Vorlagebogen eingereicht, so kann die Verfügung auf diesen gesetzt werden.

§ 36. Auf die Führung des Personenregisters und des Sachregisters finden die Vorschriften der Nr. 300—310 der Grundbuchanlegungsordnung entsprechende Anwendung. Jede Anlegung eines neuen und jede Aenderung im Titel eines bestehenden Grundbuchblattes ist sofort im Personenregister, jede Neueintragung oder Umschreibung eines Grundstücks ist sofort im Sachregister einzutragen.“

Ueber die Zustellungen in Grundbuchsachen werden nach § 44 der Bek. vom 16. Dezember 1899 Zustellungen von Amtswegen betr. die erforderlichen Vorschriften in einer über das Grundbuchwesen ergehenden allgemeinen Verfügung getroffen werden.

Zu § 17 GFG.: vgl. §§ 186 ff GBO.

Zu § 18 GFG.: Für die Berichtigung einer ungerechtfertigten Eintragung gelten die besonderen Vorschriften des § 54 GBO. vgl. jedoch §§ 75, 80 Abs. 2 GBO.).

Hierher ist zu vergleichen § 8 Abs. 2, 3 der Bekanntmachung vom 17. Juli 1900, die Führung des Grundbuchs in der Pfalz betr. (JMBl. 1900 S. 1050):

§ 8 Abs. 2, 3. Unrichtigkeiten werden in der Weise berichtigt, daß am Schlusse der Eintragung vor der Beisetzung der Unterschrift ein Berichtigungsvermerk eingetragen wird; die berichtigten Worte werden roth unterstrichen. Wird die Unrichtigkeit erst gefunden, nachdem die Eintragung unterschrieben ist, so erfolgt die Berichtigung im Wege einer Neueintragung unter selbständiger Nummer; bei jeder Eintragung ist auf die andere zu verweisen.

Unerhebliche Schreibversehen können unberichtigt bleiben.

Zu § 34 GFG.: vgl. § 11 GBO., Art. 11 AG. z. GBO., Art. 3 AG. z. CPO.

2. Soweit nicht reichsgesetzliche Vorschriften bestehen: Art. 8 enthält daher lediglich eine Ergänzung der reichsgesetzlichen Vorschriften. Soweit solche bestehen, kommt Art. 8 nicht zur Anwendung.

Art. 9. Ueber Erklärungen, die vor dem Grundbuchamt abgegeben werden, soll ein Protokoll aufgenommen werden.

Das Protokoll soll den Vorschriften des § 177 Abs. 1 Satz 1, Abs. 2 Satz 1 und Abs. 3 des Gesetzes über die Angelegenheiten der freiwilligen Gerichtsbarkeit entsprechen.

I. 135 (E. 9), 141 Begr., 193, 244 (Z. I 9), 588 (Z. II 9). II. 439, 477 — Becher VI. 2, *14*, *58*, 101, *113*, 157, 163, *171*, *180*.

§ 177 Abs. 1 Satz 1; Abs. 2 Satz 1; Abs. 3 GFG.: Das Protokoll muss vorgelesen, von den Betheiligten genehmigt und von ihnen eigenhändig unterschrieben werden.

Erklärt ein Betheiligter, dafs er nicht schreiben könne, so muss diese Erklärung im Protokolle festgestellt werden.

Das Protokoll muss von den mitwirkenden Personen unterschrieben werden.

1. Im E. stand: ist aufzunehmen. Durch die nunmehrige Fassung ist klargestellt, daß es sich lediglich um eine Sollvorschrift handelt, deren Nichtbeachtung die Nichtigkeit der trotzdem erfolgten Eintragung in das Grundbuch nicht zur Folge hat.

Die Eintragung ist daher weder dann nichtig, wenn die Aufnahme eines Protokolls überhaupt unterlassen wurde, noch dann, wenn die Vorschriften über die Form des Protokolls nicht beachtet wurden. Vgl. auch § 29 GBO.

2. Protokoll: Die Aufnahme eines bloßen Vermerkes genügt nicht.

Art. 10. Ist derjenige, von welchem eine Eintragungsbewilligung oder eine sonstige zu einer Eintragung erforderliche Erklärung vor dem Grundbuchamte zu Protokoll gegeben wird, dem Grundbuchbeamten nicht bekannt, so hat sich der Grundbuchbeamte Gewißheit über dessen Persönlichkeit zu verschaffen. Das Protokoll soll eine Angabe darüber enthalten, ob der Grundbuchbeamte den Erklärenden kennt oder, sofern dies nicht der Fall ist, in welcher Weise er sich Gewißheit über die Persönlichkeit verschafft hat.

I. 135 (E. 10), 141 Begr., 244 (Z.^{I} 10), 588 (Z.^{II} 10). II. 449, 477 — Becher VI. 2, *14*, *58*, *118*, 157, 163, *180*.

1. Art. 10 findet nur dann Anwendung, wenn eine Eintragungsbewilligung oder eine sonstige zu einer Eintragung erforderliche Erklärung (vgl. z. B. §§ 873, 875, 876, 880, 928 BGB.), dagegen nicht, wenn eine sonstige Erklärung vor dem Grundbuchamt zu Protokoll gegeben wird.

2. Es genügt die Konstatirung, daß der Grundbuchbeamte den Erklärenden kennt.

3. Kann sich der Grundbuchbeamte Gewißheit über die Person des Erklärenden nicht verschaffen, so bleibt es seinem Ermessen überlassen, den Antrag zurückzuweisen oder dem Antragsteller eine angemessene Frist zur Beibringung der erforderlichen Nachweise zu bestimmen (§ 18 GBO.).

Einsicht des Grundbuchs durch öffentliche Behörden.

Art. 11. Inwieweit öffentlichen Behörden auf Ersuchen die Einsicht des Grundbuchs und der im § 11 Abs. 1 Satz 2 der Grundbuchordnung bezeichneten Schriftstücke zu gestatten ist und Abschriften zu ertheilen sind, wird durch Ministerialvorschrift bestimmt.

I. 135 (E. 11), 142 Begr., 245 (Z.^{I} 11), 588 (Z.^{II} 11). II. 449, 477 — Becher VI. 2, *15*, *63*, *119*, 154, 157, 163, *180*.

§ 11 Abs. 1 GBO.: Die Einsicht des Grundbuchs ist Jedem gestattet, der ein berechtigtes Interesse darlegt. Das Gleiche gilt von Urkunden, auf die im Grundbuche zur Ergänzung einer Eintragung Bezug genommen ist, sowie von den noch nicht erledigten Eintragungsanträgen.

1. Art. 11 betrifft die Befugniß öffentlicher Behörden zur Einsichtnahme des Grundbuchs, während §§ 11 und 93 GBO. die Offenlegung des Grundbuchs gegenüber Privaten behandelt.

2. Die Einsichtnahme muß auch den öffentlichen Behörden bei dem Grundbuchamte gewährt werden, eine Versendung findet nicht statt.

3. Ministerialvorschrift: d. i. gemeinschaftliche Entschließungen der betheiligten Ministerien.

4. Hierher sind auch zu vergleichen §§ 40—44 der Bekanntmachung vom 17. Juli 1900, die Führung des Grundbuchs in der Pfalz betr. (JMBl. 1900 S. 1058):

§ 40. Ueber die Berechtigung zur Einsicht des Grundbuchs und der Anlagen entscheidet der Grundbuchbeamte. Den inländischen öffentlichen Behörden darf die Einsicht nicht verweigert werden.

§ 41. Die Notare sind berechtigt, jeder Zeit persönlich oder durch die im § 93 der Geschäftsordnung für die Notariate bezeichneten Vertreter das Grundbuch und die Anlagen auch im Interesse Privater einzusehen. Einen Auftrag brauchen sie nicht nachzuweisen.

§ 42. Abschriften und Auszüge aus dem Grundbuch oder aus den Anlagen werden von dem Grundbuchbeamten unterschrieben und mit dem Gerichtssiegel versehen.

§ 43. Das Grundbuchamt kann den zur Einsicht Berechtigten auf Ersuchen schriftlichen oder mündlichen Aufschluß über den Inhalt eines Grundbuchblattes oder über einzelne Eintragungen geben.

§ 44. Die Abschriften, die Auszüge und die schriftlichen Aufschlüsse (§§ 42, 43) sollen ersehen lassen, welcher Zeitpunkt für den mitgetheilten Inhalt des Grundbuchs maßgebend ist. Der Zeitpunkt ist nach Tag, Stunde und Minute zu bezeichnen.

Dem Ersuchen um Ertheilung oder um Berichtigung einer Abschrift oder eines Auszugs, sowie um Ertheilung eines Aufschlusses soll, wenn ein Hinderniß nicht besteht, mit thunlichster Beschleunigung entsprochen werden.

Vorlegung des Veräußerungsvertrags bei der Auflassung.

Art. 12. Das Grundbuchamt soll die Erklärung der Auflassung nur entgegennehmen, wenn die nach § 313 des Bürgerlichen Gesetzbuchs erforderliche Urkunde vorgelegt wird.

Dasselbe gilt für die Notare. Der Vorlegung der Urkunde steht die Aufnahme durch den Notar gleich.

I. 135 (E. 12), 142 Begr., 245 (Z.[I] 12), 588 (Z.[II] 12). II. 450, 473, 477 — Becher VI. 2, *15*, *65*, *121*, 154, 157, 163, *180*.

§ 313 BGB.: Ein Vertrag, durch den sich der eine Theil verpflichtet, das Eigenthum an einem Grundstücke zu übertragen, bedarf der gerichtlichen oder notariellen Beurkundung. Ein ohne Beobachtung dieser Form geschlossener Vertrag wird seinem ganzen Inhalte nach gültig, wenn die Auflassung und die Eintragung in das Grundbuch erfolgen.

1. Die Vorschrift des Art. 12 ist lediglich instruktioneller Natur. Wird die Erklärung der Auflassung entgegen der Vorschrift des Art. 12 entgegengenommen, so ist die Auflassung gültig. Daß die Eintragung den Mangel heilt, ergibt sich schon aus § 313 BGB.

2. Der Grundbuchbeamte ist zur Beurkundung des obligatorischen Vertrages (§ 313 BGB.) nicht zuständig.

3. Der Grundbuchbeamte hat nur zu prüfen, ob die nach § 313 BGB. erforderliche Urkunde vorgelegt ist, ob die vorgelegte Urkunde wirklich einen solchen Vertrag enthält. Er hat dagegen nicht zu untersuchen, zu welchen Bedenken etwa der Vertrag Anlaß geben mag. Nach § 7 der Bekanntmachung vom 17. Juli 1900, die Führung des Grundbuchs in der Pfalz betr. (JMBl. S. 1049) hat der Grundbuchbeamte den Antrag auf seine Gesetzmäßigkeit und Vollständigkeit zu prüfen und ihn, wenn er ihn für begründet hält, durch Eintragung zu vollziehen.

4. Die Zuständigkeit der Notare zur Entgegennahme der Auflassungserklärung ergibt sich aus Art. 81 AG. z. BGB., vgl. auch Art. 30 Not.-Ges.

Familiengüter, Lehen, Familienfideikommisse, Erbgüter.

Art. 13. Bei einem Grundstücke, das zu dem Familiengut einer standesherrlichen Familie oder zu einem Familienfideikommisse gehört, ist diese Eigenschaft im Grundbuch anzugeben. Das Gleiche gilt bei einem landwirthschaftlichen Erbgute.

Bei den zu einem Familienfideikommisse gehörenden Grundstücken hat das Grundbuchamt dem Fideikommißgerichte von den bewirkten Eintragungen in das Grundbuch Nachricht zu geben, soweit sie nicht auf Ersuchen des Vollstreckungsgerichts erfolgen.

I. 136 (E. 13), 142 Begr., 245 (Z.I 13), 588 (Z.II 13). II. 451, 473, 477 — Becher VI. 3, *16*, *66*, *123*, 154, *157*, 163, *180*.

1. Bezüglich des bisherigen Rechts vgl. § 131 Hyp.G.

2. Die Eigenschaft eines Grundstücks als Bestandtheil eines Familienfideikommisses wird bei der Errichtung des Familienfideikommisses und bei der Einverleibung eines Grundstückes in ein bestehendes Familienfideikommiß auf Ersuchen des Fideikommißgerichtes in das Grundbuch eingetragen (§ 30 der VII. Verfassungsbeilage,

§ 14 Nr. 3 der Instruktion vom 3. März 1857, Art. 174 Abs. 1 AG. z. BGB.). Das Ausscheiden eines Grundstückes aus dem Fideikommiß im Wege der Veräußerung erfordert die Genehmigung des Fideikommißgerichts (§§ 49, 51 der VII. Verfassungsbeilage oder die Ertheilung des Unschädlichkeitszeugnisses (Art. 14 des Ges. vom 15. Juni 1898).

In Ansehung der Fideikommißmatrikel tritt eine Aenderung nicht ein. Ebenso bleiben die besonderen Vorschriften des Fideikommißrechts unberührt. Die Fideikommißschulden, die auf dem ganzen Fideikommiß als einem selbständigen Vermögen haften (§ 54 der VII. Verfassungsbeilage), werden in das Grundbuch nicht eingetragen.

3. Bei standesherrlichen Familiengütern sind für die Voraussetzungen der Einverleibung und des Ausscheidens einzelner Grundstücke die Bestimmungen der Hausgesetze maßgebend.

4. Bei einem landwirthschaftlichen Erbgute wird die Zugehörigkeit des Grundstücks zu dem Erbgute bei der Errichtung des Erbguts auf Ersuchen des die Errichtung beurkundenden Gerichts eingetragen und bei der Aufhebung des Erbguts auf Ersuchen des die Aufhebung beurkundenden Gerichts gelöscht (Art. 3 Ziff. 3, Art. 29 Abs. 1 des Ges. vom 22. Februar 1855). Bei der Einverleibung eines Grundstücks in ein bestehendes Erbgut genügt der Eintragungsantrag des Eigenthümers (Art. 2 a. a. O.). Eine Veräußerung, durch die ein Grundstück aufhört, Bestandtheil eines Erbguts zu sein, bedarf, abgesehen von der Ertheilung des Unschädlichkeitszeugnisses (Art. 14 des Ges. vom 15. Juni 1898), der Zustimmung der sämmtlichen vorhandenen Anerben oder der Ersetzung der Zustimmung durch das zuständige Gericht (Art. 6 Abs. 2—4 des Ges. vom 22. Februar 1855, Art. 152 Ziff. II. AG. z. BGB.).

5. In welchen Fällen das Vollstreckungsgericht dem Fideikommißgericht Mittheilung zu machen hat, vgl. Art. 34 Abs. 2. dieses Gesetzes.

Art. 14. Bei einem Grundstücke, das zu einem Lehen gehört, wird das Grundbuchblatt für das Recht des Lehenmanns angelegt. In der Eintragung ist das Grundstück als Lehen zu bezeichnen und der Lehenherr anzugeben.

I. 136 (E. 14), 142 Begr., 245 (Z.[I] 14), 588 (Z.[II] 14). II. 451, 473, 477 — Becher VI. 3, *16*, *66*, *123*, 154, *157*, 164. *180*.

„Gegenstand der Eintragung ist das Recht des Lehensmanns, das zu den Rechten gehört, für welche die sich auf Grundstücke beziehenden Rechte gelten. Das Grundstück wird in der Eintragung als Gegenstand dieses Rechts, als Lehen bezeichnet; zugleich wird der Lehensherr angegeben. Als Gegenstand des Eigenthums des Lehensherrn erhält das Grundstück ein besonderes Blatt nicht. Der lehenherrliche Konsens zur Belastung des Grundstücks mit einer Hypothek, Grundschuld oder Rentenschuld wird nach § 105 des Lehenedikts und Art. 174 AG. z. BGB. in das Grundbuch nicht eingetragen."

Art. 15. Bei allodifizirten Lehen sind die auf dem Lehenrechte beruhenden Nachfolgerechte im Grundbuch anzugeben.

I. 136 (E. 15), 142 Begr., 245 (Z.^I 15), 588 (Z.^II 15). II. 451, 473, 477 — Becher VI. 3, *16*, *66*, *123*, 154, *157*, 164, *180*.

Vgl. Art. 4. des Lehenablösungsgesetzes vom 4. Juni 1848 und Becher, Landescivilrecht, S. 922.

Art. 16. Zum Nachweise der Nachfolge ist bei dem Familiengut einer standesherrlichen Familie, falls die Nachfolge von Todeswegen eintritt, ein Zeugniß des Nachlaßgerichts oder der zuständigen standesherrlichen Kanzlei, bei einem Familienfideikommiß ein Zeugniß des Fideikommißgerichts, bei einem Lehen ein Zeugniß des Lehenhofs, bei einem allodifizirten Lehen, falls die Nachfolge von Todeswegen eintritt, ein Zeugniß des Nachlaßgerichts erforderlich.

Auf die gerichtlichen Zeugnisse finden die für einen Erbschein geltenden Vorschriften entsprechende Anwendung.

I. 136 (E. 15), 142 Begr., 245 (Z.^I 15), 588 (Z.^II 15). II. 451, 473, 477 — Becher VI. 3, *16*, *61*, *123*, 154, *157*, 164, *180*.

1. Bezügl. der standesherrlichen Kanzleien vgl. IV. Verfassungsbeilage § 7, Art. 81 Abs. 1 AG. z. GBG.

2. Bezüglich des Lehenhofs vgl. Allerh. VO. vom 27. November 1825 §§ 2, 3, Allerh. VO. vom 9. Dezember 1825 §§ 41, 85, Allerh. VO. vom 17. Dezember 1825 § 91.

3. Bezügl. des Fideikommißgerichts vgl. VII. Verfassungsbeilage § 14.

4. Vorschriften über den Erbschein: §§ 2353 ff. BGB.

Rechte, die den Grundstücken gleichstehen.

Art. 17. Bergwerke und unbewegliche Kuxe erhalten ein Grundbuchblatt wie Grundstücke.

Fischereirechte, Realgewerbeberechtigungen sowie Nutzungsrechte, für die nach Landesgesetz die sich auf Grundstücke beziehenden Vorschriften gelten, erhalten ein Grundbuchblatt nur auf Antrag oder wenn das Recht veräußert oder belastet werden soll.

Bei Nutzungsrechten an einem Grundstücke wird die Anlegung des besonderen Grundbuchblatts auf dem Blatte des Grundstücks vermerkt.

I. 136 (E. 17), 144 Begr., 246 (Z.^I 17), 588 (Z.^II 17). II. 452, 473, 477 — Becher VI. 3, *18*, *72*, *124*, 154, *157*, 164, *171*, *180*.

1. Nach Art. 42 des Berggesetzes für das Königreich Bayern in der Fassung vom 20. Juli 1900 finden auf das Bergwerkseigenthum die sich auf Grundstücke beziehenden Vorschriften entsprechende Anwendung. Nach Art. 263 a. a. O. behalten die Kuxe die Eigenschaft von Rechten, die den Grundstücken gleichstehen.

2. Zu den im Abs. 2 bezeichneten Nutzungsrechten gehören insbes. auch die Nutzungsrechte der Mitglieder der im Art. 164 EG. z. BGB. bezeichneten Realgemeinden und ähnlichen Verbände, deren Mitglieder als solche zu Nutzungen an land- und forstwirthschaftlichen Grundstücken, an Mühlen, Brauhäusern und ähnlichen Anlagen berechtigt sind, ferner die Rechte an einzelnen Räumen eines Gebäudes nach Art. 19 Abs. 2 des Gesetzes vom 1. Juli 1898 über das Liegenschaftsrecht in der Pfalz. Vgl. hierzu Staudinger Komm. Art. 164 EG.

Die im Abs. 2 genannten Rechte erhalten, sofern sie nicht mit dem Eigenthum an einem Grundstücke verbunden sind (§ 96 BGB.), ein Grundbuchblatt von Amtswegen nur dann, wenn sie veräußert oder belastet werden, dagegen sonst nur auf Antrag. Es muß daher bei jeder Veräußerung und Belastung an das Grundbuchamt der Antrag gestellt werden, die Veräußerung oder Belastung in das Grundbuch einzutragen; erst mit der Eintragung vollzieht sich die Veräußerung oder Belastung. Antragsberechtigt ist der Berechtigte selbst oder ein Anderer, der auf Grund eines gegen den Berechtigten vollstreckbaren Titels eine Eintragung ins Grundbuch verlangen kann, die von der vorherigen Eintragung des Rechts abhängig ist (§ 14 GBO.). Ob die Veräußerung oder Belastung freiwillig oder im Wege der Zwangsvollstreckung erfolgt (vgl. z. B. §§ 864 ff. CPO.), begründet keinen Unterschied.

3. Zu Abs. 3 vgl. § 7 Abs. 2, § 84 GBO. Zu beachten ist, daß nur die Anlage des „besonderen" Grundbuchblattes auf dem Blatte des belasteten Grundstückes vermerkt wird.

4. Für das Anlegungsverfahren gelten die Vorschriften in den §§ 28, 29 Abs. 2 der Allerhöchsten Verordnung vom 23. Juli 1898 die Anlegung des Grundbuchs in den Landestheilen rechts des Rheins betr., in den §§ 74, 76, 77 der Geschäftsanweisung für die Anlegungsbeamten vom 1. Oktober 1898, in den Nr. 245 bis 248 der Grundbuchanlegungsordnung für die Pfalz vom 14. September 1898.

Art. 18. Die für das Erbbaurecht geltenden Vorschriften des § 20 und des § 22 Abs. 2 der Grundbuchordnung finden auf Bergwerke und unbewegliche Kuxe sowie auf die im Artikel 17 Abs. 2 bezeichneten Rechte entsprechende Anwendung.

I. 136 (E. 18), 144 Begr., 246 (Z.I 18), 588 (Z.II 18). II. 453, 477 — Becher VI. 3, *18, 72, 126, 157,* 164, *180.*

§ 20 GBO.: Im Falle der Auflassung eines Grundstücks sowie im Falle der Bestellung oder Uebertragung eines Erbbaurechts darf die Eintragung nur erfolgen, wenn die erforderliche Einigung des Berechtigten und des anderen Theiles erklärt ist.

§ 22 Abs. 2 GBO.: Die Berichtigung des Grundbuchs durch Eintragung eines Eigenthümers oder eines Erbbauberechtigten darf, sofern nicht der Fall des § 14 vorliegt, nur mit Zustimmung des Eigenthümers oder des Erbbauberechtigten erfolgen.

§ 14 GBO.: Die Berichtigung des Grundbuchs durch Eintragung eines Berechtigten darf auch von demjenigen beantragt werden, welcher auf Grund eines gegen den Berechtigten vollstreckbaren Titels eine Eintragung in das Grundbuch verlangen kann, sofern die Zulässigkeit dieser Eintragung von der vorgängigen Berichtigung des Grundbuchs abhängt.

Vorlegung von Hypotheken-, Grundschuld- und Rentenschuldbriefen und sonstigen Urkunden.

Art. 19. Auf die Eintragungen, welche im Falle einer Zwangsenteignung oder Zwangsbelastung, einer Gemeinheitstheilung oder einer Ablösung von Dienstbarkeiten oder anderen Rechten veranlaßt sind, finden die Vorschriften der §§ 42 bis 44 der Grundbuchordnung keine Anwendung. Das Grundbuchamt hat den Besitzer des Hypotheken-, Grundschuld- oder Rentenschuldbriefs zur Vorlegung anzuhalten, um nach den Vorschriften des § 62 Abs. 1, des § 69 und des § 70 Abs. 1 der Grundbuchordnung zu verfahren.

I. 136 (E. 19), 144 Begr., 246 (Z.I 19), 588 (Z.II 19). II. 453, 477 — Becher VI. 3, *19, 73, 126, 157*, 164, *180*.

§ 42 GBO.: Bei einer Hypothek, über die ein Brief ertheilt ist, soll eine Eintragung nur erfolgen, wenn der Brief vorgelegt wird. Für die Eintragung eines Widerspruchs bedarf es der Vorlegung nicht, wenn die Eintragung durch eine einstweilige Verfügung angeordnet ist und der Widerspruch sich darauf gründet, dass die Hypothek oder die Forderung, für welche sie bestellt ist, nicht bestehe oder einer Einrede unterliege oder dass die Hypothek unrichtig eingetragen sei.

Der Vorlegung des Hypothekenbriefs steht es gleich, wenn in den Fällen der §§ 1162, 1170, 1171 des Bürgerlichen Gesetzbuchs auf Grund des Ausschlussurtheils die Ertheilung eines neuen Briefes beantragt wird. Soll die Ertheilung des Briefes nachträglich ausgeschlossen oder die Hypothek gelöscht werden, so genügt die Vorlegung des Ausschlussurtheils.

§ 43 GBO.: Die Vorschriften des § 42 finden auf die Grundschuld und die Rentenschuld entsprechende Anwendung.

Ist jedoch das Recht für den Inhaber des Briefes eingetragen, so bedarf es der Vorlegung des Briefes nur dann nicht, wenn der Eintragungsantrag durch die Bewilligung eines nach § 1189 des Bürgerlichen Gesetzbuchs bestellten Vertreters *(Treuhänders)* oder durch eine gegen ihn erlassene gerichtliche Entscheidung begründet wird.

§ 44 GBO.: Bei einer Hypothek für die Forderung aus einer Schuldverschreibung auf den Inhaber, aus einem Wechsel oder einem anderen Papiere, das durch Indossament übertragen werden kann, soll eine Eintragung nur erfolgen, wenn die Urkunde vorgelegt wird; die Eintragung ist auf der Urkunde zu vermerken.

Diese Vorschrift findet keine Anwendung, wenn eine Eintragung auf Grund der Bewilligung eines nach § 1189 des Bürgerlichen Gesetzbuchs bestellten Vertreters *(Treuhänders)* oder auf Grund einer gegen diesen erlassenen gerichtlichen Entscheidung bewirkt werden soll.

§ 62 Abs. 1 GBO.: Eintragungen, die bei der Hypothek erfolgen, sind bei dem Grundbuchamte auf dem Hypothekenbriefe zu vermerken; der Vermerk ist mit Unterschrift und Siegel zu versehen.

§ 69 GBO.: Wird eine Hypothek gelöscht, so ist der Brief unbrauchbar zu machen; das Gleiche gilt, wenn die Ertheilung des Briefes über eine Hypothek nachträglich ausgeschlossen oder an Stelle des bisherigen Briefes ein neuer Hypothekenbrief, ein Grundschuldbrief oder ein Rentenschuldbrief ertheilt wird. Eine mit dem bisherigen Briefe verbundene Schuldurkunde ist abzutrennen und, sofern sie nicht mit dem neuen Hypothekenbriefe zu verbinden ist, zurückzugeben.

§ 70 Abs. 1 GBO.: Die Vorschriften der §§ 56—69 (d. i. hier des § 62 Abs. 1, § 69) finden auf den Grundschuldbrief und Rentenbrief entsprechende Anwendung. Der Rentenschuldbrief muss auch die Ablösungssumme angeben.

1. Vgl. die ähnlichen Bestimmungen in Art. 170 Ziff. V[7] und 171 Ziff. XVII AG. z. BGB.; Art. 38 des Berggesetzes in der Fassung vom 20. Juli 1900 (Art. 157 Ziff. II AG. z. BGB.).

2. In den angeführten Fällen kann die Eintragung auch ohne Vorlage des Hypotheken-, Grundschuld- oder Rentenschuldbriefes erfolgen. Das Grundbuchamt hat jedoch die nachträgliche Vorlage des Briefes anzuordnen und nöthigenfalls auf dem in Art. 20 vorgeschriebenen Wege zu erzwingen, um auf demselben entweder die Eintragung zu vermerken oder ihn, falls die Hypothek, Grundschuld oder Rentenschuld gelöscht wurde, unbrauchbar zu machen.

3. „Die Unbrauchbarmachung geschieht durch Vernichtung“ (§ 31 der Bekanntmachung vom 17. Juli 1900, die Führung des Grundbuchs in der Pfalz betr. JMBl. S. 1055).

Art. 20. Das Grundbuchamt kann in den Fällen, in welchen es den Besitzer des Hypotheken-, Grundschuld- oder Rentenschuldbriefs zur Vorlegung anzuhalten hat, die Vorlegung durch Ordnungsstrafen erzwingen.

I. 136 (E. 20), 144 Begr., 246 (Z.I 20), 588 (Z.II 20). II. 453, 477 — Becher VI 4, *19, 73, 127, 157,* 164, *180.*

1. Das Grundbuchamt hat das in Art. 20 vorgesehene Ordnungsstrafrecht nicht nur für die Fälle, in welchen die Pflicht zur Vorlegung auf Landesrecht beruht (vgl. Art. 19 und Anm. 2), sondern auch für diejenigen Fälle, für welche sie im Reichsrechte (§ 62 Abs. 2 GBO.) begründet ist.

2. „Bei der Vorschrift des Art. 20 handelt es sich um eine durch Landesgesetz eingeführte Angelegenheit der freiwilligen Gerichtsbarkeit. Nach Art. 129 AG. z. BGB. finden daher insbesondere die Vorschriften des § 18, des § 24 Abs. 1 und des § 33 GFG. Anwendung. Die Strafe darf hiernach nur nach vorgängiger Androhung festgesetzt werden. Die einzelne Strafe darf den Betrag von 300 M. nicht übersteigen. Die Beschwerde gegen die Strafverfügung hat aufschiebende Wirkung. Erachtet das Grundbuchamt die Strafverfügung nachträglich für ungerechtfertigt, so kann es sie aufheben." Die weitere Beschwerde geht an das oberste Landesgericht. (Art. 42 Abs. 3 AG. z. GVG. in der Fassung des Art. 167 Ziff. XII AG. z. BGB.)

Theilhypotheken-, Theilgrundschuld- und Theilrentenschuldbriefe.

Art. 21. Zur Herstellung von Theilhypothekenbriefen, Theilgrundschuldbriefen und Theilrentenschuldbriefen sind die bayerischen Gerichte nur als Grundbuchämter zuständig.

I. 136 (E. 21), 145 Begr., 246 (Z.I 21), 589 (Z.II 21). II. 453, 477 — Becher VI. 4, *21, 73, 127,* 154, *157,* 161, 164, *180.*

1. Nach §§ 61 Abs. 1 und 70 Abs. 1 GBO. kann ein Theilhypotheken-, Theilgrundschuld- und Theilrentenschuldbrief von dem Grundbuchamt, einem Gericht oder einem Notar hergestellt werden. Art. 21 beschränkt die Zuständigkeit der bayerischen Gerichte auf den Fall, daß das Gericht als Grundbuchamt zuständig ist. Neben dem Grundbuchamt sind auch die Notare zuständig.

2. Hierher sind zu vergleichen §§ 27—32 der Bekanntmachung vom 17. Juli 1900, die Führung des Grundbuchs in der Pfalz betr. (JMBl. 1900 S. 1055):

§ 27. Der Hypothekenbrief trägt das bayerische Wappen und führt die Ueberschrift: „Bayerischer Hypothekenbrief". Unter der Ueberschrift ist der Betrag der Hypothekenforderung in Ziffern anzugeben (Formular I). Das belastete Grundstück und der Eigenthümer sind in gleicher Weise zu bezeichnen wie im Grundbuche.

Wird eine Schuldurkunde mit dem Briefe nicht verbunden, so ist der Inhalt der Hypothek nach der Eintragung oder nach den Urkunden, auf welche in der Eintragung Bezug genommen ist, anzugeben; wörtliche Anführung ist nicht geboten.

Bei der Bezeichnung der der Hypothek im Range gleichstehenden oder vorgehenden Rechte genügt eine kurze Bezeichnung des Rechtes, bei Reallasten, Hypotheken, Grundschulden oder Rentenschulden unter Angabe des Betrags, für den das Recht besteht.

§ 28. Der Hypothekenbrief ist von dem Grundbuchbeamten zu unterschreiben. Gleiches gilt von den Nachträgen.

§ 29. Mindert sich der Betrag der Hypothekenforderung, so wird im Hypothekenbriefe der bisherige Betrag unter der Ueberschrift roth durchstrichen und der neue Betrag daneben vermerkt.

§ 30. Ueber eine Gesammthypothek soll nur ein Hypothekenbrief ertheilt werden, auch wenn die belasteten Grundstücke in den Bezirken verschiedener Steuergemeinden des gleichen Grundbuchamtsbezirkes liegen. Wenn die belasteten Grundstücke in den Bezirken verschiedener Grundbuchamtsbezirke liegen (§ 26), so hat das zuerst angegangene Grundbuchamt die sämmtlichen Briefe zu verbinden.

§ 31. Die Unbrauchbarmachung eines Briefes erfolgt durch Vernichtung.

§ 32. Auf Theilhypothekenbriefe, Grundschuldbriefe und Rentenschuldbriefe finden die Vorschriften über Hypothekenbriefe entsprechende Anwendung.

3. Die Zuständigkeit außerbayerischer Gerichte zur Herstellung der Theilhypotheken-, Theilgrundschuld- und Theilrentenschuldbriefe wird durch die Vorschrift des Art. 21 selbst dann nicht berührt, wenn die Hypothek an einem in Bayern gelegenen Grundstücke besteht.

Umwandlung von Hypothekenvormerkungen in Eintragungen.

Art. 22. Ist zu der Zeit, zu welcher das Grundbuch als angelegt anzusehen ist, eine Hypothek nach den bisherigen Vorschriften vorgemerkt, so bleiben für die Umwandlung der Vormerkung in Eintragung die bisherigen Vorschriften maßgebend.

I. 136 (E. 23), 145 Begr., 247 (Z.I 23), 589 (Z.I 22). II. 453, 477 — Becher VI. 4, *22*, *76*, *131*, 154, *157*, 165, *180*.

1. Art. 22 bezieht sich nur auf Vormerkungen von Hypotheken, nicht auf Vormerkungen anderer Art. Denn die letzteren haben nur die Bedeutung eines Widerspruchs gegen die Richtigkeit des Hypothekenbuchs; ihre Berichtigung erfolgt nach Anlegung des Grundbuchs nach

der Vorschriften der GBO. Art. 22 gilt auch nicht für Vormerkungen von Hypotheken, die im Wege der Zwangsvollstreckung oder Arrestvollziehung erfolgt sind; für diese gilt die besondere Vorschrift des Art. 57 AG. z. GBO.

2. Nach Art. 57 ÜG. finden, wenn eine Hypothek zu der Zeit, zu welcher das Grundbuch als angelegt anzusehen ist, nach den bisherigen Vorschriften vorgemerkt ist, auf die Vormerkung die Vorschriften der §§ 886, 887 BGB. entsprechende Anwendung. Für die Umwandlung der Vormerkung in eine Eintragung bleiben jedoch die bisherigen Vorschriften der §§ 110 bis 113 Hyp.-Ges. maßgebend.

II. Ausführungsvorschriften zu dem Gesetz über die Zwangsversteigerung und die Zwangsverwaltung.

Oeffentliche Lasten.

Art. 23. Zu den öffentlichen Lasten des Grundstücks gehören bei einem landwirthschaftlichen Grundstücke die Beiträge, welche für die öffentliche Versicherung des zum Zubehöre gehörenden Viehes zu entrichten sind, bei einem mit Gebäuden versehenen Grundstücke die Kaminkehrerlöhne.

I. 136 (E. 24), 146 Begr., 247 (Z.I 24), 589 (Z.II 23). II. 457, 477. — Becher VI. 4, *22, 76, 132,* 154, *158,* 165, *181.*

1. Nach § 10 Abs. 1 Nr. 3 ZVG. haben die Ansprüche auf Entrichtung der öffentlichen Lasten des Grundstücks wegen der laufenden und der aus den letzten zwei Jahren rückständigen Beträge ein Recht auf Befriedigung in dritter Klasse.

2. Welches Vieh zum Zubehör eines landwirthschaftlichen Grundstückes gehört, ergibt sich aus § 97 f. BGB. Nach § 97 BGB. sind Zubehör „bewegliche Sachen, die ohne Bestandtheile der Hauptsache zu sein, dem wirthschaftlichen Zwecke der Hauptsache zu dienen bestimmt sind, und zu ihr in einem dieser Bestimmung entsprechenden räumlichen Verhältnisse stehen. Eine Sache ist nicht Zubehör, wenn sie im Verkehr nicht als Zubehör angesehen wird. Die vorübergehende Benutzung einer Sache für den wirtschaftlichen Zweck einer anderen begründet nicht die Zubehöreigenschaft. Die vorübergehende Trennung eines Zubehörstückes von der Hauptsache hebt die Zubehöreigenschaft nicht auf.“ Nach § 98 Nr. 2 sind „bei einem Landgute dem wirthschaftlichen Zwecke der Hauptsache zu dienen bestimmt: das zum Wirthschaftsbetrieb bestimmte Geräth und Vieh“.

Zu beachten ist die Unterscheidung zwischen einem „landwirthschaftlichen Grundstücke“ und einem „Landgute“, die sich auch sonst im BGB. findet (z. B. §§ 591—593). Unter einem „Landgut“ wird ein zum selbstständigen Betrieb der Landwirthschaft eingerichtetes Grundstück verstanden (Planck § 98 Anm. 3). Ein „landwirthschaftliches Grundstück" ist jedes landwirthschaftlich benutzte Grundstück. Auf die letzteren Grundstücke erstreckt sich die Erläuterung des § 98 BGB. nicht; bei ihnen ist daher in jedem einzelnen Falle zu prüfen, ob die Voraussetzungen des § 97 BGB. vorliegen.

3. Gemeint sind die Beiträge, die auf Grund des Ges. vom 11. Mai 1896 die Viehversicherungsanstalt betr. entrichtet werden.

4. Vgl. ferner Art. 122, 148, 170 Ziff. III AG. z. BGB., Art. 25 Abs. 4 des Abmarkungsgesetzes vom 30. Juni 1900 (G. u. VBl. S. 553). Die Grundabgaben gehören nicht zu den öffentlichen Lasten (OGH. XI Nr. 178), sondern sind Reallasten, die, soweit sie dem Staate oder der Ablösungskasse zustehen, nach Art. 128 AG. z. BGB. von der Eintragungspflicht befreit sind. Ihr Vorrecht bestimmt sich nach Art. 10 Abs. 1 Nr. 4 ZVG.

Art. 24. Bei der Zwangsvollstreckung in die dem Betriebe der Bierbrauerei dienenden Brauhäuser, Malzhäuser, Gähr- und Lagerkeller steht der Aerarial- und Lokalmalzaufschlag für das im letzten Jahre vor der Beschlagnahme steuerbar gewordene Malz (Art. 3 des Gesetzes über den Malzaufschlag) den öffentlichen Lasten dieser Grundstücke gleich.

Das Vorrecht erstreckt sich auf die Wohn-, Wirthschafts- und sonstigen Gebäude, die mit den dem Brauereibetriebe dienenden Grundstücken räumlich verbunden sind, und auf die dazu gehörenden Rechte.

I. 136 (E. 25), 116 Begr., 247 (Z.[I] 25), 589 (Z.[II] 21). II. 457, 477 — Becher VI. 4, 22, 76, 135, 158, 165, 181.

Bezüglich des Zeitpunktes der Beschlagnahme vgl. § 22 ZVG.

Uebertragung der Versteigerung auf die Notare.

Art. 25. Ordnet das Vollstreckungsgericht die Zwangsversteigerung an, so hat es zugleich die Ausführung der Versteigerung einem Notar als Versteigerungsbeamten zu übertragen.

Dem Versteigerungsbeamten obliegen die auf die Versteigerung bezüglichen Amtshandlungen von der Terminsbestimmung an mit Einschluß der Entscheidung über den Zuschlag; er entscheidet während der Dauer des auf die Versteigerung bezüglichen Verfahrens auch über die einstweilige Einstellung des Verfahrens und über die Fortsetzung des einstweilen eingestellten Verfahrens, soweit die Entscheidung in dem Gesetz über die Zwangsversteigerung und die Zwangsverwaltung dem Vollstreckungsgerichte zugewiesen ist. Bei den von Amtswegen erfolgenden Zustellungen obliegen dem Versteigerungsbeamten auch die Verrichtungen des Gerichtsschreibers.

Aendert das Vollstreckungsgericht die Entscheidung des Versteigerungsbeamten über den Zuschlag, so kann es die Ausführung der Versteigerung einem anderen Notar übertragen.

Auf die Ausschließung und die Ablehnung des Versteigerungsbeamten finden die für die Ausschließung und Ablehnung von Richtern geltenden Vorschriften entsprechende Anwendung. Die Entscheidung erfolgt durch das Vollstreckungsgericht.

I. 136 (E. 26), 146 Begr., 247 (Z. I 25), 589 (Z. II 26). II. 458, 477 — Becher VI. 4, *24*, *79*, *135*, 151, *158*, 165, *181*.

1. Art. 25 beruht auf dem Vorbehalt des § 13 Abs. 1 EG. z. ZVG. Zwangsversteigerung im Sinne des ZVG. und des Art. 25 ist nicht bloß diejenige Versteigerung, welche zum Zwecke der Beitreibung von Geldforderungen, von Hypotheken, Grundschulden und Rentenschulden stattfindet, sondern es gehört auch die Zwangsversteigerung in den besonderen Fällen dazu, von denen das ZVG. im dritten Abschnitte handelt, die Zwangsversteigerung auf Antrag des Konkursverwalters, die Zwangsversteigerung von Nachlaßgrundstücken und die Zwangsversteigerung, die theilungshalber erfolgt.

2. Hinsichtlich der Stellung des Versteigerungsbeamten vgl. § 13 Abs. 2 EG. z. ZVG.: „Wird die Aenderung einer Entscheidung des Notars verlangt, so ist die Entscheidung des Vollstreckungsgerichts nachzusuchen; auf das Verfahren finden die Vorschriften der §§ 96—104 ZVG. entsprechende Anwendung. Die Beschwerde findet gegen die Entscheidung des Vollstreckungsgerichts statt."

Die Anrufung der Entscheidung des Vollstreckungsgerichts steht jedem Betheiligten (§ 97 ZVG.) zu. Die Anrufung ist zwar, wie die sofortige Beschwerde, nur binnen einer zweiwöchigen Frist zulässig (§ 96 ZVG.), gilt aber in allen sonstigen Beziehungen nicht als Beschwerde im Sinne der CPO. Daher steht den Betheiligten gegen die Entscheidung des Vollstreckungsgerichts derselbe Rechtsmittelzug offen, wie wenn dieses mit der Entscheidung als erste Instanz befaßt gewesen wäre.

3. Hinsichtlich der Anordnung der Zwangsversteigerung vgl. §§ 15 ff., insbesondere § 20 ZVG.

Das Vollstreckungsgericht hat zugleich mit der Anordnung der Versteigerung die Ausführung der Versteigerung einem Notar als Versteigerungsbeamten zu übertragen. Selbstverständlich ist, daß der Notar im Amtssprengel des Vollstreckungsgerichts seinen Sitz haben muß.

4. Dem Versteigerungsbeamten obliegt insbesondere:

a) Die Terminsbestimmung (§§ 36—38 ZVG.), deren Bekanntmachung (§§ 39—41 ZVG.), die Aufhebung und Neubestimmung des Versteigerungstermins (§ 43 ZVG.).

b) Die Entgegennahme der Mittheilungen des Grundbuchamts, sowie von Abschätzungen und anderen das Grundstück betreffenden Nachweisungen, welche ein Betheiligter einreicht (§ 42 ZVG.).

c) die Feststellung des geringsten Gebots und der Versteigerungsbedingungen (§§ 44—64 ZVG.). Dagegen gehört nicht zur Ausführung der Versteigerung die Anordnung, daß eine Forderung oder eine bewegliche Sache von der Versteigerung des Grundstücks ausgeschlossen und gesondert versteigert oder in anderer Weise verwerthet werden soll (§ 65 ZVG.). Zur Erlassung einer solchen Anordnung ist nur das Vollstreckungsgericht zuständig.

d) Die Vornahme der Versteigerung selbst (§§ 66 ff. ZVG.).

e) Die Entscheidung über die vorläufige Einstellung und über die Fortsetzung des einstweilen eingestellten Verfahrens, soweit in dem ZVG. die Entscheidung dem Vollstreckungsgericht zugewiesen ist (vgl. §§ 30, 31, 32, 75, 76, 77 Abs. 1, ZVG.)

Nicht zuständig ist der Versteigerungsbeamte dagegen zu einer Einstellung, für die das Vollstreckungsgericht nach den Vorschriften der „Reichszivilprozeßordnung" zuständig ist (§§ 766 Abs. 1, 769 Abs. 2, 771 Abs. 3 CPO.), ferner der Fall des § 28 ZVG., wonach das Vollstreckungsgericht, wenn ihm ein aus dem Grundbuch ersichtliches Recht bekannt wird, welches der Zwangsversteigerung oder der Fortsetzung des Verfahrens entgegensteht, das Verfahren entweder sofort aufzuheben oder unter Bestimmung einer Frist, binnen welcher der Gläubiger die Hebung des Hindernisses nachzuweisen hat, einstweilen einzustellen und das Verfahren nach dem Ablaufe der Frist aufzuheben hat, wenn nicht inzwischen der Nachweis erbracht ist. (Ebenso Begr.) Endlich gehören nicht zur Zuständigkeit des Versteigerungsbeamten die Anordnung von Sicherungsmaßregeln nach § 25 ZVG. und die Anordnung einer gerichtlichen Verwaltung des versteigerten Grundstücks nach § 94 ZVG.

5. Bezüglich der von Amtswegen erfolgenden Zustellungen vgl. § 3 ZVG., §§ 2, 42 der Bekanntmachung vom 16. Dezember 1899, die Ausführung der Zustellungen von Amtswegen betr.

6. Die Vorschriften über die Ausschließung und Ablehnung von Richtern finden sich in den §§ 41—48 CPO. Zwar enthält auch § 6 GFG. und Art. 8 dieses Gesetzes ähnliche Vorschriften. Daß aber die Vorschriften der CPO. und nicht die letztgenannten Vorschriften anwendbar sind, ergibt sich schon daraus, daß nach § 6 GFG. und Art. 8 dieses Gesetzes die Ablehnung unstatthaft ist.

7. Hinsichtlich der Akteneinsicht vgl. Art. 21, 22 Not.G.

Veröffentlichung der Terminsbestimmung.

Art. 26. Die Terminsbestimmung soll auch außer dem Falle des § 39 Abs. 2 des Gesetzes über die Zwangsversteigerung und die Zwangsverwaltung in der Gemeinde, in deren Bezirke das Grundstück liegt, an der für amtliche Bekanntmachungen bestimmten Stelle angeheftet werden.

I. 137 (E. 27), 148 Begr., 248 (Z.I 27), 589 (Z.II 26). II. 458, 473, 477 — Becher VI 5, *26*, *80*, *137*, 154, *158*, 165, *171*, *181*.

§ 39 Abs. 2 ZVG.: Hat das Grundstück nur einen geringen Werth, so kann das Gericht anordnen, dass die Einrückung unterbleibt; in diesem Falle muss die Bekanntmachung dadurch erfolgen, dafs die Terminsbestimmung in der Gemeinde, in deren Bezirke das Grundstück belegen ist, an die für amtliche Bekanntmachungen bestimmte Stelle angeheftet wird.

1. Die Vorschrift ist eine bloße Ordnungsvorschrift. Das Unterlassen der Anheftung hat daher die Nichtigkeit des Zuschlags nicht zur Folge.

2. Wird der Termin aufgehoben, so soll auch die neuerliche Terminsbestimmung wieder angeheftet werden.

3. Vgl. Art. 55 AG. z. GBO.

Rechte, welche der Eintragung nicht bedürfen. Leibgedingsrechte.

Art. 27. Ist eine Dienstbarkeit oder eine Reallast als Leibgedinge (Leibzucht, Altentheil, Auszug) eingetragen, so bleibt das Recht, unbeschadet der Vorschrift des § 9 Abs. 2 des Einführungsgesetzes zu dem Gesetz über die Zwangsversteigerung und die Zwangsverwaltung, von der Zwangsversteigerung unberührt, auch wenn es bei der Feststellung des geringsten Gebots nicht berücksichtigt ist.

Das Gleiche gilt für die Grundgefälle des Staates und der Ablösungskasse und die an deren Stelle getretenen Lasten sowie für diejenigen Grunddienstbarkeiten, welche zur Erhaltung der Wirksamkeit gegenüber dem öffentlichen Glauben des Grundbuchs der Eintragung nicht bedürfen.

I. 137 (E. 28), 148 Begr., 248 (Z.I 28), 589 (Z.II 27). II. 462, 473, 477 — Becher VI. 5, *28*, *82*, *142*, 154, *158*, 166, *181*.

§ 9 Abs. 2 EG. z. ZVG.: Das Erlöschen eines solchen Rechtes ist auf Verlangen eines Betheiligten als Versteigerungsbedingung zu bestimmen, wenn durch das Fortbestehen ein dem Rechte vorgehendes oder gleichstehendes Recht des Betheiligten beeinträchtigt werden würde; die Zustimmung eines anderen Betheiligten ist nicht erforderlich.

1. Bezüglich des Leibgedinges vgl. Art. 41 AG. z. BGB. Art. 48, 116 ff. ÜG.

2. Fällt ein im Abs. 1 bezeichnetes Recht unter das geringste Gebot, so ist es bei Feststellung desselben zu berücksichtigen (§ 45 ZVG.).

Das Recht bleibt aber auch dann bestehen, wenn es nicht in das geringste Gebot fällt und in Folge dessen bei Feststellung desselben nicht berücksichtigt wurde. Es erlischt aber, wenn das Erlöschen des Rechtes auf Verlangen eines Betheiligten gemäß § 9 Abs. 2 EG. z. ZVG. als Versteigerungsbedingung bestimmt ist. Gemäß § 92 ZVG. tritt dann an die Stelle des Rechtes der Anspruch auf Ersatz des Werthes aus dem Versteigerungserlöse.

3. Bezüglich der Grundgefälle des Staates u. s. w. vgl. Art. 128 AG. z. BGB.

4. Bezüglich der im Abs. 2 bezeichneten Grunddienstbarkeiten vgl. Art. 10 UG., wonach Grunddienstbarkeiten, die zu der Zeit bestehen, zu welcher das Grundbuch als angelegt anzusehen, zur Erhaltung der Wirksamkeit gegenüber dem öffentlichen Glauben des Grundbuchs in das Grundbuch innerhalb einer durch Königl. Verordnung zu bestimmenden Frist (vgl auch Art. 187 EG. z. BGB.) eingetragen werden müssen, jedoch solche Grunddienstbarkeiten, mit denen das Halten einer dauernden Anlage verbunden ist, der Eintragung solange nicht unterworfen sind, als die Anlage besteht.

5. Die Vorschrift des § 91 GBO. gilt nicht für die im Abs. 2 genannten Dienstbarkeiten (Art. 9 EG. z. ZVG.; Samml. I. S. 26.)

Miethe und Pacht.

Art. 28. Ist das Grundstück vor dem Inkrafttreten des Bürgerlichen Gesetzbuchs einem Miether oder Pächter überlassen worden, so finden die Vorschriften des § 57 des Gesetzes über die Zwangsversteigerung und die Zwangsverwaltung Anwendung.

Weitergehende Rechte des Miethers oder Pächters, die sich aus den bisherigen Gesetzen ergeben, bleiben unberührt.

I. 137 (S. 29), 149 Begr., 248 (Z.^I^ 29), 589 (Z.^II^ 28). II. 462, 473, 477 — Becher VI. 5, *29*, *83*, *143*, 154, *158*, 166, *181*.

§ 57 ZVG.: Ist das Grundstück einem Miether oder Pächter überlassen, so finden die Vorschriften der §§ 571, 572, des § 573 Satz 1 und der §§ 574, 575 des Bürgerlichen Gesetzbuchs entsprechende Anwendung. Der Ersteher ist jedoch berechtigt, das Mieth- oder Pachtverhältniss unter Einhaltung der gesetzlichen Frist zu kündigen. Die Kündigung ist ausgeschlossen, wenn sie nicht für den ersten Termin erfolgt, für den sie zulässig ist.

§ 571 BGB.: Wird das vermiethete Grundstück nach der Ueberlassung an den Miether von dem Vermiether an einen Dritten veräussert, so tritt der Erwerber an Stelle des Vermiethers in die sich während der Dauer seines Eigenthums aus dem Miethverhältniss ergebenden Rechte und Verpflichtungen ein.

Erfüllt der Erwerber die Verpflichtungen nicht, so haftet der Vermiether für den von dem Erwerber zu ersetzenden Schaden wie ein Bürge, der auf die Einrede der Vorausklage verzichtet hat. Erlangt der Miether von dem Uebergange des Eigenthums durch Mittheilung des Vermiethers Kenntniss, so wird der Vermiether von der Haftung befreit, wenn nicht der Miether das Miethverhältniss für den ersten Termin kündigt, für den die Kündigung zulässig ist.

§ 572 BGB.: Hat der Miether des veräusserten Grundstücks dem Vermiether für die Erfüllung seiner Verpflichtungen Sicherheit geleistet, so tritt der Erwerber in die dadurch begründeten Rechte ein. Zur Rückgewähr der Sicherheit ist er nur verpflichtet, wenn sie ihm ausgehändigt wird oder wenn er dem Vermiether gegenüber die Verpflichtung zur Rückgewähr übernimmt.

§ 573 Satz 1 BGB.: Eine Verfügung, die der Vermiether vor dem Uebergange des Eigenthums über den auf die Zeit der Berechtigung des Erwerbers entfallenden Miethzins getroffen hat, ist insoweit wirksam, als sie sich auf den Miethzins für das zur Zeit des Ueberganges des Eigenthums laufende und das folgende Kalendervierteljahr bezieht.

§ 574 BGB.: Ein Rechtsgeschäft, das zwischen dem Miether und dem Vermiether in Ansehung der Miethzinsforderung vorgenommen wird, insbesondere die Entrichtung des Miethzinses, ist dem Erwerber gegenüber wirksam, soweit es sich nicht auf den Miethzins für eine spätere Zeit als das Kalendervierteljahr, in welchem der Miether von dem Uebergange des Eigenthums Kenntniss erlangt, und das folgende Vierteljahr bezieht. Ein Rechtsgeschäft, das nach dem Uebergange des Eigenthums vorgenommen wird, ist jedoch unwirksam, wenn der Miether bei der Vornahme des Rechtsgeschäfts von dem Uebergange des Eigenthums Kenntniss hat.

§ 575 BGB.: Soweit die Entrichtung des Miethzinses an den Vermiether nach § 574 dem Erwerber gegenüber wirksam ist, kann der Miether gegen die Miethzinsforderung des Erwerbers eine ihm gegen den Vermiether zustehende Forderung aufrechnen. Die Aufrechnung ist ausgeschlossen, wenn der Miether die Gegenforderung erworben hat, nachdem er von dem Uebergange des Eigenthums Kenntniss erlangt hat, oder wenn die Gegenforderung erst nach der Erlangung der Kenntniss und später als der Miethzins fällig geworden ist.

1. Die zitirten §§ 571 ff. BGB. finden mit der Maßgabe Anwendung, daß unter dem „Erwerber" der Ersteher, unter dem „Vermiether" der Eigenthümer, unter dem „Uebergang des Eigenthums" der Zuschlag zu verstehen ist (vgl. auch Bl. f. RA. Bd. 65 S. 309 ff.).

2. Der Vorbehalt des Abs. 2 ist insbesondere für das Gebiet des pfälzischen Rechtes von Belang, nach welchem das Mieth- oder Pachtverhältniß aus einem vor der Beschlagnahme geschlossenen Mieth- oder Pachtvertrag durch die Zwangsversteigerung nicht berührt wird.

3. Vgl. auch Art. 6 ÜG. u. Bl. f. RA. Bd. 65 S. 310. Art. 172 EG. z. BGB. findet keine Anwendung (JW. 1901 S. 238).

Feststellung des Werthes des Grundstücks.

Art. 29. Für die Fälle der §§ 64, 112 des Gesetzes über die Zwangsversteigerung und die Zwangsverwaltung können die Staatsministerien der Justiz und des Innern die Grundsätze bestimmen, nach welchen der Werth des Grundstücks festgestellt werden soll.

I. 137 (E. 30), 149 Begr., 248 ($Z.^{I}$ 30), 590 ($Z.^{II}$ 49). II. 462, 477 — Becher VI. 5, *29, 84, 143, 158*, 166, *181*.

§ 64 ZVG.: Werden mehrere Grundstücke, die mit einer dem Anspruche des Gläubigers vorgehenden Gesammthypothek belastet sind, in demselben Verfahren versteigert, so ist auf Antrag die Gesammthypothek bei der Feststellung des geringsten Gebots für das einzelne Grundstück nur zu dem Theilbetrage zu berücksichtigen, der dem Verhältnisse des Werthes des Grundstücks zu dem Werthe der sämmtlichen Grundstücke entspricht; der Werth wird unter Abzug der Belastungen berechnet, die der Gesammthypothek im Range vorgehen und bestehen bleiben. Antragsberechtigt sind der Gläubiger, der Eigenthümer und jeder dem Hypothekengläubiger gleich- oder nachstehende Betheiligte.

Wird der im Abs. 1 bezeichnete Antrag gestellt, so kann der Hypothekengläubiger bis zum Schlusse der Verhandlung im Versteigerungstermine verlangen, dass bei der Feststellung des geringsten Gebots für die Grundstücke nur die seinem Anspruche vorgehenden Rechte berücksichtigt werden; in diesem Falle sind die Grundstücke auch mit der verlangten Abweichung auszubieten. Erklärt sich nach erfolgtem Ausgebote der Hypothekengläubiger der Aufforderung des Gerichts ungeachtet nicht darüber, welches Ausgebot für die Ertheilung des Zuschlags massgebend sein soll, so verbleibt es bei der auf Grund des Abs. 1 erfolgten Feststellung des geringsten Gebots.

Diese Vorschriften finden entsprechende Anwendung, wenn die Grundstücke mit einer und derselben Grundschuld oder Rentenschuld belastet sind.

§ 112 ZVG.: Ist bei der Versteigerung mehrerer Grundstücke der Zuschlag auf Grund eines Gesammtausgebots ertheilt und wird eine Vertheilung des Erlöses auf die einzelnen Grundstücke nothwendig, so wird aus dem Erlöse zunächst der Betrag entnommen, welcher zur Deckung der Kosten sowie zur Befriedigung derjenigen bei der Feststellung des geringsten Gebots berücksichtigten und durch Zahlung zu deckenden Rechte erforderlich ist, für welche die Grundstücke ungetheilt haften.

Der Ueberschuss wird auf die einzelnen Grundstücke nach dem Verhältnisse des Werthes der Grundstücke vertheilt. Dem Ueberschusse wird der Betrag der Rechte, welche nach § 91 nicht erlöschen, hinzugerechnet. Auf den einem Grundstücke zufallenden Antheil am Erlöse wird der Betrag der Rechte, welche an diesem Grundstücke bestehen bleiben, angerechnet. Besteht ein solches Recht an mehreren der versteigerten Grundstücke, so ist bei jedem von ihnen nur ein dem Verhältnisse des Werthes der Grundstücke entsprechender Theilbetrag in Anrechnung zu bringen.

Reicht der nach Abs. 2 auf das einzelne Grundstück entfallende Antheil am Erlöse nicht zur Befriedigung derjenigen Ansprüche aus, welche nach Massgabe des geringsten Gebots durch Zahlung zu berichtigen sind oder welche durch das bei dem Einzelausgebote für das Grundstück erzielte Meistgebot gedeckt werden, so erhöht sich der Antheil um den Fehlbetrag.

1. Die betr. Min.-Vorschrift ist noch nicht erlassen. Nach § 42 Abs. 2 ZVG. ist jeder Betheiligte berechtigt, eine Abschätzung einzureichen.

2. Vgl. auch Art. 87, 88 AG. z. BGB.

Sicherheitsleistung.

Art. 30. Für Gebote der Gemeinden, der Kreditanstalten, welche unter der Verwaltung einer Gemeinde stehen, und der öffentlichen Sparkassen kann Sicherheitsleistung nicht verlangt werden.

I. 137 (E. 31), 119 Begr., 248 (Z. ^{I} 31), 590 (Z. ^{II} 30). II. 463, 473, 477 — Becher VI. 6, *30*, *84*, *144*, 155, *158*, 166, *181*.

1. Art. 30 hat zunächst den Fall des § 67 ZVG. im Auge. Hiernach kann ein Betheiligter, dessen Recht durch Nichterfüllung des Gebots beinträchtigt werden würde, Sicherheitsleistung verlangen. Art. 30 gilt aber auch im Falle des § 61 ZVG., wenn der Zuschlag auf Grund des mit Zahlungsfristen ausgelegten Aufgebots deswegen ertheilt wird, weil eine Gemeinde u. s. w. sich verpflichtet hat, die dem Ersteher obliegende Zahlung zu bewirken (vgl. § 61 Abs. 1 Satz 2 ZVG.), ferner im Falle des § 85 ZVG., wenn der Zuschlag versagt wird, weil vor dem Schlusse der Verhandlung eine Gemeinde u. s. w., deren Recht durch den Zuschlag beeinträchtigt werden würde, die Bestimmung eines neuen Versteigerungstermins beantragt und sich zugleich zum Ersatze des durch die Versagung des Zuschlags entstandenen Schadens verpflichtet (vgl. Art. 31).

2. Kirchengemeinden fallen nicht unter Art. 30.

3. Wegen des Begriffs der „öffentlichen Sparkassen" vgl. Art. 119 Anm. 1 AG. z. BGB.

Art. 31. In den Fällen der §§ 67, 85 des Gesetzes über die Zwangsversteigerung und die Zwangsverwaltung darf die Sicherheit auch durch Stellung eines Bürgen nach § 239 des Bürgerlichen Gesetzbuchs geleistet werden.

Auf Gebote des Schuldners oder eines neu eingetretenen Eigenthümers des Grundstücks findet diese Vorschrift keine Anwendung.

I. 137 (E. 32), 150 Begr., 249 (Z.^{I} 32), 590 (Z.^{II} 31). II. 463, 477 — Becher VI. 6. *30. 84, 144, 158,* 166, *187.*

§ 67 ZVG.: Ein Betheiligter, dessen Recht durch Nichterfüllung des Gebots beeinträchtigt werden würde, kann Sicherheitsleistung verlangen, jedoch nur sofort nach Abgabe des Gebots. Das Verlangen gilt auch für weitere Gebote desselben Bieters.

Steht dem Bieter eine durch das Gebot ganz oder theilweise gedeckte Hypothek, Grundschuld oder Rentenschuld zu, so braucht er Sicherheit nur auf Verlangen des Gläubigers zu leisten. Auf Gebote des Schuldners oder eines neu eingetretenen Eigenthümers findet diese Vorschrift keine Anwendung.

Für ein Gebot des Reichs, der Reichsbank oder eines Bundesstaats kann Sicherheitsleistung nicht verlangt werden. Das Gleiche gilt in Ansehung eines Gebots, zu dessen Erfüllung sich nach § 61 ein Dritter verpflichtet hat.

§ 85 ZVG.: Der Zuschlag ist zu versagen, wenn vor dem Schlusse der Verhandlung ein Betheiligter, dessen Recht durch den Zuschlag beeinträchtigt werden würde, die Bestimmung eines neuen Versteigerungstermins beantragt und sich zugleich zum Ersatze des durch die Versagung des Zuschlags entstehenden Schadens verpflichtet, auch auf Verlangen eines anderen Betheiligten Sicherheit leistet. Die Vorschriften des § 67 Abs. 3 Satz 1 und des § 69 finden entsprechende Anwendung. Die Sicherheit ist in Höhe des im Vertheilungstermine durch Zahlung zu berichtigenden Theiles des bisherigen Meistgebots zu leisten.

Die neue Terminsbestimmung ist auch dem Meistbietenden zuzustellen.

Für die weitere Versteigerung gilt das bisherige Meistgebot mit Zinsen von dem durch Zahlung zu berichtigenden Theile des Meistgebots unter Hinzurechnung derjenigen Mehrkosten, welche aus dem Versteigerungserlöse zu entnehmen sind, als ein von dem Betheiligten abgegebenes Gebot.

In dem fortgesetzten Verfahren findet die Vorschrift des Abs. 1 keine Anwendung.

§ 239 BGB.: Ein Bürge ist tauglich, wenn er ein der Höhe der zu leistenden Sicherheit angemessenes Vermögen besitzt und seinen allgemeinen Gerichtsstand im Inlande hat.

Die Bürgschaftserklärung muss den Verzicht auf die Einrede der Vorausklage enthalten.

1. Sicherheitsleistung durch Stellung eines Bürgen ist nur in den beiden genannten Fällen zulässig, daher z. B. nicht im Falle des § 61 ZVG., wenn das Grundstück mit Zahlungsfristen ausgeboten wird und ein Dritter sich unter Sicherheitsleistung verpflichtet, die dem Ersteher obliegende Zahlung zu leisten.

2. „Ist die Sicherheit nur für einen Theil der Schuld des Erstehers geleistet, so haftet der Bürge zunächst für den Theil der Forderung gegen den Ersteher, welcher auf die Berechtigten übertragen wird, deren Ansprüche den besten Rang haben; werden diese befriedigt, so wird die Bürgschaft für den Theil der Forderung wirksam, welcher auf die nach dem Range der Ansprüche zunächst folgenden Betheiligten übertragen wird." (Begr.)

3. Zu Abs. 2 vgl. § 26 ZVG.

Auszahlung des Erlöses.

Art. 32. Wird die Auszahlung des Versteigerungserlöses oder der bei einer Zwangsverwaltung erzielten Ueberschüsse an einen im Vertheilungstermine nicht anwesenden Berechtigten angeordnet, so ist der auszuzahlende Betrag dem Berechtigten auf dessen Gefahr und Kosten durch den Gerichtsschreiber zu übersenden.

I. 137 (E. 33), 150 Begr., 249 (Z.I 33), 590 (Z.II 32). II. 463, 473, 477 — Becher VI. 6, *31*, *87*, *145*, 155, *158*, 166, *181*.

1. Nach § 117 ZVG. „wird, soweit der Versteigerungserlös in Geld vorhanden ist, der Theilungsplan durch Zahlung an die Berechtigten ausgeführt. Die Auszahlung an einen im Termine nicht erschienenen Berechtigten ist von Amtswegen anzuordnen. Die Art der Auszahlung bestimmt sich nach den Landesgesetzen (d. h. hier nach Art. 32 AG. z. GBO.). Kann die Auszahlung nicht erfolgen, so ist der Betrag für den Berechtigten zu hinterlegen. Im Falle der Hinterlegung des Erlöses kann statt der Zahlung eine Anweisung auf den hinterlegten Betrag ertheilt werden."

Aufgebotsverfahren.

Art. 33. Die öffentliche Bekanntmachung des im § 138 des Gesetzes über die Zwangsversteigerung und die Zwangsverwaltung bezeichneten Aufgebots erfolgt durch Anheftung an die Gerichtstafel und einmalige Einrückung in das für die Bekanntmachungen des Gerichts bestimmte Blatt. Die Aufgebotsfrist beginnt mit der Einrückung in dieses Blatt.

I. 137 (E. 34), 150 Begr., 249 (Z.I 34), 590 (Z.II 33). II. 464, 473, 478 — Becher VI. 6, *31*, *88*, *145*, 155, *158*, 166, *181*.

§ 138 ZVG.: Wird der Berechtigte nicht vor dem Ablaufe von drei Monaten seit dem Vertheilungstermin ermittelt, so hat auf Antrag das Gericht den Betheiligten, welchem der Betrag anderweit zugetheilt ist, zu ermächtigen, das Aufgebotsverfahren zum Zwecke der Ausschliessung des unbekannten Berechtigten von der Befriedigung aus dem zugetheilten Betrage zu beantragen.

Wird nach der Ertheilung der Ermächtigung der Berechtigte ermittelt, so hat das Gericht den Ermächtigten hiervon zu benachrichtigen. Mit der Benachrichtigung erlischt die Ermächtigung.

1. Nach § 136 ZVG. kann, wenn der Nachweis des Berechtigten, dem bei der Vertheilung des Erlöses (oder des Ueberschusses der Zwangsverwaltung vgl. § 157 Abs. 2 ZVG.) ein Betrag zugetheilt worden ist, von der Beibringung des Briefes über eine Hypothek, Grundschuld oder Rentenschuld abhängig ist, der Brief im Weg des Aufgebotsverfahrens auch dann für kraftlos erklärt werden, wenn das Recht bereits gelöscht ist. § 138 behandelt die Ermächtigung zur Beantragung des Aufgebotsverfahrens.

Auf andere Fälle, als auf den Fall des § 138 ZVG., z. B. beim Aufgebotsverfahren zwecks Kraftloserklärung eines Hypothekenbriefs, findet die Vorschrift des Art. 33 keine Anwendung.

2. Zuständig für das Aufgebotsverfahren ist das Prozeßgericht, nicht das Vollstreckungsgericht.

Lehen, Familienfideikommisse, Erbgüter.

Art. 34. Bei der Zwangsvollstreckung in ein Familienfideikommiß finden die für Hypotheken geltenden Vorschriften auf die Fideikommißschulden entsprechende Anwendung. An die Stelle der Eintragung im Grundbuche tritt die Eintragung in der Fideikommißmatrikel.

Von der Anordnung der Zwangsversteigerung oder der Zwangsverwaltung, von der Aufhebung des Verfahrens und von dem rechtskräftigen Zuschlage hat das Vollstreckungsgericht dem Fideikommißgerichte Mittheilung zu machen. Im Falle der Bestellung eines Verwalters hat das Vollstreckungsgericht dem Fideikommißgerichte die Person des Verwalters zu bezeichnen.

I. 137 (E. 35), 150 Begr., 249 (Z.^{I} 35), 590 (Z.^{II} 34). II. 464, 473, 478 — Becher VI. 6, *32*, *88*, *146*, 155, *158*, 167, *181*.

1. Nach Art. 34 finden nicht nur die Vorschriften des Reichsgesetzes über die Zwangsversteigerung und die Zwangsverwaltung vom 24. März 1897, sondern auch die hierzu erlassenen Bestimmungen des Ausführungsgesetzes der Art. 23—33 entsprechende Anwendung.

2. Bez. der Fideikommißschulden vgl. §§ 54—70 der VII. Verfassungsbeilage. Je nachdem die Fideikommißschulden auf der Substanz und den Früchten des ganzen Fideikommisses zugleich oder nur auf den Früchten haften, unterscheidet man Fideikommißschulden I. und II. Klasse. Nach § 55 a. a. O. gehen die Fideikommißschulden I. Klasse den Schulden der II. Klasse vor; die Schulden jeder Klasse unter sich haben den Vorzug nach der Zeit ihrer Eintragung in die Fideikommißmatrikel. Dies ist von Belang für die Festsetzung des

geringsten Gebots; ferner können nur die Fideikommißgläubiger I. Klasse sowohl die Zwangsversteigerung als auch die Zwangsverwaltung beantragen, während die Fideikommißgläubiger der II. Klasse nur die Zwangsverwaltung beantragen können.

Die in der Fideikommißmatrikel eingetragenen Schulden stehen Rechten, die im Grundbuch eingetragen sind, gleich. Nach dieser Eintragung bestimmt sich insbesondere der Rang der Schuld.

3. Versteigerungsvermerk und der Vermerk über die Anordnung der Zwangsverwaltung (§§ 19 Abs. 1, 146 Abs. 1 ZVG.) werden in das Grundbuch eingetragen.

Art. 35. Ist die Zwangsverwaltung auf den Antrag eines Fideikommißgläubigers zweiter Klasse angeordnet, so findet bei der Vertheilung der Ueberschüsse die im § 155 Abs. 2 des Gesetzes über die Zwangsversteigerung und die Zwangsverwaltung bestimmte Beschränkung auf den Anspruch des Gläubigers keine Anwendung.

I. 137 (E. 36), 150 Begr., 249 (Z.I 36), 590 (Z.II 35). II. 464, 473, 478 — Becher VI. 6, *32*, *88*, *146*, 155, *158*, 167, *181*.

§ 155 Abs. 2 ZVG.: Die Ueberschüsse werden auf die im § 10 Nr. 1—5 bezeichneten Ansprüche vertheilt, auf die Ansprüche der zweiten, dritten und vierten Klasse jedoch nur insoweit, als laufende Beträge wiederkehrender Leistungen zu berichtigen sind.

1. Vgl. Art. 34 Anm. 1 und 2.

2. Da § 155 Abs. 2 ZVG. keine Anwendung findet, so kommen auch Fideikommißgläubiger II. Klasse, welche die Zwangsverwaltung beantragen, nicht nur mit den laufenden Beträgen wiederkehrender Leistungen, sondern mit ihrer ganzen Forderung an der ihrem Rechte gebührenden Rangstelle zum Zuge.

3. Vgl. auch § 12 ZVG.

Art. 36. Ist ein zu einem Lehen, einem Familienfideikommiß oder einem landwirthschaftlichen Erbgute gehörendes Grundstück einem Miether oder Pächter überlassen, so steht, wenn die Zwangsverwaltung auf den Antrag eines Gläubigers, der zu dem Antrag auf Zwangsversteigerung nicht berechtigt ist, angeordnet oder der Beitritt eines solchen Gläubigers zugelassen ist, dem Verwalter das im § 57 des Gesetzes über die Zwangsversteigerung und die Zwangsverwaltung bestimmte Kündigungsrecht zu. Die Vorschriften des Artikel 28 finden entsprechende Anwendung.

I. 137 (E. 37), 150 Begr., 249 (Z.I 37), 590 (Z.II 36). II. 464, 473, 478 — Becher VI. 6, *32*, *88*, *146*, 155, *158*, 167, 181.

§ 57 ZVG.: Ist das Grundstück einem Miether oder Pächter überlassen, so finden die Vorschriften der §§ 571, 572, des § 573 Satz 1 und der §§ 574, 575 des Bürgerlichen Gesetzbuchs entsprechende Anwendung. Der Ersteher ist jedoch berechtigt, das Mieth- oder Pachtverhältniss unter Einhaltung der gesetzlichen Frist zu kündigen. Die Kündigung ist ausgeschlossen, wenn sie nicht für den ersten Termin erfolgt, für den sie zulässig ist. (Die citirten Bestimmungen des BGB. s. bei Art. 28.)

1. Nach § 152 Abs. 2 ZVG. ist im Falle der Zwangsverwaltung der Mieth- oder Pachtvertrag auch dem Verwalter gegenüber wirksam; das im § 57 ZVG. dem Ersteher eingeräumte Kündigungsrecht steht dem Verwalter nicht zu. Um nun Gläubiger, welche Befriedigung aus dem Grundstücke nur im Wege der Zwangsverwaltung suchen können, vor der Beeinträchtigung ihrer Rechte durch ein unvortheilhaftes Mieth- oder Pachtverhältniß zu schützen, räumt Art. 36 bei Leben ꝛc., wenn die Zwangsverwaltung auf Antrag eines solchen Gläubigers angeordnet oder der Beitritt eines solchen Gläubigers zugelassen ist, dem Verwalter das im § 57 ZVG. bestimmte Kündigungsrecht ein.

Art. 28 bezieht sich auf den Fall, daß, das Grundstück dem Miether oder Pächter vor dem Inkrafttreten des BGB. überlassen wurde.

2. Vgl. auch Art. 6 ÜG.

Zwangsvollstreckung in Bergwerke und unbewegliche Kuxe.

Art. 37. Für die Zwangsversteigerung und die Zwangsverwaltung von Bergwerken mit Einschluß der Anlagen, auf welche die Vorschrift des Artikel 221 des Berggesetzes vom 20. März 1869 Anwendung findet, und von unbeweglichen Kuxen gelten die besonderen Vorschriften der Artikel 38 bis 43.

I. 138 (E. 38), 151 Begr., 250 (Z.I 38), 590 (Z.II 37). II. 464, 473, 478 — Becher VI. *7*, *34*, *90*, *146*, 155, *160*, 167, *181*.

Art. 221 Abs. 1 des Berggesetzes vom 20. März 1869 (Art. 258 in der Fassung vom 20. Juli 1900):

Soweit dieses Gesetz auf die bereits bestehenden Bergwerke überhaupt Anwendung findet, unterliegen den Bestimmungen desselben auch diejenigen Bergwerke, Steinbrüche und Gräbereien, welche den seitherigen Bestimmungen gemäss auf Mineralien berechtigt sind, die der Art. 1 dieses Gesetzes nicht mehr aufführt.

Hinsichtlich der Bergwerke vgl. Art. 42 des Berggesetzes in der Fassung vom 20. Juli 1900; hinsichtlich der unbeweglichen Kuxe Art. 263 a. a. O. (vgl. Art. 157 Ziff. III und XIX AG. z. BGB.). Die Kuxe des neueren Rechts haben die Eigenschaft beweglicher Sachen (Art. 123 Abs. 3 Bergges.). Die Zwangsvollstreckung erfolgt hier nach den Vorschriften der Zwangsvollstreckung in das bewegliche Vermögen (Art. 131 Abs. 1 Bergges.).

Art. 38. Die Ansprüche der zum Betriebe des Bergwerkes angenommenen, in einem Dienst- oder Arbeitsverhältnisse stehenden Personen, insbesondere der Bergleute und Betriebsbeamten, auf Lohn und andere Bezüge gewähren wegen der laufenden und der aus dem letzten Jahre rückständigen Beträge ein Recht auf Befriedigung in der zweiten Klasse.

Die von dem Werksbesitzer zu leistenden Beiträge zu der Knappschaftskasse und einer nach den Vorschriften des Berggesetzes errichteten Krankenkasse gehören zu den öffentlichen Lasten des Bergwerkes.

I. 138 (E. 39), 151 Begr., 250 (Z.^{I} 39), 590 (Z.^{II} 37). II. 464, 373, 478 — Becher VI. 7, *34*, *90*, *146*, 155, *160*, 167, *181*.

Vgl. § 10 ZVG.; ferner zu Abs. 2 die Art. 209, 210 des Berggesetzes in der Fassung vom 20. Juli 1900, endlich § 45 ZVG.

Art. 39. Der Anspruch auf die zur Zeit der Beschlagnahme auf den Kux ausgeschlagenen Beiträge (Art. 92 des Berggesetzes) gewährt ein Recht auf Befriedigung aus dem Kuxe mit dem Range hinter den in der zweiten und vor den in der dritten Klasse zu befriedigenden Ansprüchen.

Der zur Deckung des Anspruchs bestimmte Theil des geringsten Gebots ist im Vertheilungstermine baar zu berichtigen.

I. 138 (E. 40), 151 Begr., 250 (Z.^{I} 40), 590 (Z.^{II} 39). II. 461, 473, 478 — Becher VI. 7, *34*, *91*, *146*, 155, *160*, 167, *181*.

Art. 92 des Berggesetzes vom 20. März 1869 (Art. 124 in der Fassung vom 20. Juli 1900):

Die Gewerken nehmen nach dem Verhältnisse ihrer Kuxe an dem Gewinne und Verluste Theil.

Sie sind verpflichtet, die Beiträge, welche zur Erfüllung der Schuldverbindlichkeiten der Gewerkschaft und zum Betriebe erforderlich sind, nach Verhältniss ihrer Kuxe zu bezahlen (Art. 150, 151).

1. Art. 39 findet Anwendung, wenn ein unbeweglicher Kux beschlagnahmt und versteigert wird. Der Anspruch auf die Zubuße (Art. 92 a. F., Art. 124 n. F.) kommt daher gleich nach Befriedigung der im § 10 Abs. 1 Ziff. 1 und 2 ZVG. und Art. 38 Abs. 1 dieses Ges. bezeichneten Ansprüche zum Zuge.

2. Das nach § 49 ZVG. zu entrichtende Baargebot erhöht sich daher um den Betrag der Zubuße. Vgl. jedoch auch § 59 ZVG.

Art. 40. Bei der Zwangsversteigerung oder Zwangsverwaltung eines unbeweglichen Kuxes gilt die Gewerkschaft als Betheiligter, auch wenn sie eine Forderung nicht angemeldet hat.

I. 138 (E. 41), 151 Begr., 250 (Z.^{I} 41), 590 (Z.^{II} 40). II. 464, 473, 478 — Becher VI. 7, *34*, *91*, *146*, 155, *160*, 167, *181*.

Die Gewerkschaft gilt selbst dann als Betheiligter, wenn ihr eine Forderung gar nicht zusteht, und hat auch in diesem Falle alle Rechte eines Betheiligten, mit Ausnahme derjenigen, welche von der Anmeldung oder von dem Bestehen einer Forderung abhängig sind (vgl. z. B. § 61 Abs. 1 ZVG.).

Art. 41. Im Falle der Zwangsversteigerung umfaßt die Beschlagnahme des Bergwerkes nicht die bereits gewonnenen Mineralien.

I. 138 (E. 42), 151 Begr., 250 (Z.^{I} 42), 591 (Z.^{II} 41). II. 464, 473, 478 — Becher VI. 7, *34*, *91*, *146*, 155, *160*, 167, *181*.

Anders im Falle der Beschlagnahme zum Zwecke der Zwangsverwaltung.

Art. 42. Die Terminsbestimmung soll außer der Angabe des Grundbuchblatts auch den Namen des Bergwerkes, die Angabe der Mineralien, für welche das Bergwerkseigenthum verliehen ist, den Flächeninhalt des verliehenen Feldes und die Bezeichnung der Gemeindebezirke, in denen das Feld liegt, enthalten.

Die Vorschrift des Artikel 26 findet keine Anwendung.

I. 138 (E. 43), 151 Begr., 250 (Z.^{I} 43), 591 (Z.^{II} 42). II. 464, 478 — Becher VI. 7, *34*, *92*, *146*, 155, *160*, 168, *181*.

Art. 26 AG. z. GBO.: Die Terminsbestimmung soll auch ausser dem Falle des § 39 Abs. 2 des Gesetzes über die Zwangsversteigerung und die Zwangsverwaltung in der Gemeinde, in deren Bezirke das Grundstück liegt, an der für amtliche Bekanntmachungen bestimmten Stelle angeheftet werden.

Nach § 39 Abs. 2 ZVG. kann das Gericht, wenn das Grundstück nur einen geringen Werth hat, anordnen, daß die Einrückung der Terminsbestimmung in das für die Bekanntmachungen des Gerichts bestimmte Blatt unterbleibt; in diesem Falle muß die Bekanntmachung dadurch erfolgen, daß die Terminsbestimmung in der Gemeinde, in deren Bezirke das Grundstück belegen ist, an die für amtliche Bekanntmachungen bestimmte Stelle angeheftet wird.

Art. 43. Das Vollstreckungsgericht hat der Bergbehörde von der Anordnung der Zwangsversteigerung oder der Zwangsverwaltung, von der Aufhebung des Verfahrens, von der

Anordnung von Maßregeln, durch die der Schuldner oder der Ersteher in der Verwaltung des Bergwerkes beschränkt wird, und von dem rechtskräftigen Zuschlage Mittheilung zu machen.

Im Falle der Bestellung eines Verwalters hat das Vollstreckungsgericht der Bergbehörde die Person des Verwalters zu bezeichnen.

I. 138 (E. 44), 151 Begr., 250 (Z.^I 44), 591 (Z.^II 43). II. 464, 478 — Becher VI. 7, *34*, *92*, *146*, 155, *160*, 168, *181*.

B e r g b e h ö r d e: Nach Art. 224 des Berggesetzes in der Fassung vom 20. Juli 1900 und der Kgl. Allerhöchsten Verordnung vom 30. Juli 1900 die Organisation und den Wirkungskreis der Bergbehörden betr. (G. u. VBl. S. 839) ist die Mittheilung dem Oberbergamt zu machen. Zustellung ist nicht erforderlich.

Gerichtliche Versteigerung von Bergwerken und unbeweglichen Kuxen.

Art. 44. Auf die in den Artikeln 161, 163, 164 des Berggesetzes zugelassene gerichtliche Versteigerung eines Bergwerkes oder einer Anlage, auf welche die Vorschrift des Artikel 221 des Berggesetzes Anwendung findet, sowie auf die im Artikel 232 Abs. 2 des Berggesetzes vorgeschriebene Zwangsversteigerung eines unbeweglichen Kuxes finden die Vorschriften über die Zwangsversteigerung Anwendung, soweit sich nicht aus den Artikeln 45 bis 51 ein Anderes ergibt.

I. 138 (E. 45), 152 Begr., 251 (Z.^I 45), 592 (Z.^II 44). II. 165, 473, 479 — Becher VI 8, *35*, *93*, *148*, 155, *160*, 168, *181*.

Art. 161 des Berggesetzes vom 20. März 1869 (Art. 194 in der Fassung vom 20. Juli 1900):

Jeder Gläubiger, insbesondere die Hypotheken-, Grundschuld- und Rentenschuldgläubiger oder sonstigen Realberechtigten sind befugt, binnen drei Monaten von dem Ablaufe des Tages, an welchem der Beschluss *(durch den das Oberbergamt die Einleitung des Verfahrens wegen Entziehung des Bergwerkseigenthums ausspricht)* zugestellt, beziehungsweise an welchem das die Bekanntmachung enthaltende Kreisamtsblatt ausgegeben worden ist, behufs ihrer Befriedigung die gerichtliche Versteigerung des Bergwerks auf ihre Kosten zu beantragen, vorbehaltlich der Erstattung aus den Kaufgeldern.

Hypotheken-, Grundschuld- und Rentenschuldgläubiger, welche von diesem Rechte binnen der angegebenen Frist keinen Gebrauch machen, haben bei der demnächstigen Aufhebung des Bergwerkseigenthums das Erlöschen ihrer dinglichen Ansprüche zu erleiden.

Auch der seitherige Eigenthümer des Bergwerks kann innerhalb jener ausschliessenden Frist von drei Monaten die Versteigerung auf seine Kosten beantragen.

Art. 163 des Berggesetzes (Art. 196 n. F.):

Erklärt der Eigenthümer eines Bergwerks vor dem Oberbergamte seinen freiwilligen Verzicht auf dasselbe, so wird mit dieser Erklärung nach Art. 193 ebenso verfahren, wie mit dem dort bezeichneten Beschlusse *(d. h. sie wird den aus dem Grundbuch ersichtlichen Gläubigern und anderen Realberechtigten zugestellt und ausserdem durch das Amtsblatt der Kreisregierung, in deren Bezirk das Bergwerk liegt, zur öffentlichen Kenntniss gebracht).*

Die den Gläubigern, insbesondere den Hypotheken-, Grundschuld- und Rentenschuldgläubigern und anderen Realberechtigten im Art. 194 eingeräumte Befugniss steht denselben auch in diesem Falle zu und hinsichtlich der Aufhebung des Bergwerkseigenthums finden die Bestimmungen des Art. 195 (diese interessieren hier nicht) ebenfalls Anwendung.

Art. 164 des Berggesetzes vom 20. März 1869 ist durch Ziff. 50 des Ges. vom 30. Juli 1900, betr. die Aenderung einiger Bestimmungen des Berggesetzes für das Königreich Bayern vom 20. März 1869, gestrichen worden.

Art. 221 Abs. 1 des Berggesetzes vom 20. März 1869 (Art. 258 in der Fassung vom 20. Juli 1900):

Soweit dieses Gesetz auf die bereits bestehenden Bergwerke überhaupt Anwendung findet, unterliegen den Bestimmungen desselben auch diejenigen Bergwerke, Steinbrüche und Gräbereien, welche den seitherigen Bestimmungen gemäss auf Mineralien berechtigt sind, die der Art. 1 dieses Gesetzes nicht mehr aufführt.

Art. 232 Abs. 2 des Berggesetzes vom 20. März 1869 (Art. 267 Abs. 2 in der Fassung vom 20. Juli 1900, vgl. Art. 157 Ziff. XIX AG. z. BGB.).

In den Fällen der Art. 151, 152 *(der Gewerke kann nämlich seine Verurtheilung auf Zahlung seines durch Gewerkschaftsbeschluss bestimmten Beitrags und die Zwangsvollstreckung dadurch abwenden, dass er unter Ueberreichung des Kuxscheines den Verkauf seines Antheiles behufs Befriedigung der Gewerkschaft überweist. Der Verkauf erfolgt dann nach den Vorschriften über die Zwangsvollstreckung)* erfolgt der Verkauf des Antheils im Wege der Zwangsversteigerung.

Nach Art. 192 (Art. 159 ä. F.) des Berggesetzes hat das Oberbergamt, wenn amtlich festgestellt wird, daß ein Bergwerkseigenthümer die nach Vorschrift des Art. 66 an ihn erlassene Aufforderung zur Inbetriebsetzung des Bergwerkes oder zur Fortsetzung des Betriebes nicht befolgt, die Einleitung des Verfahrens wegen Entziehung des Bergwerkseigenthums auszusprechen. Die Rechte der Gläubiger regelt Art. 194 (Art. 161 ä. F.). Art. 196 (Art. 163 ä. F.) behandelt den Fall, daß der Eigenthümer eines Bergwerkes vor dem Oberbergamte seinen freiwilligen Verzicht erklärt, und verweist hinsichtlich der Stellung der Gläubiger auf Art. 194 (Art. 163 ä. F.). Art. 267 (Art. 232 ä. F.) hat endlich den Fall im Auge, daß der Gewerke seinen Kux der Gewerkschaft überweist, um hierdurch die Vollstreckung wegen der auf seinen Kux ausgeschlagenen Beträge hintanzuhalten. Die Vorschrift hängt damit zusammen, daß das Bergwerkseigenthum, die Kuxe des älteren Rechtes wie auch die im Art. 221 ä. F. (Art. 258 n. F.) bezeichneten Anlagen zu den Rechten gehören, auf welche die auf Grundstücke sich beziehenden Vorschriften Anwendung finden. Der Verkauf der Kuxe des neueren Rechtes erfolgt dagegen nach den Vorschriften über die Zwangsvollstreckung in das bewegliche Vermögen (Art. 152 Bergges. n. F.).

Art. 45. Der Antragsteller hat die Thatsachen, welche sein Recht zur Stellung des Antrags begründen, durch Urkunden glaubhaft zu machen, soweit sie nicht bei dem Gericht offenkundig sind.

Auf Antrag des Bergwerkseigenthümers darf die Versteigerung nur angeordnet werden, wenn der Antragsteller als Eigenthümer im Grundbuch eingetragen oder wenn er Erbe des eingetragenen Eigenthümers ist. Die Versteigerung des Kuxes darf nur angeordnet werden, wenn der Gewerke als solcher im Grundbuch eingetragen oder wenn er Erbe des eingetragenen Gewerken ist.

I. 138 (E. 46), 152 Begr., 251 (Z.I 46), 591 (Z.II 45). II. 465, 479 — Becher VI. 8, *35*, *93*, *148*, 155, *160*, 168, *181*.

1. Abs. 1 entspricht wörtlich dem § 177 ZVG.

2. Daß ein vollstreckbarer Titel nicht erforderlich ist, ergibt sich aus den Vorschriften des Berggesetzes, auf denen die Zulässigkeit der Versteigerung beruht.

Art. 46. Ist der Antrag von einem nach Artikel 161 Abs. 1 des Berggesetzes Berechtigten gestellt, so sind mit dem Beschlusse, durch den die Zwangsversteigerung angeordnet wird, der Antrag und, wenn der Berechtigte nicht im Grundbuch eingetragen ist, die im Artikel 45 Abs. 1 bezeichneten Urkunden dem Bergwerkseigenthümer zuzustellen.

I. 138 (E. 47), 152 Begr., 251 (Z.I 47), 591 (Z.II 46). II. 465, 479 — Becher VI. 8, *35*, *93*, *148*, *160*, 168, *181*.

Art. 161 Abs. 1 des Berggesetzes vgl. Art. 44 dieses Gesetzes.

Die Vorschrift des Art. 46 ist zwingenden Rechts.

Art. 47. Ist die Versteigerung des Bergwerkseigenthums auf Antrag des Bergwerkseigenthümers oder die Versteigerung des Kuxes auf Antrag der Gewerkschaft angeordnet oder hat der Bergwerkseigenthümer nach Artikel 163 des Berggesetzes auf das Bergwerkseigenthum verzichtet, so gilt der Beschluß, durch welchen das Verfahren angeordnet wird, nicht als Beschlagnahme. Im Sinne der §§ 13, 55 des Gesetzes über die Zwangsversteigerung und die Zwangsverwaltung ist jedoch die Zustellung an den Antragsteller als Beschlagnahme anzusehen.

I. 138 E. 48 152 Begr., 251 Z.[I] 48, 591 (Z.[II] 47. II. 465. 479 — Becher VI. 8, *35, 94, 148, 160, 168, 181.*

Art. 163 des Berggesetzes vgl. Art. 44 dieses Gesetzes.

§ 13 ZVG.: Die laufenden Beträge wiederkehrender Leistungen nehmen ihren Anfang von dem letzten Fälligkeitstermine vor der Beschlagnahme des Grundstücks; die Rückstände werden von demselben Zeitpunkte zurückgerechnet.

Fehlt es innerhalb der letzten zwei Jahre an einem Fälligkeitstermine, so entscheidet die Zeit der Beschlagnahme.

Liegen mehrere Beschlagnahmen vor, so ist die erste massgebend. Bei der Zwangsversteigerung gilt, wenn bis zur Beschlagnahme eine Zwangsverwaltung fortgedauert hat, die für diese bewirkte Beschlagnahme als die erste.

§ 55 ZVG.: Die Versteigerung des Grundstücks erstreckt sich auf alle Gegenstände, deren Beschlagnahme noch wirksam ist.

Auf Zubehörstücke, die sich im Besitze des Schuldners oder eines neu eingetretenen Eigenthümers befinden, erstreckt sich die Versteigerung auch dann, wenn sie einem Dritten gehören, es sei denn, dass dieser sein Recht nach Massgabe des § 37 Nr. 5 *(d. h. durch Herbeiführung der Aufhebung oder der einstweiligen Einstellung des Verfahrens)* geltend gemacht hat.

In den Fällen, die der Art. 47 vorsieht, gilt der Beschluß, durch welchen das Verfahren angeordnet wird, nicht als Beschlagnahme; er äußert daher auch nicht die in den §§ 23 ff. ZVG. vorgesehenen Wirkungen der Beschlagnahme. Deshalb war auch die Bestimmung des Satz 2 erforderlich.

Dagegen treten alle Wirkungen der Beschlagnahme in den übrigen im Art. 47 nicht vorgesehenen Fällen ein.

Art. 48. Wird der Beitritt eines weiteren Gläubigers zugelassen, so findet die Vorschrift des § 11 Abs. 2 des

Gesetzes über die Zwangsversteigerung und die Zwangsverwaltung keine Anwendung.

I. 138 (E. 49), 152 Begr., 251 (Z.[I] 49), 591 (Z.[II] 48). II. 464, 478 — Becher VI. 8, *35, 94, 148, 160*, 168, *181*.

§ 11 Abs. 2 ZVG.: In der fünften Klasse geht unter mehreren Ansprüchen derjenige vor, für welchen die Beschlagnahme früher erfolgt ist.

1. Hinsichtlich des Beitritts vgl. § 27 ZVG. Der beitretende Gläubiger muß auch die Voraussetzungen des Art. 45 dieses Gesetzes erfüllen. Bezüglich der Zustellung des Beitrittsbeschlusses vgl. Art. 46 a. a. O.

2. Auf Grund des Art. 48 haben die mehreren Beschlagnahmegläubiger gleichen Rang und kommen in der fünften Klasse nach dem Verhältnisse ihrer Forderungen zum Zuge, soweit nicht ohnehin Ansprüche der ersten bis vierten Klasse in Betracht kommen.

Art. 49. Die Vorschriften über das geringste Gebot finden keine Anwendung. Das Meistgebot ist in seinem ganzen Betrage durch Zahlung zu berichtigen.

I. 138 (E. 50), 152 Begr., 252 (Z.[I] 50), 591 (Z.[II] 49). II. 464, 478 — Becher VI. 8, *35, 95, 148, 160*, 169, *181*.

1. Die Vorschrift des Satz 1 erklärt sich dadurch, daß eben das Bergwerkseigenthum oder der Kux um jeden Preis losgeschlagen werden sollen.

2. Daß das Meistgebot vom Zuschlag an zu verzinsen ist, ergibt sich aus § 49 Abs. 2 ZVG. Nach Abs. 3 a. a. O. wird der Ersteher auch durch Hinterlegung von seiner Verbindlichkeit befreit, wenn die Hinterlegung und die Ausschließung der Rücknahme im Vertheilungstermine nachgewiesen werden. Nach § 52 Abs. 1 Satz 2 Abs. 2 ZVG. erlöschen, abgesehen von den in den §§ 912—917 BGB. bezeichneten Renten, durch den Zuschlag alle Rechte an dem Bergwerkseigenthum, bezw. an dem Kux.

3. Der Bewilligung von Zahlungsfristen gemäß §§ 60 ff. ZVG. steht Satz 2 nicht entgegen.

Art. 50. Gebote des Bergwerkseigenthümers oder des Gewerken sind unwirksam.

I. 138 (E. 51), 152 Begr., 252 (Z.[I] 51), 591 (Z.[II] 50). II. 464, 478 — Becher VI. 8, *35, 95, 148, 160*, 169, *181*.

Die Gebote sind gemäß § 71 Abs. 1 ZVG. zurückzuweisen.

Art. 51. Wird ein Gebot nicht abgegeben oder sind sämmtliche Gebote erloschen, so wird das Verfahren aufgehoben.

I. 138 (E. 52), 152 Begr., 252 (Z.[I] 52), 591 (Z.[II] 51). II. 464, 478 — Becher VI. 9, *35*, *95*, *148*, *160*, 169, *181*.

1. § 77 Abs. 1 ZVG., wonach das Verfahren einstweilen einzustellen wäre, ist unanwendbar, ebenso Abs. 2.

2. Eine neue Versteigerung ist nur auf Grund eines neuen Antrags möglich.

Uebergangs- und Schlußbestimmungen.

Art. 52. Das Gesetz vom 23. Februar 1879, die Zwangsvollstreckung in das unbewegliche Vermögen wegen Geldforderungen betreffend, und das Gesetz vom 29. Mai 1886, Aenderungen der Bestimmungen über die Zwangsvollstreckung in das unbewegliche Vermögen betreffend, werden aufgehoben.

Die Vorschrift des Artikel 42 des Gesetzes vom 29. Mai 1886 bleibt jedoch für die Hypotheken in Kraft, welche schon zu der Zeit bestehen, zu welcher das Grundbuch als angelegt anzusehen ist.

I. 138 (E. 53), 153 Begr., 252 (Z.[I] 53), 591 (Z.[II] 52). II. 466, 473, 479 — Becher VI. 9, *37*, *95*, *150*, 155, *160*, 169, *181*.

Art. 42 des Ges. vom 29. Mai 1886:

Aus einem Hypothekenbriefe über die im Wege der Zwangsvollstreckung eingetragene Hypothek, welcher mit der zum Zwecke der Zwangsvollstreckung ertheilten Ausfertigung verbunden ist, findet die Zwangsvollstreckung gegen den dritten Besitzer nach Massgabe der Art. 128—136 des Ausführungsgesetzes zur Reichs-Civilprozessordnung und Konkursordnung statt.

Vgl. hierzu Art. 166 Abs. 1 Ziff. XVI und Abs. 2 AG. z. BGB.

Art. 53. Die Vorschriften der Artikel 1 bis 52 treten für jeden Grundbuchbezirk mit dem Zeitpunkt in Kraft, in welchem das Grundbuch als angelegt anzusehen ist.

I. 139 (E. 56), 154 Begr., 193, 252 (Z.[I] 53a), 591 (Z.[II] 53c). II. 466, 473, 479 — Becher VI. 9, *40*, *103*, 105, *151*, 155, *160*, 169, *181*.

Der Zeitpunkt, in welchem das Grundbuch als angelegt anzusehen ist, wird durch das Staatsministerium der Justiz für die einzelnen Bezirke bestimmt § 24 AV. vom 23. Juli 1898, die Anlegung des Grundbuchs betr. (G. u. VBl. S. 493, JMBl. S. 256) und § 26 AV. vom 28. August 1898, die Anlegung des Grundbuchs in der Pfalz betr. (G. u. VBl. S. 561).

Art. 54. Von dem Inkrafttreten des Bürgerlichen Gesetzbuchs an erfolgt die nach Artikel 55 Abs. 1 Ziff. 1 des Gesetzes vom 23. Februar 1879 als gesetzliche Versteigerungsbedingung geltende Verzinsung des Kaufpreises mit vier vom Hundert.

I. 193 (E. 53 b), 252 (E.^{I} 58 b), 592 (Z.^{II} 54). II. 467, 474, 479 — Becher VI. *96*, 105, *151*, 156, *160*, 169, *181*.

Vgl. § 246 BGB., Art. 3 ÜG.

Art. 55. Von der Verkündung dieses Gesetzes an soll in dem Falle des Artikel 66 Abs. 2 des Gesetzes vom 23. Februar 1879 die in dem Artikel 64 Abs. 1 Ziff. 1 desselben Gesetzes vorgeschriebene Anheftung wiederholt werden.

I. 252 (Z.^{I} 53 c) 591 (Z.^{II} 55). II. 459, 467, 474, 479 — Becher VI. *80*, *137*, *152*, *160*, 169, *181*.

Vgl. die analoge Bestimmung des Art. 26 dieses Gesetzes.

Art. 56. Nach dem Inkrafttreten des Bürgerlichen Gesetzbuchs findet, solange das Grundbuch noch nicht als angelegt anzusehen ist, die Vormerkung einer Hypothek nach Artikel 40 des Gesetzes vom 29. Mai 1886 sowie die Einschreibung einer gerichtlichen Hypothek des Pfälzischen Rechtes auf Grund eines Vollstreckungsbefehls nicht mehr und auf Grund eines anderen Schuldtitels nur noch für eine den Betrag von dreihundert Mark übersteigende Forderung statt; die Vorschriften der §§ 4, 5 der Civilprozeßordnung finden entsprechende Anwendung.

Soll nach dem Inkrafttreten des Bürgerlichen Gesetzbuchs, solange das Grundbuch noch nicht als angelegt anzusehen ist, in den Landestheilen rechts des Rheins im Wege der Zwangsvollstreckung oder der Arrestvollziehung die Vormerkung einer Hypothek an mehreren Grundstücken des Schuldners erfolgen, so ist der Betrag der Forderung oder

der in dem Arrestbefehle festgestellte Geldbetrag auf die einzelnen Grundstücke zu vertheilen; die Größe der Theile bestimmt der Gläubiger, die Bestimmung ist unwiderruflich. Das Gleiche gilt in der Pfalz, wenn in dem bezeichneten Zeitraum eine gerichtliche Hypothek an mehreren Grundstücken des Schuldners oder eine Beschlagnahme mehrerer Grundstücke des Schuldners zur Sicherung der Zwangsvollstreckung eingeschrieben werden soll.

Soweit nach diesen Vorschriften eine gerichtliche Hypothek des Pfälzischen Rechtes nicht eingeschrieben werden kann, gilt sie als nicht entstanden.

I. 139 E. 54, 153 Begr., 193, 252 (Z.[1] 54), 592 (Z.[11] 56). II. 467, 471, 479 — Becher VI. 9, *38*, *99*, 105, *152*, 156, *160*, 169, *173*, *181*.

Art. 40 des Ges. vom 26. Mai 1886:

Die Zwangsvollstreckung wegen Geldforderungen kann durch Vormerkung einer Hypothek auf dem unbeweglichen Vermögen des Schuldners erfolgen. Der Antrag ist bei dem Hypothekenamte zu stellen.

Die Vormerkung wird nach Ablauf eines Monats von der dem Schuldner gemachten Mittheilung an auf weiteren Antrag des Gläubigers in einen Hypothekeintrag umgewandelt, wenn nicht der Schuldner dem Hypothekenamte nachgewiesen hat, dass er Einwendungen gegen den Anspruch oder das Vollstreckungsrecht des Gläubigers in der dafür vorgeschriebenen Weise geltend gemacht hat. In der Mittheilung ist der Schuldner auf die Frist und die Folge der Versäumung derselben ausdrücklich hinzuweisen.

Auf die Vormerkung und die Eintragung findet § 11 des Hypothekengesetzes Anwendung *(wonach der Gläubiger die Hypothek zwar auf allen Grundbesitzungen des Schuldners eintragen lassen kann, der Schuldner aber berechtigt ist, eine solche Beschränkung der Eintragung zu verlangen, dass der hierdurch für den Gläubiger gebundene Werth den Betrag der Forderung nicht um mehr als ein Drittel übersteigt).*

§ 4 CPO.: Für die Werthsberechnung ist der Zeitpunkt der Erhebung der Klage entscheidend; Früchte, Nutzungen, Zinsen, Schäden und Kosten bleiben unberücksichtigt, wenn sie als Nebenforderungen geltend gemacht werden.

Bei Ansprüchen aus Wechseln im Sinne der Wechselordnung sind Zinsen, Kosten und Provision, welche ausser der Wechselsumme gefordert werden, als Nebenforderungen anzusehen.

§ 5 CPO.: Mehrere in einer Klage geltend gemachte Ansprüche werden zusammengerechnet; eine Zusammenrechnung des Gegenstandes der Klage und der Widerklage findet nicht statt.

1. Abs. 1 entspricht dem § 866 Abs. 3 CPO. Dieser Vorschrift wird Art. 40 des Gesetzes vom 29. Mai 1886 angepaßt. Im übrigen bleibt die Bestimmung dieses Artikels, insbesondere auch hinsichtlich des Verfahrens, bis zur Anlegung des Grundbuchs in Kraft.

2. Zu den „anderen Schuldtiteln" im Sinne des Art. 56 gehören auch Strafurtheile, die Entscheidungen der Verwaltungsbehörden, die vollstreckbaren Ausstandsverzeichnisse der Rentämter. (JW. 1901 S. 299, Bl. f. RA. Bd. 66 S. 149, 179, AM. Bl. f. RA. Bd. 66 S. 59.)

3. Für die Vormerkung im Wege der Arrestvollziehung gilt die Beschränkung des Abs. 1 nicht, ebensowenig für Hypotheken, die auf Grund eines gesetzlichen Hypothekentitels eingetragen werden sollen, und für vertragsmäßig bestellte Hypotheken. Denn die Beschränkung gilt nur für die nach Art. 40, nicht aber für die nach Art. 44 des Gesetzes vom 29. Mai 1886 oder auf Grund eines gesetzlichen Hypothekentitels beantragten Vormerkungen. Anders, wenn das Grundbuch als angelegt anzusehen ist; denn § 866 Abs. 3 CPO. gilt auch für Arrestbefehle (JW. 1901 S. 299, 414).

4. Der Vollstreckungstitel muß, abgesehen von den Nebenforderungen wegen Zinsen, Kosten und Schäden, auf über 300 M. lauten. Gleichgültig ist dann, daß sich dieser Mindestbetrag aus mehreren Forderungen mit gleichem oder verschiedenem Rechtsgrund zusammensetzt (JW. 1901 S. 300).

Gleichgültig ist dann auch, ob die Forderung einem oder mehreren Gläubigern zusteht. Das Kammergericht hat jedoch die Frage als Regel verneint und nur für den Fall der gesammten Hand bejaht (JW. 1901 S. 300, 575).

Dagegen ist die Eintragung unzulässig, wenn zwar Hauptsache und Nebensache zusammen den Betrag von 300 M. übersteigen, die Hauptsache allein aber weniger als 300 M. beträgt. (So Reichsgericht in JW. 1901 S. 575. AM. JW. 1901 S. 300). Ferner geht es nicht an, auf Grund mehrerer Vollstreckungstitel, von denen jeder auf eine Forderung von weniger als 300 M. lautet, die aber zusammen den Betrag von 300 M. erreichen, eine Vormerkung nach Art. 40 des Gesetzes vom 29. Mai 1886 zu beantragen, selbst wenn der Schuldgrund der gleiche ist (vgl. auch JW. 1900 S. 172, 244; 1901 S. 300; D. Jur. Ztg. 1900 S. 203; die Rechtsprechung der Oberlandesgerichte Bd. I S. 6; Samml. Bd. I S. 266; Bl. f. RA. Bd. 65 S. 467; Seuff. Arch. Bd. I S. 332, 334).

Ebenso dürfen die Beträge mehrerer Theilurtheile selbst dann nicht zusammengerechnet werden, wenn es sich um Theile derselben Forderung handelt (Zeitschrift für deutschen Civilprozeß 1901 Bd. XVIII. S. 345, 349).

Nicht hierher gehört aber der Fall, wenn die Eintragungsbewilligung des Eigenthümers nach § 894 CPO. durch Urtheil verfügt ist. Hier ist die Eintragung zulässig, auch wenn die Hypothek unter 300 M. beträgt (JW. 1901 S. 300).

5. Soll auf Grund eines Kostenfestsetzungsbeschlusses eine Hypothek vorgemerkt werden, so müssen die festgesetzten Kosten

den Betrag von 300 Mark übersteigen (JW. 1901 S. 300). Dagegen ist der Betrag der Kostenforderung für die Eintragungsfähigkeit ohne Bedeutung, wenn die Eintragung einer Hypothek für die Hauptsache entweder gleichzeitig erfolgt oder bereits erfolgt ist vgl. Samml. Bd. I. S. 294, Bl. f. RA. Bd. 65 S. 469, JW. 1901 S. 300).

6. Abs. 2 enthält eine Modifikation des Art. 44 des Gesetzes vom 26. Mai 1886.

Mehrere auf einem Hypothekenbuchblatt vorgetragene Grundstücke gelten als ein Grundstück. Eine Vertheilung des Betrags der Forderung auf die einzelnen vereinigten Grundstücke findet daher nicht statt (Samml. Bd. I S. 225, II S. 67; Bl. f. RA. 65 S. 348, dagegen S. 363).

Doch kann eine Zwangshypothek nur auf den im Antrag des Gläubigers bezeichneten Grundstücken des Schuldners vorgemerkt werden, wenn auch auf dem Hypothekenbuchblatt, welches die Grundstücke enthält, noch andere Grundstücke des Schuldners bezeichnet sind (OGH. Bd. XVII. S. 321). Das Gleiche gilt, wenn eine Hypothek vorgemerkt werden soll, deren Titel auf bestimmte Grundstücke beschränkt ist (OGH. Bd. XVII. S. 292).

7. Dem Vertheilungszwange muß Genüge gethan werden. Es geht daher nicht an, die Forderung auf den mehreren Grundstücken ungetheilt vorzumerken. Zulässig ist es, einem Grundstück einen Betrag von weniger als 100 Mark zuzutheilen.

Gehören jedoch die mehreren Grundstücke, auf welche die Eintragung begehrt wird, verschiedenen Eigenthümern, die als Gesammtschuldner haften, so ist eine Vertheilung der Forderung wie auf die Grundstücke des Schuldners nicht erforderlich; es kann vielmehr die Eintragung auf die Grundstücke des einen Schuldners zur Gesammthaft mit denen des anderen erfolgen. Dies ergibt sich aus dem Wesen der Gesammtschuld. Von diesem Standpunkte aus findet Abs. 2 zwar auf die Vollstreckung gegen jeden einzelnen Gesammtschuldner, nicht aber im Verhältnisse der mehreren Gesammtschuldner zu einander Anwendung; auf die einem einzelnen Gesammtschuldner gehörenden Grundstücke muß die Forderung vertheilt werden, auf die Grundstücke mehrerer Gesammtschuldner kann sie gegen jeden gleichzeitig in voller Höhe eingetragen werden (Zeitschrift für deutschen Civilprozeß 1901 Bd. XVIII. S. 157).

8. Bezüglich der Vertheilung der Kosten hat der Gläubiger freie Hand. Er kann sie daher einem Grundstücke ungetheilt zuweisen oder auf die mehreren Grundstücke vertheilen.

9. Ist die Vertheilung vorgenommen, so haftet jedes Grundstück nur für diejenigen Zinsen, die aus dem ihm zugetheilten Betrage fällig werden.

10. Die Bestimmung ist unwiderruflich; der Gläubiger kann daher, wenn er einmal die Vertheilung vorgenommen hat, nicht die Vormerkung auf noch anderen Grundstücken desselben Schuldners beantragen, selbst wenn er mit seiner Theilforderung auf dem Grundstücke, auf welchem sie vorgemerkt war, nicht zum Zuge gekommen ist.

Doch kann der Gläubiger, welcher für seine Forderung die Eintragung einer Vollstreckungshypothek auf einem Grundstücke des Schuldners erwirkt hat, falls er auf das erworbene Recht verzichtet, die Eintragung einer neuen Vollstreckungshypothek an denselben und an anderen Grundstücken unter Vertheilung des Betrags der Forderung auf die einzelnen Grundstücke beantragen (Samml. II. S. 64).

Art. 57. Eine Hypothekenvormerkung, die zu der Zeit, zu welcher das Grundbuch als angelegt anzusehen ist, im Wege der Zwangsvollstreckung oder der Arrestvollziehung eingetragen ist, verwandelt sich in eine Sicherungshypothek, sofern nicht in diesem Zeitpunkte die Umwandlung in eine Hypothekeneintragung zulässig und beantragt ist.

I. 139 (E. 55), [154 Begr., 253 (Z.I 55), 592 (Z.II 57). II. 467. 479 — Becher VI. 9 *38, 103, 153, 160,* 170, *182.*

1. Vgl. Art. 40 ff. des Gesetzes vom 29. Mai 1886 (s. Art. 56 dieses Gesetzes).

Art. 57 handelt nur von den im Wege der Zwangsvollstreckung oder der Arrestvollziehung eingetragenen Vermerkungen; hinsichtlich der auf Grund eines gesetzlichen Hypothekentitels erfolgten Vormerkungen vgl. Art. 57 UG., Art. 22 AG. z. GBO.

2. Ist zur Zeit, in dem das Grundbuch als angelegt anzusehen ist, die Umwandlung in einen Hypothekeneintrag zulässig und beantragt, so muß dem Antrag stattgegeben werden. Die Hypothek verwandelt sich dann in eine Buchhypothek (Art. 192 Abs. 1 EG. z. BGB).

Gegeben zu München, den 9. Juni 1899.

Luitpold, Prinz von Bayern,
des Königreichs Bayern Verweser.

Dr. **Frhr. v. Crailsheim.** Dr. **Frhr. v. Riedel.**
Frhr. v. Feilitzsch. Dr. **Frhr. v. Leonrod.** **Frhr. v. Asch.**
Dr. **v. Landmann.**

Auf Allerhöchsten Befehl:
Der Oberregierungsrath im k. Staatsministerium des Innern
Dr. Proebst.

D.

Ausführungsgesetz

zur

Reichs-Civilprozeßordnung und Konkursordnung.

Einleitung.

Der Text des Ausführungsgesetzes zur Civilprozeßordnung und Konkursordnung hat durch Art. 166 Abs. I Ziff. I—XV AG. z. BGB. mehrfache Aenderungen erfahren.

Ziff. XVI Abs. 1 zählt dann alle diejenigen Bestimmungen auf, welche aufgehoben werden, während Abs. 2 und Art. 166 Abs. 2—6 AG. z. BGB. alle diejenigen Bestimmungen aufführt, welche für die Uebergangszeit in Kraft bleiben.

Die hier genannten Bestimmungen sind aber nicht die einzigen dieser Art. Einzelne hier nicht genannte bleiben auf Grund der Bestimmungen des EG. z. BGB., andere auf Grund der Bestimmungen des ÜG. in Geltung.

Auf Grund der Ermächtigung im Art. 179 AG. z. BGB. wurde der Text des 1. Abschnittes des Gesetzes zur Ausführung der Reichs-Civilprozeßordnung und Konkursordnung in seiner nunmehrigen Geltung in der Bekanntmachung vom 26. Juni 1899 veröffentlicht.

Derselbe wird, durch kurze Fußnoten erläutert, im I. Theile gebracht.

Im II. Theile schließt sich an — unter Gegenüberstellung der Abänderungen — der Text des Ausführungsgesetzes zur Reichs-Civilprozeßordnung und Konkursordnung, soweit derselbe noch dauernde oder vorübergehende Geltung hat. Die Aenderungen sind durch *Kursivschrift*, die Bestimmungen, die nur für die Uebergangszeit noch Bedeutung haben, durch Antiquaschrift kenntlich gemacht. Bei den letzteren ist auch angegeben, auf Grund welcher Bestimmungen sie für die Uebergangszeit aufrecht erhalten bleiben.

I.

Erster Abschnitt des Gesetzes vom 23. Februar 1879 zur Ausführung der Reichs-Civilprozeßordnung und Konkursordnung

in der Fassung der Bekanntmachung vom 26. Juni 1899
(G.- u. VBl. S. 401.)

Gerichtsstand der Civilliste des Königs.

Art. 1. Die Civilliste des Königs hat ihren allgemeinen Gerichtsstand vor den Gerichten der Hauptstadt.

Ist die Hauptstadt in mehrere Gerichtsbezirke getheilt, so wird das Nähere durch Verordnung bestimmt.

1. Civilliste: vgl. §§ 6, 7 des Finanzgesetzes vom 28. Dezember 1831, das Gesetz die Festsetzung einer permanenten Civilliste betr. vom 1. Juli 1834, das Finanzgesetz vom 29. Juli 1876. — Hinsichtlich der Gebührenfreiheit der Civilliste vgl. Art. 3 Ziff. 2 des Gebührengesetzes in der Fassung vom 11. November 1899 (G.- u. VBl. S. 904).

2. Die Vorschrift des Art. 1 gilt nur für den allgemeinen Gerichtsstand, nicht auch für die besonderen Gerichtsstände.

3. Abs. 2 kommt zur Zeit noch nicht in Betracht; denn die Theilung des Amtsgerichts München I in Abtheilung A und B bedeutet nicht eine Theilung in mehrere Gerichtsbezirke, sondern ist lediglich für die „Geschäftsvertheilung" von Belang (Verordnung vom 2. April 1879 und JMBek. vom 22. September 1879).

4. Hinsichtlich der Zuständigkeit für Klagen gegen Mitglieder des k. Hauses vgl. Titel X des Familienstatuts vom 5. August 1819.

Betretung des Administrativwegs vor der Klagestellung gegen den k. Fiskus.

Art. 2. Ansprüche gegen den k. Fiskus können erst dann gerichtlich verfolgt werden, wenn der Betheiligte sich an die zunächst zuständige höhere Verwaltungsstelle um Abhilfe gewendet und entweder eine abschlägige oder innerhalb sechs Wochen gar keine Entschliessung erhalten hat.

Die Verwaltungsstellen haben über solche Gesuche den Betheiligten die Empfangsbescheinigung ungesäumt und unentgeltlich auszufertigen.

Anträge auf Erlassung einstweiliger Verfügungen werden durch die Bestimmung des Abs. 1 nicht berührt.

1. Die Vorschrift des Art. 2 ist insbesondere dann von Bedeutung, wenn die Haftung des Staates für die Handlungen von Beamten in Anspruch genommen werden will (vgl. Art. 60, 61 AG. z. BGB., Art. 126 Not.G., § 12 GBO.).

2. Es muß sich um die gerichtliche Verfolgung eines Anspruchs gegen den Fiskus handeln. Nicht hierher gehören die Fälle:

a) in welchen ein Anspruch gegen den Fiskus im Wege der Vertheidigung, z. B. durch Widerklage oder durch Erhebung einer Widerspruchsklage, geltend gemacht werden;

b) der Sicherung des Beweises (§§ 485—494 CPO.).

Wohl aber findet Art. 2 auf Feststellungsklagen (§ 256 CPO.) Anwendung.

3. Welche Behörde die zunächst höhere Verwaltungsstelle ist, bemißt sich nach der Organisation der in Betracht kommenden Verwaltungszweige. Ist die Verwaltungsstelle, gegen welche man um Abhilfe nachsuchen müßte, selbst die höchste, so ist Art. 2 unanwendbar.

Art. 2 findet ferner keine Anwendung, wenn der Rechtsweg behufs richterlicher Entscheidung über den Betrag der wegen Zwangsenteignung zu leistenden Entschädigung gegen den Staat betreten werden will. (So auch Böhm, Anm. 8, Henle-Habel Anm. 6.)

4. Durch die Einreichung des Antrags um Abhülfe wird gemäß § 210 BGB. die Verjährung unterbrochen.

5. Die Nichteinhaltung der Vorschrift des Art. 2 begründet nicht die Einrede der „Unzulässigkeit des Rechtswegs“; es ist vielmehr dem Richter überlassen, zu entscheiden, ob die Unterlassung nachzuholen sei (vgl. § 278 CPO. und Abg. Aussch. Prot. S. 42).

6. Hinsichtlich der Zuständigkeit für Klagen gegen den Fiskus gibt gemäß § 70 Abs. 3 GVG. der Art. 26 AG. z. GVG. Maß. Hiernach sind den Landgerichten ausschließlich überwiesen:

a) Ansprüche der Staatsbeamten gegen den Staat aus ihrem Dienstverhältnisse;

b) Ansprüche gegen den Staat wegen Verschuldung von Staatsbeamten;

c) Ansprüche gegen den Staat wegen Verfügungen der Verwaltungsbehörden (vgl. OGH. III 343; V 82; XIV 159);

d) Ansprüche gegen den Staat wegen Aufhebung von Privilegien;

e) Ansprüche in Betreff von Staatsabgaben.

7. Den Fiskus vertreten regelmäßig die Regierungsfinanzkammern, ihrerseits vertreten durch den Regierungspräsidenten (Formationsverordnung vom 17. Dezember 1825 § 122 und vom 21. Dezember 1854), daneben für gewisse Ressorts die Generalbergwerks- und Salinenadministration, das Hauptmünzamt, die Staatsschuldentilgungsanstalt, die k. Bank in Nürnberg, die Generaldirektion der Verkehrsanstalten und jene der Zölle und indirekten Steuern, endlich der Kriegsminister.

Urkundenedition durch öffentliche Behörden.

Art. 3. Von Urkunden, welche sich bei einer öffentlichen Behörde befinden, hat diese, unbeschadet der Vorschriften der §§ 810, 811 des Bürgerlichen Gesetzbuchs sowie vorbehaltlich besonderer gesetzlicher Bestimmungen, Vorlage und Einsicht zu gewähren und beglaubigte Abschrift zu ertheilen, wenn die Zustimmung desjenigen, auf dessen Antrag oder in dessen Interesse die Urkunde bei der Behörde errichtet oder hinterlegt wurde, beigebracht oder seine Verpflichtung hierzu rechtskräftig ausgesprochen ist.

I. 299, 366 (Z.[11] 122[32]). II. 575 — Becher IV. V.[11] 427, *484*, 530, 540, *563*.

§ 810 BGB.: Wer ein rechtliches Interesse daran hat, eine in fremdem Besitze befindliche Urkunde einzusehen, kann von dem Besitzer die Gestattung der Einsicht verlangen, wenn die Urkunde in seinem Interesse errichtet oder in der Urkunde ein zwischen ihm und einem Anderen bestehendes Rechtsverhältniss beurkundet ist, oder wenn die Urkunde Verhandlungen über ein Rechtsgeschäft enthält, die zwischen ihm und einem Anderen oder zwischen einem von beiden und einem gemeinschaftlichen Vermittler gepflogen worden sind.

§ 811 BGB.: Die Vorlegung hat in den Fällen der §§ 809, 810 an dem Orte zu erfolgen, an welchem sich die vorzulegende Sache befindet. Jeder Theil kann die Vorlegung an einem anderen Orte verlangen, wenn ein wichtiger Grund vorliegt.

Die Gefahr und die Kosten hat derjenige zu tragen, welcher die Vorlegung verlangt. Der Besitzer kann die Vorlegung verweigern, bis ihm der andere Theil die Kosten vorschiesst und wegen der Gefahr Sicherheit leistet.

1. Vgl. Art. 166 Ziff. I AG. z. BGB., wonach die Worte: „unbeschadet der Vorschriften in den §§ 394 und 397 der Civilprozeßordnung" durch die Worte: „unbeschadet der Vorschriften der §§ 810, 811 des Bürgerlichen Gesetzbuchs" ersetzt wurden (s. auch S. 495).

2. Besondere gesetzliche Bestimmungen enthalten §§ 79, 1342, 1563, 1953, 2010, 2081, 2146, 2228, 2264, 2384 BGB. — §§ 299, 432 CPO. — § 24 GFG. — §§ 11, 93 GBO. — §§ 42,

144 ZVG. — § 9 HGB. — Art. 22 Not.G. — Art. 8 AG. z. GBO. — Art. 134 AG. z. BGB. — vgl. ferner § 48 Ziff. 1 der Dienstesvorschriften für die Gerichtsschreiber vom 14. September 1879 (JMBl. S. 826) und MBek. vom 28. Februar 1899 die Benützung der Landesarchive betr.

Vollstreckungsrecht der Verwaltungsbehörden.

Art. 4. Die bestehenden Vorschriften über das Vollstreckungsrecht der Verwaltungsbehörden und über die Organe und Mittel der Zwangsvollstreckung bleiben vorbehaltlich der Bestimmungen der Art. 6 und 7 in Kraft.

1. Hierher gehören:

a) von den älteren Vorschriften insbesondere die Verordnungen vom 24. März 1802 (RBl. S. 250), vom 8. November 1804 (fränk. RBl. S. 247), vom 27. Februar 1807 (RBl. S. 407), vom 12. September 1809 (RBl. 1537), vom 25. September 1813 (RBl. S. 1252). Zu vergleichen sind auch die Verordnung vom 14. Juli 1879, die FMBek. vom 27. September 1879 (Weber XIV. S. 64), in welcher die einschlägigen Vorschriften aufgezählt sind und Bekanntmachung des Min. d. Inn. vom 16. Oktober 1879 (ABl. S. 540) bez. der Kreisumlagen. Wegen des Vollstreckungsrechts der Finanzbehörden in Ansehung der sogenannten ärarialischen Holzgefälle vgl. Bl. f. RA. Bd. 66 S. 59, 149, 179.

b) Art. 46 des Gesetzes vom 8. August 1878 betr. die Errichtung eines Verwaltungsgerichtshofs u. s. w. und § 43 der Vollzugsvorschriften hierzu vom 25. Januar 1901 (G. u. VBl. S. 41) hinsichtlich der Vollstreckung derjenigen Entscheidungen, welche in den im genannten Gesetze bezeichneten Angelegenheiten ergangen sind.

c) Art. 48, 54, 57 der rechtsrheinischen, Art. 38 der pfälzischen Gemeindeordnung. Hinsichtlich des Vollstreckungsrechts der Gemeinden vgl. auch bayer. Gde.Ztg. 1891 S. 543, 1893 S. 33. Bezüglich der Beitreibung der Kreisumlagen vgl. Bekanntmachung des St.-Min. d. Innern vom 16. Oktober 1879 (ABl. S. 540).

d) § 23 Nr. 2 des Landtagsabschieds vom 28. Mai 1893 (G.- u. VBl. S. 131) bezüglich der Beitreibung rückständiger Kirchengemeindeumlagen und sonstiger Leistungen für kirchliche Zwecke.

e) Art. 287 des Geb.G. in der Fassung der Bekanntmachung vom 11. November 1899 (G.- u. VBl. S. 967) und § 12 der Allerhöchsten Verordnung vom 23. Dezember 1899, die Ausführung des Reichsgerichtskostengesetzes und des Gesetzes über das Gebührenwesen betr. (G.- u. VBl. S. 1223, JMBl. 1900 S. 335), §§ 55, 80 der Bekanntmachung vom 25. Dezember 1899, die Instruktion zum Vollzuge des Gerichtskostengesetzes und des Gesetzes über das Gebührenwesen betr. (JMBl. 1900 S. 344).

f) Art. 49 des Wasserbenützungsgesetzes (vgl. OGH. VI S. 662).

g) § 55 des Reichskrankenversicherungsgesetzes vom 15. Juli 1883 / 10. Apr. 1892; § 109 des Reichsunfallversicherungsgesetzes; § 58 Abs. 2 des Gesetzes betr. die Gewerbegerichte vom 29. Juni 1890.

h) Art. 12 des Gesetzes vom 12. März 1850, die Verpflichtung zum Ersatze des bei Aufläufen verursachten Schadens.

Art. 5. Den Hauptzollämtern steht das Vollstreckungsrecht in Ansehung der von ihnen verwalteten Zölle, Steuern und Gebühren zu.

Art. 6. Beschlüsse und Urkunden derjenigen Verwaltungsbehörden, welchen das Vollstreckungsrecht zusteht oder welchen das Gesetz die Befugniß zur Ausfertigung vollstreckbarer Urkunden einräumt, sind, wenn es sich um eine Geldleistung handelt und eines der zum Vollzuge von Urtheilen in bürgerlichen Rechtsstreitigkeiten gegebenen Vollstreckungsmittel angewendet werden soll, von ihnen mit der Vollstreckungsklausel:

„Vorstehende Urkunde (Ausfertigung) wird hiermit für vollstreckbar erklärt"

zu versehen und werden dadurch im ganzen Königreiche vollstreckbar.

Die Vollstreckungsklausel darf erst beigefügt werden, wenn die gesetzlichen Voraussetzungen der Vollstreckung gegeben sind.

Ob die Vollstreckungsklausel der Urschrift oder einer Ausfertigung beizufügen ist, wird durch Verordnung bestimmt.

Königliche Allerhöchste Verordnung vom 14. Juli 1879, den Vollzug des Art. 6 Abs. 3 des Gesetzes vom 23. Februar 1879 zur Ausführung der Reichs-Civilprozessordnung und Konkursordnung betr. (G.- u. VBl. S. 703, JMBl. S. 329, Weber XIII S. 116):

§ 1. In den Fällen, in welchen behufs der Beitreibung rückständiger Staats-, Gemeinde- und Stiftungs-Gefälle auf Grund von Heberegistern, Heberollen und sonstigen Einhebungsbehelfen Ausstandsverzeichnisse angefertigt werden, ist die Vollstreckungsklausel der Verwaltungsbehörden, dann der Gemeinde- und Stiftungsverwaltungen der Urschrift der Ausstandsverzeichnisse beizufügen.

§ 2. In den übrigen Fällen der Beitreibung rückständiger Geldforderungen des Staates, der Gemeinden und der Stiftungen ist die Vollstreckungsklausel der Verwaltungsbehörden, dann der Gemeinde- und Stiftungsverwaltungen den Ausfertigungen der einschlägigen Beschlüsse und Urkunden beizusetzen. Das gleiche Verfahren ist in denjenigen Fällen zu beobachten, in welchen von den Verwaltungsbehörden Kosten oder sonstige Geldleistungen zwangsweise beizutreiben sind.

§ 3. Gegenwärtige Verordnung tritt im ganzen Umfange des Königsreichs gleichzeitig mit dem Gerichtsverfassungsgesetze für das Deutsche Reich vom 27. Januar 1877 in Kraft.

1. Voraussetzung für die Vollstreckbarkeitserklärung von Beschlüssen und Urkunden einer Verwaltungsbehörde ist:

a) daß der betreffenden Verwaltungsbehörde entweder das Vollstreckungsrecht zusteht (vgl. Art. 4, 5) oder das Gesetz die Befugniß zur Ausfertigung vollstreckbarer Urkunden einräumt. Zu den letzteren gehören insbesondere die sogenannten Ausstandsverzeichnisse (vgl. OGH. XV. 523).

b) daß es sich um eine Geldleistung handelt. Auf die Zwangsvollstreckung wegen anderer Leistungen finden die Art. 6 ff. keine Anwendung. Auf letztere findet, wenn der Beschluß in einer der im Gesetze vom 8. August 1878 betr. die Errichtung eines Verwaltungsgerichtshofes u. s. w. bezeichneten Angelegenheiten ergangen ist, Art. 46 dieses Gesetzes und § 43 der hierzu ergangenen Vollzugsvorschriften vom 25. Januar 1901 (G.- u. VBl. S. 41 ff.) Anwendung. In anderen Fällen kommt entweder direkter Zwang zur Anwendung oder die Verwaltungsbehörde kann die Handlung auf Kosten des Pflichtigen vornehmen und die Kosten nach Maßgabe des Art. 6 ff. beitreiben. Vgl. ferner Art. 99, 143 der rechtsrheinischen, Art. 77 der pfälzischen Gemeindeordnung.

c) daß eines der zum Vollzuge von Urtheilen in bürgerlichen Rechtsstreitigkeiten gegebenen Vollstreckungsmittel angewendet werden soll (vgl. §§ 803 ff. CPO., das Reichsgesetz über die Zwangsversteigerung und die Zwangsverwaltung vom 24. März 1897 und das Ausführungsgesetz hierzu vom 9. Juni 1899, und, da die beiden letztgenannten Gesetze die Anlegung des Grundbuchs zur Voraussetzung haben, vor der Anlegung des Grundbuchs auch die Subh-O. vom 23. Februar 1879).

Ueber die Vollstreckbarkeitserklärung von Ersatzansprüchen des Militärärars vgl. Kriegsministerialreskript vom 11. November 1884 (JMBl. S. 212).

2. Der Beschluß muß alle Voraussetzungen der Vollstreckbarkeit an sich tragen, also die Person des Gläubigers, des Schuldners, die Existenz und Fälligkeit der Forderung erkennen lassen (OGH. V 490), vgl. insbesondere §§ 704, 705, 750 CPO. Vor allem muß der Beschluß rechtskräftig sein. Eine vorläufige Vollstreckbarkeit ist nicht anerkannt (OGH. XV. 523).

3. Die Prüfung, ob die gesetzlichen Voraussetzungen der Vollstreckung gegeben sind, obliegt der Behörde, welche die Vollstreckungsklausel ertheilt.

4. Die für vollstreckbar erklärten Urkunden und Beschlüsse sind im ganzen Königreiche vollstreckbar. Die Vollstreckbarkeit gegenüber außerbayerischen Staaten bestimmt sich nach den einschlägigen Staatsverträgen. Soweit die Zwangsvollstreckung den Gerichten zugewiesen ist, bestimmt sich die Verpflichtung zur Rechtshülfe nach dem Gesetze vom 21. Juni 1869.

5. Vgl. §§ 205, 206 der Bekanntmachung vom 28. April 1900, die Geschäftsanweisung für Gerichtsvollzieher betr. (JMBl. S. 739).

Art. 7. Bei den auf Grund des Art. 6 stattfindenden Zwangsvollstreckungen sind die Bestimmungen der Civilprozeßordnung maßgebend. Die Verwaltungsbehörden können die Zwangsvollstreckung, soweit sie nicht den Gerichten zugewiesen ist, sowohl durch die ihnen zu Gebote stehenden besonderen Vollzugsorgane als auch durch Gerichtsvollzieher bewirken lassen.

Einwendungen gegen die Zwangsvollstreckung, welche den Rechtsbestand oder die Auslegung der Entscheidung der Verwaltungsbehörde oder die Frage betreffen, ob die Forderung, für welche die Vollstreckung stattfindet, überhaupt oder in der angesprochenen Größe entstanden ist, und Einwendungen, welche die Zulässigkeit der Vollstreckungsklausel betreffen, sind, soweit das Verhältniß, in welchem die Forderung ihren Grund hat, dem Verwaltungsgebiet angehört, bei der zuständigen Verwaltungsbehörde geltend zu machen. Ueber alle sonstigen Einwendungen und Streitigkeiten haben die Gerichte zu entscheiden.

1. Art. 7 hat nur die auf Grund des Art. 6 stattfindenden Zwangsvollstreckungen im Auge; er findet daher z. B. dann keine Anwendung, wenn andere Leistungen als Geldleistungen in Frage stehen.

2. Maßgebend sind die Bestimmungen der §§ 704—882, 899—945 CPO. und gemäß § 869 CPO. auch das Gesetz über die Zwangsversteigerung und Zwangsverwaltung, sowie das Ausführungsgesetz hierzu vom 9. Juni 1899. Bis zur Herstellung des Grundbuchs gilt noch an Stelle der beiden zuletzt genannten Gesetze die Subhastationsordnung vom 23. Februar 1879 und die Novelle hierzu vom 29. Mai 1886 im Zusammenhalte mit den Bestimmungen der Art. 52 ff. AG. z. GBO.

3. Den Gerichten zugewiesen ist die Pfändung von Forderungen und anderen Vermögensrechten und die Immobiliarzwangsvollstreckung (§§ 828 ff., 857 ff., 864 ff. CPO.), sowie die Anordnung der Zwangsversteigerung und Zwangsverwaltung von Grundstücken und Schiffen (§ 869 f. CPO., §§ 15, 146 ff., 162 ff. ZVG.).

4. Als besondere Vollzugsorgane der Verwaltungsbehörden kommen die Hülfsorgane der einzelnen Behörden, z. B. Rentamts-, Bezirksamtsdiener u. s. w. in Betracht.

5. Bezüglich der Gerichtsvollzieher vgl. §§ 205, 206 der Bekanntmachung vom 28. April 1900 betr. die Geschäftsanweisung für Gerichtsvollzieher (JMBl. S. 739); bezüglich der Anschlußpfändungen vgl. § 144 a. a. O. Vgl. ferner § 4 Abs. 3, § 5 Abs. 7 FMBek. vom 27. Dezember 1899, die Vorschriften über die Beitreibung der Staatsgefälle betr. (FMBl. S. 355).

6. Die Grenze für die Zuständigkeit der Gerichte und der Verwaltungsbehörden ist in der Weise gezogen, daß zur Entscheidung von Einwendungen und Streitigkeiten gemäß Abs. 2 Satz 2 grundsätzlich die Gerichte zuständig sind, während die Verwaltungsbehörden lediglich zur Entscheidung der ihnen im Abs. 2 Satz 1 zugewiesenen Einwendungen zuständig sind. Freilich wird in der Praxis die Regel die Ausnahme, und die Ausnahme die Regel bilden (OGH. VII. 612, XV. 523). Wird das Erlöschen des Anspruchs behauptet, so ist die Zuständigkeit des für die Sache selbst zuständigen Gerichts (§ 767 CPO.), nicht des Vollstreckungsgerichts und nicht der Verwaltungsbehörden, gegeben.

7. Art. 7 findet auch auf die Zwangsvollstreckung aus denjenigen Entscheidungen Anwendung, die in den im Gesetze vom 8. August 1878 bezeichneten Angelegenheiten ergangen sind (vgl. Art. 46 Abs. 2 a. a. O.).

Art. 8. Die Bestimmungen der Art. 4, 6 und 7 finden auf die Gemeinde- und Stiftungsverwaltungen entsprechende Anwendung.

1. Vgl. Art. 48, 54, 57 der rechtsrheinischen, Art. 38 der pfälzischen Gemeindeordnung, Art. 19 Abs. 2, 32 Abs. 2 des Armengesetzes vom 29. April 1869 in der Fassung vom 30. Juli 1899 (G.- u. VBl. S. 489 ff.), vgl. auch Art. 4 Anm. Die jüdischen Kultusgemeinden haben kein Vollstreckungsrecht (OGH. V. 971).

2. Bezüglich der Beitreibung rückständiger Kirchengemeindeumlagen vgl. § 23 Nr. II des Landtagsabschieds vom 26. Mai 1892 (G.- u. VBl. S. 131).

3. Vgl. § 55 des Reichskrankenversicherungsgesetzes vom $\frac{\text{15. Juli 1883}}{\text{10. April 1892}}$, § 109 des Reichsunfallversicherungsgesetzes, § 58 Abs. 2 des Gesetzes betr. die Gewerbegerichte vom 29. Juni 1890.

Zwangsvollstreckung gegen den k. Fiskus, Gemeinden, Körperschaften und Stiftungen.

Art. 9. Die Zwangsvollstreckung wegen Geldforderungen gegen den k. Fiskus findet ohne Einmischung der Gerichte auf dem Verwaltungsweg unter Verantwortlichkeit der zuständigen Verwaltungsbehörden und Minister statt. Die Unzulänglichkeit der für die einschlägigen Dienstzweige bestimmten Gelder dient nicht zur Rechtfertigung einer Verzögerung.

Für die Zwangsvollstreckung wegen Geldforderungen gegen Gemeinden und die unter Leitung des Staates oder einer Gemeinde stehenden Körperschaften und Stiftungen haben die vom Staate bestellten Aufsichtsbehörden Anordnung zu treffen und diese, wenn die Gemeinde, Körperschaft oder Stiftung nicht selbst, soweit es ihren organischen Befugnissen entspricht, der Verpflichtung Genüge leistet, mittels der durch die Verwaltungsgesetzgebung dargebotenen Zwangsmittel ohne Einmischung der Gerichte zum Vollzuge zu bringen.

Die vorstehenden Bestimmungen finden keine Anwendung, soweit dingliche Rechte verfolgt werden.

1. Vgl. § 47 der Bekanntmachung vom 28. April 1900, die Geschäftsanweisung für Gerichtsvollzieher betr. (JMBl. S. 648).

2. Unter „Gemeinden" sind nicht nur die Gemeinden und Ortschaften im Sinne der Gemeindeordnungen, sondern auch die Distrikts- und Kreisgemeinden und Kultusgemeinden zu verstehen.

3. Unter den „dinglichen" Rechten sind nicht bloß Rechte an Grundstücken, sondern auch Rechte an solchen Rechten und Rechte an beweglichen Sachen zu verstehen. In solchen Fällen gelten die allgemeinen Vorschriften.

Art. 10. Ueber das Vermögen einer der im Art. 9 Abs. 2 bezeichneten juristischen Personen des öffentlichen Rechtes findet ein Konkurs nicht statt.

I. 77 (E. 33), 112 Begr., 219 (Z.[I] 33), 366 (Z.[II] 122 W.). II. 330 — Becher IV. V.[II] 22, *90*, *269*, 407, *427*, *484*. IV. V.[III] 12, *233*.

Art. 10 beruht auf dem Vorbehalt des Art. IV des EG. z. dem Gesetze betr. Aenderungen der Konkursordnung vom 17. Mai 1898 (RGBl. S. 248).

Klagen auf Ersatz des bei Aufläufen verursachten Schadens.

Art. 11 (10). Die Ansprüche aus der Haftung des Staates oder der Gemeinden für den bei Zusammenrottungen verursachten Schaden sowie die Ansprüche des Fiskus gegen die betheiligten Gemeinden auf Ersatz der Kosten, die aus dem Einschreiten der bewaffneten Macht zur Erhaltung der inneren Sicherheit oder der gesetzlichen Ordnung entstehen, erlöschen mit dem Ablauf eines Jahres, wenn nicht vorher die Klage erhoben wird. Die einjährige Frist beginnt für die Ansprüche der ersteren Art mit der Beschädigung, für die Ansprüche der letzteren Art mit dem Zeitpunkt, in welchem die Verwendung der bewaffneten Macht ihr Ende erreicht.

Ist die Haftungsverbindlichkeit mehrerer Gemeinden begründet, so müssen dieselben gemeinsam belangt werden.

Hinsichtlich des Vollzugs der gegen die Beklagten ergehenden Urtheile verbleibt es bei den Bestimmungen der Gesetze vom 12. März 1850 und vom 4. Mai 1851. Der obsiegende Kläger hat den Vollzug bei der zuständigen Behörde unter Vorlage einer vollstreckbaren Ausfertigung des Urtheils zu beantragen.

I. 77 E. 33, 113 Begr., 219 Z.[I] 33 366 Z.[II] 122[32]. II. 330, 432 — Becher IV. V.[II] 22, *90, 269, 376*, 386, 407, *427, 485*. IV. V.[III] 12, *233*.

1. Vgl. Art. 166 Ziff. III 1 AG. z. BGB. und S. 196. Die hier getroffene Aenderung ist dadurch bedingt, daß das Gesetz vom 12. März 1850, die Verpflichtung zum Ersatze des bei Aufläufen diesseits des Rheins verursachten Schadens betr. (G.- u. VBl. S. 73), durch Art 142 AG. z. BGB. auf die Pfalz erstreckt wurde.

2. Hinsichtlich der Haftung des Staates, vgl. Art. 2 Abs 2, Art. 15 des Gesetzes vom 12. März 1850; hinsichtlich der Haftung der Gemeinde: Art. 1, 2 ff. a. a. O.; hinsichtlich der Ansprüche des Fiskus auf Kostenersatz: Art. 14 des Gesetzes vom 4. Mai 1851 in der Fassung des Art. 145 AG. z. BGB.

Der Regreßanspruch der Gemeinden u. s. w. gegen die Anstifter und Theilnehmer an der Zusammenrottung wird durch Art. 11 nicht berührt.

3. Wird die Klage nicht binnen Jahresfrist erhoben, so e r l i s c h t der Anspruch. Die Vorschriften des BGB. über die Verjährung, insbesondere über deren Hemmung, Unterbrechung und Wirkung, finden daher keine Anwendung.

4. Zur Verwendung der aufgebotenen Macht gehört auch der Rückmarsch nach dem Orte, von dem sie herbeigerufen wurde; erhält sie dagegen nach Herstellung der Ordnung eine andere Bestimmung, so endet die Verwendung mit dem Abmarsch aus dem Orte (Mot).

5. Im Falle des Abs. 2 ist nothwendige Streitgenossenschaft nach § 62 CPO. begründet.

6. Zu Abs. 3 Satz 1: vgl. Art. 8—13 des Gesetzes vom 12. März 1850 und Art. 14 des Gesetzes vom 4. Mai 1851.

7. Zu Abs. 3: vgl. ferner § 47 der Bekanntmachung vom 28. April 1900, die Geschäftsanweisung für Gerichtsvollzieher betr. (JMBl. S. 648).

Vermittelungsamt.

Art. 12 (11). Das Vermittelungsamt der Gemeinden, Militärbehörden und Universitätsrektorate richtet sich nach den hierüber bestehenden besonderen Bestimmungen.

Für den Kläger besteht keine Verbindlichkeit zur Anrufung eines der vorbezeichneten Vermittelungsämter, und der zu Belangende unterliegt im Falle des Nichterscheinens weder einer Strafe noch dem Kostenersatze.

Die Gemeindebediensteten, Militärbehörden und Universitätsrektorate handeln bei Ausübung des Vermittelungsamts als öffentliche Behörden.

Ist ein Vergleich oder eine sonstige auf den Rechtsstreit bezügliche Uebereinkunft vor einem der vorbezeichneten Vermittelungsämter zu Stande gekommen, so ist darüber eine von den Betheiligten zu unterzeichnende Urkunde aufzunehmen.

Durch solche Urkunden werden in den Fällen, in welchen das Gesetz Notariatsurkunden verlangt, diese nicht ersetzt.

1. Vgl. Art. 100, 144 der Gemeindeordnung für die Landestheile rechts des Rheins (den pfälzischen Gemeinden steht ein Vermittelungsamt in bürgerlichen Rechtsstreitigkeiten nicht zu) — § 5 des Gesetzes vom 15. August 1828, die Militärgerichtsbarkeit in bürgerlichen Rechtssachen betr., — Titel III § 38 lit. g der revidirten Satzungen für die Studirenden an den k. bayerischen Universitäten vom 13. Februar 1842, bezw. 1. Oktober 1849 (Döllinger XXIV S. 87 ff., 121 ff.; Weber IV S. 54).

2. Zu Abs. 2: Der Sühneversuch ist jedoch dann obligatorisch, wenn wegen Beleidigung Privatklage erhoben werden will, außer wenn entweder der Fall des § 196 St.GB. (Berufsbeleidigung) vorliegt oder die Parteien nicht in demselben Gerichtsbezirke wohnen (§ 420 St.PO., Art. 80 AG. z. GVG., Bekanntmachung vom 5. August 1879 JMBl. S. 369; vgl. auch bayer. Gemeindezeitung 1891 S. 767).

3. Zu Abs. 3: Die von den genannten Behörden aufgenommenen Urkunden sind daher „öffentliche Urkunden" im Sinne des § 415 CPO. Eine Zwangsvollstreckung findet aber aus diesen Urkunden nicht statt (vgl. § 794 CPO.).

4. Zu Abs. 5: Auch die gerichtliche Beurkundung wird in den Fällen, in welchen das Gesetz eine solche erfordert, durch diese Urkunden nicht ersetzt.

5. Wegen der Gebührenfreiheit s. Art. 3 Ziff. 3 des Gebührengesetzes in der Fassung vom 11. November 1899.

Zustellungen an Militärpersonen.

Art. 13 (20). Bei Zustellungen an Militärpersonen und bei Ladungen von Militärpersonen als Zeugen oder Sachverständige findet auch in den Angelegenheiten, für welche die Landesgesetze maßgebend sind, eine Mitwirkung der Militärbehörden nur soweit statt, als eine solche in bürgerlichen Rechtsstreitigkeiten vorgeschrieben ist.

Soweit hiernach eine Mitwirkung der Militärbehörden einzutreten hat, ist für Zustellungen die Bestimmung des § 172 der Civilprozeßordnung, für Ladungen von Militärpersonen als Zeugen oder Sachverständige die Bestimmung des § 378 der Civilprozeßordnung maßgebend.

I. 77 (E. 33), 112 Begr., 219 (Z.[I] 33), 366 (Z.[II] 122[32]). II. 330. — Becher IV. V.[II] 22, 90, 269, 367, 407, 427, 486. IV. V.[III] 12, 233.

§ 172 CPO.: Die Zustellung für einen Unteroffizier oder einen Gemeinen des aktiven Heeres oder der aktiven Marine erfolgt an den Chef der zunächst vorgesetzten Kommandobehörde (Chef der Compagnie, Eskadron, Batterie u. s. w.).

§ 378 CPO.: Die Ladung einer dem aktiven Heere oder der aktiven Marine angehörenden Person des Soldatenstandes als Zeuge erfolgt durch Ersuchen der Militärbehörde.

1. „Der frühere Art. 20, welcher die Vorschriften des § 4 des Gesetzes vom 15. August 1828, die Militärgerichtsbarkeit in bürgerlichen Rechtssachen betr., über Zustellungen an Militärpersonen und Ladungen von Militärpersonen als Zeugen oder Sachverständige geändert hat, beschränkte sich auf die nicht zur ordentlichen streitigen Gerichtsbarkeit gehörenden Sachen, weil für das Gebiet der ordentlichen streitigen Gerichtsbarkeit die reichsgesetzlichen Vorschriften der CPO. und der St.PO. maßgebend sind. Da vom Inkrafttreten des BGB. an auch die Zustellungen und Ladungen in den durch Reichsgesetz den Gerichten übertragenen Angelegenheiten der freiwilligen Gerichtsbarkeit (§ 16 GFG.) und die Zustellungen im bürgerlichen Verkehre (§ 132 BGB.) reichsgesetzlich geregelt sind, so sind nunmehr als Anwendungsgebiet des Artikels die Angelegenheiten bezeichnet, für welche die Vorschriften der Landesgesetze maßgebend sind" (Begr.). Art. 10 findet auch auf das Verfahren in reinen Verwaltungssachen und in Verwaltungsrechtssachen Anwendung (vgl. Mot. zu dem früheren Art. 20 S. 198), s. auch S. 498.

2. Zu unterscheiden sind:

a) Zustellungen an Militärpersonen als Partei. Auf diese findet § 172 CPO. Anwendung.

b) Ladungen von Militärpersonen als Zeugen oder Sachverständige. Für diese gilt § 378 CPO.

3. Unter „Militärpersonen" sind die Personen des Soldatenstandes und die Militärbeamten zu verstehen, welche zum Heer oder zur Marine gehören (§ 4 des Reichsmilitärstrafgesetzbuchs vom 20. Juni 1872 RGBl. S. 175). Wegen der Personen, die zum aktiven Heere gehören, vgl. § 38 des Reichsmilitärgesetzes vom 2. Mai 1874 (RGBl. S. 55).

4. Die Angehörigen der Münchener Schutzmannschaft und des Gendarmeriekorps zählen nicht zu den dem aktiven Heere angehörigen Militärpersonen (vgl. § 68 Abs. 2, § 74 Abs. 2 der Bekanntmachung vom 28. April 1900, die Geschäftsanweisung für Gerichtsvollzieher betr. JMBl. S. 669).

5. Bezüglich des Begriffs der *Militärbehörde* vgl. Kriegsministerialbekanntmachung vom 10. Mai 1880 Kriegs-MBl. S. 182, JMBl. S. 197).

Eidesmündigkeit.

Art. 14 (21). Personen, welche das 16. Lebensjahr nicht zurückgelegt haben, darf, soweit nicht die Reichsgesetze hierüber bestimmen, ein Eid oder eine Versicherung an Eidesstatt von öffentlichen Behörden nicht abgenommen werden.

Betheuerung an Eidesstatt.

Art. 15 (22). Mitgliedern von Religionsgesellschaften, deren Bekenntniß die Eidesleistung untersagt, ist an Stelle des Eides die dem Bekenntniß entsprechende Betheuerung gestattet.

1. Art. 71 AG. z. St.PO. hat den gleichen Wortlaut.

2. In Betracht kommt die Königliche Allerhöchste Verordnung vom 21. Oktober 1811, die feierlichen gerichtlichen Aussagen der Menoniten betr. (RBl. S. 1601, Weber I S. 357):

1. Wenn ein Menonite in einer Civil- oder Kriminalsache, als Zeuge oder Partei, zu feierlicher Versicherung an Eidesstatt zugelassen werden soll, so muß derselbe zuvor durch ein Zeugniß eines Aeltesten, Lehrers oder Vorstehers seine Religionspartei gehörig bescheinigen, daß er entweder in dieser Religion geboren sei oder sich wenigstens seit einem Jahre zu derselben bekennt, und bisher einen untadelhaften Wandel geführt habe.

Sodann ist derselbe

2. von dem Richter, allenfalls nach Befinden der Umstände, mit Zuziehung eines Vorstehers oder Lehrers dieser Religionspartei, im Allgemeinen der Verbindlichkeiten, welche er bei dem Eintritt *in seinen Glauben und in den Taufbund* übernommen habe, sowie seiner Bürgerpflicht, die reine unverfälschte Wahrheit auszusagen zu erinnern und überdies zu belehren, daß das *Ja*

und Nein hier dem wirklichen Eide völlig gleich gelte, und daß eine falsche Betheuerung die dem Meineide gedrohten gesetzlichen Strafen nach sich ziehe.

3. Nach dieser vorläufigen Ermahnung ist dem Komparenten der Handschlag abzunehmen, begleitet von der nachzusprechenden Betheuerungsformel:

„ich verspreche mit gegenwärtigem Handschlag, wie bei meinem Taufbunde, die reine Wahrheit zu sagen".

Zwangsenteignung.

Art. 16 (45). An Stelle der Art. XIX, XX, XXI und XXII Ziff. 5 und 6 des Gesetzes vom 17. November 1837, die Zwangsabtretung von Grundeigenthum für öffentliche Zwecke betreffend, treten nachstehende Bestimmungen.

I. 77 E. 33 113 Begr. 219 Z.I 33, 366 Z.II 122 32. II. 330 — Becher IV V.II 22. 90, 270, 407, 427, 486. IV. V.III 12. 233

1. Geändert wurde durch Art. 166 Ziff. V AG. z. BGB. die bisherige Ueberschrift: „Verfahren bei Streitigkeiten über die Entschädigung bei Zwangsenteignung", und zwar deshalb, weil die Vorschriften der folgenden Artikel

a) theilweise auch materiellrechtlicher Natur sind,

b) nicht unter allen Umständen das Vorliegen einer „Streitigkeit" über die Entschädigung zur Voraussetzung haben.

2. Weitere Aenderungen des Gesetzes vom 17. November 1837, die Zwangsabtretung von Grundeigenthum für öffentliche Zwecke betr., enthält Art. 139 AG. z. BGB.

3. Vgl. ferner Art. 5, 13, 20, 24, 31, 38, 48, 63, 70, 89 des Wasserbenützungsgesetzes vom 28. Mai 1852, Art. 1, 20, 21, 38 des Gesetzes über die Bewässerungs- und Entwässerungsunternehmungen vom 28. Mai 1852, Art. 9, 10 des Uferschutzgesetzes vom 28. Mai 1852, Art. 156 ff. des Berggesetzes in der Fassung vom 20. Juli 1900, Art. 34 des Flurbereinigungsgesetzes in der Fassung vom 30. Juli 1899, § 41 des Reichsgesetzes vom 21. Dezember 1871 betr. die Beschränkung des Grundeigenthums in der Umgebung von Festungen.

Art. 17 (46). Wird die Abtretung des angesprochenen Grundeigenthums nicht verweigert oder ist über die Verpflichtung zur Abtretung von der zuständigen Administrativjustizstelle ein rechtskräftiges Erkenntniß erlassen, so hat auf Antrag des Abtretungsberechtigten die Feststellung der Entschädigung im Wege der Schätzung durch die zuständige Distriktsverwaltungsbehörde zu erfolgen. Der Antrag hat die genaue Bezeichnung des abzutretenden Grundstücks sowie die Angabe des Abtretungspflichtigen und der sonstigen Betheiligten zu enthalten. Der Antrag soll soweit thunlich für die in demselben Verwaltungsbezirke belegenen Grundstücke gleichzeitig gestellt werden.

Wird die Einleitung des Schätzungsverfahrens bezüglich eines zur Abtretung angesprochenen Gegenstandes nicht binnen sechs Monaten von der freiwilligen Anerkennung der Abtretungspflicht oder dem hierüber ergangenen rechtskräftigen Erkenntniß an von Seite des Abtretungsberechtigten beantragt, so ist der Abtretungspflichtige zur Stellung des Antrags befugt.

I. E. 33, 113 Begr., 219 (Z.[I] 33), 366 (Z.[II] 122[32]). II. 330 — Becher IV. V.[II] 22. 90, 270, 407, 427, 486. IV. V.[III] 12, 233.

1. Art. 46 Abs. 1 Satz 1 und 2 erfuhren durch Art. 166 Ziff. VI einige Aenderungen (s. auch S. 505).

2. Die einzige Voraussetzung für die Anwendbarkeit der Vorschriften der Art. 17 ff. ist, daß

a) entweder die Abtretung des angesprochenen Grundeigenthums nicht verweigert wird oder

b) über die Verpflichtung zur Abtretung von der zuständigen Administrativjustizstelle ein rechtskräftiges Erkenntniß erlassen ist. Zuständig ist in erster Instanz die Kreisregierung, Kammer des Innern, in zweiter der Verwaltungsgerichtshof (Art. XVIII des Gesetzes vom 17. November 1837, Art. 8 Ziff. 10 des Gesetzes vom 8. August 1878).

Nicht Voraussetzung ist, daß „unter den Betheiligten nur noch die Frage über die Art oder den Betrag der zu leistenden Entschädigung streitig ist". Vielmehr hat der Abtretungsberechtigte in allen Fällen, in denen nicht schon eine Einigung über die Entschädigung erzielt worden ist, das Recht, das Schätzungsverfahren zu beantragen. Dies gilt auch dann, wenn zwar eine Einigung erfolgt ist, wenn aber über die Wirksamkeit der Einigung Streit besteht.

3. Wer abtretungsberechtigt ist, findet sich in Art. IV des Gesetzes vom 17. November 1837.

4. Zuständig für das Schätzungsverfahren ist die Distriktsverwaltungsbehörde, in deren Bezirke die abzutretenden Grundstücke liegen (Abs. 1 Satz 3).

5. Wer abtretungspflichtig ist und inwieweit andere Personen bei der Abtretung betheiligt sind, muß nach Art. XV des Gesetzes vom 17. November 1837 bereits festgestellt sein (So Böhm, AG. z. CPO. Anm. 3).

6. Vor Ablauf der im Abs. 2 bezeichneten Frist ist der Abtretungspflichtige zur Stellung des Antrags nicht befugt.

Nach Henle-Habel AG. z. CPO. Anm. 6, Henle Zwangsenteignungsgesetz Anm. 10 sind im Falle des Abs. 2 als antragsberechtigt alle bei der Festsetzung der Entschädigung Betheiligten, namentlich Pächter, Nutzungsberechtigte, Hypothekengläubiger zu erachten.

Art. 18 (47). Die Distriktsverwaltungsbehörde bestimmt sofort einen Termin zur Abschätzung der in dem Antrage bezeichneten Gegenstände. Nach Lage der Sache können zur Abschätzung einzelner Gegenstände oder bestimmter Gruppen derselben gesonderte Termine bestimmt werden.

Zu dem Termine sind die Betheiligten zu laden sowie drei Sachverständige als Schätzleute entweder für alle zur Abschätzung bestimmten Gegenstände oder für einzelne Gegenstände oder einzelne Arten derselben beizuziehen. Auf die Ladung finden die Vorschriften des Art. XV Absatz 1 Satz 2, Abs. 2, 3 des Gesetzes vom 17. November 1837 entsprechende Anwendung; schriftliche Mittheilung erfolgt nur an den Abtretungsberechtigten, die Abtretungspflichtigen und die sonstigen Betheiligten, die sich zur Theilnahme an dem Schätzungsverfahren bei der Distriktsverwaltungsbehörde gemeldet haben. Die Schätzleute sind, sofern sich nicht die Betheiligten über deren Wahl geeinigt und spätestens eine Woche vor dem Termine hiervon Anzeige gemacht haben, von der Distriktsverwaltungsbehörde zu ernennen. Personen, welche als Entschädigungsberechtigte von der Enteignung betroffen sind oder welche an der Feststellung der Entschädigungssumme sonst ein rechtliches Interesse haben, können nicht als Schätzleute bestimmt werden.

I. 77 (E. 33, 113 Begr., 219 (Z.I 33), 299, 366 (Z.II 122[32]). II. 330, 575 — Becher IV. V.II 22, *90*, *271*, 407, *427*, *487*, 530, 540, *563*. IV. V.III 12, *233*.

Art. XV Abs. 1 Satz 2, Abs. 2, 3 des Gesetzes vom 17. November 1837:

Sie (die Distriktsverwaltungsbehörde) bestimmt sofort eine Tagsfahrt zur Verhandlung der Sache, erlässt die Ladung hierzu unter genauer Bezeichnung der Zeit und des Orts der Tagsfahrt, und bringt dieselbe 14 Tage vor dem anberaumten Termine durch Veröffentlichung in dem ihr zu amtlichen Kundmachungen dienenden Blatte und durch Anheftung in den betheiligten Gemeinden, dann durch schriftliche Mittheilung an jeden einzelnen Betheiligten und an die Antragsteller oder deren Vertreter mit dem Bemerken zur allgemeinen Kenntniss, dass die Pläne bei Amte zur Einsicht bereit liegen.

Die schriftliche Mittheilung an die Betheiligten und die Antragsteller oder deren Vertreter ist durch die Gemeindebehörde oder durch die Post gegen Nachweis zuzustellen. Die Zustellung unterbleibt, wenn der Wohnort der zu ladenden Person nicht bekannt ist.

Soweit die im Artikel XI *(s. bei Art. 24)* bezeichneten Betheiligten nicht im Grundbuch eingetragen sind, werden sie nur berücksichtigt, wenn sie Erben eines eingetragenen Berechtigten sind oder wenn ihre Rechte angemeldet und auf Verlangen der Distriktspolizeibehörde glaubhaft gemacht sind. Die Rechtswirksamkeit der Ladung ist bei den im Artikel XI bezeichneten Betheiligten von der Zustellung der schriftlichen Mittheilung nur abhängig, wenn der Betheiligte sich zur Theilnahme an dem Verfahren gemeldet und erforderlichen Falles sein Recht glaubhaft gemacht hat.

1. Durch Art. 166 Abs. 1 Ziff. VII AG. z. BGB. wurde Abs. 2 Satz 2 neu eingefügt (s. auch S. 506).

2. Die Ladung der Betheiligten zum Termine genügt; erscheinen sie nicht, so findet der Termin gleichwohl statt; denn der Termin soll lediglich zur Information der Schätzleute dienen.

Wer als „Betheiligt" zu gelten hat, ist in diesem Zeitpunkte bereits gemäß Art. XV des Gesetzes vom 17. November 1837 festgestellt (vgl. Böhm AG. z. CPO. Art. 46 Anm. 3 und Art. 47 Anm. 2).

3. Den beizuziehenden Schätzleuten kann, wenn auch das Gesetz keine diesbezügliche Bestimmung enthält, in der Ladung angedroht werden, daß sie im Falle unentschuldigten Ausbleibens in die hierdurch verursachten Kosten verurtheilt werden (So auch Böhm AG. z. CPO. Anm. 3; Hartmann Zwangsenteignungsgesetz Art. 47 Anm. 3 Abs. 4, Henle Zwangsenteignungsgesetz Art. 47 Anm. 6, Henle-Habel AG. z. CPO. Anm. 3).

4. Zur Theilnahme am Termin sind alle Betheiligten, auch wenn sie nicht schriftlich geladen wurden, berechtigt.

5. Im Falle der Einigung der Betheiligten über die Person der Schätzleute und rechtzeitiger Mittheilung derselben ist die Distriktsverwaltungsbehörde an die Einigung gebunden; selbstverständlich ist, daß die Einigung nur dann gültig ist, wenn sie sich auf Personen bezieht, die auch als Schätzleute bestimmt werden können (vgl. Abs. 2 letzter Satz — So auch Böhm a. a. O. Anm. 4. Henle-Habel Anm. 7; AM. Henle Anm. 12, Seydel bayer. St.R. 2. Aufl. Bd. II S. 366 Anm. 26).

6. Wird die Schätzung von Personen vorgenommen, die nicht als Schätzleute bestimmt werden können, so ist die Schätzung nichtig.

Art. 19 (48). In dem Abschätzungstermine hat zunächst mit Zuziehung der Schätzleute Einnahme des Augenscheins und Vernehmung der Betheiligten über etwaige besondere auf die Werthsbestimmung Einfluß äußernde Verhältnisse sowie über die von den Abtretungspflichtigen beanspruchten und von dem Abtretungsberechtigten angebotenen Summen zu Protokoll zu erfolgen und ist unter den Betheiligten eine gütliche Einigung zu versuchen. Im Falle des Nichtzustandekommens derselben wird sodann nach Beeidigung und entsprechender Belehrung der Schätzleute zur protokollarischen Aufnahme der Schätzungen geschritten. Für die Schätzung sind die in Titel II des Gesetzes vom 17. November 1837 aufgestellten Grundsätze maßgebend.

Den Schätzleuten kann nach Lage der Sache auch eine kurze Frist zur schriftlichen Abgabe der Schätzung eröffnet werden. In diesem Falle sind die zu beantwortenden Fragen zum Protokolle festzustellen und den Schätzleuten in Abschrift zu übergeben.

1. Die Schätzung findet nur statt, wenn der Versuch einer gütlichen Einigung erfolglos blieb (vgl. auch Art. 26).

2. Bezüglich der Beeidigung der Schätzleute dürften, da besondere Vorschriften nicht bestehen, die Vorschriften der §§ 410, 481 CPO. zur Anwendung zu kommen haben (So auch Böhm Anm. 5 zu Art. 48, Henle-Habel Anm. 2).

Art. 20 (49). Auf Grund der von den Schätzleuten abgegebenen Erklärungen hat die Distriktsverwaltungsbehörde die Entschädigungssummen für die einzelnen Abtretungsgegenstände auszusprechen. Hierbei ist dieselbe, falls die Werthsbestimmungen der Schätzleute übereinstimmen, an den hiernach sich ergebenden Betrag gebunden. Besteht Meinungsverschiedenheit unter den Schätzleuten, so ist die Entschädigungssumme unter Würdigung der Begründung der verschiedenen Werthsangaben, jedoch innerhalb der Grenze derselben, festzustellen.

1. Die Feststellung der Entschädigungssumme braucht nicht nothwendig im Schätzungstermine zu erfolgen.

2. Die Entschädigungssumme ist für die einzelnen Abtretungsgegenstände auch dann auszusprechen, wenn dieselben einem und demselben Eigenthümer gehören.

3. Die Distriktsverwaltungsbehörde hat bei Meinungsverschiedenheiten der Schätzleute die Entschädigungssumme innerhalb der gezogenen Grenzen nach eigenem pflichtgemäßen Ermessen festzustellen nicht etwa bloß das arithmetische Mittel zu berechnen.

4. Wer sich bei der Schätzung nicht beruhigen will, kann den Rechtsweg gemäß Art. 21 beschreiten. Beschwerde gegen die Feststellung ist nicht zulässig. Wohl aber kann die Gesetzmäßigkeit der Schätzung im Beschwerdeweg angefochten werden, z. B. wegen Verletzung der Vorschrift des Art. 18 Abs. 2 letzter Satz (vgl. Entsch. d. Verw.-Ger.-H. XI 64, 70, 234, XIII 558).

Art. 21 (50). Gegen die Feststellung der Entschädigungssumme durch die Distriktsverwaltungsbehörde steht sowohl den Abtretungspflichtigen als auch dem Abtretungsberechtigten innerhalb einer von Bekanntgabe der festgestellten Beträge an laufenden Ausschlußfrist von einem Monate die Betretung des Rechtswegs behufs richterlicher Entscheidung über den Betrag der zu leistenden Entschädigung offen.

Für die Klage ist das Gericht ausschließlich zuständig, in dessen Bezirke das abzutretende Grundstück liegt.

Auf Verlangen einer Partei ist eine neue Schätzung vorzunehmen. Die Schätzleute, welche den Abtretungsgegenstand im Verfahren vor der Distriktsverwaltungsbehörde geschätzt haben, dürfen ohne Zustimmung der Parteien nicht als Sachverständige ernannt werden.

I. 77 (E. 33), 113 Begr., 219 (Z.[I] 33), 366 (Z.[II] 122[33]). II. 330 — Becher IV. V.[II] 22, *90, 271,* 407, *427, 486.* IV. V.[III] 12, *233.*

1. Unter den „Abtretungspflichtigen" sind nicht nur der Eigenthümer, sondern auch die Nebenbetheiligten, der Dienstbarkeitsberechtigte, der Pächter, Hypothekengläubiger u. s. w. zu verstehen (So auch Böhm Art. 50 Anm. 2, Henle-Habel Anm. 2, Henle Anm. 2, Hartmann Anm. 1).

2. Hinsichtlich der Fristberechnung vgl. § 222 CPO., §§ 187 bis 193 BGB.

3. Die richterliche Entscheidung ist auf die Feststellung des Betrags der zu leistenden Entschädigung beschränkt. Die Entscheidung anderer Fragen, z. B. der Entschädigungspflicht, steht den Gerichten nicht zu.

4. Abs. 2 hat seine Fassung durch Art. 166 Abs. 1 Ziff. VIII AG. z. BGB. erhalten (s. auch S. 507). Für den Werth des Streitgegenstandes, unddamit für die sachliche Zuständigkeit ist die Differenz zwischen dem von der Distriktsverwaltungsbehörde festgesetzten und dem beanspruchten Betrag maßgebend (OGH. XIII. S. 481).

Für die Fälle der Vereinigung mehrerer Grundstücke nach § 890 BGB. kommt § 36 Nr. 4 CPO. zur Anwendung.

5. Das Gericht ist an die neue Schätzung nicht gebunden. Freie Beweiswürdigung! (OGH. XIII. 44, 610).

Bezüglich der Kosten der Schätzung vgl. Art. 24 des Gebührengesetzes in der Fassung vom 11. November 1899.

Art. 22 (51). Nach Feststellung der Entschädigungssumme durch die Distriktsverwaltungsbehörde ist der Abtretungsberechtigte ohne Rücksicht darauf, ob die Frist zur Betretung des Rechtswegs noch läuft oder derselbe betreten wurde, befugt, gegen Erlage der festgestellten Entschädigungssumme und des Betrags der dem Abtretungspflichtigen erwachsenen Kosten die Einweisung in den Besitz der Abtretungsgegenstände durch die Distriktsverwaltungsbehörde zu erwirken und sodann über dieselben nach Maßgabe der Zweckbestimmung frei zu verfügen, insoweit dies nicht auf Antrag der Abtretungspflichtigen nach Anordnung des angerufenen Gerichts von vorheriger Sicherheitsleistung für den Fall der Erhöhung der Entschädigungssumme durch richterliches Urtheil abhängig gemacht wird. Ist der Abtretungsberechtigte der Staat, so kann an Stelle der Einweisung in den Besitz die sofortige Zwangsabtretung erwirkt werden: zu einer Sicherheitsleistung ist der Staat nicht verpflichtet.

I. 77 (E. 33), 113 Begr. 219 Z.^{I} 33, 366 Z.^{II} 122^{34}. II. 330. Becher IV. V.^{II} 22. *90*, *271*, 407, *427*, *488*. IV. V.^{III} 12, *223*.

1. Der Uebergang des Eigenthums an dem Grundstücke, das den Gegenstand der Enteignung bildet, oder das Erlöschen des der Enteignung unterliegenden Rechts tritt kraft Gesetzes ein, wenn die Abtretungspflicht und die Entschädigung endgültig festgestellt sind und die Entschädigungssumme an den empfangsberechtigten Abtretungspflichtigen gezahlt oder für die empfangsberechtigten Betheiligten hinterlegt ist. Wegen des Erlöschens der Hypotheken vgl. Art. XI des Zwangsenteignungsgesetzes.

Die Entschädigungspflicht ist endgültig festgestellt, wenn entweder die einmonatige Frist des Art. 21 unbenützt verstrichen oder bei Betretung des Rechtswegs das Urtheil rechtskräftig geworden ist.

Auf Grund des Art. 22 kann jedoch der Abtretungsberechtigte die Einweisung in den **Besitz** der Abtretungsgegenstände schon vor diesem Zeitpunkte erwirken, und zwar frühestens, sobald die Feststellung der Entschädigungssumme durch die Distriktsverwaltungsbehörde erfolgt ist.

Ist das Schätzungsverfahren überhaupt nicht eingeleitet worden, so ist für die Einweisung in den Besitz kein Raum, ebensowenig aber auch dann, wenn zwar das Schätzungsverfahren eingeleitet wurde, wenn aber im Schätzungstermine eine gütliche Einigung erfolgte (Art. 19).

2. Dem Antrag kann nur dann stattgegeben werden, wenn die festgestellte Entschädigungssumme und der Betrag der dem Abtretungspflichtigen in dem Verfahren vor der Verwaltungsbehörde erwachsenen Kosten erlegt ist.

Der Nachweis der Erlegung muß spätestens im Zeitpunkte der Beschlußfassung erbracht sein. Besondere Formvorschriften bestehen nicht.

Die Erlegung geschieht entweder durch Baarzahlung oder durch Hinterlegung nach Maßgabe des § 372 BGB. und der Hinterlegungsordnung vom 18. Dezember 1899 (s. Anhang). Die Hinterlegung hat bei Gericht zu erfolgen.

3. Die Einweisung in den Besitz hat die Wirkung, daß der Abtretungsberechtigte über die Abtretungsgegenstände nach Maßgabe der Zweckbestimmung frei verfügen kann. Diese Wirkung kann wieder beseitigt werden, wenn der Abtretungspflichtige eine einstweilige Verfügung des nach Art. 21 zuständigen Gerichts erwirkt, bis die erhöhte Sicherheit geleistet ist. Die einstweilige Verfügung kann auch vor Klageerhebung erwirkt werden, doch darf dann die einmonatige Frist des Art. 21 noch nicht abgelaufen sein.

4. Ob gegen den Einweisungsbeschluß Rechtsmittel zulässig sind, ist bestritten (vgl. Böhm Art. 50 Anm. 7, Henle-Habel Art. 22 Anm. 4, Hartmann Zwangsenteignungsgesetz S. 81, Seydel Bayer. St.R. 2. Aufl. S. 367 Anm. 40, Henle Zwangsenteignungsgesetz Anm. 5).

5. Satz 2 erhielt seine neue Fassung durch Art. 166 Abs. 1 Ziff. IX AG. z. BGB. (s. auch S. 508).

Der Staat kann an Stelle der Einweisung in den Besitz die sofortige Zwangsabtretung des Eigenthums, und zwar ohne Sicherheitsleistung erwirken. Erfordert wird aber auch hier ein Beschluß der Distriktsverwaltungsbehörde; wird ein solcher Beschluß nicht erwirkt, so geht auch auf den Staat das Eigenthum nicht früher über als in anderen Fällen (vgl. Anm. 1).

Art. 23 (52). Die Kosten des nach Art. XIII bis XVII des Gesetzes vom 17. November 1837 und nach vorstehenden Art. 16 bis 22 stattfindenden Administrativverfahrens sowie die Vergütung der den Betheiligten hierdurch verursachten nothwendigen Auslagen fallen dem Abtretungsberechtigten zur Last. Das Administrativverfahren ist gebührenfrei.

Ueber Tragung der durch die anhängig gemachten Prozesse erwachsenden Kosten haben die Gerichte nach Maßgabe der Bestimmungen der Civilprozeßordnung zu entscheiden.

1. Da Art. XVIII des Gesetzes vom 17. November 1837 nicht genannt ist, so wird geltend gemacht, daß die Verpflichtung zur Kostentragung auf die im Verfahren vor den Distriktsverwaltungsbehörden entstandenen Kosten beschränkt ist (Henle-Habel Anm. 2, Henle Zwangsenteignungsgesetz Anm. 2). Nach der Meinung der Praxis fallen aber dem Abtretungsberechtigten überhaupt die Kosten vor der ersten verwaltungsrechtlichen Instanz, also einschließlich des Verfahrens der Kreisregierung, zur Last (Entsch. d. Verwalt.-G.-H. Bd. XII S. 32).

2. Bezüglich der Gebührenfreiheit vgl. Entsch. d. Verwalt.-G.-H. Bd. XII S. 32, 37. Das Verfahren vor den Gerichten ist dagegen gebührenpflichtig (vgl. auch Art. 24 des Gebührengesetzes in der Fassung vom 11. November 1899).

Art. 24 (53). An der Entschädigungssumme stehen den Betheiligten, deren Rechte nach Art. XI des Gesetzes vom 17. November 1837 auf die Entschädigungssumme übergegangen sind, dieselben Rechte zu, die sie im Falle des Erlöschens ihrer Rechte durch Zwangsversteigerung an dem Erlöse haben würden. Der bisherige Eigenthümer und jeder Berechtigte kann die Eröffnung eines Vertheilungsverfahrens nach den für die Vertheilung des Erlöses im Falle der Zwangsversteigerung geltenden Vorschriften beantragen.

Das Gericht hat bei Eröffnung des Verfahrens von Amtswegen das Grundbuchamt um die im § 19 Abs. 2 des Gesetzes über die Zwangsversteigerung und die Zwangsverwaltung bezeichneten Mitteilungen zu ersuchen.

Als Beteiligte im Sinne des § 9 Nr. 1 des Gesetzes über die Zwangsversteigerung und die Zwangsverwaltung gelten diejenigen, für welche zur Zeit der Ertheilung der beglaubigten Abschrift des Grundbuchblatts ein Recht im Grundbuch eingetragen oder durch Eintragung gesichert ist; die in Folge der Zwangsabtretung erfolgten Rechtsänderungen bleiben außer Betracht. Als Beschlagnahme im Sinne des § 13 des angeführten Gesetzes ist die Zwangsabtretung, im Falle der Einweisung des Abtretungsberechtigten in den Besitz die Einweisung anzusehen.

I. 78 (E. 33), 113 Begr., 156, 161, 219 (Z.^{I} 33), 366 (Z.^{II} 122[32]). II. 330 — Becher IV. V.^{II} 22, *90*, *273*, 362, *364*, 407, *427*, *489*. IV. V.^{III} 12, *233*.

Art. XI des Gesetzes vom 17. November 1837:

Die auf dem Abtretungsgegenstande ruhenden Hypotheken und die in Beziehung auf denselben im Hypothekenbuche etwa eingetragenen Verfügungsbeschränkungen erlöschen durch dessen Entwehrung; die Forderungen, für welche sie bestellt waren, gehen jedoch auf die Entschädigungssumme über, und es muss diese Summe, welche, soweit sie reicht, und, wenn sie die hypothecirten Forderungen übersteigt, bis zum Betrage jener Hypotheken und deren Zinsen bei Gericht zu hinterlegen ist, an den Gläubiger ausbezahlt, oder nach gesetzlicher Ordnung, oder nach Uebereinkunft der Betheiligten, an diese vertheilt werden.

Handelt es sich nur um Beschwerung mit einer Dienstbarkeit, so tritt Gleiches in Bezug auf den Uebergang der hypothekarischen Forderung und eingetragenen Verfügungsbeschränkungen auf die Entwehrungs-Summe und auf die Verwendung derselben ein, jedoch bestehen die hypothekarischen Forderungen und Verfügungsbeschränkungen, insoweit sie aus der Entschädigungs-Summe nicht befriediget oder beseitiget werden konnten, auf dem nunmehr mit der Dienstbarkeit beschwerten Grundeigenthume fort.

§ 13 Abs. 1 u. 2 ZVG.:

Die laufenden Beträge wiederkehrender Leistungen nehmen ihren Anfang von dem letzten Fälligkeitstermine vor der Beschlagnahme des Grundstückes.

Fehlt es innerhalb der letzten zwei Jahre an einem Fälligkeitstermin, so entscheidet die Zeit der Beschlagnahme.

§ 19 Abs. 2 ZVG:

Das Grundbuchamt hat nach der Eintragung des Versteigerungsvermerkes dem Gericht eine beglaubigte Abschrift des Grundbuchblatts und der Urkunden, auf welche im Grundbuche Bezug genommen wird, zu ertheilen, die bei ihm bestellten Zustellungsbevollmächtigten zu bezeichnen und Nachricht zu geben, was ihm über Wohnort und Wohnung der eingetragenen Betheiligten und deren Vertreter bekannt ist. Statt der Ertheilung einer beglaubigten Abschrift der Urkunden genügt die Beifügung der Grundakten oder der Urkunden.

1. Art. 24 hat seine nunmehrige Fassung durch Art. 166 Abs. 1 Ziff. X AG. z. BGB. erhalten (s. auch S. 509).

2. Die Vorschriften über die Vertheilung des Erlöses finden sich in den §§ 105—145 ZVG.

Zuständig ist als Vollstreckungsgericht das Amtsgericht, in dessen Bezirke das Grundstück belegen ist. Dies ergibt sich aus §§ 1, 105 ZVG.

3. Bezüglich der Gebühren s. Art. 24 Abs. 3 Gebührengesetzes in der Fassung vom 11. November 1899.

4. Die Anwendbarkeit des Art. 24 hat die Anlegung des Grundbuchs zur Voraussetzung.

Art. 25 (54). Vorstehende Bestimmungen finden entsprechende Anwendung, wenn es sich um zwangsweise Beschwerung des Grundeigenthums mit einer Dienstbarkeit für öffentliche Zwecke oder um Rechte handelt, welche mit dem zu entwehrenden Grundeigenthume verbunden sind (Art. II des Gesetzes vom 17. November 1837).

Die Vorschrift des Art. 25 ist deshalb veranlaßt, weil die Art. 17—24 nur von der Abtretung von Grundeigenthum handeln.

Art. 26 (55). Eine gütliche Einigung der Betheiligten über die Abtretung oder über die zu leistende Entschädigung wird mit der Protokollirung durch die Distriktsverwaltungsbehörde rechtswirksam. Vor dieser kann auch die Auflassung erklärt werden.

I. 77 (E. 33), 114 Begr., 219 (Z.^{I} 33), 366 (Z.^{II} 122^{32}). II. 330 — Becher IV. V.^{II} 22, *90*, *273*, 407, *427*, *489*. IV. V.^{III} 12, *233*.

1. In welchem Zeitpunkte die Einigung erfolgt, ob in dem Verfahren nach Art. 18, 19 vor der Distriktsverwaltungsbehörde, ob vor der Einleitung oder erst nach der Durchführung des Zwangsenteignungsverfahrens, ist gleichgültig; die Einigung kann in jedem dieser Zeitpunkte durch die Distriktsverwaltungsbehörde wirksam protokollirt werden. Die gegentheilige, insbesondere von v. Staudinger in den Bl. f. RA. Bd. 51 S. 401 ff. vertretene Auffassung gründete sich darauf, daß die frühere Ueberschrift lautete: „Verfahren bei Streitigkeiten über Entschädigung bei Zwangsenteignung". Diese Ueberschrift ist jetzt als zu eng gestrichen (vgl. Art. 16 Anm. 1).

2. Satz 2 wurde durch Art. 166 Abs. 1 Ziff. XI AG. z. BGB. eingefügt (s. auch S. 511).

3. Das Erforderniß des § 925 BGB. (gleichzeitige Anwesenheit der Betheiligten) gilt auch für die Protokollirung durch die Distriktsverwaltungsbehörde.

Die Zuständigkeit der Notare und Grundbuchämter ist selbstverständlich durch die Vorschrift des Art. 26 nicht beseitigt.

4. Gebühren: Art. 25 des Gebührengesetzes in der Fassung vom 11. November 1899.

Ablösung.

Art. 27. Bei der Ablösung eines Rechtes, das dem jeweiligen Eigenthümer eines Grundstücks zusteht, finden, wenn das Grundstück des Berechtigten mit Rechten Dritter belastet ist, auf die Ablösungssumme, soweit nicht besondere Vorschriften bestehen, die im Falle der Zwangsenteignung für die Entschädigung geltenden Vorschriften entsprechende Anwendung.

I. 78 (E. 33), 112 Begr., 221 (Z.^{I} 33), 366 (Z.^{II} 122^{32}). II. 332 — Becher IV. V.^{II} 22, *90*, *269*, 407, *428*, *489*. IV. V.^{III} 12, *233*.

1. Der Artikel ist durch Art. 166 Ziff. XII AG. z. BGB. als Art. 55a neu eingefügt. Bezüglich des bisherigen Rechts vgl. § 38 Hypothekengesetzes.

2. Vgl. insbesondere Art. XI des Gesetzes vom 17. November 1837, die Zwangsenteignung von Grundeigenthum für öffentliche Zwecke betr. und Art. 16—26 AG. z. CPO. „Die allgemeine Fassung

der Verweisung auf die im Falle der Zwangsenteignung für die Entschädigung geltenden Vorschriften bringt auch die Anwendbarkeit des Art. 18 des Gesetzes vom 15. Juni 1898 betr. das Unschädlichkeitszeugniß mit sich" (Begr.).

3. „Als Ablösung im Sinne des Artikels wird auch die Beschränkung eines Forstrechts nach Art. 26 des Forstgesetzes angesehen werden können, wenn als Entschädigung eine Abfindung in Geld gewährt wird" (Begr.).

4. Besondere Vorschriften enthalten insbesondere die Art. 13, 14 des Gesetzes vom 23. Februar 1868 in der Fassung des Art. 153 Ziff. III AG. z. BGB.

Zwangsvollstreckung bei Fideikommissen, Lehen und landwirthschaftlichen Erbgütern gegen den Nachfolger.

Art. 28. Bei Familienfideikommissen, Lehen mit Einschluß der allodifizirten Lehen, Stammgütern und landwirthschaftlichen Erbgütern finden auf die Zwangsvollstreckung gegen den Rechtsnachfolger des Schuldners die für die Zwangsvollstreckung gegen den Erben des Schuldners geltenden Vorschriften entsprechende Anwendung.

I. S. E. 33, 114 Begr., 219 Z.[I] 33, 366 Z.[II] 122[33]. II. 330 — Becher IV. V.[II] 22, *90*, *273*, 407, *428*, *490*. IV. V.[III] 12, *233*.

1. Art. 28 ist durch Art. 166 Ziff. XIII AG. z. BGB. als Art. 68a neu eingefügt worden.

2. In Betracht kommen die Vorschriften der §§ 727, 780 bis 785 CPO.

3. Nach § 53 Satz 2 der VII. Verfassungsbeilage können die Fideikommißfolger um die Allodialschulden des Vorgängers nur insoferne belangt werden, als sie entweder zugleich dessen Allodialerben sind oder sich für eine Schuld besonders verbürgt haben.

Hinsichtlich der Fideikommißschulden: vgl. § 54 ff. der VI. Verfassungsbeilage, Art. 28 ff. AG. z. GBO.

Aufgebotsverfahren.

Art. 29 (69). Für das Aufgebotsverfahren zum Zwecke der Kraftloserklärung ist bei Schuldverschreibungen des bayerischen Staates das Amtsgericht, bei welchem die Staatsschuldentilgungsanstalt ihren allgemeinen Gerichtsstand hat, bei Schuldverschreibungen, die von einer dem bayerischen Staate angehörenden Körperschaft, Stiftung oder Anstalt des öffentlichen Rechtes ausgestellt sind, das Amtsgericht, bei welchem die Körperschaft, Stiftung oder Anstalt ihren allgemeinen Gerichtsstand hat, ausschließlich zuständig.

I. 77 (E. 83), 114 Begr., 219 (Z.[I] 83), 366 (Z.[II] 122[32]). II. 382 — Becher IV. V.[II] 22, 94, 274, 407, 427, 490. IV. V.[III] 12, 233.

1. Art. 29 hat seine Fassung durch Art. 166 Abs. 1 Ziff. XIV AG. z. BGB. erhalten (s. auch S. 515).

2. Art. 29 trifft lediglich Vorschriften über die Zuständigkeit für das Aufgebotsverfahren, und zwar nur hinsichtlich der im Art. 29 aufgeführten Schuldverschreibungen. Insoweit andere Urkunden im Wege des Aufgebotsverfahrens für kraftlos erklärt werden sollen, bestimmt sich die Zuständigkeit nach § 1005 CPO.

3. Hinsichtlich des Aufgebotsverfahrens selbst zum Zwecke der Kraftloserklärung der im Art. 29 genannten Schuldverschreibungen gelten grundsätzlich die Vorschriften der § 1003 ff. CPO.

Jedoch bestehen Ausnahmen:

a) Hinsichtlich derjenigen Schuldverschreibungen, welche vor dem Inkrafttreten des BGB. ausgegeben wurden und schon bei der Ausgabe auf den Namen lauteten (Art. 7 ÜG.).

b) Hinsichtlich derjenigen Schuldverschreibungen, welche ursprünglich auf den Inhaber lauteten, später aber auf den Namen des Gläubigers umgeschrieben wurden, und zwar gleichviel, ob dieselben vor oder nach dem Inkrafttreten des BGB. ausgegeben oder umgeschrieben worden sind (Art. 54, 55, 57 AG. z. BGB.).

Für diese finden die Vorschriften der §§ 1010—1014 CPO. keine Anwendung.

3. Die Staatsschuldentilgungskommission hat ihren allgemeinen Gerichtsstand vor dem Amtsgericht München Abt. A f. Civilsachen (vgl. Justizministerialbekanntmachung vom 22. September 1879 JMBl. S. 1165).

4. Gebühren: § 14 des Gerichtskostengesetzes.

Art. 30. Für das Aufgebotsverfahren zum Zwecke der Kraftloserklärung einer Urkunde der im § 808 des Bürgerlichen Gesetzbuchs bezeichneten Art, für welche Zins- oder Rentenscheine nicht ausgegeben sind, sowie eines Hypotheken-, Grundschuld- oder Rentenschuldbriefs gelten die nachfolgenden besonderen Bestimmungen.

Die öffentliche Bekanntmachung des Aufgebots und der Zahlungssperre erfolgt durch Anheftung an die Gerichtstafel und durch zweimalige Einrückung in das für die Bekanntmachungen des Gerichts bestimmte Blatt. Das Gericht kann anordnen, daß die Bekanntmachung noch in anderen Blättern erfolgen soll. Die Aufgebotsfrist muß mindestens drei Monate betragen. Sie beginnt mit der ersten Einrückung in das für die Bekanntmachungen des Gerichts bestimmte Blatt.

Die im § 1017 Abs. 2, 3 und im § 1022 Abs. 1 der Civilprozeßordnung vorgeschriebenen Bekanntmachungen erfolgen in dem für die Bekanntmachungen des Gerichts bestimmten Blatte.

Auf Versicherungspolizen sowie auf Grundschuld- und Rentenschuldbriefe, die auf den Inhaber ausgestellt sind, finden diese Vorschriften keine Anwendung.

I. 77 (E. 33), 114 Begr., 219 (Z.[I] 33), 366 (Z.[II] 122[32]). II. 332 — Becher IV. V.[II] 22, *95*, *274*, 407, *427*, *490*. IV. V.[III] 12, *233*.

§ 808 BGB. Wird eine Urkunde, in welcher der Gläubiger benannt ist, mit der Bestimmung ausgegeben, dass die in der Urkunde versprochene Leistung an jeden Inhaber bewirkt werden kann, ...

Ist die Urkunde abhanden gekommen oder vernichtet, so kann sie, wenn nicht ein anderes bestimmt ist, im Wege des Aufgebotsverfahrens für kraftlos erklärt werden.

§ 1017 Abs. 2, 3 CPO: Das Ausschlussurtheil *(in dem die Urkunde für kraftlos erklärt wird)* ist seinem wesentlichen Inhalte nach durch den Deutschen Reichsanzeiger bekannt zu machen . . .

In gleicher Weise hat nach eingetretener Rechtskraft die Bekanntmachung des auf die Anfechtungsklage ergangenen Urtheils, soweit dadurch die Kraftloserklärung aufgehoben wird, zu erfolgen.

§ 1022 Abs. 1 CPO.: Wird das in Verlust gekommene Papier dem Gerichte vorgelegt oder wird das Aufgebotsverfahren ohne Erlassung eines Ausschlussurtheils erledigt, so ist die Zahlungssperre von Amtswegen aufzuheben. Das Gleiche gilt, wenn die Zahlungssperre vor der Einleitung des Aufgebotsverfahrens angeordnet worden ist und die Einleitung nicht binnen sechs Monaten nach der Beseitigung des ihr entgegenstehenden Hindernisses beantragt wird. Ist das Aufgebot oder die Zahlungssperre öffentlich bekannt gemacht worden, so ist die Erledigung des Verfahrens oder die Aufhebung der Zahlungssperre von Amtswegen durch den Deutschen Reichsanzeiger bekannt zu machen.

1. Art. 30 ist neu eingefügt durch Art. 166 Abs. 1 Ziff. XIV AG. z. BGB.

2. Nach § 1162 BGB. kann ein Hypothekenbrief, wenn er abhanden gekommen oder vernichtet ist, im Wege des Aufgebotsverfahrens für kraftlos erklärt werden. Diese Bestimmung findet gemäß

§ 1192 BGB. auf die Grundschuldbriefe, und gemäß § 1199 BGB. auf die Rentenschuldbriefe entsprechende Anwendung.

Hiermit dürfen nicht die Fälle der §§ 1170, 1171 BGB. verwechselt werden; diese lauten:

§ 1170: „Ist der Gläubiger unbekannt, so kann er im Wege des Aufgebotsverfahrens mit seinem Rechte ausgeschlossen werden, wenn seit der letzten sich auf die Hypothek beziehenden Eintragung in das Grundbuch zehn Jahre verstrichen sind und das Recht des Gläubigers nicht innerhalb dieser Frist von dem Eigenthümer in einer nach § 208 zur Unterbrechung der Verjährung geeigneten Weise anerkannt worden ist . . .

Mit der Erlassung des Ausschlußurtheils erwirbt der Eigenthümer die Hypothek. Der dem Gläubiger ertheilte Hypothekenbrief wird kraftlos."

§ 1117: „Der unbekannte Gläubiger kann im Wege des Aufgebotsverfahrens mit seinem Rechte auch dann ausgeschlossen werden, wenn der Eigenthümer zur Befriedigung des Gläubigers oder zur Kündigung berechtigt ist und den Betrag der Forderung für den Gläubiger unter Verzicht auf das Recht der Rücknahme hinterlegt . . .

Mit der Erlassung des Ausschlußurtheils gilt der Gläubiger als befriedigt, sofern nicht nach den Vorschriften über die Hinterlegung die Befriedigung schon vorher eingetreten ist. Der dem Gläubiger ertheilte Hypothekenbrief wird kraftlos."

Diese Vorschriften finden gemäß §§ 1192, 1199 BGB. auch auf Grundschuldbriefe und auf Rentenschuldbriefe entsprechende Anwendung.

Henle-Habel Anm. 3 scheint die Vorschrift des Art. 30 auch auf diese Fälle anwenden zu wollen. Es ist aber zu beachten, daß hier nicht der Hypothekenbrief u. s. w. für kraftlos erklärt, sondern der Gläubiger mit seinem Rechte ausgeschlossen wird. Das Kraftloswerden des Hypothekenbriefs ist lediglich eine Folge des Ausschlußurtheils. Richtig ist, daß die Landesgesetzgebung auf Grund des § 1024 Abs. 1 CPO. zur Erlassung einer solchen Vorschrift ermächtigt ist. Von dieser Ermächtigung wurde aber nicht durch die Vorschrift des Art. 30, sondern des Art. 31 Gebrauch gemacht.

3. Für das Aufgebotsverfahren zum Zwecke der Kraftloserklärung der im § 808 BGB. bezeichneten Urkunden, für welche Zins- oder Rentenscheine ausgestellt sind, sowie der im Abs. 2 bezeichneten Urkunden gelten die Bestimmungen der CPO. ausnahmslos.

Art. 31. Die öffentliche Bekanntmachung der in den §§ 977, 982, 988, 1002 der Civilprozeßordnung bezeichneten Aufgebote erfolgt durch Anheftung an die Gerichtstafel und einmalige Einrückung in das für die Bekanntmachungen des Gerichts bestimmte Blatt. Die Aufgebotsfrist beginnt mit der Einrückung in dieses Blatt.

Wird die öffentliche Bekanntmachung des wesentlichen Inhalts des Ausschlußurtheils angeordnet, so erfolgt sie durch das im Abs. 1 bezeichnete Blatt.

I. 77 E. 33, 114 Begr., 219 Z.[I] 33, 366 Z.[II] 122[32]. II. 332 — Becher IV. V.[II] 22, *95*, *274*, 407, *427*, *490*. IV. V.[III] 12, *283*.

1. Art. 31 wurde durch Art. 166 Abs. 1 Ziff. XIV AG. z. BGB. neu eingefügt.

2. § 977 CPO. handelt von dem Aufgebotsverfahren zum Zwecke der Ausschließung des Eigenthümers eines Grundstücks nach § 927 BGB. Hiernach „kann der Eigenthümer eines Grundstücks, wenn das Grundstück seit dreißig Jahren im Eigenbesitze eines Anderen ist, im Wege des Aufgebotsverfahrens mit seinem Rechte ausgeschlossen werden . . . Ist der Eigenthümer im Grundbuch eingetragen, so ist das Aufgebotsverfahren nur zulässig, wenn er gestorben oder verschollen ist und eine Eintragung in das Grundbuch, die der Zustimmung des Eigenthümers bedürfte, seit dreißig Jahren nicht erfolgt ist“.

§ 982 CPO. handelt von dem Aufgebotsverfahren zum Zwecke der Ausschließung eines Hypotheken-, Grundschuld- oder Rentenschuldgläubigers auf Grund der §§ 1170, 1171 BGB. (vgl. Art. 30 Anm. 2).

§ 988 CPO. handelt von dem Aufgebotsverfahren zum Zwecke der in den §§ 887, 1104, 1112, 1269 BGB. für die Vormerkung, das Vorkaufsrecht, die Reallast und für das Pfandrecht an Schiffen bestimmten Ausschließung des Berechtigten. Nach § 887 BGB. kann, wenn der Gläubiger, dessen Anspruch durch die Vormerkung gesichert ist, unbekannt ist, im Wege des Aufgebotsverfahrens mit seinem Rechte ausgeschlossen werden, wenn die im § 1170 BGB. für die Ausschließung eines Hypothekengläubigers bestimmten Voraussetzungen (s. Art. 30 Anm. 2) vorliegen. Unter dieser letzteren Voraussetzung können ferner auch nach § 1104 BGB. der unbekannte Vorkaufsberechtigte, nach § 1112 BGB. der unbekannte Reallastberechtigte und nach § 1269 BGB. der unbekannte Schiffspfandgläubiger mit ihrem Rechte ausgeschlossen werden.

§ 1002 CPO. handelt von dem Aufgebotsverfahren zum Zwecke der Ausschließung von Schiffsgläubigern auf Grund des § 765 HGB. und des § 111 des Gesetzes betr. die privatrechtlichen Verhältnisse der Binnenschiffahrt vom 15. Juni 1895.

3. Die Aufgebotsfrist beträgt gemäß § 950 CPO. mindestens sechs Wochen. Die im Art. 30 Abs. 2 bezeichnete Aufgebotsfrist von mindestens drei Monaten gilt für die im Art. 31 bezeichneten Aufgebote nicht.

Oeffentliche Vorladungen bei Fideikommissen und landwirthschaftlichen Erbgütern.

Art. 32 (70). Bei Familienfideikommissen nach Maßgabe der VII. Beilage zur Verfassungsurkunde, desgleichen bei landwirthschaftlichen Erbgütern finden die Bestimmungen der Civilprozeßordnung über das Aufgebotsverfahren keine Anwendung und verbleibt es bei den Vorschriften des § 26 der VII. Beilage zur Verfassungsurkunde sowie des Art. 4 des Gesetzes vom 22. Februar 1855, die landwirthschaftlichen Erbgüter betreffend.

1. Für Familienfideikommisse gelten die Vorschriften des § 26 der VII. Verfassungsbeilage im Zusammenhalte mit § 6 des Gesetzes vom 11. September 1825, die Anwendung einiger Bestimmungen des Edikts über die Familienfideikommisse betr. und § 14 der Instruktion vom 3. März 1857 über die Behandlung der Familienfideikommisse.

Für landwirthschaftliche Erbgüter ist Art. 4 des Gesetzes vom 22. Februar 1855 in der Fassung des Art. 152 Ziff. I AG. z. BGB. maßgebend.

Feststellung des Datums einer Privaturkunde.

Art. 33 (88). Der Inhaber einer Privaturkunde kann dieselbe sowohl bei dem Gerichtsschreiber eines Amtsgerichts als bei einem Notar in Vorlage bringen, um durch denselben bezeugen zu lassen, daß die Urkunde zu der Zeit, in welcher sie vorgelegt wurde, vorhanden war.

Werden Privaturkunden zu diesem Zwecke vorgelegt, so sind sie von dem Gerichtsschreiber oder Notar sofort ihrem wesentlichen Inhalte nach in ein dazu bestimmtes, für den Gerichtsschreiber von dem Amtsrichter, welchem die Dienstaufsicht zusteht, für den Notar von dem Präsidenten des Landgerichts mit Seitenzahl und Handzug versehenes Buch einzutragen.

Bei der Eintragung sind zugleich alle Auffälligkeiten, welche die Urkunde darbietet, kurz vorzumerken, insbesondere Ausstreichungen, Radirungen, Ueberschreibungen, Korrekturen, Nachträge und Randbemerkungen, welche nicht durch die sämmtlichen auf der Urkunde befindlichen Unterschriften besonders genehmigt sind.

Ueber die Vorlage ist eine den Tag derselben bezeichnende Bescheinigung auf der vorgelegten Urkunde auszustellen. Sind bei dem Eintrag*) Auffälligkeiten vorgemerkt worden, so hat die Bescheinigung auch hiervon Erwähnung zu thun.

Jedem Betheiligten ist auf Verlangen Abschrift der Einträge zu ertheilen.

Weitere Vorschriften über die Einrichtung und Führung der betreffenden Bücher sowie über die Form der auszustellenden Bescheinigungen bleiben dem Verordnungswege vorbehalten.

1. Vgl. Art. 166 Abs. 1 Ziff. XV AG. z. BGB.

2. Zu Abs. VI vgl. Allerhöchste Verordnung vom 8. September 1879 (G.- u. VBl. S. 1161 JMBl. S. 633), § 45 der Dienstesvorschriften für Gerichtsschreiber vom 14. September 1879 (JMBl. S. 816), § 50 der Geschäftsordnung für die Notariate vom 24. Dezember 1899 (JMBl. S. 607).

3. Gebühren: Art. 129, 172 des Gebührengesetzes in der Fassung vom 11. November 1899; Art. 43 der Notariatsgebührenordnung vom 28. Dezember 1899 (JMBl. S. 761).

Abänderungen des Berggesetzes vom 20. März 1869.

Art. 34 (78). Die Art. 10, 99, 236 des Berggesetzes für das Königreich Bayern vom 20. März 1869 werden in der nachstehenden Weise abgeändert:

1. Art. 10 Abs. 4 erhält folgende Fassung:

„Auf diese Sicherheitsleistung finden die Art. 8 und 9 mit Ausnahme der Bestimmungen über Zuständigkeit des Gerichts und über die Kosten des gerichtlichen Verfahrens Anwendung."

2. Art. 99 Abs. 2 erhält folgende Fassung:

„Der Ansteigerer haftet der Gewerkschaft für die noch nicht bezahlten Beiträge."

3. Art. 236 Abs. 2 und 3 enthalten folgende Fassung:

„Der Antragsteller hat bei Meidung des Schadensersatzes den Versteigerungstermin sämmtlichen aus dem Kurschein ersichtlichen seitherigen Hypothekgläubigern bekannt zu machen.

---

*) Im Gesetzestext steht im Abs. 4 Satz 2: „Antrag" statt „Eintrag".

Durch den Verkauf erlöschen alle Pfandrechte der seitherigen Hypothekgläubiger an dem verkauften Antheile."

1. Ziff. 1 ist geändert durch das Gesetz vom 30. Juni 1900, betr. Aenderung einiger Bestimmungen des Berggesetzes für das Königreich Bayern vom 20. März 1869 (G.= u. VBl. S. 745). Art. 10 entspricht dem nunmehrigen Art. 11 des Berggesetzes in der Fassung vom 20. Juli 1900 (G.= u. VBl. S. 775).

2. Ziff. 2 bildet nunmehr den Art. 131 Abs. 2 des Berggesetzes in der Fassung vom 20. Juli 1900 (G. u. VBl. S. 775).

3. Art. 236 Abs. 2 entspricht dem Art. 271 Abs. 2 des Berggesetzes vom 20. Juli 1900 (G.= u. VBl. S. 775). Art. 236 Abs. 3 ist durch das genannte Gesetz vom 20. Juni 1900 (G.= u. VBl. S. 745) gestrichen.

II.

Das Gesetz vom 23. Februar 1879 zur Ausführung der Civilprozeßordnung und Konkursordnung.

(In alter und neuer Fassung.*)

I. Bestimmungen für das ganze Königreich.

Gerichtsstand der Civilliste des Königs.

Art. 1.

Unverändert.

Betretung des Administrativwegs vor der Klagestellung gegen den k. Fiskus.

Art. 2.

Unverändert.

Urkundenedition durch öffentliche Behörden.

Art. 3.

Von Urkunden, welche sich bei einer öffentlichen Behörde befinden, hat diese, *unbeschadet der Vorschriften in den §§ 394 und 397 der Civilprozessordnung*, sowie	Von Urkunden, welche sich bei einer öffentlichen Behörde befinden, hat diese, unbeschadet der Vorschriften der §§ 810, 811 des Bürgerlichen Gesetzbuchs sowie vorbehaltlich

*) Bei Gegenüberstellung des alten und des neuen Textes (vgl. z. B. Art. 3) ist links die alte, rechts die neue Fassung abgedruckt. Die in Kursiv gesetzten Stellen deuten die abgeänderten Bestimmungen an. Antiquaschrift bedeutet, daß der betreffende Artikel nur noch als Uebergangsvorschrift Bedeutung hat.

vorbehaltlich besonderer gesetzlicher Bestimmungen, Vorlage und Einsicht zu gewähren und beglaubigte Abschrift zu ertheilen, wenn die Zustimmung desjenigen, auf dessen Antrag oder in dessen Interesse die Urkunde bei der Behörde errichtet oder hinterlegt wurde, beigebracht oder seine Verpflichtung hierzu rechtskräftig ausgesprochen ist.

besonderer gesetzlicher Bestimmungen, Vorlage und Einsicht zu gewähren und beglaubigte Abschrift zu ertheilen, wenn die Zustimmung desjenigen, auf dessen Antrag oder in dessen Interesse die Urkunde bei der Behörde errichtet oder hinterlegt wurde, beigebracht oder seine Verpflichtung hierzu rechtskräftig ausgesprochen ist.

Geändert durch Art. 166 Abs. 1 Ziff. I AG. z. BGB.

Vollstreckungsrecht der Verwaltungsbehörden.

Art. 4—8.

Unverändert.

Zwangsvollstreckung gegen den k. Fiskus, Gemeinden, Körperschaften und Stiftungen.

Art. 9.

Unverändert.

Art. 9a.

Neu eingefügt durch Art. 166 Abs. 1 Ziff. II AG. z. BGB., vgl. Abth. I Art. 10.

Klagen auf Ersatz des bei Aufläufen verursachten Schadens.

Art. 10.

Klagen, durch welche die durch die Gesetze vom 12. März 1850, die Verpflichtung zum Ersatz des bei Aufläufen diesseits des Rheins verursachten Schadens betreffend, und vom 10. Vendémiaire IV über die innere Polizei der Gemeinden begründete Haf-

Die Ansprüche aus der Haftung des Staates oder der Gemeinden für den bei Zusammenrottungen verursachten Schaden sowie die Ansprüche des Fiskus gegen die betheiligten Gemeinden auf Ersatz der Kosten, die aus dem Einschreiten der bewaffneten Macht zur Er-

tungs-Verbindlichkeit des Staats oder der Gemeinden für den bei Zusammenrottungen verursachten Schaden geltend gemacht wird, müssen bei Verlust des Anspruchs innerhalb eines Jahres vom Tage der Beschädigung an, Klagen, mittels welcher der k. Fiskus den Ersatz der mit dem Einschreiten der bewaffneten Macht verbundenen Kosten gemäss Art. 14 des hierauf bezüglichen Gesetzes vom 4. Mai 1851 von den verpflichteten Gemeinden in Anspruch nimmt, innerhalb eines Jahres von dem Tage an, an welchem die Verwendung der bewaffneten Macht ihr Ende erreicht hat, erhoben werden.

Ist die Haftungsverbindlichkeit mehrerer Gemeinden begründet, so müssen dieselben gemeinsam belangt werden.

Hinsichtlich des Vollzugs der gegen die Beklagten ergehenden Urtheile verbleibt es bei den Bestimmungen der in Abs. 1 genannten Gesetze. Der obsiegende Kläger hat den Vollzug bei der zuständigen Behörde unter Vorlage einer vollstreckbaren Ausfertigung des Urtheils zu beantragen.

haltung der inneren Sicherheit oder der gesetzlichen Ordnung entstehen, erlöschen mit dem Ablauf eines Jahres, wenn nicht vorher die Klage erhoben wird. Die einjährige Frist beginnt für die Ansprüche der ersteren Art mit der Beschädigung, für die Ansprüche der letzteren Art mit dem Zeitpunkt, in welchem die Verwendung der bewaffneten Macht ihr Ende erreicht.

Ist die Haftungsverbindlichkeit mehrerer Gemeinden begründet, so müssen dieselben gemeinsam belangt werden.

Hinsichtlich des Vollzugs der gegen die Beklagten ergehenden Urtheile verbleibt es bei den Bestimmungen der Gesetze vom 12. März 1850 und vom 4. Mai 1851. Der obsiegende Kläger hat den Vollzug bei der zuständigen Behörde unter Vorlage einer vollstreckbaren Ausfertigung des Urtheils zu beantragen.

Geändert durch Art. 166 Abs. 1 Ziff. III AG. z. BGB., nunmehr Art. 11.

Vermittelungsamt.

Art. 11.

Unverändert, nunmehr Art. 12.

Schiedsverträge.

Art. 12—14.

Aufgehoben durch Art. 166 Abs. 1 Ziff. XVI Abs. 1 AG. z. BGB.

Streitverkündung.

Art. 15, 16.

Aufgehoben durch Art. 166 Abs. 1 Ziff. XVI Abs. 1 AG. z. BGB.

Zustellung von Erklärungen außerhalb des Prozesses.

Art. 17—19.

Aufgehoben durch Art. 166 Abs. 1 Ziff. XVI Abs. 1 AG. z. BGB.

Zustellungen an Militärpersonen.

Art. 20.

Bei Zustellungen an Militärpersonen und bei Ladungen von Militärpersonen als Zeugen oder Sachverständige findet auch *in den nicht zur ordentlichen streitigen Gerichtsbarkeit gehörenden Sachen* eine Mitwirkung der Militärbehörden nur soweit statt, als eine solche in bürgerlichen Rechtsstreitigkeiten vorgeschrieben ist.	Bei Zustellungen an Militärpersonen und bei Ladungen von Militärpersonen als Zeugen oder Sachverständige findet auch in den Angelegenheiten, für welche die Landesgesetze maßgebend sind, eine Mitwirkung der Militärbehörden nur soweit statt, als eine solche in bürgerlichen Rechtsstreitigkeiten vorgeschrieben ist.
Soweit hiernach eine Mitwirkung der Militärbehörden einzutreten hat, ist für Zustellungen die Bestimmung des *§ 158* der Civilprozeß-	Soweit hiernach eine Mitwirkung der Militärbehörden einzutreten hat, ist für Zustellungen die Bestimmung des § 172 der Civilprozeß-

ordnung, für Ladungen von Militärpersonen als Zeugen oder Sachverständige die Bestimmung des § 343 der Civilprozeßordnung maßgebend.

ordnung, für Ladungen von Militärpersonen als Zeugen oder Sachverständige die Bestimmung des § 378 der Civilprozeß-Ordnung maßgebend.

Geändert durch Art. 166 Abs. 1 Ziff. IV AG. z. BGB., nunmehr Art. 13.

Eidesmündigkeit.

Art. 21.

Unverändert, nunmehr Art. 14.

Betheuerung an Eidesstatt.

Art. 22.

Unverändert, nunmehr Art. 15.

Betheiligung des Versteigerungspersonals und des Schuldners am Versteigerungsakte.

Art. 23.

Aufgehoben durch Art. 166 Abs. 1 Ziff. XVI Abs. 1 AG. z. BGB.

Befriedigung aus Faustpfändern.

Art. 24.

Faustpfandgläubiger, welche ausser den im Handelsgesetzbuche vorgesehenen Fällen das Faustpfand an Zahlungsstatt behalten oder zu ihrer Befriedigung veräussern wollen, haben, wenn nach den Vorschriften des bürgerlichen Rechts hierzu ein gerichtlicher Ausspruch oder eine gerichtliche Ermächtigung erforderlich ist, Klage zu erheben.

Die Versteigerung erfolgt durch einen vom Gläubiger zu wählenden Gerichtsvollzieher. Der Gläubiger kann statt des Gerichtsvollziehers eine in der Gemeinde des Versteigerungsorts zur Vornahme von Versteigerungen aufgestellte, von der Obrigkeit in Pflicht genommene und zu gerichtlichen Versteigerungen ermächtigte Person oder, wenn es sich um Versteigerung von Waaren oder Handelspapieren handelt, einen in der Gemeinde zur Vermittelung von Kaufgeschäften über solche Gegenstände aufgestellten Handelsmäkler oder, wenn der Werth der zu versteigernden Gegenstände mehr als eintausend Mark beträgt, einen Notar mit der Vornahme der Versteigerung beauftragen.

Bezüglich der Bekanntmachung der Versteigerung kommen die Bestimmungen des § 717 der Civilprozessordnung zur Anwendung.

1. Aufgehoben durch Art. 166 Abs. 1 Ziff. XVI Abs. 1 AG. z. BGB. Nach Art. 184 EG. z. BGB. bleiben jedoch Rechte, mit denen eine bewegliche Sache zur Zeit des Inkrafttretens des BGB. belastet ist, mit dem sich aus den bisherigen Gesetzen ergebenden Rang und Inhalt in Kraft. Zu dem Inhalt eines Pfandrechtes gehören aber auch die Voraussetzungen, unter denen das Verkaufsrecht eintritt und die Art seiner Ausübung. Doch gilt dies nur für die Voraussetzungen des Verkaufs und für die Zulässigkeit und Form des außergerichtlichen Verfahrens. So Habicht, die Einwirkung des BGB. auf zuvor entstandene Rechtsverhältnisse, 2. Aufl. S. 409, 412, Anm. 4. AM. Lehmannn, Zeitschr. f. d. ges. Handelsrecht Bd. 48 S. 75.)

2. Dem § 717 CPO. entspricht § 816 Abs. 1—3 CPO. n. F.

Vollziehung des Arrestes in das unbewegliche Vermögen.

Art. 25.

Die Vollziehung des Arrestes in unbewegliches Vermögen wird durch Eintragung einer Beschlagnahme zur Sicherung der Zwangsvollstrekung in das Hypothekenbuch bewirkt. Die Bestimmungen in Art. 21 Abs. 1 und 3 und Art. 22 des Gesetzes vom 23. Februar 1879, die Zwangsvollstreckung in das unbewegliche Vermögen wegen Geldforderungen betreffend, finden entsprechende Anwendung.

Welche Gegenstände in Ansehung des Arrestes zum unbeweglichen Vermögen gehören, bestimmt sich nach Art. 2 des in Abs. 1 angeführten Gesetzes.

Die Eintragung der Beschlagnahme zur Sicherung der Zwangsvollstreckung wird dadurch nicht gehindert, dass bereits eine Beschlagnahme zum Zwecke der Zwangsvollstreckung eingetragen ist.

1. Aufgehoben durch Art. 166 Abs. 1 Ziff. XVI Abs. 1 AG. z. BGB., bleibt jedoch nach Abs. 2 in Kraft, bis das Grundbuch als angelegt anzusehen ist.

2. Die Geltung des Art. 25 ist durch Art. 45 Abs. 2 der Nov. z. Subh.O. vom 29. Mai 1886 auf die Pfalz beschränkt.

Art. 26.

Demjenigen, welcher einen Arrestbefehl erwirkt hat, stehen die nämlichen Rechte zu, welche das Gesetz vom 23. Februar 1879, die Zwangsvollstreckung in das unbewegliche Vermögen wegen Geldforderungen betreffend, in Art. 13 und Art. 21 Abs. 2 dem mit einer vollstreckbaren Urkunde versehenen Gläubiger einräumt.

1. Aufgehoben durch Art. 166 Abs. 1 Ziff. XVI Abs. 1 AG. z. BGB., bleibt jedoch nach Abs. 2 in Kraft, bis das Grundbuch als angelegt anzusehen ist.

2. Gemeint ist das Recht auf Einsichtnahme von Akten und Urkunden, Katastern und Hypothekenbüchern, sowie auf Besitztitelberechtigung.

Art. 27.

Der Antrag auf Vollziehung des Arrestes ist von der Partei, welche den Arrestbefehl erwirkt hat, bei dem Hypothekenamte zu stellen. In der Pfalz finden die Bestimmungen der Art. 2148 und 2149 des pfälzischen Civilgesetzbuchs entsprechende Anwendung.

Mit dem Antrage ist der Arrestbefehl, sowie der Nachweis vorzulegen, dass die in § 809 Abs. 2 der Civilprozessordnung vorgeschriebene Frist eingehalten, und dass der Arrestbefehl dem Gerichtsvollzieher zur Bewirkung der Zustellung übergeben oder der Gerichtsschreiber um Bewirkung derselben ersucht ist. In den Fällen der §§ 182—184 der Civilprozessordnung ist der Nachweis, dass das Ersuchschreiben erlassen ist, im Falle einer öffentlichen Zustellung der Nachweis, dass dieselbe von dem Gerichte bewilligt ist, erforderlich.

Ein Antrag, welcher den Erfordernissen des Abs. 2 nicht entspricht, ist zurückzuweisen.

1. Aufgehoben durch Art. 166 Abs. 1 Ziff. XVI Abs. 1 AG. z. BGB., bleibt jedoch nach Abs. 2 in Kraft, bis das Grundbuch als angelegt anzusehen ist.

2. §§ 182—184 und § 809 CPO. entspricht den §§ 198—201 bezw. 929 CPO. n. F.

3. Abs. 2 ist aufgehoben, da auf Grund des § 929 Abs. 3 CPO. (RG. vom 30. April 1888) die Vollziehung des Arrestes schon vor Zustellung des Arrestbefehls an den Schuldner zulässig ist (vgl. OGH. Bd. XVI S. 395).

Art. 28.

Die Eintragung hat in der für Eintragungen überhaupt vorgeschriebenen Weise nach Massgabe des Inhalts des Arrestbefehls und unter Bezugnahme auf diesen zu geschehen. In der Pfalz finden die Bestimmungen des Art. 2150 des pfälzischen Civilgesetzbuchs entsprechende Anwendung.

Der Eintrag muss insbesondere den Anspruch unter Angabe des Geldbetrags oder Geldwerths bezeichnen und den nach § 803 der Civilprozessordnung festgestellten Geldbetrag angeben.

1. Aufgehoben durch Art. 166 Abs. 1 Ziff. XVI Abs. 1 AG. z. BGB., bleibt jedoch nach Abs. 2 in Kraft, bis das Grundbuch als angelegt anzusehen ist.

2. Die Geltung des Art. 25 ist durch Art. 45 Abs. 2 der Nov. z. Subh.O. vom 29. Mai 1886 auf die Pfalz beschränkt. Dem § 803 CPO. entspricht § 923 CPO. n. F.

Art. 29.

Das Hypothekenamt hat dem Gegner des Antragstellers von der erfolgten Eintragung von Amtswegen Nachricht zu geben, soferne nicht eine öffentliche Zustellung erforderlich wird.

Aufgehoben durch Art. 166 Abs. 1 Ziff. XVI Abs. 1 AG. z. BGB., bleibt jedoch nach Abs. 2 in Kraft, bis das Grundbuch als angelegt anzusehen ist.

Art. 30.

Die Eintragung der Beschlagnahme zur Sicherung der Zwangsvollstreckung begründet für den Anspruch, für welchen der Arrest erwirkt ist, bis zu dem nach § 803 der Civilprozessordnung festgestellten Geldbetrage ein Vorzugsrecht, auf welches die Bestimmungen der Art. 10 und 11 des Gesetzes vom 23. Februar

1879, die Zwangsvollstreckung in das unbewegliche Vermögen wegen Geldforderungen betreffend, anwendbar sind.

Veräusserungen, Belastungen und Verpfändungen des beschlagnahmten Gegenstandes gegenüber hat die Eintragung der Beschlagnahme zur Sicherung der Zwangsvollstreckung die nämliche Wirkung wie die Beschlagnahme zum Zwecke der Zwangsvollstreckung.

Diejenigen, welche nach der Eintragung Rechte an dem beschlagnahmten Gegenstande erworben haben, sind berechtigt, denselben durch Hinterlegung des nach § 803 der Civilprozessordnung festgestellten Geldbetrags von dem Arreste zu befreien.

1. Aufgehoben durch Art. 166 Abs. 1 Ziff. XVI Abs. 1 AG. z. BGB., bleibt jedoch nach Abs. 2 in Kraft, bis das Grundbuch als angelegt anzusehen ist.

2. Die Geltung des Art. 25 ist durch Art. 45 Abs. 2 der Nov. z. Subh.O. vom 29. Mai 1886 auf die Pfalz beschränkt. Dem § 803 CPO. entspricht nunmehr § 923 CPO. n. F.

Art. 31.

Im Falle des Art. 21 Abs. 3 des Gesetzes vom 23. Februar 1879, die Zwangsvollstreckung in das unbewegliche Vermögen wegen Geldforderungen betreffend, finden die Bestimmungen in Art. 30 Abs. 2 und Art. 34 Abs. 1 des angeführten Gesetzes entsprechende Anwendung.

Aufgehoben durch Art. 166 Abs. 1 Ziff. XVI Abs. 1 AG. z. BGB., bleibt jedoch nach Abs. 2 in Kraft, bis das Grundbuch als angelegt anzusehen ist.

Eintragung des Veräusserungsverbots im Hypothekenbuche.

Art. 32.

Ein in einer einstweiligen Verfügung enthaltenes Verbot der Veräusserung, Belastung oder Verpfändung einer unbeweglichen Sache wirkt gegen Dritte von dem Zeitpunkte der Eintragung im Hypothekenbuche an.

Aufgehoben durch Art. 166 Abs. 1 Ziff. XVI Abs. 1 AG. z. BGB., bleibt jedoch nach Abs. 2 in Kraft, bis das Grundbuch als angelegt anzusehen ist.

Eintragungen in das Hypothekenbuch bei Eröffnung und Aufhebung des Konkurses.

Art. 33.

Begreift die Konkursmasse unbewegliches Vermögen des Gemeinschuldners in sich, so hat die Eintragung des Konkurseröffnungsbeschlusses im Hypothekenbuche zu erfolgen. Zu diesem Behufe hat der Gerichtsschreiber des Konkursgerichts dem Hypothekenamte beglaubigte Abschrift der Formel des Eröffnungsbeschlusses mit Angabe des Datums desselben unverzüglich mitzutheilen.

Ist das zur Konkursmasse gehörende unbewegliche Vermögen des Gemeinschuldners oder ein Theil desselben im Hypothekenbuche noch nicht eingetragen, so hat der Konkursverwalter die Eintragung unter Vorlage der zur Eröffnung eines Hypothekfoliums erforderlichen Nachweise bei dem Hypothekenamte zu veranlassen.

Auf die Aufhebung, Einstellung und Wiederaufnahme des Konkursverfahrens findet die Vorschrift in Abs. 1 entsprechende Anwendung.

Aufgehoben durch Art. 166 Abs. 1 Ziff. XVI Abs. 1 AG. z. BGB., bleibt jedoch nach Abs. 2 in Kraft, bis das Grundbuch als angelegt anzusehen ist.

Anfechtung von Rechtshandlungen des Schuldners außerhalb des Konkurses.

Art. 34—44.

Aufgehoben und ersetzt durch das Reichsgesetz vom 21. Juli 1879, betr. die Anfechtung von Rechtshandlungen eines Schuldners außerhalb des Konkursverfahrens, nunmehr in der Fassung der Bekanntmachung vom 20. Mai 1898 (RGBl. S. 709).

Zwangsenteignung.

Art. 45.

1. Aenderung der Ueberschrift s. Art. 166 Abs. 1 Ziff. V AG. z. BGB.

2. Art. 45 entspricht dem nunmehrigen Art. 16.

Art. 46.

Wird die Abtretung des angesprochenen Grundeigenthums nicht verweigert, oder ist über die Verpflichtung zur Abtretung von der zuständigen Administrativjustizstelle ein rechtskräftiges Erkenntniß erlassen *und unter den Betheiligten nur noch die Frage über die Art oder den Betrag der zu leistenden Entschädigung streitig*, so hat auf Antrag des Abtretungsberechtigten die Feststellung der Entschädigungr im Wege der Schätzung duch die zuständige Distriktsverwaltungsbehörde zu erfolgen. *Der Antrag hat sich auf alle in dem betreffenden Verwaltungsbezirke belegenen Gegenstände, bezüglich deren die Abtretungspflicht bereits feststeht und nicht schon Vereinbarung über die Entschädigung erfolgt ist, unter genauer Bezeichnung der Gegenstände sowie unter Angabe der Abtretungspflichtigen und sonst Betheiligten zu erstrecken.*

Wird die Einleitung des Schätzungsverfahrens bezüglich eines zur Abtretung angesprochenen Gegenstandes nicht binnen sechs Monaten von der freiwilligen Anerkennung der Abtretungspflicht oder dem hierüber ergangenen

Wird die Abtretung des angesprochenen Grundeigenthums nicht verweigert oder ist über die Verpflichtung zur Abtretung von der zuständigen Administrativjustizstelle ein rechtskräftiges Erkenntniß erlassen, so hat auf Antrag des Abtretungsberechtigten die Feststellung der Entschädigung im Wege der Schätzung durch die zuständige Distriktsverwaltungsbehörde zu erfolgen. Der Antrag hat die genaue Bezeichnung des abzutretenden Grundstücks sowie die Angabe des Abtretungspflichtigen und der sonstigen Betheiligten zu enthalten. Der Antrag soll soweit thunlich für die in demselben Verwaltungsbezirke belegenen Grundstücke gleichzeitig gestellt werden.

Wird die Einleitung des Schätzungsverfahrens bezüglich eines zur Abtretung angesprochenen Gegenstandes nicht binnen sechs Monaten von der freiwilligen Anerkennung der Abtretungspflicht oder dem hierüber ergangenen rechtskräftigen Erkenntnisse an von Seite des Abtretungsberechtigten beantragt, so ist der Abtretungspflichtige zur Stellung des Antrags befugt.

rechtskräftigen Erkenntniß an von Seite des Abtretungsberechtigten beantragt, so ist der Abtretungspflichtige zur Stellung des Antrags befugt.

Geändert durch Art. 166 Abs. 1 Ziff. VI AG. z. BGB., entspricht nunmehr dem Art. 17.

Art. 47.

Die Distriktsverwaltungsbehörde bestimmt sofort einen Termin zur Abschätzung der in dem Antrage bezeichneten Gegenstände. Nach Lage der Sache können zur Abschätzung einzelner Gegenstände oder bestimmter Gruppen derselben gesonderte Termine bestimmt werden.

Zu dem Termine sind die Betheiligten zu laden sowie drei Sachverständige als Schätzleute entweder für alle zur Abschätzung bestimmten Gegenstände oder für einzelne Gegenstände oder einzelne Arten derselben beizuziehen. Die Schätzleute sind, soferne sich nicht die Betheiligten über deren Wahl geeinigt und spätestens eine Woche vor dem Termine hiervon Anzeige gemacht haben, von der Distriktsverwaltungsbehörde zu ernennen. Personen, welche als Entschädigungsberechtigte von der Enteignung betroffen sind, oder welche an der Feststellung der Entschädigungssumme sonst ein rechtliches

Die Distriktsverwaltungsbehörde bestimmt sofort einen Termin zur Abschätzung der in dem Antrage bezeichneten Gegenstände. Nach Lage der Sache können zur Abschätzung einzelner Gegenstände oder bestimmter Gruppen derselben gesonderte Termine bestimmt werden.

Zu dem Termine sind die Betheiligten zu laden sowie drei Sachverständige als Schätzleute entweder für alle zur Abschätzung bestimmten Gegenstände oder für einzelne Gegenstände oder einzelne Arten derselben beizuziehen. Auf die Ladung finden die Vorschriften des Art. XV Abs. 1 Satz 2, Abs. 2, 3 des Gesetzes vom 17. November 1837 entsprechende Anwendung; schriftliche Mittheilung erfolgt nur an den Abtretungsberechtigten, die Abtretungspflichtigen und die sonstigen Betheiligten, die sich zur Theilnahme an dem Schätzungsverfahren bei der Distriktsverwaltungsbehörde gemeldet

Interesse haben, können nicht als Schätzleute bestimmt werden.

haben. Die Schätzleute sind, sofern sich nicht die Betheiligten über deren Wahl geeinigt und spätestens eine Woche vor dem Termine hiervon Anzeige gemacht haben, von der Distriktsverwaltungsbehörde zu ernennen. Personen, welche als Entschädigungsberechtigte von der Enteignung betroffen sind oder welche an der Feststellung der Entschädigungssumme sonst ein rechtliches Interesse haben, können nicht als Schätzleute bestimmt werden.

Abs. 2 Satz 2 neu eingefügt durch Art. 166 Abs. 1 Ziff. VII AG. z. BGB. Art. 47 entspricht nunmehr dem Art. 18.

Art. 48, 49.

Unverändert, nunmehr Art. 19, 20.

Art. 50.

Gegen die Feststellung der Entschädigungssumme durch die Distriktsverwaltungsbehörde steht sowohl den Abtretungspflichtigen als auch dem Abtretungsberechtigten innerhalb einer von Bekanntgabe der festgestellten Beträge an laufenden Ausschlußfrist von einem Monate die Betretung des Rechtswegs behufs richterlicher Entscheidung über den Betrag der zu leistenden Entschädigung offen.

Zuständig ist das Gericht, in dessen Bezirke das ab-

Gegen die Feststellung der Entschädigungssumme durch die Distriktsverwaltungsbehörde steht sowohl den Abtretungspflichtigen als auch dem Abtretungsberechtigten innerhalb einer von Bekanntgabe der festgestellten Beträge an laufenden Ausschlußfrist von einem Monate die Betretung des Rechtswegs behufs richterlicher Entscheidung über den Betrag der zu leistenden Entschädigung offen.

Für die Klage ist das Gericht ausschließlich zuständig,

zutretende Grundeigenthum liegt; wenn es sich aber um Grundstücke handelt, die in verschiedenen Gerichtsbezirken liegen, jedoch im Pertinenzverhältnisse stehen, dasjenige Gericht, in dessen Bezirke der bedeutendere Theil der Grundstücke, beziehungsweise, wenn das betreffende Gut mit Gebäuden versehen ist, das Hauptgebäude liegt.

Auf Verlangen einer Partei ist eine neue Schätzung vorzunehmen. Die Schätzleute, welche den Abtretungsgegenstand im Verfahren vor der Distriktsverwaltungs-Behörde geschätzt haben, dürfen ohne Zustimmung der Parteien nicht als Sachverständige ernannt werden.

in dessen Bezirke das abzutretende Grundstück liegt.

Auf Verlangen einer Partei ist eine neue Schätzung vorzunehmen. Die Schätzleute, welche den Abtretungsgegenstand im Verfahren vor der Distriktsverwaltungs-Behörde geschätzt haben, dürfen ohne Zustimmung der Parteien nicht als Sachverständige ernannt werden.

Durch Art. 166 Abs. 1 Ziff. VIII AG. z. BGB. erhielt Abs. 2 eine neue Fassung. Art. 50 entspricht dem nunmehrigen Art. 21.

Art. 51.

Nach Feststellung der Entschädigungssumme durch die Distriktsverwaltungs-Behörde ist der Abtretungsberechtigte ohne Rücksicht darauf, ob die Frist zur Betretung des Rechtswegs noch läuft oder derselbe betreten wurde, befugt, gegen Erlage der festgestellten Entschädigungssumme und des Betrags der dem Abtretungspflichtigen erwachsenen Kosten die Einweisung in den Besitz

Nach Feststellung der Entschädigungssumme durch die Distriktsverwaltungs-Behörde ist der Abtretungsberechtigte ohne Rücksicht darauf, ob die Frist zur Betretung des Rechtswegs noch läuft oder derselbe betreten wurde, befugt, gegen Erlage der festgestellten Entschädigungssumme und des Betrags der dem Abtretungspflichtigen erwachsenen Kosten die Einweisung in den Besitz der Abtretungsgegenstände durch die Distriktsverwaltungs-Behörde zu erwirken und sodann über dieselben nach Maßgabe der Zweckbestimmung frei zu verfügen, insoweit dies nicht auf Antrag des Abtretungspflichtigen nach Anordnung des angerufenen Gerichts von vorheriger Sicherheitsleistung für den Fall der Erhöhung der Entschädigungssumme durch richterliches Urtheil abhängig gemacht wird. *Eine vorherige Sicherheitsleistung kann nicht beantragt werden, wenn der Abtretungsberechtigte der Staat ist.*

der Abtretungsgegenstände durch die Distriktsverwaltungsbehörde zu erwirken und sodann über dieselben nach Maßgabe der Zweckbestimmung frei zu verfügen, insoweit dies nicht auf Antrag des Abtretungspflichtigen nach Anordnung des angerufenen Gerichts von vorheriger Sicherheitsleistung für den Fall der Erhöhung der Entschädigungssumme durch richterliches Urtheil abhängig gemacht wird. Ist der Abtretungsberechtigte der Staat, so kann an Stelle der Einweisung in den Besitz die sofortige Zwangsabtretung erwirkt werden; zu einer Sicherheitsleistung ist der Staat nicht verpflichtet.

Satz 2 geändert durch Art. 166 Abs. 1 Ziff. IX AG. z. BGB. Art. 51 entspricht dem nunmehrigen Art. 22.

Art. 52.

Unverändert, entspricht dem nunmehrigen Art. 23.

Art. 53.

Reicht die Entschädigung zur vollständigen Befriedigung der privilegirten und Hypothekgläubiger nicht aus, und ist auch zwischen den Betheiligten eine Vereinbarung nicht zu Stande gekommen, so kann jeder Betheiligte zwei Wochen nach endgiltiger Feststellung der Entschädigung die Einleitung eines nach Art. 97 f.

An der Entschädigungssumme stehen den Betheiligten, deren Rechte nach Art. XI des Gesetzes vom 17. November 1837 auf die Entschädigungssumme übergegangen sind, dieselben Rechte zu, die sie im Falle des Erlöschens ihrer Rechte durch Zwangsversteigerung an dem Erlöse haben würden. Der bisherige Eigenthümer und jeder Be-

des Gesetzes vom 23. Februar 1879, die Zwangsvollstreckung in das unbewegliche Vermögen wegen Geldforderungen betreffend, sich richtenden Vertheilungsverfahrens bei dem Amtsgerichte, in dessen Bezirke der Gegenstand der Abtretung belegen ist, veranlassen.

rechtigte kann die Eröffnung eines Vertheilungsverfahrens nach den für die Vertheilung des Erlöses im Falle der Zwangsversteigerung geltenden Vorschriften beantragen.

Das Gericht hat bei der Eröffnung des Verfahrens von Amtswegen das Grundbuchamt um die im § 19 Abs. 2 des Gesetzes über die Zwangsversteigerung und die Zwangsverwaltung bezeichneten Mittheilungen zu ersuchen.

Als Betheiligte im Sinne des § 9 Nr. 1 des Gesetzes über die Zwangsversteigerung und die Zwangsverwaltung gelten diejenigen, für welche zur Zeit der Ertheilung der beglaubigten Abschrift des Grundbuchblatts ein Recht im Grundbuch eingetragen oder durch Eintragung gesichert ist; die in Folge der Zwangsabtretung erfolgten Rechtsänderungen bleiben außer Betracht. Als Beschlagnahme im Sinne des § 13 des angeführten Gesetzes ist die Zwangsabtretung, im Falle der Einweisung des Abtretungsberechtigten in den Besitz die Einweisung anzusehen.

Erhielt durch Art. 166 Abs. 1 Ziff. X eine neue Fassung, entspricht dem nunmehrigen Art. 24.

Art. 54.

Unverändert, entspricht dem nunmehrigen Art. 25.

Art. 55.

Eine gütliche Einigung der Betheiligten über die Abtretung oder über die zu leistende Entschädigung wird mit der Protokollirung durch die Distriktsverwaltungs-Behörde rechtswirksam.

Eine gütliche Einigung der Betheiligten über die Abtretung oder über die zu leistende Entschädigung wird mit der Protokollirung durch die Distriktsverwaltungs-Behörde rechtswirksam. Vor dieser kann auch die Auflassung erklärt werden.

Erhielt den Zusatz durch Art. 166 Abs. 1 Ziff. XI AG. z. BGB. Art. 55 entspricht dem nunmehrigen Art. 26.

Ablösung.

Art. 55 a.

Neu eingefügt durch Art. 166 Abs. 1 Ziff. XII AG. z. BGB., nunmehr Art. 27.

Beschwerde in Sachen der nichtstreitigen Rechtspflege.

Art. 56.

Die Vorschriften der §§ 531—539 und die allgemeinen Bestimmungen der Civilprozessordnung gelten mit den in den nachstehenden Art. 57—67 enthaltenen Aenderungen auch für die Beschwerde in Sachen der nichtstreitigen Rechtspflege.

Die Bestimmungen der betreffenden Gesetzgebung, welche etwas Anderes mit sich bringen, bleiben unberührt, soweit sie nicht den Vorschriften der Art. 57 und 62—67 widersprechen.

1. Die Art. 56—67 sind aufgehoben durch Art. 166 Abs. 1 Ziff. XVI AG. z. BGB., sie gelten aber noch gemäß Art. 34 ÜG. für die zur Zeit des Inkrafttretens des BGB. anhängigen Beschwerden in Angelegenheiten der freiwilligen Gerichtsbarkeit und insbesondere für die Anfechtung der Entscheidung des Beschwerdegerichts durch weitere Beschwerde, jedoch unter Berücksichtigung des Art. 129 AG. z. BGB. (vgl. Beschl. des OGH. vom 8. März 1900 Bl. f. RA. Bd. 65 S. 148), ferner auf Grund des Art. 107 ÜG., Art. 174, 168 AG. z. CPO. ä. F.

2. Den §§ 531—539 CPO. entsprechen die §§ 568—576 CPO. n. F.

Art. 57.

Die Beschwerde wird bei dem Gerichte eingelegt, von welchem die angefochtene Entscheidung erlassen ist; sie kann in dringenden Fällen auch bei dem Beschwerdegerichte eingelegt werden.

Die Erhebung derselben ist an eine Frist nur da gebunden, wo das Gesetz für einzelne Fälle eine solche besonders vorgesehen hat. Letzteren Falls genügt zur Wahrung der Frist die Einlegung bei dem Beschwerdegerichte, auch wenn der Fall für dringlich nicht erachtet wird.

Vgl. Art. 56 Anm. 1.

Art. 58.

Die Beschwerde ist durch die Partei oder ihren Bevollmächtigten unter Vorlage der beschwerenden Verfügung und der zur Rechtfertigung des eingelegten Rechtsmittels dienenden Belege einzureichen oder dem Gerichtsschreiber zu Protokoll zu geben.

Vgl. Art. 56 Anm. 1.

Art. 59.

Wo das Gesetz einer Beschwerde aufschiebende Wirkung nicht besonders beilegt, findet diese nur bei Beschwerden gegen Strafverfügungen oder gegen die Zurückweisung der Ablehnung eines Richters statt.

Vgl. Art. 56 Anm. 1.

Art. 60.

Sind bei Erledigung der Beschwerde ausser dem Beschwerdeführer andere Personen im entgegengesetzten Interesse betheiligt, so hat derselbe mit der Beschwerdeschrift so viele Abschriften derselben in Vorlage zu bringen, als Gegenbetheiligte vorhanden sind.

Erachtet es das Beschwerdegericht, welchem jedesmal die einschlägigen Akten mit vorzulegen sind, für nothwendig oder zweckmässig, vor der Entscheidung der Beschwerde andere im entgegengesetzten Interesse betheiligte Personen zu hören, so ist denselben mit der betreffenden Anordnung eine Abschrift der Beschwerdeschrift und gegebenen Falls eine Abschrift der zum Protokolle des Gerichtsschreibers eingelegten Beschwerde von Amtswegen zuzustellen.

Von den Beilagen der Beschwerdeschrift können die Betheiligten auf der Gerichtsschreiberei des Beschwerdegerichts Einsicht nehmen.

Vgl. Art. 56 Anm. 1.

Art. 61.

Wurde die Entscheidung auf Grund einer mündlichen Verhandlung verkündet, so ist dem Gerichte erster Instanz beglaubigte Abschrift der Entscheidung des Beschwerdegerichts mitzutheilen.

In allen übrigen Fällen lässt das Beschwerdegericht dem Gerichte erster Instanz eine Ausfertigung der über die Beschwerde getroffenen Entscheidung übersenden und bestimmt zugleich die etwaigen weiter Betheiligten, welche ausser dem Beschwerdeführer von der Entscheidung zu verständigen sind.

Der Gerichtsschreiber des Gerichts erster Instanz hat sodann dem Beschwerdeführer und den weiter Betheiligten gegen Empfangsbescheinigung von dem Inhalte der erfolgten Entscheidung kurze Mittheilung zu machen sowie auf Verlangen Abschrift der Entscheidung zu geben.

Vgl. Art. 56 Anm. 1.

Art. 62.

Gegen die Entscheidung des Beschwerdegerichts findet weitere Beschwerde statt, wenn nicht die betreffende Gesetzgebung eine weitere Beschwerde ausschliesst oder das oberste Landesgericht als Beschwerdegericht entschieden hat.

Vgl. Art. 56 Anm. 1.

Art. 63.

Die weitere Beschwerde kann nur darauf gestützt werden, dass die Entscheidung auf der Verletzung eines Gesetzes beruht. Die §§ 512 und 513 der Civilprozessordnung finden entsprechende Anwendung.

1. Vgl. Art. 56 Anm. 1.

2. In den §§ 512, 513 CPO. (§§ 550, 551 CPO. n. F.) ist bestimmt, wann ein Gesetz als verletzt anzusehen ist.

Art. 64.

Die Frist zur Einlegung der weiteren Beschwerde beträgt einen Monat; sie ist eine Nothfrist und beginnt mit der Verkündung der Entscheidung des Beschwerdegerichts oder der Zustellung der Mittheilung von dem Inhalte derselben (Art. 61).

Vgl. Art. 56 Anm. 1.

Art. 65.

Die weitere Beschwerde wird bei dem Gerichte erster Instanz eingelegt; sie kann in dringenden Fällen auch bei dem obersten Landesgerichte eingelegt werden.

Die Einlegung erfolgt durch Einreichung einer Beschwerdeschrift, welche von einem Anwalte unterzeichnet sein muss. Die Beschwerdeschrift muss die Erklärung, inwieweit die Entscheidung angefochten und deren Aufhebung beantragt werde, enthalten und bezüglich der Begründung der Anträge den Vorschriften in § 516 Abs. 2 der Civilprozessordnung entsprechen.

Der Prüfung des obersten Landesgerichts unterliegen nur die in der Beschwerdeschrift gestellten Anträge.

1. Vgl. Art. 56 Anm. 1.

2. Dem § 516 CPO. entspricht § 554 CPO. n. F.

Art. 66.

Das Beschwerdegericht ist zu einer Abänderung seiner durch die weitere Beschwerde angegriffenen Entscheidung nicht befugt.

Das Gericht erster Instanz hat die Akten unmittelbar dem obersten Landesgerichte vorzulegen.

Vgl. Art. 56 Anm. 1.

Art. 67.

Im Uebrigen finden die Vorschriften der Art. 57 bis 61 auf die weitere Beschwerde entsprechende Anwendung.

Vgl. Art. 56 Anm. 1.

Art. 68.

Ist in einer Sache der nichtstreitigen Rechtspflege vor dem Inkrafttreten des gegenwärtigen Gesetzes Beschwerde oder Nichtigkeitsbeschwerde eingelegt, so ist das eingelegte Rechtsmittel nach den bisherigen Vorschriften zu erledigen.

Vgl. Art. 56 Anm. 1, übrigens schon längst gegenstandslos.

Zwangsvollstreckung bei Fideikommissen, Lehen und landwirthschaftlichen Erbgütern gegen den Nachfolger.

Art. 68a.

Art. 68a, durch Art. 166 Abs. 1 Ziff. XIII neu eingefügt, bildet nunmehr den Art. 28.

Aufgebotsverfahren.

Art. 69.

Für das Aufgebotsverfahren zum Zwecke der Kraftloserklärung abhanden gekommener oder vernichteter Urkunden, bezüglich welcher das Gesetz die Amortisation zulässt, und welche nicht zu den in § 837 Abs. 1 und in § 849 der Civilprozessordnung bezeichneten Urkunden gehören, finden die Bestimmungen im neunten Buche der Civilprozessordnung mit Ausschluss der in den §§ 843—846 enthaltenen Anwendung.

Art. 69. Für das Aufgebotsverfahren zum Zwecke der Kraftloserklärung ist bei Schuldverschreibungen des bayerischen Staates das Amtsgericht, bei welchem die Staatsschuldentilgungsanstalt ihren allgemeinen Gerichtsstand hat, bei Schuldverschreibungen, die von einer dem bayerischen Staate angehörenden Körperschaft, Stiftung oder Anstalt des öffentlichen Rechtes ausgestellt sind, das Amtsgericht, bei welchem die Körperschaft, Stiftung oder Anstalt ihren

Für das Aufgebotsverfahren in Betreff bayerischer Staatsobligationen ist das Amtsgericht ausschliesslich zuständig, bei welchem die Staatsschuldentilgungs-Kommission ihren allgemeinen Gerichtsstand hat.

allgemeinen Gerichtsstand hat, ausschließlich zuständig.

Art. 69 a. Für das Aufgebotsverfahren zum Zwecke der Kraftloserklärung einer Urkunde der im § 808 des Bürgerlichen Gesetzbuchs bezeichneten Art, für welche Zins- oder Rentenscheine nicht ausgegeben sind, sowie eines Hypotheken-, Grundschuld- oder Rentenschuldbriefs gelten die nachfolgenden besonderen Bestimmungen.

Die öffentliche Bekanntmachung des Aufgebots und der Zahlungssperre erfolgt durch Anheftung an die Gerichtstafel und durch zweimalige Einrückung in das für die Bekanntmachungen des Gerichts bestimmte Blatt. Das Gericht kann anordnen, daß die Bekanntmachung noch in anderen Blättern erfolgen soll. Die Aufgebotsfrist muß mindestens drei Monate betragen. Sie beginnt mit der ersten Einrückung in das für die Bekanntmachungen des Gerichts bestimmte Blatt.

Die im § 1017 Abs. 2, 3 und im § 1022 Abs. 1 der Civilprozeßordnung vorgeschriebenen Bekanntmachungen erfolgen in dem für die Bekanntmachungen des Gerichts bestimmten Blatte.

Auf Versicherungspolizen sowie auf Grundschuld- und

Rentenschuldbriefe, die auf den Inhaber ausgestellt sind, finden diese Vorschriften keine Anwendung.

Art. 69b. Die öffentliche Bekanntmachung der in den §§ 977, 982, 988, 1002 der Civilprozeßordnung bezeichneten Aufgebote erfolgt durch Anheftung an die Gerichtstafel und einmalige Einrückung in das für die Bekanntmachungen des Gerichts bestimmte Blatt. Die Aufgebotsfrist beginnt mit der Einrückung in dieses Blatt.

Wird die öffentliche Bekanntmachung des wesentlichen Inhalts des Ausschlußurtheils angeordnet, so erfolgt sie durch das im Abs. 1 bezeichnete Blatt.

Ueberschrift und Fassung sind durch Art. 166 Abs. 1 Ziff. XIV AG. z. BGB. geändert, Art. 69, 69a, 69b entsprechen nunmehr den Art. 29—31.

Oeffentliche Vorladungen bei Fideikommissen und landwirthschaftlichen Erbgütern.

Art. 70.

Unverändert, nunmehr Art. 32.

Todeserklärung der in Folge der Kriege von 1866 und 1870/71 vermißten Personen.

Art. 71.

Die Gesetze vom 29. Dezember 1873, die Todeserklärung der in Folge des Krieges von 1870/71 vermissten Personen betreffend, und vom 27. Juli 1874, die Todeserklärung der in Folge des Krieges von 1866 vermissten Personen betreffend bleiben unberührt, soweit die Art. 72—74 keine Abänderungen enthalten.

Aufgehoben durch Art. 166 Abs. 1 Ziff. XVI Abs. 1 AG. z. BGB. Sie bleiben jedoch in Kraft für ein zur Zeit des Inkrafttretens des BGB. anhängiges Verfahren und für die Wirkung der Todeserklärung (Art. 161 EG. z. BGB.).

Art. 72.

An Stelle der Bestimmungen der bayerischen Prozessordnung treten die Bestimmungen der Reichs-Civilprozessordnung über das Aufgebotsverfahren (§§ 824—836) nach Massgabe der Art. 2 des Gesetzes vom 29. Dezember 1873.

1. Vgl. Art. 71 Anm. 1.
2. §§ 824—836 CPO., nunmehr §§ 947—959 CPO.

Art. 73.

Die Art. 9 und 13 des Gesetzes vom 29. Dezember 1873 sind aufgehoben.

An Stelle der Art. 3, 5, 12, 14 Abs. 3 desselben Gesetzes treten die Bestimmungen in den Art. 106 Abs. 1, 109, 116, 119 des gegenwärtigen Gesetzes.

Vgl. Art. 71 Anm. 1.

Art. 74.

In denjenigen Fällen, in welchen vor dem Inkrafttreten des gegenwärtigen Gesetzes ein Antrag auf Todeserklärung bei Gericht gestellt ist, wird der Antrag nach bisherigem Verfahren erledigt.

Vgl. Art. 71 Anm. 1.

Abänderungen des Gesetzes vom 26. März 1859, die Gewährleistung bei Viehveräusserungen betreffend.

Art. 75.

Aufgehoben durch Art. 166 Abs. 1 Ziff. XVI Abs. 1 AG. z. BGB.

Abänderungen des Gesetzes vom 10. November 1861, die Einführung des allgemeinen deutschen Handelsgesetzbuchs betreffend.

Art. 76, 77.

Aufgehoben durch Art. 166 Abs. 1 Ziff. XVI Abs. 1 AG. z. BGB.

Abänderungen des Berggesetzes vom 20. März 1869.

Art. 78.

Entspricht nunmehr dem Art. 34.

Abänderungen der Gesetze vom 29. April 1869, die privatrechtliche Stellung der Erwerbs- und Wirthschaftsgesellschaften und der Vereine betreffend.

Art. 79, 80.

Aufgehoben durch Art. 166 Abs. 1 Ziff. XVI Abs. 1 AG. z. BGB., vgl. Art. 1 ÜG.

II. Bestimmungen für die Landestheile rechts des Rheins.

Aufrechthaltung einiger Bestimmungen der bayerischen Gerichtsordnung vom Jahre 1753.

Art. 81.

Aufgehoben durch Art. 166 Abs. 1 Ziff. XVI Abs. 1 AG. z. BGB.

Besitzstreitigkeiten.

Art. 82—84.

Aufgehoben durch Art. 166 Abs. 1 Ziff. XVI Abs. 1 AG. z. BGB.

Offenbarungseid.

Art. 85.

Aufgehoben durch Art. 166 Abs. 1 Ziff. XVI Abs. 1 AG. z. BGB.

Vergleiche.

Art. 86.

Aufgehoben durch Art. 166 Abs. 1 Ziff. XVI Abs. 1 AG. z. BGB.

Absonderungsrecht der Nachlaßgläubiger und Vermächtnißnehmer.

Art. 87.

Nachlassgläubiger und Vermächtnissnehmer können Absonderung der Nachlassgegenstände von dem Vermögen des Erben zum Zwecke ihrer Befriedigung aus denselben verlangen, solange die Nachlassgegenstände gesondert verwaltet werden. Die Absonderung kann auch ausser diesem Falle innerhalb eines Jahres nach dem Erbschaftsantritte verlangt werden, soweit die Nachlassgegenstände noch bei dem Erben in Natur vorhanden und nicht mit seinem Vermögen in eine solche Verbindung gebracht sind, dass eine Absonderung unthunlich erscheint, oder soweit die Gegenleistung für veräusserte Nachlassgegenstände noch aussteht.

Das Recht, Absonderung zu verlangen, steht jedem einzelnen Berechtigten zu; es geht verloren, wenn dieser den Erben als Schuldner annimmt.

1. Aufgehoben durch Art. 166 Abs. 1 Ziff. XVI Abs. 1 AG. z. BGB., gilt jedoch noch, wenn der Erblasser vor dem Inkrafttreten des BGB. gestorben ist (Art. 213 EG. z. BGB.).

2. Bezüglich der Ansprüche der Armenpflege vgl. O. G. H. Bd. XV S. 165.

Feststellung des Datums einer Privaturkunde.

Art. 88.

Unverändert als Art. 70a in dem I. Abschnitt durch Art. 166 Abs. 1 Ziff. XV AG. z. BGB. eingestellt; nunmehr Art. 33.

Ehesachen.

Art. 89—92.

Aufgehoben durch Art. 166 Abs. 1 Ziff. XVI Abs. 1 AG. z. BGB.

Art. 93.

Die Nichtigkeitsklage (§ 592 der Civilprozessordnung) kann auch von einem der Ehegatten erhoben werden, desgleichen von einem Dritten, wenn dieser ein rechtliches Interesse daran hat, dass die Ehe für nichtig erklärt werde.

Aufgehoben durch Art. 166 Abs. 1 Ziff. XVI Abs. 1 AG. z. BGB., gilt aber nach Art. 198 Abs. 1 EG. z. BGB. noch für eine vor dem Inkrafttreten des BGB. geschlossene Ehe.

Vermögensverwaltung für Abwesende und Todeserklärung verschollener Personen.

A. Vermögensverwaltung für Abwesende.

Art. 94—102.

Aufgehoben durch Art. 166 Abs. 1 Ziff. XVI Abs. 1 AG. z. BGB.

B. Todeserklärung Verschollener.

1. Voraussetzungen.

Art. 103.

Ist über das Leben eines Abwesenden seit zehn Jahren keine Nachricht vorhanden, so kann beantragt werden, dass der Verschollene durch Richterspruch für todt erklärt werde.

Die Frist ist von der Zeit an, auf welche sich die letzte Lebenskunde bezieht, falls aber diese Zeit in das Alter der Minderjährigkeit fällt, von dem Tage der Volljährigkeit an zu rechnen; kann dieser Tag nicht festgestellt werden, so ist ein Zeitablauf von fünfzehn Jahren erforderlich.

Aufgehoben durch Art. 166 Abs. 1 Ziff. XVI Abs. 1 AG. z. BGB. Nach Art. 161 EG. z. BGB. ist jedoch ein zur Zeit des Inkrafttretens des BGB. anhängiges Verfahren, das eine Todeserklärung zum Gegenstande hat, nach den bisherigen Gesetzen zu erledigen. Nach den bisherigen Gesetzen bestimmen sich auch die Wirkungen der in diesem Verfahren ergehenden Entscheidungen. Bezüglich der Zulässigkeit der Wiederverheirathung des Ehegatten der für todt erklärten Person, sowie bezüglich der Beendigung der elterlichen Gewalt des Verschollenen, der Vormundschaft u. s. w. (Art. 159, 160 EG. z. BGB.) gelten auf Grund des Art. 161 Abs. 3 EG. z. BGB. die Vorschriften des BGB. (vgl. unten Art. 118)

Art. 104.

Hatte der Verschollene zur Zeit der letzten Lebenskunde schon das sechzigste, aber noch nicht das fünfundsechzigste Lebensjahr zurückgelegt, so genügt zur Todeserklärung der Ablauf eines das siebenzigste Altersjahr vollendenden Zeitraums; hatte der Verschollene zur Zeit der letzten Lebenskunde bereits das fünfundsechzigste Lebensjahr zurückgelegt, so bedarf es nur des Ablaufs von weiteren fünf Jahren.

Vgl. Art. 103 Anm. 1.

Art. 105.

Befand sich Jemand auf einem Schiffe, während dasselbe in Seegefahr verunglückte, so kann auf Todeserklärung angetragen werden, wenn über sein Leben seit drei Jahren von dem Unglücke an keine Nachricht vorhanden ist.

Vgl. Art. 103 Anm. 1.

2. Zuständiges Gericht.

Art. 106.

Für die Todeserklärung ist das Amtsgericht zuständig, bei welchem der Verschollene zuletzt den Gerichtsstand des Wohnsitzes gehabt hat.

Besteht jedoch für den Verschollenen eine Pflegschaft, so ist das Amtsgericht, welches dieselbe führt, wenn aber die Pflegschaft von einem anderen Gerichte geführt wird, das Amtsgericht zuständig, in dessen Bezirke das Pflegschaftsgericht seinen Sitz hat.

Vgl. Art. 103 Anm. 1.

3. Antragsberechtigte.

Art. 107.

Zu dem Antrage auf Todeserklärung sind berechtigt: die nächsten gesetzlichen Erben des Verschollenen, der Ehegatte desselben und wer sonst ein rechtliches Interesse darzulegen vermag.

Besteht eine Pflegschaft über das Vermögen des Verschollenen, so kann die Todeserklärung auch von dem Pfleger mit Genehmigung oder auf Anweisung des Vormundschaftsgerichts beantragt werden.

Vgl. Art. 103 Anm. 1.

4. Verfahren.

Art. 108.

Die Todeserklärung erfolgt im Aufgebotsverfahren nach Massgabe der Civilprozessordnung (§§ 824—836) und der nachfolgenden besonderen Bestimmungen.

Vgl. Art. 103 Anm. 1. Den §§ 824—836 CPO. entsprechen die §§ 947—959 CPO. n. F.

Art. 109.

Mit dem Antrage auf Todeserklärung hat der Antragsteller über die thatsächlichen Voraussetzungen derselben die ihm zu Gebote stehenden Urkunden vorzulegen und seine sonstigen Beweismittel unter Angabe der zu erhebenden Thatsachen zu bezeichnen.

Vgl. Art. 103 Anm. 1.

Art. 110.

Das Aufgebot hat die Aufforderung zu enthalten:

1. an den Verschollenen, spätestens im Aufgebotstermine persönlich oder schriftlich bei Gericht sich anzumelden, widrigenfalls er für todt erklärt werde,
2. an die Erbbetheiligten, ihre Interessen im Aufgebotsverfahren wahrzunehmen,
3. an alle diejenigen, welche über das Leben des Verschollenen Kunde geben können, Mittheilung hierüber bei Gericht zu machen.

Vgl. Art. 103 Anm. 1.

Art. 111.

Die öffentliche Bekanntmachung des Aufgebots hat neben den in § 825 der Civilprozessordnung bezeichneten und den in § 187 daselbst für Ladungen vorgeschriebenen Arten auch durch Anheftung an dem üblichen Orte in der Gemeinde zu geschehen, wo der Verschollene seine Heimat hat.

Vgl. Art. 103 Anm. 1. Den §§ 187, 825 CPO. entsprechen die §§ 204, 948 CPO. n. F.

Art. 112.

Zwischen dem Tage, an welchem die Einrückung oder die erste Einrückung des Aufgebots in den Deutschen Reichsanzeiger erfolgt ist, und dem Aufgebotstermine muss ein Zeitraum von mindestens neun Monaten liegen.

Vgl. Art. 103 Anm. 1.

Art. 113.

Wenn derjenige, welcher die Todeserklärung beantragt hat, während des Verfahrens stirbt, so ist ein anderer Antragsberechtigter befugt, das Verfahren fortzusetzen.

Vgl. Art. 103 Anm. 1.

Art. 114.

Werden die Ansprüche der als Erbbetheiligte auftretenden Personen bestritten, so wird hierdurch die Todeserklärung nicht aufgehalten.

Vgl. Art. 103 Anm. 1.

Art. 115.

Das Gericht kann dem Antragsteller auferlegen, eidlich zu versichern, dass er von dem Leben des Verschollenen keine oder keine anderen als die dem Gerichte mitgeteilten Nachrichten erhalten habe und auch keine Personen zu bezeichnen wisse, von welchen er vermuthe, dass sie über das Leben des Verschollenen Nachricht empfangen haben.

Vgl. Art. 103 Anm. 1.

Art. 116.

Der Ausspruch der Todeserklärung ist an die Gerichtstafel und im Heimatsorte des Verschollenen anzuheften.

Dem Antragsteller ist eine Ausfertigung von Amtswegen zuzustellen.

Vgl. Art. 103 Anm. 1.

Art. 117.

Die Kosten des Verfahrens sind im Falle der Todeserklärung aus dem Vermögen des Verschollenen zu ersetzen.

Vgl. Art. 103 Anm. 1.

5. Wirkung der Todeserklärung.

Art. 118.

Die Todeserklärung begründet die Vermuthung, dass der Verschollene nicht mehr am Leben sei.

In Ansehung des zurückgelassenen Vermögens der für todt erklärten Person wird vermuthet, dass dieselbe an dem Tage des Ausspruchs der Todeserklärung gestorben sei; in denjenigen Fällen jedoch, in welchen der Ausspruch nach dem Ablaufe von siebenzig Jahren seit der Geburt des Verschollenen erfolgt, ist der Tag, an welchem siebenzig Jahre seit der Geburt abgelaufen sind, wenn aber die Verschollenheitsfrist erst nach diesem Zeitpunkt geendet hat, der Tag, an welchem dieselbe abgelaufen ist, als Todestag anzusehen.

In dem Urtheile ist der Todestag anzugeben.

1. Vgl. Art. 103 Anm. 1.

2. Nach Art. 158 EG. z. BGB. bestimmen sich die Wirkungen einer vor dem Inkrafttreten des BGB. erfolgten Todeserklärung nach den bisherigen Gesetzen, soweit sich nicht aus den Art. 159, 160 ein Anderes ergibt.

Nach Art. 159 a. a. O. kann der Ehegatte einer vor dem Inkrafttreten des BGB. für todt erklärten Person nach dem Inkrafttreten des BGB. eine neue Ehe eingehen, auch wenn die Wiederverheirathung nach den bisherigen Gesetzen nicht zulässig sein würde. Die Vorschriften der §§ 1348—1352 BGB. über die Wiederverheirathung im Falle der Todeserklärung finden entsprechende Anwendung. Dagegen löst das EG. z. BGB. nicht die Frage, ob der Ehegatte des für todt Erklärten auch vor dem Inkrafttreten des BGB. eine neue Ehe eingehen konnte (vgl. hierüber Mot. z. BGB. Bd. IV S. 641, Henle-Habel AG. z. CPO. Art. 118 Anm. 1, Staudinger Komm. Art. 159 EG. z. BGB.).

Nach Art. 160 EG. z. BGB. gelten, soweit nach den Vorschriften des BGB. in Folge einer Todeserklärung die elterliche Gewalt des Verschollenen, die Vormundschaft, die Pflegschaft sowie das Amt als Vormund, Gegenvormund, Pfleger, Beistand oder Mitglied eines Familienraths endigt, diese Vorschriften von dem Inkrafttreten des BGB. an auch für eine vorher erfolgte Todeserklärung (vgl. Staudinger Komm. Art. 160 EG. z. BGB.).

Art. 119.

Die Ausfertigung des Urteils auf Todeserklärung vertritt die Stelle der Sterbeurkunde.

Der Gegenbeweis, dass der Verschollene noch am Leben oder zu einer anderen als der im Urtheile angegebenen Zeit gestorben sei, ist zulässig.

Vgl. Art. 103 Anm. 1.

6. Zuständigkeit zur Verlassenschaftsbehandlung.

Art. 120.

Aufgehoben durch Art. 166 Abs. 1 Ziff. XVI Abs. 1 AG. z. BGB. Die Uebergangsvorschrift des Art. 161 EG. z. BGB. (vgl. Art. 103 Anm. 1) umfaßt die Vorschrift des Art. 120 nicht.

7. Rechtsverhältnisse bei nachträglicher Meldung Verschollener.

Art. 121.

Meldet sich der Verschollene nach der Todeserklärung, so steht ihm gegen diejenigen, welche auf Grund der Todeserklärung Bestandtheile seines Vermögens erlangt haben, der Anspruch auf Rückerstattung nach Massgabe der Grundsätze zu, die für den Anspruch eines Erben gegen Besitzer von Erbschaftsgegenständen gelten.

Die in Ansehung dieses Vermögens Dritten gegenüber vorgenommenen Rechtshandlungen von Personen, welche auf Grund der Todeserklärung Vermögensbestandtheile erlangt haben, werden in ihrer Rechtswirkung nach den Grundsätzen beurtheilt, die von Rechtshandlungen eines nach Aussen legitimirten Erben gelten.

Vgl. Art. 103 Anm. 1.

8. Uebergangsbestimmung.

Art. 122.

In denjenigen Fällen, in welchen vor dem Inkrafttreten des gegenwärtigen Gesetzes ein Antrag auf Verschollenheitserklärung oder auf Todeserklärung bereits bei Gericht gestellt ist, wird der Antrag nach bisherigem bürgerlichen Rechte und Verfahren erledigt.

Vgl. Art. 103 Anm. 1.

Abänderungen des Hypothekengesetzes.

Art. 123.

Die §§ 47, 67, 82, 159, 160, 166 des Hypothekengesetzes vom 1. Juni 1822 werden in der nachstehenden Weise abgeändert:

1. An Stelle des § 47 tritt folgende Bestimmung:

„Wenn jedoch eine Forderung in einem Geldanlehen besteht und vom Tage der wirklichen Eintragung der Hypothek an gerechnet dreissig Tage noch nicht verstrichen sind, oder der Schuldner innerhalb dieser dreissig Tage den Einwand, dass das Geld ihm nicht ausbezahlt worden sei, durch eine Protestation im Hypothekenbuche vormerken lässt, so kann der Schuldner auch dem dritten Inhaber der Forderung, welcher sie entweder vor Ablauf jener dreissig Tage oder nach eingetragener Protestation an sich brachte, diesen Einwand entgegensetzen."

2. § 67 erhält folgende Fassung:

„Hat ein Ewiggeldgläubiger die Beschlagnahme zum Zwecke der Zwangsversteigerung erwirkt, so kann jeder Hypothekgläubiger bis zur Ertheilung des Zuschlags durch vollständige Entrichtung aller gefreiten und ungefreiten Gilten, dann der Kosten, wofür ihm der Rückanspruch gegen den Schuldner bleibt, die Aufhebung der Zwangsvollstreckung herbeiführen."

3. § 82 erhält folgende Fassung:

„Wenn bei einer im Hypothekenbuche eingetragenen oder vorgemerkten Forderung die Nachforschungen nach dem rechtmässigen Inhaber fruchtlos geblieben und vom Tage der letzten auf diese Forderung sich beziehenden Handlung an gerechnet dreissig Jahre verstrichen sind, so kann der Besitzer der hypothezirten Sache verlangen, dass derjenige, welcher auf die Forderung ein Recht zu haben glaubt, zur Anmeldung innerhalb sechs Monaten durch das Gericht unter dem Rechtsnachtheile öffentlich aufgefordert werde, dass im Falle der Unterlassung der Anmeldung die Forderung für erloschen erklärt und im Hypothekenbuche gelöscht würde. Für das Aufgebotsverfahren ist das Gericht ausschliesslich zuständig, bei welchem das Hypothekenbuch geführt wird. Die Einrückung des Aufgebots in die öffentlichen Blätter muss dreimal in zweimonatlichen Zwischenräumen erfolgen".

Nach Erlassung des Ausschlussurtheils hat das Gericht bei dem Hypothekenamte unter

Mittheilung des wesentlichen Inhalts des Ausschlussurtheils die Löschung der Hypothek von Amtswegen zu veranlassen.

4. § 159 Abs. 1 erhält folgende Fassung:

„Wird gegen den Inhaber einer Hypothekforderung, der abwesend und dessen dermaliger Aufenthalt unbekannt ist, von dem Eigenthümer, welcher eine erfolgte Erlöschung der Hypothek behauptet, auf Löschung geklagt, so hat, soferne der Abwesende nicht einen Prozessbevollmächtigten zurückgelassen hat oder bereits mit einem Curator versehen ist, die Vormundschaftsbehörde, in deren Bezirke das Prozessgericht seinen Sitz hat, zur Vertretung desselben in dem Rechtsstreite einen Kurator aufzustellen. Zu diesem Zwecke hat der Gerichtsschreiber des Prozessgerichts, wenn die öffentliche Zustellung der Klage bewilligt ist, hiervon der Vormundschaftsbehörde sofort Mittheilung zu machen. Die Vormundschaftsbehörde kann die Bestellung eines Kurators unterlassen, wenn sich der Antrag auf Löschung der Hypothek in öffentlichen Urkunden gründet."

5. § 160 erhält folgende Fassung:

„Die Löschung wegen verspäteten Eintrags (Tit. I §§ 73—75) kann nur auf Verlangen des Konkursverwalters oder des Gerichts, welches in Behandlung der überschuldeten Erbmasse zuständig ist, und nach vorgängiger Vernehmung des eingetragenen Gläubigers erfolgen."

6. § 166 erhält folgende Fassung:

„Die Löschung einer amortisirten Hypothek in dem besonderen oben Tit. I § 82 bemerkten Falle erfolgt auf Veranlassung des Gerichts, welches das Ausschlussurteil erlassen hat."

1. Aufgehoben durch Art. 166 Abs. 1 Ziff. XVI Abs. 1 AG. z. BGB. sowie durch Art. 175 AG. z. BGB. Nach Art. 177 AG. z. BGB. bleiben die Vorschriften des Hypothekengesetzes jedoch soweit in Kraft, als ihre Geltung im Art. 189 EG. z. BGB. (s. diesen Artikel bei Art. 177 AG. z. BGB.) vorbehalten ist.

2. Zu Ziff. 3: Nach Art. 166 Abs. 1 Ziff. XVI Abs. 2 Satz 2 AG. z. BGB. verbleibt es für das im § 82 Hyp.G. bestimmte Aufgebot in Ansehung des Verfahrens bei den bisherigen Vorschriften mit der Maßgabe, daß die Vorschriften des Art. 69b (nun Art. 31) entsprechende Anwendung finden und die Aufgebotsfrist mindestens sechs Wochen betragen muß.

Unzulässigkeit eines Faustpfandes an unbeweglichen Sachen.

Art. 124.

Aufgehoben durch Art. 166 Abs. 1 Ziff. XVI Abs. 1 AG. z. BGB. Die Vorschrift des Art. 177 a. a. O. trifft wegen der Bestimmung des Art. 189 EG. z. BGB. nicht zu (vgl. Art. 123 Anm. 1).

Eintragung der Pfändung einer Forderung im Hypothekenbuche.

Art. 125.

Wird eine Hypothekforderung oder ein Ewiggeld gepfändet, so hat das Vollstreckungsgericht die Eintragung der Pfändung im Hypotheken- oder Grundbuche von Amtswegen zu veranlassen.

Aufgehoben durch Art. 166 Abs. 1 Ziff. XVI Abs. 1 AG. z. BGB., bleibt jedoch in Kraft, bis das Grundbuch als angelegt anzusehen ist.

Abänderungen des Notariatsgesetzes.

Art. 126.

Aufgehoben durch Art. 166 Abs. 1 Ziff. XVI Abs. 1 AG. z. BGB.

Vollstreckbarkeit von Hypothekenurkunden und Ewiggeldbriefen.

Art. 127.

Aus Hypothekenurkunden findet die Zwangsvollstreckung statt, wenn die Hypothek vertragsmäßig für einen Anspruch bestellt ist, welcher die Zahlung einer bestimmten Geldsumme zum Gegenstande hat und durch die Urkunde festgestellt ist.

Die Unterwerfung unter die sofortige Zwangsvollstreckung ist nicht erforderlich.

1. Die Art. 127—134, 136 bleiben gemäß Art. 166 Abs. 1 AG. z. BGB. in Ansehung der Hypotheken in Kraft, welche zu der Zeit

bestehen, zu der das Grundbuch als angelegt anzusehen ist (vgl. auch Art. 8 EG. zu dem Gesetze betr. Aenderungen der CPO. vom 17. Mai 1898 RGBl. S. 332: Hiernach bleiben die landesgesetzlichen Vorschriften über die Vollstreckbarkeit von Hypothekenurkunden in Ansehung der Hypotheken in Kraft, welche schon zu der Zeit bestehen, zu welcher das Grundbuch als angelegt anzusehen ist).

2. Ist die Hypothek gelöscht, so findet aus der Urkunde „als Hypothekenurkunde" eine Zwangsvollstreckung nicht mehr statt (ObGH. Bd. XIV S. 152, 709). Dagegen kann sie als „Notariatsurkunde" vollstreckbar bleiben, wenn der Schuldner sich der sofortigen Zwangsvollstreckung unterworfen hat (§ 794 CPO. n. F.).

3. Hinsichtlich der Zwangsvollstreckung in das eingebrachte Gut der Frau beim ordentlichen gesetzlichen Güterstand im Falle der Ueberleitung in denselben vom Güterstande des Bayr. LR. vgl. Bl. f. RA. 66 S. 199: „Wenn der Ehemann in der vor dem 1. Januar 1900 errichteten Urkunde seine Zustimmung zu dem Vortrage kundgegeben hat, durch den die Verbindlichkeit der Frau begründet und die Hypothek bestellt worden ist, so ist nach dem Inhalte der Urkunde gegen ihn der Anspruch des Gläubigers dahin begründet, daß er die Befriedigung des Gläubigers aus dem Paraphernalgute (jetzt dem eingebrachten Gute) gestattet. Es ergibt sich aus der Urkunde, daß seine Rechte dem Anspruche des Gläubigers weichen müssen. In Folge dessen ist die Urkunde in Ansehung des nunmehrigen eingebrachten Gutes gegen ihn in der gleichen Weise vollstreckbar wie gegen die Frau, so daß auch ihm gegenüber eine vollstreckbare Ausfertigung mit der einfachen Vollstreckungsklausel des § 725 CPO. zur Zwangsvollstreckung in das eingebrachte Gut genügt."

Art. 128.

Die Zwangsvollstreckung aus Hypothekenurkunden findet auch gegen den dritten Besitzer der Sache statt.

Vgl. Art. 127 Anm. 1.

Art. 129.

Die Zwangsvollstreckung aus Hypothekenurkunden findet sowohl in das bewegliche als in das unbewegliche Vermögen statt.

Gegen den dritten Besitzer der Sache ist der Gläubiger nur soweit mit der Zwangsvollstreckung vorzugehen berechtigt, als dessen Haftung nach dem Hypothekengesetze begründet ist.

Vgl. Art. 127 Anm. 1.

Art. 130.

Die vollstreckbare Ausfertigung wird von dem Notare, welcher die Hypothekenurkunde verwahrt, oder von dem Gerichtsschreiber des Gerichts ertheilt, welches die Urkunde über die Hypothekbestellung aufgenommen hat.

Vgl. Art. 127 Anm. 1.

Art. 131.

Wenn die Zwangsvollstreckung wegen eines Theils der beurkundeten Ansprüche von dem durch den Gläubiger zu beweisenden Eintritt einer Thatsache abhängt und diese Thatsache noch nicht eingetreten ist, so wird eine vollstreckbare Ausfertigung nur wegen jener Ansprüche ertheilt, wegen deren die Zwangsvollstreckung ohne Rücksicht auf den Eintritt der Thatsache zulässig ist. Die Beschränkung der Vollstreckbarkeit ist in der Vollstreckungsklausel auszudrücken.

Vgl. Art. 127 Anm. 1.

Art. 132.

Ist eine vollstreckbare Ausfertigung ertheilt, deren Vollstreckbarkeit auf einen Theil der beurkundeten Ansprüche beschränkt ist, so ist nach dem Eintritte der Thatsache, von deren Eintritte die Zwangsvollstreckung wegen eines anderen Theils der beurkundeten Ansprüche abhängt, auf Antrag des Gläubigers statt der Ertheilung einer neuen vollstreckbaren Ausfertigung der früher ertheilten eine neue, die Vollstreckbarkeit entsprechend ausdehnende Vollstreckungsklausel beizufügen.

In gleicher Weise ist in anderen Fällen, wenn ein Umstand eingetreten ist, welcher eine neue Vollstreckungsklausel erforderlich macht, auf Antrag des Gläubigers die neue, der eingetretenen Veränderung entsprechende Vollstreckungsklausel der früher ertheilten vollstreckbaren Ausfertigung beizufügen.

Zur Ertheilung der neuen Vollstreckungsklausel ist sowohl der Beamte, welcher die vollstreckbare Ausfertigung zu ertheilen hat (Art. 130), als das Hypothekenamt zuständig.

1. Vgl. Art. 127 Anm. 1.

2. Gegen den ablehnenden Beschluß des Hyp.A. ist nur sofortige Beschwerde zulässig (OGH. Bd. XIV S. 707).

Art. 133.

Ist eine vollstreckbare Ausfertigung ertheilt, deren Vollstreckbarkeit auf einen Theil der beurkundeten Ansprüche beschränkt ist, so kann eine neue vollstreckbare Ausfertigung, auch wenn sie nur wegen derjenigen Ansprüche verlangt wird, auf welche die Vollstreckbarkeit der früher ertheilten sich nicht erstreckt, nur nach Maßgabe der Vorschriften ertheilt werden, welche für die Ertheilung einer weiteren vollstreckbaren Ausfertigung gelten.

Vgl. Art. 127 Anm. 1.

Art. 134.

Zum Nachweise eines Umstandes, welchen der Gläubiger zu beweisen hat, um die vollstreckbare Ausfertigung oder die neue Vollstreckungsklausel zu erhalten, genügt ein Eintrag im Hypothekenbuche, aus welchem der zu beweisende Umstand erhellt.

Wird die vollstreckbare Ausfertigung oder die neue Vollstreckungsklausel auf Grund des Eintrags im Hypothekenbuche ertheilt, so ist dies in der Vollstreckungsklausel zu erwähnen. Die Zustellung einer Abschrift des Eintrags findet nicht statt.

Vgl. Art. 127 Anm. 1.

Art. 135.

Der Hypothekengläubiger ist berechtigt, von allen die Sache betreffenden öffentlichen Büchern, Plänen und Urkunden an den einschlägigen Stellen Einsicht zu nehmen und die zur Wahrnehmung seiner Rechte erforderlichen Abschriften und Auszüge zu verlangen. Er ist auch berechtigt, die Rechte des Besitzers auf Berichtigung des Besitztitels auszuüben.

Vgl. Art. 127 Anm. 1.

Art. 136.

Im Uebrigen finden auf die Zwangsvollstreckung aus Hypothekenurkunden die Bestimmungen der Civilprozeßordnung entsprechende Anwendung.

Vgl. Art. 127 Anm. 1.

Art. 137.

Die Bestimmungen der Art. 128—136 gelten auch für die vollstreckbaren Ausfertigungen, welche nach dem Inkrafttreten des gegenwärtigen Gesetzes von den vor diesem Zeitpunkte unter der Herrschaft des Notariatsgesetzes vom 10. November 1861 errichteten Hypothekenurkunden ertheilt werden.

Die Voraussetzungen, unter welchen die Zwangsvollstreckung aus den vor dem Inkrafttreten des gegenwärtigen Gesetzes ertheilten vollstreckbaren Ausfertigungen stattfindet, sind nach den bisherigen Bestimmungen zu beurtheilen.

I. 117 Begr. — Becher IV. V.II *99.*

Art. 138.

Aus den Hypothekenbriefen, welche vor dem 1. Juli 1862 errichtet sind, findet die Zwangsvollstreckung in gleicher Weise wie aus den in Art. 137 Abs. 2 genannten vollstreckbaren Ausfertigungen statt.

I. 117 Begr. — Becher IV. V.II *99.*

Art. 139.

Aus den Ewiggeldbriefen findet wegen rückständiger Gilten Zwangsversteigerung und Zwangsverwaltung der belasteten Sache statt. Ewiggeldbriefe bedürfen der Vollstreckungsklausel nicht.

Für einen Rechtsnachfolger des ursprünglichen Ewiggeldgläubigers findet die Zwangsvollstreckung aus dem Ewiggeldbriefe nur dann statt, wenn das Ewiggeld im Grundbuche auf denselben umgeschrieben ist.

II. 516f. — Becher VII. *134.*

Bleibt auf Grund des § 801 CPO. in Verbindung mit Art. 8 des EG. zum Gesetze betr. Aenderungen der CPO. vom 17. Mai 1898 (RGBl. S. 332) in Kraft. Durch Art. 47 ÜG., wonach Ewiggelder, die zu der Zeit bestehen, zu welcher das Grundbuch als angelegt anzusehen ist, sich in Rentenschulden verwandeln, wurde an der Vollstreckbarkeit der Ewiggeldbriefe nichts geändert.

Vorzugsrechte an beweglichen Sachen.

Art. 140.

Aufgehoben durch Art. 166 Abs. 1 Ziff. XVI Abs. 1 AG. z. BGB.

III. Bestimmungen für diejenigen Landestheile, in welchen das bayerische Landrecht Geltung hat.

Besitzklagen bei Grunddienstbarkeiten.

Art. 141.

Aufgehoben durch Art. 166 Abs. 1 Ziff. XVI Abs. 1 AG. z. BGB. Vgl. § 1029 BGB., Art. 180, 191 EG. z. BGB., Art. 45 ÜG.

Negatorienklagen.

Art. 142.

Aufgehoben durch Art. 166 Abs. 1 Ziff. XVI Abs. 1 AG. z. BGB.

IV. Bestimmungen für diejenigen Landestheile, in welchen das allgemeine preußische Landrecht Geltung hat.

Verfahren bei vorgeschriebenen Anzeigen und Protestationen.

Art. 143.

Aufgehoben durch Art. 166 Abs. 1 Ziff. XVI Abs. 1 AG. z. BGB.

Verfahren bei Anträgen auf Prodigalitäts-Erklärung.

Art. 144, 145.

Aufgehoben durch Art. 166 Abs. 1 Ziff. XVI Abs. 1 AG. z. BGB.

Vormundschaftliche Prozesse.

Art. 146—148.

Aufgehoben durch Art. 166 Abs. 1 Ziff. XVI Abs. 1 AG. z. BGB.

Vormundschaft im Falle des Ehescheidungsprozesses.

Art. 149.

Aufgehoben durch Art. 166 Abs. 1 Ziff. XVI Abs. 1 AG. z. BGB.

Erbschaftlicher Liquidationsprozeß.

Art. 150.

Die Bestimmungen der preussischen Gerichtsordnung über den erbschaftlichen Liquidationsprozess bleiben nur soweit in Geltung, als in den nachstehenden Artikeln darauf Bezug genommen ist.

Die Art. 150—157 sind durch Art. 166 Abs. 1 Ziff. XVI Abs. 1 AG. z. BGB. aufgehoben worden. Nach Art. 213 EG. z. BGB. bleiben, wenn der Erblasser vor dem Inkrafttreten des BGB. gestorben ist, sowohl für die erbrechtlichen Verhältnisse als auch für das erbschaftliche Liquidationsverfahren die bisherigen Gesetze maßgebend.

Art. 151.

Das für den erbschaftlichen Liquidationsprozess erforderliche Inventar muss durch einen Notar errichtet werden.

Vgl. Art. 150 Anm. 1.

Art. 152.

Der Benefizialerbe, welcher den Nachlass nach Massgabe des § 73 Tl. I Tit. 51 der preussischen Gerichtsordnung an die Gläubiger abtreten will, hat seine desfallsige Erklärung bei dem Amtsgerichte des Ortes, wo sich die Erbschaft eröffnet hat, schriftlich einzureichen oder zum Protokolle des Gerichtsschreibers anzubringen.

Wenn ein oder mehrere Gläubiger beantragen, dass dem Benefizialerben nach Massgabe des § 70 Tl. I Tit. 51 der preussischen Gerichtsordnung die Verwaltung des Nachlasses entzogen werde, so haben sie deshalb gegen denselben Klage zu erheben.

Vgl. Art. 150 Anm. 1.

Art. 153.

Der Benefizialerbe kann, wenn nicht der Konkurs über die Erbschaft eröffnet ist, auf Eröffnung des erbschaftlichen Liquidationsprozesses antragen, und hierzu in dem in § 59 Tl. I Tit. 51 der preussischen Gerichtsordnung bezeichneten Falle durch die Erbschaftsgläubiger angehalten werden. Die Erbschaftsgläubiger haben ihr Begehren in dem zwischen ihnen und dem Benefizialerben anhängigen Rechtsstreite zu erheben. Das Gericht hat, wenn sich das Begehren als begründet darstellt, dem Benefizialerben aufzugeben, dass er innerhalb einer festgesetzten Frist den Antrag auf Eröffnung des erbschaftlichen Liquidationsprozesses stelle, widrigenfalls er der Rechtswohlthat verlustig und als ein Solcher geachtet werden würde, der die Erbschaft ohne Vorbehalt angetreten hat.

Das Gericht ist befugt, die festgesetzte Frist auf Begehren des Benefizialerben zu verlängern, wenn genügende Gründe hierfür vorgebracht werden.

Nach fruchtlosem Ablaufe der Frist kann jeder Erbschaftsgläubiger beantragen, dass der angedrohte Rechtsnachtheil als verwirkt erklärt werde. Das Gericht muss diesem Antrage entsprechen, es sei denn, dass der Benefizialerbe seine Verzögerung genügend entschuldigt.

Im letzteren Falle ist ihm eine neue Frist zu bestimmen. Der Benefizialerbe kann die Folgen seiner Versäumniss noch bis zur Verhandlung dadurch abwenden, dass er den Antrag auf Eröffnung des erbschaftlichen Liquidationsprozesses stellt.

Vgl. Art. 150 Anm. 1.

Art. 154.

Der Antrag auf Eröffnung des erbschaftlichen Liquidationsprozesses hat die in den §§ 61 und 76 Tl. I Tit. 51 der preussischen Gerichtsordnung bezeichneten Wirkungen.

Diejenigen Gläubiger jedoch, welchen nach Massgabe der Konkursordnung ein Absonderungsrecht zusteht, sind von der Einlassung in den erbschaftlichen Liquidationsprozess befreit, soweit sie ihre Befriedigung aus den ihnen verhafteten Nachlassgegenständen suchen. Diese Befreiung hat zur Wirkung, dass die bezeichneten Gläubiger die Befugniss haben, ohne Rücksicht auf die erfolgte Eröffnung des Liquidationsverfahrens nach den allgemeinen Vorschriften ihre Forderungen geltend zu machen und an den ihnen verhafteten Gegenständen zur Vollstreckung zu bringen.

Vgl. Art. 150 Anm. 1.

Art. 155.

Der Antrag (Art. 154 Abs. 1) ist bei dem Amtsgerichte des Ortes, wo sich die Erbschaft eröffnet hat, zu stellen.

Das Gericht erlässt an alle diejenigen, welche Ansprüche an den Nachlass geltend zu machen gedenken, die Aufforderung, diese Ansprüche unter Beifügung der Beweisurkunden oder Bezeichnung der sonstigen Beweismittel schriftlich oder mündlich bei dem Gerichtsschreiber anzumelden und in einem Termine, welcher nicht auf früher als einen Monat und nicht auf später als zwei Monate, vom Tage der öffentlichen Bekanntmachung der Aufforderung an gerechnet, anberaumt werden darf, persönlich oder durch Bevollmächtigte vor dem Gerichte zu erscheinen, um über die Richtigkeit der angemeldeten Forderungen und die angesprochenen Vorrangsrechte zu verhandeln.

Mit dieser Aufforderung ist die Erklärung zu verbinden, dass diejenigen Gläubiger, welche der Aufforderung nicht nachkommen, soweit sie nicht absonderungsberechtigt sind, aller Vorrangsrechte verlustig werden und sich mit ihren Forderungen nur an dasjenige halten können, was nach Befriedigung der Gläubiger, deren Forderungen in der angegebenen Weise angemeldet worden sind, übrig bleibt.

Die Aufforderung ist durch wenigstens drei vom Gerichte zu bestimmende öffentliche Blätter, und zwar durch jedes derselben wenigstens zweimal, in geeigneten Zwischenräumen bekannt zu machen. Dem Benefizialerben ist besondere Mittheilung mit der Aufforderung zu machen, in dem anberaumten Termine zu erscheinen und den Gläubigern über den Stand der Aktivmasse unter Vorlage der betreffenden Urkunden die erforderlichen Aufschlüsse zu geben. Besondere Mittheilung an die bekannten Gläubiger ist nicht erforderlich.

Vgl. Art. 150 Anm. 1.

Art. 156.

Streitigkeiten, welche über angemeldete Forderungen oder über Vorrangsrechte entstehen, sind in einem besonderen Rechtsstreite auszutragen.

Dem Prozessgerichte steht auch die Entscheidung darüber zu, ob der in Art. 155 Abs. 3 erwähnte Rechtsnachtheil verwirkt ist.

Vgl. Art. 150 Anm. 1.

Art. 157.

Die Kosten des erbschaftlichen Liquidationsprozesses fallen dem Nachlasse zur Last.

Vgl. Art. 150 Anm. 1.

Aufgebot liegender Gründe.

Art. 158.

Die Bestimmungen der preussischen Gerichtsordnung Tl. I Tit. 51 §§ 100—109 über das Aufgebot von Grundstücken zur Erhaltung einer Präklusion gegen unbekannte Realprätendenten oder zur vollständigen Berichtigung des Besitztitels bleiben mit den in den nachstehenden Artikeln enthaltenen Aenderungen und näheren Bestimmungen in Kraft.

Art. 158—160 sind durch Art. 166 Abs. 1 Ziff. XVI Abs. 1 AG. z. BGB. aufgehoben worden, sie gelten jedoch noch bis zur Anlegung des Grundbuchs. Vgl. Art. 166 Abs. 6 Satz 1 AG z. BGB.: „Soweit nach dem Inkrafttreten des Bürgerlichen Gesetzbuchs das in Theil 1 Titel 51 §§ 100—109 der Preußischen Allgemeinen Gerichtsordnung bestimmte Aufgebot stattfindet, verbleibt es in Ansehung des Verfahrens bei den bisherigen Vorschriften."

Art. 159.

Zuständig ist das Amtsgericht, in dessen Bezirke das Grundstück liegt.

Das in § 101 Tl. I Tit. 51 der preussischen Gerichtsordnung erwähnte Gesuch kann bei dem Gerichte schriftlich eingereicht oder zum Protokolle des Gerichtsschreibers angebracht werden.

Das Gericht hat das Aufgebot unter Androhung des in § 102 angegebenen Rechtsnachtheils zu erlassen und bezüglich der Veröffentlichung des Aufgebots in den von ihm zu bestimmenden öffentlichen Blättern die entsprechenden Anordnungen unter Berücksichtigung der Verhältnisse des Falles zu treffen.

Das Aufgebot ist ausserdem durch einen Gerichtsvollzieher in der Gemeinde, in welcher das Grundstück liegt, an dem üblichen Platze anzuheften. Weitere Bekanntmachungen sind nicht erforderlich.

Zwischen dem Termine zur Anmeldung der Ansprüche und der ersten öffentlichen Bekanntmachung müssen wenigstens zwei Monate in Mitte liegen.

Vgl. Art. 158 Anm. 1.

Art. 160.

Das Präklusionserkenntniss ist in gleicher Weise wie das Aufgebot zu veröffentlichen.

Innerhalb zwei Wochen von dem Tage an, an welchem die letzte Einrückung dieser Veröffentlichung erfolgt ist, können noch Ansprüche mit voller Rechtswirksamkeit angemeldet werden; die betreffenden Prätendenten haben jedoch die durch die nachträgliche Anmeldung veranlassten Kosten zu tragen.

Gegen das Präklusionserkenntniss findet weder ein Rechtsmittel noch eine Anfechtungsklage statt.

Gegen den Beschluss, durch welchen der Antrag auf Erlassung des Präklusionserkenntnisses zurückgewiesen wird, sowie gegen Beschränkungen und Vorbehalte, welche dem Präklusionserkenntnisse beigefügt sind, findet sofortige Beschwerde gemäss § 540 der Civilprozessordnung statt.

1. Vgl. Art. 158 Anm. 1.
2. § 540 CPO. = § 577 CPO. n. F.

Sonstige öffentliche Aufforderungen.

Art. 161.

In Betreff der Vorladung unbekannter Erben verbleibt es, vorbehaltlich der Bestimmungen des gegenwärtigen Gesetzes über Todeserklärung und Verwaltung des Vermögens Abwesender, bei den bezüglichen Bestimmungen des allgemeinen preussischen Landrechts und der preussischen Gerichtsordnung Tl. 1 Tit. 51 §§ 145—156 mit folgenden Abänderungen und näheren Bestimmungen:

1. Zuständig ist das Amtsgericht des Ortes, wo sich die Erbschaft eröffnet hat. Dasselbe hat die Sache als Gegenstand der nichtstreitigen Rechtspflege zu behandeln.
2. Die Erlassung eines förmlichen Präklusionsbescheids steht diesem Gerichte nicht zu. Dasselbe hat sich vielmehr darauf zu beschränken, nach fruchtlosem Ablaufe des Termins den Extrahenten als rechtsmässigen Erben anzuerkennen, die Verabfolgung des Nachlasses an denselben zu seiner freien Disposition zu verfügen und ihm hierüber ein Zeugniss auszustellen,

wobei der Ausspruch über die Folgen der Versäumung des Termins im Falle des späteren Auftretens eines Erbprätendenten dem Prozessgerichte vorbehalten bleibt.

3. Die Art der Bekanntmachung der Ediktalladung, insbesondere die öffentlichen Blätter, worin dieselbe zu geschehen hat, sowie der in der Ediktalladung festzusetzende Termin werden von dem Amtsgerichte nach Erwägung der Umstände des Falls bestimmt.

Die Art. 161, 162 sind durch Art. 166 Abs. 1 Ziff. XVI Abs. 1 AG. z. BGB. aufgehoben worden. Nach Art. 213 EG. z. BGB. bleiben jedoch, wenn der Erblasser vor dem Inkrafttreten des BGB. gestorben ist, sowohl für die erbrechtlichen Verhältnisse als auch für das erbschaftliche Liquidationsverfahren die bisherigen Gesetze maßgebend.

Art. 162.

Die Bestimmungen der preussischen Gerichtsordnung Tl. I Tit. 51 § 158 bleiben aufrecht.

Vgl. Art. 161 Anm. 1.

V. Bestimmungen für die Pfalz.

Verfahren auf Gesuch der Parteien in Sachen der nichtstreitigen Rechtspflege.

Art. 163.

Wo das Gesetz in Sachen der nichtstreitigen Rechtspflege eine Entscheidung auf Gesuch zulässt, richtet sich das Verfahren, soweit nicht für einzelne Fälle etwas Anderes vorgesehen ist, nach folgenden Bestimmungen.

Art 163—168 sind durch Art. 166 Abs. 1 Ziff. XVI Abs. 1 AG. z. BGB. aufgehoben, können jedoch auf Grund des Art. 174 AG. z. CPO. in Verbindung mit Art. 107 ÜG., ferner auf Grund des Art. 133 ÜG. und des Art. 185 AG. z. CPO noch zur Anwendung kommen.

Art. 164.

Das Gesuch ist durch die Partei oder ihren Bevollmächtigten mit den zur Begründung dienenden

Belegen bei dem Gerichtsschreiber einzureichen oder demselben zu Protokoll zu geben.

Vgl. Art. 163 Anm. 1.

Art. 165.

Der Gerichtsschreiber legt das Gesuch, nachdem er, soferne dasselbe schriftlich eingereicht wurde, den Tag des Einlaufs darauf bemerkt hat, dem Gerichtsvorstande vor.

Der Gerichtsvorstand ernennt auf dem Gesuche einen Berichterstatter und verordnet, dass dasselbe dem Staatsanwalte zur Antragstellung mitgetheilt werde.

Der Staatsanwalt hat seinen schriftlichen Antrag auf das Gesuch zu setzen.

Sobald der Staatsanwalt die Akten zurückgestellt hat, sind diese durch den Gerichtsschreiber dem ernannten Berichterstatter zu übergeben.

Vgl. Art. 163 Anm. 1.

Art. 166.

Die Entscheidung erfolgt auf Vortrag des Berichterstatters in nicht öffentlicher Sitzung.

Die Entscheidung ist mit Entscheidungsgründen zu versehen. Sie wird auf das Gesuch gesetzt und von dem Vorsitzenden und dem Gerichtsschreiber unterzeichnet.

Dieselbe wird dem Gesuchsteller auf dessen Anmelden in Urschrift ausgehändigt. Schreibt das Gesetz in einem Falle vor, dass die Entscheidung auf der Gerichtsschreiberei hinterlegt bleiben soll, so ist den Betheiligten auf Verlangen Ausfertigung der Entscheidung zu ertheilen.

Vgl. Art. 163 Anm. 1.

Art. 167.

Der Gerichtsschreiber hat ein Register zu führen, in welchem die Gesuche und die darauf erfolgten Entscheidungen vorgemerkt werden und die Gesuchsteller den Empfang der ihnen ausgehändigten Akten zu bescheinigen haben.

Vgl. Art. 163 Anm. 1.

Art. 168.

In Betreff des Rechtsmittels der Beschwerde gegen die auf Gesuch erlassenen Entscheidungen finden die in den Art. 56—67 des gegenwärtigen Gesetzes enthaltenen Bestimmungen Anwendung.

Beschwerdeentscheidungen werden nach schriftlicher Erklärung des Staatsanwalts erlassen.

Vgl. Art. 163 Anm. 1.

Zustellung im erwählten Wohnsitze.

Art. 169.

Hat Jemand an einem anderen Orte als an dem seines wirklichen Wohnsitzes für ein Rechtsgeschäft Wohnsitz erwählt, so können ihm die Zustellungen, welche sich auf dieses Geschäft beziehen, auch in dem erwählten Wohnsitze gemacht werden.

Vgl. Art. 166 Abs. 3 AG. z. BGB.: „Der Artikel 169 bleibt für Rechtsverhältnisse, die sich nach den bisherigen Vorschriften bestimmen, in Kraft, sofern der Wohnsitz vor dem Inkrafttreten des Bürgerlichen Gesetzbuchs erwählt worden ist" (vgl. auch Art 157 EG. z. BGB.).

Besitzklagen.

Art. 170.

Aufgehoben durch Art. 33 Ziff. 1 des Gesetzes vom 1. Juli 1898 über das Liegenschaftsrecht in der Pfalz.

Eintragungen in das Hypothekenbuch.

Art. 171.

Die nach Art. 31 des Gesetzes vom 23. Februar 1879, die Zwangsvollstreckung in das unbewegliche Vermögen wegen Geldforderungen betreffend, vorzunehmende Eintragung der Beschlagnahme in das Hypothekenbuch, ferner die in Art. 32 und 33 Abs. 1 und 3 des gegenwärtigen Gesetzes vorgeschriebenen Eintragungen in das Hypothekenbuch erfolgen in einem dazu bestimmten Register in der durch Verordnung näher anzugebenden Weise.

Die Bestimmung in Art. 33 Abs. 2 des gegenwärtigen Gesetzes findet auf die Pfalz keine Anwendung.

Aufgehoben durch Art. 166 Abs. 1 Ziff. XVI Abs. 1 AG. z. BGB., bleibt jedoch nach Abs. 2 in Kraft, bis das Grundbuch als angelegt anzusehen ist.

Berichtigung der Standesregister.

Art. 172.

Aufgehoben durch Art. 166 Abs. 1 Ziff. XVI Abs. 1 AG. z. BGB.

Einspruch gegen die Eheschließung.

Art. 173.

Aufgehoben durch Art. 166 Abs. 1 Ziff. XVI Abs. 1 AG. z. BGB.

Verfahren in Abwesenheitsfällen.

Art. 174.

Bezüglich der Vermuthung der Abwesenheit, der Abwesenheitserklärung und der Wirkungen der Abwesenheit finden die betreffenden Vorschriften des 4. Titels des I. Buches des pfälzischen Civilgesetzbuches nach Massgabe der folgenden besonderen Bestimmungen Anwendung.

Die Entscheidung des Gerichts erfolgt auf Gesuch nach Massgabe der Art. 163—168 des gegenwärtigen Gesetzes.

Die Entscheidung bleibt auf der Gerichtsschreiberei hinterlegt.

Die Aufnahme des Zeugenbeweises im Falle des Art. 116 des pfälzischen Civilgesetzbuches wird einem Gerichtsmitgliede übertragen.

Die in Art. 118 des pfälzischen Civilgesetzbuchs vorgesehene Veröffentlichung der dort bezeichneten Entscheidung geschieht durch den Staatsanwalt des Landgerichts. Sie erfolgt mittels Abdrucks eines Auszugs der Entscheidung in dem Deutschen Reichsanzeiger und ausserdem in wenigstens zwei öffentlichen Blättern, deren Auswahl dem Staatsanwalte zusteht. Zwischen dem Tage, an welchem die Einrückung in den Deutschen Reichsanzeiger erfolgt ist, und der Entscheidung, welche die Abwesenheitserklärung ausspricht, müssen, unbeschadet der Bestimmung in Art. 119 des pfälzischen Civilgesetzbuchs, wenigstens neun Monate in Mitte liegen.

Insoweit das Verfahren nach allgemeinen Prozessvorschriften sich richtet, kommen die Bestimmungen der Civilprozessordnung zur Anwendung.

Aufgehoben durch Art. 166 Abs. 1 Ziff. XVI Abs. 1 AG. z. BGB., bleibt jedoch gemäß Art. 107 ff. ÜG. für anhängige Verfahren in Geltung.

Familienrathsbeschlüsse.

Art. 175.

Aufgehoben durch Art. 41 Abs. 1 und ersetzt durch Art. 8, 18, 19, 20, 23 des Gesetzes vom 26. April 1888, die Abänderung von Bestimmungen des in der Pfalz geltenden Hypotheken- und Vormundschaftsrechts betr., die letzteren sind aufgehoben durch Art. 175 Ziff. 32 AG. z. BGB.

Vormundschaftsbehörde.

Art. 176.

Aufgehoben durch Art. 166 Abs. 1 Ziff. XVI Abs. 1 AG. z. BGB.

Abschluß von Vergleichen durch den Vormund.

Art. 177.

Aufgehoben durch Art. 166 Abs. 1 Ziff. XVI Abs. 1 AG. z. BGB.

Verfahren in Verlassenschaftssachen.

Art. 178.

Die in dem II. Buche des II. Theils der pfälzischen Civilprozessordnung in Verbindung mit dem Gesetze vom 11. September 1825 (Amtsblatt S. 101 ff.) enthaltenen Bestimmungen bleiben, soweit sie die nichtstreitige Rechtspflege betreffen und in dem gegenwärtigen Gesetze nicht etwas Anderes bestimmt ist, in Kraft.

Aufgehoben durch Art. 166 Abs. 1 Ziff. XVI Abs. 1 AG. z. BGB., jedoch noch in Geltung, sofern der Erblasser vor dem Inkrafttreten des BGB. gestorben ist, mit den in den Art. 143—146 ÜG. bestimmten Aenderungen (Art. 142 ÜG.).

Einstweilige Entscheidungen des Präsidenten des Landgerichts.

Art. 179.

Aufgehoben durch Art. 166 Abs. 1 Ziff. XVI Abs. 1 AG. z. BGB. Vgl. Art. 143 ÜG.

Gerichtliche Theilungen.

Art. 180, 181.

Aufgehoben durch Art. 166 Abs. 1 Ziff. XVI Abs. 1 AG. z. BGB. Vgl. 113—115 ÜG.

Bekanntmachung der freiwilligen gerichtlichen Versteigerungen.

Art. 182.

Aufgehoben durch Art. 166 Abs. 1 Ziff. XVI Abs. 1 AG. z. BGB.

Besitzeinweisung bei außerordentlicher Erbfolge.

Art. 183.

In den in Art. 770 und 773 des pfälzischen Civilgesetzbuchs vorgesehenen Fällen tritt an die Stelle der dort erwähnten Verkündigungen und Anschläge ein von dem Landgerichte zu erlassendes Aufgebot, welches in dem Deutschen Reichsanzeiger und ausserdem in wenigstens zwei vom Gerichte zu bestimmenden öffentlichen Blättern, und zwar in jedem derselben dreimal in Zwischenräumen von wenigstens zwei Monaten, zu veröffentlichen ist.

Die Einweisung kann erst zwei Monate nach der letzten Bekanntmachung stattfinden. Sie erfolgt, wenn Erbansprüche nicht erhoben wurden, auf Gesuch in dem durch Art. 163—168 des gegenwärtigen Gesetzes vorgeschriebenen Verfahren.

Sind Erbansprüche erhoben worden, und werden dieselben bestritten, so ist die Sache im Klagewege zu erledigen.

Aufgehoben durch Art. 166 Abs. 1 Ziff. XVI Abs. 1 AG. z. BGB., jedoch noch in Geltung, wenn der Erblasser vor dem Inkrafttreten des BGB. gestorben ist (Art. 142 ÜG.).

Ermächtigung zur Veräußerung von Erbschaftsgegenständen.

Art. 184.

Die in Art. 796 des pfälzischen Civilgesetzbuchs erwähnte Ermächtigung kann sowohl von dem Vorstande des Landgerichts als von dem Amtsgerichte, in deren Bezirke die Erbschaft sich eröffnet hat, ertheilt werden. Gegen die Abweisung des Gesuchs findet die Beschwerde gemäss Art. 56—67 und 168 Abs. 2 des gegenwärtigen Gesetzes statt.

Bei Veräusserung der zu einer Benefiziarmasse gehörigen Immobilien (Art. 987 und 988 der pfälzischen Civilprozessordnung) richtet sich das Verfahren bei Stellung und Bescheidung der Anträge auf Abschätzung und Verkauf der betreffenden Immobilien nach Art. 163 bis 168 des gegenwärtigen Gesetzes. Zuständig ist das Landgericht, in dessen Bezirke die Erbschaft sich eröffnet hat. Eine Bestätigung des Expertenberichts ist nicht erforderlich, wenn die Güter in einem gerichtlichen Theilungsverfahren unter Beobachtung der vorgeschriebenen Förmlichkeiten zur Veräusserung kommen.

Aufgehoben durch Art. 166 Abs. 1 Ziff. XVI Abs. 1 AG. z. BGB., jedoch noch in Geltung, sofern der Erblasser vor dem Inkrafttreten des BGB. gestorben ist, mit den in den Art. 145 ÜG. bestimmten Aenderungen (Art. 142 ÜG.)

Ermächtigung von Ehefrauen zum Abschlusse von Rechtsgeschäften.

Art. 185.

Bezüglich der Ermächtigung verheiratheter Frauen zur Vornahme von Rechtsgeschäften verbleibt es bei den einschlägigen Vorschriften des pfälzischen Civilgesetzbuchs.

Die Entscheidung erfolgt auf Gesuch nach Massgabe der Art. 163—168 des gegenwärtigen Gesetzes.

In den Fällen, für welche das Gesetz die Vernehmung des Ehemannes vorschreibt, finden nachstehende besondere Bestimmungen Anwendung.

Der Ehemann soll vor der Entscheidung über die Gründe, aus welchen er die Ermächtigung verweigert, gehört werden. Das Gericht kann die mündliche Verhandlung anordnen.

Die Entscheidung erfolgt nach Vernehmung des Staatsanwalts. Dieselbe ist den Beteiligten von Amtswegen zuzustellen.

Gegen eine abweisende Entscheidung steht der Ehefrau, gegen eine den Widerspruch des Ehemannes nicht berücksichtigende Entscheidung diesem die Beschwerde zu. Die Beschwerde ist binnen einer Nothfrist von zwei Wochen, welche mit der Zustellung der Entscheidung beginnt, einzulegen.

Das Gericht ist zu einer Abänderung seiner durch die Beschwerde angegriffenen Entscheidung nicht befugt.

Weitere Rechtsmittel finden nicht statt.

Aufgehoben durch Art. 166 Abs. 1 Ziff. XVI Abs. 1 AG. z. BGB., behält jedoch seine Geltung auf Grund des Art. 133, 134, 139 ÜG. Bezüglich der Zuständigkeit vgl. Art. 140 ÜG.

Ehestreitigkeiten.

Art. 186.

Der in Art. 270 des pfälzischen Civilgesetzbuchs bezeichnete Antrag kann gestellt werden, sobald der Sühnetermin (§ 571 der Civilprozessordnung) oder, wenn der Sühneversuch nicht erforderlich ist, der Termin zur mündlichen Verhandlung über die Ehescheidungsklage (§ 570 der Civilprozessordnung) anberaumt ist.

Aufgehoben durch Art. 166 Abs. 1 Ziff. XVI Abs. 1 AG. z. BGB., gilt jedoch noch auf Grund des Art. 130 ÜG. für zur Zeit des Inkrafttretens des BGB. anhängige Ehescheidungsprozesse, sofern beide Ehegatten in Gütergemeinschaft leben (I 634 Begr. zu Art. 49, Becher VII *342*, AM. II 835, Becher VII *416*, Henle-Schneider Art. 132 Anm. 2 ÜG.). Den §§ 570, 571 CPO. entsprechen die §§ 608, 609 CPO. n. F.

Art. 187.

An Stelle des Art. 271 des pfälzischen Civilgesetzbuchs tritt nachstehende Bestimmung:

Jede nach der Anberaumung des Sühnetermins (§ 571 der Civilprozessordnung) oder, wenn der Sühneversuch nicht erforderlich ist, nach der Festsetzung des Termins zur mündlichen Verhandlung über eine Ehescheidungsklage (§ 570 der Civilprozessordnung) von dem Ehemanne für Rechnung der Gütergemeinschaft eingegangene Verbindlichkeit, jede nach dieser Zeit von ihm gemachte Veräusserung von dazu gehörigen Immobilien ist für ungültig zu erklären, wenn erwiesen wird, dass sie zur Vereitelung der Rechte der Ehefrau geschehen oder eingegangen worden ist,

Vgl. Art. 186 Anm. 1. Den §§ 570, 571 CPO. entsprechen die §§ 608, 609 CPO. n. F.

Art. 188.

Aufgehoben durch Art. 166 Abs. 1 Ziff. XVI Abs. 1 AG. z. BGB.

Ermächtigung zur Veräußerung von Dotalgütern.

Art. 189.

Zur Ertheilung der in Art. 1558 und 1559 des pfälzischen Civilgesetzbuchs erwähnten Erlaubniss ist das Landgericht zuständig, bei welchem die Eheleute ihren allgemeinen Gerichtsstand haben.

Die Entscheidung erfolgt auf Gesuch nach Massgabe der Art. 163—168 des gegenwärtigen Gesetzes.

Aufgehoben durch Art. 166 Abs. 1 Ziff. XVI Abs. 1 AG. z. BGB., behält jedoch seine Geltung auf Grund der Art. 133, 134, 139 ÜG. Bezüglich der Zuständigkeit vgl. Art. 140 ÜG.

Gütertrennungsklage.

Art. 190.

Das Verfahren bei Klagen auf Vermögensabsonderung unter Eheleuten richtet sich nach den Vorschriften des pfälzischen Civilgesetzbuchs mit den in Art. 191—196 enthaltenen besonderen Bestimmungen und, soweit bisher die allgemeinen Prozessvorschriften Anwendung fanden, nach den Bestimmungen der Civilprozessordnung.

Aufgehoben durch Art. 166 Abs. 1 Ziff. XVI Abs. 1 AG. z. BGB., gilt jedoch auf Grund der Art. 130, 132, 134 ÜG. noch für anhängige Gütertrennungsklagen, dagegen finden sie keine Anwendung, wenn die Frau auf Grund des Art. 131 ÜG. Klage auf Aufhebung der Gütergemeinschaft erhebt. Für diese Klage sind die allgemeinen Vorschriften der CPO. ausschließlich maßgebend (II 634 Begr. zu Art. 50 — Becher VII *342*).

Art. 191.

Bei Klagen von Ehefrauen auf Vermögensabsonderung finden die §§ 568 und 577 Abs. 1 der Civilprozessordnung entsprechende Anwendung.

Vgl. Art. 190 Anm. 1. Den §§ 568, 577 CPO. entsprechen die §§ 606, 617 CPO. n. F.

Art. 192.

Der Gerichtsschreiber hat ohne Verzug einen Auszug der Klage auf Vermögensabsonderung mittels Anheftung an die Gerichtstafel öffentlich bekannt zu machen.

Der Auszug hat zu enthalten:

1. Das Datum der Zustellung der Klageschrift, sowie die Bestimmung des Termins zur mündlichen Verhandlung der Klage,
2. Vor- und Familiennamen, Stand oder Gewerbe und Wohnort der Eheleute,
3. Namen und Wohnort des bestellten Anwalts.

Zu diesem Behufe hat der bestellte Anwalt der Klägerin dem Gerichtsschreiber binnen einer Frist von einer Woche nach der Zustellung der Klageschrift das Datum der Zustellung schriftlich mitzutheilen.

Eine öffentliche Bekanntmachung gleichen Inhalts ist auf Betreiben der Klägerin in dasjenige Blatt, welches für den Sitz des Prozessgerichts zur Veröffentlichung der amtlichen Bekanntmachungen bestimmt ist, und, soferne dasselbe nicht zugleich für die Veröffentlichung der Handelsregistereinträge gerichtlich bestimmt ist, auch in das für solche Veröffentlichungen gerichtlich bestimmte Blatt einrücken zu lassen.

Zwischen dem Tage der Einrückung und dem Termine zur mündlichen Verhandlung muss ein Zeitraum von mindestens einem Monate liegen.

Vgl. Art. 190 Anm. 1.

Art. 193.

Urtheile und Beschlüsse, welche die Vermögensabsonderung unter Eheleuten aussprechen, sind auch ohne Antrag für vorläufig vollstreckbar zu erklären.

Vgl. Art. 190 Anm. 1.

Art. 194.

Ist gegen den Ehemann das Konkursverfahren eröffnet, so kann die Vermögensabsonderung auf Antrag der Ehefrau ausgesprochen werden. In diesem Falle finden die in Art. 192 vorgeschriebenen Bekanntmachungen nicht statt.

Die Entscheidung kann ohne vorgängige mündliche Verhandlung erfolgen.

Die Zustellung geschieht von Amtswegen.

Gegen die Entscheidung findet sofortige Beschwerde gemäss § 540 der Civilprozessordnung statt.

Die in Art. 1445 Abs. 2 des pfälzischen Civilgesetzbuchs bezeichnete Wirkung der Entscheidung geht bis auf den Tag der Überreichung des Antrags zurück.

Vgl. Art. 190 Anm. 1.

Art. 195.

Ein Auszug des Urtheils oder Beschlusses, welche die Vermögensabsonderung unter Eheleuten aussprechen, ist durch den Gerichtsschreiber sofort von Amtswegen mittels Anheftung an die Gerichtstafel während eines Jahres und auf Betreiben der Klägerin in der in Art. 192 Abs. 4 bezeichneten Weise öffentlich bekannt zu machen.

Der Auszug hat zu enthalten:

1. das Datum des Urtheils oder Beschlusses,
2. die Bezeichnung des Gerichts, welches das Urtheil oder den Beschluss erlassen hat,
3. Vor- und Familiennamen, Stand oder Gewerbe und Wohnort der Eheleute.

Vor Erfüllung dieser Förmlichkeiten kann zur Vollstreckung des Urtheils nicht geschritten werden, ohne dass jedoch der Ablauf der in Abs. 1 bezeichneten Frist abgewartet werden muss.

Insoweit Art. 1445 des pfälzischen Civilgesetzbuchs in Betreff der Veröffentlichung des Urtheils abweichende oder weiter gehende Bestimmungen enthält, ist derselbe aufgehoben.

Vgl. Art. 190 Anm. 1, vgl. ferner Art. 135 ÜG.

Art. 196.

Die in Art. 1444 des pfälzischen Civilgesetzbuchs festgesetzte Frist erstreckt sich auf einen Monat.

Vgl. Art. 190 Anm. 1, vgl. ferner Art. 135 ÜG.

Art. 197.

Die Verzichtleistung der Ehefrau auf die Gütergemeinschaft ist bei dem Gerichtsschreiber des Gerichts zu Protokoll zu geben, bei welchem die Klage auf Vermögensabsonderung anhängig wurde.

Vgl. Art. 190 Anm. 1.

Vorzugsrechte.

Art. 198—201.

Aufgehoben durch Art. 166 Abs. 1 Ziff. XVI Abs. 1 AG. z. BGB.

Vertragsmäßige Versteigerung.

Art. 202, Abs. I, IV—VII.

Bei der Veräusserung von Grundstücken kann dem Veräusserer vertragsmässig das Recht eingeräumt werden, im Falle der Nichtzahlung des Kaufpreises die betreffenden Grundstücke nach Zustellung einer Zahlungsaufforderung und fruchtlosem Ablaufe der darin festgesetzten Frist, die jedoch in keinem Falle unter zwei Wochen betragen darf, durch einen von ihm gewählten Notar öffentlich versteigern zu lassen.

Die Zahlungsaufforderung hat die Bezeichnung der Grundstücke, welche der Gläubiger versteigern lassen will, und die Androhung zu enthalten, dass, wenn innerhalb der festgesetzten Frist die Zahlung nicht erfolgt, zur Versteigerung der bezeichneten Grundstücke in der in Abs. 1 angegebenen Weise werde geschritten werden.

Sollen Grundstücke zur Versteigerung gebracht werden, welche nicht mehr im Eigenthume des Schuldners sind, so ist dem Drittbesitzer Abschrift der Zahlungsaufforderung und der Urkunde, auf welche sich die Forderung des Gläubigers gründet, zustellen zu lassen.

Die Versteigerung ist bei Strafe der Nichtigkeit durch Einrückung in eines der in der Gegend verbreitetsten öffentlichen Blätter wenigstens zweimal, zum ersten Male mindestens zwei Wochen vor dem Versteigerungstermine, bekannt zu machen. Gleichzeitig mit der ersten Ausschreibung ist dem Schuldner und dem etwaigen Drittbesitzer von dem Versteigerungstermine durch Gerichtsvollzieherurkunde Kenntniss zu geben.

Hat der die Versteigerung betreibende Gläubiger nur einen Theil des für die betreffenden Grundstücke noch geschuldeten Kaufpreises zu fordern, so muss er die übrigen Berechtigten, falls dieselben aus der Urkunde, auf welche sich seine Forderung gründet, oder aus dem Hypothekenbuche ersichtlich oder ihm aus den von von ihm selbst abgeschlossenen Verträgen bekannt sind, von der Versteigerung wenigstens zwei Wochen vorher durch Gerichtsvollzieherakt in Kenntniss setzen lassen.

Aufgehoben durch Art. 166 Abs. 1 Ziff. XVI Abs. 1 AG. z. BGB. Gemäß Abs. 2 a. a. O. bleiben jedoch bei einer vertragsmäßigen Versteigerung von Grundstücken nach Art. 202 für das Verfahren die Vorschriften des Artikel 202 Abs. 1, 4—7 maßgebend. Vgl. hierzu Art. 18 des Gesetzes vom 1. Juli 1898 über das Liegenschaftsrecht in der Pfalz und Bl. f. RA. Bd. 64 S. 457 ff.

Hypothekenreinigungsverfahren.

Art. 203.

Die Bestimmungen der Art. 2181—2195 des pfälzischen Civilgesetzbuchs, der Staatsrathsgutachten vom 9. Mai (genehmigt am 1. Juni) 1807 und 5. Mai (genehmigt am 8. Mai) 1812 und der Art. 833—835 der pfälzischen Civilprozessordnung bleiben in Kraft, soweit nicht in den nachstehenden Artikeln etwas Anderes bestimmt ist.

Aufgehoben durch Art. 166 Abs. 1 Ziff. XVI Abs. 1 AG. z. BGB. Nach Abs. 6 a. a. O. verbleibt es jedoch bis zur Anlegung des Grundbuchs für das Hypothekenbereinigungsverfahren nach dem pfälzischen Rechte bei den bisherigen Vorschriften.

Art. 204.

In den nach Art. 2183 und 2185 des pfälzischen Civilgesetzbuchs zu machenden Zustellungen hat die zustellende Partei einen bei dem Landgerichte der belegenen Sache zugelassenen Rechtsanwalt zu bezeichnen, welcher sie als Bevollmächtigter in dem Verfahren vertritt.

Vgl. Art. 203 Anm. 1.

Art. 205.

Ueber Anträge, Einwendungen und Erinnerungen, welche das Verfahren betreffen, das nach den in Art. 203 angeführten Gesetzesbestimmungen zu beobachten ist, insbesondere auch über die Zulänglichkeit einer angebotenen Sicherheitsleistung, entscheidet das Landgericht der belegenen Sache.

Die Entscheidungen des Landgerichts können ohne vorgängige mündliche Verhandlung erfolgen.

Gegen dieselben findet sofortige Beschwerde gemäss § 540 der Civilprozessordnung statt.

Vgl. Art. 203 Anm. 1. Dem § 540 CPO. entspricht § 577 CPO. n. F.

Art. 206.

Die Bestellung der nach Art. 2185 Ziff. 5 des pfälzischen Civilgesetzbuchs zu leistenden Sicherheit ist durch Hinterlegung in baarem Gelde oder in kursfähigen Werthpapieren oder durch Stellung eines vermöglichen, leicht zu belangenden Bürgen zu bewirken.

Mit der durch Art. 2185 des pfälzischen Civilgesetzbuchs vorgeschriebenen Zustellung ist noch weiter zuzustellen:

1. wenn die Sicherheitsleistung in baarem Gelde oder in Werthpapieren angeboten wird, eine Abschrift der Hinterlegungsbescheinigung,
2. Wenn die Sicherheitsleistung durch die Stellung eines Bürgen angeboten wird:
   a) eine Abschrift der Notariatsurkunde, worin der Bürge die einzugehende Verpflichtung unter Verzicht auf die Rechtswohlthat der Vorausklagung, beim Vorhandensein mehrerer Bürgen auch unter Verzicht auf die Rechtswohlthat der Theilung, übernimmt und sich wegen dieser Verpflichtung der sofortigen Zwangsvollstreckung unterwirft,
   b) die Erklärung, dass die Nachweise über die Zulänglichkeit der angebotenen Bürgschaft auf der Gerichtsschreiberei des Landgerichts hinterlegt sind.

Einwendungen gegen die Zulänglichkeit der angebotenen Sicherheitsleistung sind bei Meidung des Ausschlusses spätestens eine Woche nach der Zustellung bei dem Landgerichte zu erheben.

Vor der Entscheidung über die Einwendungen sind die Betheiligten zu hören.

Vgl. Art. 203 Anm. 1.

Art. 207.

Die in Art. 2194 des pfälzischen Civilgesetzbuchs vorgeschriebene Veröffentlichung hat durch Anheftung des Auszugs an die Gerichtstafel des Landgerichts, die in dem Staatsrathsgutachten vom 9. Mai 1807 für den dort vorgesehenen Fall vorgeschriebene Bekanntmachung hat in dem Blatte zu geschehen, welches für den Sitz des Landgerichts zur Veröffentlichung der amtlichen Bekanntmachungen bestimmt ist.

Vgl. Art. 203 Anm. 1.

Art. 208.

Auf die Versteigerung auf Uebergebot finden die Vorschriften über das Verfahren bei der Zwangsvollstreckung in das unbewegliche Vermögen wegen Geldforderungen mit nachstehenden näheren Bestimmungen und Aenderungen entsprechende Anwendung:

1. Auf Gesuch des betreibenden Theils ernennt das Amtsgericht den Versteigerungsbeamten und übermittelt demselben die Akten zum Zwecke der Vornahme der Versteigerung.

   Dem Gesuche sind sämmtliche bisher erwachsenen Akten, namentlich die gegenseitigen Zustellungen, die Urkunde über die frühere Veräusserung oder der aus derselben gefertigte oder zugestellte Auszug, ferner ein beglaubigter Auszug aus den Hypothekenregistern über diejenigen Einschreibungen, welche innerhalb der in Art. 834 der pfälzischen Civilprozessordnung, Art. 2194 des pfälzischen Civilgesetzbuchs und den Staatsrathsgutachten vom 9. Mai 1807 und 5. Mai 1812 festgesetzten Fristen eingetragen worden sind, beizulegen.

Das Gesuch hat unter Anführung der dasselbe begründenden Thatsachen und unter Bezugnahme auf die ihm beigefügten Urkunden die Angabe der von dem betreibenden Theile vorgeschlagenen Versteigerungsbedingungen, die etwaigen Anträge desselben in Bezug auf Ort, Zeit und Art der Versteigerung, auf die Person des Versteigerungsbeamten und auf die Veröffentlichung der Versteigerungsbekanntmachung zu enthalten.

2. Die Versteigerungsbekanntmachung hat statt der in Art. 48 Ziff. 1 und 2 des Gesetzes vom 23. Februar 1879, die Zwangsvollstreckung in das unbewegliche Vermögen wegen Geldforderungen betreffend, vorgeschriebenen Angaben zu enthalten:
   a) die Erwähnung, dass die Versteigerung auf Uebergebot im Hypothekenreinigungsverfahren durch den Notar als Versteigerungsbeamten erfolgt,
   b) die Bezeichnung des neuen Eigenthümers, welcher das Hypothekenreinigungsverfahren eingeleitet, sowie des Gläubigers, welcher das Uebergebot gemacht hat, nach Vor- und Familiennamen, Stand oder Gewerbe und Wohnort unter Anführung der Urkunde über die frühere Veräusserung und der Zustellung, durch welche der Gläubiger die Versteigerung beantragt hat.
3. Ausser den übrigen in Art. 48 des in Ziff. 2 bezeichneten Gesetzes vorgeschriebenen Angaben hat die Versteigerungsbekanntmachung noch weiter die Angabe des Preises zu enthalten, den der Gläubiger nach Art. 2185 Ziff. 2 des pfälzischen Civilgesetzbuchs zu bieten oder zu erzielen sich angeboten hat, mit der Bemerkung, dass dieser Preis das erste Gebot bei der Versteigerung bildet.

Die nach Art. 55 Ziff. 5 des in Ziff. 2 bezeichneten Gesetzes stillschweigend geltende

Versteigerungsbedingung ist in der Versteigerungsbekanntmachung ausdrücklich dahin abzuändern, dass der Ansteigerer nicht nur die Kosten des Versteigerungsprotokolls mit Inbegriff der die Versteigerung betreffenden Gebühren des Versteigerungsbeamten, sondern auch die in Art. 2188 des pfälzischen Civilgesetzbuchs angegebenen Kosten ausser dem Kaufpreise sogleich bei der Versteigerung zu berichtigen hat.

4. Die nach Ziff. 3 Abs. 1 erforderliche Angabe ist auch in den Auszug der Versteigerungsbekanntmachung (Art. 64 des in Ziff. 2 bezeichneten Gesetzes) aufzunehmen.
5. Zahlungsfristen können nur mit Zustimmung aller Betheiligten festgesetzt werden.
6. Hat der neue Eigenthümer mehrere auf Uebergebot zur Versteigerung kommende Grundstücke mit einander um einen Gesammtpreis erworben, so kann der Gläubiger demungeachtet verlangen, dass die Versteigerung im Einzelnen vorgenommen werde. Ist nach Vorschrift des Art. 2192 des pfälzischen Civilgesetzbuchs eine Ausscheidung des angebotenen Preises auf die einzelnen zu versteigernden Grundstücke vorhergegangen, so hat diese der Versteigerung zur Grundlage zu dienen. Ist dies nicht der Fall, so hat der Gläubiger in der nach Art. 2185 zu machenden Zustellung zugleich zu erklären, in welcher Weise der angebotene Kaufpreis auf die einzelnen Versteigerungsgegenstände vertheilt werden soll.
7. Die in Art. 62 des in Ziff. 2 bezeichneten Gesetzes vorgeschriebene Zustellung hat an den neuen Eigenthümer, an die betheiligten Gläubiger und an den Schuldner zu geschehen, an den letzteren jedoch nur, soferne nicht eine Zustellung im Auslande oder eine öffentliche Zustellung erforderlich wird.
8. Wird im Versteigerungstermine kein Angebot gelegt, so erfolgt der Zuschlag an den Gläubiger,

welcher das Uebergebot gemacht hat, zu dem von ihm gemäss Art. 2185 Ziff. 2 des pfälzischen Civilgesetzbuchs angebotenen Preise.

Vgl. Art. 203 Anm. 1.

Art. 209.

Ist auf die Zustellungen, welche der neue Eigenthümer zum Zwecke der Einleitung des Hypothekenreinigungsverfahrens machen liess, die Versteigerung nicht beantragt worden, so können, wenn über die Vertheilung zwischen mehreren Gläubigern Streit besteht, der neue Erwerber, jeder Hypothekgläubiger und der Schuldner die Einleitung des gerichtlichen Vertheilungsverfahrens bei dem Amtsgerichte der belegenen Sache nachsuchen.

Dem Gesuche sind die in Art. 208 Ziff. 1 Abs. 2 bezeichneten Schriftstücke beizulegen.

Wird dem Gesuche stattgegeben, so richtet sich das weitere Verfahren nach den Vorschriften der Art. 97 ff. des Gesetzes vom 23. Februar 1879, die Zwangsvollstrekung in das unbewegliche Vermögen wegen Geldforderungen betreffend.

Die in Art. 97 des in Abs. 3 bezeichneten Gesetzes vorgeschriebene Aufforderung muss an sämmtliche im Hypothekenbuche rechtzeitig eingetragenen Gläubiger geschehen.

Vgl. Art. 203 Anm. 1.

Bestimmungen über handelsrechtliche Verhältnisse.

1. Ermächtigung Minderjähriger zum Handelsbetriebe.

Art. 210.

Aufgehoben durch Art. 166 Abs. 1 Ziff. XVI Abs. 1 AG. z. BGB.

2. Berechtigung der Handelsfrauen.

Art. 211.

Aufgehoben durch Art. 166 Abs. 1 Ziff. XVI Abs. 1 AG. z. BGB.

3. Veröffentlichung güterrechtlicher Verhältnisse handeltreibender Ehegatten.

Art. 212—216.

Aufgehoben durch Art. 166 Abs. 1 Ziff. XVI Abs. 1 AG. z. BGB.

4. Pfandbestellung an beweglichem Vermögen in Handelssachen.

Art. 217.

Aufgehoben durch Art. 166 Abs. 1 Ziff. XVI Abs. 1 AG. z. BGB.

Zahlungsanerbieten.

Art. 218.

Aufgehoben durch Art. 166 Abs. 1 Ziff. XVI Abs. 1 AG. z. BGB.

Erwerb von Eigenthum und dinglichen Rechten an unbeweglichen Sachen.

Art. 219.

Ueber alle Verträge, welche das Eigenthum unbeweglicher Sachen oder dingliche Rechte an unbeweglichen Sachen betreffen, sind bei Strafe der Nichtigkeit Notariatsurkunden zu errichten.

Bezüglich des Uebertrags eines Vorzugs- oder Unterpfandsrechts, sowie des Verzichts darauf findet Abs. 1 keine Anwendung und verbleibt es bei den bisherigen Bestimmungen.

Aufgehoben durch Art. 166 Abs. 1 Ziff. XVI Abs. 1 AG. z. BGB., bleibt jedoch gemäß Art. 189 EG. z. BGB. und Art. 177 AG. z. BGB. bis zur Anlegung des Grundbuchs in Kraft.

Vollstreckbarkeit von Notariatsurkunden.

Art. 220.

Innerhalb des Regierungsbezirks der Pfalz findet die Zwangsvollstreckung auch aus folgenden Schuldtiteln statt:

1. aus Notariatsurkunden über freiwillige gerichtliche Versteigerung von Liegenschaften,
2. aus Notariatsurkunden über die Theilung einer Erb- oder sonstigen Masse oder eines sonstigen ungetheilten Gegenstandes, sowie über die Theilungsversteigerungen (Lizitationen).

Nach Art. 166 Abs. 4 AG. z. BGB. bleiben die Art. 220, 221 für die nach den bisherigen Vorschriften errichteteten Urkunden der in ihnen bezeichneten Artikel in Kraft.

Art. 221.

Auf die Zwangsvollstreckung aus den in dem vorstehenden Artikel erwähnten Urkunden finden die Bestimmungen des § 703 der Civilprozeßordnung Anwendung.

Hat der Anspruch, über welchen die Notariatsurkunde errichtet ist, eine unbewegliche Sache zum Gegenstande, so ist für die Klagen gemäß § 705 Abs. 5 der Civilprozeßordnung das Gericht ausschließlich zuständig, in dessen Bezirke die Sache belegen ist.

Vgl. Art. 220. Den §§ 703, 705 CPO. entsprechen die §§ 795, 797 n. F.

Ausfertigungen und Abschriften.

Art. 222, 223.

Aufgehoben durch Art. 166 Abs. 1 Ziff. XVI Abs. 1 AG. z. BGB.

Beglaubigung von Unterschriften und Handzeichen.

Art. 224.

Aufgehoben durch Art. 166 Abs. 1 Ziff. XVI Abs. 1 AG. z. BGB.

VI. Schlußbestimmungen.

Art. 225.

Insoweit auf Prozesse, Zwangsvollstreckungen und Konkurse nach dem Inkrafttreten des Gerichtsverfassungsgesetzes die bisherigen Prozeßgesetze Anwendung zu finden haben, treten in Ansehung der Zuständigkeit

1. an Stelle der Einzelrichter und Einzelgerichte die Amtsrichter und Amtsgerichte,
2. an Stelle der Bezirksgerichte und der Handelsgerichte die Landgerichte,
3. an Stelle der Appellationsgerichte und der Handelsappellationsgerichte die Oberlandesgerichte,
4. an Stelle des obersten Gerichtshofs das oberste Landesgericht.

Die bei den Handelsgerichten anhängigen Prozesse sind in den Kammern für Handelssachen oder, wo solche nicht gebildet sind, in den Civilkammern zu erledigen.

Art. 226.

Prozesse (§ 18 Abs. 1 des Einführungsgesetzes zur Civilprozeßordnung) sind bis zur rechtskräftigen Entscheidung nach den bisherigen Prozeßgesetzen zu erledigen, wenn vor dem Inkrafttreten der Civilprozeßordnung

1. die Klage erhoben,
2. das Gesuch oder die einfache Vorstellung bei Gericht eingereicht ist.

Art. 227.

Insoweit nach dem Inkrafttreten der Civilprozeßordnung die bisherigen Prozeßgesetze auf die Erledigung früher anhängig gewordener Prozesse Anwendung zu finden haben, treten die Vorschriften in Art. 807 und 809 der bayerischen Prozeßordnung über die Betheiligung der Staatsanwaltschaft außer Kraft.

Art. 228.

In den nach dem Inkrafttreten der Civilprozeßordnung nach den bisherigen Prozeßgesetzen zu erledigenden Prozessen hat die Zustellung der mit Berufung oder Nichtigkeitsbeschwerde anfechtbaren Urtheile, soferne dieselbe nicht schon vor dem bezeichneten Zeitpunkte stattgefunden hat, binnen drei Monaten zu geschehen, widrigenfalls Unterwerfung unter das Urtheil anzunehmen ist. Die Frist beginnt bei den vor dem Inkrafttreten der Civilprozeßordnung verkündeten Urtheilen mit diesem Zeitpunkte, bei den nach demselben verkündeten Urtheilen mit der Verkündung.

Einspruch, Berufung und Nichtigkeitsbeschwerde, welche in einem solchen Prozesse eingelegt worden sind, gelten als zurückgenommen, wenn nicht die Anmeldung der Sache binnen drei Monaten von dem Zeitpunkte an, in welchem sie nach Art. 313 Abs. 1, Art. 713 Abs. 2, Art. 716 oder Art. 803 Abs. 1 der bayerischen Prozeßordnung geschehen konnte, bewerkstelligt worden ist.

Die in Abs. 1 und 2 bezeichneten Fristen unterliegen nicht der Erweiterung nach Art. 209 der bayerischen Prozeßordnung.

Art. 229.

Nichtigkeitsklagen oder Restitutionsklagen gegen die auf Grund bisheriger Prozeßvorschriften erlassenen Endurtheile (§ 20 des Einführungsgesetzes zur Civilprozeßordnung) sind in derjenigen Instanz zu erheben, in welcher das angefochtene Urtheil erlassen worden ist.

Ist die Nichtigkeitsklage oder Restitutionsklage gegen Entscheidungen verschiedener Instanzen gerichtet, so ist dieselbe in der höheren Instanz zu erheben.

Gegen ein vor dem 1. Juli 1870 verkündetes Urtheil findet Anfechtung auf Grund der bayerischen Gerichtsordnung Kap. XVI § 2 unter keiner Voraussetzung nach dem 30. Juni 1880 statt.

Art. 230.

Zwangsvollstreckungen, mit Inbegriff der Anschließung, der weiteren Pfändung im Falle des Art. 924 Abs. 2 der bayerischen Prozeßordnung und des Vertheilungsverfahrens, sind nach den bisherigen Prozeßgesetzen zu erledigen, wenn vor dem Inkrafttreten der Civilprozeßordnung

1. im Falle der Zwangsvollstreckung in Fahrnisse oder in Früchte auf der Wurzel die Pfändung durch den Gerichtsvollzieher vorgenommen ist,
2. im Falle des Arrestes auf Forderungen (Vollstreckungs- und Sicherheitsarrest) die Arrestanlegungsurkunde dem Drittschuldner zugestellt ist,
3. im Falle der Personalhaft die Verhaftung durch den Gerichtsvollzieher vorgenommen oder Zustellung gemäß Art. 1151 der bayerischen Prozeßordnung erfolgt ist,
4. im Falle des Art. 860 der bayerischen Prozeßordnung die Sache durch den Gerichtsvollzieher weggenommen ist,
5. im Falle des Art. 861 der bayerischen Prozeßordnung der Gerichtsvollzieher von der Sache Besitz ergriffen hat.

Art. 231.

Ein Konkursverfahren ist nach den bisherigen Gesetzen zu erledigen, wenn vor dem Inkrafttreten der Konkursordnung das Ganterkenntniß in öffentlicher Sitzung verkündet ist.

Art. 232.

In den Landestheilen rechts des Rheins haben die Forderungen der Pflegebefohlenen des Gemeinschuldners in Ansehung ihres gesetzlich der Verwaltung desselben unterworfenen Vermögens, wenn die Vermögensverwaltung vor dem Inkrafttreten der Konkursordnung beendigt worden ist, das in § 54 Ziff. 5 derselben bestimmte Vorrecht auch dann, wenn dieselben nicht geltend gemacht oder nicht verfolgt worden sind. Das Vorrecht steht ihnen nicht zu, wenn das Konkursverfahren erst nach Ablauf von fünf Jahren nach dem Inkrafttreten der Konkursordnung eröffnet wird.

Art. 233.

In den Landestheilen rechts des Rheins haben die vor dem Inkrafttreten der Konkursordnung entstandenen Forderungen der Kinder des Gemeinschuldners, welchen bisher ein Vorzugsrecht in vierter Klasse zustand, soweit sie nicht unter die Bestimmung des § 54 Ziff. 5 der Konkursordnung fallen, ein Vorrecht vor den nichtbevorzugten Konkursforderungen (§ 54 Ziff. 6 der Konkursordnung).

Das Vorrecht steht ihnen nicht zu, wenn das Konkursverfahren erst nach Ablauf von fünf Jahren nach dem Inkrafttreten der Konkursordnung eröffnet wird.

Art. 234.

In den Landestheilen rechts des Rheins haben die vor dem Inkrafttreten der Konkursordnung entstandenen Forderungen der Ehefrau des Gemeinschuldners in Ansehung des Heirathsguts und ihres eingebrachten Vermögens, desgleichen in Ansehung der Morgengabe und Widerlage oder des statt derselben bedungenen Wittibsitzes auch fernerhin ein Vorrecht vor den nichtbevorzugten Konkursforderungen (§ 54 Ziff. 6 der Konkursordnung). Dieses Vorrecht hat gleichen Rang mit dem Vorrechte der in Art. 233 bezeichneten Forderungen der Kinder des Gemeinschuldners.

Die Forderungen der Ehefrau müssen bis zum Ablaufe von zwei Jahren nach dem Inkrafttreten der Konkursordnung bei dem Amtsgerichte, bei welchem der Ehemann seinen allgemeinen Gerichtsstand hat, zur Eintragung in das hierfür bestimmte Register vorschriftsmäßig angemeldet sein, widrigenfalls ihnen das Vorrecht in einem zwei Jahre nach dem Inkrafttreten der Konkursordnung eröffneten Konkursverfahren nicht zusteht.

Die Anmeldung kann sowohl durch die Ehefrau als durch den Ehemann geschehen. Dieselbe muß eine genaue Bezeichnung der Ehegatten, sowie die Angabe des Entstehungsgrundes der angemeldeten Forderungen und des Betrags, für welchen das Vorrecht angesprochen wird, enthalten. Zur Anmeldung sind auch die Rechtsnachfolger der Ehefrau und diejenigen befugt, welche die Forderung derselben in Folge einer Verpfändung oder aus einem anderen Grunde für sich geltend zu machen berechtigt sind. Die Anmeldung muß in diesem Falle eine genaue Bezeichnung des Berechtigten, sowie die Angabe des Verhältnisses enthalten, aus welchem der Anmeldende sein Recht ableitet, und wirkt nur für ihn und seine Rechtsnachfolger.

Von dem Register und den Anmeldungen Einsicht zu nehmen und Auszüge oder Abschriften davon zu verlangen, steht Jedermann frei.

Die näheren Bestimmungen über die Führung des Registers werden vom Staatsministerium der Justiz getroffen.

Art. 235.

Aufgehoben sind:

1. die Prozeßordnung in bürgerlichen Rechtsstreitigkeiten für das Königreich Bayern vom 29. April 1869,
2. das Gesetz vom 29. April 1869, die Einführung einer Prozeßordnung in bürgerlichen Rechtsstreitigkeiten für das Königreich Bayern betreffend,
3. die Prioritätsordnung für das Königreich Bayern vom 1. Juni 1822,
4. das Gesetz vom 1. Juli 1856, den § 19 der Prioritätsordnung vom 1. Juni 1822 betreffend,
5. das Gesetz vom 26. März 1859, die Einrede des nicht gezahlten Geldes oder Heirathsguts betreffend,
6. das Gesetz vom 27. Juli 1874, die Abänderung des Art. 19, Abs. 1 des Gesetzes vom 10. November 1861 über die Einführung des allgemeinen deutschen Handelsgesetzbuchs betreffend,
7. die in der Pfalz bisher noch geltenden Bestimmungen der pfälzischen Civilprozeßordnung (Code de procédure civile von 1806), insoweit dieselben nicht in dem gegenwärtigen Gesetze als fortbestehend bezeichnet sind,
8. die in der Pfalz bisher noch geltenden Bestimmungen des pfälzischen Handelsgesetzbuchs (Code de commerce von 1807),

9. das Gesetz vom 2. Vendémiaire VIII über Entscheidung der beim Gemeindeoktroi entstehenden Streitigkeiten,
10. die §§ 68, 70, 118, 156 des Hypothekengesetzes vom 1. Juni 1822,
11. die Art. 85, 86, 88, 89, 97 des Gesetzes vom 10. November 1861, das Notariat betreffend,
12. die Art. 4 Abs. 2, 27, 43—46, 52—62, 66, 67, 69, 80, 81 des Gesetzes vom 10. November 1861, die Einführung des allgemeinen deutschen Handelsgesetzbuchs betreffend,
13. die §§ 172—178 Tl. I Tit. 51 der preußischen Gerichtsordnung.

Art. 236.

Gegenwärtiges Gesetz tritt gleichzeitig mit dem Gerichtsverfassungsgesetze für das Deutsche Reich vom 27. Januar 1877 in Kraft.

Gegeben zu München, den 23. Februar 1879.

Ludwig.

v. Pfretschner. Dr. **v. Lutz.** Dr. **v. Fäustle.** **v. Maillinger.** **v. Riedel.**

Nach dem Befehle Seiner Majestät des Königs:
Der Generalsekretär des Staatsrats:
A. M. Wigard.

E.

Ausführungsgesetz

zum

Reichs-Gerichtsverfassungsgesetze.

E.

Ausführungsgesetz zum Reichs-Gerichtsverfassungsgesetze vom 23. Februar 1879

in der Fassung nach Artikel 167 des Ausführungsgesetzes zum Bürgerlichen Gesetzbuche vom 9. Juni 1899.

(Gesetz- und Verordnungsblatt 1879 S. 273 ff., 1899 S. 304 und Beilage zu Nr. 28 vom 12. Juni 1899 S. 64 ff.)

Richteramt.

Art. 1.

Die Richter, einschließlich der Handelsrichter, werden vom Könige ernannt.

Für jede Stelle eines Handelsrichters haben die zur Vertretung des Handelsstandes berufenen Organe zwei Kandidaten vorzuschlagen.

1. Die Vorschrift des Art. 1 gilt, abgesehen von den Handelsrichtern, nur von den Berufsrichtern.

2. Vgl. Allerhöchste Verordnung vom 23. August 1879 zum Vollzuge des Ausführungsgesetzes zum Reichs-Gerichtsverfassungsgesetze vom 23. Februar 1879 (G.- u. VBl. 1879 S. 1043, JMBl. 1879 S. 381), vom 22. Mai 1890 (G.- u. VBl. 1890 S. 298, JMBl. 1890 S. 161).

3. Bezüglich der Ernennung der Handelsrichter vgl. JMBek. vom 13. September 1879 (JMBl. S. 741), Allerhöchste Verordnung vom 25. Oktober 1889, die Handels- und Gewerbekammern und die Bezirksgremien für Handel betr., insbesondere §§ 1, 2, 16 Abs. 2, 20 Abs. 3 (G.- u. VBl S. 559). Das Disziplinargesetz für richterliche Beamte vom 26. März 1881 (G.- u. VBl. S. 207) ist auch auf Handelsrichter anwendbar.

Art. 2.

Jeder Richter hat den Amtseid dahin zu leisten, die ihm obliegenden Richteramtspflichten nach bestem Wissen und Gewissen mit Fleiß und Sorgfalt zu erfüllen, keine Partei zu begünstigen, keiner mit Rath zu dienen, von keiner ein Geschenk oder Versprechen, weder unmittelbar noch mittelbar anzunehmen, nirgends aus Haß, Gunst, Furcht, Rücksicht auf die Person oder aus ähnlichen Ursachen zu handeln, sondern bei allen Richteramtshandlungen nur Gott, die Gesetze, die Gerechtigkeit und Wahrheit vor Augen zu haben.

Verpflichtung der Handelsrichter § 115 GVG. — der Geschworenen § 288 StPO. — der Schöffen § 51 GVG.

Art. 3.

Der Richteramtseid wird in öffentlicher Sitzung geleistet. Die Amtsrichter, welchen die Dienstaufsicht zusteht, leisten denselben bei dem vorgesetzten Landgerichte, die übrigen Richter bei dem Gerichte, an welchem sie angestellt sind.

1. Oeffentliche Sitzung: § 170 GVG.

2. Bezüglich des die Dienstaufsicht führenden Amtsrichters vgl. Art. 17 Abs. 2, Art. 69 Ziff. 5 AG. z. GVG.

Art. 4.

Der Amts- oder Diensteid, welchen ein Richter in dieser Eigenschaft nach früheren Vorschriften geleistet hat, wird dem in Art. 2 bezeichneten Eide gleich geachtet.

Eine wiederholte Beeidigung unterbleibt, auch wenn ein solcher Richter zu einer anderen Richterstelle berufen wird.

Art. 5.

An einem Kollegialgerichte dürfen Richter, welche mit einander oder mit einem bei dem Gerichte angestellten Staatsanwalte in gerader Linie oder im zweiten Grade der Seitenlinie verwandt oder verschwägert sind, nicht angestellt werden.

Besteht das Gericht aus mehr als zehn Richtern, so kann von dieser Vorschrift Umgang genommen werden.

1. Die Vorschrift gilt nicht für Amtsgerichte.

2. Verwandtschaft s. § 1589 BGB. — Schwägerschaft s. § 1590 BGB.

Art. 6.

Der Richter muß an dem Orte des Gerichts, an welchem er angestellt ist, seinen Wohnsitz nehmen.

Inwieweit benachbarte Orte im Sinne dieser Vorschrift als ein Ort anzusehen sind, bestimmt das Staatsministerium der Justiz.

Vgl. JMBek. vom 11. September 1879 (JMBl. S. 644).

Gerichtsbarkeit.

Art. 7.

Die nachstehend bezeichneten Gerichte werden aufgehoben:

1. der oberste Gerichtshof,
2. die Appellationsgerichte und Handelsappellationsgerichte,
3. die Bezirksgerichte und Handelsgerichte,
4. die Stadtgerichte, die Landgerichte, sowie die Stadt- und Landgerichte.

Das Merkantil-Friedens- und Schiedsgericht der Stadt Nürnberg wird als Vermittlungsamt für Streitigkeiten in Handelssachen in seiner bisherigen Einrichtung beibehalten. Die bisherige Zuständigkeit desselben zur öffentlichen Beglaubigung der Handelsbuchsauszüge und Handelsvollmachten bleibt aufrecht.

Bezüglich des Merkantil- Friedens- und Schiedsgerichts der Stadt Nürnberg vgl. Art. 7, 26 des Gesetzes, die Gerichtsverfassung betr., vom 25. Juli 1850 (GBl. S. 426), ferner AB. vom 21. Juli 1892, das Merkantil- Friedens- und Schiedsgericht Nürnberg betr. (G.- u. VBl. S. 585). Aus seiner Eigenschaft als Gericht folgt, daß die vor ihm in Handelssachen aufgenommenen Vergleiche Vollstreckungstitel im Sinne des § 794 Ziff. 5 CPO. sind.

Art. 8.

Die Gerichtsbarkeit der in Art. 7 Ziff. 1—4 bezeichneten Gerichte in den nicht zur ordentlichen streitigen Gerichtsbarkeit gehörenden Angelegenheiten geht in dem Umfange, in welchem sie in den einzelnen Landestheilen bisher bestand, nach den näheren Bestimmungen des gegenwärtigen Gesetzes auf die nach Maßgabe des Reichs-Gerichtsverfassungsgesetzes und des Einführungsgesetzes zu demselben zu bildenden Landesgerichte über.

Bezüglich der ordentlichen *streitigen* Gerichtsbarkeit sind die Zuständigkeitsnormen im GVG. selbst getroffen.

Art. 9.

Die Gerichtsbarkeit nach der revidirten Rheinschiffahrtsakte vom 17. October 1868 wird, soweit sie bisher den ordentlichen Gerichten übertragen war, in erster Instanz Amtsgerichten, in zweiter Instanz einem oder mehreren Landgerichten der Pfalz im Verordnungswege übertragen.

Vgl. § 14 Ziff. 1 GVG.

Art. 10.

Ist die örtliche Zuständigkeit in einer durch das gegenwärtige Gesetz den ordentlichen Gerichten übertragenen, nicht zur ordentlichen streitigen Gerichtsbarkeit gehörenden Angelegenheit zwischen zwei oder mehreren Gerichten streitig, so entscheidet das nächste gemeinsame Obergericht und beim Mangel eines solchen das oberste Landesgericht.

Ist das an sich zuständige Gericht in einer der in Abs. 1 bezeichneten Angelegenheiten an der Ausübung des Richteramts rechtlich oder thatsächlich verhindert, so hat, vorbehaltlich der in Art. 21 des gegenwärtigen Gesetzes für die Amtsgerichte gegebenen besonderen Vorschriften, gleichfalls das nächst höhere Gericht das örtlich zuständige Gericht zu bestimmen.

1. Bezüglich der ordentlichen streitigen Gerichtsbarkeit sind die einschlägigen Bestimmungen im § 36 CPO. und §§ 14, 15, 19 St.PO. getroffen.

2. Bezüglich der rechtlichen Verhinderung vgl. auch § 6 GFG., Art. 8 AG. z. GBO.

Art. 11.

Besteht zwischen Civil- und Militärgerichten Streit über die Zuständigkeit, oder haben sowohl Civil- als Militärgerichte, von welchen eines das zuständige ist, durch Entscheidungen, welche nicht mehr anfechtbar sind, ihre Unzuständigkeit ausgesprochen, so bestimmt ein Senat, welcher aus dem Präsidenten und drei Räthen des Oberlandesgerichts in München, dann drei Richtern des Militärobergerichts zusammengesetzt ist, das zuständige Gericht.

Art. 11—14 sind in Folge der Einführung der Reichsmilitärstrafgerichtsordnung vom 1. Dezember 1898 (RGBl. S. 1189) am 1. Oktober 1900 (Kaiserliche Verordnung vom 28. Dezember 1899 RGBl. 1900 S. 1) außer Kraft getreten (vgl. I. S. 122 letzter Absatz; Becher IV. V.II *109*).

Art. 12.

In den Fällen des Art. 11 sind sowohl Civil- als Militärgerichte und Untersuchungsrichter verpflichtet, dem Oberstaatsanwalte am Oberlandesgerichte in München unter Vorlage der Akten sofort Anzeige zu erstatten.

Der bezeichnete Oberstaatsanwalt ist auch ohne eine solche Anzeige berechtigt und verpflichtet, die Vorlage der Akten zu veranlassen, sobald er auf irgend welche Weise von dem Bestehen eines Streits über die Zuständigkeit verlässige Nachricht erhalten hat.

Vgl. Art. 11 Anm. 1.

Art. 13.

Mit dem Eintritte eines Streits über die Zuständigkeit haben sich die im Streite befangenen Gerichte oder Untersuchungsrichter des weiteren Verfahrens in der Hauptsache zu enthalten.

Eine Ausnahme tritt ein hinsichtlich der zur Vorbereitung der öffentlichen Klage, beziehungsweise Einleitung der Untersuchung und Erhebung des Thatbestandes nöthigen Handlungen, insbesondere aller derjenigen, bei welchen Gefahr im Verzuge obwaltet.

Vgl. Art. 11 Anm. 1.

Art. 14.

Der Oberstaatsanwalt (Art. 12) veranlaßt weitere Erhebungen, wenn er solche für nothwendig erachtet.

Die Entscheidung über die Zuständigkeit wird in geheimer Sitzung auf mündlichen Vortrag des Berichterstatters und nach Anhörung des Oberstaatsanwalts erlassen.

Die Abstimmung erfolgt nach den Vorschriften des sechzehnten Titels des Reichs-Gerichtsverfassungsgesetzes mit der Maßgabe, daß zuerst der jüngste der anwesenden Räthe des Oberlandesgerichts, dann das jüngste Mitglied des Militärobergerichts seine Stimme abgibt und in dieser Weise abwechselungsweise fortgefahren, die Stimme des Vorsitzenden aber zuletzt abgegeben wird.

Vgl. Art. 11 Anm. 1.

Amtsgerichte.

Art. 15.

Die Amtsgerichte sind, soweit nicht andere Bestimmungen getroffen sind, für die Angelegenheiten zuständig, welche zur Zuständigkeit der Stadt- und Landgerichte gehört haben.

Die Amtsgerichte sind neben den Notaren zuständig für die Beurkundung von Vereinbarungen zwischen dem Vater eines unehelichen Kindes und diesem über den Unterhalt für die Zukunft oder über eine an Stelle des Unterhalts zu gewährende Abfindung sowie für die Beurkundung einer Vereinbarung zwischen dem Vater eines unehelichen Kindes und der Mutter über die der Mutter aus der Beiwohnung und der Entbindung entstandenen Ansprüche, sofern diese Vereinbarung mit der Vereinbarung über den Unterhalt des Kindes in derselben Urkunde verbunden wird. Die Amtsgerichte sind nicht zuständig für die Beurkundungen, die nach den Vorschriften der Reichsgesetze durch ein Gericht oder einen Notar zu bewirken sind, sowie für die öffentliche Beglaubigung einer Unterschrift oder eines Handzeichens.

Die Amtsgerichte sind als Nachlaßgerichte nicht zuständig zur Aufnahme des Inventars.

1. Art. 15 erhielt seine Neufassung durch Art. 167 AG. z. BGB.

2. Von den Normen, welche für die Zuständigkeit der ehemaligen Stadt- und Landgerichte maßgebend waren, sind nur noch die wenigsten in Geltung. Henle-Schneider und die Motive führen an: die Verrichtungen, die nach dem Gesetze über die landwirthschaftlichen Erbgüter dem Gerichte obliegen, die Feststellung des dinglichen Charakters von Gewerbeberechtigungen, endlich die Rechtshülfe in Angelegenheiten, die sich auf ausländische Rechtssachen beziehen. Heutzutage beruht die Zuständigkeit der Amtsgerichte fast ausschließlich auf besonderen reichs- oder landesrechtlichen Bestimmungen.

3. Zu Art. 15 Abs. 2 Satz 1 vgl. § 9 Abs. 3—7 der Bekanntmachung vom 19. Januar 1900, das Vormundschaftswesen betr. (JMBl. S. 181):

„Erscheinen im Termine die Mutter und der uneheliche Vater, so ist über die Ansprüche der Mutter (§ 847 Abs. 2, §§ 1300, 1715 des BGB.) und des Kindes (§§ 1708 ff. des BGB.) mit dem unehelichen Vater zu verhandeln und hierüber ein Protokoll aufzunehmen. Das anliegende Formular VI enthält ein Muster für das Protokoll.

Erscheint der uneheliche Vater nicht, so ist zu Protokoll zu erheben, welche Ansprüche die Mutter und das Kind gegen den Vater geltend machen; hierzu kann das Formular VIa angewendet werden. Der uneheliche Vater ist über die Ansprüche zu vernehmen; zur

Ladung dient das anliegende Formular VII. Formular VIII enthält ein Muster für das mit dem unehelichen Vater in diesem Falle aufzunehmende Protokoll.

Im Falle der Anerkennung der Vaterschaft ist zu veranlassen, daß ein Betheiligter, z. B. der Vormund oder die Mutter, beantragt, die Feststellung der Abstammung gemäß § 26 des Personenstandsgesetzes am Rande der über den Geburtsfall vorgenommenen Eintragung zu vermerken. Die Mittheilung an den Standesbeamten geschieht unter Verwendung des anliegenden Formulars IX.

Daß die Amtsgerichte zur Aufnahme der öffentlichen Urkunde, in welcher die Vaterschaft anerkannt wird (§§ 1718, 1720 des BGB.), zuständig sind, ist im § 167 Abs. 2 des GFG. bestimmt. Nach Art. 15 Abs. 2 des AG. z. GVG. in der Fassung des Art. 167 des AG. z. BGB. sind die Amtsgerichte — nicht nur das Vormundschaftsgericht — neben den Notaren auch zuständig für die Beurkundung von Vereinbarungen zwischen dem Vater eines unehelichen Kindes und diesem über den Unterhalt für die Zukunft oder über eine an Stelle des Unterhalts zu gewährende Abfindung, sowie für die Beurkundung einer Vereinbarung zwischen dem Vater eines unehelichen Kindes und der Mutter über die der Mutter aus der Beiwohnung und der Entbindung entstandenen Ansprüche, sofern diese Vereinbarung mit der Vereinbarung über den Unterhalt des Kindes in derselben Urkunde verbunden wird. Die Zwangsvollstreckung ist aus einer solchen Vereinbarung nur möglich, wenn der Schuldner sich in der Urkunde der sofortigen Zwangsvollstreckung unterwirft (§ 794 Abs. 1 Nr. 5 der CPO.). Das Gericht wird daher darauf hinzuwirken haben, daß der uneheliche Vater die Unterwerfungserklärung abgibt.

Zur Beurkundung der im vorstehenden Absatze bezeichneten Vereinbarungen genügt es, wenn zunächst der Antrag und sodann die Annahme des Antrags von einem Gerichte beurkundet wird (§ 128 des BGB.). Die Ertheilung einer vollstreckbaren Ausfertigung der Vereinbarung ist also z. B. möglich, wenn die Mutter und der Vormund vor dem Vormundschaftsgerichte, der Vater aber vor einem ersuchten Gerichte die Erklärungen abgegeben haben."

Hinsichtlich der Formvorschriften vgl. § 51 a. a. O.:

„Wird von dem Vormundschaftsgericht ein Rechtsgeschäft beurkundet, z. B. die Vereinbarung zwischen dem unehelichen Kinde und dessen Vater über den Unterhalt für die Zukunft (§ 1714 des BGB.), so gelten für die Beurkundung die Formvorschriften der §§ 168—173 des GFG.

Die Vorschriften der §§ 174, 177 des GFG. sollen auch dann beobachtet werden, wenn das Protokoll keine rechtsgeschäftlichen Erklärungen enthält."

4. Zu Art. 15 Abs. 3 vgl. auch Art. 63.

Art. 15a.

Die Amtsgerichte können für bestimmte Arten von Gutachten, soweit nicht besondere Vorschriften maßgebend sind,

Sachverständige öffentlich bestellen und im Allgemeinen beeidigen.

1. Art. 15a wurde durch Art. 167 AG. z. BGB. neu eingefügt.

2. Die Civilprozeßordnung § 404 Abs. 2, § 407 Abs. 1, § 410 Abs. 2, die Strafprozeßordnung § 73 Abs. 2, § 75 Abs. 1, § 79 Abs. 2 und das Gesetz vom 8. August 1878 über den Verwaltungsgerichtshof Art. 20 Abs. 5 setzen das Vorhandensein von Sachverständigen voraus, welche zur Erstattung von Gutachten gewisser Art öffentlich bestellt und allgemein beeidigt sind (vgl. auch Art. 87 AG. z. BGB.).

Hinsichtlich der besonderen Vorschriften, insbesondere hinsichtlich der Sachverständigenvereine vgl. §§ 31, 49 des Gesetzes vom 11. Juni 1870 über das Urheberrecht an Schriftwerken u. s. w., § 16 des Gesetzes vom 9. Januar 1876 über das Urheberrecht an Werken der bildenden Künste, § 10 des Gesetzes vom 10. Januar 1876 betr. den Schutz der Photographien gegen unbefugte Nachbildung, § 14 des Gesetzes vom 11. Januar 1876 betr. das Urheberrecht an Mustern und Modellen, § 3 der Instruktion vom 4. November 1871 (RGBl. S. 1923) und Ziffer II der Bekanntmachung vom 2. März 1872 (RBl. S. 945), § 3 der Bestimmungen über die Zusammensetzung und den Geschäftsbetrieb der künstlerischen, photographischen und gewerblichen Sachverständigenvereine vom 29. Februar 1876 (RGBl. S. 302) und Ziffer II der Bekanntmachung vom 28. Juni 1876 (RBl. S. 387).

Art. 16.

Die Amtsgerichte werden mit der erforderlichen Anzahl von Amtsrichtern besetzt.

Nach § 2 der Allerhöchsten Verordnung vom 23. August 1879 (G.- u. VBl. S. 1043, JMBl. 381) „scheiden sich die Amtsrichter unbeschadet der ihnen durch die Gesetze zugewiesenen Stellung und Wirksamkeit in ‚Ober-Amtsrichter‘ und ‚Amtsrichter‘. Nach § 3 a. a. O. führt bei einem mit mehreren Richtern besetzten Amtsgerichte der Ober-Amtsrichter die Dienstaufsicht. Sind an einem Amtsgerichte mehrere Ober-Amtsrichter angestellt, so wird einem derselben von dem Staatsministerium der Justiz die allgemeine Dienstaufsicht übertragen". Die Vorschrift hindert jedoch nicht, einem Amtsrichter Titel, Rang und Gehalt z. B. eines Oberlandesgerichtsraths zu verleihen, dies ändert aber nichts an seiner dienstlichen Stellung (vgl. § 6 a. a. O.).

Art. 17.

Bei den mit mehreren Richtern besetzten Amtsgerichten werden die Geschäfte auf die Dauer eines Geschäftsjahres im Voraus vertheilt.

Die Vertheilung erfolgt durch denjenigen Amtsrichter, welchem die allgemeine Dienstaufsicht übertragen ist. Ist die Dienstaufsicht zwischen mehreren Amtsrichtern getheilt, so bestimmt das Staatsministerium der Justiz denjenigen, welchem die Vertheilung der Geschäfte zusteht.

Das Präsidium des Landgerichts ist befugt, im Falle wahrgenommenen Bedürfnisses Aenderungen der vom Amtsrichter vorgenommenen Geschäftsvertheilung anzuordnen.

Das Staatsministerium der Justiz kann über die bei der Vertheilung der Geschäfte zu beobachtenden Grundsätze allgemeine Vorschriften erlassen und bei den mit mehr als drei Richtern besetzten Amtsgerichten selbst einzelne Anordnungen über die Geschäftsvertheilung treffen.

Abs. 2 wurde in Folge der neuen Fassung des § 22 Abs. 2 Satz 1 GVG. durch Art. 167 Ziff. III AG. z. BGB. eingefügt (vgl. auch Art. 16 Anm.).

Art. 18.

Jeder Amtsrichter erledigt auch die aus dem landesgesetzlich bestimmten Wirkungskreise des Gerichts ihm zugewiesenen Geschäfte selbstständig als Einzelrichter; denselben trifft die dafür gesetzlich bestehende Haftung und Dienstverantwortlichkeit.

1. Hinsichtlich des reichsgesetzlich bestimmten Wirkungskreises vgl. § 22 Abs. 2 Satz 2 GVG.

2. Bezüglich der Haftung vgl. §§ 839 ff. BGB., Art. 60, 61 AG. z. BGB. Die Vorschrift gilt auch für Amtshandlungen, welche ein Amtsrichter in Vertretung eines anderen Amtsrichters vornimmt.

Art. 19.

Mehrere Richter desselben Amtsgerichts vertreten sich gegenseitig.

Bei Verhinderung des mit der allgemeinen Dienstaufsicht betrauten Amtsrichters oder Erledigung der Stelle desselben sind die übrigen Amtsrichter nach ihrem Range und, wenn dieser gleich ist, nach ihrem Dienstalter zur Stellvertretung berufen, soferne nicht vom Präsidium des Landgerichts eine andere Anordnung getroffen wurde.

Vgl. §§ 5, 36 der Allerhöchsten Verordnung vom 23. August 1879 zum Vollzuge des Ausführungsgesetzes vom 23. Februar 1879 zum Reichsgerichtsverfassungsgesetze (G.- u. VBl. 1043, JMBl. S. 381).

Art. 20.

Für diejenigen Amtsgerichte, an welchen nur ein Richter angestellt ist, wird von dem Präsidium des Landgerichts ein Richter eines benachbarten Amtsgerichts oder ein Mitglied des Landgerichts ständig mit der Stellvertretung des Amtsrichters beauftragt und die Aufstellung im Amtsblatte des Kreises veröffentlicht.

Wird in einzelnen Fällen die Anordnung einer weiteren Stellvertretung an einem Amtsgerichte nöthig, so beauftragt das Präsidium des Landgerichts einen Richter eines benachbarten Amtsgerichts oder ein Mitglied des Landgerichts mit derselben.

Präsidium: vgl. Art 30.

Art. 21.

Die im Art. 20 Abs. 1 angeordnete Stellvertretung erstreckt sich nicht auf den Fall rechtlicher Verhinderung des Gerichts.

1. Art. 21 erhielt seine Fassung durch Art. 167 AG. z. BGB.

2. Vgl. § 36 Nr. 1 CPO., § 15 StPO., § 5 GFG., Art. 129 AG. z. BGB., Art. 8 AG. z. GBO.

Art. 22.

Die Ausfertigungen in den nicht zur ordentlichen streitigen Gerichtsbarkeit gehörenden Angelegenheiten werden, soweit nicht besondere Vorschriften bestehen, von dem Amtsrichter unterschrieben.

1. Art. 22 erhielt seine Fassung durch Art. 167 AG. z. BGB.

2. Vgl. § 103 der Bekanntmachung vom 31. Dezember 1899 das Nachlaßwesen betr. (JMBl. S. 1):

„Die Ausfertigung des Nachlaßgerichts, insbesondere die Ausfertigungen von Erbscheinen und ähnlichen Zeugnissen, sind von dem Richter zu unterzeichnen (Art. 22 des AG. z. GVG.). Sie sind mit dem Gerichtssiegel zu versehen.

Die Ausfertigungen derjenigen Protokolle, welche eine rechtsgeschäftliche Erklärung enthalten, sind nach § 182 des GFG. von dem Gerichtsschreiber zu unterschreiben und mit dem Gerichtssiegel zu versehen. Insbesondere ist die vollstreckbare Ausfertigung des Beschlusses, durch welchen eine vorgängige Vereinbarung oder eine Auseinandersetzung bestätigt wird (§§ 98, 99 des GFG.), von dem Gerichtsschreiber gemäß § 797 Abs. 6 der CPO. mit § 98 Satz 2 des GFG. zu unterzeichnen und mit dem Gerichtssiegel zu versehen."

§ 52 der Bekanntmachung vom 19. Januar 1900 das Vormundschaftswesen betr. (JMBl. S. 181):

„Die Ausfertigungen des Vormundschaftsgerichts, z. B. die Ausfertigungen von Bestallungen, von Wiederverehelichungszeugnissen, sind von dem Richter zu unterzeichnen (Art. 22 des AG. z. GVG.) Sie sind mit dem Gerichtssiegel zu versehen.

Die Ausfertigungen derjenigen Protokolle, die eine rechtsgeschäftliche Erklärung enthalten, sind nach § 182 des FGG. von dem Gerichtsschreiber zu unterschreiben und mit dem Gerichtssiegel zu versehen. Insbesondere ist die vollstreckbare Ausfertigung der Vereinbarung zwischen dem unehelichen Vater und dem Kinde oder der Mutter über den Unterhalt des Kindes und die Ansprüche der Mutter (s. § 9) von dem Gerichtsschreiber gemäß § 797 Abs. 6 der CPO. zu unterzeichnen und mit dem Gerichtssiegel zu versehen."

Schöffengerichte.

Art. 23.

Zu dem Amte eines Schöffen sollen der Präsident, der Direktor und die Mitglieder des Verwaltungsgerichtshofs nicht berufen werden.

Vgl. § 34 Abs. 2 GVG.

Art. 24.

Die gemäß § 40 des Reichs-Gerichtsverfassungsgesetzes aus den Einwohnern eines jeden Amtsgerichtsbezirks zu wählenden Vertrauensmänner werden in den der Kreisregierung unmittelbar untergeordneten Städten von den in einen Wahlkörper vereinigten Magistraten und Gemeindebevollmächtigten, in den Distrikten durch den versammelten Distriktsrath gewählt.

Umfaßt eine Distriktsgemeinde oder unmittelbare Stadt mehrere Amtsgerichtsbezirke, so wählt die Distrikts- oder Stadtvertretung für jedes Amtsgericht aus den Einwohnern seines Bezirks besondere Vertrauensmänner.

Umfaßt ein Amtsgerichtsbezirk mehrere wahlberechtigte Verbände, so ist die Zahl der zu wählenden Vertrauensmänner nach Verhältniß der Bevölkerung zu vertheilen, jedem Verbande aber mindestens ein Vertrauensmann zuzutheilen. Ergeben sich Bruchtheile, so erfolgt die Zutheilung nach der Reihenfolge ihrer Größe.

§ 40 Abs. 1—3 Satz 1 GVG.: Bei dem Amtsgerichte tritt alljährlich ein Ausschuss zusammen. Der Ausschuss besteht aus dem Amtsrichter als Vorsitzenden und einem von der Landesregierung zu bestimmenden Staatsverwaltungsbeamten, sowie sieben Vertrauensmännern als Beisitzern.

Die Vertrauensmänner werden aus den Einwohnern des Amtsgerichtsbezirks gewählt.

Die Wahl erfolgt nach näherer Bestimmung der Landesgesetze durch die Vertretungen der Kreise, Aemter, Gemeinden und dergleichen Verbände.

Besteht z. B. das Amtsgericht aus der unmittelbaren Stadt A mit 1000 Einwohnern, der ebenfalls unmittelbaren Stadt B mit 4000 und aus der Distriktsgemeinde C mit 10000 Einwohnern, im Ganzen also aus 15000 Einwohnern, so ist das Verhältniß $\frac{7000}{15000} : \frac{28000}{15000} : \frac{70000}{15000}$. Es treffen also auf A 1, auf B 2 und auf C 4 Vertrauensmänner. Hätte jedoch A 5000, B 6000 und C 9000 Einwohner, so wäre das Verhältniß $\frac{35000}{20000} : \frac{42000}{20000} : \frac{63000}{20000}$. Hiernach träfen auf A und B je 2, auf C 3 Vertrauensmänner.

Art. 25.

Die Vorschriften der §§ 32—35 und 53 des Reichs-Gerichtsverfassungsgesetzes, dann des Art. 23 des gegenwärtigen Gesetzes finden auf die Vertrauensmänner entsprechende Anwendung.

Die Wahl erfolgt nach absoluter Stimmenmehrheit.

§ 32 GVG. zählt diejenigen Personen auf, welche zu dem Amte eines Schöffen untauglich sind, §§ 33, 34 GVG. diejenigen Personen, welche zu dem Amte eines Schöffen nicht berufen werden sollen, § 35 GVG. endlich diejenigen Personen, welche die Berufung zum Amte eines Schöffen ablehnen dürfen.

Aus der entsprechenden Anwendung des § 53 GVG. ergibt sich: Ablehnungsgründe sind nur zu berücksichtigen, wenn sie innerhalb einer Woche, nachdem der betheiligte Vertrauensmann von seiner Einberufung in Kenntniß gesetzt worden ist, von demselben geltend gemacht werden. Fällt ihre Entstehung oder Bekanntwerdung in eine spätere Zeit, so ist die Frist erst von diesem Zeitpunkte zu berechnen. Der Amtsrichter entscheidet über das Gesuch nach Anhörung der Amtsanwaltschaft. Beschwerde findet nicht statt. Die Strafvorschrift des § 56 GVG. gilt auch für ausgebliebene Vertrauensmänner, denen zwar ein Ablehnungsgrund zur Seite steht, die ihn aber nicht rechtzeitig geltend gemacht haben.

Landgerichte.

Art. 26.

Den Landgerichten werden ohne Rücksicht auf den Werth des Streitgegenstandes ausschließlich zugewiesen:

1. Ansprüche der Staatsbeamten gegen den Staat aus ihrem Dienstverhältnisse,

2. Ansprüche gegen den Staat wegen Verschuldung von Staatsbeamten,
3. Ansprüche gegen öffentliche Beamte wegen Ueberschreitung ihrer amtlichen Befugnisse oder wegen pflichtwidriger Unterlassung von Amtshandlungen,
4. Ansprüche gegen den Staat wegen Verfügungen der Verwaltungsbehörden,
5. Ansprüche gegen den Staat wegen Aufhebung von Privilegien,
6. Ansprüche in Betreff von Staatsabgaben.

1. Nach § 547 Ziff. 2 CPO. findet ohne Rücksicht auf den Werth des Beschwerdegegenstandes die Revision statt in den Rechtsstreitigkeiten über Ansprüche, für welche die Landgerichte ohne Rücksicht auf den Werth des Streitgegenstandes ausschließlich zuständig sind.

2. Bezüglich des ausschließlichen Gerichtsstandes vgl. § 40 Abs. 2 CPO.

3. Zu Ziff. 1 u. 2: Staatsbeamte im Sinne dieser Ziffer sind alle jene Personen, welche, gleichviel ob mit oder ohne Staatsdienereigenschaft, ob sie dem Civil- oder Militärdienste angehören, im Dienstverhältnisse zum Staate stehen. Unter die in Ziff. 1 angeführten Ansprüche gehören auch die Ansprüche der Hinterbliebenen nach Art. XXIV § 1 der Dienstpragmatik vom 1. Januar 1805.

Unter Ziff. 1 fallen insbesondere auch die Klagen der Staatsbeamten auf Haftentbindung. Z. B. der Eisenbahnfiskus wird von einem Dritten wegen Beschädigung eines Frachtgutes in Anspruch genommen und leistet Schadensersatz, legt aber dem betreffenden Eisenbahnbeamten in der Weise die Haftung auf, daß er jeweils einen Theil des Gehaltes zurückbehält. Der Eisenbahnbeamte ist aber der Ansicht, daß ihm zu Unrecht die Haftung auferlegt wird, und klagt auf Haftentbindung. Eine solche Klage ist eine Feststellungsklage, dahinzielend, daß der Staat verpflichtet sei, den Gehalt voll auszuzahlen. Zur Entscheidung über eine solche Klage sind ohne Rücksicht auf den Werth des Streitgegenstandes nach Ziff. 1 die Landgerichte ausschließlich zuständig.

Ueber die Betretung des Administrativwegs vor der Klagestellung gegen den Fiskus vgl. Art. 2 AG. z. CPO., bezüglich der Zwangsvollstreckung gegen den Fiskus vgl. Art. 9 AG. z. CPO.

4. Zu Ziff. 2 vgl. Anm. 3, ferner Art. 60, 61, 165 Ziff. I AG. z. BGB.

5. Ziff. 2 trifft nur zu, wenn das Verschulden des Beamten zu dem Inhalt des öffentlich-rechtlichen Dienstverhältnisses in Beziehung steht. Diese Voraussetzung trifft da nicht zu, wo der Staat zur Eingehung oder Erfüllung privatrechtlicher Verpflichtungen sich einer Person, welche Beamter ist, als seines privatrechtlichen Vertreter bedient. Sie ist insbesondere nicht anwendbar auf Ersatzansprüche aus Schädigungen, welche in einem fiskalischen Betrieb, wie insbesondere den Eisenbahnbetrieb, sei es durch mangelhafte Einrichtungen,

sei es durch schuldhafte Handlungen oder Unterlassungen einer im Betrieb angestellten Person verursacht worden sind. RG. 18, 166; 29, 420; JW. 1889, 478; 1901, 394. Vgl. Art. 60, 61, 165 Ziff. I AG. z. BGB. Zu beachten ist, daß Ziff. 3 von „öffentlichen Beamten" allgemein, nicht bloß von öffentlichen Beamten „des Staates" spricht.

6. Zu Ziff. 4—6 vgl. Anm. 3 Abs. 3.

7. Zu Ziff. 6 vgl. insbesondere Art. 125 Abs. 3 AG. z. BGB. Ziff. 6 setzt Ansprüche in Betreff von Staatsabgaben voraus. Gemeindeabgaben fallen daher nicht unter diese Ziffer.

Art. 27.

Die Landgerichte sind zuständig für die Verhandlung und Entscheidung über die Rechtsmittel in den Angelegenheiten, welche durch das gegenwärtige Gesetz den Amtsgerichten zugewiesen sind.

1. Hinsichtlich der den Amtsgerichten zugewiesenen Angelegenheiten vgl. Art. 8, 9, 15, 76 AG. z. GVG.

2. Die Landgerichte sind nur zur Verhandlung und Entscheidung über Rechtsmittel in den bezeichneten Angelegenheiten für zuständig erklärt. Den Gegensatz hierzu bilden Monitorien und Vorstellungen. Ueber diese entscheidet das Amtsgericht selbstständig. — Wegen der Aufsichtsbeschwerde vgl. Art. 71, 72 AG. z. GVG. — Bezüglich der Beschwerde wegen Verweigerung oder Gewährung der Rechtshülfe vgl. § 160 GVG., Art. 77 AG. z. GVG.

Art. 28.

Soweit nicht andere Bestimmungen getroffen sind, gehören zur Zuständigkeit der Landgerichte alle Angelegenheiten, für welche bisher die Bezirksgerichte in erster Instanz zuständig waren.

Die früheren Abs. 2, 3 des Artikels sind durch Art. 167 Ziff. XXV AG. z. BGB. aufgehoben. Die Angelegenheiten, die Abs. 2 betroffen hat, sind jetzt den Amtsgerichten übertragen (vgl. §§ 125, 145, 149 FGG., § 10 Abs. 2 des Genossenschaftsgesetzes vom 1. Mai 1889 in der Fassung vom 20. Mai 1898 (RGBl. S. 812), § 9 Abs. 1 des Gesetzes über das Urheberrecht an Mustern und Modellen vom 11. Januar 1876, § 120 Abs. 1 des Binnenschiffahrtsgesetzes vom 22. Juni 1896 in der Fassung vom 20. Mai 1898 (RGBl. S. 868) Art. 161 Ziff. II AG. z. BGB., § 54 des Börsengesetzes vom 22. Juni 1896, Art. 1 ÜG.). Abs. 3 ist durch die Bestimmungen der §§ 377, 437 HGB. gegenstandslos geworden.

Art. 29.

Die in dem gegenwärtigen Gesetze den Landgerichten zugewiesenen, nicht zur ordentlichen streitigen Gerichtsbarkeit gehörenden Angelegenheiten werden von den Civilkammern erledigt.

Art. 29 erhielt seine neue Fassung durch Art. 167 Ziff. VI AG. z. BGB. Die Aenderung war durch die Streichung des Art. 28 Abs. 2 bedingt.

Art. 30.

Die Vorschriften der §§ 61 bis 68, 77 des Reichs-Gerichtsverfassungsgesetzes gelten auch für die zur Zuständigkeit der Landgerichte gehörenden Angelegenheiten, für welche die Vorschriften der Landesgesetze maßgebend sind.

Die Bestimmungen über die Bestellung der Vorsitzenden der Kammern für Handelssachen und über die Stellvertretung derselben werden im Verordnungswege getroffen.

Ausfertigungen der Landgerichte, insoweit hierfür nicht die Bestimmungen der Reichs-Prozeßordnungen maßgebend sind, unterzeichnet der Präsident.

Ausfertigungen in den Angelegenheiten der freiwilligen Gerichtsbarkeit werden von dem Gerichtsschreiber unterschrieben.

Soweit dem Direktor des Bezirksgerichts die Erledigung einzelner Geschäfte durch besondere Bestimmung zugewiesen ist, geht diese Verpflichtung auf den Präsidenten des Landgerichts über.

§ 61 GVG.: Den Vorsitz im Plenum führt der Präsident, den Vorsitz in den Kammern führen der Präsident und die Direktoren. Vor Beginn des Geschäftsjahres bestimmt der Präsident die Kammer, welcher er sich anschliesst. Ueber die Vertheilung des Vorsitzes in den übrigen Kammern entscheiden der Präsident und die Direktoren nach Stimmenmehrheit; im Falle der Stimmengleichheit gibt die Stimme des Präsidenten den Ausschlag.

§ 62 GVG.: Vor Beginn des Geschäftsjahres werden auf die Dauer desselben die Geschäfte unter die Kammern derselben Art vertheilt und die ständigen Mitglieder der einzelnen Kammern sowie für den Fall ihrer Verhinderung die regelmässigen Vertreter bestimmt. Jeder Richter kann zum Mitgliede mehrerer Kammern bestimmt werden.

Die getroffene Anordnung kann im Laufe des Geschäftsjahres nur geändert werden, wenn dies wegen eingetretener Ueberlastung einer Kammer oder in Folge Wechsels oder dauernder Verhinderung einzelner Mitglieder des Gerichts erforderlich wird.

§ 63 GVG.: Die im vorstehenden Paragraphen bezeichneten Anordnungen erfolgen durch das Präsidium.

Das Präsidium wird durch den Präsidenten als Vorsitzenden, die Directoren und das dem Dienstalter nach, bei gleichem Dienstalter das der Geburt nach älteste Mitglied gebildet. Das Präsidium entscheidet nach Stimmenmehrheit; im Falle der Stimmengleichheit gibt die Stimme des Präsidenten den Ausschlag.

§ 64 GVG.: Der Präsident kann bestimmen, dass einzelne Untersuchungen von dem Untersuchungsrichter, dessen Bestellung mit dem Ablaufe des Geschäftsjahres erlischt, zu Ende geführt werden, sowie dass in einzelnen Sachen, in welchen während des Geschäftsjahres eine Verhandlung bereits stattgefunden hat, die Kammer in ihrer früheren Zusammensetzung auch nach Ablauf des Geschäftsjahres verhandle und entscheide.

§ 65 GVG.: Im Falle der Verhinderung des ordentlichen Vorsitzenden führt den Vorsitz in der Kammer dasjenige Mitglied der Kammer, welches dem Dienstalter nach und bei gleichem Dienstalter der Geburt nach das älteste ist.

Der Präsident wird in seinen übrigen durch dieses Gesetz bestimmten Geschäften durch denjenigen Direktor vertreten, welcher dem Dienstalter nach und bei gleichem Dienstalter der Geburt nach der älteste ist.

§ 66 GVG.: Im Falle der Verhinderung des regelmässigen Vertreters eines Mitgliedes wird ein zeitweiliger Vertreter durch den Präsidenten bestimmt.

§ 67 GVG.: Die Bestimmungen der §§ 61—66 finden auf die Kammern für Handelssachen keine Anwendung.

§ 68 GVG.: Innerhalb der Kammer vertheilt der Vorsitzende die Geschäfte auf die Mitglieder.

§ 77 GVG.: Die Kammern entscheiden in der Besetzung von drei Mitgliedern mit Einschluss des Vorsitzenden. Die Strafkammern sind in der Hauptverhandlung mit fünf Mitgliedern, in der Berufungsinstanz bei Uebertretungen und in den Fällen der Privatklage aber mit drei Mitgliedern, einschliesslich des Vorsitzenden, zu besetzen.

Art. 30 erhielt seine theilweise Neufassung durch Art 167 Ziff. VII AG. z. BGB.

Art. 31.

Die gerichtliche Beglaubigung amtlicher Unterschriften zum Zwecke der Legalisation im diplomatischen Wege erfolgt durch den Präsidenten des Landgerichts.

Vgl. das Reichsgesetz, betr. die Beglaubigung öffentlicher Urkunden vom 1. Mai 1878.

Art. 32.

Der Präsident des Landgerichts wird, unbeschadet der Vorschriften des § 65 des Reichs-Gerichtsverfassungsgesetzes, in allen seinen Dienstgeschäften durch dasjenige Mitglied des Präsidiums vertreten, welches dem Range nach, bei gleichem Range dem Dienstalter nach und bei gleichem Dienstalter der Geburt nach das älteste ist.

§ 65 GVG.: Im Falle der Verhinderung des ordentlichen Vorsitzenden führt den Vorsitz in der Kammer dasjenige Mitglied der Kammer, welches dem Dienstalter nach und bei gleichem Dienstalter der Geburt nach das älteste ist.

Der Präsident wird in seinen übrigen durch dieses Gesetz bestimmten Geschäften durch denjenigen Director vertreten, welcher dem Dienstalter nach und bei gleichem Dienstalter der Geburt nach der älteste ist.

1. Art. 32 kommt insbesondere dann zur Anwendung, wenn im Falle des § 65 Abs. 2 GVG. sowohl der Präsident als auch die sämmtlichen Direktoren verhindert sind.

2. Vgl. §§ 5, 36 der Allerhöchsten Verordnung vom 23. August 1879 (G.- u. VBl. 1879 S. 1043, JMBl. 1879 S. 381).

Art. 33.

Wenn in einzelnen Fällen bei einem Landgerichte die zur Beschlußfassung erforderliche Zahl von Gerichtsmitgliedern nicht vorhanden ist, so können ausnahmsweise durch den Präsidenten Richter der am Gerichtssitze befindlichen oder benachbarten Amtsgerichte des Landgerichtsbezirkes beigezogen werden.

Schwurgerichte.

Art. 34.

Die Vorschrift des § 23 über die Berufung zum Schöffenamte findet auch auf die Schwurgerichte Anwendung.

Art. 35.

Die Schwurgerichte urtheilen über die mittels eines Preßerzeugnisses (§ 2 des Reichsgesetzes vom 7. Mai 1874 über die Presse) verübten Verbrechen und Vergehen mit Ausnahme

1. der in den §§ 18 und 28 des Reichsgesetzes vom 7. Mai 1874 über die Presse mit Strafe bedrohten Vergehen,
2. der nach Art. 6 des Gesetzes zur Ausführung der Reichs-Strafprozeßordnung mit Strafe bedrohten Vergehen,

3. der nur auf Antrag zu verfolgenden Beleidigungen, wenn entweder § 185 des Strafgesetzbuchs für das Deutsche Reich maßgebend und keiner der in § 196 erwähnten Fälle gegeben ist, oder wenn und so lange die Verfolgung im Wege der Privatklage geschieht.

§ 2 des Reichspressgesetzes: Das gegenwärtige Gesetz findet Anwendung auf alle Erzeugnisse der Buchdruckerpresse, sowie auf alle anderen, durch mechanische oder chemische Mittel bewirkten, zur Verbreitung bestimmten Vervielfältigungen von Schriften und bildlichen Darstellungen mit oder ohne Schrift, und von Musikalien mit Text oder Erläuterungen.

Was im Folgenden von »Druckschriften« verordnet ist, gilt für alle vorstehend bezeichneten Erzeugnisse.

§ 18 a. a. O.: Mit Geldstrafe bis zu eintausend Mark oder mit Haft oder mit Gefängniss bis zu neun Monaten werden bestraft:

1. Zuwiderhandlungen gegen die in den §§ 14, 15, 16 und 17 enthaltenen Verbote;

2. Zuwiderhandlungen gegen die Bestimungen der §§ 6, 7 und 8, welche durch falsche Angaben mit Kenntniss der Unrichtigkeit begangen werden.

Dieselbe Strafe trifft den Verleger einer periodischen Druckschrift auch dann, wenn er wissentlich geschehen lässt, dass auf derselben eine Person fälschlich als Redakteur benannt wird.

§ 6 a. a. O.: Auf jeder im Geltungsbereich dieses Gesetzes erscheinenden Druckschrift muss der Name und Wohnort des Druckers und, wenn sie für den Buchhandel oder sonst zur Verbreitung bestimmt ist, der Name und Wohnort des Verlegers, oder — beim Selbstvertriebe einer Druckschrift — des Verfassers oder Herausgebers genannt sein. An Stelle des Namens des Druckers oder Verlegers genügt die Angabe der in das Handelsregister eingetragenen Firma.

Ausgenommen von dieser Vorschrift sind die nur zu Zwecken des Gewerbes und Verkehrs, des häuslichen und geselligen Lebens dienenden Druckschriften, als: Formulare, Preiszettel, Visitenkarten und dergleichen, sowie Stimmzettel für öffentliche Wahlen, sofern sie nichts weiter als Zweck, Zeit und Ort der Wahl und die Bezeichnung der zu wählenden Personen enthalten.

§ 7 a. a. O.: Zeitungen und Zeitschriften, welche in monatlichen oder kürzeren, wenn auch unregelmässigen Fristen erscheinen (periodische Druckschriften im Sinne dieses Gesetzes) müssen ausserdem auf jeder Nummer, jedem Stücke oder Hefte den Namen und Wohnort des verantwortlichen Redakteurs enthalten.

Die Benennung mehrerer Personen als verantwortliche Redakteure ist nur dann zulässig, wenn aus Form und Inhalt der Benennung mit Bestimmtheit zu ersehen ist, welchen Theil der Druckschrift jede der benannten Personen besorgt.

§ 8 a. a. O.: Verantwortliche Redakteure periodischer Druckschriften dürfen nur Personen sein, welche verfügungsfähig, im Besitze der bürgerlichen Ehrenrechte sind und im Deutschen Reiche ihren Wohnsitz oder gewöhnlichen Aufenthalt haben.

§ 14 a. a. O.: Ist gegen eine Nummer (Stück, Heft) einer im Auslande erscheinenden periodischen Druckschrift binnen Jahresfrist zweimal eine Verurtheilung auf Grund der §§ 41 und 42 des Strafgesetzbuchs erfolgt (d. h. Einziehung), so kann der Reichskanzler innerhalb zwei Monaten nach Eintritt der Rechtskraft des letzten Erkenntnisses das Verbot der ferneren Verbreitung dieser Druckschrift bis auf zwei Jahre durch öffentliche Bekanntmachung aussprechen.

Die in den einzelnen Bundesstaaten auf Grund der Landesgesetzgebung bisher erlassenen Verbote ausländischer periodischer Druckschriften treten ausser Wirksamkeit.

§ 15 a. a. O.: Zu Zeiten der Kriegsgefahr oder des Krieges können Veröffentlichungen über Truppenbewegungen oder Vertheidigungsmittel durch den Reichskanzler mittels öffentlicher Bekanntmachung verboten werden.

§ 16 a. a. O.: Oeffentliche Aufforderungen mittels der Presse zur Aufbringung der wegen einer strafbaren Handlung erkannten Geldstrafen und Kosten, sowie öffentliche Bescheinigungen mittels der Presse über den Empfang der zu solchen Zwecken gezahlten Beiträge sind verboten.

Das zu Folge solcher Aufforderungen Empfangene oder der Werth desselben ist der Armenkasse des Orts der Sammlung für verfallen zu erklären.

§ 17 a. a. O.: Die Anklageschrift und andere amtliche Schriftstücke eines Strafprozesses dürfen durch die Presse nicht eher veröffentlicht werden, als bis dieselben in öffentlicher Verhandlung kundgegeben worden sind oder das Verfahren sein Ende erreicht hat.

§ 28 a. a. O. Während der Dauer der Beschlagnahme ist die Verbreitung der von derselben betroffenen Druckschrift oder der Wiederabdruck der die Beschlagnahme veranlassenden Stellen verboten.

Wer mit Unkenntniss der verfügten Beschlagnahme dieser Bestimmung entgegenhandelt, wird mit Geldstrafe bis zu fünfhundert Mark oder mit Gefängniss bis zu sechs Monaten verurtheilt.

§ 185 StGB. betrifft das Vergehen der einfachen Beleidigung, § 196 StGB. die Befugniss des amtlichen Vorgesetzten, Strafantrag zu stellen, wenn die Beleidigung gegen eine Behörde, einen Beamten, einen Religionsdiener oder ein Mitglied der bewaffneten Macht, während sie in Ausübung ihres Berufes begriffen sind, oder in Beziehung auf ihren Beruf begangen ist.

1. Vgl. § 6 EG. z. GVG.

2. Aus Ziff. 3 ergibt sich:

a) daß alle gemäß §§ 185—195 StGB. strafbaren Beleidigungen nicht zur Zuständigkeit des Schwurgerichts gehören, wenn sie mittels Privatklage verfolgt werden, ferner

b) daß die gemäß § 185 StGB. strafbaren Beleidigungen, auch wenn sie mittels öffentlicher Klage verfolgt werden, nicht zur Zuständigkeit der Schwurgerichte gehören, sofern nicht ein Fall des § 196 StGB. vorliegt. Ein Fall des § 196 StGB. ist insbesondere auch dann gegeben, wenn der beleidigte Beamte allein, dagegen nicht seine vorgesetzte Behörde Strafantrag gestellt hat.

Vorausgesetzt wird aber, daß die unter a und b erwähnten Beleidigungen durch die Presse begangen sind.

Oberlandesgerichte.

Art. 36.

Zur Zuständigkeit der Oberlandesgerichte gehören:

1. alle Angelegenheiten, für welche bisher die Appellationsgerichte als Gerichte erster Instanz zuständig waren; ihre Zuständigkeit in Fideikommißsachen umfaßt die Familienfideikommisse nach Maßgabe der VII. Beilage zur Verfassungsurkunde;
2. die Verhandlung und Entscheidung über die Rechtsmittel in den Angelegenheiten, welche nach Art. 28 in erster Instanz zur Zuständigkeit der Landgerichte gehören.

1. Bezüglich der theilweisen Neufassung der Ziff. 2 vgl. Art. 167 Ziff. VIII AG. z. BGB.

2. Zu Ziff. 1: Bezüglich der standesherrlichen Familienfideikommisse (IV. Verf.-Beil.) sind die Oberlandesgerichte nicht zuständig.

3. Zu Ziff. 2: Hinsichtlich der in Art. 26 bezeichneten Angelegenheiten gelten die Vorschriften des § 123 GVG.

4. Vgl. auch Art. 114 Abs. 3 AG. z. StPO.

Art. 37.

Die Verhandlung und Entscheidung über die den Oberlandesgerichten durch das gegenwärtige Gesetz zugewiesenen Gegenstände erfolgt in den Civilsenaten.

Bezüglich der theilweisen Neufassung vgl. Art. 167 Ziff. IX AG. z. BGB.

Art. 38.

Die Vorschriften der §§ 121, 124 des Reichs-Gerichtsverfassungsgesetzes gelten auch für die zur Zuständigkeit der

Oberlandesgerichte gehörenden Angelegenheiten, für welche die Vorschriften der Landesgesetze maßgebend sind.

Auf die Vertretung des Präsidenten finden die Vorschriften des Art. 32 entsprechende Anwendung.

§ 121 GVG.: "Die Bestimmungen der §§ 61—68 finden mit der Massgabe Anwendung, dass zu dem Präsidium stets die beiden ältesten Mitglieder des Gerichtes zuzuziehen sind.

Hinsichtlich der §§ 61—68 GVG. vgl. Art. 30.

§ 124 GVG.: Die Senate der Oberlandesgerichte entscheiden in der Besetzung von fünf Mitgliedern mit Einschluss des Vorsitzenden.

Bezüglich der Neufassung vgl. Art. 167 Ziff. X AG. z. BGB.

Art. 39.

Die Vorschriften des Art. 30 Abs. 3, 5 finden bei den Oberlandesgerichten entsprechende Anwendung.

Ausfertigungen in Angelegenheiten der freiwilligen Gerichtsbarkeit, für die das Oberlandesgericht als oberes Gericht zuständig ist, werden von dem Gerichtsschreiber unterschrieben.

1. Art. 39 erhielt seine neue Fassung durch Art. 167 Ziff. XI AG. z. BGB.

2. Art. 39 Abs. 2 setzt eine Angelegenheit der freiwilligen Gerichtsbarkeit voraus, für die das Oberlandesgericht als oberes Gericht zuständig ist.

Art. 40.

Ist in einem einzelnen Falle bei einem Oberlandesgerichte die zur Entscheidung erforderliche Zahl von Gerichtsmitgliedern nicht vorhanden, so kann der Präsident den Senat durch von ihm einzuberufende Mitglieder nicht betheiligter Landgerichte des Oberlandesgerichtsbezirks ergänzen.

Vgl. Art. 33.

Art. 41.

Aufgehoben durch Art. 167 Ziff. XXV AG. z. BGB.

Oberstes Landesgericht.

Art. 42.

Gemäß der §§ 8 und 10 des Einführungsgesetzes zum Reichs-Gerichtsverfassungsgesetze wird ein oberstes Landesgericht errichtet.

Demselben wird die Verhandlung und Entscheidung der zur Zuständigkeit des Reichsgerichts gehörenden Revisionen und Beschwerden nach Maßgabe des § 8 des Einführungsgesetzes zum Reichs-Gerichtsverfassungsgesetze zugewiesen.

Dem Obersten Landesgerichte wird ferner die Verhandlung und Entscheidung der zur Zuständigkeit der Oberlandesgerichte gehörenden Revisionen und Beschwerden in Strafsachen, sowie, unbeschadet der Zuständigkeit des Reichsgerichts, die Entscheidung über das Rechtsmittel der weiteren Beschwerde in Grundbuchsachen und anderen Angelegenheiten der freiwilligen Gerichtsbarkeit zugewiesen.

Das Oberste Landesgericht ist, soweit nicht andere Bestimmungen getroffen sind, für die Angelegenheiten zuständig, welche zur Zuständigkeit des Obersten Gerichtshofs gehört haben.

§ 8 EG. z. GVG.: Durch die Gesetzgebung eines Bundesstaates, in welchem mehrere Oberlandesgerichte errichtet werden, kann die Verhandlung und Entscheidung der zur Zuständigkeit des Reichsgerichts gehörenden Revisionen und Beschwerden in bürgerlichen Rechtsstreitigkeiten einem obersten Landesgerichte zugewiesen werden.

Diese Vorschrift findet jedoch auf bürgerliche Rechtsstreitigkeiten, welche zur Zuständigkeit des Reichs-Oberhandelsgerichts gehören oder durch besondere Reichsgesetze dem Reichsgerichte zugewiesen werden, keine Anwendung.

§ 10 EG. z. GVG.: Die allgemeinen, sowie die in den §§ 126, 132, 133, 134, 183 Abs. 1 enthaltenen besonderen Vorschriften des Gerichtsverfassungsgesetzes finden auf die obersten Landesgerichte als Behörden der ordentlichen streitigen Gerichtsbarkeit entsprechende Anwendung. Das Gleiche gilt, sofern ein Civilsenat des obersten Landesgerichts von der Entscheidung eines anderen Civilsenats oder der vereinigten Civilsenate abweichen will, in Ansehung der Vorschriften der §§ 137, 139 des Gerichtsverfassungsgesetzes.

Die Besetzung der Senate bestimmt sich in Strafsachen nach § 124, in bürgerlichen Rechtsstreitigkeiten nach § 140 des Gerichtsverfassungsgesetzes.

Auf die Besetzung der Civilsenate des obersten Landesgerichts findet in Grundbuchsachen sowie in den nach § 199 des Gesetzes über die Angelegenheiten der freiwilligen Gerichtsbarkeit dem obersten Landesgerichte zugewiesenen Angelegenheiten der § 124 des Gerichtsverfassungsgesetzes Anwendung.

§ 124 GVG.: Die Senate der Oberlandesgerichte entscheiden in der Besetzung von fünf Mitgliedern mit Einschluss des Vorsitzenden.

§ 126 GVG.: Das Reichsgericht wird mit einem Präsidenten und der erforderlichen Anzahl von Senatspräsidenten und Räthen besetzt.

§ 132 GVG.: Bei dem Reichsgerichte werden Civil- und Strafsenate gebildet. Die Zahl derselben bestimmt der Reichskanzler.

§ 133 GVG.: Die Bestimmungen der §§ 61—68 (s. Art. 30) finden mit der Massgabe Anwendung, dass zu dem Präsidium die vier ältesten Mitglieder des Gerichts zuzuziehen sind.

§ 134 GVG.: Die Zuziehung von Hülfsrichtern ist unzulässig.

§ 137 GVG.: Will in einer Rechtsfrage ein Civilsenat von der Entscheidung eines anderen Civilsenats oder der vereinigten Civilsenate, oder ein Strafsenat von der Entscheidung eines anderen Strafsenats oder der vereinigten Strafsenate abweichen, so ist über die streitige Rechtsfrage im ersteren Falle eine Entscheidung der vereinigten Civilsenate, im letzteren Falle eine solche der vereinigten Strafsenate einzuholen.

Einer Entscheidung der Rechtsfrage durch das Plenum bedarf es, wenn ein Civilsenat von der Entscheidung eines Strafsenats oder der vereinigten Strafsenate, oder ein Strafsenat von der Entscheidung eines Civilsenats oder der vereinigten Civilsenate, oder ein Senat von der früher eingeholten Entscheidung des Plenums abweichen will.

Die Entscheidung der Rechtsfrage durch die vereinigten Senate oder das Plenum ist in der zu entscheidenden Sache bindend. Sie erfolgt in allen Fällen ohne vorgängige mündliche Verhandlung.

Vor der Entscheidung der vereinigten Strafsenate oder derjenigen des Plenums, sowie in Ehe- und Entmündigungssachen und in Rechtsstreitigkeiten, welche die Feststellung des Rechtsverhältnisses zwischen Eltern und Kindern oder die Anfechtung einer Todeserklärung zum Gegenstande haben, ist der Oberreichsanwalt mit seinen schriftlichen Anträgen zu hören.

Soweit die Entscheidung der Sache eine vorgängige mündliche Verhandlung erfordert, erfolgt dieselbe durch den erkennenden Senat auf Grund einer erneuten mündlichen Verhandlung, zu welcher die Prozessbetheiligten von Amtswegen unter Mittheilung der ergangenen Entscheidung der Rechtsfrage zu laden sind.

§ 139 GVG.: Zur Fassung von Plenarentscheidungen und von Entscheidungen der vereinigten Civil- oder Strafsenate, sowie der beiden vereinigten Strafsenate ist die Theilnahme von mindestens zwei Drittheilen aller Mitglieder mit Einschluss des Vorsitzenden erforderlich.

Die Zahl der Mitglieder, welche eine entscheidende Stimme führen, muss eine ungerade sein. Ist die Zahl der anwesenden Mitglieder eine gerade, so hat derjenige Rath, welcher zuletzt ernannt ist, und bei gleichem Dienstalter derjenige, welcher der Geburt nach der jüngere ist, oder, wenn dieser Berichterstatter ist, der nächst ältere kein Stimmrecht.

§ 140 GVG.: Die Senate des Reichsgerichts entscheiden in der Besetzung von sieben Mitgliedern mit Einschluss des Vorsitzenden.

§ 183 Abs. 1 GVG.: Ist in den Fällen der §§ 179, 180, 182 eine Ordnungsstrafe festgesetzt, so findet binnen der Frist von einer Woche nach der Bekanntmachung der Entscheidung Beschwerde statt, sofern die Entscheidung nicht von dem Reichsgerichte oder einem Oberlandesgerichte getroffen ist.

1. Abs. 3 erhielt seine neue Fassung durch Art. 167 Ziff. XII AG. z. BGB.

2. Zuweisungen an das Reichsgericht sind erfolgt durch § 155 des Gesetzes vom 1. Mai 1889 betr. die Erwerbs- und Wirthschaftsgenossenschaften in der Fassung vom 20. Mai 1898, § 38 des Patentgesetzes vom 7. April 1891, § 12 des Gesetzes vom 1. Juni 1891 betr. den Schutz der Gebrauchsmuster, § 33 des Reichsstempelgesetzes vom 27. April 1894, § 21 des Gesetzes vom 12. Mai 1894 zum Schutze der Warenbezeichnungen, § 130 des Gesetzes vom 15. Juni 1895 die privatrechtlichen Verhältnisse der Binnenschiffahrt betr. in der Fassung vom 20 Mai 1898, § 31 des Gesetzes vom 15. Juni 1895 die privatrechtlichen Verhältnisse der Flößerei betr., § 15 des Gesetzes vom 27. Mai 1896 zur Bekämpfung des unlauteren Wettbewerbes und § 47 des Börsengesetzes vom 22. Juni 1896. Art. 6 EG. z. BGB. überträgt dem Reichsgerichte die Verhandlung und Entscheidung letzter Instanz in bürgerlichen Rechtsstreitigkeiten, in welchen durch Klage oder Widerklage ein Anspruch auf Grund des BGB. geltend gemacht wird. Die gleiche Bestimmung ist für die Ansprüche aus dem Anfechtungsrechte der Gläubiger im Art. IX EG. zu dem Gesetze betr. Aenderungen der KO. getroffen. In Folge dessen wird die Zuständigkeit des Reichsgerichts thatsächlich die Regel bilden.

Hinsichtlich der Zuständigkeit der Oberlandesgerichte in Strafsachen vgl. § 123 Ziff. 2, 3, 5 GVG. Die Zuweisung dieser Strafsachen erfolgte auf Grund des § 9 EG. z GVG. Bezüglich der Adresse vgl. Bekanntmachung vom 12. Januar 1900 (JMBl. 1900 S. 307).

Nach § 79 Abs 1 GBO. und § 28 Abs. 1 GFG. entscheidet über die weitere Beschwerde gegen die Entscheidungen der Landgerichte und in den durch Reichsgesetz den Gerichten übertragenen Angelegenheiten der freiwilligen Gerichtsbarkeit das Oberlandesgericht. Durch die Gesetzgebung eines Bundesstaats, in dem mehrere Oberlandesgerichte errichtet sind, kann jedoch die Entscheidung über das Rechtsmittel der weiteren Beschwerde einem der mehreren Oberlandesgerichte oder an Stelle eines solchen Oberlandesgerichts dem Obersten Landesgerichte übertragen werden (§ 102 GBO., § 199 Abs. 2 GFG.). In Folge dessen tritt das Oberste Landesgericht gemäß § 199 Abs. 2 GFG. auch für die Beschwerde gegen die dort bezeichneten Verfügungen an die Stelle des nach §§ 64, 143 Abs. 2 GFG. zuständigen Oberlandesgerichts und gilt für die bayerischen Gerichte als gemeinschaftliches oberes Gericht im Sinn der §§ 5, 46 GFG. (vgl. OGH. Bd. I S. 134, 264; Bl. f. RA. Bd. 65 S. 353). Als solches gilt es auch gemäß Art. 129 AG. z. BGB. für diejenigen Angelegenheiten der freiwilligen Gerichtsbarkeit, für welche landesgesetzlichen Vorschriften maßgebend sind, und gemäß Art. 8 AG. z. GBO. für Grundbuchsachen. Demgemäß gelten für das Oberste Landesgericht auch die Bestimmungen des § 79 Abs. 2, 3 GBO. und des § 28 Abs. 2, 3 GFG. Hiernach muß es, wenn es bei der Auslegung einer reichsgesetzlichen Vorschrift, die das Grundbuchrecht oder eine der bezeichneten Angelegenheiten der freiwilligen Gerichtsbarkeit betrifft, von der Entscheidung eines Oberlandesgerichts, oder, falls über die Rechtsfrage bereits eine Entscheidung des Reichsgerichts ergangen ist, von dieser abweichen will, die weitere Beschwerde unter Begründung seiner Rechtsauffassung dem Reichsgerichte vorlegen, welches dann über die weitere Beschwerde entscheidet.

Art. 43.

Das oberste Landesgericht wird mit einem Präsidenten und der erforderlichen Anzahl von Senatspräsidenten und Räthen besetzt.

Art. 44.

Bei dem obersten Landesgerichte werden mehrere Senate gebildet. Die Zahl derselben bestimmt das Staatsministerium der Justiz.

Art. 45.

Die Bestimmungen der §§ 61—68 des Reichs-Gerichtsverfassungsgesetzes finden auch auf das oberste Landesgericht bezüglich aller zu seiner Zuständigkeit gehörenden Rechtssachen mit der Maßgabe entsprechende Anwendung, daß zu dem Präsidium die vier ältesten Mitglieder des Gerichts zuzuziehen sind.

Bei der ersten Einrichtung des obersten Landesgerichts und während der Dauer des ersten Geschäftsjahres erfolgen die Geschäftsvertheilung und die Bestimmung der Mitglieder der Senate sowie der regelmäßigen Vertreter derselben durch das Staatsministerium der Justiz.

Vgl. Art. 30.

Art. 46, 47.

Aufgehoben durch Art. 167 Ziff. XXV AG. z. BGB.

Art. 48.

Die Civilsenate des Obersten Landesgerichts entscheiden in den Angelegenheiten, für welche die Vorschriften der Landesgesetze maßgebend sind, in der Besetzung von sieben

Mitgliedern mit Einschluß des Vorsitzenden, über das Rechtsmittel der weiteren Beschwerde gegen Entscheidungen der Landgerichte als Beschwerdegerichte und über die Bestimmung des zuständigen Gerichts jedoch in der Besetzung von fünf Mitgliedern mit Einschluß des Vorsitzenden.

Art. 48 erhielt seine Neufassung durch Art. 167 Ziff. XIII AG. z. BGB.

Art. 49.

Der Geschäftsgang bei dem obersten Landesgerichte wird durch eine Geschäftsordnung geregelt, welche das Plenum auszuarbeiten und dem Staatsministerium der Justiz zur Genehmigung vorzulegen hat.

Staatsanwaltschaft.

Art. 50.

Die bestehenden staatsanwaltschaftlichen Behörden sind aufgehoben.

Die Zuständigkeit derselben in den durch die Reichs-Prozeßordnungen nicht betroffenen Angelegenheiten geht, vorbehaltlich anderweitiger besonderer Bestimmungen, nach Maßgabe der in den einzelnen Landestheilen geltenden gesetzlichen Vorschriften auf die Staatsanwaltschaft an den ordentlichen Landesgerichten über.

1. Vgl. §§ 142 ff. GVG. und Dienstes-Vorschriften vom 24. Februar und 20. Juni 1862, ferner §§ 9 ff. der Allerhöchsten Verordnung vom 23. August 1879 zum Vollzug des Ausführungsgesetzes zum Reichsgerichtsverfassungsgesetze (G.- u. VBl. 1043 JMBl. 381).

2. Zu Abs. 2: vgl. §§ 12, 19 der Bekanntmachung vom 27. Dezember 1899 Namensänderungen betr. (G.- u. VBl. S. 1241); § 4 der Bekanntmachung vom 24. Dezember 1899 die Bewilligung der Befreiung von Ehehindernissen betr. (JMBl 1900 S. 105); § 3 der Bekanntmachung vom 24. Dezember 1899 die Befreiung von den Erfordernissen des § 1744 BGB. betr. (Annahme an Kindesstatt, JMBl. 1900 S. 106); § 3 der Bekanntmachung vom 24. Dezember 1899 die Ehelichkeitserklärung betr. (JMBl. 1900 S. 107); § 4 der Bekanntmachung vom 24. Dezember 1899 die Volljährigkeitserklärung betr. (JMBl. 1900 S. 108); § 56 der Bekanntmachung vom 16. Dezember 1899, Zustellungen von Amtswegen betr. (JMBl. 1899 S. 475); ferner für die Pfalz Art. 107 ff. AG. z. BGB.

Art. 51.

Bei dem Obersten Landesgerichte wird ein Generalstaatsanwalt, bei jedem Oberlandesgerichte wird ein Oberstaatsanwalt, bei jedem Landgerichte wird ein Erster Staatsanwalt aufgestellt.

Denselben wird die erforderliche Anzahl von Staatsanwälten beigegeben.

Art. 51 erhielt seine theilweise Neufassung durch Art. 167 Ziff. XIV AG. z. BGB.

Art. 52.

Der Generalstaatsanwalt, die Oberstaatsanwälte und die Staatsanwälte werden vom König ernannt.

Dieselben sind nicht richterliche Beamte.

1. Art. 52 erhielt seine theilweise Neufassung durch Art. 167 Ziff. XV AG. z. BGB.

2. Für den Generalstaatsanwalt u. s. w. gelten daher §§ 6 bis 9 GVG. nicht. Art. 6 findet jedoch gemäß Art. 53 entsprechende Anwendung.

Art. 53.

Die Art. 5 und 6 des gegenwärtigen Gesetzes finden auch auf die Staatsanwälte entsprechende Anwendung.

Vgl. Bekanntmachung vom 11. September 1879 (JMBl. 1879 S. 644).

Art. 54.

Bei den Amtsgerichten werden die Geschäfte der Staatsanwaltschaft entweder von besonders hierfür aufgestellten Amtsanwälten versehen, oder es werden mit denselben durch die einschlägigen Staatsministerien andere Beamte oder sonst geeignete Personen beauftragt.

Vgl. § 143 Abs. 2 GVG. und Bekanntmachung vom 27. September 1879 (JMBl. 1879 S. 1179).

Art. 55.

Die einer Kreisregierung unmittelbar untergeordneten Stadtgemeinden mit Ausnahme von München sind verpflichtet, die Geschäfte der Amtsanwaltschaft für den Stadtbezirk gegen Entschädigung durch Gemeindebeamte besorgen zu lassen.

Die Aufstellung derselben als Amtsanwälte erfolgt auf Vorschlag der Gemeindebehörden durch das Staatsministerium der Justiz im Einverständnisse mit dem Staatsministerium des Innern.

In anderen als den in Abs. 1 bezeichneten Gemeinden kann die Verwendung von Gemeindebeamten nur unter Zustimmung der gesetzlichen Vertreter der Gemeinde stattfinden.

Art. 56.

Die als Amtsanwälte aufgestellten Gemeindebeamten, die Bürgermeister und deren Stellvertreter, sowie die Polizeikommissäre in der Pfalz gehören zu den Hülfsbeamten der Staatsanwaltschaft.

Im Falle des Bedürfnisses können auch weitere Gemeindebeamte und Bedienstete als Hülfsbeamte der Staatsanwaltschaft bezeichnet werden.

Vgl. § 153 GVG. Hinsichtlich der Verpflichtungen und Befugnisse vgl. §§ 98, 105, 159, 161 St.PO.

Art. 57.

Bei Verhinderung der Staatsanwälte an den Kollegialgerichten haben, insoferne nicht die Wahrnehmung der Geschäfte durch den vorgesetzten Beamten der Staatsanwaltschaft einem anderen Staatsanwalte übertragen werden kann, die Gerichtsmitglieder, welche der Gerichtsvorstand hierfür bestimmt, die Aushülfe zu leisten.

Im Falle länger dauernden Bedürfnisses geschieht die Aufstellung der erforderlichen Aushülfsbeamten durch das Staatsministerium der Justiz.

Art. 58.

Für Fälle der Verhinderung des Amtsanwalts hat der Oberstaatsanwalt am Oberlandesgerichte die Stellvertretung ständig zu regeln. Ist der Amtsanwalt ein Beamter der inneren Verwaltung oder ein Gemeindebeamter, so hat dies nach Vereinbarung mit der einschlägigen Kreisregierung zu geschehen.

Bei plötzlich eintretender Verhinderung des Amtsanwalts hat der Amtsrichter, welchem die Dienstaufsicht zusteht, den Stellvertreter für besonders dringende Fälle zu bezeichnen, hiervon aber sofort dem Oberstaatsanwalte Anzeige zu erstatten.

Zur Uebernahme einer solchen Stellvertretung sind die Beamten des Amtsgerichts, einschließlich der Richter, verpflichtet.

In einzelnen dringenden Fällen, in welchen eine andere Fürsorge nicht sofort möglich ist, können die Bürgermeister zur Amtsanwaltschaft beigezogen werden; dieselben sind aber berechtigt, sich durch ihre Stellvertreter, in der Pfalz auch durch den für die Gemeinde aufgestellten Polizeikommissär, ersetzen zu lassen.

Gerichtsschreiberei.

Art. 59.

Bei dem obersten Landesgerichte, den Oberlandesgerichten und den Landgerichten wird je ein Obergerichtsschreiber und die erforderliche Anzahl von Gerichtsschreibern angestellt.

Jedes Amtsgericht erhält einen Gerichtsschreiber. Im Bedürfnißfalle können bei einem Amtsgerichte auch mehrere Gerichtsschreiber angestellt werden. Einem derselben wird alsdann vom Staatsministerium der Justiz die Geschäftsleitung der Gerichtsschreiberei übertragen.

1. Vgl. § 154 GVG., ferner §§ 17 ff. der Allerhöchsten Verordnung vom 23. August 1879 (G.- u. VBl. 1879 S. 1043, JMBl. 1879 S. 381).

2. Vgl. §§ 17 ff. der Allerhöchsten Verordnung vom 23. August 1879 zum Vollzuge des Ausführungsgesetzes zum Reichsgerichtsverfassungsgesetze (G.- u. VBl. S. 1043, JMBl. 381), vom 26. November 1881 wegen des Titels „Sekretär" und vom 7. Juli 1887 wegen der „Sekretariatsgehülfen".

3. Der geschäftsleitende Gerichtsschreiber hat bloß die Geschäftsleitung, die Dienstesaufsicht steht ihm nicht zu (vgl. Art. 69 Abs. 1 Ziff. 5, Art. 70).

Art. 60.

Die Gerichtsschreiber werden vom Könige ernannt.

Art. 61.

Der Gerichtsschreiber hat bei dem Gerichte, bei welchem er angestellt ist, in öffentlicher Sitzung den Amtseid dahin zu leisten, die ihm obliegenden Amtspflichten nach den bestehenden Gesetzen und Verordnungen treu zu erfüllen, den dienstlichen Aufträgen seiner Vorgesetzten pünktlich nachzukommen und das Amtsgeheimniß sorgfältig zu bewahren.

Bei Gerichtsschreibern, welche als solche oder als Gerichtssekretäre schon vor dem Tage des Inkrafttretens des gegenwärtigen Gesetzes eidlich verpflichtet waren, vertritt der nach Vorschrift geleistete Diensteid den in Abs. 1 bezeichneten Eid.

Art. 62.

Die Geschäftseinrichtung der Gerichtsschreibereien bleibt den auf dem Verordnungswege zu erlassenden Dienstvorschriften und den zur Durchführung derselben vom Staatsministerium der Justiz zu erlassenden Anordnungen vorbehalten.

Vgl. die Gerichtsschreibereiordnung vom 6. September 1879 und Bekanntmachung vom 14. September 1879 (JMBl. 1879 S. 605 ff., 743 ff.). Es ist aber beabsichtigt, neue Vorschriften für die Gerichtsschreiber zu erlassen.

Art. 63.

Die Gerichtsschreiber bei den Amtsgerichten sind zuständig, Siegelungen und Entsiegelungen sowie die Verrichtungen einer Urkundsperson gemäß § 123*) der Konkursordnung vorzunehmen und Vermögensverzeichnisse aufzunehmen, die nach gesetzlicher Vorschrift dem Vormundschaftsgericht einzureichen sind. Sie sollen sich diesen Geschäften nur auf Anordnung des Richters unterziehen.

Den Gerichtsschreibern bei den Amtsgerichten kann von dem Nachlaßgerichte die Aufnahme des Inventars übertragen werden.

Die Aufnahme eines Vermögensverzeichnisses nach Abs. 1 oder eines Inventars nach Abs. 2 soll nur angeordnet werden, wenn anzunehmen ist, daß der Werth des Vermögens oder des Nachlasses ohne Abzug der Schulden den Betrag von zweitausend Mark nicht oder nicht erheblich übersteigt.

1. Art. 63 erhielt seine Neufassung durch Art. 167 Ziff. XVI AG. z. BGB.

2. Vgl. bezüglich des § 123 KO. auch Art. 66.

3. Vgl. § 16 der Bekanntmachung vom 31. Dezember 1899, das Nachlaßwesen betr. (abgedruckt bei Art. 105 AG. z. BGB.), ferner §§ 67—75 a. a. O. (JMBl. 1900 S. 1 ff.):

§ 67. Zur Mitwirkung bei einem von dem Erben selbst aufgenommenen Inventar (§ 2002 des BGB.) ist nur der Notar zuständig.

§ 68. Beantragt der Erbe, daß das Nachlaßinventar amtlich aufgenommen wird (§ 2003 des BGB.), so kann die Aufnahme des Inventars von dem Nachlaßgerichte regelmäßig nur einem Notar übertragen werden (Art. 2 Nr. 1 des NG.). Uebersteigt jedoch der Werth des Nachlasses ohne Abzug der Schulden den Betrag von 2000 M. nicht oder nicht erheblich, so kann das Nachlaßgericht mit

*) Neuer Fassung.

der Aufnahme des Inventars den Gerichtsschreiber beauftragen. Bei Gerichten, welche mit mehr als einem Gerichtsschreiber besetzt sind, soll die Aufnahme des Nachlaßinventars dem mit der Geschäftsleitung betrauten Gerichtsschreiber nicht übertragen werden. Ohne Anordnung des Richters darf der Gerichtsschreiber ein Nachlaßinventar nicht aufnehmen.

Das Nachlaßgericht selbst ist zur Aufnahme des Nachlaßinventars unzuständig (Art. 15 Abs. 3 des AG. z. GVG. in der Fassung des Art. 167 des AG. z. BGB.).

§ 69. Das Nachlaßinventar kann beim Nachlaßgericht jeder Zeit, auch ohne daß dem Erben eine Inventarfrist gesetzt worden ist, eingereicht werden.

Auch die Uebertragung der Aufnahme des Nachlaßinventars an einen Notar oder an einen Gerichtsschreiber ist nicht davon abhängig, daß dem Erben eine Inventarfrist gesetzt worden ist.

§ 70. Das Nachlaßgericht hat den Notar oder den Gerichtsschreiber, welchem die Aufnahme des Nachlaßinventars übertragen wird, von der Uebertragung unter Benützung des anliegenden Formulars XI zu verständigen.

Die Uebertragung ist auch dem Erben, bei Miterben jedem Erben und, wenn eine Ehefrau die Erbin ist und der Nachlaß zum eingebrachten Gute oder zum Gesammtgute gehört, dem Ehemanne mitzutheilen. In die Mittheilung ist ein Hinweis auf die Vorschriften des § 2003 Abs. 2 und des § 2005 Abs. 1 Satz 2 des BGB. aufzunehmen. Die Anlage XII enthält ein Muster für die Mittheilung der Uebertragung.

§ 71. Für die Aufnahme des Nachlaßinventars durch den Gerichtsschreiber gelten folgende Vorschriften.

§ 72. Zur Aufnahme des Inventars ist der Erbe, bei Miterben jeder Erbe und, wenn eine Ehefrau die Erbin ist und der Nachlaß zum eingebrachten Gute oder zum Gesammtgute gehört, der Ehemann beizuziehen.

Von dem Termine zur Aufnahme des Inventars sind die im Abs. 4 bezeichneten Personen zu verständigen.

Die Aufnahme des Inventars findet auch bei Ausbleiben der Betheiligten statt.

§ 73. Die Nachlaßgegenstände sind in dem Inventar nach dem Stande zur Zeit des Erbfalls anzugeben. Das Inventar soll eine Beschreibung der einzelnen Gegenstände, soweit eine solche zur Bestimmung des Werthes erforderlich ist, und die Angabe des Werthes enthalten.

Die Nachlaßverbindlichkeiten sind nach dem Stande zur Zeit der Aufnahme des Inventars anzugeben, es sind mithin auch die erst mit oder nach dem Erbfalle erwachsenen Nachlaßverbindlichkeiten wie Vermächtnisse, Beerdigungskosten, Gerichtsgebühren, anzugeben.

§ 74. Das Inventar ist in Form eines Protokolls aufzunehmen.

In dem Protokoll ist der Hergang bei der Aufnahme des Inventars anzugeben.

Das Protokoll soll vorgelesen und von den anwesenden Betheiligten genehmigt werden. In dem Protokolle soll festgestellt werden, daß dies geschehen ist. Das Protokoll ist von dem Gerichtsschreiber und von den anwesenden Betheiligten zu unterschreiben.

§ 75. Bevor der Termin zur Aufnahme des Inventars abgehalten wird, soll der Gerichtsschreiber die Aufnahme möglichst vorbereiten. Er soll zu diesem Zwecke insbesondere die Familienverhältnisse des Erblassers erheben und für die Beschaffung der nöthigen Unterlagen z. B. der Verfügungen von Todeswegen, der Eheverträge, der Auszüge aus dem Steuerkataster, aus dem Grundbuch oder dem Hypothekenbuch, der Brandversicherungsauszüge sorgen, soweit hierüber nicht schon die Nachlaßakten Aufschluß geben.

Vielfach wird es nicht erforderlich sein, daß der Gerichtsschreiber sich zur Aufnahme des Inventars an Ort und Stelle begibt. Begibt er sich an Ort und Stelle, so wird es nicht selten sich empfehlen, an Ort und Stelle nur die Nachlaßgegenstände zu verzeichnen und ihren Werth zu erheben, das Inventar selbst aber erst am Gerichtssitz aufzunehmen.

Erweist sich die Zuziehung von Schätzern als geboten, so sind, wenn thunlich, Sachverständige zu wählen, die schon als solche allgemein verpflichtet sind.

§ 13 der Bekanntmachung vom 19. Januar 1900, das Vormundschaftswesen betr. (JMBl. S. 181):

Der Vormund hat nach Maßgabe des § 1802 des BGB. das bei der Anordnung der Vormundschaft vorhandene oder dem Mündel später zufallende Vermögen zu verzeichnen und das Verzeichniß dem Vormundschaftsgericht einzureichen.

Der Vormund kann bei der Aufnahme des Verzeichnisses eines Notars oder eines anderen Sachverständigen, z. B. eines Rechtsanwalts, dessen Auswahl ihm überlassen ist, bedienen. Nach Art. 63 des AG. z. GVG. in der Fassung des Art. 167 des AG. z. BGB. sind auch die Gerichtsschreiber bei den Amtsgerichten zuständig, das Verzeichniß aufzunehmen, sie dürfen sich jedoch der Aufnahme nur auf Anordnung des Richters unterziehen. Ist das eingereichte Verzeichniß ungenügend, so kann das Vormundschaftsgericht anordnen, daß das Verzeichniß durch einen Gerichtsschreiber oder Notar aufgenommen wird.

Dem Gerichtsschreiber soll die Aufnahme des Verzeichnisses nur übertragen werden, wenn anzunehmen ist, daß der Werth des Vermögens ohne Abzug der Schulden den Betrag von 2000 M. nicht oder nicht erheblich übersteigt. Den Auftrag zur Aufnahme des Verzeichnisses soll das Vormundschaftsgericht schriftlich ertheilen. Das anliegende Formular X enthält ein Muster für den Auftrag. Es empfiehlt sich, die Aufnahme des Verzeichnisses bei Gerichten, welche nur mit einem Gerichtsschreiber besetzt sind, einem geeigneten stellvertretenden Gerichtsschreiber und bei Gerichten, welche mit mehr als einem Gerichtsschreiber besetzt sind, dem nicht mit der Geschäftsleitung betrauten Gerichtsschreiber zu übertragen.

In einfachen Fällen ist es zweckmäßig, wenn der Vormundschaftsrichter mit dem Vormunde das vorhandene Vermögen zu Protokoll feststellt oder die Ergänzung des eingereichten Verzeichnisses durch protokollarische Verhandlung herbeiführt.

In allen Fällen hat das Vormundschaftsgericht, sofern zum Vermögen des Mündels unbewegliche Sachen gehören, die Vorlage eines Auszugs aus dem Hypotheken- oder Grundbuch, in der Pfalz bis zur Anlegung des Grundbuchs aus dem Grundsteuerkataster, sowie einen Brandversicherungsauszug zu verlangen.

§ 123 Abs. 1 KO.: Der Verwalter hat die einzelnen zur Konkursmasse gehörigen Gegenstände unter Angabe ihres Werthes aufzuzeichnen. Der Werth ist erforderlichen Falls durch Sachverständige zu ermitteln. Bei der Aufzeichnung ist eine obrigkeitliche oder Urkundsperson beizuziehen.

Art. 64.

Tritt die Nothwendigkeit einer Stellvertretung ein, so können die Geschäfte eines Gerichtsschreibers durch einen verpflichteten Rechtskandidaten und, wenn dies nicht thunlich ist, durch einen Gerichtsschreibereibediensteten besorgt werden.

Art. 64 erhielt seine theilweise Neufassung durch Art. 167 Ziff. XVII AG. z. BGB.

Gerichtsvollzieher.

Art. 65.

Die Regelung der Dienst- und Geschäftsverhältnisse der Gerichtsvollzieher bleibt den auf dem Verordnungswege zu erlassenden Anordnungen vorbehalten.

1. Art. 65 wurde durch Art. 167 Ziff. XVIII AG. z. BGB. theilweise geändert. Die Worte „Regelung des Zustellungswesens in Sachen der nicht streitigen Rechtspflege“ sind, weil durch § 16 GFG. und Art. 129 AG. z. BGB. ersetzt, gestrichen worden. Vgl. §§ 46 ff. der Bekanntmachung vom 16. Dezember 1899 Zustellungen von Amtswegen betr. (JMBl. S. 475 ff.).

2. Vgl. Allerhöchste Verordnung vom 6. September 1879 die Gerichtsvollzieherordnung betr. (G.- u. VBl. 1879 S. 1091, JMBl. 1879 S. 610); die Allerhöchste Verordnung vom 15. Juli 1881 (G.- u. VBl. 1881 S. 821) und vom 16. Oktober 1894 (G.- u. VBl. 1894 S. 595) und die Ausführungsvorschriften der JMBek. vom 11. November 1879 (JMBl. 1879 S. 713) und vom 25. November 1879 (JMBl. 1879 S. 1233). Die beiden letztgenannten Bekanntmachungen sind größtentheils ersetzt durch die Bekanntmachung vom 28. Dezember 1899, Dienstesvorschriften für die Gerichtsvollzieher betr. (JMBl. 1899 S. 1133) und die Bekanntmachung vom 28. April 1900 die Geschäftsanweisung für Gerichtsvollzieher betr. (JMBl. 1900 S. 621).

Art. 66.

Zur Zuständigkeit der Gerichtsvollzieher gehören neben den ihnen in anderen Gesetzen zugewiesenen Geschäften:

1. die Aufnahme von Wechselprotesten,
2. in den Fällen der §§ 112 und 113 der Reichs-Konkursordnung die Vornahme von Siegelungen und Entsiegelungen sowie die Vornahme der Verrichtungen einer Urkundsperson.

§ 112 Abs. 1 KO. ä. F. (§ 122 Abs. 1 KO. n. F.): Der Verwalter kann zur Sicherung der zur Konkursmasse gehörigen Sachen durch eine zur Vornahme solcher Handlungen gesetzlich ermächtigte Person siegeln lassen.

§ 113 KO. ä. F. (§ 123 KO. n. F.): Der Verwalter hat die einzelnen zur Konkursmasse gehörigen Gegenstände unter Angabe ihres Werthes aufzuzeichnen. Der Werth ist erforderlichen Falls durch Sachverständige zu ermitteln. Bei der Aufzeichnung ist eine obrigkeitliche oder eine Urkundsperson zuzuziehen. Der Gemeinschuldner ist zuzuziehen, wenn er ohne Aufschub zu erlangen ist.

Auf Antrag des Verwalters und, wenn ein Gläubigerausschuss bestellt ist, des letzteren, kann das Gericht gestatten, dass die Aufzeichnung unterbleibe oder ohne Zuziehung einer obrigkeitlichen oder einer Urkundsperson vorgenommen werde.

Bezüglich der Gerichtsschreiber vgl. Art. 63.

Art. 67.

Die Bestimmungen des § 156 des Reichs-Gerichtsverfassungsgesetzes finden in den durch die Reichs-Prozeßordnungen nicht betroffenen Angelegenheiten entsprechende Anwendung.

§ 156 GVG.: Der Gerichtsvollzieher ist von der Ausübung seines Amtes kraft Gesetzes ausgeschlossen:

I. in bürgerlichen Rechtsstreitigkeiten,

1. wenn er selbst Partei oder gesetzlicher Vertreter einer Partei ist oder zu einer Partei in dem Verhältnisse eines Mitberechtigten, Mitverpflichteten oder Schadensersatzpflichtigen steht;
2. wenn seine Ehefrau Partei ist, auch wenn die Ehe nicht mehr besteht;
3. wenn eine Person Partei ist, mit welcher er in gerader Linie verwandt, verschwägert oder durch Adoption verbunden oder in der Seitenlinie verwandt oder bis zum zweiten Grade verschwägert ist, auch wenn die Ehe, durch welche die Schwägerschaft begründet ist, nicht mehr besteht;

II. in Strafsachen,
1. wenn er selbst durch die strafbare Handlung verletzt ist;
2. wenn er der Ehemann der Beschuldigten oder Verletzten ist oder gewesen ist;
3. wenn er mit dem Beschuldigten oder Verletzten in dem vorstehend unter Nr. I, 3 bezeichneten Verwandtschafts- oder Schwägerschaftsverhältnisse steht.

Vgl. § 18 der Bekanntmachung vom 28. Dezember 1899, Dienstesvorschriften für die Gerichtsvollzieher betr. (JMBl. 1900 S. 1133).

Justizverwaltung.

Art. 68.

Die Vorstände der Gerichte und der Staatsanwaltschaft sind nach Maßgabe der bestehenden und noch zu erlassenden Vorschriften die Organe des Staatsministeriums der Justiz bei den Geschäften der Justizverwaltung.

Sie können bei Erledigung dieser Geschäfte die Mitwirkung der ihrer Aufsicht unterstellten Beamten in Anspruch nehmen.

Bezüglich der Disziplin vgl. das Diziplinargesetz für richterliche Beamte vom 26. März 1881 (G.- u. VBl. 1881 S. 183).

Art. 69.

Das Recht der Aufsicht steht zu:
1. dem Staatsministerium der Justiz hinsichtlich sämmtlicher Gerichte und Staatsanwaltschaften,
2. dem Präsidenten des obersten Landesgerichts hinsichtlich dieses Gerichts,
3. dem Präsidenten des Oberlandesgerichts hinsichtlich dieses Gerichts sowie der Gerichte des Bezirks,
4. dem Präsidenten des Landgerichts hinsichtlich dieses Gerichts sowie der Gerichte des Bezirks,
5. dem Amtsrichter, welchem die Dienstaufsicht zusteht, hinsichtlich des Amtsgerichts,
6. dem Generalstaatsanwalte hinsichtlich der Staatsanwaltschaft bei dem Obersten Landesgerichte, dem Oberstaatsanwalt und dem Ersten Staatsanwalte hinsichtlich der Staatsanwaltschaften ihres Bezirkes.

Der Präsident des Oberlandesgerichts und des Landgerichts kann sich mit Genehmigung des Staatsministeriums der Justiz bei der Erledigung einzelner Aufsichtsgeschäfte, die sich auf ein untergebenes Gericht beziehen, durch einen richterlichen Beamten des Gerichts, dessen Vorstand er ist, vertreten lassen.

Der Präsident des obersten Landesgerichts, des Oberlandesgerichts und des Landgerichts hat in wichtigeren Angelegenheiten, welche sich auf die Aufsicht über das Gericht beziehen, dessen Vorstand er ist, namentlich bei Auflegung von Zwangsstrafen, sowie bei allen auf untergebene Gerichte bezüglichen Aufsichtssachen den Beschluß des Präsidiums zu erwirken. Wird der Präsident nach Abs. 2 durch einen richterlichen Beamten vertreten, der nicht Mitglied des Präsidiums ist, so nimmt dieser an der Beschlußfassung des Präsidiums mit berathender Stimme Theil.

1. Art. 69 erhielt durch Art. 167 Ziff. XIX AG. z. BGB. eine theilweise neue Fassung.

2. Vgl. die Bekanntmachung vom 11. Juli 1900, die Handhabung der Dienstaufsicht über die Gerichte und Notare durch die äußeren Dienstaufsichtsbehörden betr. (JMBl. 1900 S. 997).

Art. 70.

Das Recht der Aufsicht erstreckt sich auf alle bei den in Art. 69 bezeichneten Behörden angestellten oder beschäftigten Beamten.

Art. 71.

In dem Rechte der Aufsicht liegt die Befugniß, die ordnungsgemäße Ausführung der Geschäfte zu überwachen und gegenüber nicht richterlichen Beamten die Erledigung eines Amtsgeschäfts durch Zwangsstrafen bis zum Gesammtbetrage von einhundert Mark herbeizuführen.

Gegen Gemeindebeamte oder nicht unmittelbar unter dem Staatsministerium der Justiz stehende Verwaltungsbeamte, welche als Amtsanwälte aufgestellt werden, findet die Auflegung von Zwangsstrafen durch die Staatsanwälte nicht statt.

Zwangsstrafen sind nur gegenüber nicht richterlichen Beamten zulässig. Für Richter gilt das Disziplinargesetz für richterliche Beamte vom 26. März 1881 (G.- u. VBl. S. 183 ff.).

Art. 72.

Gegen die gemäß Art. 71 ausgesprochenen Zwangsstrafen ist die Beschwerde zulässig. Diese sowie alle sonstigen Beschwerden, welche Gegenstände der Justizverwaltung betreffen, werden im Aufsichtswege erledigt.

Die Beschwerde ist an keine Frist gebunden; anders im Falle des Art. 73 Abs. 4.

Art. 73.

Beschwerden der Betheiligten gegen Gerichte, Gerichtsvorstände und Richter wegen Verzögerung der Rechtspflege können bei dem Vorstande des unmittelbar vorgesetzten Gerichts und, wenn sie gegen ein Mitglied eines Kollegialgerichts gerichtet sind, auch bei dem Vorstande des Gerichts angebracht werden.

Der angerufene Gerichtsvorstand hat die Beschwerde, wenn er sie nicht augenscheinlich unbegründet findet, dem betreffenden Gerichte oder Richter gegen Empfangsbestätigung unter Beifügung der Aufforderung mitzutheilen, binnen bestimmter Frist die Beschwerde zu heben und darüber, daß dies geschehen, Anzeige zu erstatten oder die bestehenden Hindernisse bekannt zu geben.

Mit der Aufforderung kann nach Umständen die Androhung einer Zwangsstrafe bis zu einhundert Mark verbunden werden, deren Auflegung, soferne der Aufforderung nicht Folge geleistet wird, sofort von dem Präsidium des angerufenen Gerichts auszusprechen ist.

Gegen die Strafverfügung findet sofortige Beschwerde gemäß § 540 der Reichs-Civilprozeßordnung statt.

1. § 540 CPO. a. F. entspricht dem § 577 CPO. n. F. Die sofortige Beschwerde ist binnen einer Nothfrist von 2 Wochen, welche mit der Zustellung der anzufechtenden Entscheidung gilt, einzulegen.

2. Verzögerungsbeschwerden s. Art. 74.

Art. 74.

Verzögerungsbeschwerden gegen die Oberlandesgerichte und das oberste Landesgericht sowie gegen die Präsidenten dieser Gerichte sind bei dem Staatsministerium der Justiz einzubringen, von welchem gegebenen Falls die in Art. 73 bezeichneten Verfügungen auszugehen haben, ohne daß dagegen ein Rechtsmittel Platz greift.

Art. 74a.

Die Aufsicht über die Amtsführung der Standesbeamten in der Pfalz gehört zu den Gegenständen der Justizverwaltung.

Die erforderlichen Ausführungsbestimmungen erläßt das Staatsministerium der Justiz.

1. Art. 74a wurde durch Art. 167 Ziff. XX AG. z. BGB. eingefügt.

2. Vgl. Bekanntmachung vom 26. Dezember 1899 die Amtsführung der Standesbeamten in der Pfalz betr. (JMBl. S. 1221 ff.) und JMBek. vom 11. Juli 1900 (JMBl. S. 997).

Art. 75.

Die Gerichte und Staatsanwälte sind verpflichtet, auf Verlangen der Aufsichtsbehörden über Angelegenheiten der Gesetzgebung und der Justizverwaltung Gutachten abzugeben.

Hinterlegungswesen.

Art. 76.

Für die in Angelegenheiten des bürgerlichen Rechtes oder nach den Vorschriften über das gerichtliche Verfahren erfolgenden Hinterlegungen werden bei den Amtsgerichten Hinterlegungsstellen errichtet. Für mehrere Amtsgerichtsbezirke kann eine Hinterlegungsstelle errichtet werden.

Die näheren Bestimmungen über die Hinterlegung werden durch Königliche Verordnung getroffen.

Die Staatsregierung kann die Besorgung des Hinterlegungswesens der Königlichen Bank übertragen und die hierfür erforderlichen Ausführungsvorschriften erlassen.

Bei den amtsgerichtlichen Hinterlegungsstellen findet die Anlegung von Mündelgeld nach § 1808 des Bürgerlichen Gesetzbuchs nicht statt.

1. Die Ueberschrift erhielt durch Art. 167 Ziff. XXI AG. z. BGB., der Text des Art. 76 durch Ziff. XXII a. a. O. eine neue Fassung.

2. An Ausführungsvorschriften zu Art. 76 sind ergangen:

a) Die Allerhöchste Verordnung vom 18. Dezember 1899, das gerichtliche Hinterlegungswesen betr. (Hinterlegungsordnung, G.- u. VBl. 1899 S. 1033 ff., JMBl. 1899 S. 1057 ff. abgedruckt im Anhang).

b) Die Allerhöchste Verordnung vom 25. Dezember 1899, die Erhebung von Hinterlegungsgebühren betr. (G.- u. VBl. 1899 S. 1235 ff., JMBl. 1899 S. 1074 ff., abgedruckt im Anhang).

c) Bekanntmachung vom 17. Dezember 1899, die Errichtung von gemeinschaftlichen Hinterlegungsstellen betr. (JMBl. 1899 S. 1079 ff.).

d) Die Bekanntmachung vom 28. Dezember 1899, die Geschäftsführung der amtsgerichtlichen Hinterlegungsstellen betr. (JMBl. 1899 S. 1080 ff.).

e) Die Bekanntmachung vom 28. Dezember 1899, die Uebertragung der Besorgung des Hinterlegungswesens an die kgl. Bank betr. (JMBl. 1899 S. 1115 f.).

f) Die Bekanntmachung vom 28. Dezember 1899, die Besorgung des gerichtlichen Hinterlegungswesens durch die kgl. Bank betr. (JMBl. 1899 S. 1116 ff.).

g) Die Bekanntmachung vom 28. Dezember 1899, die Anlage der gerichtlichen Deposition durch die kgl. Bank betr. (JMBl. 1899 S. 1121 ff.).

h) Die Bekanntmachung vom 30. Dezember 1899, das Reglement für die Hinterlegungsstellen der kgl. Bank betr. (JMBl. 1899 S. 1124 ff).

i) Die Bekanntmachung vom 12. Januar 1900, die Erhebung von Hinterlegungsgebühren betr. (JMBl. 1900 S. 301).

Rechtshülfe.

Art. 77.

Die Gerichte haben sich in den Angelegenheiten, für welche die Vorschriften der Landesgesetze maßgebend sind, Rechtshülfe zu leisten.

Die Bestimmungen der §§ 158—160, 162, 164, 167 des Reichs-Gerichtsverfassungsgesetzes finden hierbei entsprechende Anwendung.

Civil- und Militärgerichte haben sich gegenseitig Rechtshülfe zu leisten, wobei gleichfalls die in Abs. 2 bezeichneten Vorschriften entsprechende Anwendung finden.

Ueber die Beschwerde gegen die Entscheidung des Oberlandesgerichts im Falle des § 160 Abs. 1 des Reichs-Gerichtsverfassungsgesetzes entscheidet das oberste Landesgericht.

§ 158 GVG.: Das Ersuchen um Rechtshülfe ist an das Amtsgericht zu richten, in dessen Bezirke die Amtshandlung vorgenommen werden soll.

§ 159 GVG.: Das Ersuchen darf nicht abgelehnt werden. Das Ersuchen eines nicht im Instanzenzuge vorgesetzten Gerichts ist jedoch abzulehnen, wenn dem ersuchten Gerichte die örtliche Zuständigkeit mangelt oder die vorzunehmende Handlung nach dem Rechte des ersuchten Gerichts verboten ist.

§ 160 GVG.: Wird das Ersuchen abgelehnt oder wird der Vorschrift des § 159 Abs. 2 zuwider dem Ersuchen stattgegeben, so entscheidet das Oberlandesgericht, zu dessen Bezirke das ersuchte Gericht gehört. Eine Anfechtung dieser Entscheidung findet nur statt, wenn dieselbe die Rechtshülfe für unzulässig erklärt und das ersuchende und das ersuchte Gericht den Bezirken verschiedener Oberlandesgerichte angehören. Ueber die Beschwerde entscheidet das Reichsgericht.

Die Entscheidungen erfolgen auf Antrag der Betheiligten oder des ersuchenden Gerichts ohne mündliche Verhandlung.

§ 162 GVG.: Gerichte, Staatsanwaltschaften und Gerichtsschreiber können wegen Ertheilung eines Auftrags an einen Gerichtsvollzieher die Mitwirkung des Gerichtsschreibers des Amtsgerichts in Anspruch nehmen, in dessen Bezirke der Auftrag ausgeführt werden soll. Der von dem Gerichtsschreiber beauftragte Gerichtsvollzieher gilt als unmittelbar beauftragt.

§ 164 GVG.: Soll eine Freiheitsstrafe in dem Bezirke eines anderen Gerichts vollstreckt oder ein in dem Bezirke eines anderen Gerichts befindlicher Verurtheilter zum Zwecke der Strafverbüssung ergriffen und abgeliefert werden, so ist die Staatsanwaltschaft bei dem Landgerichte des Bezirks um die Ausführung zu ersuchen.

§ 167 GVG.: Ein Gericht darf Amtshandlungen ausserhalb seines Bezirks ohne Zustimmung des Amtsgerichts nur vornehmen, wenn Gefahr im Verzuge obwaltet. In diesem Falle ist dem Amtsgerichte des Ortes Anzeige zu machen.

Art. 77 Abs. 1 erhielt seine Neufassung durch Art. 167 Ziff. XXIII AG. z. BGB.

Oeffentlichkeit und Sitzungspolizei.

Art. 78.

Die Vorschriften des Reichs-Gerichtsverfassungsgesetzes über Sitzungspolizei (§§ 177—185 des Reichs-Gerichtsverfassungsgesetzes mit § 10 des Einführungsgesetzes zu demselben) finden auch in den Angelegenheiten, für welche die Vorschriften der Landesgesetze maßgebend sind, entsprechende Anwendung.

Finden in diesen Angelegenheiten mündliche Verhandlungen nach Vorschrift der Reichs-Civilprozeßordnung statt, so erfolgen dieselben öffentlich nach Maßgabe der §§ 170 bis 176 des Reichs-Gerichtsverfassungsgesetzes.

§ 170 GVG.: Die Verhandlung vor dem erkennenden Gerichte, einschliesslich der Verkündung der Urtheile und Beschlüsse desselben, erfolgt öffentlich.

§ 171 GVG.: In Ehesachen ist die Oeffentlichkeit auszuschliessen, wenn eine der Parteien es beantragt.

§ 172 GVG.: In dem auf die Klage wegen Anfechtung oder Wiederaufhebung der Entmündigung einer Person wegen Geisteskrankheit oder wegen Geistesschwäche eingeleiteten Verfahren (§§ 664, 679 der Civilprozessordnung) ist die Oeffentlichkeit während der Vernehmung des Entmündigten auszuschliessen, auch kann auf Antrag einer der Parteien die Oeffentlichkeit der Verhandlung überhaupt ausgeschlossen werden.

Das Verfahren wegen Entmündigung oder Wiederaufhebung der Entmündigung (§§ 645—663, 675—678 der Civilprozessordnung) ist nicht öffentlich.

§ 173 GVG.: In allen Sachen kann durch das Gericht für die Verhandlung oder für einen Theil derselben die Oeffentlichkeit ausgeschlossen werden, wenn sie eine Gefährdung der öffentlichen Ordnung, insbesondere der Staatssicherheit, oder eine Gefährdung der Sittlichkeit besorgen lässt.

§ 174 GVG.: Die Verkündung des Urtheils erfolgt in jedem Falle öffentlich.

Durch einen besonderen Beschluss des Gerichts kann für die Verkündung der Urtheilsgründe oder eines Theiles derselben die Oeffentlichkeit ausgeschlossen werden, wenn sie eine Gefährdung der Staatssicherheit oder eine Gefährdung der Sittlichkeit besorgen lässt.

§ 175 GVG.: Die Verhandlung über die Ausschliessung der Oeffentlichkeit findet in nicht öffentlicher Sitzung statt, wenn ein Betheiligter es beantragt, oder das Gericht es für angemessen erachtet. Der Beschluss, welcher die Oeffentlichkeit ausschliesst, muss öffentlich verkündet werden. Bei der Verkündung ist anzugeben, ob die Ausschliessung wegen Gefährdung der öffentlichen Ordnung, insbesondere wegen Gefährdung der Staatssicherheit, oder ob sie wegen Gefährdung der Sittlichkeit erfolgt.

Ist die Oeffentlichkeit wegen Gefährdung der Staatssicherheit ausgeschlossen, so kann das Gericht den anwesenden Personen die Geheimhaltung von Thatsachen, welche durch die Verhandlung, durch die Anklageschrift oder durch andere amtliche Schriftstücke des Prozesses zu ihrer Kenntniss gelangen, zur Pflicht machen. Der Beschluss ist in das Sitzungsprotokoll aufzunehmen. Gegen denselben findet Beschwerde statt. Die Beschwerde hat keine aufschiebende Wirkung.

§ 176 GVG.: Der Zutritt zu öffentlichen Verhandlungen kann unerwachsenen und solchen Personen versagt werden, welche sich nicht im Besitze der bürgerlichen Ehrenrechte befinden, oder welche in einer der Würde des Gerichts nicht entsprechenden Weise erscheinen.

Zu nicht öffentlichen Verhandlungen kann der Zutritt einzelnen Personen vom Gerichte gestattet werden. Einer Anhörung der Betheiligten bedarf es nicht.

Die Ausschliessung der Oeffentlichkeit steht der Anwesenheit der die Dienstaufsicht führenden Beamten der Justizverwaltung bei den Verhandlungen vor dem erkennenden Gerichte nicht entgegen.

§ 177 GVG.: Die Aufrechthaltung der Ordnung in der Sitzung liegt dem Vorsitzenden ob.

§ 178 GVG.: Parteien, Beschuldigte, Zeugen, Sachverständige oder bei der Verhandlung nicht betheiligte Personen, welche den zur Aufrechthaltung der Ordnung erlassenen Befehlen nicht gehorchen, können auf Beschluss des Gerichts aus dem Sitzungszimmer entfernt, auch zur Haft abgeführt und während einer in dem Beschlusse zu bestimmenden Zeit, welche vierundzwanzig Stunden nicht übersteigen darf, festgehalten werden.

§ 179 GVG.: Das Gericht kann gegen Parteien, Beschuldigte Zeugen, Sachverständige oder bei der Verhandlung nicht betheiligte Personen, welche sich in der Sitzung einer Ungebühr schuldig machen, vorbehaltlich der strafgerichtlichen Verfolgung, eine Ordnungsstrafe bis zu einhundert Mark oder bis zu drei Tagen Haft festsetzen und sofort vollstrecken lassen.

§ 180 GVG.: Das Gericht kann gegen einen bei der Verhandlung betheiligten Rechtsanwalt oder Vertheidiger, der sich in der Sitzung einer Ungebühr schuldig macht, vorbehaltlich der strafgerichtlichen oder disziplinaren Verfolgung, eine Ordnungsstrafe bis zu einhundert Mark festsetzen.

§ 181 GVG.: Die Vollstreckung der vorstehend bezeichneten Ordnungsstrafen hat der Vorsitzende unmittelbar zu veranlassen.

§ 182 GVG.: Die in den §§ 177—181 bezeichneten Befugnisse stehen auch einem einzelnen Richter bei der Vornahme von Amtshandlungen ausserhalb der Sitzung zu.

§ 183 GVG.: Ist in den Fällen der §§ 179, 180, 182 eine Ordnungsstrafe festgesetzt, so findet binnen der Frist von einer Woche nach der Bekanntmachung der Entscheidung Beschwerde statt, sofern die Entscheidung nicht von dem Reichsgerichte oder einem Oberlandesgerichte getroffen ist.

Die Beschwerde hat in dem Falle des § 179 keine aufschiebende Wirkung, in den Fällen des § 180 und des § 182 aufschiebende Wirkung.

Ueber die Beschwerde entscheidet das Oberlandesgericht.

§ 184 GVG.: Ist eine Ordnungsstrafe wegen Ungebühr festgesetzt, oder eine Person zur Haft abgeführt, oder eine bei der Verhandlung betheiligte Person entfernt worden, so ist der Beschluss des Gerichts und dessen Veranlassung in das Protokoll aufzunehmen.

§ 185 GVG.: Wird eine strafbare Handlung in der Sitzung begangen, so hat das Gericht den Thatbestand festzustellen und der zuständigen Behörde das darüber aufgenommene Protokoll mitzutheilen. In geeigneten Fällen ist die vorläufige Festnahme des Thäters zu verfügen.

Abs. 1 erhielt seine theilweise Neufassung durch Art. 167 Ziff. XXIV AG. z. BGB.

Berathung und Abstimmung.

Art. 79.

Die Berathung und Abstimmung erfolgt in den Angelegenheiten, für welche die Vorschriften der Landesgesetze maßgebend sind, nach Maßgabe der §§ 194—199 des Reichs-Gerichtsverfassungsgesetzes.

§ 194 GVG.: Bei Entscheidungen dürfen Richter nur in der gesetzlich bestimmten Anzahl mitwirken.

Bei Verhandlungen von längerer Dauer kann der Vorsitzende die Zuziehung von Ergänzungsrichtern anordnen, welche der Verhandlung beizuwohnen und im Falle der Verhinderung eines Richters für denselben einzutreten haben.

Die vorstehenden Bestimmungen finden auch auf Schöffen und Geschworene Anwendung.

§ 195 GVG.: Bei der Berathung und Abstimmung dürfen ausser den zur Entscheidung berufenen Richtern nur die bei demselben Gerichte zu ihrer juristischen Ausbildung beschäftigten Personen zugegen sein, soweit der Vorsitzende deren Anwesenheit gestattet.

§ 196 GVG.: Der Vorsitzende leitet die Berathung, stellt die Fragen und sammelt die Stimmen.

Meinungsverschiedenheiten über den Gegenstand, die Fassung und die Reihenfolge der Fragen oder über das Ergebniss der Abstimmung entscheidet das Gericht.

§ 197 GVG.: Kein Richter, Schöffe oder Geschworener darf die Abstimmung über eine Frage verweigern, weil er bei der Abstimmung über eine vorhergegangene Frage in der Minderheit geblieben ist.

§ 198 GVG.: Die Entscheidungen erfolgen, soweit das Gesetz nicht ein Anderes bestimmt, nach der absoluten Mehrheit der Stimmen.

Bilden sich in Beziehung auf Summen, über welche zu entscheiden ist, mehr als zwei Meinungen, deren keine die Mehrheit für sich hat, so werden die für die grösste Summe abgegebenen Stimmen den für die zunächst geringere abgegebenen so lange hinzugerechnet, bis sich eine Mehrheit ergibt.

Bilden sich in einer Strafsache, von der Schuldfrage abgesehen, mehr als zwei Meinungen, deren keine die Mehrheit für sich hat, so werden die dem Beschuldigten nachtheiligsten Stimmen den zunächst minder nachtheiligen so lange hinzugerechnet, bis sich eine Mehrheit ergibt.

§ 199 GVG.: Die Reihenfolge bei der Abstimmung richtet sich nach dem Dienstalter, bei den Schöffengerichten und den Kammern für Handelssachen nach dem Lebensalter; der Jüngste stimmt zuerst, der Vorsitzende zuletzt. Wenn ein Berichterstatter ernannt ist, so gibt dieser seine Stimme zuerst ab.

Bei der Abstimmung der Geschworenen richtet sich die Reihenfolge nach der Ausloosung. Der Obmann stimmt zuletzt.

Art. 79 erhielt seine theilweise Neufassung durch Art. 167 Ziff. XXIV AG. z. BGB.

Schlußbestimmungen.

Art. 80.

Die Vornahme des in § 420 der Reichs-Strafprozeßordnung vorgeschriebenen Sühneversuchs kann Gemeindebehörden übertragen werden. Die Vorschriften des Art. 100 Abs. 2 und 3, dann des Art. 144 Abs. 2 und 3 der Gemeindeordnung für die Landestheile diesseits des Rheins vom 29. April 1869 finden hierbei für den gesammten Umfang des Königreichs entsprechende Anwendung.

§ 420 StPO.: Wegen Beleidigungen ist, insofern nicht einer der im § 196 StGB. bezeichneten Fälle (Berufsbeleidigung) vorliegt, die Erhebung der Klage erst zulässig, nachdem vor einer durch die Landesjustizverwaltung zu bezeichnenden Vergleichsbehörde die Sühne erfolglos versucht worden ist. Der Kläger hat die Bescheinigung hierüber mit der Klage einzureichen.

Diese Bestimmung findet keine Anwendung, wenn die Parteien nicht in demselben Gerichtsbezirke wohnen.

Art. 100 Abs. 2, 3 Gem.O.: Wenn auf gehörige Ladung nicht beide Parteien erscheinen, so ist der Vermittelungsversuch als vereitelt zu erachten. Ist der Kläger nicht erschienen, so verwirkt er eine Geldbusse von 30 Kreuzern (= 90 Pfennig) zum Besten der Gemeindekasse.

Die Verhandlungen und Ausfertigungen des Vermittelungsamtes sind tax- und stempelfrei.

Art. 144 Abs. 2, 3 lautet wörtlich ebenso.

Art. 100 Gem.O. gilt für Gemeinden mit städtischer, Art. 144 für Gemeinden mit Landgemeindeverfassung. Vgl. auch Art. 11 AG. z. CPO. und Anm.

Art. 81.

Das Gerichtsverfassungsgesetz vom 10. November 1861 mit Ausnahme der Art. 7, 67, 70 und 76 Abs. 3 sowie alle den Vorschriften des gegenwärtigen Gesetzes entgegenstehenden Bestimmungen sind aufgehoben.

Die bezüglich der Gerichtsbarkeit in Angelegenheiten der Mitglieder der Königlichen Familie geltenden Vorschriften bleiben unberührt.

Art. 7 GVG. vom 10. November 1861: Die Bestimmungen über die Zahl der Gerichte, über die Gerichtssprengel und die Gerichtssitze werden im Verordnungswege getroffen.

Art. 67 a. a. O.: Zur Vornahme von Geschäften der nichtstreitigen Rechtspflege, insoweit dieselben nicht den Gerichten vorbehalten sind (Art. 18), wird die erforderliche Anzahl von

Notaren angestellt. Die näheren Bestimmungen über den Wirkungskreis und die Geschäftsführung der Notare bleiben einem besonderen Gesetze*) vorbehalten.

*) *Notariatsgesetz vom 9. Juni 1899 (G.- u. VBl. 1899 Nr. 28: Beilage zum Landtagsabschied S. 137 ff.).*

Art. 70 a. a. O.: Den Notaren liegt rücksichtlich der von ihnen behandelten Geschäfte die Erhebung und Ablieferung der für den Staat zu verrechnenden Gebühren unter Aufsicht der Finanzbehörde ob.

Die Rückstände verweisen sie an das Rentamt.

Art. 76 Abs. 3 a. a. O. Den Standesherren verbleibt die Befugniss, Verlassenschaftsverhandlungen, welche Mitglieder der Familie betreffen, so lange kein Rechtsstreit darüber entsteht, durch ihre Domänenkanzlei vornehmen und erledigen zu lassen. An den Bestimmungen des § 10 der IV. Verfassungsbeilage wird durch das gegenwärtige Gesetz nichts geändert.

§ 10 der IV. Verf.-Beil.: Die Vormundschaften der standesherrlichen Familienglieder können von dem Haupte des Hauses bestellt werden. Ist dasselbe dabei betheiligt, und ein Vormund oder Curator von Obrigkeitswegen aufzustellen, so geschieht dieses durch die Oberappellationsgerichte des einschlägigen Regierungsbezirkes mit Vorbehalt des Rekurses an das Oberappellationsgericht.

Die Oberaufsicht über standesherrliche Vormundschaftssachen wird dem k. Staatsministerium der Justiz vorbehalten, welches zu diesem Ende von der getroffenen Anordnung einer Vormundschaft in Kenntniss zu setzen ist.

Art. 82.

Das gegenwärtige Gesetz tritt gleichzeitig mit dem Gerichtsverfassungsgesetze für das Deutsche Reich vom 27. Januar 1877 in Kraft.

Gegeben zu München, den 23. Februar 1879.

Ludwig.

v. Pfretzschner. Dr. **v. Lutz.** **v. Pfeufer.** Dr. **v. Fäustle.**
v. Maillinger. **v. Riedel.**

Nach dem Befehle Seiner Majestät des Königs:
Der Generalsekretär des Staatsrats:
A. M. Wigard.

F.

Anhang.

F.

Anhang.

1. Zuständigkeitsverordnung

vom 24. Dezember 1899.

(G.= u. VBl. 1899 S. 1229, JMBl. 1900 S. 97.)

Wir finden Uns bewogen, zur Ausführung des Bürgerlichen Gesetzbuchs und seiner Nebengesetze zu verordnen, was folgt:

Namensänderungen.

§ 1. Ueber Gesuche um die Bewilligung zur Aenderung des Familiennamens hat das Staatsministerium des Innern im Benehmen mit dem Staatsministerium der Justiz und, wenn es sich um einen adeligen Namen handelt, das Staatsministerium des Königlichen Hauses und des Aeußern im Benehmen mit den genannten Staatsministerien Uns zu berichten.

§ 2. Die zu einer Aenderung des Vornamens erforderliche Bewilligung wird von der Distriktspolizeibehörde ertheilt, in deren Bezirke der Antragsteller seinen Wohnsitz oder in Ermangelung eines Wohnsitzes seinen Aufenthalt hat. Hat der Antragsteller in Bayern weder seinen Wohnsitz noch seinen Aufenthalt, so ist die Distriktspolizeibehörde der Heimathgemeinde des Antragstellers zuständig. In München ist die Polizeidirektion zuständig.

Die Distriktspolizeibehörde hat sich vor der Entscheidung über das Gesuch mit dem Staatsanwalte bei dem Landgerichte zu benehmen.

§ 3. Die erforderlichen Ausführungsbestimmungen werden von den Staatsministerien der Justiz und des Innern gemeinschaftlich erlassen.

In Ansehung von adeligen Namen werden die erforderlichen Ausführungsbestimmungen vom Staatsministerium des Königlichen Hauses und des Aeußern erlassen.

Vereine und Stiftungen.

§ 4. Die Verleihung der Rechtsfähigkeit an einen Verein, dessen Zweck auf einen wirthschaftlichen Geschäftsbetrieb gerichtet ist, behalten Wir Unserer Entschließung nach Vernehmung des Staatsministeriums des Innern vor.

Das Gleiche gilt von der Genehmigung einer Aenderung des Zweckes des Vereins. Die Genehmigung einer sonstigen Aenderung der Satzung steht dem Staatsministerium des Innern zu.

§ 5. Die Ertheilung der zur Entstehung einer rechtsfähigen Stiftung erforderlichen Genehmigung behalten Wir Unserer Entschließung vor.

Ermächtigung von Handelsmäklern zu Kaufgeschäften.

§ 6. Die öffentliche Ermächtigung, deren Handelsmäkler zu gewissen Verkäufen oder Käufen bedürfen, wird vom Staatsministerium des Innern im Benehmen mit dem Staatsministerium der Justiz ertheilt.

Die Ermächtigung wird erst wirksam, wenn der Handelsmäkler den Eid geleistet hat, daß er die ihm obliegenden Pflichten getreu erfüllen werde. Zur Abnahme des Eides ist das Amtsgericht zuständig, in dessen Bezirke der Handelsmäkler seine Geschäftsräume oder in Ermangelung solcher seine Wohnung hat.

Die Ermächtigung kann von dem Staatsministerium des Innern jederzeit zurückgenommen werden.

Gesinderecht.

§ 7. Nach Artikel 16 des Ausführungsgesetzes zum Bürgerlichen Gesetzbuche das Halten von Dienstboten zu untersagen und die Entlassung von Dienstboten zu erzwingen, ist sowohl die Orts- als auch die Distriktspolizeibehörde zuständig. In München ist die Polizeidirektion zuständig.

Schuldverschreibungen auf den Inhaber.

§ 8. Die nach dem Artikel 90 des Ausführungsgesetzes zum Bürgerlichen Gesetzbuche der Distriktspolizeibehörde obliegenden Verrichtungen hat in München die Polizeidirektion wahrzunehmen.

§ 9. Die für Schuldverschreibungen auf den Inhaber nach § 795 des Bürgerlichen Gesetzbuchs erforderliche Genehmigung wird durch das Staatsministerium des Innern im Benehmen mit dem Staatsministerium der Justiz und dem Staatsministerium der Finanzen ertheilt.

Für Schuldverschreibungen, die von Verkehrsunternehmungen ausgestellt werden, erfolgt die Genehmigung durch das Staatsministerium des Königlichen Hauses und des Aeußern und das Staatsministerium des Innern im Benehmen mit dem Staatsministerium der Justiz und dem Staatsministerium der Finanzen. Für Schuldverschreibungen der pfälzischen Eisenbahnen wird die Genehmigung auf Grund Unserer Ermächtigung durch das Staatsministerium des Königlichen Hauses und des Aeußern und das Staatsministerium der Finanzen ertheilt.

§ 10 Die Gläubiger, welche nach § 4 Abs. 2 des Gesetzes, betreffend die gemeinsamen Rechte der Besitzer von Schuldverschreibungen, vom 4. Dezember 1899 (RGBl. S. 691) bei dem Amtsgerichte den Antrag stellen, sie zur Berufung einer Versammlung der Gläubiger zu ermächtigen, und die Gläubiger, welche in einer Versammlung der Gläubiger ihr Stimmrecht ausüben wollen (§ 10 Abs. 2 des bezeichneten Gesetzes), können ihre Schuldverschreibungen außer bei der Reichsbank oder bei einem Notar auch bei der K. Bank hinterlegen.

Eintragung einer Hypothek für ein Darlehen einer Kreditanstalt.

§ 11. Für die im § 1115 Abs. 2 des Bürgerlichen Gesetzbuchs vorgesehene öffentliche Bekanntmachung der Satzung einer Kreditanstalt ist das Staatsministerium des Innern zuständig. Die Bekanntmachung soll im Gesetz- und Verordnungsblatte veröffentlicht werden.

Befreiung von Ehehindernissen und vom Aufgebote.

§ 12. Die Befreiung von der Vorschrift, daß eine Frau nicht vor der Vollendung des sechzehnten Lebensjahres eine Ehe eingehen darf, sowie von dem Verbote der Eheschließung zwischen einem wegen Ehebruchs geschiedenen Ehegatten und demjenigen, mit welchem der geschiedene Ehegatte den Ehebruch begangen hat, behalten Wir Unserer Entschließung nach Vernehmung des Staatsministeriums der Justiz vor.

§ 13. Die Befreiung von der Vorschrift, daß eine Frau erst zehn Monate nach der Auflösung oder Nichtigkeitserklärung ihrer früheren Ehe eine neue Ehe eingehen darf, wird von dem Staatsministerium der Justiz ertheilt.

§ 14. Die Befreiung von dem vor der Eheschließung zu erlassenden Aufgebote wird in den Landestheilen rechts des Rheins von der Distriktsverwaltungsbehörde, in der Pfalz von dem Staatsanwalte bei dem Landgericht ertheilt, in dessen Bezirke der zur Anordnung des Aufgebots zuständige Standesbeamte seinen Amtssitz hat. In München wird die Befreiung vom Magistrat ertheilt.

Erklärungen über den Familiennamen

§ 15. Nimmt eine geschiedene Frau auf Grund des § 1577 Abs. 2 des Bürgerlichen Gesetzbuchs ihren Familiennamen oder, falls sie vor der Eingehung der geschiedenen Ehe verheirathet war, den Namen, den sie zur Zeit der Eingehung dieser Ehe hatte, wieder an, so ist zur Entgegennahme der hierauf gerichteten Erklärung die Distriktspolizeibehörde zuständig, in deren Bezirke die Frau ihren Wohnsitz oder in Ermangelung eines im deutschen Reiche gelegenen Wohnsitzes ihren Aufenthalt hat.

§ 16. Untersagt der Mann auf Grund des § 1577 Abs. 3 des Bürgerlichen Gesetzbuchs der von ihm geschiedenen Frau die

Führung seines Namens, so ist zur Entgegennahme der hierauf gerichteten Erklärung die Distriktspolizeibehörde zuständig, in deren Bezirke der Mann seinen Wohnsitz oder in Ermangelung eines im deutschen Reiche gelegenen Wohnsitzes seinen Aufenthalt hat.

§ 17. Ist nach § 1575 des Bürgerlichen Gesetzbuchs die eheliche Gemeinschaft aufgehoben, so finden die Vorschriften der §§ 15, 16 auf die Wiederannahme des früheren Namens und die Untersagung der Fortführung des Namens entsprechende Anwendung.

§ 18. Ertheilt der Ehemann der Mutter eines unehelichen Kindes dem Kinde mit Einwilligung der Mutter und des Kindes nach § 1706 Abs. 2 des Bürgerlichen Gesetzbuchs seinen Namen, so ist zur Entgegennahme der hierauf gerichteten Erklärung die Distriktspolizeibehörde zuständig, in deren Bezirke der Ehemann seinen Wohnsitz oder in Ermangelung eines im deutschen Reiche gelegenen Wohnsitzes seinen Aufenthalt hat.

§ 19. Zur Entgegennahme der in den §§ 15—18 bezeichneten Erklärungen ist in München die Polizeidirektion zuständig.

Ehelichkeitserklärung.

§ 20. Die Ehelichkeitserklärung behalten Wir Unserer Entschließung nach Vernehmung des Staatsministeriums der Justiz vor.

Der Antrag auf Ehelichkeitserklärung ist bei dem Amtsgericht einzureichen, in dessen Bezirke der Vater seinen Wohnsitz oder in Ermangelung eines im deutschen Reiche gelegenen Wohnsitzes seinen Aufenthalt hat. Hat der Vater in Bayern seinen Wohnsitz oder Aufenthalt nicht, so ist der Antrag bei dem Amtsgericht einzureichen, in dessen Bezirke die Heimatgemeinde des Vaters gelegen ist.

Annahme an Kindesstatt.

§ 21. Die Befreiung von dem für die Annahme an Kindesstatt erforderlichen Alter des Annehmenden behalten Wir Unserer Entschließung nach Vernehmung des Staatsministeriums der Justiz vor.

Das Gesuch um Bewilligung der Befreiung ist bei dem Amtsgericht anzubringen, das für die Bestätigung des Annahmevertrags zuständig ist. Ist hierzu ein bayerisches Gericht nicht zuständig, so ist das Gesuch bei dem Amtsgericht anzubringen, in dessen Bezirke die Heimatgemeinde des Annehmenden gelegen ist.

Anlegung von Mündelgeld bei Sparkassen.

§ 22. Die Erklärung, daß eine öffentliche Sparkasse zur Anlegung von Mündelgeld geeignet ist, steht dem Staatsministerium der Justiz zu.

Das Staatsministerium der Justiz kann die Zulassung zur Anlegung von Mündelgeld jeder Zeit widerrufen.

Anstaltsvormund.

§ 23. Die Anordnung, daß der Vorstand einer unter staatlicher Verwaltung oder Aufsicht stehenden Erziehungs- oder Verpflegungsanstalt die Rechte und Pflichten eines Vormundes für die zur Erziehung oder Verpflegung in die Anstalt aufgenommenen Minderjährigen hat, wird von dem Staatsministerium der Justiz und demjenigen Staatsministerium erlassen, unter dessen Aufsicht die Anstalt steht.

Vollziehung einer Auflage von öffentlichem Interesse.

§ 24. Zuständig die im öffentlichen Interesse liegende Vollziehung einer Auflage zu verlangen (§ 525 Abs. 2, § 2194 Satz 2 des Bürgerlichen Gesetzbuchs), ist die Behörde, zu deren Wirkungskreise die Wahrung des Interesses gehört, sofern nicht nach Artikel 107 des Ausführungsgesetzes zum Bürgerlichen Gesetzbuche die Behörde einer Körperschaft, Stiftung oder Anstalt des öffentlichen Rechtes hierfür zuständig ist.

Ausführungsvorschriften zum Handelsgesetzbuche.

§ 25. Für die Erlassung von Bestimmungen, durch welche die Grenze des Kleingewerbes nach Maßgabe des § 4 Abs. 3 des Handelsgesetzbuchs näher festgesetzt wird, sind die Staatsministerien der Justiz und des Innern gemeinschaftlich zuständig.

§ 26. Die Vorschrift des § 25 gilt auch von der im § 30 Abs. 4 des Handelsgesetzbuchs vorgesehenen Bestimmung, daß benachbarte Orte oder Gemeinden als ein Ort oder als eine Gemeinde im Sinne der Vorschriften des § 30 des Handelsgesetzbuchs anzusehen sind.

§ 27. Für die Ertheilung der im § 363 Abs. 2 des Handelsgesetzbuchs bezeichneten Ermächtigung zur Ausstellung von Lagerscheinen ist das Staatsministerium des Innern im Benehmen mit dem Staatsministerium der Justiz zuständig.

§ 28. Zur Erlassung der Eisenbahnverkehrsordnung (§§ 453 ff. des Handelsgesetzbuchs) ist das Staatsministerium des Königlichen Hauses und des Aeußern zuständig.

Führung des Schiffsregisters.

§ 29. Für die Uebertragung der Führung des Schiffsregisters für die Bezirke mehrerer Gerichte an eines von diesen (§ 120 des Gesetzes vom 15. Juni 1895, betreffend die privatrechtlichen Verhältnisse der Binnenschiffahrt) ist das Staatsministerium der Justiz zuständig.

§ 30. Für die Bestimmung, daß auch Schiffe von einer geringeren als der im § 119 des Gesetzes vom 15. Juni 1895, betreffend die privatrechtlichen Verhältnisse der Binnenschiffahrt, bestimmten Tragfähigkeit in das Schiffsregister eingetragen werden, ist das Staatsministerium der Justiz zuständig.

2. Bekanntmachung vom 24. Dezember 1899, die Befreiung von Ehehindernissen betr.

(JMBl. 1900 S. 105.)

Auf Grund des § 1322 Abs. 3 des BGB. werden die nachstehenden Ausführungsvorschriften erlassen.

§ 1. Das Gesuch um die Bewilligung einer nach den §§ 1303, 1312, 1313 des BGB. zulässigen Befreiung ist bei dem Amtsgerichte zu stellen, in dessen Bezirke der Gesuchsteller den Wohnsitz oder in Ermangelung eines Wohnsitzes den Aufenthalt hat. Hat der Gesuchsteller in Bayern weder Wohnsitz noch Aufenthalt, so ist das Gesuch bei dem Amtsgerichte zu stellen, in dessen Bezirke seine Heimatgemeinde gelegen ist.

Das Gesuch kann auch zum Protokolle des Gerichtsschreibers erklärt werden.

§ 2. In dem Gesuche sind die Thatsachen zu bezeichnen, durch die das Gesuch begründet werden soll.

§ 3. Das Amtsgericht hat die für das Gesuch erheblichen Thatsachen festzustellen und die persönlichen Verhältnisse, insbesondere die Staatsangehörigkeit des Gesuchstellers, zu ermitteln.

Bei dem Gesuch um die Bewilligung der Befreiung von der Vorschrift des § 1303 des BGB. ist insbesondere der Tag der Geburt der Eheunmündigen durch einen Auszug aus dem Geburtsregister und der Besitz der zur Eingehung einer Ehe erforderlichen körperlichen und geistigen Reife durch ein amtsärztliches Zeugniß nachzuweisen.

Ueber ein Gesuch um die Bewilligung der Befreiung von der Vorschrift des § 1312 des BGB. ist der frühere Ehegatte zu hören. Dem Gesuche sind die Akten über das Scheidungsverfahren beizulegen.

Bei dem Gesuch um die Bewilligung der Befreiung von der Vorschrift des § 1313 des BGB. ist der Zeitpunkt, in dem die frühere Ehe aufgelöst oder für nichtig erklärt worden ist, durch einen Auszug aus dem Sterberegister oder durch eine Ausfertigung des Urtheils und die Thatsache, daß die Frau von dem früheren Ehemanne nicht schwanger ist, durch ein amtsärztliches Zeugniß nachzuweisen.

§ 4. Das Gesuch ist mit den Ermittelungen von dem Amtsgerichte dem Staatsanwalte bei dem Landgericht und von diesem durch die Vermittelung des Oberstaatsanwalts dem Staatsministerium der Justiz vorzulegen.

Die genannten Behörden haben sich über das Gesuch gutachtlich zu äußern; das Gutachten hat sich auch darauf zu erstrecken, welche Gebühr für die Entscheidung über das Gesuch nach den Vermögensverhältnissen des Gesuchstellers angemessen erscheint.

3. Bekanntmachung vom 24. Dezember 1899, die Ehelichkeitserklärung betr.

(JMBl. 1900 S. 107.)

Auf Grund des § 1723 des BGB. und des § 20 der Königlich Allerhöchsten Verordnung vom 24. Dezember 1899 zur Ausführung des BGB. und seiner Nebengesetze (Zuständigkeitsverordnung) werden die nachstehenden Ausführungsvorschriften erlassen.

§ 1. In dem Antrag auf Ehelichkeitserklärung sind die Thatsachen zu bezeichnen, durch die der Antrag begründet werden soll.

§ 2. Das Amtsgericht hat zu ermitteln, ob die Voraussetzungen der Ehelichkeitserklärung (§§ 1723—1733 des BGB.) vorhanden sind. Außerdem sind die Staatsangehörigkeit des Antragstellers und seine Leumunds- und Vermögensverhältnisse festzustellen.

§ 3. Der Antrag ist mit den Ermittelungen und den Vormundschaftsakten von dem Amtsgerichte dem Staatsanwalte bei dem Landgericht und von diesem durch die Vermittelung des Oberstaatsanwalts dem Staatsministerium der Justiz vorzulegen.

Die genannten Behörden haben sich über den Antrag gutachtlich zu äußern; das Gutachten hat sich auch darauf zu erstrecken, welche Gebühr für die Entscheidung über den Antrag nach den Vermögensverhältnissen des Antragstellers angemessen erscheint.

4. Bekanntmachung vom 24. Dezember 1899, die Befreiung von den Erfordernissen des § 1744 BGB. betr.

(JMBl. 1900 S. 106.)

Auf Grund des § 1745 des BGB. und des § 21 der Königlich Allerhöchsten Verordnung vom 24. Dezember 1899 zur Ausführung des BGB. und seiner Nebengesetze (Zuständigkeitsverordnung) werden die nachstehenden Ausführungsvorschriften erlassen.

§ 1. In dem Gesuch um die Bewilligung der Befreiung von dem für die Annahme an Kindesstatt erforderlichen Alter des Annehmenden sind die Thatsachen zu bezeichnen, durch die das Gesuch begründet werden soll.

§ 2. Das Amtsgericht hat die für das Gesuch erheblichen Thatsachen, insbesondere das Alter, die Staatsangehörigkeit und die Leumunds- und Vermögensverhältnisse des Annehmenden, sowie das Alter des Kindes festzustellen.

Das Amtsgericht hat die Aeußerung des für das Kind zuständigen Vormundschaftsgerichts über das Gesuch zu erholen.

§ 3. Das Gesuch ist mit den Ermittelungen und den etwaigen Vormundschaftsakten von dem Amtsgerichte dem Staatsanwalte bei dem Landgericht und von diesem durch die Vermittelung des Oberstaatsanwalts dem Staatsministerium der Justiz vorzulegen.

Die genannten Behörden haben sich gutachtlich über das Gesuch zu äußern; das Gutachten hat sich auch darauf zu erstrecken, welche Gebühr für die Entscheidung über das Gesuch nach den Vermögensverhältnissen des Gesuchstellers angemessen erscheint.

5. Bekanntmachung vom 2. Dezember 1899, Ausführungsvorschriften zu den §§ 980, 981, 983 BGB.

(G.- u. VBl. 1899 S. 994, JMBl. 1899 S. 585.)

Auf Grund der §§ 982, 983 des Bürgerlichen Gesetzbuchs werden folgende Vorschriften über die in Fundsachen u. s. w. von Staats- und Gemeindebehörden, von Staats- und Gemeindeanstalten, sowie von Verkehrsanstalten, die von einer Privatperson betrieben werden, zu erlassenden Bekanntmachungen getroffen:

§ 1. Die nach den §§ 980, 981, 983 des Bürgerlichen Gesetzbuchs von Staats- oder Gemeindebehörden sowie von Staats- oder Gemeindeanstalten zu erlassenden Bekanntmachungen erfolgen durch Aushang an der Amtsstelle oder, wenn für Bekanntmachungen der bezeichneten Art eine andere Stelle bestimmt ist, durch Aushang an dieser Stelle.

Die Behörde oder die Anstalt kann weitere Bekanntmachungen insbesondere durch Einrückung in öffentliche Blätter veranlassen.

§ 2. Die nach den §§ 980, 981 des Bürgerlichen Gesetzbuchs von einer Verkehrsanstalt, die von einer Privatperson betrieben wird, zu erlassenden Bekanntmachungen erfolgen durch Aushang an der am Sitze der Anstalt befindlichen Geschäftsstelle oder an der hierfür besonders bestimmten Stelle. Die für die Genehmigung der Anstalt zuständige Behörde kann die Stelle bestimmen, an der der Aushang zu erfolgen hat.

Die Anstalt kann weitere Bekanntmachungen insbesondere durch Einrückung in öffentliche Blätter veranlassen.

§ 3. Zwischen dem Tage, an dem nach § 1 oder nach § 2 der Aushang bewirkt, und dem Tage, an dem das ausgehängte Schriftstück abgenommen wird, soll ein Zeitraum von mindestens sechs Wochen liegen.

Auf die Giltigkeit der Bekanntmachung ist es ohne Einfluß, wenn das Schriftstück von dem Orte des Aushanges vorzeitig entfernt wird.

§ 4. Die in der Bekanntmachung zu bestimmende Frist zur Anmeldung von Rechten muß mindestens sechs Wochen betragen.

Die Frist beginnt mit dem Aushange. Ist die Bekanntmachung außerdem durch Einrückung in öffentliche Blätter erfolgt, so beginnt die Frist mit der letzten Einrückung.

6. Bekanntmachung vom 14. Dezember 1899, die Behandlung von Fundsachen betr.

(JMBl. 1899 S. 587.)

Zur Ausführung der §§ 965—977 des Bürgerlichen Gesetzbuchs wird Folgendes bestimmt.

§ 1. Jede Ortspolizeibehörde hat die Anzeige eines Fundes sowie die Anzeige über die vom Finder nach § 966 des Bürgerlichen Gesetzbuchs beabsichtigte Versteigerung der gefundenen Sache entgegenzunehmen.

Bei der Entgegennahme der Anzeige des Fundes soll die Polizeibehörde die für die Ermittelung des Empfangsberechtigten erheblichen Umstände von Amtswegen feststellen. Jedenfalls ist — durch Aufnahme eines Protokolls oder in sonst geeigneter Weise — festzustellen:

1. der Tag der Anzeige,
2. die Zeit und der Ort des Fundes,
3. der Gegenstand des Fundes,
4. der Namen und Wohnort des Finders,
5. ob die Sache von dem Finder verwahrt wird oder bei der Polizeibehörde abgeliefert worden ist.

Soweit eine schriftliche Fundanzeige die vorstehenden Angaben nicht enthält, ist der Finder zur Ergänzung der Anzeige zu veranlassen.

§ 2. Der Finder ist berechtigt, die gefundene Sache oder den Versteigerungserlös bei jeder Ortspolizeibehörde abzuliefern.

§ 3. Die Ablieferung der gefundenen Sache oder des Versteigerungserlöses kann sowohl von der Ortspolizeibehörde des Fundorts als von der Ortspolizeibehörde, welcher der Fund angezeigt worden ist, verlangt werden. Die Ablieferung soll jedoch regelmäßig nur dann verlangt werden, wenn die Persönlichkeit oder das Verhalten des Finders oder die Beschaffenheit der gefundenen Sache (z. B. leicht entzündbare oder giftige Sachen) die Aufbewahrung durch die Polizeibehörde zweckmäßig erscheinen lassen.

§ 4. Ueber die Anzeige des Fundes und die Ablieferung der Sache oder des Versteigerungserlöses hat die Polizeibehörde dem Finder auf Verlangen eine Bescheinigung auszustellen; in der Bescheinigung ist der Tag der Anzeige des Fundes anzugeben.

§ 5. Ist der Verderb der abgelieferten Sache zu besorgen, oder deren Aufbewahrung mit unverhältnißmäßigen Kosten verbunden, so kann die Polizeibehörde die Sache versteigern lassen. Die Versteigerung kann durch einen Beamten der Polizeibehörde erfolgen.

Ueber offenbar werthlose Sachen, sowie über Sachen, aus deren Versteigerung keinerlei Erlös zu erwarten ist, kann die Polizeibehörde in der ihr geeignet erscheinenden Weise verfügen.

§ 6. Die Erledigung der Fundangelegenheit liegt der Ortspolizeibehörde des Fundorts ob.

Ist die Anzeige des Fundes oder die Ablieferung der Sache oder des Versteigerungserlöses bei einer anderen Polizeibehörde erfolgt, so hat diese die Ortspolizeibehörde des Fundorts zu verständigen und ihr die Sache oder den Erlös zu übermitteln, sofern nicht vorher sich der Empfangsberechtigte meldet.

§ 7. Die Ortspolizeibehörde des Fundorts soll sich die Ermittelung des Verlierers angelegen sein lassen.

Sie hat den Fund in einer den Umständen des Falles und dem Werthe der Sache entsprechenden Weise bekannt zu machen. Regelmäßig soll die Bekanntmachung durch Aushang an der für die öffentlichen Bekanntmachungen der Ortspolizeibehörde bestimmten Stelle erfolgen. Die Ortspolizeibehörde kann weitere Bekanntmachungen, insbesondere durch Einrücken in öffentliche Blätter, veranlassen. Zwischen dem Tage, an dem der Aushang bewirkt, und dem Tage, an dem das ausgehängte Schriftstück wieder abgenommen wird, soll ein Zeitraum von mindestens sechs Wochen liegen.

§ 8. Der Finder kann auf das Recht zum Erwerbe des Eigenthums verzichten. Der Verzicht kann jeder Ortspolizeibehörde gegenüber erklärt werden. Ist die Polizeibehörde, welcher gegenüber der Verzicht erklärt wird, nicht die des Fundorts, so hat sie der Ortspolizeibehörde des Fundorts Mittheilung zu machen.

§ 9. Meldet sich innerhalb eines Jahres nach der Anzeige des Fundes ein Empfangsberechtigter, so hat ihn die Ortspolizeibehörde an den Finder wegen der diesem etwa zustehenden Ansprüche zu verweisen; sie darf ihm die Sache oder den Erlös nur mit Zustimmung des Finders herausgeben.

Hat sich innerhalb der einjährigen Frist ein Empfangsberechtigter nicht gemeldet, so hat die Ortspolizeibehörde den Finder, sofern er nicht auf das Recht zum Erwerbe des Eigenthums verzichtet hat, zur Abholung der Sache oder des Erlöses innerhalb angemessener Frist aufzufordern. Verlangt der Finder die Herausgabe nicht vor dem Ablaufe der Frist, so ist die Sache oder der Erlös der Gemeinde des Fundorts zu überweisen.

Ist der Finder nach dem Ablaufe der einjährigen Frist nicht zu ermitteln, so ist nach Maßgabe der Ministerialbekanntmachung vom 2. Dezember 1899 (G.- u. VBl. S. 994)*) der Empfangsberechtigte in einer öffentlichen Bekanntmachung zur Wahrung seiner Rechte aufzufordern und die Sache sodann öffentlich zu versteigern. Sind drei Jahre seit dem Ablaufe der in der öffentlichen Bekanntmachung bestimmten Frist verstrichen, so fällt, wenn nicht der Empfangsberechtigte sein Recht vorher angemeldet hat, der Erlös an die Gemeinde (§ 983 mit §§ 979—982 des Bürgerlichen Gesetzbuchs).

§ 10. Die gefundene Sache ist nur gegen Erstattung der auf die Ermittelung des Empfangsberechtigten oder die Aufbewahrung der Sache der Polizeibehörde erwachsenen Kosten, der Versteigerungserlös ist nur unter Abzug dieser Kosten dem Empfangsberechtigten oder dem Finder herauszugeben. Hat der Finder die Sache oder den Erlös nicht an die Polizeibehörde abgeliefert, so haftet er der Polizeibehörde für die Kosten bis zur Höhe des Werthes der Sache

*) JMBl. S. 585.

oder des Erlöses. Zur Sicherung der Deckung der Kosten kann die Polizeibehörde, wenn ihr die Zahlungsfähigkeit des Finders zweifelhaft erscheint, die Ablieferung der Sache oder des Erlöses verlangen, sofern nicht der Finder einen angemessenen Kostenvorschuß leistet.

§ 11. Die der Ortspolizeibehörde nach den §§ 1—10 obliegenden Verrichtungen sind in München von der Polizeidirektion wahrzunehmen. Der Erlös fällt in München im Falle des § 9 Abs. 3 an den Staat.

§ 12. Ist die Sache in einer von dem Gemeindeverband ausgeschlossenen Markung (Art. 3 der Gemeindeordnung für die Landestheile rechts des Rheins) gefunden worden, so sind die der Ortspolizeibehörde des Fundorts obliegenden Verrichtungen von der Distriktspolizeibehörde wahrzunehmen. Die Sache oder der Erlös fällt im Falle des § 9 Abs. 2 an die Distriktsgemeinde, im Falle des § 9 Abs. 3 an den Staat.

§ 13. Die Verhandlungen der Ortspolizeibehörden in Fundsachen sind gebührenfrei.

---

7. Bekanntmachung vom 21. Dezember 1899, die Anlegung von Mündelgeld bei den öffentlichen Sparkassen betr.

(G.= u. VBl. 1899 S. 1239, JMBl. 1900 S. 113.)

Auf Grund des § 1807 Abs. 1 Nr. 5 des Bürgerlichen Gesetzbuchs werden die bayerischen gemeindlichen und distriktiven Sparkassen sowie die ältere gräflich Castell'sche Kreditkasse in Castell zur Anlegung von Mündelgeld für geeignet erklärt.

Wenn nach der Satzung einer Sparkasse Mündelgeld nicht mit der Bestimmung angelegt werden kann, daß zur Erhebung des Geldes die Genehmigung des Gegenvormundes oder des Vormundschaftsgerichts erforderlich ist, hat die Sparkasse die Satzung in der Weise zu ändern, daß das Geld mit der bezeichneten Bestimmung angelegt werden kann. Wird die Aenderung nicht bis zum 1. Juni 1900 vorgenommen, so wird die Zulassung der Anlegung von Mündelgeld widerrufen werden.

8. Bekanntmachung vom 24. Dezember 1899, die Registerführung bei den Amtsgerichten betr.

(G.= u. VBl. 1899 S. 1239, JMBl. 1900 S. 113.)

VII. Führung des Vereinsregisters und des Güterrechtsregisters.

Ziff. 33 (JMBl. S. 1034—1039).

I. Allgemeines.

§ 1. Die Eintragungen in die Register erfolgen auf Grund einer Verfügung des Amtsgerichts. Werden die Geschäfte des Registerführers nicht von einem Richter wahrgenommen, so soll die Verfügung den Wortlaut der Eintragung feststellen.

§ 2. Die Register werden nach den anliegenden Formularen geführt. Jede Eintragung ist mit einer laufenden Nummer zu versehen und mittelst eines alle Spalten des Formulars durchschneidenden Querstrichs von der folgenden Eintragung zu trennen.

§ 3. Vor oder unter einer jeden Eintragung ist der Tag der Eintragung zu vermerken. Die Eintragung ist von dem Registerführer zu unterschreiben.

§ 4. Bei jeder Eintragung ist am Schlusse auf die Stelle der Registerakten zu verweisen, wo sich die zu Grunde liegende gerichtliche Verfügung befindet.

Jede Eintragung ist in den Registerakten bei der gerichtlichen Verfügung zu vermerken.

§ 5. Aenderungen des Inhalts einer Eintragung sowie Löschungen sind unter einer neuen laufenden Nummer in derjenigen Spalte des Registers einzutragen, in welcher sich die zu ändernde oder zu löschende Eintragung befindet. Eine Eintragung, die durch eine spätere Eintragung ihre Bedeutung verloren hat, ist roth zu unterstreichen oder in einer ihre Leserlichkeit nicht beeinträchtigenden Weise zu durchstreichen.

Schreibfehler und ähnliche offenbare Unrichtigkeiten, die in einer Eintragung vorkommen, sind neben dieser Eintragung in der Spalte „Bemerkungen" zu berichtigen.

§ 6. Die Register sind mit laufenden Seitenzahlen zu versehen.

§ 7. Der Gebrauch der Formulare wird durch die beiden mit Eintragungen versehenen Muster erläutert.

II. Vereinsregister.

§ 8. Für die einen Verein betreffenden Eintragungen sind zwei gegenüberstehende Seiten des Vereinsregisters zu verwenden.

§ 9. In der ersten Spalte ist die laufende Nummer der Eintragung, in der zweiten Spalte sind neben dem Namen und dem Sitze des Vereins die darauf sich beziehenden Aenderungen (zu vergl. §§ 57, 64, 71 des Bürgerlichen Gesetzbuchs) zu vermerken.

In der dritten Spalte sind einzutragen:

der Tag der Errichtung der Satzung;

solche Bestimmungen der Satzung, die den Umfang der Vertretungsmacht des Vorstandes beschränken oder die Beschlußfassung des Vorstandes und der Liquidatoren abweichend von den Vorschriften des § 28 Abs. 1 und des § 48 Abs. 3 des Bürgerlichen Gesetzbuchs regeln (zu vgl. § 64, § 76 Abs. 1 Satz 2 des Bürgerlichen Gesetzbuchs);

ferner der Tag einer Aenderung der Satzung und, sofern die Aenderung eine der vorbezeichneten Bestimmungen betrifft, der Inhalt, andernfalls aber nur eine allgemeine Bezeichnung des Gegenstandes der Aenderung (zu vergl. § 71 des Bürgerlichen Gesetzbuchs).

In der vierten Spalte sind die Mitglieder des Vorstandes nach Familiennamen, Vornamen, Beruf und Wohnort sowie die Aenderungen des Vorstandes und die erneute Bestellung eines Vorstandsmitglieds anzugeben (zu vergl. §§ 64, 67 des Bürgerlichen Gesetzbuchs).

In der fünften Spalte sind einzutragen:

die Auflösung, die Entziehung der Rechtsfähigkeit, die Eröffnung des Konkurses und die Aufhebung des Eröffnungsbeschlusses;

ferner, unter Angabe des Familiennamens, Vornamens, Berufs und Wohnorts, die Personen der Liquidatoren und die sie betreffenden Aenderungen;

endlich Bestimmungen, welche die Beschlußfassung der Liquidatoren abweichend von der Vorschrift des § 48 Abs. 3 des Bürgerlichen Gesetzbuchs regeln und nicht schon in der Satzung enthalten sind (zu vergl. §§ 74—76 des Bürgerlichen Gesetzbuchs).

Die sechste Spalte dient auch zu etwaigen Verweisungen auf spätere Eintragungen, insbesondere für den Fall, daß der Inhalt einer Eintragung durch eine spätere Eintragung nur theilweise geändert wird und deshalb seine Bedeutung nicht verliert (zu vergl. § 5 Abs. 1).

§ 10. Für jeden eingetragenen Verein werden besondere Akten gehalten. Die Akten sind mit dem Namen des Vereins und mit der Nummer zu versehen, welche der Verein im Register führt.

In die Registerakten sind aufzunehmen:

Die zur Eintragung bestimmten Anmeldungen nebst den ihnen beigefügten Schriftstücken, die gerichtlichen Verfügungen, die Mittheilungen anderer Behörden und die Nachweise über die Bekanntmachungen.

§ 11. Zu dem Register ist ein alphabetisches Verzeichniß der Vereine zu führen; haben mehrere Vereine den gleichen Namen, so ist die Bezeichnung des Sitzes beizufügen. Bei jedem Vereine sind außer der laufenden Nummer die Seiten anzugeben, wo er im Register eingetragen ist.

III. Güterrechtsregister.

§ 12. Für die ein Ehepaar betreffenden Eintragungen ist eine Seite des Güterrechtsregisters zu verwenden.

§ 13. Die Ehegatten sind nach Familiennamen und Vornamen, der Mann unter Bezeichnung seines Berufs und Wohnsitzes, die Frau unter Beifügung ihres Geburtsnamens, über den Spalten des Formulars anzugeben. Ist bei dem Gericht offenkundig, daß sich am Wohnorte des Ehemannes mehrere Personen mit gleichem Vornamen und Familiennamen befinden, so ist die Bezeichnung des Mannes durch die Angabe der Zeit und des Ortes seiner Geburt oder durch die Angabe seiner Eltern oder in sonstiger Weise zu ergänzen.

In der ersten Spalte ist die laufende Nummer der Eintragung zu vermerken.

In der zweiten Spalte sind einzutragen:

die Beschränkung oder Ausschließung des der Frau nach § 1357 des Bürgerlichen Gesetzbuchs zustehenden Rechtes, sowie die Aufhebung einer solchen Beschränkung oder Ausschließung;

die Ausschließung oder Aenderung der Verwaltung und Nutznießung des Mannes, sowie die Aufhebung oder Aenderung einer in dem Güterrechtsregister eingetragenen Regelung der güterrechtlichen Verhältnisse (zu vergl. §§ 1371, 1431, 1435, 1441, 1470, 1526, 1545, 1548, 1549, 1587 des Bürgerlichen Gesetzbuchs; Art. 16 des zugehörigen Einführungsgesetzes);

der Einspruch des Mannes gegen den selbstständigen Betrieb eines Erwerbsgeschäfts der Frau oder der Widerruf seiner Einwilligung, sowie die Zurücknahme des Einspruchs oder des Widerrufs (zu vgl. §§ 1405, 1452, § 1519 Abs. 2, § 1525 Abs. 2, § 1549 des Bürgerlichen Gesetzbuchs; Art. 16, Art. 36 Nr. I des zugehörigen Einführungsgesetzes).

Bei der Eintragung von Vorbehaltsgut kann zur näheren Bezeichnung der einzelnen dazu gehörenden Gegenstände auf ein bei den Registerakten befindliches Verzeichniß Bezug genommen werden.

Die dritte Spalte dient auch zu etwaigen Verweisungen auf spätere Eintragungen (zu vergl. § 9 Abs. 5).

Erfolgt eine Eintragung im Register eines anderen als des für den Wohnsitz des Mannes zuständigen Gerichts, weil einer der Ehegatten im Bezirke des anderen Gerichts ein Handelsgewerbe oder ein sonstiges Gewerbe betreibt (vergl. Art. 4 des Einführungsgesetzes zum Handelsgesetzbuch, Art. 36 Nr. I des Einführungsgesetzes zum Bürgerlichen Gesetzbuche), so ist bei der Eintragung dieser Grund in der dritten Spalte zu vermerken.

§ 14. Die Ertheilung der beglaubigten Abschrift einer Eintragung zum Zwecke der Wiederholung der Eintragung in dem Register eines anderen Bezirkes nach Aufhebung des bisherigen Wohnsitzes des Mannes (§ 1561 Abs. 3 Nr. 2 des Bürgerlichen Gesetzbuchs) ist in der dritten Spalte zu vermerken.

§ 15. Zu dem Register werden besondere Akten gehalten. In diese Akten sind aufzunehmen: Die Eintragungsanträge nebst den ihnen beigefügten Schriftstücken, die gerichtlichen Verfügungen und die Nachweise über die Bekanntmachungen.

§ 16. Zu dem Register ist ein alphabetisches Verzeichniß der Eintragungen nach dem Namen des Ehemannes unter Angabe der Seite des Registers zu führen.

9. Bekanntmachung vom 31. Januar 1900, die Führung des Güterrechtsregisters betr.

(JMBl. 1900 S. 483.)

Es haben sich Zweifel erhoben über die Voraussetzungen, unter denen ein Ehevertrag, durch welchen der gesetzliche Güterstand des Bürgerlichen Gesetzbuchs geändert wird, in das Güterrechtsregister einzutragen ist. Zur Beseitigung dieser Zweifel erläßt das Staatsministerium der Justiz folgende Anordnungen:

1. Die Eintragung in das Güterrechtsregister setzt einen Antrag voraus. Der Antrag kann schriftlich oder mündlich gestellt werden. Der schriftliche Antrag muß notariell beglaubigt sein; die notarielle Beglaubigung wird durch die notarielle Beurkundung ersetzt. Der mündliche Antrag ist von dem Amtsrichter oder von dem Gerichtsschreiber des zur Führung des Güterrechtsregisters zuständigen Amtsgerichts zu Protokoll zu nehmen.
2. Die Ehegatten können den Antrag gemeinsam stellen; in diesem Falle bedarf es der Vorlegung des Ehevertrags in Urschrift oder in Ausfertigung nicht; es genügt, daß die Ehegatten den Inhalt der Vereinbarung dem Amtsgericht zur Kenntniß bringen. Der Antrag kann auch von einem Ehegatten allein gestellt werden; in diesem Falle hat der Antragsteller dem Amtsgericht eine beglaubigte Abschrift oder einen beglaubigten Auszug des Ehevertrags vorzulegen.

   Der Antrag kann Namens des Ehegatten von dem Notar gestellt werden, der den Ehevertrag beurkundet hat. Der Notar bedarf zur Stellung des Antrags keiner Vollmacht. Doch soll er den Antrag nur stellen, wenn die Ehegatten die Eintragung wünschen. Er soll bei der Beurkundung des Ehevertrags die Vertragschließenden fragen, ob sie die Eintragung wünschen, und die Erklärung der Vertragschließenden in die Urkunde aufnehmen.

   Der Notar, der den Antrag auf Eintragung stellt, braucht dem Gerichte den Ehevertrag nicht vorzulegen; es genügt, daß er den Inhalt des Ehevertrags, soweit er für die Eintragung von Belang ist, dem Amtsgericht mittheilt. Mit dem Antrage soll der Notar die Angabe verbinden, daß die Vertragschließenden die Eintragung wünschen. Stellt der Notar den Antrag schriftlich, so soll er seiner Unterschrift das Dienstsiegel beidrücken.
3. Eine Eintragung in das Güterrechtsregister soll erst vorgenommen werden, nachdem die Ehe geschlossen ist. Der Notar soll bei der Stellung des Antrags dem Gerichte mittheilen, daß die Eheschließung erfolgt ist. Der Amtsrichter braucht die Mittheilung nicht nachzuprüfen.
4. Wird der Ehevertrag vor der Eheschließung beurkundet, so soll der Notar den Antrag auf Eintragung erst stellen, nachdem die Ehe geschlossen ist. Der Notar soll die Brautleute bei der Beurkundung des Ehevertrags fragen, welcher

Tag für die Eheschließung in Aussicht genommen ist; er darf annehmen, daß die Eheschließung an diesem Tage erfolgte, wenn ihm keine gegentheilige Mittheilung zukommt.

Können die Brautleute bei der Beurkundung des Ehevertrags den Tag der Eheschließung noch nicht angeben, so soll der Notar sie darauf aufmerksam machen, daß er den Antrag auf Eintragung in das Güterrechtsregister erst stellen darf, wenn ihm die Mittheilung über die erfolgte Eheschließung zugegangen ist. Zugleich soll er die Brautleute auffordern, ihm diese Mittheilung alsbald nach der Eheschließung zukommen zu lassen. Die Mittheilung kann formlos erfolgen; insbesondere bedarf es hierzu nicht eines Auszugs aus dem Heirathsregister.

5. Erklären die Betheiligten erst nach der Beurkundung des Ehevertrages, daß sie die Eintragung in das Güterrechtsregister wünschen, so soll der Notar hierüber keine besondere Urkunde errichten, sondern nur der Urschrift des Ehevertrags und der Eintragung über diesen im Geschäftsregister einen formlosen und kostenlosen Vermerk beifügen.

6. Stellen die Betheiligten selbst den Antrag auf Eintragung, so soll der Amtsrichter sie fragen, ob die Ehe abgeschlossen ist. Der Amtsrichter darf die Angaben der Betheiligten als richtig annehmen.

---

10. Königliche Allerhöchste Verordnung vom 18. Dezember 1899, das gerichtliche Hinterlegungswesen betr.*)

(G.- u. VBl. 1899 S. 1033, JMBl. 1899 S. 1057.)

Wir finden Uns bewogen, auf Grund des Artikel 76 des Ausführungsgesetzes zum Gerichtsverfassungsgesetz in Betreff des gerichtlichen Hinterlegungswesens zu verordnen, was folgt:

I. Amtsgerichtliche Hinterlegungsstellen.

1. Allgemeine Bestimmungen.

§ 1.**) Die Errichtung einer gemeinschaftlichen Hinterlegungsstelle für mehrere Amtsgerichtsbezirke steht dem Staatsministerium der Justiz zu.

§ 2. Zur Aufbewahrung der hinterlegten Gelder, Werthpapiere und Kostbarkeiten sollen feuer- und einbruchsichere, mit doppeltem Verschlusse versehene Schränke verwendet werden. In anderen Behältern soll die Verwahrung nur erfolgen, wenn die Behälter in möglichst feuersicheren, an Thüren und Fenstern gegen Einbruch befestigten Räumen aufbewahrt werden und mit doppeltem Verschlusse versehen sind.

---

*) Vgl. auch die Vollzugsvorschriften vom 28. Dezember 1899 (JVBl. S. 1116).

**) Vgl. die Bekanntmachung vom 27. Dezember 1899 (JMBl 1899 S. 1079), vom 4. Oktober 1900 (JMBl. 1900 S. 1167).

Schlüsselduplikate werden bei dem Rentamte verwahrt, in dessen Bezirke das Amtsgericht seinen Sitz hat.

Urkunden, die nicht Werthpapiere sind, werden nach Maßgabe der Registraturordnung verwahrt.

§ 3. Die Hinterlegungsstelle wird mit einem Richter als erstem und einem Gerichtsschreiber als zweitem Hinterlegungsbeamten besetzt. Die Bestimmung der Hinterlegungsbeamten erfolgt, wenn das Gericht mit mehreren Richtern oder Gerichtsschreibern besetzt ist, für die Dauer eines Geschäftsjahrs durch den Präsidenten des Landgerichts.

Die Verrichtungen der Hinterlegungsstelle obliegen, soweit nicht ein Anderes bestimmt ist, dem ersten Hinterlegungsbeamten.

Die Verwahrung von Urkunden, die nicht Werthpapiere sind obliegt dem zweiten Hinterlegungsbeamten.

§ 4. Ist das Gericht mit mehreren Richtern oder Gerichtsschreibern besetzt, so ist aus der Zahl der Richter für den ersten und aus der Zahl der Gerichtsschreiber für den zweiten Hinterlegungsbeamten ein Stellvertreter für die Dauer eines Geschäftsjahrs zu bestimmen. Die Bestimmung des Stellvertreters des ersten Hinterlegungsbeamten erfolgt durch den Präsidenten des Landgerichts, die des zweiten erfolgt durch den Vorstand des Amtsgerichts.

Ist ein Hinterlegungsbeamter verhindert oder seine Stelle erledigt, ohne daß ein Stellvertreter vorhanden ist, so erfolgt die Aufstellung des Stellvertreters durch den Präsidenten des Landgerichts.

§ 5. Die Hinterlegungsbeamten dürfen bei Annahme- und Ausgabegeschäften nur gemeinschaftlich handeln. Die Kasse steht unter ihrem gemeinschaftlichen Verschlusse; keiner von ihnen darf auch nur vorübergehend seinen Schlüssel dem anderen überlassen.

§ 6. Mit Genehmigung des Präsidenten des Landgerichts können für den unmittelbaren Verkehr mit den Betheiligten gewisse Wochentage und Stunden festgesetzt werden. Die Festsetzung ist durch das für die Bekanntmachungen des Amtsgerichts bestimmte Blatt zu veröffentlichen; ist die Hinterlegungsstelle für mehrere Amtsgerichtsbezirke errichtet, so ist die Festsetzung durch jedes der für die Bekanntmachungen der Amtsgerichte bestimmten Blätter zu veröffentlichen.

In dringenden Fällen müssen die erforderlichen Geschäfte während der gewöhnlichen Geschäftsstunden auch außerhalb der festgesetzten Zeit vorgenommen werden. Als dringende Fälle gelten insbesondere die im § 40 aufgezählten.

§ 7. Geld soll nur in Zahlungsmitteln hinterlegt werden, welche bei den Staatskassen in Zahlung zu nehmen sind. Anderes als kassenmäßiges Geld soll jedoch angenommen werden, wenn es nach den Umständen des Falles als zweckmäßig erscheint. Es muß angenommen werden, wenn die Behörde, auf deren Anordnung oder Weisung die Hinterlegung beruht, dies anordnet oder der Hinterleger, welcher durch die Hinterlegung sich von einer Verbindlichkeit befreien will, seiner Erklärung (§ 13) nach die Verbindlichkeit durch Zahlung solchen Geldes erfüllen darf.

§ 8. Jede Masse ist gesondert zu verwahren.

Hinterlegtes, kassenmäßiges Geld ist, sofern es mindestens einhundert Mark beträgt und nach den Umständen des Falles anzunehmen ist, daß es mehr als drei Monate hinterlegt bleibt, bei der K. Bank*) in solcher Weise verzinslich anzulegen, daß es jeder Zeit zurückgezogen werden kann. Beträgt das hinterlegte Geld mehr als eintausend Mark, so kann die Anlage auch erfolgen, wenn die Hinterlegung voraussichtlich nur eine kürzere Zeit, mindestens aber einen Monat dauert. Die Uebersendung und die Zurückziehung des Geldes erfolgt auf Kosten und Gefahr des Hinterlegers.

In keinem Falle darf hinterlegtes Geld mit anderweitigem Gelde vermischt oder zu anderen als den Zahlungen, zu deren Bewirkung es bestimmt ist, verwendet werden.

§ 9. Die Hinterlegungsstelle ist nicht verpflichtet, die Auslоosung oder Kündigung der Werthpapiere zu überwachen und für die Einziehung neuer Zins-, Renten- oder Gewinnantheilscheine oder der Beträge fälliger Zins-, Renten- oder Gewinnantheilscheine zu sorgen.

Bei der Hinterlegung von Werthpapieren, welche der Vater oder die Mutter, der Vormund, der Pfleger oder der Beistand auf Grund der §§ 1667, 1814, 1818 oder das Nachlaßgericht auf Grund des § 1960 des Bürgerlichen Gesetzbuchs bewirkt, hat die Hinterlegungsstelle, wenn sie wahrnimmt, daß eine Ausloosung oder Kündigung stattgefunden hat, die Einziehung neuer Zins-, Renten- oder Gewinnantheilscheine erforderlich ist oder fällige Zins-, Renten- oder Gewinnantheilscheine nicht erhoben werden, hiervon dem Vormundschaftsgericht oder dem Nachlaßgerichte Mittheilung zu machen.

§ 10. Ueber die Beschwerde gegen eine Verfügung des ersten Hinterlegungsbeamten entscheidet das Präsidium des Landgerichts. Gegen dessen Entscheidung findet Beschwerde zum Staatsministerium der Justiz statt.

§ 11.**) Die erforderlichen Bestimmungen über die Geschäftsführung, insbesondere die Buch- und Kassefführung und die Beaufsichtigung des gerichtlichen Hinterlegungswesens, werden von den Staatsministerien der Justiz und der Finanzen erlassen.

2. Verfahren bei der Hinterlegung.

§ 12. Die Hinterlegung kann unmittelbar bei der Hinterlegungsstelle oder mittels Einsendung durch die Post erfolgen.

§ 13. Bei der Hinterlegung ist eine schriftliche Erklärung (Hinterlegungserklärung) in zwei Exemplaren vorzulegen.

Die Erklärung muß enthalten:

1. Namen, Stand oder Gewerbe und Wohnort des Hinterlegers und seines etwaigen Vertreters;

---

*) Depositalbezirke vgl. Bekanntmachung vom 28. Dezember 1899, die Anlage der gerichtlichen Depositen bei der K. Bank betr. (JMBl. 1899 S. 1121).

**) Vgl. die Bekanntmachung vom 28. Dezember 1899, die Geschäftsführung der amtsgerichtlichen Hinterlegungsstellen betr. (JMBl. 1899 S. 1080 ff.).

2. die Bezeichnung der zu hinterlegenden Sache; bei Geld den Betrag und, wenn nicht kassenmäßiges Geld hinterlegt wird, die Angabe der Geldsorten; bei Werthpapieren die Angabe der Gattung, der Nummern und des Nennbetrags, sowie der sonstigen Unterscheidungsmerkmale der einzelnen Stücke; wenn mit den Werthpapieren die dazu gehörenden Erneuerungsscheine, Zins-, Renten- oder Gewinnantheilscheine hinterlegt werden, auch die hierauf bezüglichen Angaben; bei Kostbarkeiten die Angabe der Gattung und des Stoffes und der etwaigen besonderen Eigenschaften und Merkmale, sowie des Schätzungswerths;
3. die Angabe der Veranlassung zur Hinterlegung und, wenn die Hinterlegung in einer bei einer Behörde anhängigen Rechtssache erfolgt, die Bezeichnung der Sache und der Behörde;
4. soweit es thunlich ist, die Bezeichnung der Person, an welche die hinterlegte Sache herausgegeben werden soll, nach Namen, Stand oder Gewerbe und Wohnort.

§ 14. Bei einer Hinterlegung zum Zwecke der Befriedigung eines Gläubigers kann ein etwaiger Verzicht des Hinterlegers auf das Recht der Rücknahme in die Hinterlegungserklärung aufgenommen werden.

Macht der Hinterleger das Recht des Gläubigers zur Empfangnahme von der Bewirkung einer Gegenleistung abhängig, so ist dies unter der Bezeichnung der Gegenleistung in der Hinterlegungserklärung anzugeben.

§ 15. In den Fällen der §§ 1171, 1269 des Bürgerlichen Gesetzbuchs ist der Hinterlegungserklärung der Nachweis beizufügen, daß das Aufgebotsverfahren eingeleitet ist.

§ 16. Die Hinterlegung von Inhaberpapieren mit den dazu gehörenden Zins-, Renten- oder Gewinnantheilscheinen, von Orderpapieren, die mit Blankoindossament versehen sind, sowie von Kostbarkeiten durch den Vormund, Pfleger oder Beistand auf Grund der §§ 1814, 1818 des Bürgerlichen Gesetzbuchs geschieht auf Grund einer dem Vormunde, Pfleger oder Beistande von dem Vormundschaftsgericht ertheilten Weisung. Die Weisung ist in zwei Exemplaren vorzulegen. Sie muß den Vorschriften des § 13 Abs. 2 Nr. 1, 2 entsprechen und die Bezeichnung der Hinterlegungsstelle sowie der Vormundschaftssache enthalten.

Die Vorschriften des Abs. 1 finden auf die in Gemäßheit des § 1667 des Bürgerlichen Gesetzbuchs erfolgte Hinterlegung von Werthpapieren und Kostbarkeiten durch den Vater oder die Mutter entsprechende Anwendung.

§ 17. Die Hinterlegungserklärung kann zum Protokolle des Gerichtsschreibers des Amtsgerichts, welches Hinterlegungsstelle ist, oder eines anderen Amtsgerichts abgegeben werden. Ist die Rechtssache, in welcher die Hinterlegung erfolgt, bei dem Landgericht oder einem Gerichte höherer Art anhängig, so kann die Erklärung auch zum Protokolle des Gerichtsschreibers des Gerichts erfolgen, bei dem die Sache anhängig ist.

§ 18. Ist die Hinterlegungserklärung vollständig und die angegebene Veranlassung eine solche, für welche die Hinterlegung nach den Gesetzen zulässig ist, so darf die Annahme nicht abgelehnt werden.

Wird die Annahme abgelehnt, so sind die zum Zwecke der Hinterlegung eingegangenen Sachen dem Antragsteller auf seine Kosten und Gefahr zurückzusenden. Von der Ablehnung ist der Antragsteller unter Angabe des Grundes zu verständigen.

Die Ablehnung auf Grund der Unzulässigkeit einer Hinterlegung ist unstatthaft:

1. wenn der Hinterleger durch Entscheidung oder Anordnung eines Gerichts oder einer Staatsanwaltschaft zur Hinterlegung für berechtigt oder verpflichtet erklärt ist;
2. wenn ein Gericht oder eine Staatsanwaltschaft um Annahme der Sache ersucht.

§ 19. Auf dem einen Exemplare der Hinterlegungserklärung oder der Weisung des Vormundschaftsgerichts (§ 16) wird die Bescheinigung über die Hinterlegung ertheilt. Das zweite Exemplar verbleibt bei der Hinterlegungsstelle. Ist die Hinterlegungserklärung zum Protokolle des Gerichtsschreibers erfolgt, so verbleibt das Protokoll bei der Hinterlegungsstelle, die Bescheinigung wird auf einer Abschrift des Protokolls ertheilt.

Die Bescheinigung ist von beiden Hinterlegungsbeamten, bei der Hinterlegung von Urkunden, die nicht Werthpapiere sind, von dem zweiten Hinterlegungsbeamten zu unterzeichnen. Die Bescheinigung ist mit dem Gerichtssiegel zu versehen.

§ 20. In den Fällen des § 16 wird dem Vormundschaftsgerichte von der Hinterlegungsstelle kurze Anzeige von der Hinterlegung gemacht.

§ 21. Hinterlegte Kostbarkeiten kann die Hinterlegungsstelle durch einen Sachverständigen abschätzen oder behufs der Feststellung ihrer Beschaffenheit und ihres Zustandes besichtigen lassen. Der Bescheinigung über die Hinterlegung ist eine Abschrift des Gutachtens beizufügen und, daß dies geschehen, in der Bescheinigung zu vermerken.

Die Kosten der Abschätzung und Besichtigung hat der Hinterleger zu tragen. Vor ihrer Erstattung kann die Herausgabe nicht beansprucht werden.

§ 22. Bei der Hinterlegung, welche ein Schuldner zum Zwecke der Befreiung von seiner Verbindlichkeit macht, hat die Hinterlegungsstelle auf Antrag des Schuldners in dessen Namen die im § 374 Abs. 2 des Bürgerlichen Gesetzbuchs vorgeschriebene Anzeige an den Gläubiger zu bewirken. Unterläßt der Schuldner in der Hinterlegungserklärung den Antrag, so hat ihn die Hinterlegungsstelle zu dem Nachweis aufzufordern, daß und wann der Gläubiger die Anzeige empfangen hat. Wird der Nachweis nicht vor dem Ablaufe von drei Monaten nach der Aufforderung geführt, so ist die Hinterlegungsstelle ermächtigt, die Anzeige im Namen und auf Kosten des Schuldners zu machen; die Aufforderung muß einen Hinweis auf diese Rechtsfolge enthalten.

3. Verfahren bei der Herausgabe.

§ 23. Die Herausgabe erfolgt nur auf Antrag. Der Antrag ist schriftlich oder zum Protokolle des Gerichtsschreibers des Amtsgerichts, welches Hinterlegungsstelle ist, oder eines anderen Amtsgerichts zu stellen.

Die Hinterlegungsstelle kann verlangen, daß ihr die Erfüllung der Voraussetzungen, von denen der Anspruch auf Herausgabe abhängt, durch öffentliche oder öffentlich beglaubigte Urkunden nachgewiesen wird.

§ 24. Ist das Recht des Gläubigers zum Empfange der von dem Schuldner hinterlegten Sache von der Bewirkung einer Gegenleistung abhängig gemacht, so ist zum Nachweise der Empfangsberechtigung die Einwilligung des Schuldners erforderlich.

§ 25. Der Nachweis des Erwerbes von Todeswegen ist durch einen Erbschein zu führen; bei dem Erwerb im Wege der Auseinandersetzung genügt ein Zeugniß des zuständigen Gerichts oder Notars.

§ 26. Die Herausgabe der in Gemäßheit des § 1667 oder der §§ 1814, 1818 des Bürgerlichen Gesetzbuchs von dem Vater oder der Mutter, dem Vormunde, dem Pfleger oder Beistande hinterlegten Werthpapiere und Kostbarkeiten erfolgt auf Weisung des Vormundschaftsgerichts. Zur Herausgabe der jeweils fälligen oder im Laufe des Jahres, in welchem die Herausgabe verlangt wird, oder des nächstfolgenden fällig werdenden Zins-, Renten- oder Gewinnantheilscheine ist die Weisung nur erforderlich, soweit dies in der Hinterlegungsweisung (§ 16) bemerkt ist.

§ 27. Der Antrag auf Herausgabe darf, unbeschadet eines gerichtlichen Verbots, nicht abgelehnt werden:

1. wenn die Herausgabe durch Erklärung aller Betheiligten bewilligt oder die Empfangsberechtigung durch rechtskräftige Entscheidung festgestellt ist;
2. wenn die Herausgabe vor dem Gericht oder der Staatsanwaltschaft angeordnet ist oder das Gericht oder die Staatsanwaltschaft um die Herausgabe ersucht.

§ 28. Wird die Herausgabe abgelehnt, so ist der Antragsteller unter Angabe des Grundes hiervon in Kenntniß zu setzen.

§ 29. Die Empfangnahme geschieht in der Regel persönlich.

Ueber die Herausgabe ist ein Protokoll aufzunehmen. Das Protokoll soll eine Angabe darüber enthalten, ob die Hinterlegungsbeamten, bei der Herausgabe einer Urkunde, die kein Werthpapier ist, der zweite Hinterlegungsbeamte den Empfänger kennen und, sofern dies nicht der Fall ist, in welcher Weise sie sich Gewißheit über die Persönlichkeit verschafft haben.

§ 30. Auf schriftlichen Antrag des Empfangsberechtigten wird die herauszugebende Sache ihm mit der Aufforderung, einen Empfangsschein einzusenden, durch die Post übersendet. Die Uebersendung geschieht auf Kosten und Gefahr des Empfangsberechtigten. Uebersteigt der Werth der herauszugebenden Sachen den Betrag von eintausend Mark oder soll die Uebersendung in das Ausland erfolgen, so muß die Unterschrift des Antragstellers öffentlich beglaubigt sein.

Der Postschein dient der Hinterlegungsstelle als Rechnungsbeleg.

§ 31. Im Verkehre mit Behörden erfolgt die Herausgabe auf schriftlichem Wege mittels Postsendung.

4. Verkauf von Kostbarkeiten von Amtswegen.

§ 32. Ist über Kostbarkeiten innerhalb zehn Jahren vom Tage der Hinterlegung an eine Verfügung nicht getroffen worden, so kann die Hinterlegungsstelle den freihändigen Verkauf der Kostbarkeiten veranlassen. Der Verkauf von Gold- oder Silbersachen darf nur zu einem Preise bewirkt werden, welcher den Gold- oder Silberwerth erreicht. Der Erlös, von welchem die Verkaufskosten zu kürzen sind, wird wie hinterlegtes Geld weiter verwaltet.

Der Hinterleger und die bei der Hinterlegung sonst betheiligten Personen sind von dem beabsichtigten Verkaufe mindestens drei Monate vorher mittels eingeschriebenen Briefes zu benachrichtigen. Die Benachrichtigung darf unterbleiben, wenn sie unthunlich ist.

Diese Vorschriften finden auf Hinterlegungen, welche erfolgt sind:

1. von dem Vater oder der Mutter, dem Vormunde, Pfleger oder Beistand auf Grund des § 1667 oder der §§ 1814, 1818 des Bürgerlichen Gesetzbuchs,
2. auf Anordnung der Fideikommißbehörde in Familienfideikommißsachen,

mit der Maßgabe Anwendung, daß der Verkauf nicht vor dem Ablaufe von fünf Jahren seit der Beendigung der elterlichen Gewalt oder der Vormundschaft oder der Pflegschaft oder seitdem die Sache die Eigenschaft als Vermögensstück des Fideikommisses verloren hat, angeordnet werden darf.

5. Erlöschen des Anspruchs auf Herausgabe.

§ 33. In den Fällen des § 382, des § 1171 Abs. 3 und des § 1269 Satz 3 des Bürgerlichen Gesetzbuchs erlischt der Anspruch auf Herausgabe mit dem Ablaufe von einunddreißig Jahren, wenn nicht der Empfangsberechtigte sich vorher bei der Hinterlegungsstelle meldet. Die Frist beginnt im Falle des § 382 mit dem Ende des Monats, in dem der Gläubiger die Anzeige des Schuldners von der Hinterlegung erhalten hat, in den übrigen Fällen mit der Erlassung des Ausschlußurtheils.

Das Gericht hat das Ausschlußurtheil der Hinterlegungsstelle mitzutheilen.

§ 34 In den Fällen des § 117 Abs. 2 und der §§ 120, 121, 124, 126 des Gesetzes über die Zwangsversteigerung und die Zwangsverwaltung erlischt der Anspruch auf Herausgabe mit dem Ablaufe von einunddreißig Jahren, wenn nicht der Empfangsberechtigte sich vorher bei der Hinterlegungsstelle meldet. Die Frist beginnt mit der Hinterlegung, in den Fällen der §§ 120, 121 mit dem Ende des Monats, in dem die Bedingung eingetreten ist, unter welcher die Hinterlegung erfolgt ist. Kann der Eintritt der Bedingung nicht ermittelt werden, so beginnt die Frist mit dem Ablaufe von zehn Jahren seit der Hinterlegung oder, wenn die Bedingung erst in einem späteren Zeitpunkt eintreten konnte, seit diesem Zeitpunkte.

§ 35. In den übrigen Fällen erlischt der Anspruch auf Herausgabe mit dem Ablaufe von dreißig Jahren nach der Hinterlegung, wenn nicht der Empfangsberechtigte sich vorher bei der Hinterlegungsstelle meldet.

Bei Hinterlegungen, welche erfolgt sind:

1. auf Grund des § 1667 oder der §§ 1814, 1818 des Bürgerlichen Gesetzbuchs von dem Vater oder der Mutter, dem Vormunde, Pfleger oder Beistande,
2. auf Ersuchen der Fideikommißbehörde in einer Familienfideikommißsache,

beginnt die Frist mit dem Ende des Monats, in welchem die elterliche Gewalt, die Vormundschaft oder Pflegschaft oder die Eigenschaft der Sache als Vermögenstück des Fideikommisses aufgehört hat.

§ 36. Hat in den Fällen des § 35 innerhalb der Frist ein Betheiligter die Fortdauer der Veranlassung zur Hinterlegung angezeigt und nachgewiesen, so beginnt die Frist mit dem Ende des Monats, in welchem der Betheiligte die Anzeige gemacht hat, von neuem.

Im Falle der Anbringung eines Gesuchs um Herausgabe von Zins-, Renten- oder Gewinnantheilscheinen oder von Erneuerungsscheinen hinterlegter Werthpapiere sowie im Falle der Zurückweisung eines Gesuches um Herausgabe hinterlegter Sachen findet die Vorschrift des Abs. 1 entsprechende Anwendung, wenn anzunehmen ist, daß zur Zeit der Anbringung des Gesuchs die Veranlassung der Hinterlegung noch fortdauerte.

§ 37. Das Erlöschen des Anspruchs kommt dem Fiskus zu Statten.

§ 38. Hinterlegte Urkunden, die nicht Werthpapiere sind, können, wenn der Anspruch auf Herausgabe erloschen ist, auf Anordnung der Hinterlegungsstelle vernichtet werden.

§ 39. Im Juni und im Dezember jedes Jahres hat die Hinterlegungsstelle ein Verzeichniß der Massen, bei welchen im Laufe des nächsten Jahres das Erlöschen des Anspruches auf Herausgabe bevorsteht, durch Anheftung an die Gerichtstafel und durch einmalige Einrückung in das für die Bekanntmachungen des Amtsgerichts bestimmte Blatt öffentlich bekannt zu machen. In das im Juni bekannt zu machende Verzeichniß sind die Massen aufzunehmen, bei welchen der Anspruch in der ersten Hälfte des nächsten Kalenderjahres, in das im Dezember bekannt zu machende Verzeichniß sind die Massen aufzunehmen, bei welchen der Anspruch in der zweiten Hälfte des nächsten Kalenderjahres erlischt. In das Verzeichniß sind die im § 13 Abs. 2 Nr. 1, 2, 4 bezeichneten Angaben sowie der wesentliche Inhalt der im § 13 Abs. 2 Nr. 3 bezeichneten Angabe aufzunehmen. Das Verzeichniß soll vor dem Ablaufe von sechs Monaten seit der Anheftung von der Gerichtstafel nicht abgenommen werden. Die Einrückung in das Blatt darf unterbleiben, wenn die Kosten dem Bestande der Massen gegenüber, bei welchen das Erlöschen des Anspruches auf Herausgabe bevorsteht, unverhältnißmäßig groß sind.

6. Vorläufige Verwahrung.

§ 40. Die Amtsgerichte, für deren Bezirk ein anderes Amtsgericht als Hinterlegungsstelle bestimmt ist, haben Geld, Werthpapiere und Kostbarkeiten in vorläufige Verwahrung zu nehmen, wenn von Hinterlegung abhängt:

1. die Zulassung eines Dritten zur einstweiligen Prozeßführung;
2. die Zulassung eines Ausländers zur Prozeßführung;
3. die Vollstreckbarkeit einer Entscheidung;
4. der Beginn, die Fortsetzung, die einstweilige Einstellung, die Einstellung, die Beschränkung oder die Abwendung einer Zwangsvollstreckung;
5. die Aufhebung einer erfolgten Vollstreckungsmaßregel;
6. die Anordnung, die Vollziehung, die Abwendung der Vollziehung, die Bestätigung, Abänderung oder Aufhebung eines Arrestes, einer einstweiligen Verfügung oder einer sonstigen Sicherheitsmaßregel;
7. die Freilassung des Beschuldigten,
8. der Aufschub der Strafvollstreckung.

Mit der Annahme zur vorläufigen Verwahrung gilt die Hinterlegung als bewirkt.

§ 41. Das Gesuch um Annahme zur vorläufigen Verwahrung ist bei dem Amtsgerichte schriftlich oder zum Protokolle des Gerichtsschreibers zu stellen. Dem Gesuche muß die Hinterlegungserklärung (§§ 13—15) in zwei Exemplaren beigefügt werden.

§ 42. Die Annahme zur vorläufigen Verwahrung, sowie die Herausgabe erfolgt nur auf Weisung des Amtsgerichts. Im Uebrigen finden die Vorschriften der §§ 12, 18, 19, 21—31 entsprechende Anwendung.

§ 43. Die vorläufige Verwahrung geschieht unter gemeinschaftlichem Verschluß eines Richters und eines Gerichtsschreibers des Amtsgerichts. Die Aufstellung des Richters und des Gerichtsschreibers erfolgt für die Dauer eines Geschäftsjahres durch den Präsidenten des Landgerichts. Die Vorschriften der §§ 5, 7, des § 8 Abs. 1 und der §§ 10, 11 finden entsprechende Anwendung.

§ 44. Das Amtsgericht kann die Hinterlegung der Sachen bei der Hinterlegungsstelle jeder Zeit bethätigen. Es hat sie zu bethätigen, wenn anzunehmen ist, daß die Herausgabe nicht binnen zwei Wochen erfolgen werde.

Der Sendung an die Hinterlegungsstelle sind eine beglaubigte Abschrift der amtsgerichtlichen Hinterlegungsweisung (Abs. 1) und das zurückbehaltene Exemplar der Hinterlegungserklärung beizufügen. Die Sendung geschieht auf Kosten und Gefahr des Hinterlegers.

Die Hinterlegungsstelle hat dem Hinterleger eine Bescheinigung über die Hinterlegung, dem Amtsgericht Abschrift dieser Bescheinigung mitzutheilen.

§ 45. Die Amtsgerichte, für deren Bezirke ein anderes Amtsgericht als Hinterlegungsstelle bestimmt ist, können, wenn dies nach den Umständen für zweckmäßig erachtet wird, die auf Grund der

§§ 1667, 1814, 1818, 1960 des Bürgerlichen Gesetzbuchs zu hinterlegenden Sachen nach den für die vorläufige Verwahrung geltenden Vorschriften übernehmen und die Hinterlegung selbst besorgen.

Sie können in solchen Fällen auch anordnen, daß die herauszugebenden Sachen an sie übersendet werden, und die Herausgabe selbst vornehmen.

Zu den in den Abs. 1, 2 bezeichnenden Anordnungen ist das Vormundschaftsgericht, im Falle des § 1960 das Nachlaßgericht zuständig.

II. Besorgung des Hinterlegungswesens durch die K. Bank.

§ 46.*) Die Uebertragung der Besorgung des Hinterlegungswesens an die K. Bank erfolgt durch Anordnung der Staatsministerien der Justiz und der Finanzen.

§ 47. Die K. Bank kann auch nicht kassenmäßiges Geld zur Hinterlegung annehmen. Sie ist jedoch berechtigt, es in kassenmäßiges umzusetzen, wenn die Umsetzung nach den Umständen des Falles zweckmäßig erscheint und die Behörde, auf deren Anordnung oder Weisung die Hinterlegung beruht, die Umsetzung nicht verboten hat. Die K. Bank haftet nur für den bei der Umsetzung als Reinerlös erzielten Betrag.

Hinterlegtes kassenmäßiges oder in kassenmäßiges umgesetztes Geld geht in das Eigenthum der K. Bank über, welche dem Empfangsberechtigten zur Zahlung des Kapitals und der Zinsen verpflichtet ist. Die Verzinsung wird nach dem Ablaufe von fünf Jahren seit der Hinterlegung eingestellt, wenn nicht ein Betheiligter die Fortdauer der Hinterlegung anzeigt und nachweist. Der Zinsfuß und der Beginn der Verzinsung, ferner die Fälle, in denen nicht erhobene Zinsen bezüglich der Verzinsung als neue Anlagen zu gelten haben, werden durch die Staatsministerien der Justiz und der Finanzen bestimmt.

Hinterlegte nicht kassenmäßige Gelder, Werthpapiere und Kostbarkeiten werden gesondert verwahrt.

§ 48. Die für das Verfahren bei der Hinterlegung bezüglich der amtsgerichtlichen Hinterlegungsstellen geltenden Vorschriften der §§ 12—16, 18—22 finden Anwendung. Die Hinterlegungserklärung kann zum Protokolle des Gerichtsschreibers des Amtsgerichts, für dessen Bezirk die K. Bank Hinterlegungsstelle ist, oder eines anderen Amtsgerichts abgegeben werden; ist die Rechtssache, in welcher die Hinterlegung erfolgt, bei dem Landgericht oder einem Gerichte höherer Art anhängig, so kann die Erklärung auch zum Protokolle des Gerichtsschreibers des Gerichts erfolgen, bei welchem die Sache anhängig ist.

§ 49. Die Herausgabe der hinterlegten Sachen findet nur auf Weisung des Amtsgerichts statt, für dessen Bezirk die K. Bank

*) Vgl. die Bekanntmachung vom 28. Dezember 1899, die Uebertragung der Besorgung des gerichtlichen Hinterlegungswesens an die K. Bank betr. (JMBl. 1899 S. 1115 f.), die Bekanntmachung vom 28. Dezember 1899, die Besorgung des gerichtlichen Hinterlegungswesens durch die K. Bank betr. (JMBl. 1899 S. 1116 ff.); ferner die Bekanntmachung vom 20. Mai 1901, die Hinterlegung zu offenem Depot betr. (JMBl. 1901 S. 407), 20. Mai 1901, die Hinterlegung von Mündelpapieren zu offenen Depots bei der K. Bank betr. (JMBl. 1901 S. 409).

Hinterlegungsstelle ist. Die Weisung hat den Namen, den Stand oder das Gewerbe und den Wohnort des Empfangsberechtigten sowie die herauszugebende Sache anzugeben.

Der Weisung bedarf es nicht:

1. wenn durch rechtskräftige Entscheidung die Berechtigung zur Empfangnahme festgestellt ist;
2. wenn die Herausgabe von dem Gericht oder der Staatsanwaltschaft angeordnet ist oder das Gericht oder die Staatsanwaltschaft um die Herausgabe ersucht.

§ 50. Im Uebrigen finden die für das Verfahren bei der Herausgabe bezüglich der amtsgerichtlichen Hinterlegungsstellen geltenden Vorschriften der §§ 23—28, des § 29 Abs. 1 und der §§ 30, 31 Anwendung. Für die Weisung des Amtsgerichts gelten die §§ 27, 28.

§ 51. Der Antrag auf Herausgabe kann zum Protokolle des Gerichtsschreibers des Amtsgerichts, für dessen Bezirk die K. Bank Hinterlegungsstelle ist, oder eines anderen Amtsgerichts gestellt werden.

Der Antragsteller kann beantragen, daß das Amtsgericht die Weisung der K. Bank übersendet.

§ 52. Die Vorschriften der §§ 32—39 finden mit nachstehenden Abweichungen Anwendung.

Das Erlöschen des Anspruchs auf Herausgabe tritt, wenn das hinterlegte Geld von der K. Bank verzinst wird, nicht vor dem Ablaufe von fünf Jahren seit der Einstellung oder der letzten Einstellung der Verzinsung ein.

Der Anspruch auf Herausgabe erlischt zu Gunsten der K. Bank.

Das im § 39 vorgeschriebene Verzeichniß hat die K. Bank im Einvernehmen mit dem Amtsgerichte herzustellen, für dessen Bezirk sie Hinterlegungsstelle ist. Soweit zur Herstellung des Verzeichnisses Erhebungen erforderlich sind, hat sie das Amtsgericht vorzunehmen.

§ 53. Die Vorschriften des § 9 gelten auch für die K. Bank.

Der Hinterleger kann jeder Zeit bei der K. Bank beantragen, daß die hinterlegte Sache nach den für die Verwaltung offener Depots jeweils geltenden Grundsätzen der K. Bank verwaltet wird.

Der Antrag kann in die Hinterlegungserklärung aufgenommen werden. Die Vorschriften über die Herausgabe werden durch die Uebernahme zur Verwaltung als offenes Depot nicht berührt.

§ 54.*) Ueber die Art der Verwahrung, die Einrichtung der bei der K. Bank einzurichtenden Hinterlegungsbureaus, die Buch- und Kasseführung und die Aufsicht über die Hinterlegungsbureaus werden die erforderlichen Bestimmungen durch ein nach § 3 Abs. 2 der Verordnung vom 13. Dezember 1878, die Formation und den Wirkungskreis der K. Bayerischen Bank betreffend, zu erlassendes Reglement getroffen.

§ 55. Ueber Beschwerden gegen die Geschäftsführung der K. Bank entscheidet das Staatsministerium der Finanzen.

Für Beschwerden gegen Verfügungen des Amtsgerichts (§ 49) gelten die Vorschriften des § 10.

---

*) Vgl. die Bekanntmachung vom 30. Dezember 1899, das Reglement für die Hinterlegungsstellen der K. Bank betr. (JMBl. 1899 S. 1124).

III. Schluß- und Uebergangsbestimmungen.

§ 56. Diese Verordnung tritt am 1. Januar 1900 in Kraft. Mit dem gleichen Zeitpunkte werden die Verordnungen vom 8. September 1879, die Behandlung des Depositenwesens bei den Gerichten in den Landestheilen rechts des Rheins betreffend, vom 25. September 1879, das gerichtliche Hinterlegungswesen im Regierungsbezirke der Pfalz betreffend, und vom 17. Oktober 1888, das gerichtliche Hinterlegungswesen in der Pfalz betreffend, aufgehoben.

§ 57. Die Vorschriften dieser Verordnung finden auch auf frühere Hinterlegungen Anwendung.

---

11. Königliche Allerhöchste Verordnung vom 25. Dezember 1899, die Erhebung von Hinterlegungsgebühren.*)

(G.- u. VBl. 1899 S. 1235, JMBl. 1899 S. 1074.)

Wir finden Uns bewogen, auf Grund des Art. 284 des Gesetzes über das Gebührenwesen in der Fassung der Bekanntmachung vom 11. November 1899 zu verordnen, was folgt:

§ 1. Für die Hinterlegung von Geld, Werthpapieren und Kostbarkeiten bei den amtsgerichtlichen Hinterlegungsstellen, den Notaren oder der K. Bank werden Hinterlegungsgebühren nach Maßgabe der folgenden Vorschriften erhoben:

I. Hinterlegungen bei den amtsgerichtlichen Hinterlegungsstellen und der K. Bank.

§ 2. Für die Hinterlegung von Geld, Werthpapieren und Kostbarkeiten, welche von dem Vater oder der Mutter, dem Vormunde, dem Pfleger oder dem Beistand auf Grund der §§ 1667, 1814, 1818 des Bürgerlichen Gesetzbuchs bewirkt werden, beträgt die Gebühr $^4/_{10}$ vom Tausend des hinterlegten Betrages oder Werthes.

Uebersteigt die Dauer der Verwahrung den Zeitraum eines Jahres, so wird für jedes weitere angefangene Jahr von der ersten Erlage an gerechnet, die Hälfte der im Abs. 1 bestimmten Gebühr unter Zugrundelegung des jeweiligen Gesammtbetrages oder Werthes in Ansatz gebracht.

Erfolgt die Hinterlegung durch den Vater oder die Mutter, den Vormund, den Pfleger oder den Beistand für mehrere Kinder oder Mündel, so ist die Gebühr aus dem Vermögen jedes einzelnen Kindes oder Mündels besonders zu berechnen.

Der Mindestbetrag der Hinterlegungsgebühr ist 20 Pfennig.

Beträgt das Vermögen eines Kindes oder Mündels nicht über 1000 Mark, so kommt eine Hinterlegungsgebühr nicht zur Erhebung.

§ 3. In den übrigen Fällen der Hinterlegung von Geld, Werthpapieren und Kostbarkeiten beträgt die Hinterlegungsgebühr eins vom Tausend des hinterlegten Betrages oder Werthes.

---

*) Vgl. auch Vollzugsvorschriften vom 12. Januar 1900 (JMBl. 1900 S. 301).

Uebersteigt die Dauer der Verwahrung den Zeitraum eines Jahres, so wird für jedes weitere angefangene Jahr von der ersten Erlage an gerechnet die Hälfte der im Abs. 1 bestimmten Gebühr unter Zugrundelegung des jeweiligen Gesammtbetrages oder Werthes in Ansatz gebracht.

Der Mindestbetrag der Hinterlegungsgebühr ist 1 Mark.

§ 4. Macht der Hinterleger für den Fall, daß die K. Bank Hinterlegungsstelle ist, von dem Rechte nach § 53 Abs. 2 der Hinterlegungsordnung Gebrauch, so wird in den Fällen des § 2 außer der an die K. Bank zu entrichtenden tarifmäßigen Gebühr für die Verwaltung der offenen Depots eine Hinterlegungsgebühr überhaupt nicht und in den Fällen des § 3 nur für das erste Verwaltungsjahr erhoben; als Gebühr wird der Unterschied zwischen der im § 3 bestimmten Gebühr und der Vergütung an die K. Bank erhoben.

§ 5. Wird von der K. Bank als Hinterlegungsstelle

1. die Einziehung der Valuta für ausgelooste oder gekündigte Werthpapiere;
2. der Ankauf und Verkauf von Werthpapieren;
3. die Einziehung neuer Zins- und Dividendenscheine;
4. die Erhebung der Valuta für fällige Zins- und Dividendenscheine

vermittelt, so kann dieselbe neben der Hinterlegungsgebühr die übliche bankmäßige Provision und Vergütung der Spesen beanspruchen.

§ 6. Bei den Amtsgerichten, für welche ein anderes Amtsgericht Hinterlegungsstelle ist, werden für die vorläufige Verwahrung die gleichen Gebühren erhoben wie für die Hinterlegung. Werden die übernommenen Sachen an die Hinterlegungsstelle abgegeben, so gilt die Zeit der vorläufigen Verwahrung als Hinterlegungszeit im Sinne der §§ 2, 3.

§ 7. Für die Aufnahme von Hinterlegungserklärungen (§§ 17, 48 der Hinterlegungsordnung), von Gesuchen um Annahme zur vorläufigen Verwahrung (§ 41 das.) sowie von Anträgen auf Herausgabe (§§ 23, 42, 51 das.) durch den Gerichtsschreiber, ferner für die Beschlüsse des Amtsgerichts, durch welche die Annahme zur vorläufigen Verwahrung, die Herausgabe aus der vorläufigen Verwahrung oder die Hinterlegung angeordnet wird (§§ 42, 44 das.), sowie wenn der K. Bank die Besorgung des Hinterlegungswesens übertragen ist, für die Herausgabe-Weisung des Amtsgerichts (§ 49 das.) werden Gebühren nicht erhoben.

II. Hinterlegung bei den Notaren.

§ 8. Für die aus Anlaß eines Amtsgeschäfts erfolgenden Hinterlegungen von Geld, Werthpapieren und Kostbarkeiten (Art. 4 des Notariatsgesetzes) beträgt die Gebühr $^2/_{10}$ vom Tausend des jeweils hinterlegten Betrages oder Werthes für jedes angefangene Jahr der Hinterlegung mindestens aber 20 Pfennig.

Für die Hinterlegung von Beträgen oder Werthen unter 20 Mark werden Gebühren nicht erhoben.

III. Allgemeine Bestimmungen.

§ 9. Pfennigbeträge an Hinterlegungsgebühren, welche ohne Rest nicht durch zehn theilbar sind, werden auf den nächst höheren, durch zehn ohne Rest theilbaren Betrag aufgerundet.

§ 10. Schuldner der Hinterlegungsgebühr ist der Hinterleger. Das Recht des Hinterlegers, von demjenigen, auf dessen Kosten nach dem Gesetze die Hinterlegung erfolgt, Ersatz zu fordern, bleibt unberührt.

§ 11. Die Hinterlegungsgebühr wird in Vormundschafts- und Fideikommißsachen nach Ablauf eines jeden Hinterlegungsjahrs, spätestens aber bei Herausgabe der hinterlegten Gelder, Werthpapiere und Kostbarkeiten erhoben.

In den Fällen der §§ 3, 4 ist die Gebühr bei der Hinterlegung für ein Jahr im Voraus zu entrichten.

§ 12. Die Hinterlegungsstelle sowie der Notar kann die Herausgabe der hinterlegten Sachen von der vorherigen Entrichtung der Hinterlegungsgebühr abhängig machen.

Die K. Bank ist berechtigt, vor der Aushändigung von Zins-, Renten- oder Gewinnantheilsscheinen die Bezahlung der im Zeitpunkte der Aushändigung fälligen Hinterlegungsgebühren zu verlangen.

Das Zurückbehaltungsrecht der Hinterlegungsstelle bleibt unberührt.

§ 13. Für die Entscheidung von Streitfragen über die Pflicht zur Entrichtung der Hinterlegungsgebühr oder über deren Größe finden für den Fall, daß die Hinterlegungsgebühr bei einem Notar zum Anfalle gelangt ist, die Vorschriften der Art. 47—50, im Uebrigen die Vorschriften des Art. 234 des Gesetzes über das Gebührenwesen in der Fassung der Bekanntmachung vom 11. November 1899 Anwendung.

§ 14. Diese Verordnung tritt gleichzeitig mit der Hinterlegungsordnung in Kraft.

Mit dem gleichen Zeitpunkte werden die K. Verordnungen vom 17. Dezember 1882, die Erhebung von Depositalgebühren betreffend, und vom 13. Juni 1892, die Erhebung von Depositalgebühren in Vormundschaften betreffend, aufgehoben.

§ 15. Die Vorschriften dieser Verordnung finden auch auf diejenigen Massen, welche am 1. Januar 1900 schon hinterlegt sind, Anwendung. Für diese Massen beginnt am 1. Januar 1900 ein neues Verwaltungsjahr im Sinne der §§ 2, 3.

War die Masse im Jahre 1899 weniger als einen Monat hinterlegt, so wird eine Hinterlegungsgebühr nicht erhoben. Andernfalls wird für das Jahr 1899 die Hinterlegungsgebühr nach dem Verhältnisse der Zeitdauer der Hinterlegung erhoben; dabei werden nur volle Monate gerechnet.

Die am 1. Januar 1900 bei den Notaren hinterliegenden Gelder, Werthpapiere und Kostbarkeiten, welche unter den Art. 4 des Notariatsgesetzes fallen, gelten mit dem 1. Januar 1900 als im Sinne dieser Verordnung hinterlegt.

§ 16. Die auf Grund des § 4 der K. Verordnung vom 17. Dezember 1882 am 31. Dezember 1899 gestundeten Gebühren bleiben bis zur Rückgabe der hinterlegten Gelder und Werthpapiere gestundet.

Werden auf Grund der Art. 203, 210 des Einführungsgesetzes zum Bürgerlichen Gesetzbuche hinterlegte Gelder, Werthpapiere und Kostbarkeiten herausgegeben, so wird für die vom 1. Januar 1900 an dauernde Hinterlegung eine Hinterlegungsgebühr nicht erhoben.

§ 17. Die erforderlichen Ausführungsbestimmungen werden von den Staatsministerien der Justiz und der Finanzen erlassen.

Nachträge.

Seite 5 Zeile 9 von oben ist einzuschalten:

Wenn auch nach der bisherigen Rechtsprechung Vereinigungen, die sich als Vereine organisirt hatten, ohne die Rechte einer juristischen Person erlangt zu haben, ein gewisses Maß von Rechtsfähigkeit und insbesondere volle Parteifähigkeit beigelegt wurde (OGH. Bd. V S. 206; IX S. 445; XII S. 150), so ist durch den Art. 2 der bisherigen Rechtsprechung der Boden entzogen worden. Ein solcher Verein kann daher nicht mehr als Kläger auftreten; dies gilt auch, wenn der Prozeß vor dem 1. Januar 1900 anhängig wurde (Samml. I S. 689, Bl. f. RA. Bd. 66 S. 331 vgl. auch S. 182).

Seite 32 ist als Anm. 2 zu Art. 29 einzufügen:

Vgl. §§ 38, 50 der Nachlaßordnung und die Bekanntmachung vom 13. Mai 1901 (JMBl. S. 387).

Seite 51 ist als Anm. 3 zu Art. 44 einzufügen:

3. Die Eintragung im Hypothekenbuch hat zunächst, wie die Eintragung der übrigen, nicht in Hypotheken bestehenden Belastungen unbeweglicher Sachen nur die Bedeutung eines Widerspruchs gegen die Freiheit des Eigenthums (§§ 27—29 Hyp.G.), sofern ihr nicht der öffentliche Glaube des Hypothekenbuchs zukommt (§§ 25, 26 Hyp.G.).

Für die Eintragung eines Widerspruchs, gegen die Richtigkeit der Eintragung der Grunddienstbarkeit gelten, so lange nicht das Grundbuch als angelegt anzusehen ist, nicht die Vorschriften des § 899 Abs. 2 BGB., sondern des Hyp.-Ges. (Samml. I S. 647, Bl. f. RA. Bd. 66 S. 325).

Seite 55 Zeile 6 von unten ist nach „Bauhandwerkerhypothek" einzuschalten:

„Wegen des Hypothekentitels eines Bauhandwerkers, der den Stoff selbst geliefert hat, vgl. Samml. II S. 140.

Seite 56 ist Anm 1 a. E. zu Art. 51 anzufügen:

Für die nach dem Inkrafttreten des BGB. geschlossenen Ehen ist der Hypothektitel des § 12 Nr. 6 Hyp.-Ges. beseitigt. Samml. I S. 701.

Seite 61 Anm. 2 a. E. ist beizufügen:

Vgl. Samml. II S. 186.

Seite 66 Zeile 7 ist nach „Landgerichtsordnung" einzufügen: (Vgl. Samml. II S. 219).

Seite 70 ist als Abs. 3 der Anm. 5 zu Art. 65 einzufügen:

Wegen der Voraussetzungen des Eintritts der allgemeinen Gütergemeinschaft nach dem Rechte von Würzburg vgl. Samml. II S. 219.

Seite 79 ist nach Anm. 2 zu Art. 69 als Anm. 2a einzuschalten:

Zu Abs. 1 Satz 2, 3: Damit ist nur gesagt, daß der nach der Berichtigung der Gesammtgutsverbindlichkeiten (§ 1475 BGB.) und nach Erstattung des Werthes des Eingebrachten (§ 1478 BGB.) verbleibende Ueberschuß nicht nach § 1476 Abs. 1 BGB. getheilt wird, sondern dem Nachlaß allein zufällt. Die Ermittelung des Ueberschusses kann nur im Wege der Auseinandersetzung erfolgen. Erst bei dieser ergibt sich, wie weit das Gesammtgut zur Erstattung des Werthes des Eingebrachten erforderlich ist, bis dahin bleibt das Gesammtgut gemeinschaftlich. Die Vorschrift des Art. 69 entzieht dem überlebenden Ehegatten nicht seinen Antheil an dem der Auseinandersetzung unterliegenden Gesammtgut. Samml. I S. 734.

Seite 79 ist Anm. 4 a. E. zu Art. 69 einzuschalten:

Umfang des Erbrechts des überlebenden Ehemanns, der mit seiner vorverstorbenen Ehefrau in der an die Stelle der allgemeinen Gütergemeinschaft des Bayreuther Rechts getretenen allgemeinen Gütergemeinschaft des BGB. gelebt hat, beim Zusammentreffen mit erstehelichen Kindern der verstorbenen Frau. Samml. I S. 710.

Seite 80 ist als Abs. 2 der Anm. 3 zu Art. 70 einzuschalten:

Abs. 1 Satz 3 gilt beim Zusammentreffen nicht gemeinschaftlicher Abkömmlinge des verstorbenen Ehegatten mit gemeinschaftlichen Abkömmlingen nicht auch für das Erbrecht des überlebenden Ehegatten gegenüber diesen; vielmehr sind die Rechte des überlebenden Ehegatten gegenüber den gemeinschaftlichen Abkömmlingen im Art. 69 bestimmt und Art. 70 regelt nur das Verhältniß des überlebenden Ehegatten zu den nicht gemeinschaftlichen Abkömmlingen; der überlebende Ehegatte ist in diesem Fall auf das ihm nach Art. 69 Abs. 2 Satz 1 zustehende Erbrecht des bisherigen Rechts beschränkt. Eine Ausnahme gilt auch nicht für den Fall, daß dem überlebenden Ehegatten wegen des Zusammentreffens gemeinschaftlicher und nicht gemeinschaftlicher Abkömmlinge den gemeinschaftlichen Abkömmlingen gegenüber der Beisitz zusteht (Samml. I S. 710).

Seite 83 Anm. 5 a. E. ist anzufügen:

Für das Würzburger R. vgl. Samml. II S. 219.

Seite 111 Anm. 3 a. E. zu Art. 94 ist anzufügen:

Ulmer Stadtrecht: Voraussetzungen für die Annahme einer verdingten Ehe. Samml. I S. 778.

Seite 119 ist nach Zeile 5 von unten einzufügen:

Ulmer Stadtrecht: Bei unverdingter Ehe haften die Ehegatten für die beiderseitigen Schulden sammtverbindlich. Samml. II S. 778.

Seite 125 Zeile 7 von oben ist einzufügen:

Vgl. auch JW. 1901 S. 645.

Seite 253 ist Anm. 1 a. E. zu Art. 85 anzufügen:

Die die Begründung von Reallasten beschränkende Vorschrift des Art. 85 ist mit dem BGB. in Kraft getreten. Samml. II S. 298.

Seite 455 Zeile 4 von oben ist einzufügen:

Vgl. auch den Aufsatz in den Bl. f. RA. Bd. 66 S. 321 und 337.

Seite 456 ist als Abs. 2 der Anm. 6 einzufügen:

Mehrere Grundstücke können mit einer Hypothek für dieselbe Forderung nur in der Weise belastet werden, daß eine Gesammthypothek entsteht. Der Gläubiger kann daher für dieselbe Forderung mehrere selbständige Hypotheken an verschiedenen Grundstücken desselben Schuldners nicht erwerben. Samml. II S. 238.

Seite 457 Zeile 6 von oben ist nach Samml. II S. 64 einzufügen:

Bl. f. RA. Bd. 66 S. 330.

Seite 464 ist als 2. Satz der Anm. 3 einzufügen:

Unter der „zunächst zuständigen höheren Verwaltungsbehörde" kann nur diejenige Verwaltungsstelle gemeint sein, die der Behörde oder der Stelle, von der die rechtskränkende Verfügung, die Nichtanerkennung oder Bestreitung des Anspruchs, ausgegangen ist, im Instanzenzug übergeordnet ist; die „höhere" Stelle ist eben die vorgesetzte, da nur diese zuständig ist, Abhilfe zu gewähren. Die untere Behörde kann je nach der Zuständigkeit für die streitige Angelegenheit außerhalb des Prozesses auch eine Kreis- oder Centralstelle sein; es können mehrere, es kann auch nur eine einzige Stelle als „höhere" in Betracht kommen. Im ersteren Falle soll es genügen, daß die „zunächst" höhere Stelle um Abhilfe angegangen wird. Samml. II S. 343.

Seite 481 ist Zeile 3 von unten einzufügen:

Vgl. auch Samml. II S. 125.

Alphabetisches Sachregister.

(Die in Klammern stehenden Zahlen verweisen auf die Seiten.)

F.

J.

K.

L.

M.

V.

Z.

FSC
www.fsc.org
MIX
Papier | Fördert gute Waldnutzung
FSC® C083411

Kolibri 360 GmbH
Ferdinand-Jühlke-Straße 7
99095 Erfurt, Deutschland
produktsicherheit@kolibri360.de